KB218427

렉토라 기초편 | 렉토라 고급편 | 변수와 액션 종합편 | 렉토라 실무편 | 크레이지토크

강력한 Interactive e-learning · 스마트폰 · 멀티미디어

LECTORA

렉토라

e-learning
상호작용
수업자료

유병훈·김종판 공저

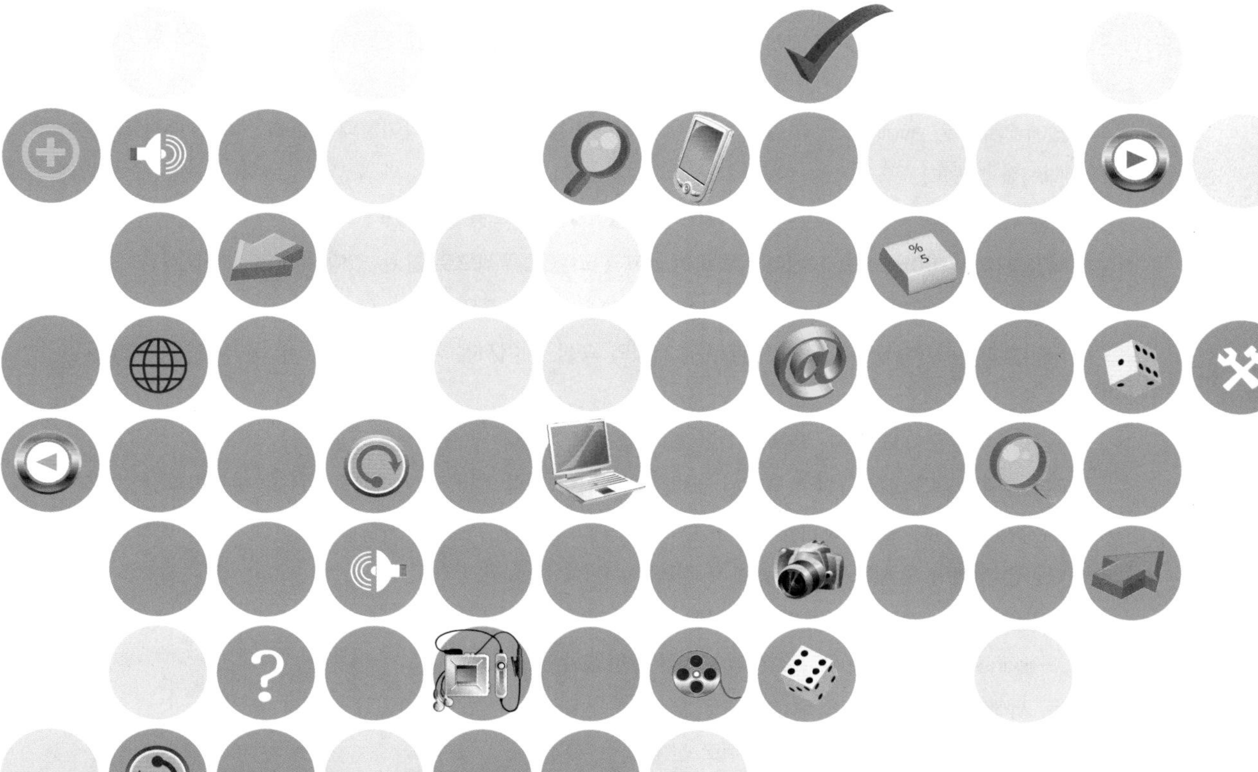

내하출판사

Prologue

본서는 Lectora Professional Publishing Suite vX.3(7165) 버전을 중심으로 집필되었다. 필자가 렉토라를 다루면서 느낀 점은 한 마디로 경이 그 자체였다. 국내에서 출시되는 다수의 e-learning 저작 도구가 동영상과 슬라이드, 판서 형식의 보여주는 콘텐츠 출판에 치중하는 데 비해 렉토라는 액션 스크립트 인터페이스를 제공하여 상호작용이 가능한 콘텐츠 제작을 가능하게 한다. 또한 렉토라는 삽입 가능한 모든 미디어 개체와 액션 스크립트, 그리고 웹 스크립트 등을 자유자재로 삽입 · 편집할 수 있게 하여 스크립트에 대한 전문 지식이 없는 사람들도 자신이 원하는 콘텐츠를 빠른 시간 내에 제작할 수 있게 한다.

- □ 플래시의 액션 스크립트를 구현할 수 있어 인터랙티브한 콘텐츠 제작이 가능하다.
- □ 웹상에서 실용화된 ASP, PHP, CSS, Java Script 등의 스크립트를 콘텐츠에 포함할 수 있어 동적인 콘텐츠 제작이 가능하다.
- □ 웹에 업로드된 dyntitle.xml 파일의 텍스트 내용을 변경하여 출판된 타이틀의 내용을 새로운 내용으로 대체할 수 있다.
- □ Page layouts을 사용하여 콘텐츠 전체에 일관된 디자인을 적용할 수 있다.
- □ 특정 개체를 라이브러리 개체로 등록하여 개체 관리를 효율적으로 할 수 있다.
- □ 기존의 타이틀로부터 개체를 가져와서 타이틀 제작 시간을 절약할 수 있다.
- □ 타이틀의 상속 속성을 활용하여 페이지 개체의 속성, 페이지에 상속될 개체 종류 및 속성을 설정할 수 있다.
- □ 동영상 혹은 오디오 개체 내부에 이벤트를 삽입하여 상황에 맞는 액션을 구현할 수 있다.
- □ 렉토라에서 제공하는 다양한 플래시 개체를 활용하여 게임 기반 교수 자료를 제작할 수 있다.
- □ 폼 개체를 통해 학생들의 인적 정보를 취합할 수 있다.
- □ 다양한 서베이 개체를 통해 설문 조사 결과를 취합할 수 있다.
- □ 다양한 테스트 개체를 통해 학업 성과를 평가할 수 있다.
- □ Response 변수를 활용하여 조건부 분기를 구현할 수 있다.
- □ 폼, 서베이, 테스트 데이터를 CGI 프로그램을 통해 DB 혹은 텍스트 파일로 저장할 수 있다.
- □ 폼, 서베이, 테스트 데이터를 E-Mail로 전송할 수 있다.
- □ HTML, AICC, SCORM 등의 다양한 유형의 타이틀로 출판할 수 있다.

렉토라로 콘텐츠를 제작하면 누구든지 자신이 원하는 상상 가능한 콘텐츠를 구현할 수 있다. 인터랙티브 액션 기능을 활용하여 특정 프로그램의 동작을 그대로 흉내 낼 수 있으며, 전문적인 웹 프로그래밍 지식 없이는 표현 불가능한 조건부 분기 등을 실행할 수 있다.
또한 다양한 유형의 평가 및 테스트 기능을 활용하여 수강생들의 학업 성과를 한 눈에 파악할 수 있으며, 테스트 결과를 바탕으로 수강생 개개인에게 적합한 맞춤식 수업도 가능하다.
결론적으로 렉토라는 국내에 배포된 e-learning 저작 도구가 제공하지 못하는 여러 가지 기능을 포함하고 있어 e-learning 저작 도구 중 가장 우수한 프로그램이라 할 수 있다. 렉토라가 e-learning 업계에서 획득한 수상 내역은 다음과 같다.

□ 2007 Inc 5000 Fastest Growing Companies
□ The eLearning Guild Research 2007 Gold Award(시뮬레이션, 게임 카테고리)
□ Best of Elearning! Award
□ 2008 Deloitte 100 Rising Star Award
□ 2009 LearnX Best LMS/Hosted Award
□ 2009 LearnX Best Authoring Tool Award
□ Training Media Review 2009 Top Authoring Tool

렉토라는 미국 e-learning 시장의 40%를 점유하고 있으며, e-learning 최고의 솔루션으로 각광을 받고 있다. 또한 Trivantis 사의 보고에 의하면 Fortune 100대 기업의 59%와 60개국 이상에서 렉토라를 사용하고 있다.(http://www.trivantis.com/uk/about-us/awards).

본서는 단순한 매뉴얼이 아니다. 콘텐츠를 제작하는 데 필요한 모든 기법을 총망라하여 어떠한 콘텐츠든 제작이 가능하도록 하였다.

컴퓨터 프로그래밍에 대한 전문 지식이 없어도 인터랙티브한 콘텐츠를 제작할 수 있게끔 충분한 예제와 자세한 설명을 제공한다. 자신만의 독창적인 홈페이지를 구축하고 싶은 분들을 위해 로그인 시스템을 제공하며, 소규모 쇼핑몰을 구축하고 싶은 분들을 위해 쇼핑몰 구축 방법을 제공한다. 또한, 이러닝 콘텐츠를 제작하고 싶은 분들을 위해 다양한 유형의 콘텐츠 제작 기법을 제공한다.
본서와 함께 제공되는 CD에는 예제에 사용된 실제 타이틀을 제공한다. 예제 타이틀은 상상 가능한 콘텐츠 제작과 관련된 노하우를 제공한다. 특히, 예전에 콘텐츠 제작에 많이 활용되었던 캠타시아, 데모 빌더 등으로 만든 동영상을 렉토라에서 활용할 수 있는 기법과 함께 앞으로 센세이셔널한 반응을 불러일으킬 것으로 예상되는 크레이지토크 애니메이션의 활용 기법도 제공된다.
또한 본서에서는 폼, 서베이, 테스트 데이터를 전송하기 위해 필요한 PHP 스크립트를 제공하며, 타이틀을 풀 스크린 모드로 출판하는 방법과 렉토라에서 전송한 데이터의 한글 부분이 깨어져 보이는 현상에 대한 해결책을 제공한다.
한편, 최근 들어 각광을 받고 있는 스마트폰 콘텐츠 제작 기법과 함께 모바일용 콘텐츠를 에뮬레이터로 테스트할 수 있는 방법을 제공한다.

CD에 포함된 예제 중 일부 동영상은 TechSmith 사의 Screen Capture Codec으로 압축되었다. 따라서 동영상을 보려면 CD에 첨부한 TSCC.exe 파일을 실행하거나 웹에서 TSCC Codec을 찾아 설치하기 바란다. 본서에서 다룬 액션 유형별 예제는 다음과 같다.

Show/Hide

- □ 지도의 특정 지점을 클릭하면 그 지점을 중심으로 확대/축소되는 액션
- □ 텍스트 목록에 마우스를 놓으면 텍스트 내용과 일치하는 개체가 보이는 액션
- □ 버튼을 클릭하면 그림이 나타나고 지시선 및 텍스트가 사라지는 액션
- □ 지시선과 텍스트가 시간차를 두고 나타나는 액션
- □ 목록에서 선택한 개체가 미리보기 창에 보이는 액션
- □ 트랜지션 효과를 준 액션
- □ 붉은 색으로 표시된 목록에 해당하는 개체가 보였다 사라지는 액션
  - Toggle Visibility State
  - Run Action Group
  - Play/Stop
  - Toggle Play Mode
  - Go To
- □ 기본 Go To 액션
- □ 드롭다운 리스트
- □ 입력 필드에 기입한 웹 사이트로 이동하는 액션
- □ 사용자 정의 변수의 값으로 이동하는 액션
- □ 이메일
  - Exit Title/Close Window
  - Launch a program/document
- □ 리스트 박스의 목록 실행
  - Mail To
  - Display Message

- Print Current Page
- Change Contents

□ 변수의 값을 텍스트 블록에 나타나게 하는 액션

□ 개체를 동일 유형의 다른 개체로 변경하는 액션

□ 입력 필드에 기입하는 문자가 그대로 텍스트 블록에 반영되는 액션

□ 디버깅 기능을 수행하는 액션

□ 라디오 버튼의 선택 상황을 토글로 전환하는 액션

- Modify Variable

□ 드롭다운 리스트 목록에 파일 확장자 .txt를 추가하는 액션

□ 강좌를 시작하여 마칠 때까지 걸린 시간과 현재 시간을 알려주는 액션

□ 자바스크립트 변수 사용 액션

□ 폼 구성요소 개체의 변수 값 변경하기

□ Survey 질문 개체의 변수 값 변경하기

□ 다른 프레임에 놓인 개체 제어하기

□ 버튼을 클릭한 횟수를 알리는 액션

□ 체크 박스의 선택여부에 따라 라디오 버튼의 변수 값이 달라지는 액션

- Reset All Variables
- Submit Variable Values
- Submit Form
- Reset Form

□ 조건부 액션

- 특정 문자열을 입력했을 때에만 다음 단계로 넘어가게 하는 조건부 액션
- 특정 문자열을 입력했을 때에만 버튼 영역이 활성화되는 조건부 액션
- 드롭다운 리스트
- 리스트 박스
- Go Test 버튼을 클릭하면 선택한 라디오 버튼에 따라 다른 페이지로 분기하는 액션
- 수 증감 버튼을 클릭하여 3이 되었을 때 Next 버튼이 활성화 되는 액션

- On Timer
- Move To
- Pause
- Process Question
- Set Progress/Step Progress
- Size To

- Timed Test
- 보지 않은 강좌 페이지를 체크하는 액션
- 특정 경로를 통해서만 HTML 문서를 접하도록 하는 방법
- 유아용 사칙연산 구현하는 액션
- 쇼핑몰 구현 액션
- 경제 모형 시뮬레이션 액션
- 교안 제작 액션

□ 음성 녹음과 판서 기능

□ 음성 녹음과 데모 빌더 무비

□ 렉토라 Screen Recording Tool 녹화 동영상

□ 크레이지토크 애니메이션

- 프레임에 HTML 문서 불러오기
- External HTML을 활용한 풀 스크린 모드
- 렉토라 타이틀 풀 스크린 모드로 올리는 액션
- 스마트폰 콘텐츠
- 강의 녹화 영상을 한번만 재생하는 액션
- 비디오 혹은 오디오 재생 후 다음 페이지로 이동하는 액션
- 강의 영상 내용에 맞춰 특정 문자열을 화살표로 가리키는 액션
- 판서 기능 액션
- 개체를 특정 지점으로 끌어 놓는 액션
- 테스트 질문을 팝업 창에 하나씩 제출하는 액션
- Exit Title/Close Window 액션을 실행했을 때 창을 바로 닫는 액션
- 마우스가 지난 간 자리에 그림이 나타나게 하는 액션
- 투명 색상 속성 버튼을 제작하는 방법
- Wipe Right 트랜지션 속성의 텍스트 블록

본 저서가 나올 수 있도록 물심양면으로 많은 도움을 주신 렉토라, 크레이지토크 한국마케팅 담당 조문석 이사님께 심심한 사의를 표합니다. 또한 프로그래밍 과정에 많은 조언을 해 주신 대구보건대학 보건의료전산과 이재도 교수님께 감사의 말씀 드립니다.

한편, 본서를 집필하는 데 있어 조언을 아끼시지 않은 렉토라교사커뮤니티(http://www. lectora.co.kr) 운영진에 감사의 말씀 드립니다.

2010년 12월

저자 드림

Contents

PART 01 | 렉토라 기초편 :15

PART 02 | 텍스트 관련 도구 :103

PART 03 | 개체 관리 :119

PART 04 | 이미지·애니메이션 편집 :135

PART 05 | 비디오·화면 녹화 :157

PART 06 | 렉토라 고급편 :187

PART 08 | 렉토라 실무편 :473

PART 09 | 타이틀 출판 :595

Appendix | 자주 질문 받는 내용 :653

PART

01

렉토라 기초편

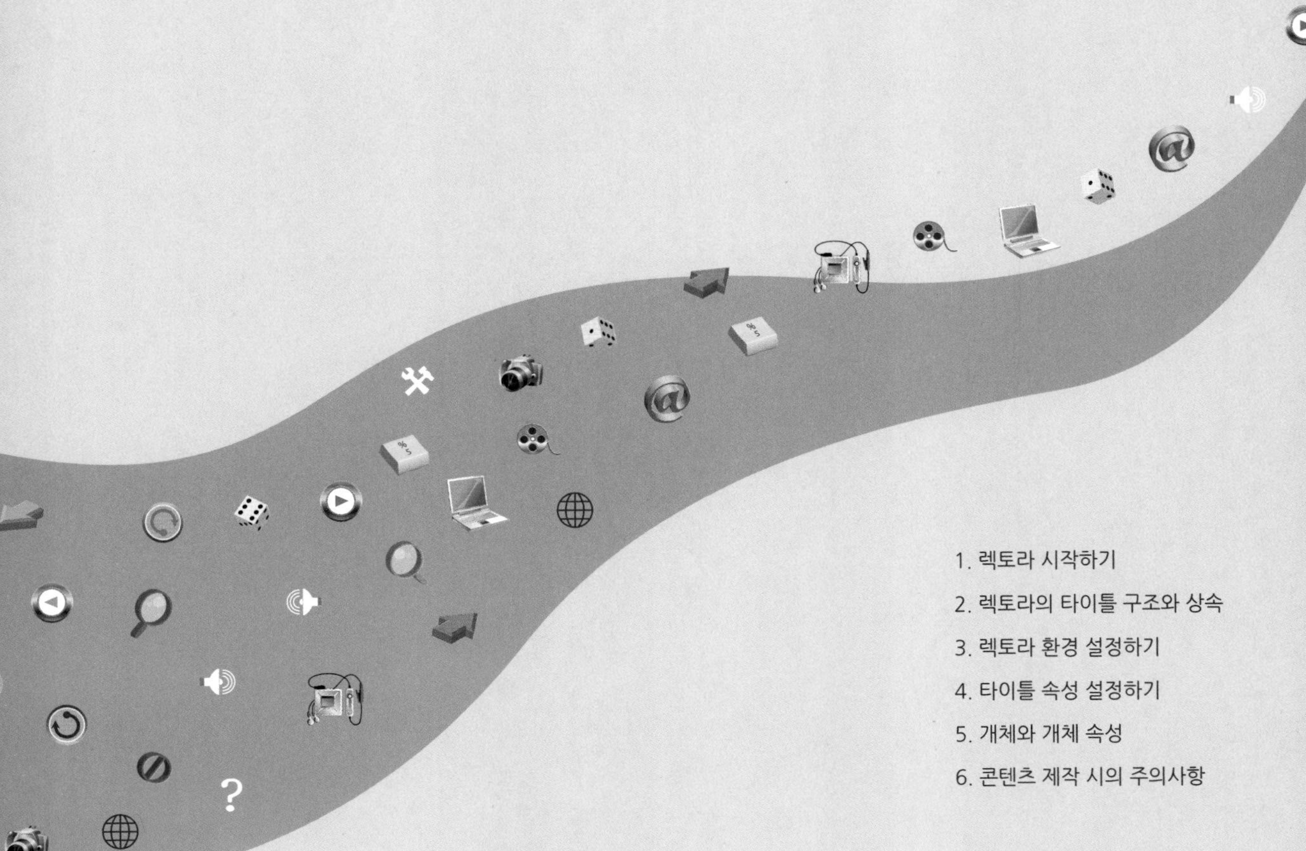

1, 렉토라 시작하기

1) 렉토라 소개

- 렉토라는 AICC, SCORM, LRN, CourseMill 등의 e-learning 표준을 지속적인 업데이트를 통하여 지원하기 때문에 타 저작 도구와 달리 LMS에서 콘텐츠의 검색 및 공유가 가능하다.
- 렉토라는 AICC에 의해 공인된 최초의 저작 시스템으로서, 렉토라에 의해 출판된 모든 콘텐츠는 웹 기반 CMI 시스템의 지침을 충족시킨다.
- 렉토라는 CMI Test Suite version 1.5의 모든 항목을 통과한 저작 도구이다.
- 특히, 렉토라는 여타 e-learning 저작 도구에 비해 다양한 유형의 평가 및 테스트 기능을 제공하여 강좌를 수강하는 학생들의 학습 성과를 한 눈에 파악할 수 있게 한다.
- e-Learning 저작 도구를 선택할 때에는 반드시 저작 도구가 LMS에 규정된 제반 항목을 충분히 반영한 상태에서 출시되었는지 체크해야 한다. 렉토라는 LMS에 규정된 제반 항목의 대부분을 만족시키는 저작 도구로서 대부분의 LMS에서 무리 없이 돌아간다.

[참고] LMS 규정 항목

- 저작 프로그램은 다양한 e-Learning 표준을 지원하는가?
- 미디어 개체를 쉽게 삽입하고 편집할 수 있는 내장 프로그램을 제공하는가?
- 개체의 공유 수단을 제공하는가?
- 다양한 폼 개체를 제공하는가?
- 테스트를 제공하는가?
- 시한 테스트를 지원하는가?
- 랜덤 테스트를 지원하는가?
- 여러 개의 테스트를 제공할 수 있는가?
- 여러 개의 테스트를 제공할 때 테스트별로 점수를 저장할 수 있는가?
- 여러 개의 테스트를 제공할 때 테스트 전체의 점수를 저장할 수 있는가?
- 이전에 하다 만 테스트를 계속 이어서 할 수 있는가?
- 테스트 통과 점수를 설정할 수 있는가?
- 테스트 질문을 저장할 수 있는가?
- 테스트 질문을 가져올 수 있는가?
- 강좌를 마치고 싶을 때 강좌를 닫을 수 있는 장치를 제공할 수 있는가?
- LMS에 강좌를 올릴 수 있는가?

- 폼 데이터 및 테스트 결과를 전송할 수 있는 수단을 제공하는가?
- 테스트와 관련한 어떤 정보들을 전송할 수 있는가?
- 외부 HTML 기능을 제공하는가?
- 학생들의 행위와 관련된 조건부 테스트가 가능한가?
- CGI 프로그램으로 파라미터의 전송이 가능한가?
- CGI 프로그램으로부터 응답받은 결과를 활용할 수 있는가?
- Assignable Unit를 여러 개 삽입할 수 있는가?

2) 렉토라에서 삽입 가능한 개체 유형

폼 개체	애니메이션	메뉴
라디오 버튼 그룹 개체	비디오	수식
라디오 버튼	IPIX 이미지	그룹 개체
체크 박스	오디오	액션 개체
입력 필드	버튼	테스트 질문
드롭다운 리스트	목차	설문 질문
리스트 박스	참조 리스트	Progress Bar
텍스트	문서	
이미지	외부 HTML	

3) 렉토라가 제공하는 기능

- 미디어 개체를 삽입가능하도록 하고, 자체 편집 도구를 통해 삽입된 개체의 편집을 가능하게 한다.
- 페이지가 열리거나 닫힐 때, 개체가 나타나거나 숨겨질 때, 개체에 마우스를 갖다 대거나 뗄 때 혹은 클릭할 때의 상황에 적용가능한 액션을 제공하여 인터랙티브한 콘텐츠를 제작할 수 있게 한다.
- 외부 HTML 삽입을 통해 자바 애플릿, CSS, 쇽웨이브 무비, 플래시 무비 등을 타이틀에 포함할 수 있게 한다.
- 폼 양식을 제공하여 다양한 폼 제작이 가능하도록 하였으며, CGI를 통해 폼 데이터를 파일에 저장할 수 있게 한다. 렉토라는 여섯 종류의 폼 개체를 제공한다.

  – Radio Button Groups
  – Radio Buttons
  – Check Boxes

- Entry Fields
- Drop-down Lists
- List Boxes

- 테스트 기능을 제공하여 강좌에 대한 학생들의 성취도를 측정할 수 있으며, CGI를 통해 테스트 결과를 파일에 저장할 수 있게 한다. 렉토라는 여덟 종류의 질문 유형을 제공한다.

채점 가능 유형

- True/False
- Multiple Choice
- Fill in the Blank
- Matching
- Drag and Drop
- Hotspot

채점 불능 유형

- Short Answer
- Essay

- 서베이 기능을 제공하여 다양한 설문을 실시할 수 있다. 설문 결과는 CGI를 통해 파일에 저장할 수 있다. 렉토라는 여덟 종류의 설문 유형을 제공한다.

  - True/False
  - Multiple Choice
  - Short Answer
  - Essay
  - Hot Spot
  - Likert
  - Likert Table
  - Ordinal

- 다양한 유형의 콘텐츠로 제작할 수 있고, 제작된 콘텐츠의 배포 방법에 따라 HTML, CD, 실행가능 파일 등의 유형으로 출판할 수 있게 한다.

  - 렉토라에서 선택할 수 있는 타이틀의 유형은 표준 렉토라 타이틀, CourseMill 2.0 출판 타이틀, AICC/SCORM/CourseMill 3.0 출판 타이틀 등이 있다.

- 타이틀의 배포 방식은 네트워크의 전송 속도, 학생들이 소유한 시스템 성능, 타이틀에 포함된 미디어 개체의 크기 등을 포괄적으로 고려하여 결정한다.

- 508 Compliance Check 기능을 제공하여 장애인의 입장에서 웹 페이지를 대할 때 부딪칠 수 있는 문제점들을 사전에 수정할 수 있도록 한다.

4) 렉토라로 타이틀을 제작하거나 저장할 때의 주의 사항

- 텍스트의 글꼴은 타이틀 속성 창에서 '바탕'으로 설정한다. 기본 글꼴인 '굴림'을 그대로 사용하면 텍스트가 외관상 좋게 보이지 않는다.
- 팝업 창의 사용을 가능한 한 자제한다. 새 창으로 연 문서에서는 팝업 창이 기능하지 못한다.

  문서 A의 문자열을 클릭하여 문서 B를 열려면 다음과 같이 한다.

  - 문서 A의 문자열에는 Open in New Window 옵션이 해제된 Go To 액션을 설정한다.
  - 문서 B에는 문서 A로 되돌아 갈 수 있는 Go To 액션을 설정한다.

- 타이틀을 저장할 때는 타이틀 폴더에 포함된 모든 것들을 함께 저장한다.

  - 타이틀 이름이 Title1이면 타이틀을 구성하는 모든 요소는 Title1 폴더에 저장된다.

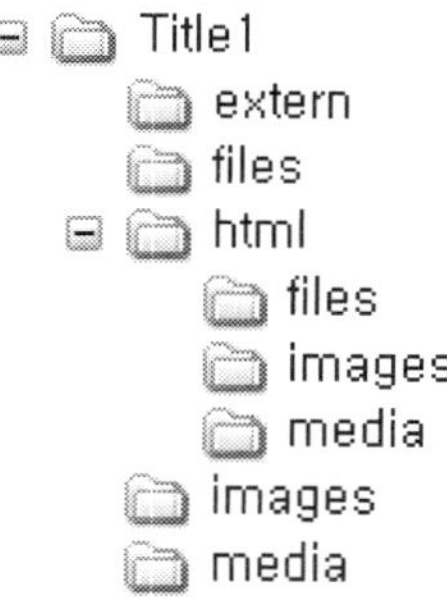

  - extern, files 폴더에는 타이틀에 포함된 미디어 개체의 작동과 관련된 파일 및 문서 파일이 저장된다.
  - images 폴더에는 타이틀에 포함된 이미지, 도형, 플래시 파일 등이 저장된다.
  - media 폴더에는 타이틀에 포함된 비디오, 오디오 파일이 저장된다.
  - html 폴더에는 타이틀의 웹 출판과 관련된 타이틀의 모든 정보를 저장한다.
  - Title1 폴더의 images 폴더와 html 폴더의 images 폴더의 내용은 같은 것도 있고 다른 것도 있다. 하드 디스크 용량을 줄일 목적으로 Title1 폴더의 images 폴더를 삭제하여 저장하면 Title1을 불러올 때 타이틀에 포함된 개체 불러오기에 실패한다.

- 현재 제작 중인 타이틀을 다른 이름으로 저장하려면 Save As 혹은 Save a Copy of Title을 실행한다.
  - 현재 폴더와 다른 폴더 이름을 지정하고 저장한다. 지정된 폴더에는 타이틀 및 타이틀 관련 모든 개체가 저장된다.

5) 개체를 불러 올 때의 주의사항

개체 복사/붙이기를 실행하거나 Tools/Import from Existing Title을 실행하면 다른 타이틀에 포함된 개체를 가져올 수 있다.
이때 붙이거나 가져오려는 개체의 파일 이름이 현재 제작 중인 타이틀의 개체 이름과 동일한 경우에는 Rename Resource 경고 창이 열린다.

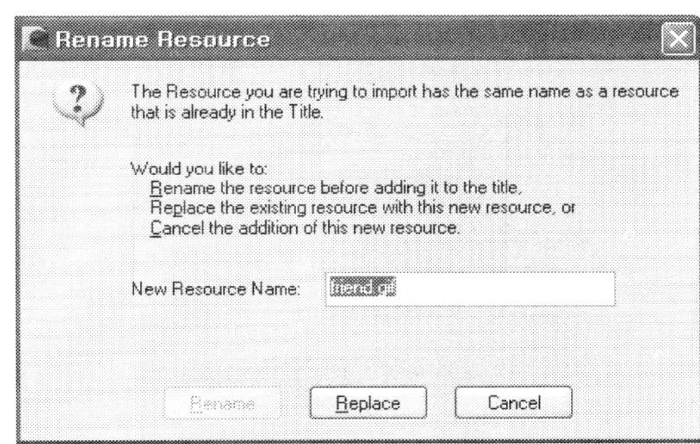

- Replace 버튼을 클릭하면 기존의 개체가 삭제되고 새로 불러오거나 복사한 개체가 타이틀에 포함되게 된다. 즉, 보기의 경고 창에서 Replace 버튼을 클릭하면 타이틀에 포함된 기존의 개체 friend.gif 파일은 새로 불러 오거나 복사한 friend.gif로 대체된다.
- 복사하거나 가져오는 개체의 이름이 타이틀에 포함된 기존의 개체의 이름 friend.gif와 같을 경우, 이름을 friend_1.gif와 같이 변경하면 Rename 버튼이 활성화 된다. Rename 버튼을 클릭하면 새로 불러 오거나 복사한 파일이 타이틀에 추가된다.
- 이러한 개체를 타이틀에 추가하지 않으려면 Cancel 버튼을 클릭한다.

2, 렉토라의 타이틀 구조와 상속

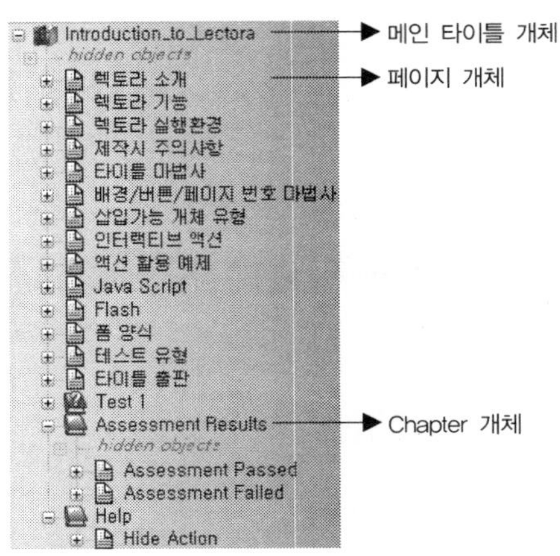

Title Exploer 창의 추리 구조

- 렉토라 타이틀은 메인 타이틀 개체와 페이지 개체로 구성된다.
- 메인 타이틀 개체는 페이지 개체를 포함한다.
- 메인 타이틀 개체와 페이지 개체는 텍스트, 비디오, 오디오, 이미지, 애니메이션 등의 미디어 개체를 포함한다.
- 메인 타이틀 개체와 페이지 개체의 관계는 추리 구조 형태를 취한다. 메인 타이틀 개체는 나무 몸통, 페이지 개체는 나무줄기의 역할을 한다.
- 페이지 개체의 가장 큰 형태는 Chapter 속성을 지니며, 그 다음 크기 형태로 Section, Page 속성을 지닌다.
- Section 속성을 지닌 페이지 개체에는 또 다른 Section을 추가할 수 있다. 추리 구조상 후자는 전자에서 분기된다.
- 메인 타이틀 개체에 포함된 페이지 개체는 추리 구조상 메인 타이틀의 한 단계 아래에 위치한다. 페이지 개체에 포함된 Section 개체는 추리 구조상 페이지 개체의 한 단계 아래에 위치한다.
- 타이틀에 포함된 개체의 추리 구조상 위치에 따라 그 개체의 상속이 가능해진다.
- 메인 타이틀 개체의 한 단계 아래에 위치하고, 메인 타이틀 개체의 한 단계 아래에 위치한 여타 페이지 개체보다 우선적으로 배치된 즉, 메인 타이틀 개체의 바로 아래에 위치한 개체는 그 개체 아래에 위치한 모든 페이지에 상속된다.

- Chapter 속성을 지닌 페이지 개체의 한 단계 아래에 위치하고, 그 페이지 개체의 한 단계 아래에 위치한 여타 속성의 페이지 개체보다 우선적으로 배치된 즉, 페이지 개체의 바로 아래에 위치한 개체는 그 개체 아래에 위치한 모든 페이지에 상속된다.
- 타이틀에 포함되는 모든 개체는 그 자신의 고유한 레이어에 담겨진다.
- 페이지 개체는 그 페이지에 포함된 개체의 수만큼의 레이어 층으로 구성된다.

타이틀을 제작할 때 이러한 상속의 개념과 레이어 층의 개념에 대한 이해는 효율적으로 타이틀 제작을 할 수 있다.

1) 레이어와 개체

- 렉토라는 개체를 레이어에 할당하여 관리한다. 개체를 담은 레이어는 페이지별로 구분되어 레이어 층을 형성한다.
  - 레이어의 개념을 투명 셀로판 용지로 생각하자. 결국, 레이어 층이란 여러 개의 투명 셀로판 용지가 겹쳐진 것을 뜻한다.
- 개체와 레이어간에는 1:1의 대응관계가 성립된다.
  개체를 삽입하면 개체는 하나의 레이어에 삽입된다. 여러 개의 개체를 삽입하면 개체 수만큼의 레이어가 생성되고, 레이어마다 한 개씩의 개체가 담겨지게 된다. 결국, 컨텐트 페이지에 여러 개의 개체를 배열한다는 것은 개체를 담은 여러 개의 레이어를 층별로 겹쳐 배열한 것이 된다.
- 눈에 보이는 콘텐츠의 내용은 개체를 담은 레이어의 상하 배열순에 따라 달라진다.
  웹상에 보이는 콘텐츠의 내용은 개체의 삽입 순서에 의해 결정되지 않고 각각의 개체를 담은 레이어의 배열 순서에 의해 결정된다. 즉, 레이어의 배열 순서를 달리하면 눈에 보이는 콘텐츠의 내용도 달라진다. 레이어를 상하로 배열할 때 가장 높이 위치한 레이어가 최상층 레이어가 되고 하위 레이어에 삽입된 개체는 최상층 레이어에 삽입된 개체에 의해 가려지게 된다.

예제 | 그림으로 보는 레이어의 개체 할당

컨텐트 페이지에 세 개의 개체가 삽입되면, 각 개체는 생성된 레이어에 하나씩 담겨지고, 이들 레이어의 배열 순서에 따라 개체간의 겹침 현상이 발생하여 눈에 보이는 콘텐츠의 내용이 달라지게 된다. 텍스트 개체 'Home', 도형 개체 '사각형', 그리고 버튼 개체 '화살표'가 삽입된 예를 들어 보자. 버튼 개체(화살표)가 담긴 레이어의 위치에 따라 버튼 개체가 보이거나 숨겨져 버튼 기능이 작동하거나 작동하지 못하게 된다.

• 버튼 개체가 최상위 층 레이어에 위치한 경우

렉토라 화면의 왼쪽 창은 타이틀 구조 창으로서 타이틀 구성을 추리 형태로 보여준다. 타이틀 구조 창에서 개체가 배열되는 구조는 레이어의 배열 구조와 동일하다. 단, 페이지별로 추리 구조의 밑에 위치할수록 개체에 배당된 레이어는 상위 층에 위치한다. 위 타이틀 구조는 도형 개체 보다는 텍스트 개체가, 텍스트 개체 보다는 버튼 개체가 상위의 레이어 층에 위치한다. 따라서 이들 개체는 함께 어울려 표시된다.

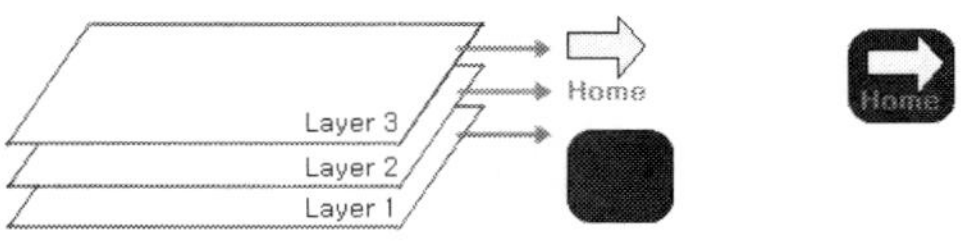

• 버튼 개체가 최상위 층 레이어에 위치하지 않은 경우

위 타이틀 구조는 버튼 개체 보다는 도형 개체가, 도형 개체 보다는 텍스트 개체가 상위의 레이어 층에 위치한다. 따라서 도형 개체가 버튼 개체를 가리게 된다.

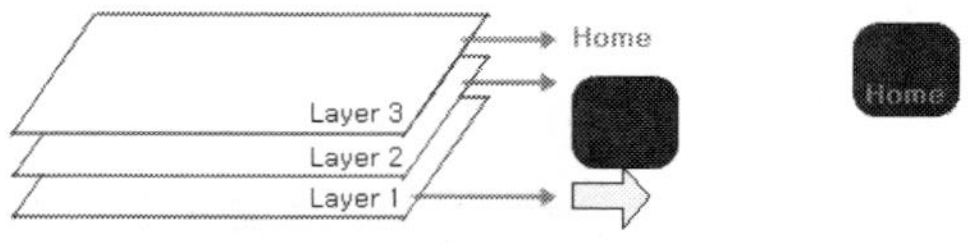

개체가 담긴 레이어의 위치에 따라서 특정 개체가 보이거나 가려지며 그 결과 버튼 개체 같은 경우에는 버튼 영역으로서 인식되거나 인식되지 않는 현상이 발생하므로 타이틀 구조에서의 개체의 위치가 무엇보다 중요하다.

타이틀에 포함된 개체의 삽입 순서와 관계없이 개체의 레이어 위치를 변경하면 화면에 표시되는 콘텐츠의 모양이 달라진다.

Tip 여러 개의 개체를 함께 겹쳐서 콘텐츠를 제작할 때, 특정 개체가 다른 개체 보다 상위에 위치하게 하려면?

- 타이틀 구조 창에서 특정 개체의 위치를 겹쳐지는 다른 개체의 위치 보다 아래에 배치한다. 즉, 더 높은 레이어 층에 포함되게 한다.
- 특정 개체의 속성을 Always on Top으로 지정한다.

✎ Button Wizard로 혹은 Add Button 아이콘을 클릭하여 삽입한 버튼 개체는 그 속성이 항상 Always on Top인 관계로 여타 개체와 겹쳐지는 경우에도 타이틀 구조 창에서의 위치와 무관하게 항상 여타 개체보다도 상위에 위치한다.

2) 타이틀 속성과 페이지 개체

타이틀에 포함된 모든 페이지 개체는 모체인 타이틀 속성을 따라간다. 예를 들어, 타이틀 속성에서 설정한 페이지 크기, 배경 색상, 글꼴, 배경 이미지, 배경 음악 등은 모든 페이지에 그대로 적용된다. 타이틀 속성 창에서 글꼴을 '바탕'으로 설정하면 타이틀에 삽입되는 모든 텍스트는 '바탕' 글꼴로 입력된다.

또한 페이지 개체의 하위 페이지는 한 단계 위의 페이지 개체 속성을 따라간다. Chapter의 글꼴 속성 및 페이지 정렬은 Chapter의 자식인 Section 및 Page에 그대로 적용된다.

- 타이틀 속성과 페이지 개체간의 관계는 개체 상속 개념을 따른다.

페이지 개체 Chapter/Section에는 특별한 경우가 아니면 텍스트, 이미지 등의 미디어 개체를 삽입하지 않는다. Chapter/Section 자체에 미디어 개체 등을 삽입하는 경우는, Chapter/Section에 포함된 모든 Section이나 Page에 동일한 내용을 동일한 위치에 표시할 필요가 있을 때, 그리고 Chapter/Section에 포함된 모든 Section이나 Page에서 동일한 내용을 참조할 필요가 있을 때에 한정된다.

Chapter와 Section은 논리적 개체에 해당한다. Chapter/Section에 입력한 내용은 Chapter 나 Section의 속성을 상속한 물리적 개체 Section 이나 Page에 그대로 나타난다.

- Page에 삽입한 개체는 해당 페이지에만 나타난다.
- Section에 삽입한 개체는 Section에 포함된 모든 페이지에 나타난다.
- Chapter에 삽입한 개체는 Chapter에 포함된 모든 Section의 모든 페이지에 나타난다.
- Test에 삽입한 개체는 Test에 포함된 모든 Section의 모든 페이지에 나타난다.
- Title에 삽입한 개체는 Title에 포함된 모든 Chapter의 모든 Section의 모든 페이지에 나타난다.

Tip 페이지 개체의 속성을 타이틀 속성과 달리 지정하려면 페이지 개체의 속성을 변경한다.

3, 렉토라 환경 설정하기

사용자 작업 환경은 File/Preferences를 실행하여 설정한다. 환경 설정에서는 보기/숨기기 체크 박스, 타이틀을 HTML로 출판할 때 개체에 자동으로 부여되는 개체 이름의 표시 여부, 미디어 개체를 편집할 때 사용되는 프로그램의 종류 등을 설정한다.

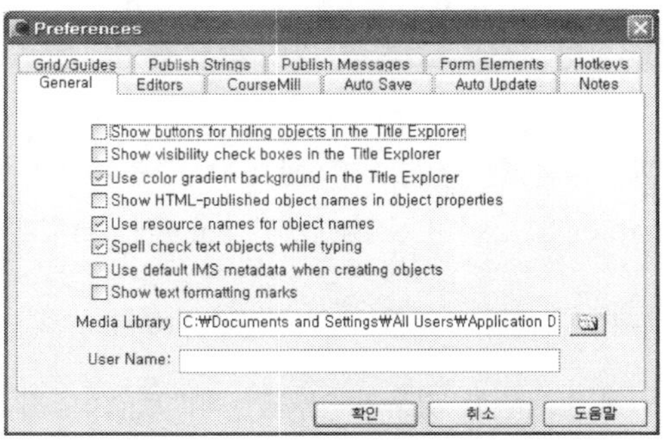

□ General 탭에서는 타이틀 구조 창의 배경, 개체 보기/숨기기, 개체 속성 창에서의 HTML 코드의 표시 여부 등을 설정한다.

- Show buttons for hiding objects in the Title Explorer 옵션을 선택하면 타이틀 개체, Chapter 개체, Section 개체에 포함한 Page 개체 이외의 모든 개체를 hidden objects로 설정할 수 있다. 왼쪽 프레임 창의 추리 구조를 단순화 할 때 사용한다.

Ex '–' 버튼을 클릭하면 타이틀 개체에 포함한 Page 개체 이외의 모든 개체를 숨길 수 있다. 숨긴 개체를 다시 표시하려면 '+' 버튼을 클릭한다.

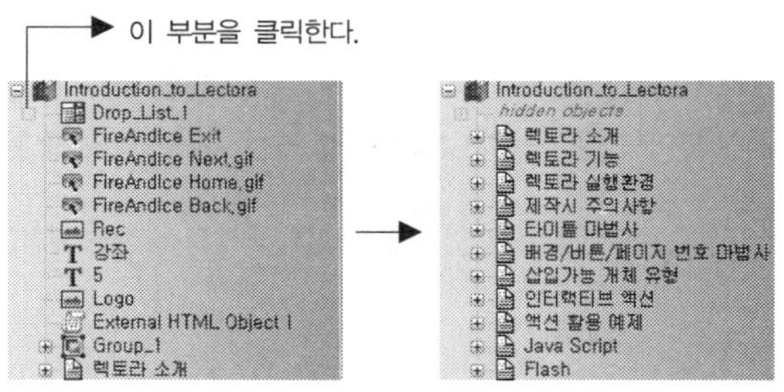

타이틀 개체 Introduction_to_Lectora는 Title Explorer 창의 첫 번째 줄에 표시된다. 타이틀 개체는 Chapter, Page 개체를 포함한다. 타이틀 개체와 타이틀 개체 아래에 바로 포함된 Chapter, Page 개체 이외의 모든 개체를 합쳐서 타이틀 개체로 정의한다.

- Show visibility check boxes in the left-hand pane 옵션을 선택하면 Title Explorer 창에 보기/숨기기 체크 박스 가 표시된다. 작업 창에서 특정 개체만 보이도록 하여 편집하고 싶을 때 보기/숨기기 체크 박스를 활용한다. 보기/숨기기 체크 박스 는 토글 버튼으로서 누를 때마다 해당 개체는 보기/숨기기 상태가 된다.

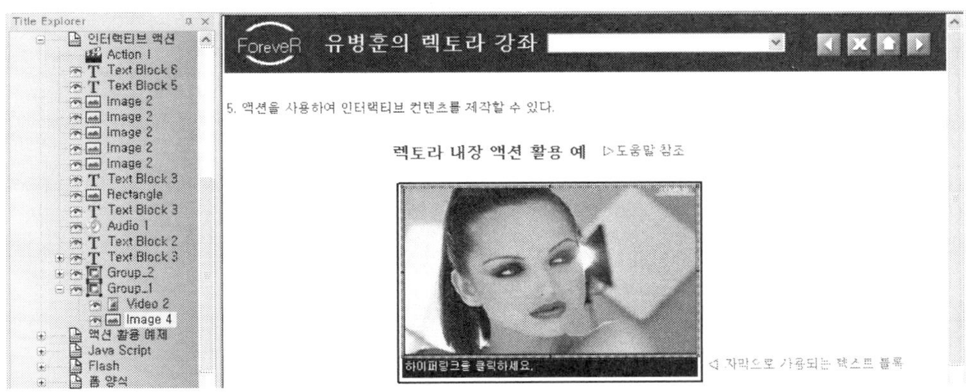

Show visibility … left-hand pane 옵션을 선택한 장면. 왼쪽 프레임 창에 체크 박스 가 표시된다.

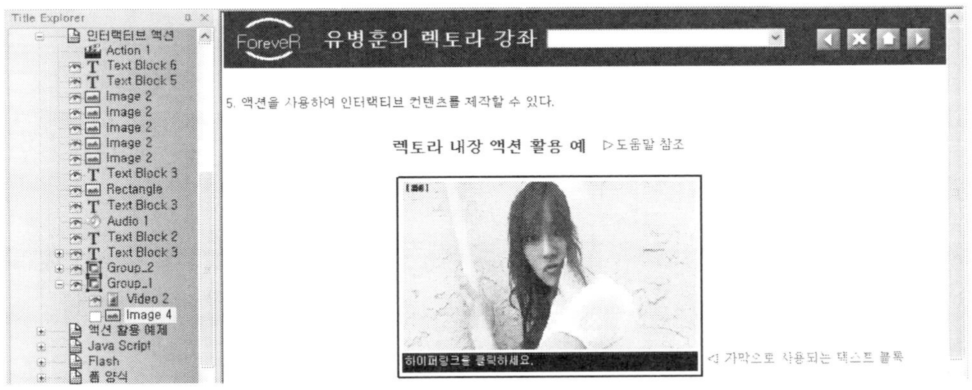

보기/숨기기 체크 박스 를 클릭하여 Image 4 개체를 편집 창에서 숨긴 장면

- Use color gradient background in the left-hand pane 옵션을 선택하면 왼쪽 프레임 창의 배경을 컬러 그래디언트로 장식할 수 있다.
- User Name 입력 필드에는 메모 작성자의 이름을 입력한다. 여러 명이 팀을 구성하여 타이틀을 제작할 때 누가 메모를 삽입했는지 파악할 수 있게 한다.
- Use resource names for object names 옵션을 선택하면 타이틀에 삽입되는 미디어 개체의 파일 이름을 개체 이름으로 표시한다.

Ex Beauty.jpg 이미지 파일을 타이틀에 삽입하면 왼쪽 프레임 창에는 Beauty란 이름으로 표시된다.

- Show HTML-published object names in object properties 옵션을 선택하면 타이틀을 HTML로 출판 때 사용하는 HTML 코드를 개체 속성 창의 우측 상단에 표시해 준다. HTML 소스를 통해 특정 개체와 관련된 코드를 분석할 목적으로 사용한다.

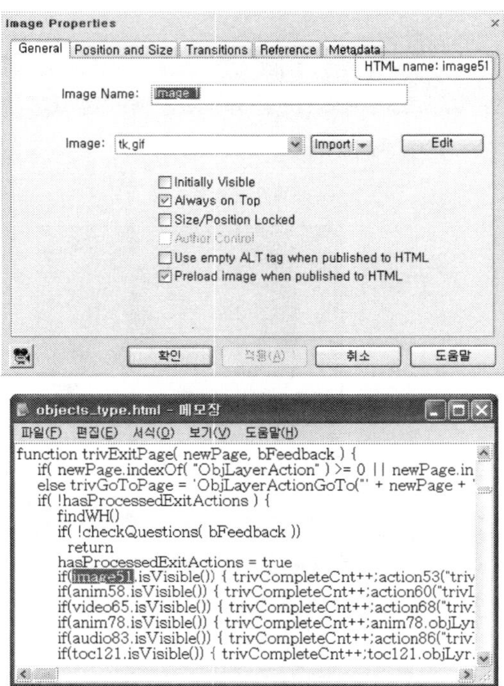

- spell check text objects while typing 옵션을 선택하면 텍스트 블록에 글자를 입력할 때 철자가 틀린 단어를 붉은 밑줄로 표시한다. 철자가 틀린 단어가 아닌 경우에는 사전에 철자가 맞는 단어로 등록할 수 있다.

Ex variable을 variabl로 입력하면 붉은 밑줄이 그어지고, 단어를 마우스 오른쪽 버튼으로 클릭하면 단축 메뉴에서 렉토라 사전이 제시하는 단어 중 하나를 선택할 수 있다. Add to Dictionary를 클릭하면 철자가 맞는 단어로 등록된다.

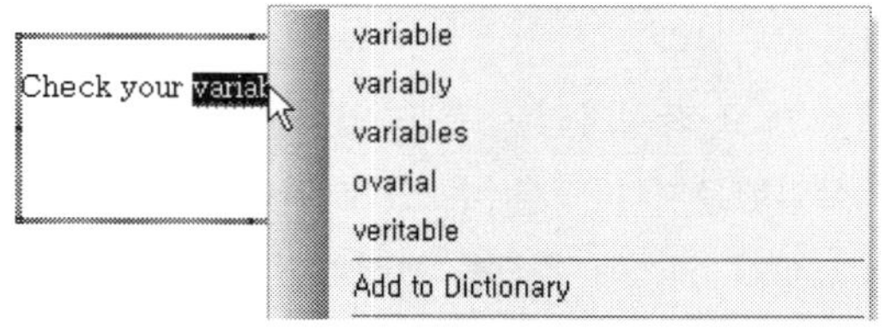

- Show text formatting marks 옵션을 선택하면 문단부호, 빈칸, 탭 등의 기호를 표시할 수 있다.

* → You·can·show·text·formatting·marks·within·text·blocks,·¶
······such·as·paragraph·returns,·hard·and·soft·returns,·spaces,·
······tabs,·and·page·breaks.¶
¶

- Use default IMS metadata when creating objects 옵션을 선택하면 타이틀에 추가하는 모든 개체에 IMS metadata 데이터 요소가 자동적으로 정의되게 한다.

Ex 이미지를 삽입하면 이미지와 관련된 메타 속성이 자동으로 정의된다.

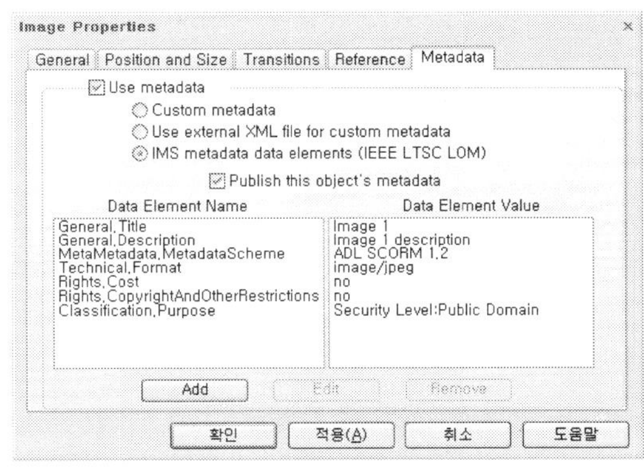

✎ 이미지의 메타 속성은 이미지 속성 창의 Metadata 탭에서 확인한다.

메타데이터는 학습 자료에 관한 정보로서 학습 자료를 관리하고 검색하고 다운받을 수 있는 수단을 제공한다. 학습 자료는 HTML 파일, 비디오, 책 등과 같이 물리적 자료든 디지털 자료든 모든 것을 포함한다.

IMS 메타데이터 표준은 학습 자료 메타데이터에 관한 구조 및 용어를 규정한다. 메타데이터는 HTML, AICC, SCORM, 혹은 CourseMill로 출판할 때 생성되는 imsmanifest.xlm 파일 내부에 표준 XML 메타데이터로 출판된다.

메타데이터는 사용자 정의 메타데이터, 메타데이터를 포함한 외부 XML 파일, IEEE LTSC LOM 표준을 따르는 IMS 메타데이터 데이터 요소의 '이름/값' 쌍으로 정의될 수 있다. 메타데이터를 추가하려면 Use metadata 옵션을 선택한다.

- Custom metadata 옵션 상태에서는 Custom Metadata 텍스트 필드에 직접 메타데이터를 입력할 수 있다.

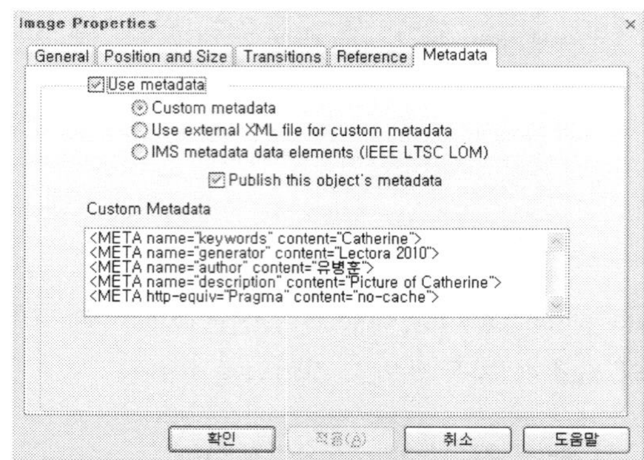

- Use external XML file for custom metadata 옵션을 선택하면 XML 파일을 메타데이터로 사용할 수 있다.

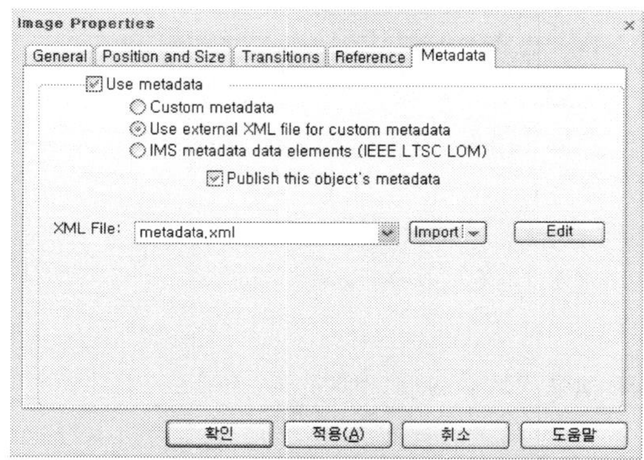

- XML 파일은 Import 버튼을 클릭하여 불러온다.

XML 파일의 예는 다음과 같다.

```
<clipInfo>
      <entry>
            <name>Title</name>
            <value type="string">2003 Football Highlights</value>
      </entry>
      <entry>
            <name>Copyright</name>
            <value type="string">(C) 2004</value>
      </entry>
      <entry>
```

```
            <name>Keywords</name>
            <value type="string">sports, football</value>
        </entry>
        <entry>
            <name>Description</name>
            <value type="string">A review of the highlights in the 2003 fall football season.</value>
        </entry>
</clipInfo>
```

- IMS metadata data elements (IEEE LTSC LOM) 옵션을 선택하면 미리 정의된 IMS 메타데이터 데이터 요소를 선택/제거/추가할 수 있다.

IEEE LTSC LOM에 기반한 문서는 학습 자료의 특징을 묘사할 수 있는 일련의 메타데이터 요소를 규정하고 있다. 여기에는 요소 이름, 정의, 데이터 유형, 그리고 필드 길이, 메타데이터의 개념적인 구조 등을 포함한다. IMS 메타데이터 데이터 요소에 관한 구체적인 내용은 다음 사이트를 참조한다.

✎ http://www.imsproject.org/metadata/

- Publish this object's metadata 옵션을 선택하면 메타데이터를 포함하여 출판한다.

□ Editor 탭에서는 파일 유형에 따른 실행 프로그램을 지정한다.

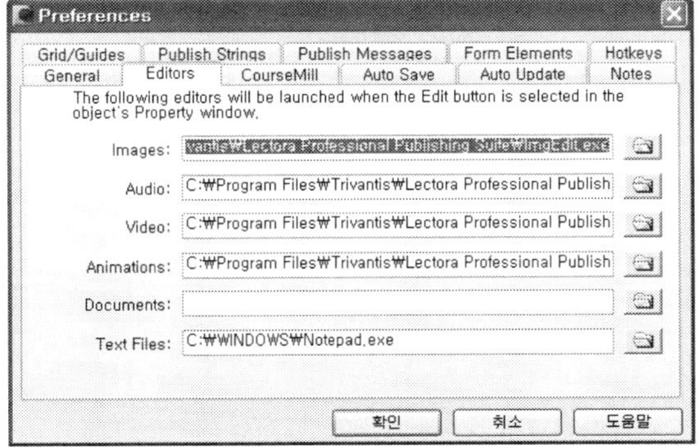

오디오 파일을 캠타시아 오디오 편집기로 편집하려면 오디오 에디터의 파일 열기 버튼 을 클릭하여 CamAudioEditor.exe 파일을 지정한다.

Tip 이미지 개체 속성 창의 Edit 버튼이 활성화되지 않을 때는 Image 항에 ImgEdit.exe가 설정되어 있는지 확인한다.

□ CourseMill 탭에서는 타이틀을 Trivantis사의 LMS인 CourseMill로 출판할 때 사용하는 정보를 표시한다.

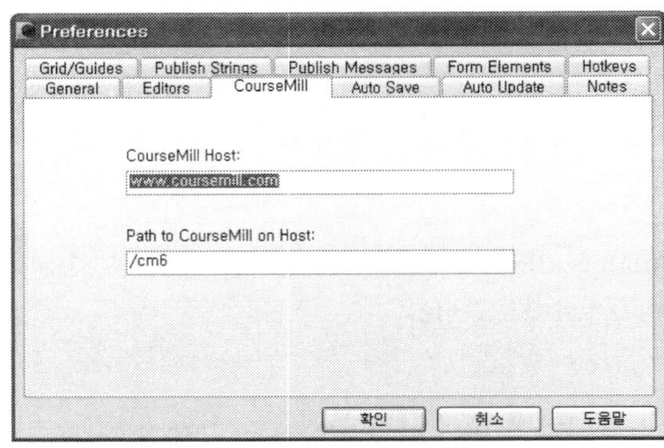

- CourseMill Host 입력 필드에는 CourseMill 서버의 웹 주소를 입력한다. 기본적으로 www.coursemill.com이 입력되어 있다.
- Pass to CourseMill on Host 입력 필드에는 CourseMill 서버에서의 CourseMill 시스템의 위치를 입력한다. 기본적으로 '/cm6'이 입력되어 있다.

□ Auto Save 탭에서는 타이틀의 자동 저장 유무를 지정한다.

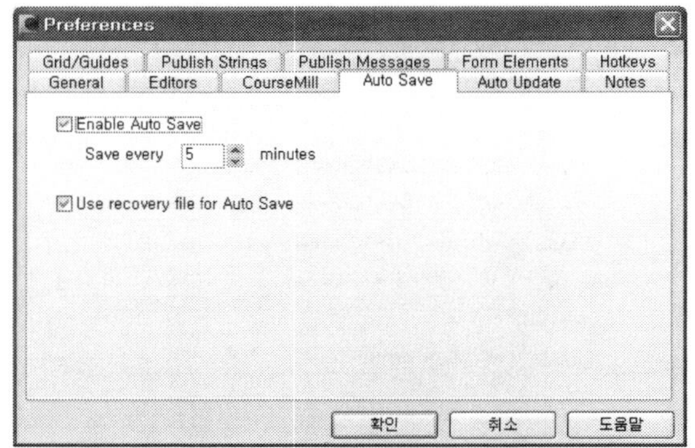

- Enable Auto Save를 선택한 상태에서 5분을 지정하면 렉토라는 5분 간격으로 타이틀을 자동으로 저장한다. 타이틀 자동 저장 방법은 두 가지가 있다.
  - Use recovery file for Auto Save를 선택하면 제작 중인 원본 타이틀을 그대로 두고 임시 파일에 저장한다. File/Save를 실행하면 임시 파일을 원본 타이틀에 덮어쓰기 한다.
  - Use recovery file for Auto Save를 선택하지 않으면 제작 중인 원본 타이틀을 덮어쓰기 한다.

□ Auto Update 탭에서는 렉토라의 자동 업데이트 유무를 지정한다.

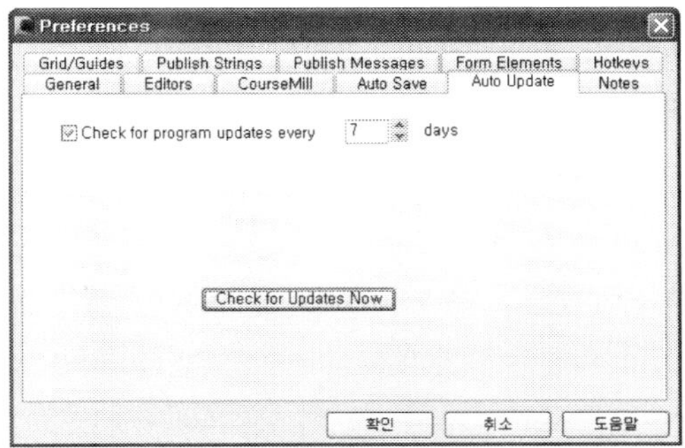

- Check for program updates every n days를 선택한 후 일자를 지정하면 지정한 날 수 n에 맞춰 자동으로 렉토라를 업데이트 할 수 있다.
- Check for Updates Now 버튼을 클릭하면 업데이트 여부를 확인할 수 있다. 업데이트가 필요한 경우 바로 업데이트할 수 있다.

□ Notes 탭을 클릭하면 메모 바탕색, 글꼴을 설정할 수 있다.

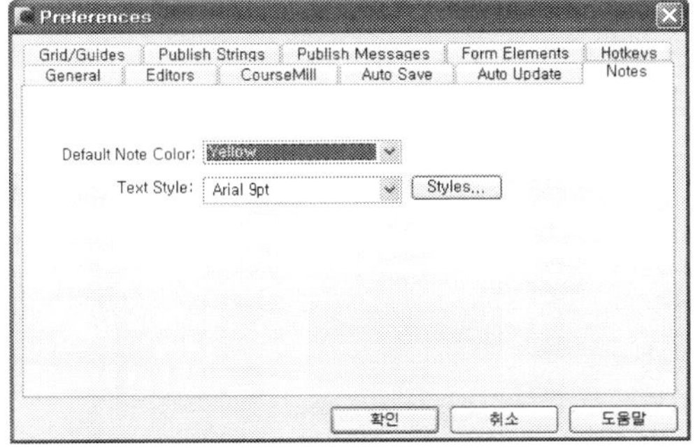

□ Grid/Guides 탭을 클릭하면 격자, 눈금자, 가이드라인을 설정할 수 있다.

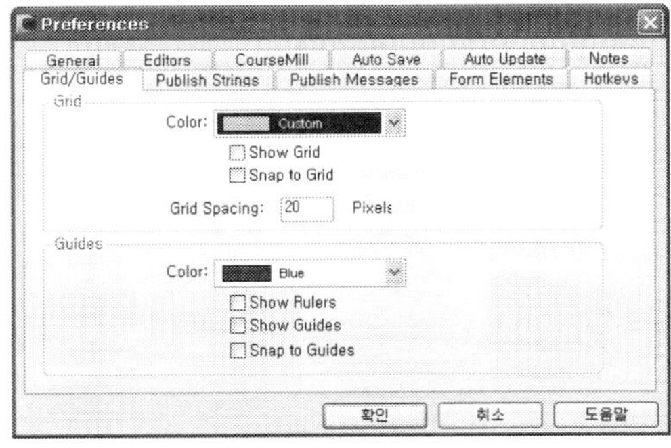

- Show Grid 옵션을 선택하면 편집 창에 격자가 보인다. 격자 간격은 Grid Spacing 필드에서 픽셀 단위로 지정한다.
- Show Rulers 옵션을 선택하면 편집 창에 눈금자가 보인다.
- Show Guides 옵션을 선택하면 편집 창에 가이드라인을 위치시킬 수 있다.
- Snap to Grid 옵션을 선택하면 격자에 맞춰 개체를 이동시킬 수 있다.
- Snap to Guides 옵션을 선택하면 가이드라인에 맞춰 개체를 이동시킬 수 있다.
- 가이드라인을 생성하려면 눈금자를 마우스로 누른 상태에서 마우스를 편집 창으로 끌어 놓는다.
- 가이드라인을 제거하려면 Ctrl 키를 누른 상태에서 가이드라인을 마우스로 끌어 눈금자로 이동한다.

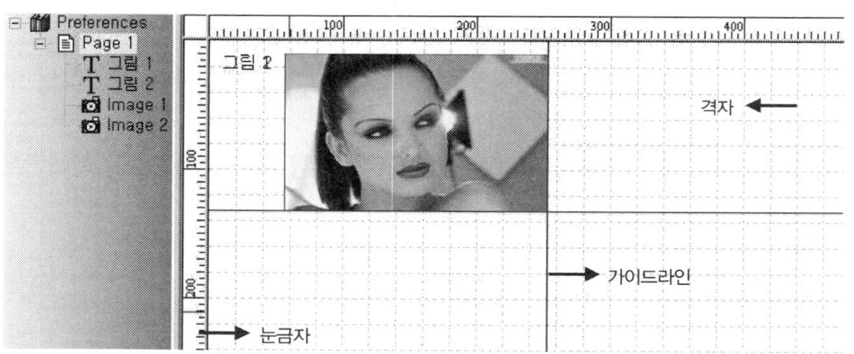

□ Publish Strings 탭을 클릭하면 테스트 결과 대화상자에 나타나는 텍스트 등을 사용자 정의할 수 있다.

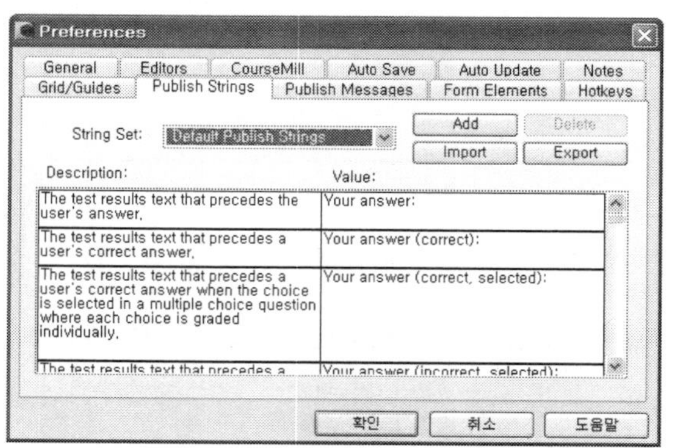

렉토라는 Description에서 정의한 상황이 발생할 때 Value에서 정의한 텍스트를 표시한다.

Ex 테스트를 시작하면 왼쪽 창이 뜬다. 창에 표시된 문자열은 오른쪽 창과 같이 우리말로 표시할 수 있다.

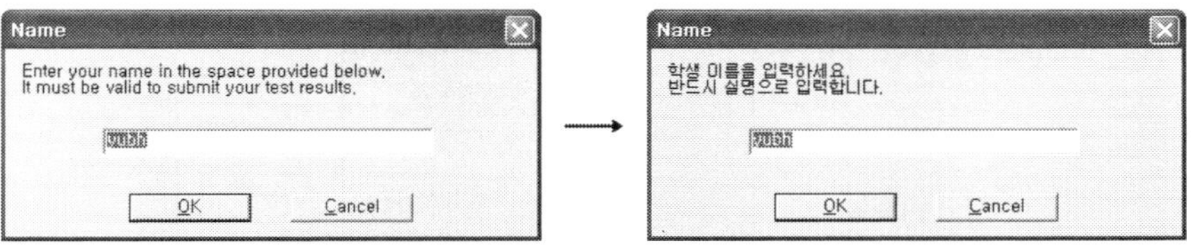

사용자 정의는 다음과 같이 한다.

❶ 텍스트 내용을 변경하려는 항목을 클릭한다.

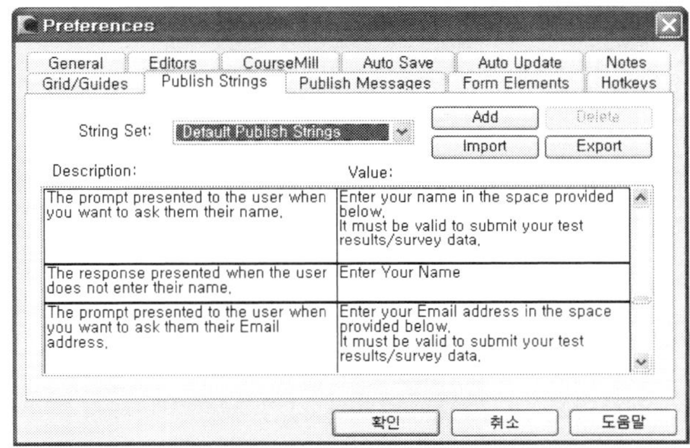

❷ 다른 내용으로 입력한 후 확인 버튼을 클릭한다.

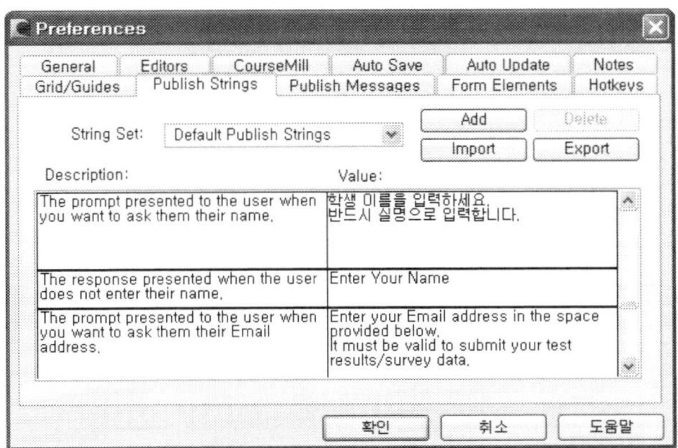

- Add 버튼을 클릭하면 문자열 세트를 추가할 수 있다. 렉토라의 기본 문자열 세트를 손대지 않고 사용자 정의 문자열 세트를 만들 수 있다.

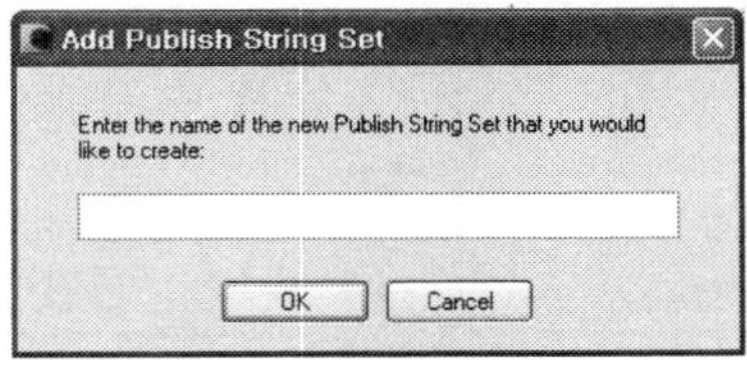

Ex 'Korean'을 입력하고 OK 버튼을 클릭하면 문자열 세트 'Korean'이 만들어진다.

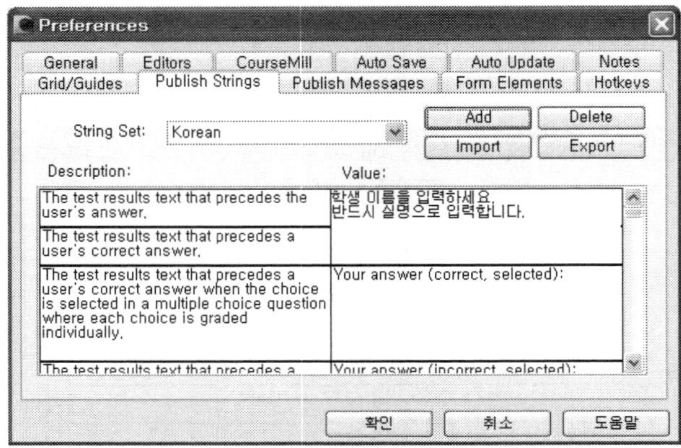

문자열 세트 'Korean'은 렉토라가 제공하는 기본 문자열 세트 'Default Publish Strings'와 동일한 항목을 지닌다. 테스트 결과 대화상자에 표시되는 텍스트를 한글로 나타내려면 문자열 세트 'Korean'의 Description 상황에 맞는 Value의 값을 한글로 입력한다.

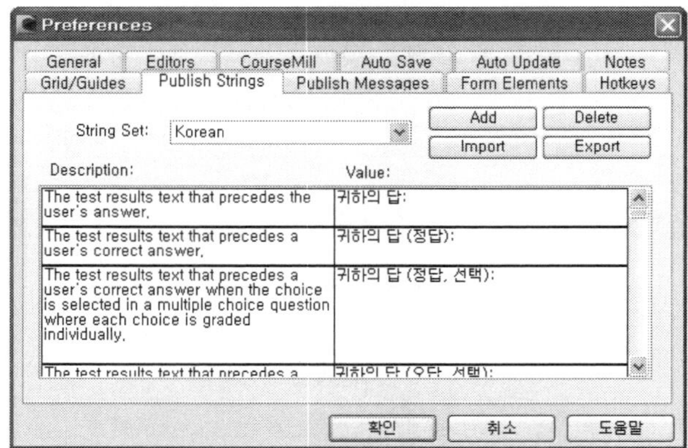

문자열 세트를 'Korean'으로 선택하면 테스트 결과 대화상자는 한글로 표시된다.

- Export 버튼을 클릭하면 현재 선택된 문자열 세트를 텍스트 파일로 저장한다.

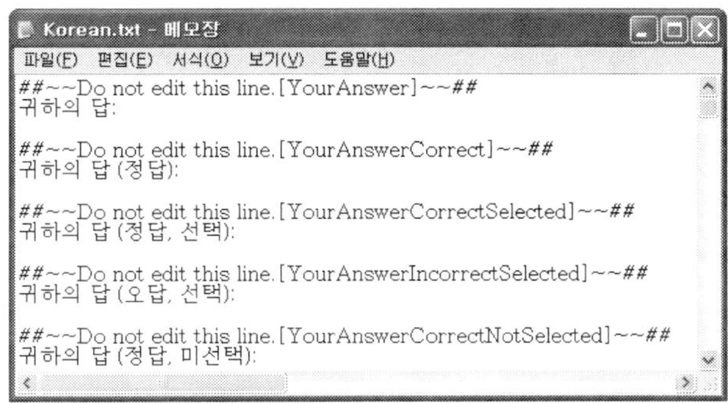

- 문자열 세트를 선택하고 Import 버튼을 클릭하면 텍스트 파일로 저장된 문자열 세트로 해당 문자열 세트를 대체할 수 있다.

□ Publish Messages 탭을 클릭하면 경고문의 종류를 지정할 수 있다. 이들 경고문은 타이틀을 HTML로 출판할 때 발생한다.

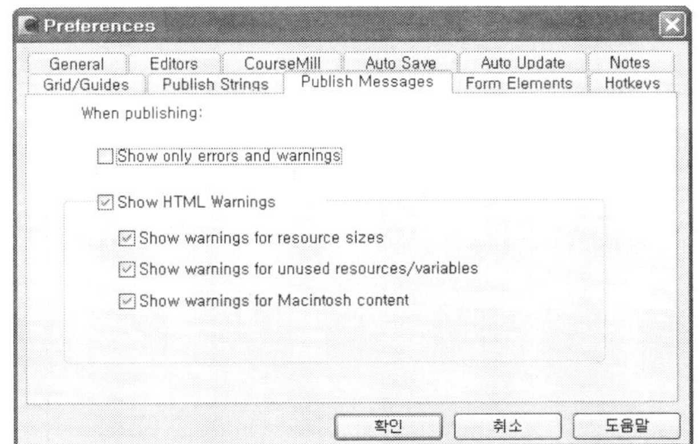

- Show only errors and warnings 옵션을 선택하면 Publish Title to HTML, Check Title for Errors 창에서 메시지를 생략할 수 있다.

  ✎ Publish Title to HTML, Check Title for Errors 창은 각각 Publish/Publish to HTML, Tools/Error Check을 실행할 때 열린다.

경고 메시지의 종류는 타이틀에 포함된 개체의 파일 용량, 타이틀에서 사용하지 않는 개체와 변수, 그리고 매킨토시 컴퓨터에서 제대로 보여 질 수 없는 개체 등이 포함된다.

□ Form Elements 탭을 클릭하면 라디오 버튼과 체크 박스의 종류를 지정할 수 있다.

선택된 라디오 버튼과 체크 박스의 종류는 새 타이틀을 제작할 때 적용된다. 현재 타이틀에 삽입된 모든 라디오 버튼과 체크 박스를 선택된 종류로 변경하려면 Apply to Current Title 버튼을 클릭한다.

□ Hotkeys 탭을 클릭하면 렉토라 메뉴 항목에 대해 단축키를 지정할 수 있다.

Category 리스트를 클릭하면 메뉴를 선택할 수 있고, 목록 창에는 해당 메뉴의 항목이 나열된다. 선택된 메뉴 항목에 대한 단축키는 Current keys 박스에 표시된다. 단축키를 추가하려면 Press new shortcut key 박스를 클릭한 후 Ctrl, Alt, Shift 등의 기능키와 함께 자판기의 글자를 누른다.

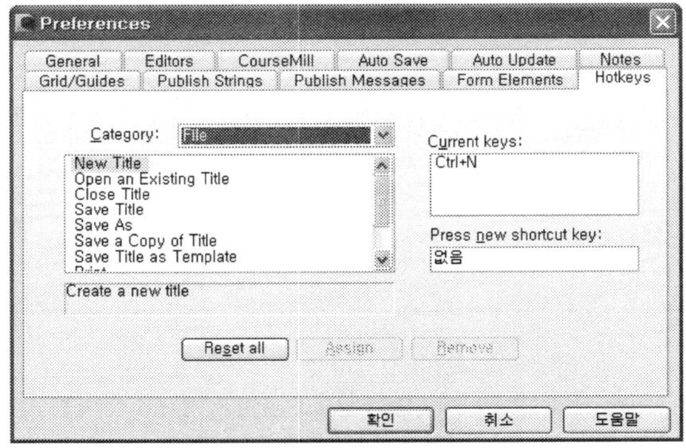

- Alt 키를 누른 채 Q를 누르면 Press new shortcut key 박스에 Alt+Q가 표시된다. Assign 버튼을 클릭하면 Current keys 박스에 단축키 Alt+Q가 표시된다.

Ex Ctrl, Alt, Shift 등의 기능키는 함께 사용 가능하다. Ctrl, Shift 키를 누른 상태에서 Q를 누르면 단축키는 Ctrl+Shift+Q가 된다.

- 렉토라가 제공하는 기본 단축키로 되돌리려면 Reset all 버튼을 클릭한다.

4. 타이틀 속성 설정하기

콘텐츠를 제작하기에 앞서 가장 먼저 체크할 사항은 타이틀 속성이다. 타이틀 속성에서는 타이틀 이름, 페이지 크기, 웹브라우저에서의 페이지 위치, 배경 색상, 글꼴 및 글자 색, 하이퍼링크 색, 타이틀 유형, 프레임 종류, 타이틀에 포함할 파일, 저작물 관리, 장면 전환 효과 등을 설정한다.

- 타이틀 속성 창에서 설정한 값은 타이틀 전체에 적용된다.

타이틀 속성을 설정하려면 왼쪽 프레임 창의 타이틀 제목을 더블클릭한다.

□ General 탭에서는 타이틀 이름, 페이지의 크기 등을 설정한다.

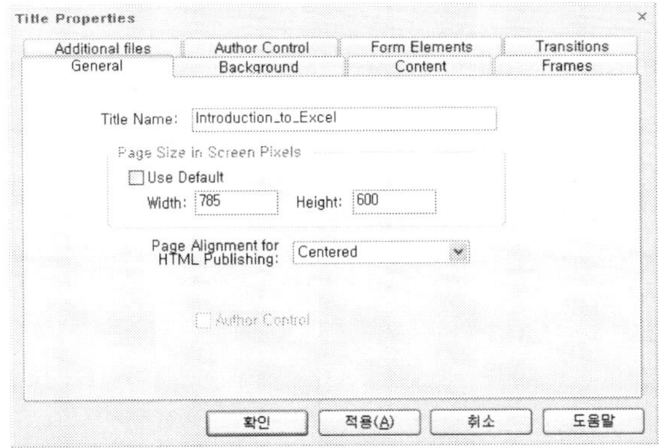

- Page Size in Screen Pixels 박스의 Width/Height 필드에는 타이틀의 가로/세로 크기를 지정한다. 타이틀의 기본 가로/세로 크기는 785/600 픽셀이다.

  - 페이지의 가로/세로 크기를 지정하려면 Use Default 옵션을 해제한다.

  ✎ 저해상도 모니터 사용자를 배려한다면 가로/세로 크기가 800/600을 초과하지 않도록 한다. 수강 학생들의 모니터가 1024×768 해상도를 지원한다면 가로 크기를 1000으로 지정해도 무방하다.

- 웹브라우저 화면에 나타나는 페이지의 가로 방향 위치는 Page Alignment for HTML Publishing에서 지정한다. 웹브라우저 화면의 한 가운데에 페이지가 보이도록 하려면 Centered를 지정한다.

- Author Control 옵션은 저작물 관리 암호가 설정돼야만 활성화 된다. 저작물 관리 암호는 Author Control 탭에서 설정한다.

[참고] 화면 해상도 및 색 품질

화면 해상도는 모니터 내에 포함되어 있는 픽셀의 숫자를 말한다. 화면 해상도 1024×768은 한 화면에 가로 1024개의 픽셀, 세로 768개의 픽셀이 찍히는 것을 의미한다. 높은 화면 해상도는 낮은 화면 해상도에 비해 상대적으로 더 많은 이미지를 화면에 나타낼 수 있다. 즉, 화면 해상도가 높을수록 이미지는 작게, 선명하게 표시되고 화면 해상도가 낮을수록 이미지는 크게, 희미하게 표시된다.

픽셀 해상도는 픽셀을 만드는데 들어가는 색상 수에 의해 결정된다. 1비트 픽셀은 2가지 색상 즉, 흰색과 검정 중 한 가지만 표현할 수 있으며, 2비트 픽셀은 2의 2승인 4가지 색상 중 한 가지를 표현할 수 있다. 24비트 픽셀 해상도에서 표현할 수 있는 색상의 수는 2의 24승인 16,777,216색이다.

화면을 녹화할 때는 디스플레이 등록정보 창에서 화면 해상도와 색 품질을 1024×768, 중간(16비트)로 설정한다. 화면 해상도를 1024×768로 설정하면 응용 프로그램의 실행 화면 전체를 녹화할 수 있다. 화면 해상도를 더 낮게 설정하면 응용 프로그램의 실행 화면의 일부만 모니터에 나타나므로 실행 화면 전체를 녹화할 수 없다.

색 품질은 중간(16비트)가 적당하다. 더 높은 색 품질을 설정하면 시스템 속도가 저하되고, 동영상의 파일 용량만 늘어난다. 중간(16비트)이나 아주 높음(32비트)이나 사람 눈에 보이는 색상은 거의 유사하다.

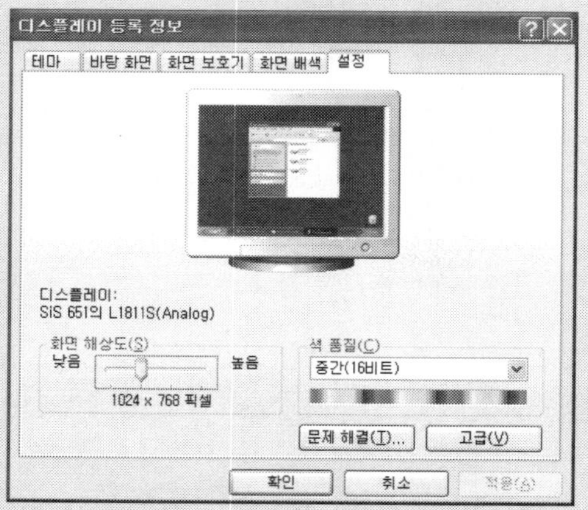

□ Background 탭에서는 배경 색상, 글꼴 및 글자 색, 배경 이미지, 배경 음악, 하이퍼링크 색상 등을 설정한다.

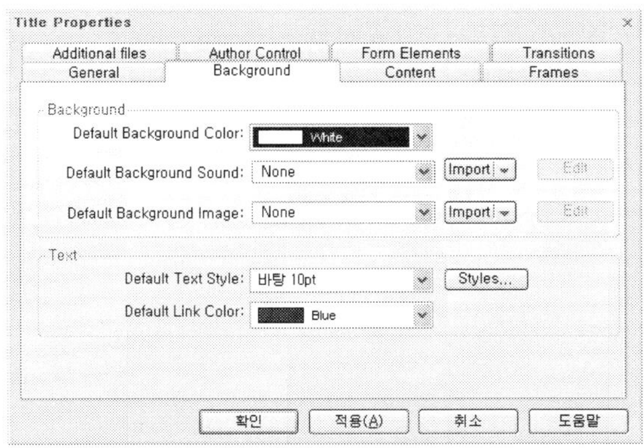

• 기본 텍스트 스타일을 지정하려면 Styles 버튼을 클릭한다.

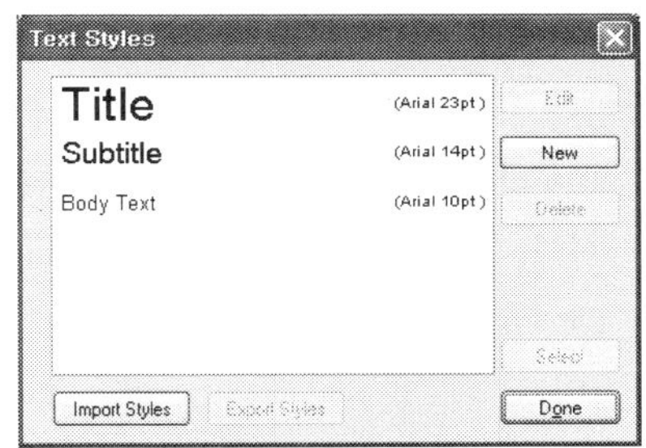

– 새 스타일을 정의하려면 New 버튼을 클릭한다.

✎ 지정된 글꼴은 타이틀의 전체 텍스트에 그대로 적용된다. 텍스트 블록, 입력 필드, 드롭다운 리스트, 리스트 박스, 폼 구성 요소, 테스트 구성 요소 등이 지정된 글꼴의 영향을 받는다. 글꼴은 가능한 한 윈도우에서 지원하는 일반 글꼴을 사용한다.

• 배경 색상, 배경 그림, 배경 음악, 하이퍼링크 색상은 Default Background Color, Default Background Image, Default Background Sound, Default Link Color 필드에서 설정한다.

– 배경 그림 및 배경 음악을 지정하려면 Import 버튼을 클릭한다.
– 배경 색상을 지정하면 텍스트 블록의 배경 역시 동일한 색상이 적용된다.

✎ 배경 그림을 지정하면 배경 그림이 타이틀의 크기보다 작은 경우 타일 형태로 나타난다. 배경 음악은 타이틀 끝까지 반복 재생되며, 새로운 페이지가 열릴 때마다 새로 시작된다.

□ Content 탭에서는 타이틀 유형 및 배포 형태를 설정한다.

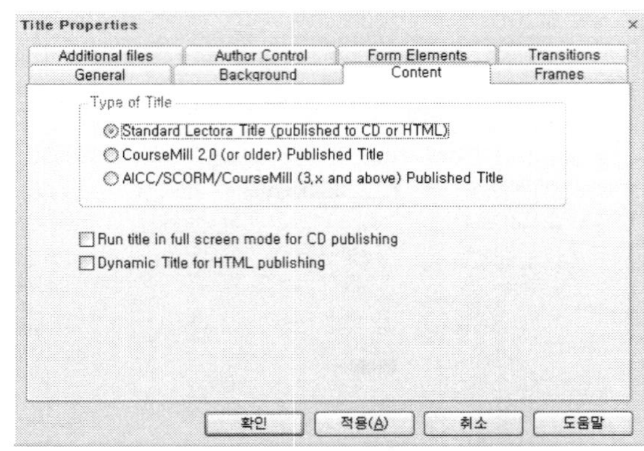

- Standard Lectora Title (published to CD or HTML) 옵션은 기본 타이틀 유형으로서 웹으로 출판할 때, 출판된 타이틀을 CD에 담아 배포할 때, 단일 실행형 파일로 배포할 때, 그리고 LRN 타이틀로 출판할 때 선택한다. 출판된 강좌는 렉토라 표준 변수를 사용할 수 있다.
- CourseMill 2.0 (or older) Published Title 옵션을 선택하면 CourseMill 2.0 강좌 관리 시스템이 요구하는 타이틀 형태로 출판한다. 출판된 강좌는 CourseMill 특유의 변수를 사용할 수 있다.
- AICC/SCORM/CourseMill (3.x and above) Published Title 옵션을 선택하면 AICC, SCORM 규정을 따르는 타이틀 형태로 출판한다. 강좌는 AICC, CourseMill 특유의 변수를 사용할 수 있다.
- Run title in full screen mode for CD publishing 옵션을 선택하면 출판된 타이틀을 CD에 담아 배포할 때 혹은 단일 실행형 파일로 배포할 때 강좌가 전체 화면으로 재생되어 학생들이 다른 작업을 하지 못하게 한다. 툴바와 메뉴바가 제공되지 않기 때문에 학생들이 타이틀에 포함된 북마크 기능을 사용할 수 없으며, 반드시 Exit Title 액션을 추가하여 학생들이 타이틀을 마칠 수 있도록 해야 한다.
- Dynamic Title for HTML publishing 옵션을 선택하면 Dynamic Text 속성을 지닌 텍스트 블록의 내용을 다른 내용으로 대체할 수 있다. 이 옵션은 HTML 유형으로 출판한 타이틀에만 적용된다.

  - Dynamic Title for HTML publishing 옵션을 선택한 후 HTML 유형으로 타이틀을 출판하면 dyntitle.xml 파일이 생성된다. 웹에 업로드된 dyntitle.xml 파일의 텍스트 블록 내용을 변경하면 출판된 타이틀의 내용이 새로운 내용으로 대체된다.

Ex 'Text Block 1'에 문자열 'Title Properties'를 입력한 경우 dyntitle.xml 파일의 'Text Block 1' 관련 내용은 다음과 같다. 'Text Block 1'의 내용을 'Dynamic Title Properties'로 바꾸려면 문자열 'Title Properties'을 'Dynamic Title Properties'로 수정한다.

```
<textblock name="Text Block 1">
<text><a name="text37anc"></a> <p style="margin-left:0px;text-indent:0px;
margin-top:0px;margin-bottom:0px;text-align:left;"><span class="text37Font1">
Title Properties</span></p></text>
</textblock>
```

→ 문자열을 'Dynamic Title Properties'로 수정한다.

dyntitle.xml 파일의 내용을 수정한 후 저장한다.

□ Frames 탭에서는 프레임을 설정한다.

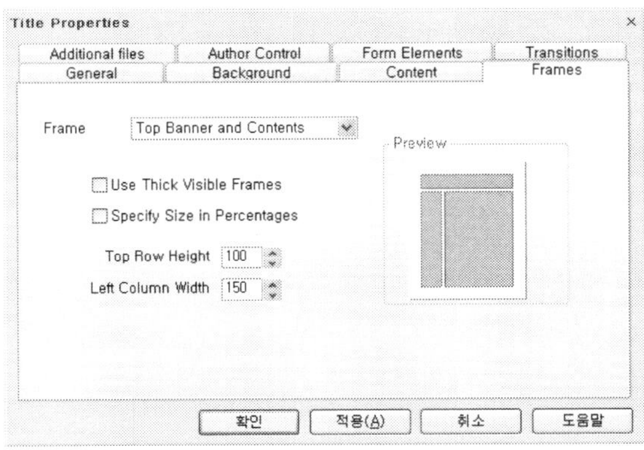

- 드롭다운 버튼 Frame을 클릭하면 프레임을 선택할 수 있다.
- 프레임의 테두리를 지정하려면 Use Thick Visible Frames 옵션을 선택한다.
- 프레임 창의 크기는 Top Row Height, Left Column Width 옵션에서 지정한다. Specify Size in Percentages 버튼을 선택하면 프레임 창의 크기를 퍼센티지로 지정할 수 있다. 이때 높이는 타이틀의 세로 길이에 대한 백분율을, 너비는 타이틀의 가로 길이에 대한 백분율로 정의된다.

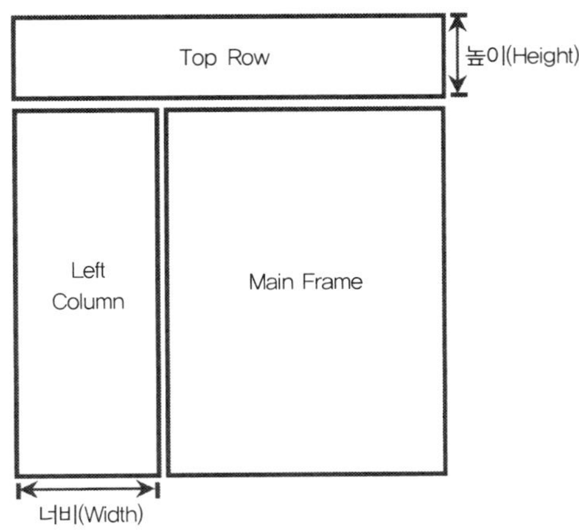

– 프레임 유형에 따라 지정할 수 있는 옵션이 제한된다.

✎ 내비게이션 버튼은 Main Frame에 둔다. 기본적인 내비게이션 버튼 액션은 버튼이 삽입된 프레임에만 유효하다.
✎ Main Frame을 제외한 나머지 프레임에는 주로 광고, 로고, 목차, 메뉴 등을 삽입한다.

TIP AICC/SCORM 타이틀에는 프레임을 추가할 수 없다. 대부분의 AICC 웹기반 CMI 시스템은 학생들에게 프레임 기반의 인터페이스를 통해서 학습자료를 제공하고 있으므로 프레임의 추가는 인터페이스를 흩트리는 결과를 초래하기 때문이다.

□ Additional files 탭에서는 윈도우 응용 프로그램에 의해 실행되는 .pdf, .ppt, .hwp, .doc 등의 파일을 추가할 수 있다. 추가된 파일은 타이틀과 함께 출판되어 사용자의 시스템에 인스톨된 응용 프로그램에 의해 실행된다.

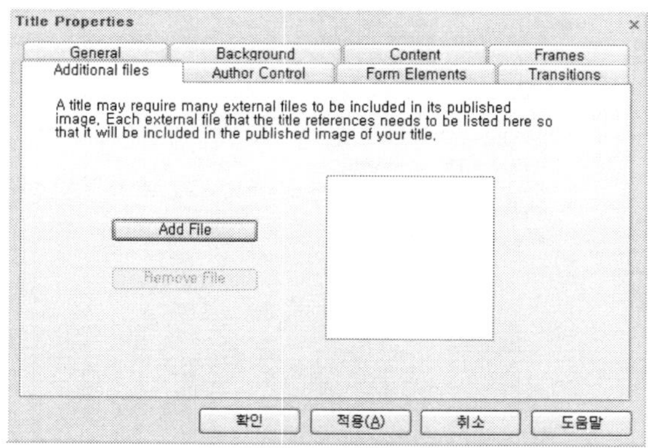

• 파일을 추가하려면 Add File 버튼을 클릭한다.

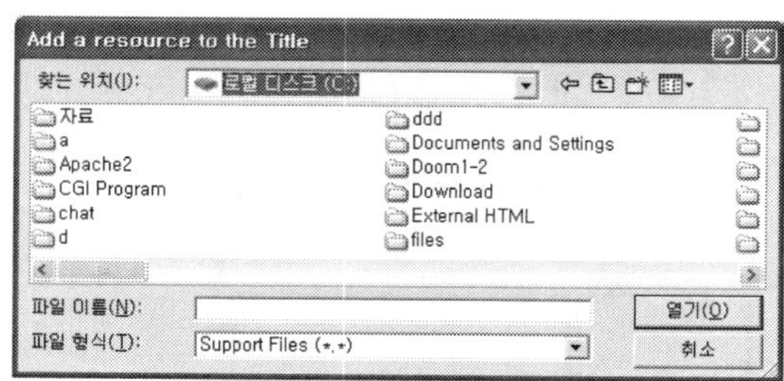

추가된 파일은 목록 창에 표시된다.

• Launch a program/document 액션에서 지정한 문서이거나 실행형 파일은 자동으로 Additional files 탭에 등록된다. 이들 문서나 실행형 파일은 타이틀 출판 시 함께 출판된다.
• Launch a program/document 액션의 실행 대상이 사용자 변수의 값인 경우, 혹은 Go To 액션의 타깃이 웹 주소인 경우에는 타이틀 출판 시 해당 문서나 실행형 파일이 함께 출판되지 않는다.

따라서 이때는 해당 문서나 실행형 파일을 Additional files 탭에 등록하거나 액션에서 지정한 폴더에 업로드 해야만 한다.

- 콘텐츠를 재생하기 위해서는 콘텐츠를 구성하는 모든 요소들이 필요할 때가 있다. 예를 들어 타이틀에 플래시 무비를 삽입했을 때 무비를 구성하는 모든 요소들이 타이틀에 포함되지 않으면 무비는 제대로 작동하지 않는다. 이런 경우에는 무비 재생에 필요한 모든 요소들을 Additional files 탭에 등록하거나 무비가 업로드 된 폴더에 업로드 해야만 한다.

□ Author Control 탭에서는 다른 사용자에 의해 타이틀이 조작되는 것을 막는 설정을 할 수 있다.

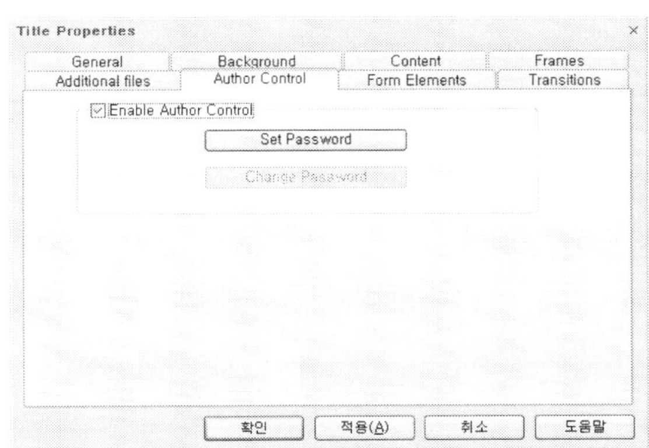

- Enable Author Control 옵션을 선택하면 Set Password 버튼이 활성화 되고 암호를 설정할 수 있다.

암호는 Set Password 버튼을 클릭하여 설정한다.

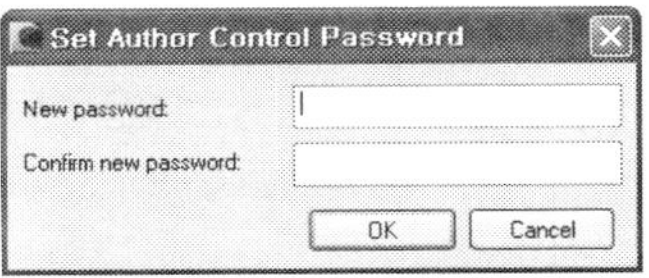

암호를 입력 후 확인 버튼을 클릭하면 타이틀 전체 혹은 일부가 조작되는 것을 방지할 수 있다.

✎ 타이틀 전체를 조작으로부터 보호하려면 타이틀 속성 대화상자 General 탭의 Author Control 옵션을 선택한다.
✎ 페이지를 조작으로부터 보호하려면 페이지 속성 대화상자 General 탭의 Author Control 옵션을 선택한다.
✎ 이미지 개체를 조작으로부터 보호하려면 이미지 속성 대화상자 General 탭의 Author Control 옵션을 선택한다.

TIP 저작물 관리는 파일을 저장한 후 불러올 때 작용한다.

저작물 관리가 지정된 개체 혹은 페이지를 수정하려고 하면 암호를 입력해야 한다. 올바른 암호를 입력하지 않으면 수정이 불가능하다.

□ Form Elements 탭을 클릭하면 라디오 버튼과 체크 박스의 종류를 지정할 수 있다.

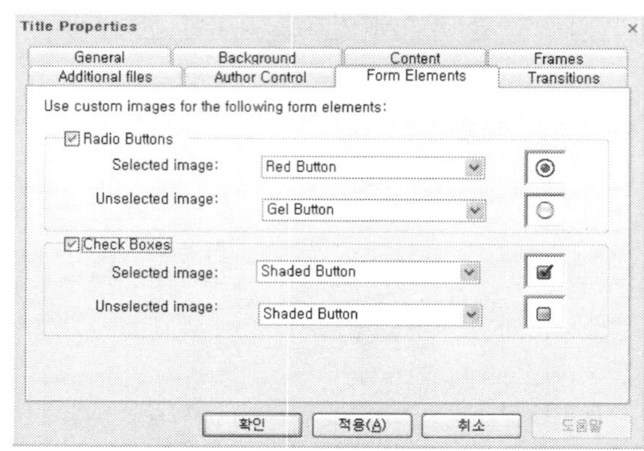

□ Transitions 탭에서는 장면 전환 효과를 설정한다.

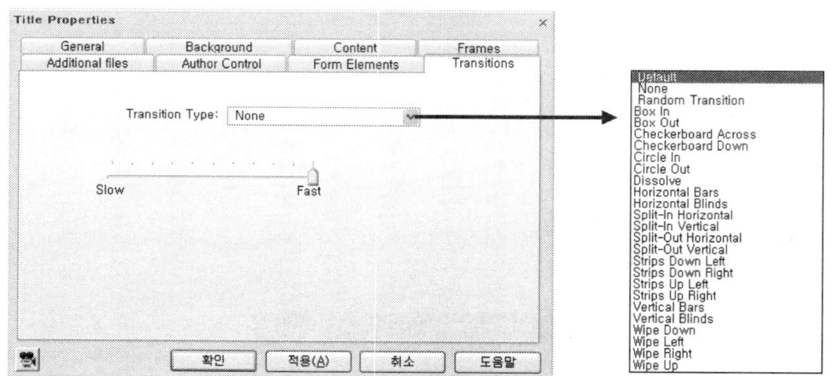

- 드롭다운 버튼 Transition Type을 클릭하면 장면 전환 효과를 선택할 수 있다.
- 장면 전환 효과의 속도는 Slow/Fast 슬라이더를 조정하여 설정한다.

TIP 장면 전환 속도를 느리게 지정할수록 메모리를 많이 차지한다.

5, 개체와 개체 속성

컨텐트 페이지에 개체를 삽입하려면 도구 툴의 아이콘을 사용하거나 Tools 메뉴의 명령을 실행한다.

1) 텍스트 블록 개체 삽입

텍스트를 입력하려면 Add Text Block 아이콘 T을 클릭한다. 컨텐트 페이지의 모든 텍스트는 텍스트 블록 속에 입력된다. 텍스트를 입력할 때 다음 사항을 유의한다.

- HTML로 출판할 계획이라면 소프트 리턴(문단이 바뀌지 않은 상태에서 줄이 자동으로 바뀌는 것)을 사용하지 않는다. HTML은 때때로 소프트 리턴을 아스키 텍스트로 읽는다.
- 텍스트 블록 내에 텍스트를 붙여 넣을 때는 텍스트 블록의 우측 하단 꼭짓점에 + 표시가 나타나지 않도록 텍스트 블록의 크기를 조정한다.

✎ 엔터 키를 눌러 줄을 바꾸는 것을 하드 리턴이라 한다.
✎ 텍스트 블록의 우측 하단 꼭짓점에 + 표시가 나타나면 텍스트 블록에 포함된 텍스트를 모두 보여주지 못한다.

- 글꼴은 윈도우가 지원하는 표준 글꼴을 사용한다. Courier, Times New Roman 등의 Serif 글꼴은 모니터 화면에 종종 흐릿하게 표시되므로 Arial, Tahoma, Verdana 등의 Sans Serif 글꼴을 사용한다.

✎ 텍스트 입력에 사용되는 기본 글꼴은 타이틀 속성의 Background 탭에서 기본 글꼴로 지정한 글꼴이다.

- 타이틀 전체의 글꼴을 변경하려면 타이틀 속성의 기본 글꼴을 변경한다.
- 특정 Chapter 혹은 페이지의 글꼴을 변경하려면 Chapter 혹은 페이지 속성의 기본 글꼴을 변경한다.

텍스트 블록의 속성을 설정하려면 텍스트 블록을 마우스 오른쪽 버튼으로 클릭하여 단축 메뉴에서 Properties를 실행한다.

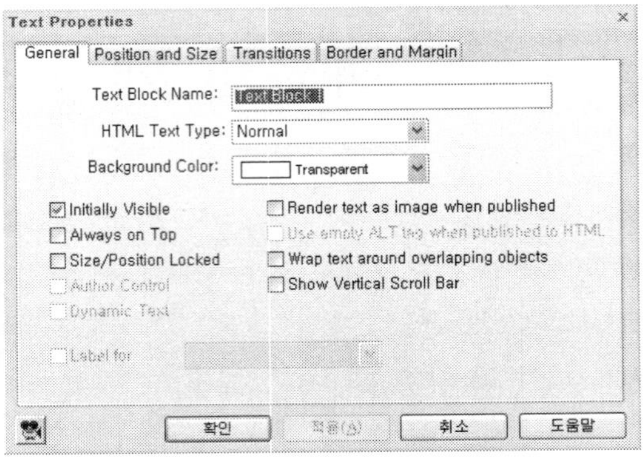

컨텐트 페이지에 삽입한 텍스트 블록 개체는 그 속성에 따라 페이지가 열릴 때 보이거나 숨겨질 수 있으며, 크기 및 위치가 변경될 수도 고정될 수도 있다.

텍스트 블록 일반 속성

- Initially Visible 옵션을 선택하면 텍스트 블록 개체는 페이지가 열릴 때 기본적으로 보인다. 따라서 여러 개의 텍스트 블록 개체를 겹쳐 삽입한 경우에는 페이지가 열릴 때 텍스트 블록 개체가 겹쳐진 상태로 보인다. 페이지가 열릴 때 특정 텍스트 블록 개체를 숨기려면 해당 텍스트 블록 개체의 Initially Visible 옵션 선택을 해제한다.
- Always on Top 옵션을 선택하면 Always on Top 옵션을 선택하지 않은 다른 개체보다 더 높은 레이어 층에 놓이게 되어 텍스트 블록 개체가 다른 개체에 의해 가려지는 것을 피할 수 있다.
- Render text as image when published 옵션을 선택하면 텍스트를 이미지로 출판할 수 있다.

텍스트는 브라우저에 따라 줄 간격이 변할 수 있고, 그림과 겹쳤을 때 텍스트를 있는 그대로 보여주지 못하는 경우가 있다. 또한 윈도우에서 지원하지 않는 비표준 글꼴을 사용했을 때 글자가 제대로 나타나지 않고 깨지는 현상이 발생할 수도 있다.
이러한 경우 가장 적절한 방법은 텍스트를 이미지로 출판하는 것이다. 단, 텍스트를 이미지로 출판하면 텍스트에 비해 이미지를 다운로드하는 시간이 더 걸리게 되고, 수강 학생들이 텍스트를 복사할 수 없는 단점이 있다.
이러한 단점은 오히려 텍스트의 무단 복사를 방지할 수 있는 수단으로 사용될 수도 있다. 하이퍼링크가 설정된 텍스트 혹은 Change Contents 액션의 타깃으로 지정된 텍스트는 이미지로 출판할 수 없다. 텍스트를 이미지로 출판하면 텍스트의 시작부터 128자까지 ALT 태그의 속성값이 된다.

- Wrap text around overlapping objects 옵션을 선택하면 텍스트 블록 위에 이미지 등의 개체가 놓인 경우 텍스트 블록 내의 텍스트는 그 개체 주위로 놓여진다.

렉토라는 AICC, SCORM, LRN, CourseMill 등의 e-learning 표준을 지속적인 업데이트를 통해 지원하기 때문에 타 저작 도구와 달리 LMS 시스템에서 컨텐츠의 검색 및 공유가 가능하다.

렉토라는 AICC에 의해 공인된 최초의 저작 시스템으로서, 렉토라에 의해 출판된 모든 컨텐츠는 웹 기반 CMI 시스템의 지침을 충분히 만족시킨다.

렉토라는 CMI Test Suite version 1.5의 모든 항목을 통과하였다.

특히, 렉토라는 여타 e-learning 저작 도구에 비해 다양한 유형의 평가 및 테스트 기능을 제공하여 강좌를 수강하는 학생들의 학습 성과를 한 눈에 파악할 수 있게끔 한다.

e-Learning 저작 도구를 선택할 때에는 반드시 저작 도구가 LMS 시스템에 규정된 제반 항목을 충분히 반영한 상태에서 출시되었는지 체크해야 한다. 렉토라는 LMS 시스템에 규정된 제반 항목의 대부분을 만족시키는 저작 도구이다.

- Show Vertical Scroll Bar 옵션을 선택하면 텍스트 블록의 크기를 줄인 경우 텍스트 블록 오른쪽에 수직 스크롤 바를 표시한다.

렉토라는 AICC, SCORM, LRN, CourseMill 등의 e-learning 표준을 지속적인 업데이트를 통해 지원하기 때문에 타 저작 도구와 달리 LMS 시스템에서 컨텐츠의 검색 및 공유가 가능하다.

렉토라는 AICC에 의해 공인된 최초의 저작 시스템으로서, 렉토라에 의해 출판된 모든 컨텐츠는 웹 기반 CMI 시스템의 지침을 충분히 만족시킨다.

렉토라는 CMI Test Suite version 1.5의 모든 항목을 통과하였다.

특히, 렉토라는 여타 e-learning 저작 도구에 비해 다양한 유형의 평가 및 테스트 기능을 제공하여 강좌를 수강하는 학생들의 학습 성과를 한 눈에 파악할 수 있게끔 한다.

- Label for 옵션은 드롭다운 리스트, 리스트 박스, 입력 필드, 체크 박스 등의 폼 개체와 결합하여 선택한 개체에 대한 레이블로 사용할 수 있다.
- 텍스트 블록의 배경 색상은 Background Color 선택 필드에서 지정한다,
- 타이틀 제작을 다른 사람과 공유할 때 혹은 타이틀을 파일 형태로 배포할 때 컨텐트 페이지 내에서 텍스트 블록 개체의 위치가 이동되거나 크기가 변형되는 것을 막으려면 개체 속성 중 Size/Position Locked 옵션을 선택한다. 개체의 위치와 크기는 고정되지만 편집은 가능하다.
- 컨텐트 페이지 내에서 텍스트 블록 개체의 위치, 크기를 고정시킴과 동시에 완전히 편집 자체를 막으려면 개체 속성 중 Author Control 옵션을 선택한다. Author Control 옵션은 타이틀 속성 창에서 Author Control 옵션을 선택한 경우 활성화 된다.

  – 장, 절, 페이지 단위로 개체 수정을 방지하려면 해당 페이지 개체의 Author Control 옵션을 선택한다.

여러 개의 텍스트 블록 개체를 선택하고 마우스 오른쪽 버튼을 클릭, 단축 메뉴에서 Lock Size/Position을 실행하면 선택한 개체를 한꺼번에 고정시킬 수 있다.

텍스트 블록 위치/크기 고정

컨텐트 페이지에 놓인 텍스트 블록 개체의 위치/크기는 개체 속성 창의 Position and Size 탭에서 지정한다.

- Position 박스는 컨텐트 페이지 내에서의 텍스트 블록 개체의 좌표 값을 지정한다. X, Y 좌표 값은 여러 개의 텍스트 블록 개체를 동일 지점에 위치시킬 때 유용하게 사용된다.
  - 컨텐트 페이지의 좌표는 좌측 상단 꼭짓점을 (0,0)으로, 우측 하단 꼭짓점을 (페이지 너비,페이지 높이)로 계산된다.

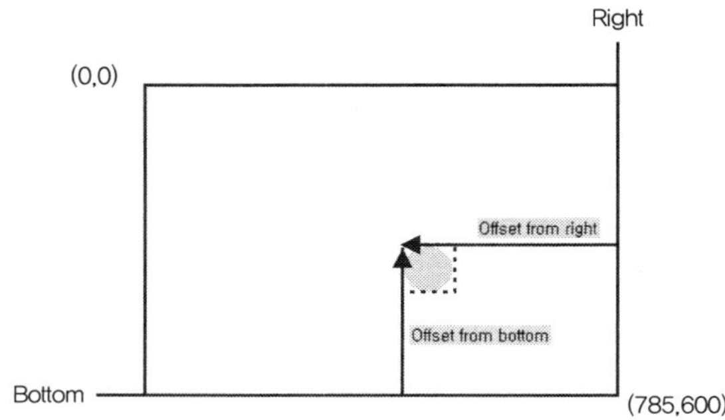

  - 개체의 좌표 값은 개체 바운더리의 좌측 상단 꼭짓점을 중심으로 계산한다.

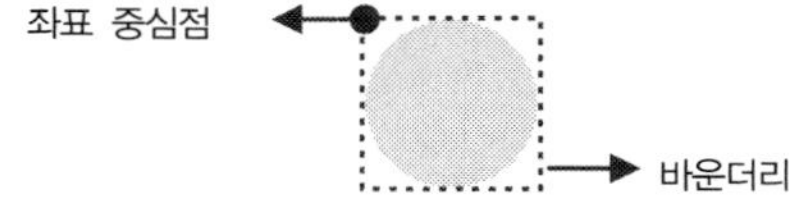

- Offset from right, Offset from bottom 옵션은 개체의 상대적 위치를 지정한다. 타이틀의 페이지 크기가 다를 경우 개체의 중심점을 페이지 우측으로부터 지정한 값만큼, 페이지 하단으로부터 지정한 값만큼 위치시킴으로써 페이지의 크기에 관계없이 개체를 항상 동일한 위치에 둘 수 있다.
- Size 박스는 개체의 크기를 지정한다. 여러 개의 개체를 동일한 크기로 지정할 때 유용하게 사용된다. Width는 개체의 너비를, Height는 개체의 높이를 지정한다.

트랜지션 속성

텍스트 블록 개체가 페이지에 등장할 때 그리고 퇴장할 때 장면 전환 효과를 적용하려면 Transition 탭에서 설정한다.

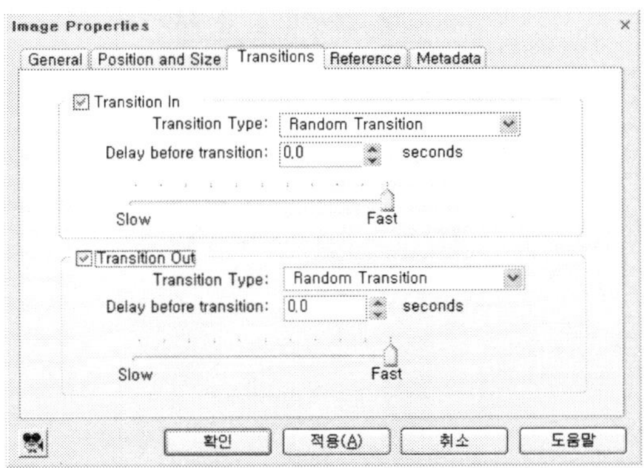

- Transition In 옵션을 선택하면 개체가 등장할 때의 애니메이션을 설정할 수 있다.
- Transition Out 옵션을 선택하면 개체가 퇴장할 때의 애니메이션을 설정할 수 있다.
- 드롭다운 버튼 Transition Type을 클릭하면 트랜지션의 종류를 선택할 수 있다.
  - 트랜지션 유형 Wipe Right는 오른쪽으로 한 글자씩 나타나게 한다.
  - 트랜지션 유형 Wipe Up은 위쪽으로 한 줄씩 나타나게 한다. 화살표는 밑에서 위로 화살표가 나타난다.
- Delay before transition 옵션은 애니메이션이 시작되는 시간을 지정한 초만큼 지연시킨다.
- 애니메이션의 속도는 슬라이더 Slow Fast 에서 설정한다.

텍스트 블록 테두리 · 여백 속성

Border and Margin 탭을 클릭하면 보더 속성과 텍스트 여백을 지정할 수 있다.

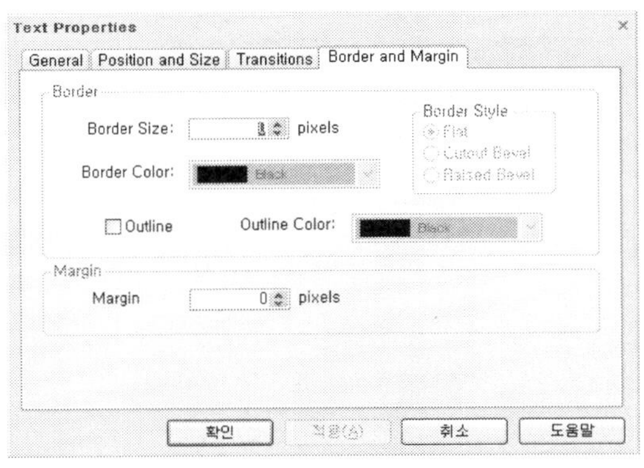

보더는 텍스트 주위에 액자 혹은 창틀을 추가한다. 보더의 종류는 튀어 나온 것, 쏙 들어간 것, 평평한 것 세 가지가 있다. 보더 색상과 텍스트 배경 색, 보더의 종류를 결합하면 텍스트를 튀어 나오게 하거나 쏙 들어가게 할 수 있다.

- 텍스트 블록에 테두리를 표시하려면 Border Size의 값을 지정해야 한다.

여백은 Margin 입력 필드에서 지정한다. 텍스트 블록에 테두리를 지정하거나, 배경 색상을 지정한 경우 여백을 지정하지 않으면 답답한 느낌을 준다.

Tip 텍스트 블록을 여러 개 선택한 상태에서 텍스트 툴바의 버튼을 클릭하면 선택된 텍스트 블록 전체의 속성을 변경할 수 있다.

2) 이미지 개체 삽입

이미지를 삽입하려면 Add Image 아이콘 을 클릭하고 속성 창에서 Import 버튼을 클릭하여 이미지 파일을 지정한다.

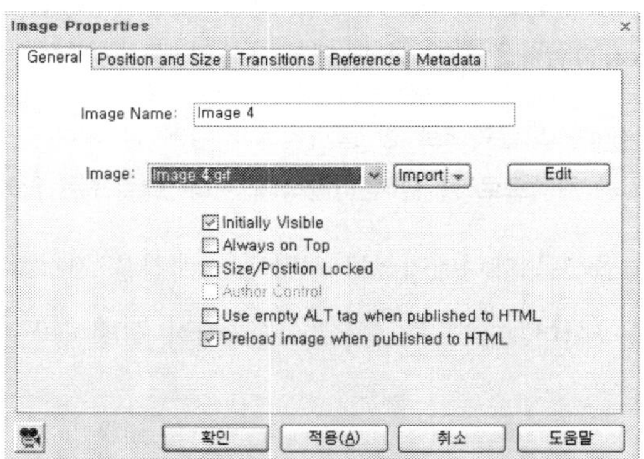

이미지의 위치와 크기는 Position and Size 탭에서 지정한다.

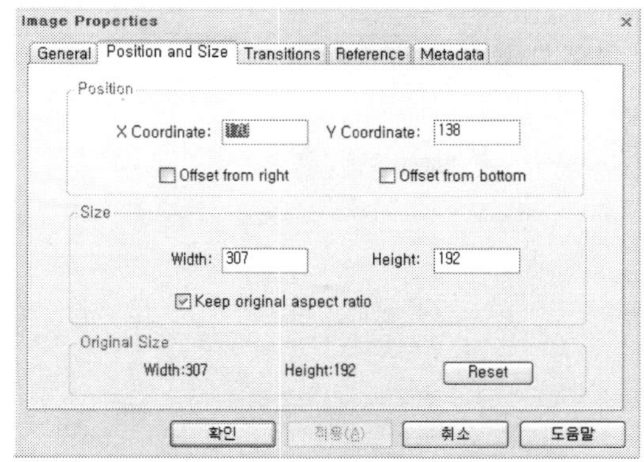

- Keep original aspect ratio 옵션을 선택하면 핸들을 끌어 이미지 개체의 크기를 조정할 때 가로/세로 비율을 동일하게 유지할 수 있어 이미지 개체의 원래 모양을 보존할 수 있다. 비디오, 이미지, 애니메이션 등의 크기를 원본 모양을 훼손시키지 않고 확대/축소할 때 선택한다.

애니메이션, 비디오, 오디오 등의 개체도 해당 아이콘을 클릭하여 삽입한다.

3) 버튼 개체 삽입

버튼을 삽입하려면 Add Button 아이콘 을 클릭하고 속성 창에서 Import 버튼을 클릭하여 버튼 파일을 지정한다.

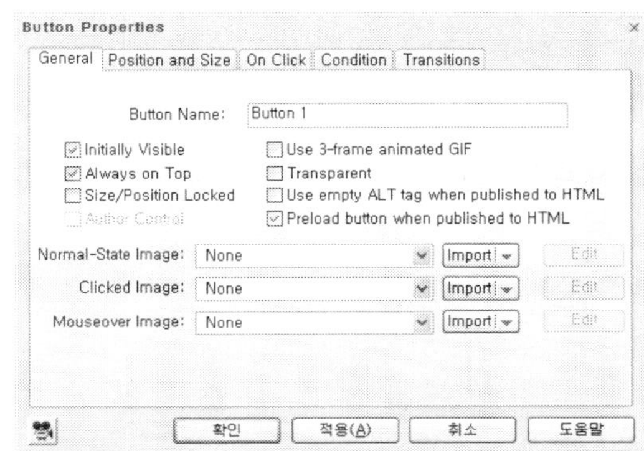

- 화면에 보이는 버튼 모양은 Normal-State Image에서 지정한다.
- 버튼을 클릭했을 때의 버튼 모양은 Click Image에서 지정한다.
- 버튼에 마우스를 갖다 대었을 때의 모양은 Mouseover Image에서 지정한다.
- 투명 색상 속성의 버튼을 지정하려면 Transparent 옵션을 선택한다.
- Use 3-frame animated GIF 옵션을 선택하면 애니메이션 속성을 지닌 버튼을 지정할 수 있다. 이 버튼은 화면에 보이는 모양, 클릭했을 때의 모양, 마우스를 갖다 대었을 때의 모양이 설정되어 있다.

[참고]

671 페이지의 사용자 투명 색상 속성 버튼 제작을 참조한다.

버튼 마법사

Tools/Button Wizard를 실행하면 쉽게 버튼을 삽입할 수 있다.

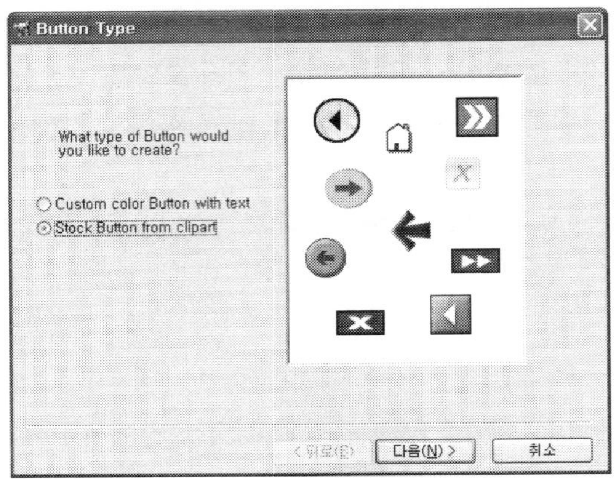

- 텍스트 버튼을 삽입하려면 Custom color Button with text 옵션을 클릭한다.
- 클립아트에 등록된 버튼을 삽입하려면 Stock Button from clipart 옵션을 클릭한다.

Custom color Button with text 옵션을 선택하고 버튼 개수를 지정하면 버튼 속성 설정 창이 열린다.

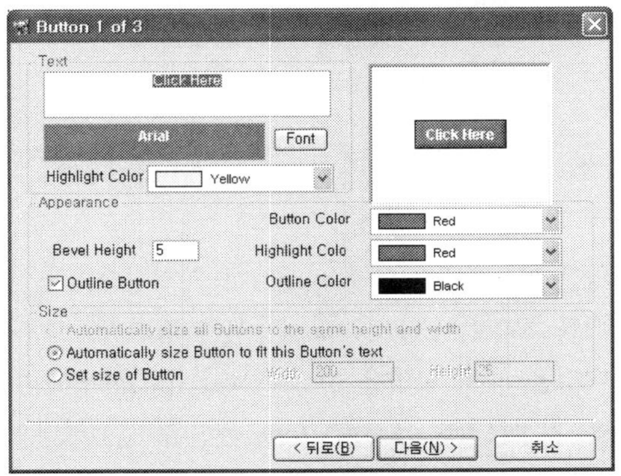

버튼 속성 설정 창은 버튼의 개수만큼 표시된다. 각 버튼마다 글꼴, 글자 색, 버튼 바탕 색, 버튼 테두리 등을 따로 설정할 수 있다. 내비게이션 버튼을 만들려면 모든 버튼에 동일한 옵션을 설정한다.

- Text 박스에서는 버튼에 표시되는 텍스트와 텍스트 글꼴, 색, 그리고 마우스를 버튼에 올렸을 때 버튼에 표시되는 텍스트의 색(Highlight Color)을 지정한다.

Tip 버튼에 표시되는 텍스트는 반드시 영문으로 입력한다. 제작된 버튼의 파일 이름은 '텍스트.GIF'로 저장되기 때문이다. 버튼 파일의 이름이 한글로 저장되면 타이틀을 웹으로 출판할 때 경고 메시지가 발생한다. 버튼에 표시되는 텍스트를 한글로 변경하려면 버튼 속성 바꾸기를 참조한다.

- Appearance 박스에서는 버튼의 사각면의 높이(Bevel Height), 버튼의 바탕 색(Button Color), 버튼의 테두리(Outline Button), 테두리 색(Outline Color) 및 마우스를 버튼에 올렸을 때의 버튼 색상(Highlight Color)을 지정한다.
- Size 박스에서 선택한 옵션은 모든 버튼에 공통으로 적용된다.

  - Automatically size all Buttons to the same height and width 옵션을 선택하면 모든 버튼의 높이와 너비는 동일한 크기로 설정된다. 버튼의 크기는 가장 긴 텍스트, 가장 큰 글자 크기에 맞춰진다.
  - Automatically size Button to fit this Button's text 옵션을 선택하면 버튼마다 상이한 크기로 설정된다. 버튼의 크기는 해당 버튼에 지정한 텍스트 길이와 글자 크기에 맞춰진다.
  - Set size of Button 옵션을 선택하면 버튼의 크기를 수동으로 지정할 수 있다.

✎ 타이틀에 포함되는 버튼의 텍스트와 크기는 동일한 크기로 설정한다.

버튼 속성 바꾸기

- 텍스트 버튼 **Button 1** 의 텍스트를 한글 '다음 페이지'로 바꾸려면 버튼을 더블클릭한다.

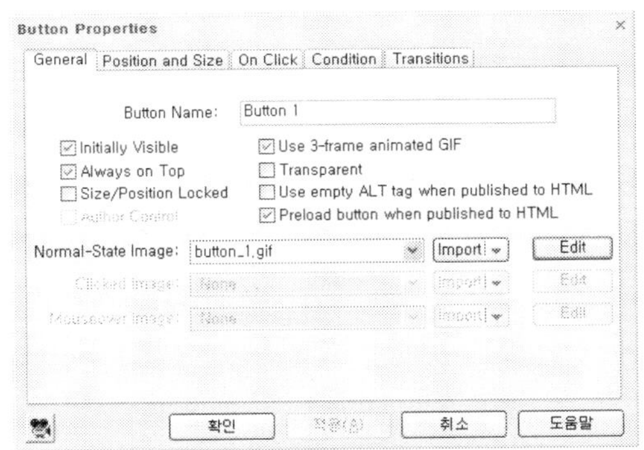

- Edit 버튼을 클릭한다.

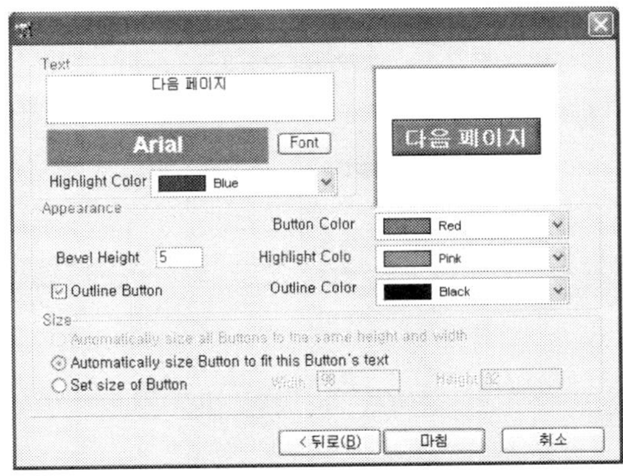

PART 01

• 텍스트를 바꾼 후 마침 버튼을 클릭한다.

✎ 텍스트를 한글로 변경하더라도 버튼의 파일 이름 Button_1.gif는 바뀌지 않는다.

4) 배경 삽입

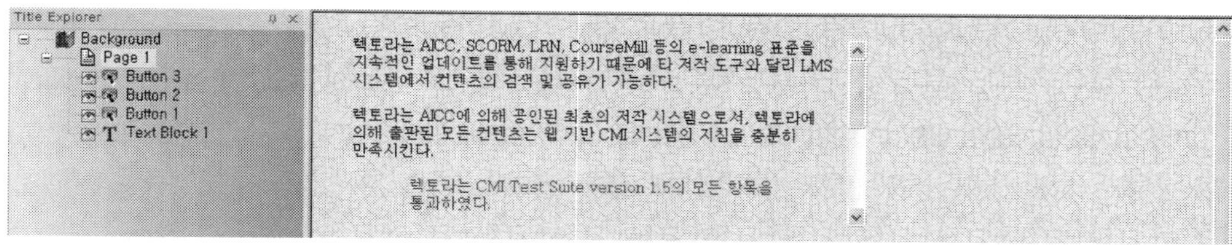

타이틀 전체의 배경

타이틀 전체의 배경을 설정하려면 타이틀 개체 속성 창에서 설정한다.

✎ 타이틀에 배경을 삽입할 때에는 미디어 개체의 색상, 텍스트 색상 등을 고려한다.

❶ Title Explorer 창의 메인 타이틀 Background 개체를 더블클릭한다. 타이틀 속성 창이 열린다.

• 배경 색상은 Default Background Color 선택 필드에서 지정한다.
• 배경 사운드는 Default Background Sound 선택 필드에서 지정한다.
• 배경 이미지는 Default Background Image 선택 필드에서 지정한다.
• 텍스트 스타일은 Default Text Style 선택 필드에서 지정한다.

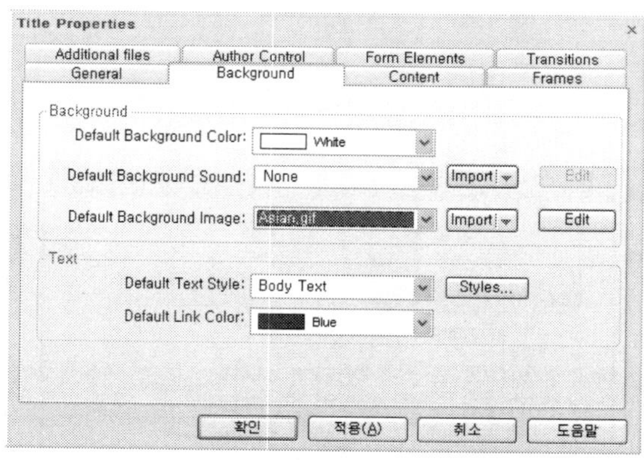

❷ 배경 색상, 사운드, 혹은 이미지를 선택한 후 확인 버튼을 클릭한다.

메인 타이틀 개체에 삽입한 배경 이미지는 타이틀 전체의 배경이 된다. 타이틀에 포함된 페이지 개체 속성 창의 Default Background Image는 타이틀 개체에서 설정한 이미지 즉, Inherit로 설정되어 있다.

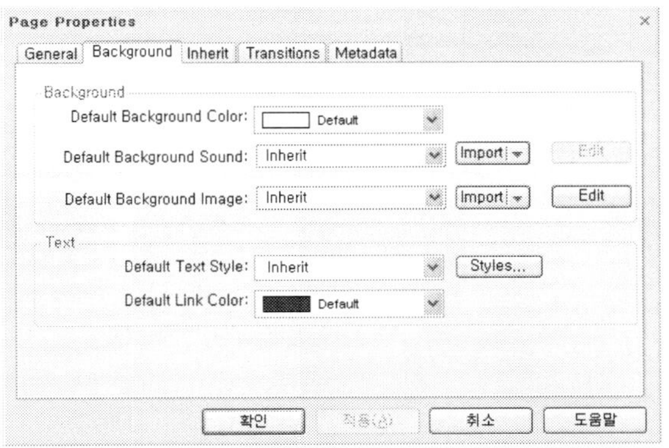

[참고]

타이틀에 삽입된 배경은 웹 브라우저의 배경 색상이 된다. 따라서 타이틀 페이지에 적용된 배경 색상과 웹 브라우저의 여백에 나타나는 색상을 달리 지정하려면 타이틀을 화면 해상도 크기(예: 1024×768)로 제작하고 웹 브라우저 좌・우 여백에 나타낼 사각형 도형을 타이틀 좌・우에 배치한 후 타이틀을 제작한다. 사각형 도형은 타이틀 개체 바로 아래에 둔다.

특정 페이지의 배경 이미지

특정 페이지의 배경을 달리하거나, 배경을 삭제하려면 페이지 개체 속성 창에서 설정한다.

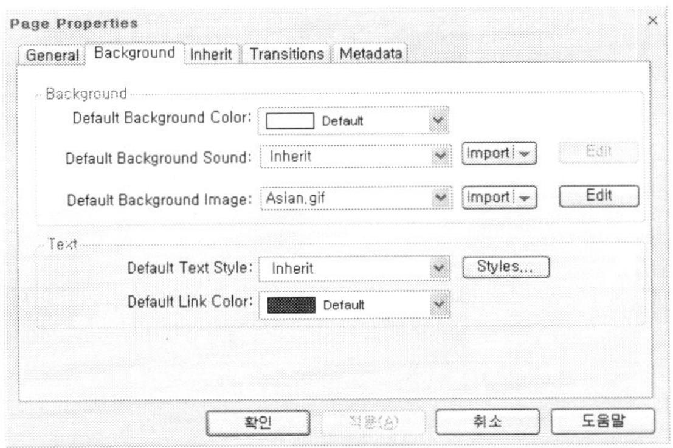

Default Background Image 선택 필드에서 지정한 배경 이미지는 해당 페이지의 배경으로 설정된다. 배경을 삭제하려면 Default Background Image를 None으로 지정한다.

배경 마법사

배경 마법사를 실행하면 쉽게 배경을 삽입할 수 있다. 배경 마법사를 실행하려면 Tools/Background Wizard를 실행한다.

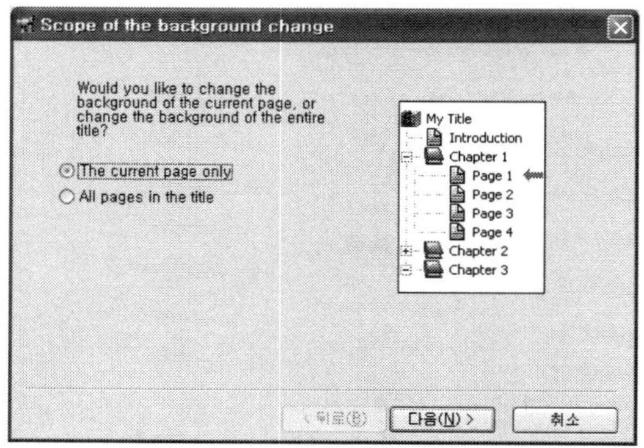

- The current page only 옵션을 선택하면 해당 페이지에만 배경이 적용된다.
- All pages in the title 옵션을 선택하면 모든 페이지에 배경이 적용된다.

배경 유형은 다음과 같다.

- 배경을 변경하려면 배경 유형을 변경한다.
- 배경을 적용할 때 주의할 점은 텍스트 글꼴 및 색상을 배경과 어울리게 지정한다.

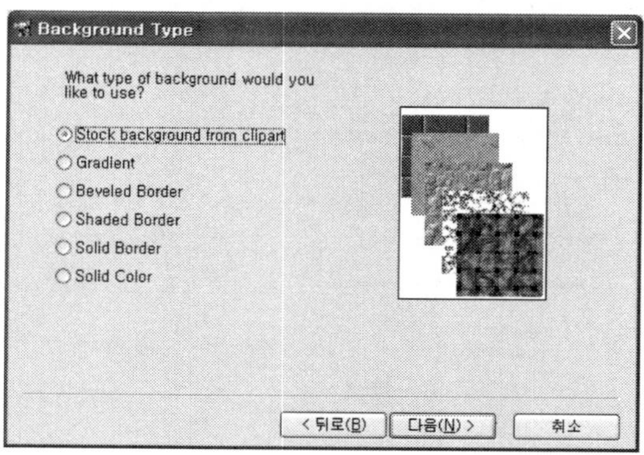

배경 유형에 따라 옵션이 달라진다. 배경 유형으로 Gradient를 선택하면 그래디언트 속성을 설정할 수 있다.

- 그래디언트 효과는 시작 색에서 출발하여 마침 색으로 퍼져나간다.

• 그래디언트 방향은 위에서 아래로, 아래에서 위로, 왼쪽에서 오른쪽으로, 오른쪽에서 왼쪽으로 중 하나를 지정할 수 있다.

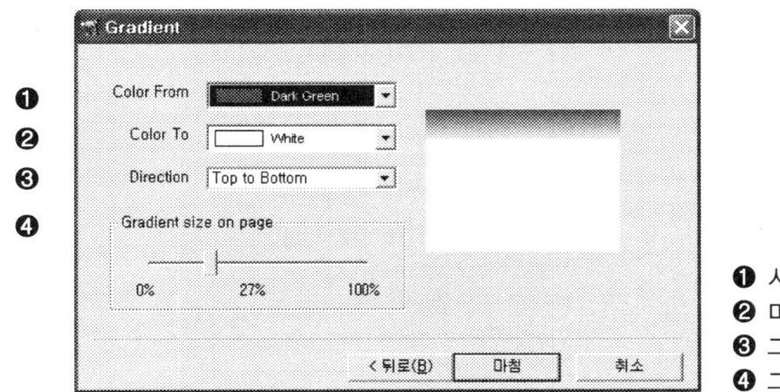

❶ 시작 색
❷ 마침 색
❸ 그래디언트 방향
❹ 그래디언트 범위

5) 프레임 · 목차 삽입

프레임을 삽입하면 타이틀 화면을 여러 개의 화면으로 나눌 수 있다. 프레임이 삽입된 타이틀은 주로 타이틀의 내용이 입력되는 메인 프레임 화면과 로고, 내비게이션 버튼, 그리고 광고가 표시되는 프레임 화면으로 구성된다.

프레임은 타이틀 전체에 삽입될 수도 있고, 특정 Chapter 혹은 페이지에 삽입될 수도 있다.

프레임 삽입하기

프레임 삽입은 페이지 개체(Chapter, Section, Page) 삽입보다 우선하여 실행한다. 프레임은 타이틀 전체에 적용된다.

❶ 메인 타이틀을 더블클릭한다. 타이틀 속성 창이 열린다.
❷ Frames 탭을 클릭한다.
❸ 드롭다운 버튼 Frame을 클릭하여 프레임을 선택한다.

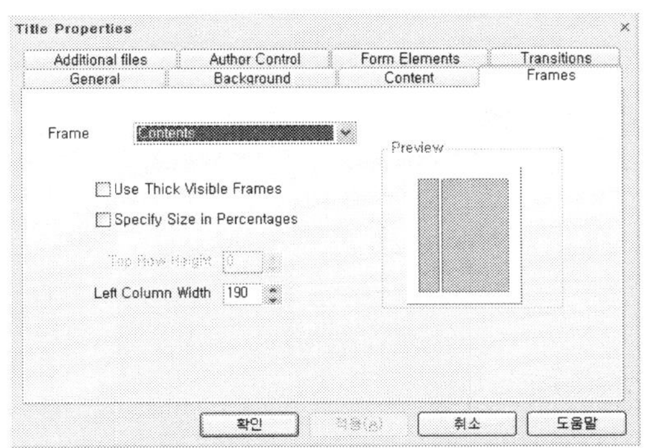

대부분의 타이틀 디자인은 Contents Frame 유형을 사용한다.

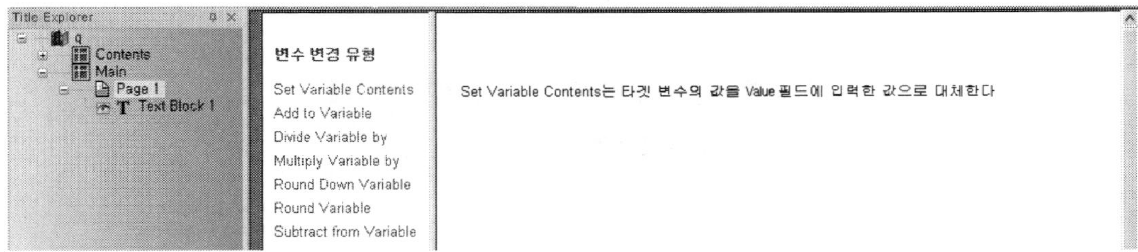

왼쪽 프레임 Contents는 내비게이션 버튼이나 목차 등이, 오른쪽 프레임 Main은 왼쪽 프레임의 버튼 혹은 목차 목록이 가리키는 내용을 보여준다.

- 프레임의 테두리를 지정하려면 Use Thick Visible Frames 옵션을 클릭하여 선택한다.
- 프레임 창의 크기는 Top Row Height/Left Column Width 옵션에서 지정한다.
- Specify Size in Percentages 옵션을 선택하면 프레임 창의 크기를 퍼센티지로 지정할 수 있다.

프레임 배경 색 변경하기

프레임의 배경 색은 프레임 속성 창의 Background 탭에서 변경한다.

프레임에 목차 삽입하기

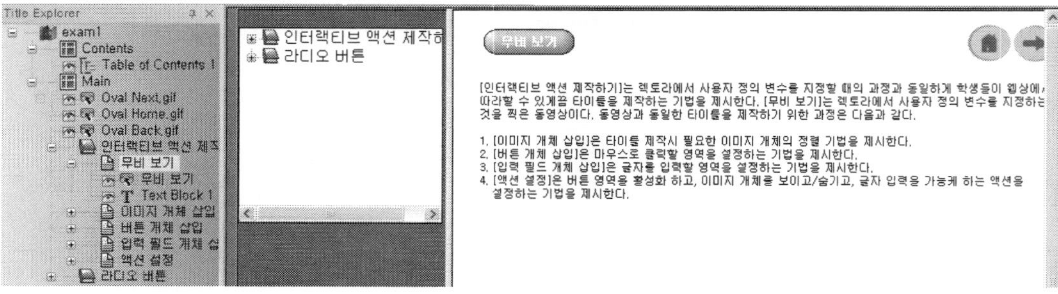

목차는 타이틀의 페이지 이름을 페이지 순서대로 보여주는 내비게이션 툴의 일종이다. 목차 목록을 클릭하면 목록에 해당하는 페이지가 열린다(▶Title1).

목차는 타이틀 내의 어디든 삽입할 수 있다. 메인 타이틀이든 특정 Chapter든 특정 페이지든 목차를 삽입할 수 있다. 타이틀 내의 모든 페이지에서 목차가 보이게 하려면 메인 타이틀에 목차를 삽입한다. 특정 Chapter에서만 목차가 보이게 하려면 해당 Chapter에 목차를 삽입한다.

✎ 목차의 목록은 Chapter Name, Section Name, Page Name으로 구성된다. 목차를 Chapter 1, Chapter 2, Chapter 3과 같이 표시되면 목차의 내용을 구체적으로 알 수 없다. 따라서 목차를 삽입하려면 사전에 최소한 제1장. 버튼 액션, 제2장. 프레임 액션, 제3장. 무비클립 액션과 같이 페이지 개체의 이름을 구체적으로 변경한다.

목차는 타이틀 제작을 완료한 후 삽입한다.

❶ Contents 프레임 개체를 클릭한다.
❷ Add Table of Contents 버튼 을 클릭한다. Contents 프레임에 목차가 삽입된다.
❸ 삽입된 목차를 더블클릭한 후 Frame that this refers to 선택 필드를 클릭하여 Main을 지정한다.

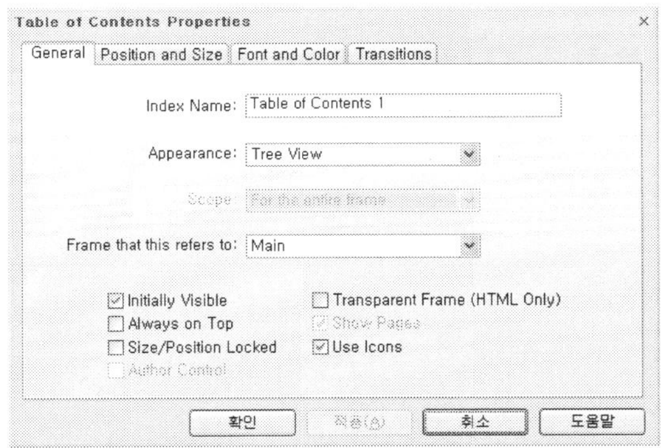

Frame that this refers to 선택 필드에서는 목차를 클릭했을 때 목차가 가리키는 대상이 삽입된 프레임을 지정한다. 타이틀의 내용은 Main 프레임에 위치하므로 Main을 지정한다.

- Use Icons 옵션을 해제하면 목차에 페이지 개체 아이콘이 표시되지 않는다.

- 목록의 배경 색상과 글꼴은 Font and Color 탭에서 설정한다.

예제 | 목록의 배경 색상을 프레임의 배경 색상과 일치시키려면 다음과 같이 한다.

❶ 목차 개체 속성 창의 Font and Color 탭에서 Background Color 선택 필드를 클릭한다.

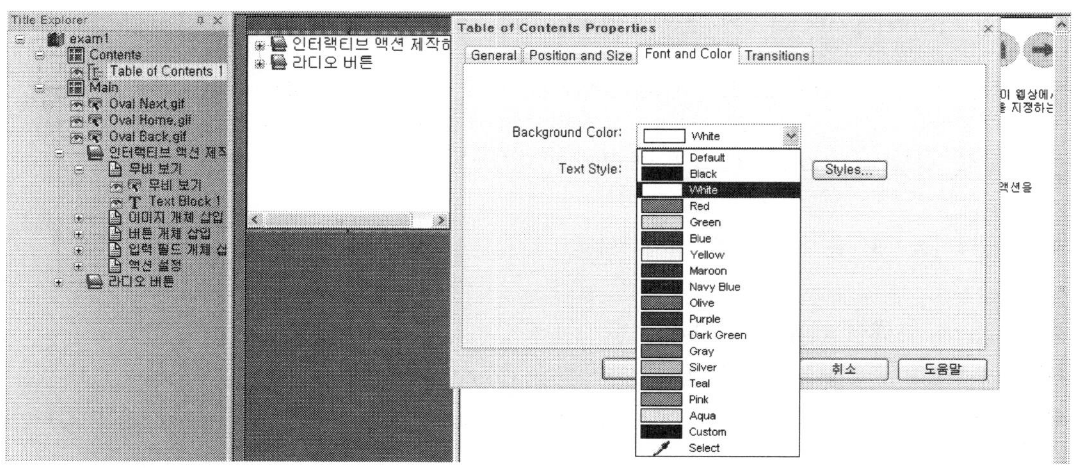

❷ 색상 목록에서 Select를 클릭한다. 마우스 포인터 모양이 모양으로 바뀐다.
❸ 프레임 배경 색상을 마우스 포인터로 클릭한다.
❹ Text Style 선택 필드를 클릭하여 글자 색을 변경한 후 확인 버튼을 클릭한다.

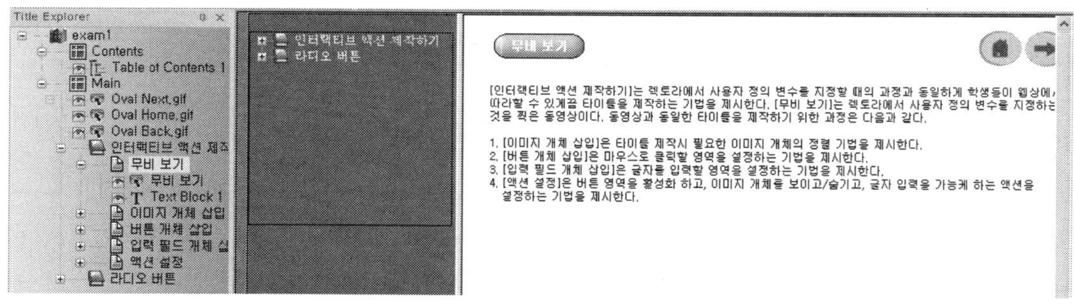

목차 유형 변경하기

❶ 목차 유형을 변경하려면 목차 개체를 더블클릭한다.
❷ 드롭다운 버튼 Appearance를 클릭하여 목차 유형을 선택한 후 확인 버튼을 클릭한다.

✎ Drop-down List 목차 유형을 Indented List 혹은 Tree View 유형으로 변경한 경우에는 목차의 핸들을 끌어 적당한 크기로 조정한다.

- Transparent Frame (HTML Only) 옵션은 목차 테두리의 설정 여부와 관계있다. Transparent Frame (HTML Only) 옵션을 지정하면 목차 테두리가 보이지 않게 된다.

목차에서 특정 Chapter 혹은 페이지 목록 없애기

목차에서 Chapter 개체 '라디오 버튼'을 없애려면 다음과 같이 한다.

❶ 타이틀 왼쪽 프레임 창에서 Chapter 개체 '라디오 버튼'을 더블클릭한다.
❷ Include in Table of Contents 옵션 선택을 해제하고 확인 버튼을 클릭한다.

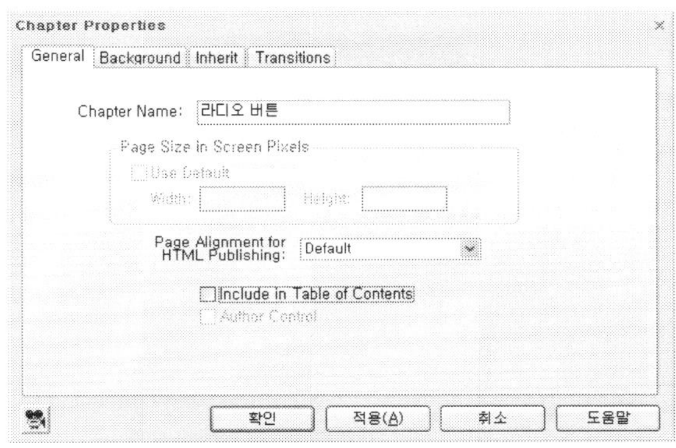

프레임에 내비게이션 버튼 삽입하기

프레임이 적용된 타이틀에 내비게이션 버튼을 삽입할 때는 프레임의 용도를 구분하여 버튼을 삽입한다. 아래 그림은 Contents 프레임과 Main 프레임에 내비게이션 버튼을 삽입한 예이다(▶Title2).

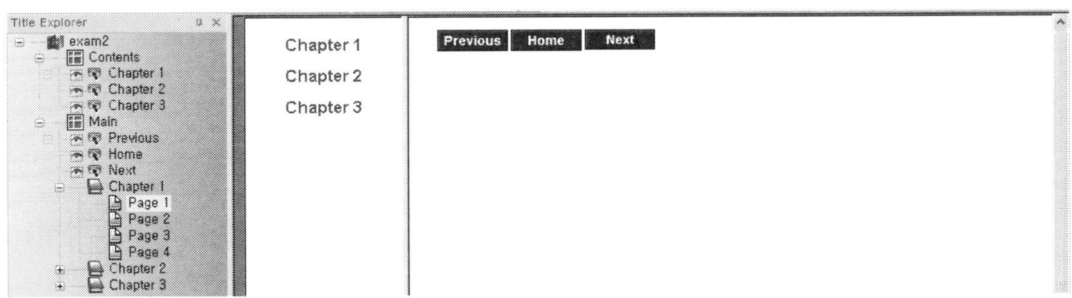

Tip 왼쪽 프레임의 내비게이션 버튼은 주로 오른쪽 메인 프레임의 Chapter 혹은 페이지를 링크하는 용도로 사용한다. 오른쪽 메인 프레임의 내비게이션 버튼은 한 페이지씩 앞·뒤로 이동하는 용도로 사용한다. 왜냐하면, 버튼 액션 Go To/Set frame contents의 타깃 Previous Page, Next Page는 해당 버튼이 놓인 프레임의 페이지가 되기 때문이다.

Contents 프레임의 내비게이션 버튼

Contents 프레임의 내비게이션 버튼은 배경 색이 프레임의 배경 색과 동일한 White로 설정되어 마치 텍스트를 입력한 느낌을 준다. 각 버튼에 설정된 액션은 Main 프레임의 각 Chapter에 포함된 Page 1을 타깃으로 한다.

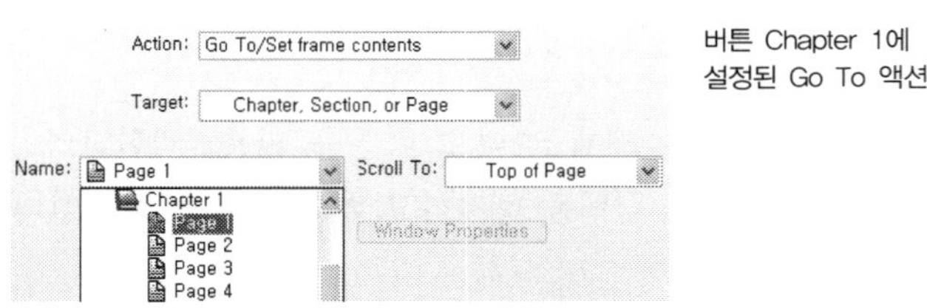

버튼 Chapter 1에 설정된 Go To 액션

Main 프레임의 내비게이션 버튼

Main 프레임의 내비게이션 버튼에 설정된 액션은 Main 프레임에 삽입된 페이지를 타깃으로 한다.

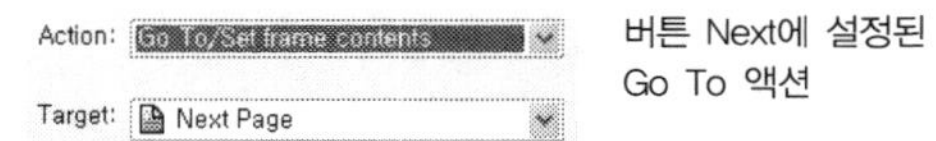

버튼 Next에 설정된 Go To 액션

6) 참조 리스트 삽입

참조 리스트는 타이틀에 삽입한 개체의 출처를 한데 모은 일종의 도서 목록 리스트이다. 참조 리스트를 작성하려면 먼저 개체와 관련된 정보를 입력해야 한다.

– 참조 리스트의 대상 개체는 이미지, 비디오, 애니메이션, IPIX, 오디오, 그리고 문서 개체 등이 된다.

✎ 참조 정보는 영문으로 입력한다. 웹에 올렸을 때 한글은 깨어진 상태로 표시된다.

개체 정보 입력하기

개체와 관련된 참조 사항은 개체 속성 창의 Reference 탭에서 설정한다. 입력된 참조 사항은 참조 리스트에 등록된다(▶Title3).

❶ 개체를 더블클릭한 후 개체 속성 창의 Reference 탭을 클릭한다.
❷ Add a Reference for this Item 옵션을 클릭한다. 참조 항목이 활성화된다.
❸ 내용을 입력하고 확인 버튼을 클릭한다.
❹ 동일한 방법으로 참조 리스트에 포함하고자 하는 모든 개체에 참조 정보를 입력한다.

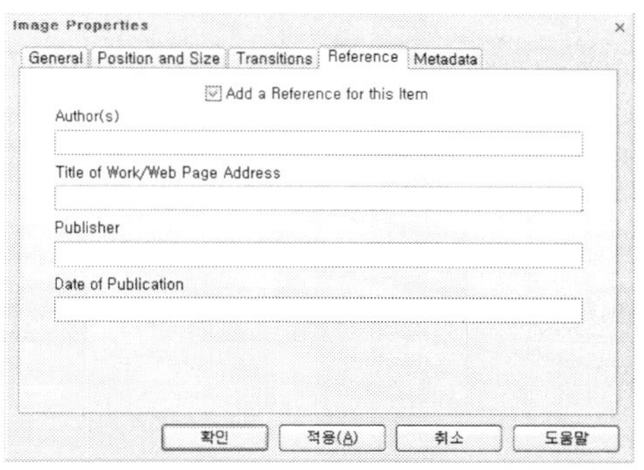

- Author(s)에는 소스 개체를 만든 저작자 혹은 기관을 입력한다.
- Title of Work/Web Page Address에는 개체의 제목 혹은 웹 주소를 입력한다.
- Publisher에는 소스 개체를 웹 콘텐츠물로 제작한 출판사, 대학교 학과, 법인 등을 입력한다.
- Date of Publication에는 출판 날짜를 입력한다. YYYY-MM-DD 형식으로 입력한다.

❺ 타이틀의 왼쪽 프레임 창에서 참조 리스트를 삽입할 페이지를 클릭한다.

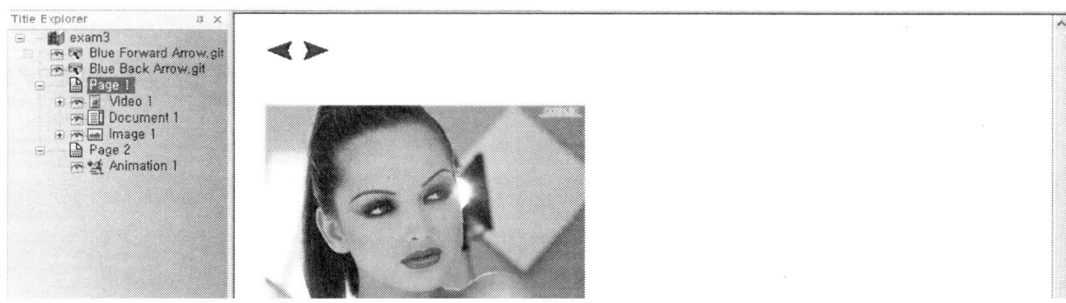

❻ Add Reference List 버튼 을 클릭한다. 참조 리스트가 삽입된다.

❼ 참조 리스트 개체를 더블클릭하여 개체 속성 창을 연 후 드롭다운 버튼 Scope를 클릭하여 References in this page를 선택한다.

- References in this page는 참조 리스트가 삽입된 페이지의 참조 정보만 보여준다.
- References in this chapter는 참조 리스트가 삽입된 Chapter의 참조 정보만 보여준다.
- References in this section은 참조 리스트가 삽입된 Section의 참조 정보만 보여준다.
- All References in the Title은 타이틀에 정의된 모든 참조 정보를 보여준다.

❽ 확인 버튼을 클릭한다.
❾ 참조 리스트를 적당한 위치로 옮겨 배치한다.

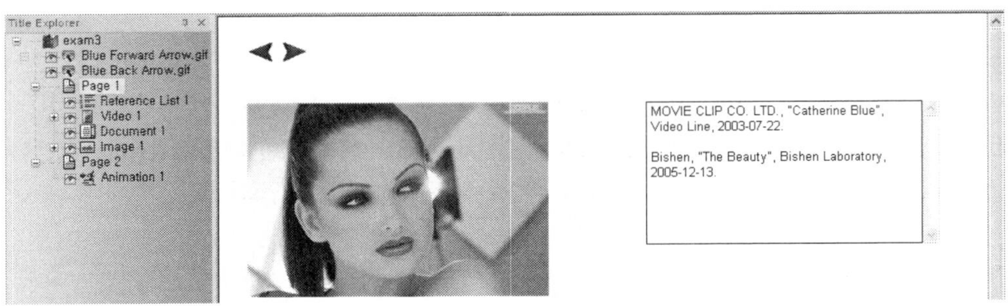

타이틀의 거의 모든 페이지에 참조 정보가 포함된 경우에는 참조 리스트를 메인 타이틀에 삽입하고 참조 대상으로 References in this page를 지정한다. 참조 정보가 없는 페이지에서는 참조 리스트가 나타나지 않게 하려면 해당 페이지 개체에 Hide 액션을 부착한다.

액션 항목	페이지 Action 1
On	Show
Action	Hide
Target	Reference List 1

7) 문서

렉토라는 .txt, .rtf 문서를 자체적으로 지원한다. 컨텐트 페이지로 불러 온 .txt, .rtf 문서는 스크롤 창 형태로 삽입된다. 컨텐트 페이지에 삽입된 문서를 편집하려면 Preferences 대화상자의 Editors 탭 항목 Documents에 C:₩WINDOWS₩Notepad.exe를 지정한다.

❶ Add Document 버튼 을 클릭한다.
❷ Import 버튼을 클릭하여 문서 파일을 지정한다.
❸ 확인 버튼을 클릭한다.

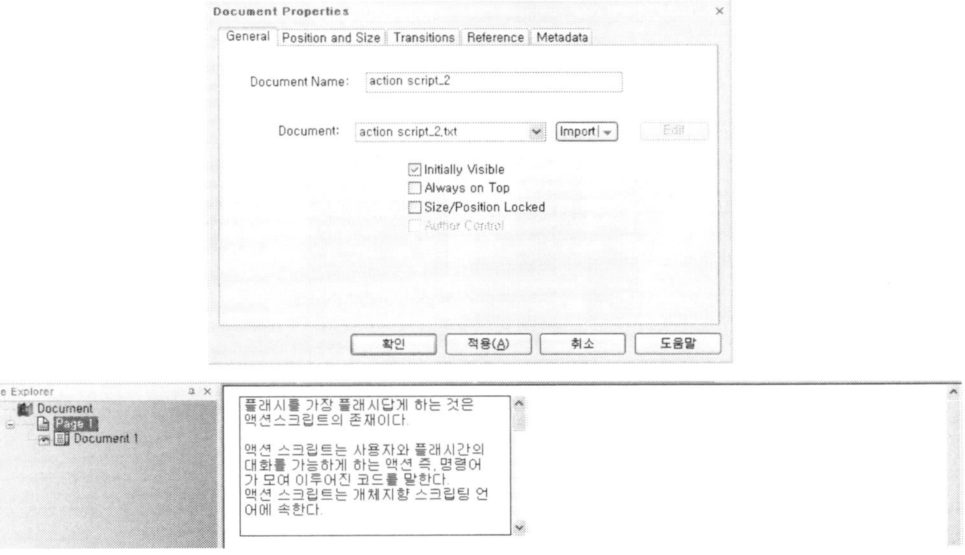

.pdf, .doc, .hwp 문서

렉토라는 .pdf, .doc, .hwp 등의 문서를 자체적으로 지원하지 않는다. 렉토라로 제작한 타이틀에서 이들 문서를 활용하려면 문서를 하이퍼링크로 연결하거나 버튼 액션으로 문서를 실행시켜야 한다. 문서를 타이틀에 포함할 때 유의할 사항은 강좌를 수강하는 학생들의 시스템에서 이들 문서를 지원하는 응용 프로그램이 설치되어 있는지 확인해야 한다(▶Title4).

❶ 타이틀 왼쪽 프레임 창의 타이틀 개체 Document를 더블클릭한다. 타이틀 속성 창이 열린다.
❷ Additional files 탭을 클릭한다.
❸ Add File 버튼을 클릭한다.

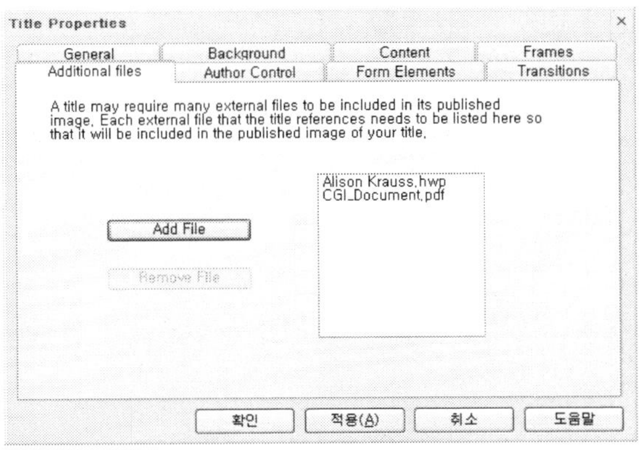

❹ 파일을 선택하고 열기 버튼을 클릭한다.
❺ 확인 버튼을 클릭한다. 타이틀에 Alison Krauss.hwp, CGI_Document.pdf 파일이 포함된다.

Additional files 탭에서 추가한 문서 파일은 타이틀 화면에는 나타나지 않는다. 추가된 문서 파일은 타이틀 폴더의 서브 폴더 extern에 복사된다.

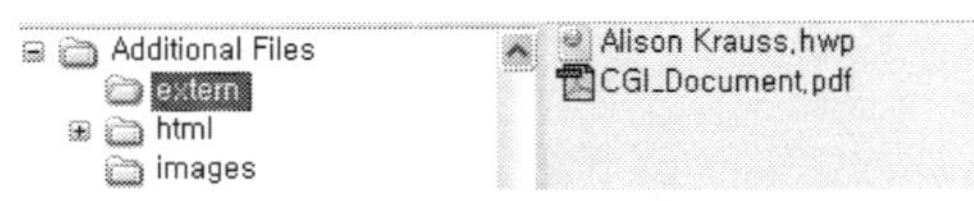

✎ 타이틀에 추가된 문서는 하이퍼링크 혹은 버튼 액션을 설정하여 참조한다. 이때 유의할 점은 타이틀의 출판 형태에 따라 문서의 경로를 달리해야 한다.

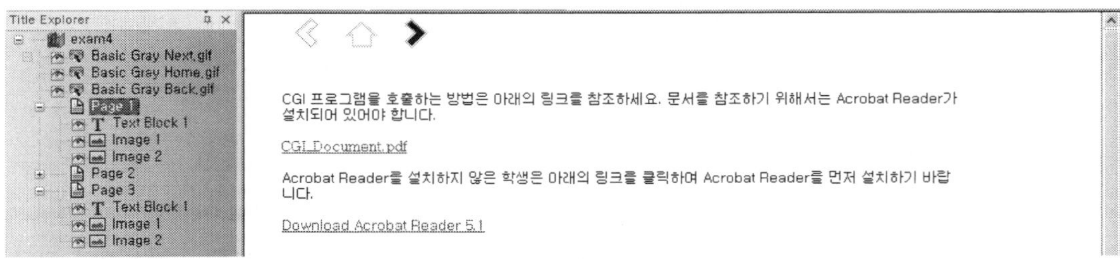

타이틀을 CD 혹은 실행 파일 형태로 출판하는 경우

하이퍼링크 CGI_Document.pdf의 경로는 서브 폴더 extern를 포함한다.

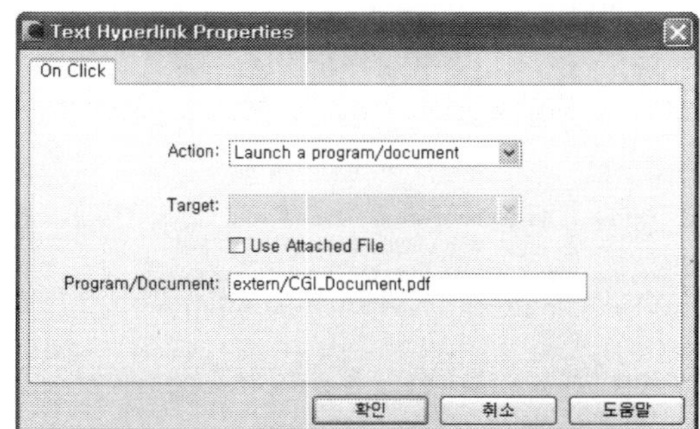

• Use Attached File 옵션을 선택하면 Add File 버튼을 클릭하여 파일을 지정할 수 있다.

타이틀을 HTML 형태로 출판하는 경우

타이틀을 HTML 유형으로 출판하면 Additional files 탭에 등록한 모든 문서가 html 폴더에 복사된다.

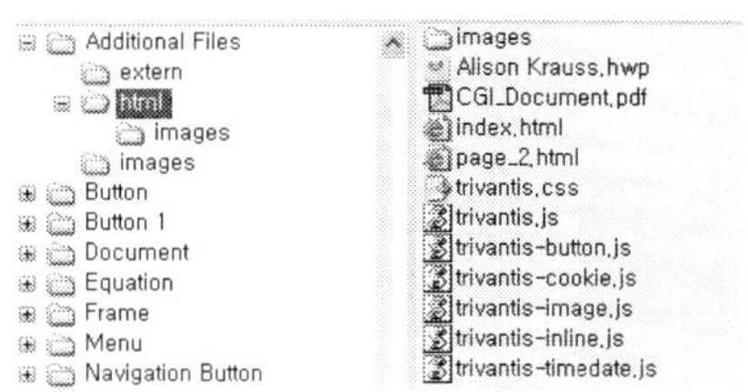

따라서 문서와 HTML 파일을 동일 폴더에 올린다면 하이퍼링크 CGI_Document.pdf의 경로는 문서의 이름만 포함한다.

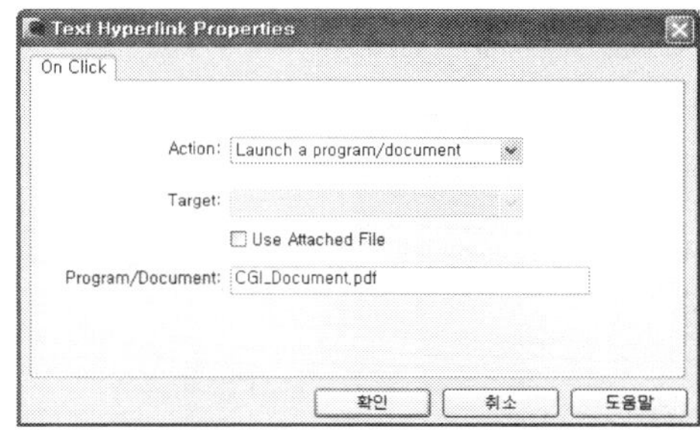

✎ 경로를 입력할 때 문서 파일의 이름 및 확장자는 반드시 대·소문자를 구별하여 입력한다.

8) 수식

수식 편집기를 활용하면 수식을 쉽고 간편하게 입력할 수 있다. 수식을 입력하려면 Add Equation 버튼 을 클릭한다. 수식 입력 틀이 나타난다(▶Title5).

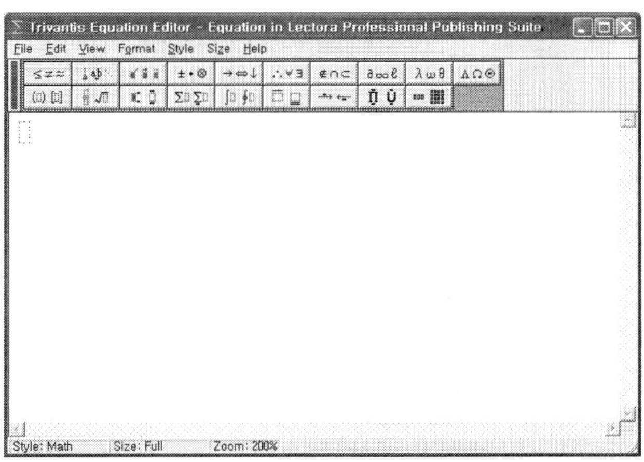

수식 편집기는 수학 기호 유형별 팔레트를 제공한다.

$y = ax + b$를 입력하고 File/Close and Return to Lectora Professional Publishing Suite(Ctrl+F4)를 실행한다. 페이지에 수식이 삽입된다.

$$\square \longrightarrow y = ax + b$$

복잡한 수식은 템플릿을 사용한다.

분수 입력

❶ 템플릿 팔레트 아이콘 을 클릭한다.

❷ 템플릿 아이콘 을 클릭한다.

❸ 입력 틀에 1, 2를 입력한다.

❹ Ctrl+F4 키를 누른다.

이차방정식 입력

❶ '$y = ax$'를 입력하고 템플릿 팔레트 아이콘 을 클릭한다.

❷ 템플릿 아이콘 을 클릭한다.

❸ 입력 틀에 2를 입력한 후 수식의 오른쪽 빈 공간을 클릭한다.

❹ '$+ b$'를 입력한다.

❺ Ctrl+F4 키를 누른다.

$$y = ax \longrightarrow y = ax^{\square} \longrightarrow y = ax^2 \longrightarrow y = ax^2 + b$$

- Ctrl+B 키를 누르고 문자를 입력하면 벡터-매트릭스 형태로 입력된다.
- Ctrl+G 키를 누르고 문자를 입력하면 그리스 문자가 입력된다.
- 템플릿이 삽입된 상태에서 템플릿의 오른쪽에 문자를 입력하려면 템플릿 오른쪽의 빈 공간을 클릭하고 입력한다.

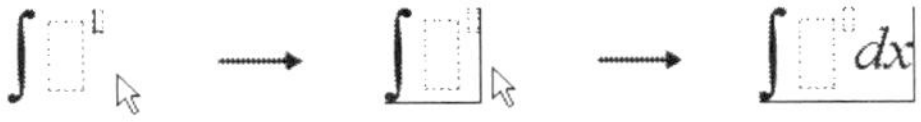

• 템플릿을 변경하려면 템플릿을 블록으로 설정한 후 Ctrl 키를 누른 상태에서 다른 템플릿을 선택한다.

Ctrl+

• 수식을 이동/복사하려면 수식을 블록으로 설정한 후 마우스로 누른 채 이동/복사한다. Ctrl 키를 누른 상태에서 이동하면 복사된다.

다양한 수식 입력하기

□ 근호 입력

❶ 팔레트 아이콘 을 클릭한다.
❷ 팔레트 창에서 템플릿 아이콘 을 클릭한다. 템플릿이 입력된다.
❸ 입력 틀에 문자를 입력하고 팔레트 아이콘 을 클릭한다.
❹ 팔레트 창에서 템플릿 아이콘 을 클릭한다. 템플릿이 입력된다.
❺ 문자 입력 틀 을 클릭하여 문자를 입력한다. 수식 $\sqrt[a]{x^2}$ 가 완성된다.

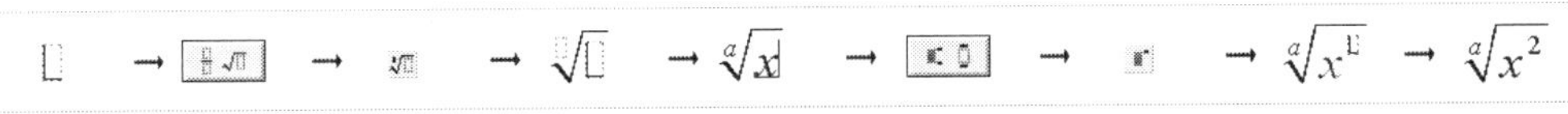

→ → → → $\sqrt[a]{x}$ → → → $\sqrt[a]{x}$ → $\sqrt[a]{x^2}$

□ Norm 입력

→ → → → $\|X\|$

□ 정적분 입력

→ → → → $\int_a^b ke$ → → → $\int_a^b ke$ → $\int_a^b ke^x$ → $\int_a^b ke^x dx$

PART 01

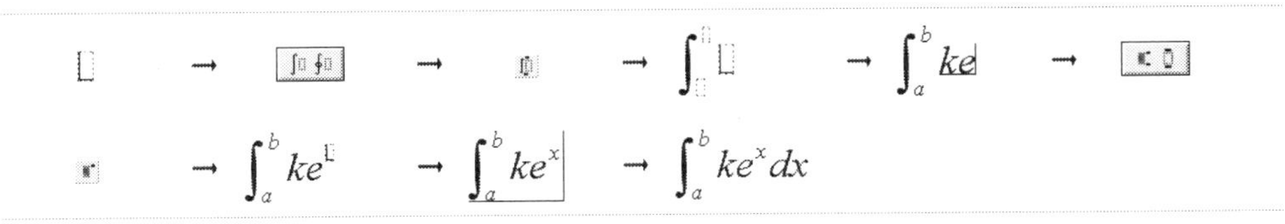

□ Summation 입력

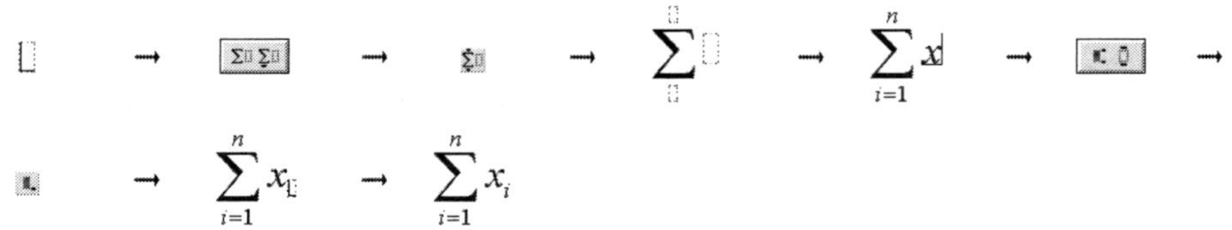

→ → → $\sum_{\square}^{\square}\square$ → $\sum_{i=1}^{n}x$ → →

→ $\sum_{i=1}^{n}x_{\square}$ → $\sum_{i=1}^{n}x_i$

□ 극한 입력

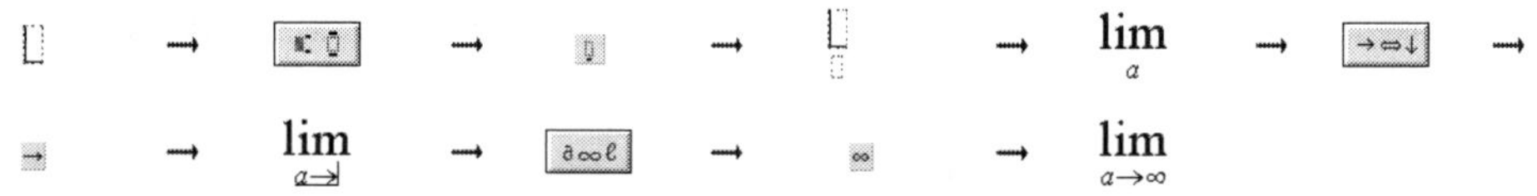

→ → → → $\lim\limits_{a}$ → →

→ $\lim\limits_{a\to}$ → → → $\lim\limits_{a\to\infty}$

□ 행렬 입력

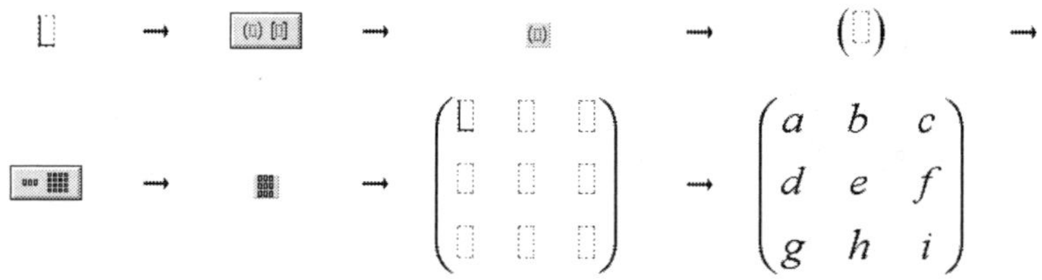

→ → → $(\square)$ →

→ → $\begin{pmatrix} \square & \square & \square \\ \square & \square & \square \\ \square & \square & \square \end{pmatrix}$ → $\begin{pmatrix} a & b & c \\ d & e & f \\ g & h & i \end{pmatrix}$

□ 행렬식 입력

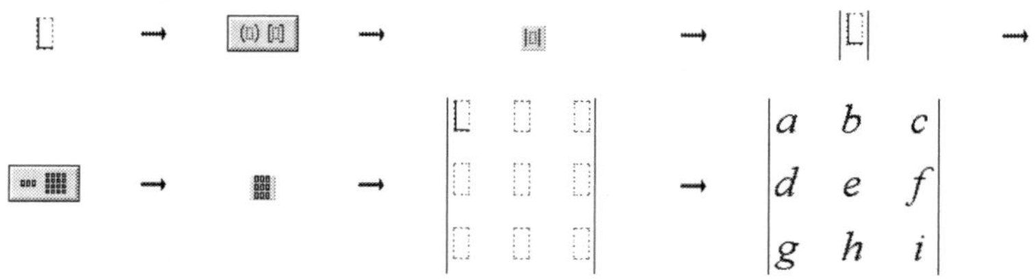

→ → → $|\square|$ →

→ → $\begin{vmatrix} \square & \square & \square \\ \square & \square & \square \\ \square & \square & \square \end{vmatrix}$ → $\begin{vmatrix} a & b & c \\ d & e & f \\ g & h & i \end{vmatrix}$

□ 조합

→ → → (n) → 엔터 $\binom{n}{\square}$ → $\binom{n}{r}$

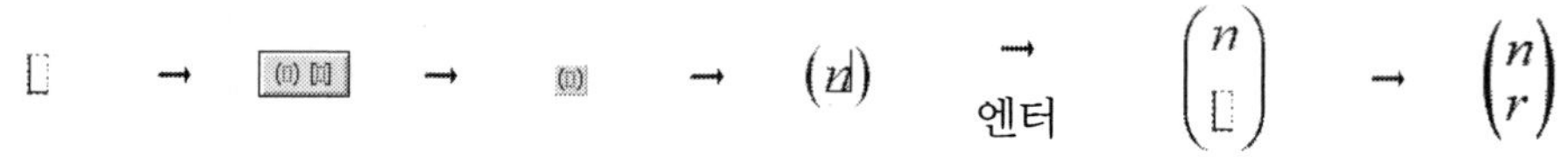

□ 기타 수식 기호 입력

a	→		→		→	$\bar{a}$	a	→		→		→	$\vec{a}$
a	→		→		→	$\hat{a}$	a	→		→		→	$\breve{a}$
a	→		→		→	$\dot{a}$	$=$	→		→		→	$\neq$
a	→		→		→	a'	$\subset$	→		→		→	$\not\subset$

수식 간격 및 수식 구성 요소 간격은 Format/Define Spacing을 실행하여 설정

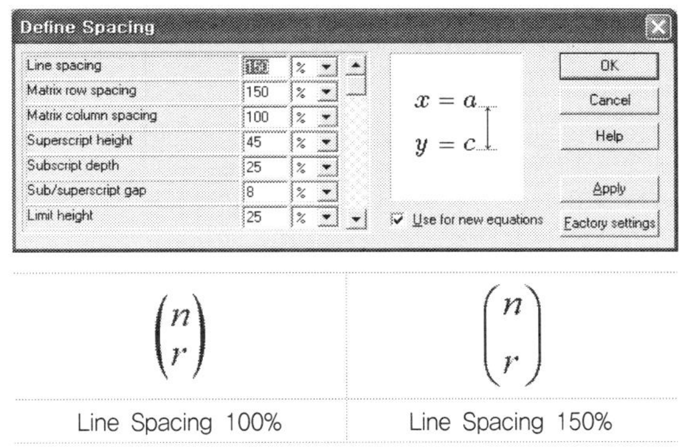

$\binom{n}{r}$	$\left(\begin{matrix} n \\ \\ r \end{matrix}\right)$
Line Spacing 100%	Line Spacing 150%

- 수식의 구성 요소를 선택한 후 Ctrl 키를 누른 채 ←, →, ↑, ↓ 키를 누르면 구성 요소의 위치를 미세하게 조정할 수 있다.

$$\lambda_r(E) = \int_{E \cap B_r} (f(x)-r)dx \longrightarrow \lambda_r(E) = \int_{E \cap B_r} (f(x)-r)dx$$

수식의 정렬은 Format 메뉴의 Align 항목을 적용

$\begin{aligned}&\frac{d}{dx}F(u)=\frac{d}{du}F(u)\frac{du}{dx}\\&=F'(u)\frac{du}{dx}\\&=f(u)\frac{du}{dx}\end{aligned}$	$\begin{aligned}\frac{d}{dx}F(u)&=\frac{d}{du}F(u)\frac{du}{dx}\\&=F'(u)\frac{du}{dx}\\&=f(u)\frac{du}{dx}\end{aligned}$	$\begin{array}{r}\frac{d}{dx}F(u)=\frac{d}{du}F(u)\frac{du}{dx}\\=F'(u)\frac{du}{dx}\\=f(u)\frac{du}{dx}\end{array}$
Align Left	Align at =	Align Right

9) 메뉴 삽입

메뉴는 특정 페이지 혹은 주제를 보여주는 내비게이션 툴의 일종이다. 메뉴 목록을 클릭하면 목록에 설정된 액션이 실행되어 특정 페이지와 주제를 보여준다. 메뉴를 삽입하려면 다음 과정을 밟는다(▶Title6).

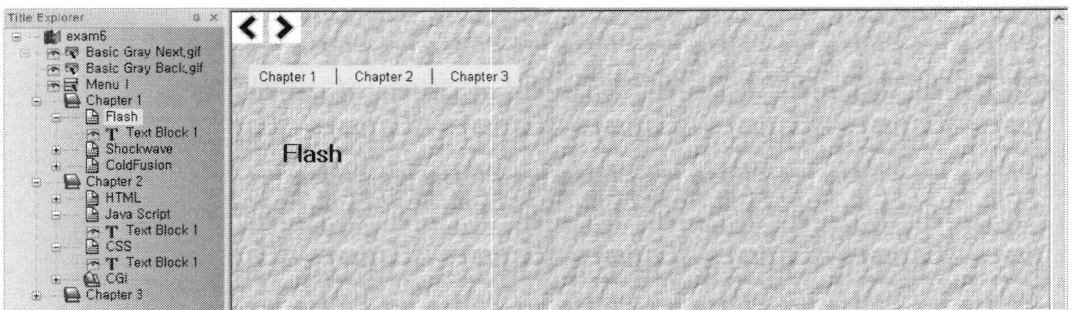

❶ 타이틀의 왼쪽 프레임 창에서 타이틀 개체 exam6을 클릭한다.
❷ Add Menu 버튼 을 클릭한다. 메뉴 개체 속성 창이 열린다.
❸ Add Item 버튼을 클릭한다. 메뉴 목록 창에 목록이 추가된다.

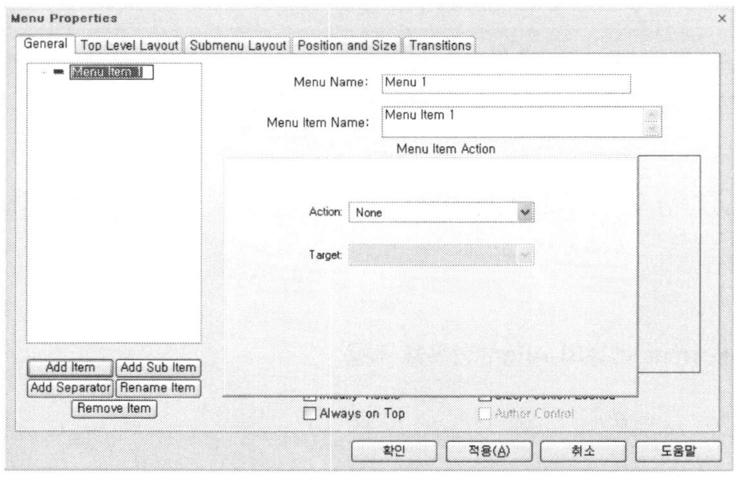

메뉴 목록은 목록 이름과 목록에 지정된 액션으로 구성된다. 메뉴 목록은 다음과 같은 기준 하에 삽입한다.

- Chapter는 첫 번째 단계의 목록으로 삽입한다.
- Section 혹은 Page는 Chapter 아래 단계의 목록으로 삽입한다.

- Section에 부 목록이 있으면 Section 아래 단계의 목록으로 삽입한다.
- 목록의 단계는 Add Item 버튼, Add Sub Item 버튼으로 분기한다.
- 목록의 구분은 Add Separator 버튼으로 설정한다.
- Add Item 버튼은 현재 선택된 목록과 동일한 단계의 목록을 추가한다.
- Add Sub Item 버튼은 현재 선택된 목록보다 한 단계 낮은 목록을 추가한다.

❹ 목록 이름을 Chapter 1로 입력하고 Add Sub Item 버튼을 클릭한다. Chapter 1의 부 메뉴가 추가된다. 목록 이름을 Flash로 변경한다.

❺ Flash를 클릭한 후 Add Item 버튼을 클릭한다. Flash와 동일한 단계의 메뉴가 추가된다. 목록 이름을 Shockwave로 변경한다.

❻ 동일한 방식으로 목록 ColdFusion을 추가한다.

❼ Chapter 1을 클릭한 후 Add Separator 버튼을 클릭한다. Chapter와 Chapter 사이에 구분선이 삽입된다.

❽ Add Item 버튼을 클릭한다. Chapter 1과 동일한 단계의 메뉴가 추가된다. 목록 이름을 Chapter 2로 변경한다.

❾ Chapter 1의 부 메뉴를 삽입한 것과 동일한 방식으로 Chapter 2의 부 메뉴를 삽입한다.

❿ Chapter 2의 부 메뉴 CGI를 클릭하고 Add Sub Item 버튼을 클릭한다. CGI의 부 메뉴가 추가된다.

⓫ Add Item 버튼을 클릭하여 CGI의 부 메뉴를 삽입한다.

⓬ Chapter 2를 클릭한 후 Add Separator 버튼을 클릭한다.

⓭ Add Item 버튼을 클릭하여 Chapter 3을 입력한다.

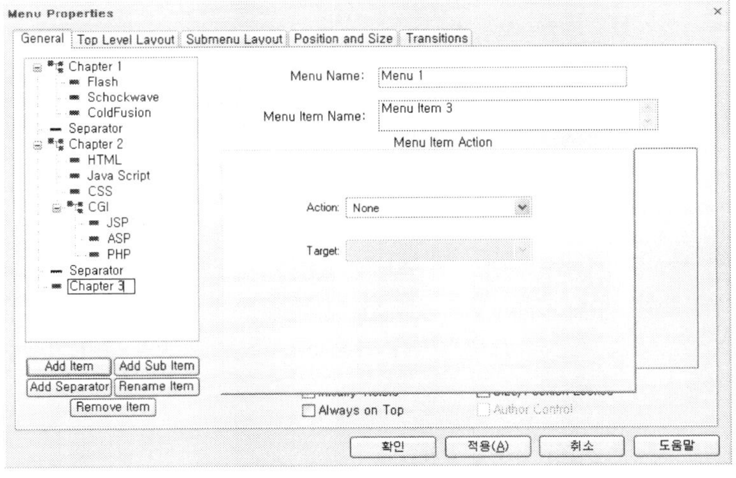

메뉴 목록에 내비게이션 기능을 설정하려면 액션을 지정한다. Chapter, Section과 같이 부 메뉴를 가지는 목록은 액션을 지정할 수 없다. 액션은 오직 Page 목록에만 지정된다.

✎ Chapter, Section 개체는 논리적 개체로서 화면에 표시되지 않는다.

메뉴 목록에는 Go To 액션이 지정된다. Go To 액션은 항상 타깃을 수반한다. 타깃이란 액션의 영향을 받는 대상을 가리킨다. 메뉴 목록의 타깃이란 당연히 타이틀의 페이지가 된다.

⓮ 메뉴 목록 Flash를 클릭하고 액션과 타깃을 아래와 같이 지정한다.

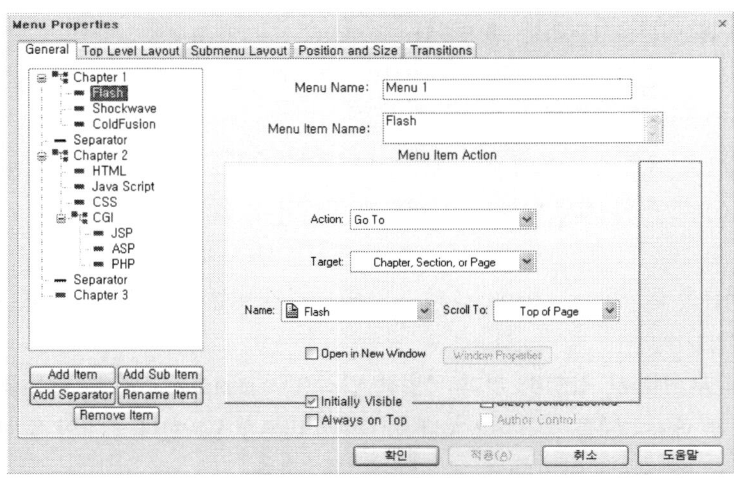

⓯ 동일한 액션을 사용하여 모든 목록에 목록이 가리키는 페이지를 타깃으로 지정한다.

메뉴 모양

메뉴의 구체적 모양은 Top Level Layout, Submenu Layout 탭에서 설정한다. 화면에 처음 나타나는 메뉴의 모양은 Top Level Layout 탭에서, 부 메뉴는 Submenu Layout 탭에서 설정한다. 이들 탭에서는 메뉴의 배경 색, 글꼴 및 글자 색, 메뉴에 마우스를 놓았을 때의 글자 색 등을 설정할 수 있다.

- Menu Orientation 옵션에서는 메뉴 방향(수평/수직)을 지정한다.
- Text Alignment 옵션에서는 메뉴 목록 이름의 정렬 방식(왼쪽/가운데/오른쪽)을 지정한다.
- Margins 박스에서는 메뉴 버튼의 안쪽 여백을 지정한다. 좌/우 여백의 값이 커질수록 메뉴의 좌우 너비가 넓어진다.
  - Top/Bottom 필드에서는 상/하 여백을 설정한다.
  - Left/Right 필드에서는 좌/우 여백을 설정한다.
- Outlines/Separators/Frame 박스에서는 메뉴의 테두리 모양을 지정한다.

Menu Properties

General | Top Level Layout | Submenu Layout | Position and Size | Transitions

Menu Orientation: ⦿ Horizontal ○ Vertical
Text Alignment: ⦿ Left ○ Center ○ Right
Background Color: Custom
Background Highlight Color: Custom
Text Style: Body Text [Styles...]
Text Highlight Color: White
Background Image: None [Import] [Edit]

Margins
Top / Bottom: 3 pixels Left / Right: 10 pixels

Outlines/Separators/Frame
○ No Outlines or Frame
⦿ Windows Style 3D Menus
○ Draw Frame Around Menu
○ Draw Outline Around Each Menu Item
Separator Color: Black
Outline/Frame Color: Black

[확인] [적용(A)] [취소] [도움말]

메뉴와 부 메뉴의 테두리 모양을 No Outlines or Frame으로 지정하고, 메뉴와 부 메뉴의 좌/우 여백의 값을 각각 10 픽셀, 20 픽셀로 지정했을 때의 메뉴 모양은 다음과 같다.
메뉴와 부 메뉴의 Text Highlight Color는 각각 Red, Green을 지정하였다.

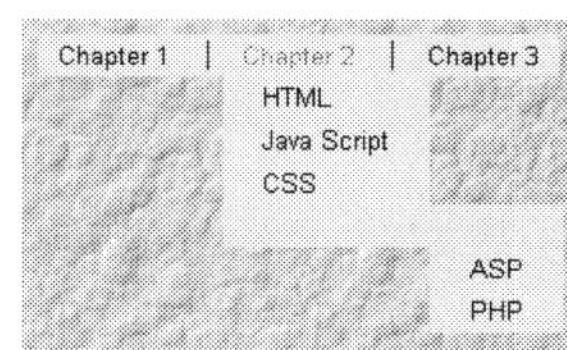

TIP 메뉴의 목록이 한 줄에 보이지 않으면 메뉴의 좌/우 여백의 값을 조정한다.

10) Notes Report

타이틀에 포함된 노트 전체의 내용을 보여 준다. 타이틀을 제작할 때 팀원 간의 의사소통을 손쉽게 할 수 있는 수단이다. 노트를 삽입하려면 Tools/Add a Note를 실행한다.

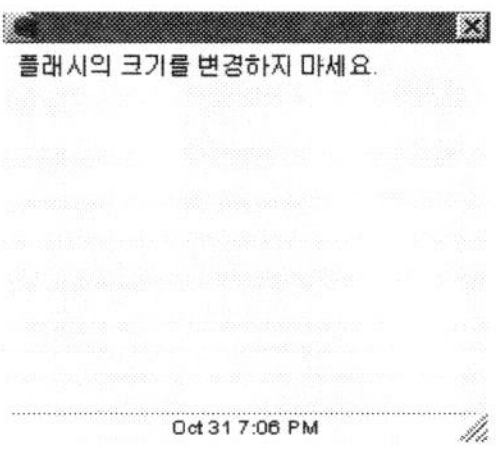

노트 보고서를 작성하려면 Tools/Notes Report를 실행한다.

Title Notes

Title Order	Path	Color	Created By	Created	Text
1	Page 2			10/31/2010 7:06 PM	플래시의 크기를 변경하지 마세요.
2	Page 2			10/31/2010 7:07 PM	extern 폴더의 파일은 삭제하면 안됩니다. 플래시를 실행할 때 필요한 파일입니다.
3	Page 2			10/31/2010 7:09 PM	플래시는 인스턴스 이름이 blank인 공백 무비클립을 포함합니다. MC blank의 변수 alpha는 플래시의 투명도를 지정하는 용도로 사용합니다.

Print Close

11) Chart Tool

차트 툴을 사용하면 간단한 차트를 삽입할 수 있다.

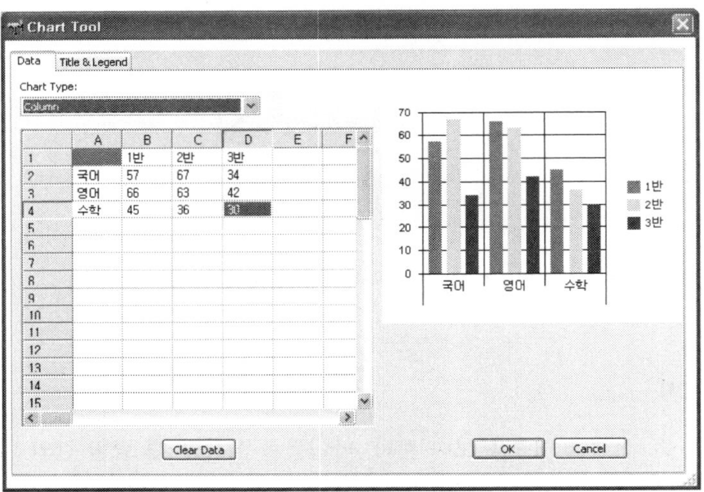

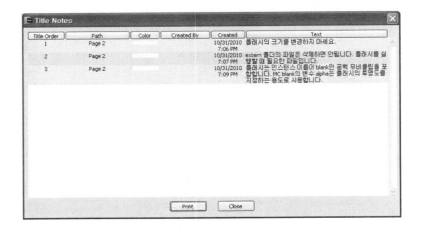

- 차트 종류는 Chart Type 드롭다운 버튼을 클릭하여 지정한다.
- 차트 제목과 범례 위치는 Title & Legend 탭에서 지정한다.
- A1 셀에는 자료를 입력할 수 없다.
- 1 행에는 데이터 계열로 사용할 이름을 입력한다. 계열로 사용된 이름은 범례 리스트로 표시된다.

TIP Chat Tool을 이용하여 차트를 제작하는 데에는 많은 어려움이 따른다. 따라서 차트는 엑셀로 작성하여 삽입한다.

6. 콘텐츠 제작 시의 주의사항

콘텐츠가 제대로 제작되었느냐에 대한 판단은 콘텐츠가 웹에 출판될 때 이뤄진다. 내 컴퓨터에서는 아무런 이상 없이 작동하더라도 웹에서 제대로 작동하지 못한다면 콘텐츠 자체에 문제가 있는 것이다. 콘텐츠를 웹에 올렸을 때 발생할 수 있는 문제점들은 대체로 다음과 같다.

- 워드프로세서로부터 복사하여 붙여 넣은 표가 깨어지는 현상
- 개체의 가로/세로 크기가 제멋대로 변경되는 현상
- 이미지 혹은 애니메이션을 제대로 보여주지 못하는 현상
- 액션이 제대로 먹히지 않는 현상

깨어지기 쉬운 텍스트 혹은 표는 이미지 속성으로 출판

워드프로세서의 표를 복사하여 타이틀에 붙여 넣으면 웹 출판 시 표가 깨진 상태로 출력된다. 표의 형태를 원본 그대로 출력하려면 표가 삽입된 텍스트 블록의 속성을 이미지로 변형한다.

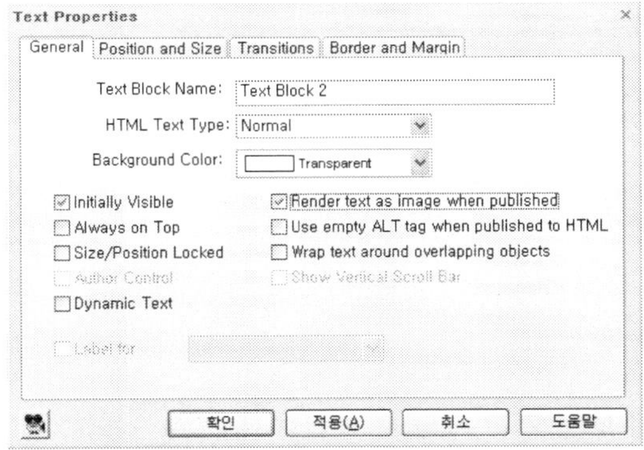

– Render text as image when published 옵션을 선택하면 텍스트를 이미지로 출판할 수 있다.

이미지, 애니메이션 등의 크기는 개체를 제작한 원본 프로그램에서 설정

컨텐트 페이지에서 이미지, 애니메이션, 비디오 등의 핸들을 끌어 크기를 작게 조정할 수 있다. 그렇

지만 이런 식으로 가로/세로 크기를 조정한 미디어 개체를 Change Contents 액션으로 불러오면 수정된 크기가 아닌 원본 크기로 대체된다.
게다가, 이미지, 애니메이션 파일 용량 자체에는 아무런 영향도 주지 못한다. 웹에 미디어 개체를 올릴 때를 생각하면 개체의 파일 용량 자체를 줄여야 한다.

- 이미지 개체는 렉토라의 이미지 편집기를 사용하여 크기를 조정한다.
- 플래시 개체는 매크로미디어사의 Flash를 사용하여 크기를 조정한다.
- 비디오 개체 역시 Encorder를 통해 크기를 조정하거나 녹화 툴로 크기를 조정하여 재녹화한다.

콘텐츠를 실행하는 데 필요한 관련 파일은 Additional files 탭에 등록

윈도우 응용 프로그램으로 실행할 문서는 타이틀 개체의 Additional files 탭에 등록한다.

- Additional files 탭에서 추가한 문서 파일은 타이틀 화면에는 나타나지 않는다. 추가된 문서 파일은 타이틀 폴더의 서브 폴더 extern에 복사된다.

타이틀에 추가된 문서는 하이퍼링크 혹은 버튼 액션을 설정하여 참조한다. 이때 유의할 점은 타이틀의 출판 형태에 따라 문서의 경로를 달리해야 한다.

- 타이틀을 CD 혹은 실행 파일 형태로 출판하는 경우
  - 문서를 참조한 하이퍼링크의 경로는 서브 폴더 extern을 포함한다.
- 타이틀을 웹으로 출판하는 경우
  - 문서를 참조한 하이퍼링크의 경로는 문서의 이름만 포함한다.

✎ 경로를 입력할 때 문서 파일의 이름 및 확장자는 반드시 대·소문자를 구별하여 입력한다.

여러 개의 무비로 구성된 플래시 무비는 Additional files 탭에 파일을 추가할 때 컨텐트 페이지에 삽입된 무비 자체도 함께 추가한다.

- 컨텐트 페이지에 삽입된 메인 무비는 images 폴더에 복사되고, 나머지 무비는 extern 폴더에 복사되기 때문에 무비 간에 서로 참조할 수 없기 때문이다.

[참고]

렉토라 화면의 왼쪽 창은 Title Explorer, 오른쪽 창은 Content 페이지라 한다.

액션이 제대로 실행되지 않는 경우에는 다음 사항들을 점검한다.

- 버튼 혹은 투명 속성 버튼의 작동여부
- 타깃 개체가 놓인 레이어의 순서
- 개체의 속성
- 액션의 순서
- On 이벤트 설정
- 액션의 실행 전후의 시나리오

인터랙티브 콘텐츠를 제작할 때 마우스 클릭에 대응하는 버튼 인식 영역 즉, 투명 속성의 버튼의 배치는 매우 중요하다. 투명 속성의 버튼을 배치할 때 가장 먼저 고려해야 할 부분은 버튼 인식 영역이 나타나는 시점과 버튼 인식 영역이 사라지는 시점이다.

예제 | Button Wizard를 실행하여 내비게이션 버튼을 삽입하는 장면을 보여주는 콘텐츠를 제작해 보자.

이 콘텐츠를 만들려면 Tools/Button Wizard를 실행하여 버튼을 삽입할 때의 상황과 동일하게 연출하여 현실감을 극대화 할 필요가 있다. 콘텐츠의 제작 과정을 단계별로 설명한다(▶Title7).

| 1 단계 | Button Wizard의 각 실행 단계를 화면 캡처한 이미지 개체를 타이틀의 동일 위치에 동일 크기로 삽입한다.

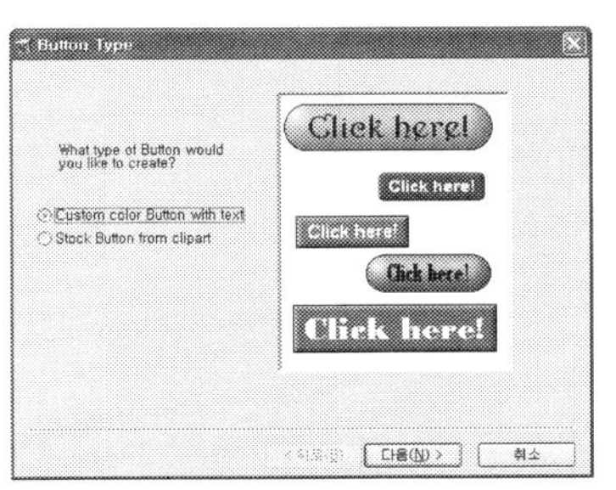

Image 1

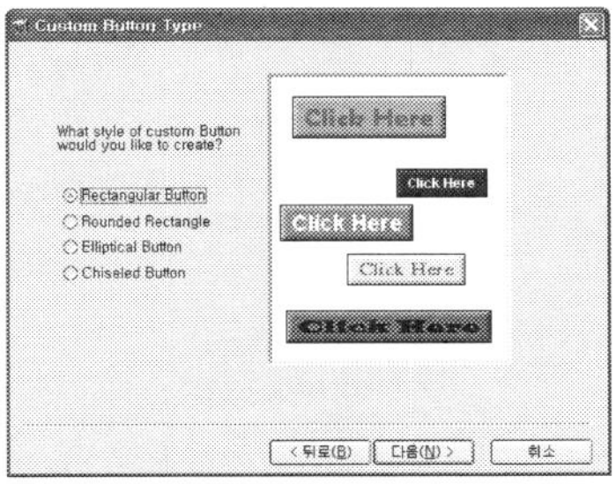

Image 2

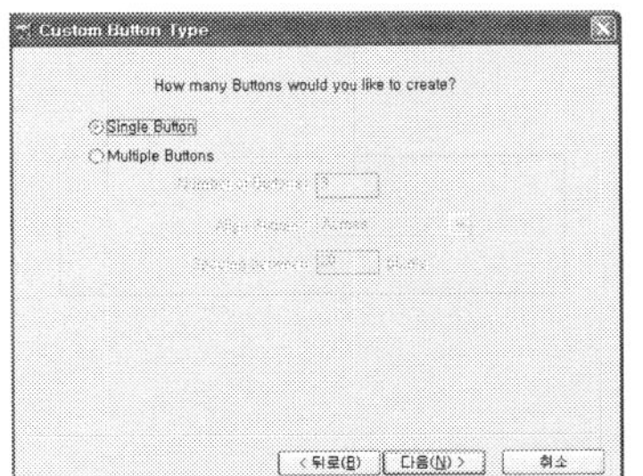

Image 3

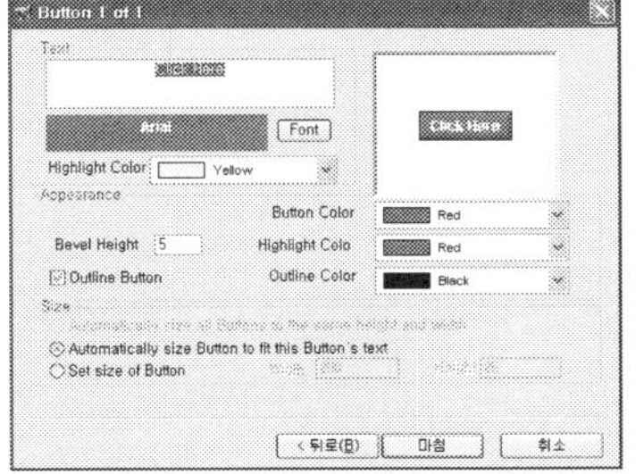

Image 4

| **2 단계** | 버튼 영역으로 사용될 위치에 투명 속성 버튼을 배치한다.

– 투명 속성 버튼은 눈에 보이지 않으며 버튼 영역을 설정할 때 사용한다.

그림의 '다음', '마침' 버튼을 클릭하여 Button Wizard를 실행할 때의 느낌과 동일하게 주기 위해서 즉, Image 1의 '다음' 버튼을 클릭하면 Image 2로, Image 2의 '다음' 버튼을 클릭하면 Image 3으로, Image 3을 클릭하면 Image 4로 변경되게 버튼 액션을 주기 위해 Image 1, Image 2, ..., Image 4의 '다음', '마침' 버튼 자리에 투명 속성의 버튼을 위치시킨다.

– 투명 속성의 버튼은 버튼 인식 영역으로 활용된다. '다음', '마침' 버튼을 충분히 포함할 수 있을 만큼 버튼의 크기를 조정한다.

투명 속성 버튼

[참고]

투명 속성의 버튼은 Add/Object/Button을 실행하고 버튼 속성 창에서 Transparent 옵션을 선택하여 삽입한다.

Button Properties

General | Position and Size | On Click | Condition | Transitions

Button Name: Button 1

☑ Initially Visible ☐ Use 3-frame animated GIF
☑ Always on Top ☑ Transparent
☐ Size/Position Locked ☐ Use empty ALT tag when published to HTML
☐ Author Control ☑ Preload button when published to HTML

Normal-State Image: None Import Edit
Clicked Image: None Import Edit
Mouseover Image: None Import Edit

확인 적용(A) 취소 도움말

LECTORA

그림과 투명 속성의 버튼이 삽입된 페이지의 추리 구조는 다음과 같다.

추리 구조 창을 살펴보면, 페이지 개체에 삽입된 이미지 개체는 Button Wizard를 실행할 때 나타나는 대화상자 순서 그대로 배열한 것을 볼 수 있다. 어떤 일련의 과정을 보여주는 이미지 개체를 페이지에 삽입할 때에는 진행되는 순서대로 개체를 나열할 필요가 있다. 즉, 첫 장면은 첫 번째 레이어에 배치하고, 그 다음 장면은 차례대로 그 위의 레이어에 배치한다.

삽입된 개체 하나하나에는 한 개씩의 레이어가 할당된다는 것을 기억하자. 한 페이지에 여러 개의 개체가 삽입되었으므로 이들 개체가 할당된 레이어는 하나의 레이어 층을 형성하고, 결과적으로 이들 개체들은 겹쳐진 상태가 되어 Button Wizard를 실행했을 때의 마지막 장면을 캡처한 그림이 화면에 나타나게 된다.

✎ Title Explorer 창의 추리 구조에서 밑으로 이동할수록 개체는 상위의 레이어에 위치한다.

버튼 영역으로 사용된 투명 속성의 버튼은 이미지 개체 아래에 배치되었음을 주목하자. Image 1의 버튼 영역으로 Button 1, Image 2의 버튼 영역으로 Button 2, ...Image 4의 버튼 영역으로 Button 4를 배치한다.

[참고]

버튼 영역으로 사용하는 개체는 일반적으로 버튼 개체이다. Button Wizard를 실행하여 삽입하는 버튼, Add Button 아이콘을 클릭하여 추가하는 버튼이 버튼 개체에 해당한다. 어떤 경우에는 텍스트, 이미지, 애니메이션 등의 미디어 개체 역시 버튼 영역으로 사용된다.
미디어 개체를 버튼 영역으로 사용하려면 미디어 개체에 On Mouse Click, On Mouse Enter, On Mouse Exit 등의 이벤트 발생 시 실행되는 액션 개체를 포함한다. 한편, 미디어 개체의 특정 부분을 버튼 영역으로 사용하려면 미디어 개체에 투명 속성의 버튼을 겹쳐 배치한다.

버튼 영역으로 사용할 개체를 삽입하는 경우, 여러 개의 개체가 겹친다면, 해당 개체가 버튼 영역으로 인식되기 위해서는 개체를 다른 개체보다 상위 층의 레이어에 배치해야 한다. 그렇지 않으면 개체가 다른 개체에 의해 가려져 버튼 영역으로 인식되지 않게 된다.

특정 개체의 레이어를 다른 개체의 레이어보다 더 높은 층에 둘 때 주의할 점은 가능한 특정 개체의 속성이 Always on Top이 되지 않게 한다. Always on Top 속성은 레이어의 위치를 최상위 층으로 만드는 것으로서 개체의 추리 구조상의 위치와 관계없이 상대적으로 최상위 레이어가 되게 한다.

특별한 경우가 아니면 Always on Top 속성을 사용하지 않고 추리 구조상에서의 개체의 나열을 순서대로 배치하여 개체 간의 레이어 순서를 정한다.

[참고]

투명 버튼의 나타나는 시점(▶Title8)

투명 버튼이 나타나는 시점은 제작 중인 콘텐츠의 내용에 따라 달라진다.

사건 A. 타이틀 제작자의 의도대로 진행하기 위해 학생들이 특정 값을 입력하거나 특정 선택을 하게 강요하는 경우

예를 들어 다음과 같은 이미지를 제공하고 변수의 이름과 값을 각각 check, 0으로 입력해야만 다음 과정으로 넘어가도록 한다고 하자. 변수의 이름과 값을 입력할 공간에는 입력 필드가 배치되어 있다.

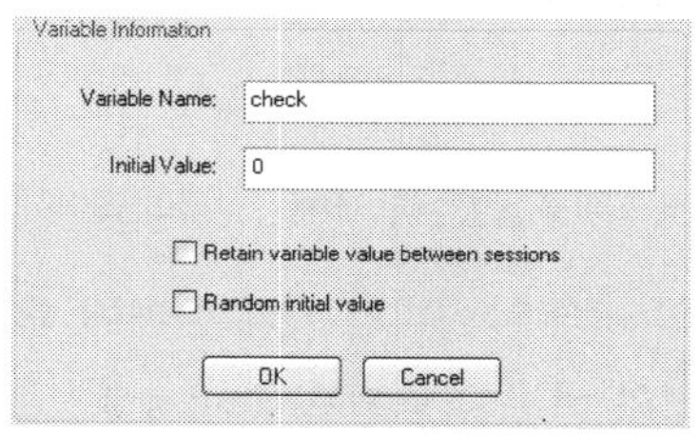

- 입력 필드는 Add/Object/Form Object/Entry Field를 실행하여 삽입한다.

사건 A는 학생들이 변수의 이름과 값을 지시한 대로 입력한 경우에만 다음 과정으로 넘어갈 수 있게 'OK' 버튼 영역에 투명 속성의 버튼이 나타나게 한다.

- 학생들의 입력 상황과 관련 없이 처음부터 투명 속성의 버튼을 나타나게 하면 타이틀 제작자의 의도와 관계없이 다음 과정으로 넘어갈 수 있다. 버튼의 Initially Visible 속성은 해제한 상태로 삽입한다.

사건 B. 타이틀 제작자가 학생들에게 단순히 보여 줄 목적으로 특정 값의 입력이나 특정 선택을 강요하지 않는 경우

예를 들어, 폼 개체 속성 창의 파라미터 탭에서 파라미터의 이름과 그 값을 등록하는 방법을 보여 줄 목적이라면 사건 A와 같이 특정 값의 입력이나 특정 선택을 강요할 필요가 없다.

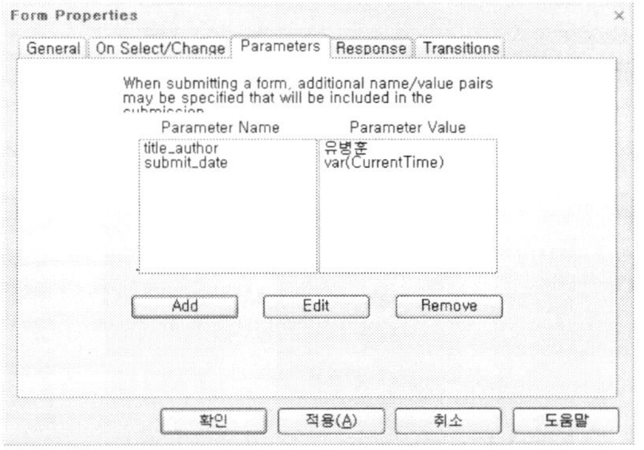

- 폼 개체는 Add/Object/Form Object/Form을 실행하여 삽입한다. 파라미터의 이름과 값은 폼 속성 창의 Parameters 탭에서 정의한다.

사건 B는 다음 과정으로 넘어가는 데 있어 요구되는 어떤 행위도 없기 때문에 처음부터 '확인' 버튼 영역에 투명 속성의 버튼이 나타나게 한다. 버튼의 Initially Visible 속성은 선택된 상태로 삽입한다.

[참고]

투명 버튼이 사라지는 시점

투명 버튼이 사라지는 시점은 제작 중인 콘텐츠의 내용에 따라 달라진다.

사건 A. 목록에 마우스를 갖다 댈 때마다 목록에 정의된 액션이 실행되는 경우(▶Title9)

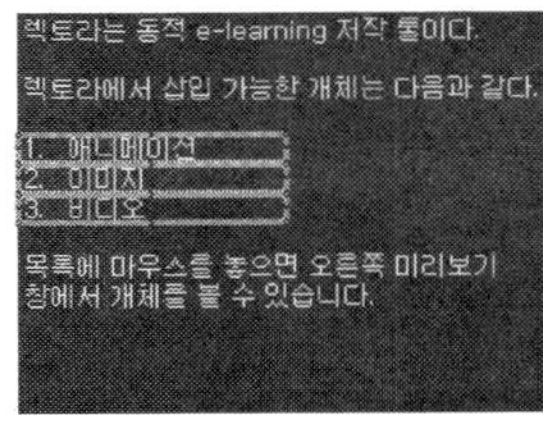

- 목록이 입력된 곳에는 투명 속성의 버튼이 3개 삽입되어 있다.

사건 A는 목록에 마우스가 놓일 때마다 미리보기 창의 내용이 바뀌어야하므로 목록과 겹쳐진 투명 속성의 버튼을 사라지게 할 필요가 없다.

사건 B. 아래 그림과 같이 도구 상자의 지시된 영역을 클릭하면 도구 상자와 지시선, 안내문 등이 모두 사라지고 해당 속성 창이 나타나는 경우(▶Title10)

Add Image 버튼을 클릭하세요.

사건 B는 지시된 영역을 클릭하면 현재 화면에 나타난 그림과 투명 버튼, 그리고 지시자 등이 사라지고 이미지 추가 대화상자가 나타나게 해야 한다.
투명 속성의 버튼을 그대로 두게 되면 마우스가 그 영역에 갈 때마다 버튼 영역으로 인식되고 그것을 클릭할 때마다 버튼에 정의된 액션이 발생하게 된다.
따라서 투명 속성 버튼을 클릭하여 버튼에 정의된 액션이 실행된 후 더 이상 동일 액션을 실행할 필요가 없을 때에는 투명 속성의 버튼을 보이지 않게 한다.

| **3 단계** | 액션을 설정한다.

그룹 액션을 활용한다. 페이지에 삽입된 이미지, 버튼 개체를 Group_1 개체로 묶는다.

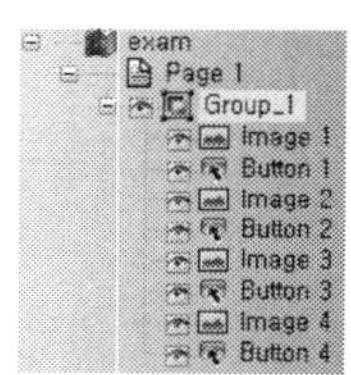

- 이미지, 버튼 개체를 함께 선택한 후 마우스 오른쪽 버튼을 클릭하여 단축 메뉴에서 Group을 클릭한다. 모든 개체를 그룹으로 묶으면 간단한 액션에 의해 그룹에 포함된 특정 개체만을 보여 줄 수 있다.

Page 1 개체가 열릴 때 그룹에 포함된 Image 1 개체만 보이도록 하려면 Page 1 개체 액션을 활용한다.

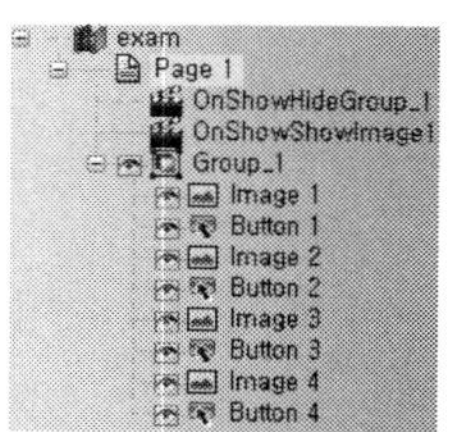

- Page 1 개체 액션을 삽입하려면 Page 1 개체를 클릭한 후 Add/Action을 실행한다.

액션 항목	Page 1	
	OnShowHideGroup_1	OnShowShowImage1
On	Show	Show
Action	Hide	Show
Target	Group_1	Image 1
주)	(a)	(b)

(a) 페이지가 열리는 순간 Group_1 개체를 숨긴다.
(b) 페이지가 열리는 순간 Image 1 개체를 보여준다.

On Show 이벤트는 액션이 삽입된 개체와 관련된다. 페이지 개체에 액션이 삽입된 경우 On Show 이벤트는 페이지가 보일 때를 의미하며, 이미지 개체에 액션이 삽입된 경우 On Show 이벤트는 이미지가 보일 때를 의미한다. 따라서 Page 1 개체에 삽입된 두 개의 액션 개체는 Page 1이 열릴 때 그룹에 포함된 모든 개체를 숨긴 후 Image 1 개체만을 화면에 보여주게 된다.

- Group_1 개체를 먼저 숨기고 Image 1 개체를 보여주게 액션 순서를 매긴다.

Image 1 개체가 화면에 나타나면 Image 1에 배치한 투명 속성 버튼이 활성화 되게 조치해야 한다. 버튼이 활성화 되지 않으면 Image 1 다음 단계인 Image 2를 화면에 나타낼 수 없기 때문이다. Image 1 개체가 화면에 나타날 때 Image 1에 배치한 투명 속성 버튼을 활성화 하려면 Image 1 개체에 액션 개체를 부착한다.

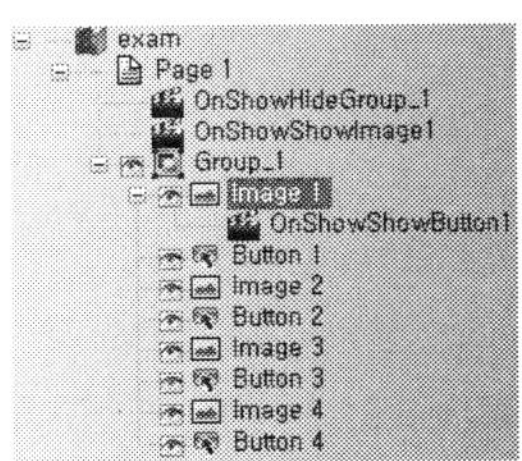

Image 1 개체에 삽입한 액션 내용은 다음과 같이 정의한다.

액션 항목	Image 1
	OnShowShowButton1
On	Show
Action	Show
Target	Button 1
주)	(a)

(a) Image 1 개체가 나타나는 순간 Button 1 개체를 보여준다.

- Image 1 개체에 액션 개체를 삽입하였으므로 On Show 이벤트는 Image 1이 화면에 나타날 때를 의미한다.

Button 1 개체를 클릭하면 Image 1 개체를 숨기고 Image 2 개체를 보여주게 해야 한다. 또한 활용이 끝난 Button 1 개체 자신을 숨기게 조치해야 한다. Group_1 개체를 숨기면 자연스럽게 Image 1, Button 1 등 불필요한 개체를 화면에서 없앨 수 있다. Button 1 개체에 다음 액션 개체를 부착한다.

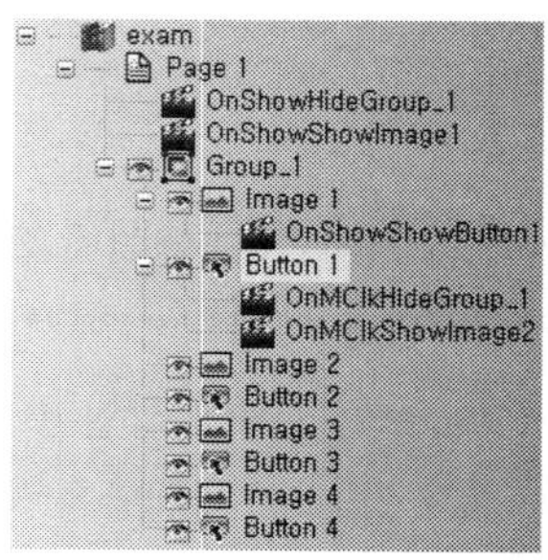

Button 1 개체에 삽입한 액션 내용은 다음과 같이 정의한다.

액션 항목	Button 1	
	OnMClkHideGroup_1	OnMClkShowImage2
On	Mouse Click	Mouse Click
Action	Hide	Show
Target	Group_1	Image 2
주)	(a)	(b)

(a) Button 1 개체를 클릭하는 순간 Group_1 개체를 숨긴다.
(b) Button 1 개체를 클릭하는 순간 Image 2 개체를 보여준다.

동일한 방식으로 Image 2 개체와 Button 2 개체에 액션을 설정한다.

액션 항목	Image 2	Button 2	
	OnShowShowButton 2	OnMClkHideGroup_1	OnMClkShowImage3
On	Show	Mouse Click	Mouse Click
Action	Show	Hide	Show
Target	Button 2	Group_1	Image 3
주)	(a)	(b)	(c)

(a) Image 2 개체가 나타날 때 Button 2 개체가 나타나게 한다.
(b) Button 2 개체를 클릭하면 화면에 보이는 Image 2 개체와 버튼 영역으로서의 역할을 끝낸 Button 2 개체를 숨긴다.
(c) Button 2 개체를 클릭하면 Image 3 개체가 나타나게 한다.

Image 3 개체와 Button 3 개체, Image 4 개체와 Button 4 개체에도 동일한 방식의 액션을 설정한다.

인터랙티브 콘텐츠를 제작하는 경우 한 페이지에 여러 개의 개체가 한꺼번에 삽입되는 예가 허다하다. 이들 개체의 Initially Visible 속성은 각각 다르게 설정되어 어떤 개체는 처음부터 보이게 되고, 어떤 개체는 특정 이벤트가 발생했을 때 보이게 된다.
이것이 의미하는 것은 개체가 나타나는 시점에 따라 개체의 Initially Visible 속성을 달리 지정해야 한다는 것인데, 어떤 이벤트가 발생할 때 어떤 개체는 처음부터 보이게 Initially Visible 속성을 주고, 어떤 개체는 처음부터 숨겨지게 Initially Visible 속성을 해제한다는 것은 어쩌면 상당히 귀찮을 수도 있다.
따라서 이러한 유형의 콘텐츠를 제작할 때에는 콘텐츠에 삽입되는 모든 개체의 Initially Visible 속성을 일일이 지정하는 대신 관련된 개체들을 그룹으로 묶고, 특정 개체를 보이는 이벤트가 발생할 때 먼저 특정 개체를 포함한 그룹을 숨긴 후 해당 개체만 나타나게 하는 방식을 따른다.

액션 설정 방식에 주의하자.

- 이미지가 나타나면 투명 버튼이 나타나게 한다.
- 투명 버튼을 클릭하면 현재 보이는 이미지를 숨기고 다음 이미지가 나타나게 한다. 아울러 투명 버튼 자신은 숨긴다.

✎ 투명 버튼과 이미지가 나타나는 시점 및 사라지는 시점에 주의하자.

✎ Image 1 개체에 삽입된 액션이 다음과 같은 경우에는 오류가 발생한다.

Image 1 개체에 설정된 액션 개체의 내용은 다음과 같다.

액션 항목	Image 1	
	OnShowHideGroup_1	OnShowShowButton1
On	Show	Show
Action	Hide	Show
Target	Group_1	Button 1
주)	(a)	(b)

(a) Image 1 개체가 나타날 때 Group_1 개체를 숨긴다.
(b) Image 1 개체가 나타날 때 Button 1 개체를 보여준다.

- Image 1 개체가 Group_1 개체에 포함된 상태에서 Image 1 개체가 나타날 때 Group_1 개체를 숨기면 Image 1 개체 역시 숨겨지게 되어 두 번째 액션이 실행되지 않는다.

✎ 인터랙티브 콘텐츠를 제작할 때 지켜야 할 것은 다음 단계로 진행하기 전에 불필요하다고 간주하는 모든 요소들은 화면에 더 이상 나타나지 않게 조치를 취해야 한다.

TIP Button 1 개체를 클릭했을 때 Image 2 개체가 나타나고 Button 2 개체가 나타나는 액션을 정의하는 방법은 Button 1 개체에 액션을 모두 정의하는 방법과 Button 1 개체 및 Image 2 개체에 액션을 나누어 정의하는 방법이 있다.

- Button 1 개체에 액션을 모두 정의하는 방법

Button 1 개체에 액션 개체를 포함한다. 

액션 항목	Button 1	
	Action 1	Action 2
On	Mouse Click	Mouse Click
Action	Show	Show
Target	Image 2	Button 2
주)	(a)	(b)

(a) Button 1 개체를 클릭하면 Image 2 개체를 보여준다.
(b) Button 1 개체를 클릭하면 Button 2 개체를 보여준다.

- Button 1 개체와 Image 2 개체에 액션을 나누어 정의하는 방법

Button 1 개체와 Image 2 개체에 액션 개체를 나누어 설정한다. 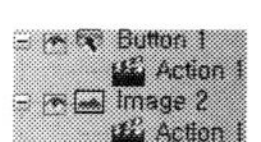

액션 항목	Button 1	Image 2
	Action 1	Action 1
On	Mouse Click	Show
Action	Show	Show
Target	Image 2	Button 2
주)	(a)	(b)

(a) Button 1 개체를 클릭하면 Image 2 개체를 보여준다.
(b) Image 2 개체가 나타나면 Button 2 개체를 보여준다.

상기 두 방법 모두 우리가 의도한 결과를 낳지만 후자의 방법이 더 나은 스크립팅이 될 수 있다. 왜냐하면, 콘텐츠의 내용이 복잡해질수록 특정 이벤트 발생 이후의 모든 과정과 관련된 액션을 한꺼번에 정의한다는 것은 매우 어려운 일이다. 오히려 한 과정이 진행된 후 다음 과정과 관련된 액션을 정의하는 것이 체계적일 수 있다.
즉, 'Button 1을 클릭하면 Image 2를 보이고 동시에 Button 2가 나타나게 하라'는 일련의 명령어

집합보다는 오히려 단계적으로 'Button 1을 클릭하면 Image 2를 보이게 하라', 'Image 2가 나타나면 Button 2가 나타나게 하라'는 분리된 명령어의 조합이 스크립팅을 더 간결하게 할 수 있다.

On 이벤트

액션이 제대로 되지 않을 때에는 On 이벤트 상황을 점검한다. 예를 들어, 텍스트 블록을 클릭할 때 어떤 액션을 실행하려면 On Mouse Click 이벤트를 설정해야 한다. On Show 이벤트를 설정한 경우에는 액션이 실행되지 않는다.

Debug Mode

렉토라가 제공하는 Debug Mode를 활용하면 제작된 타이틀이 내포하고 있는 문제점을 찾는 데 도움이 될 수 있다.

Debug Mode는 Run Mode와 유사하다. 모든 버튼, 링크, 액션 등이 활성화 되어, 콘텐츠를 실행하면서 콘텐츠에 포함된 개체 및 액션이 제대로 기능하는지 테스트 할 수 있다. 게다가 Debug Window에는 실행된 모든 액션이 그리고 모든 변수의 조작이 기록된다.

– 액션 실행에 오류가 발생하는 경우 문제점을 찾으려면 Run in Debug Mode( )를 실행한다.

예를 들어, Arrow 개체를 클릭할 때 다음과 같은 액션이 차례로 발생하여 질문 개체를 보여주는 콘텐츠를 제작한다고 하자(▸Title11).

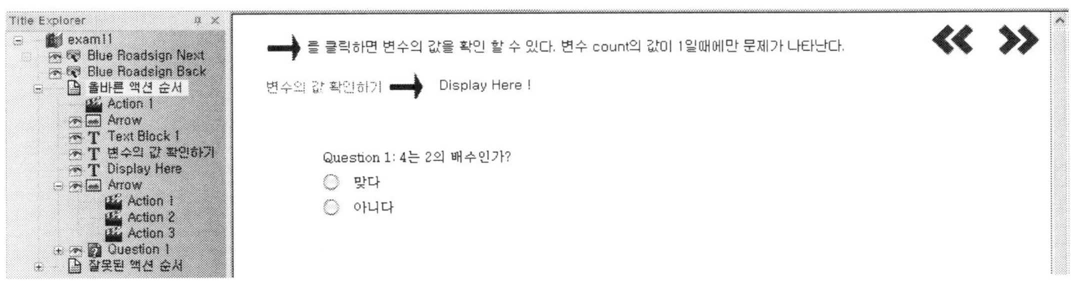

- 페이지가 열릴 때 질문 개체를 숨긴다.
- Arrow 개체를 클릭하면 다음 액션이 발생하도록 한다.

  – 변수 count의 값을 1로 지정한다.
  – 텍스트 블록 Display Here에 변수 count의 값이 표시되게 한다.
  – 변수 count의 값이 1과 같으면 질문 개체가 화면에 나타나도록 한다.

페이지 개체와 Arrow 개체에 추가한 액션 개체의 내용은 다음과 같다.

액션 항목	올바른 액션 순서	Arrow		
	Action 1	Action 1	Action 2	Action 3
On	Show	Mouse Click	Mouse Click	Mouse Click
Action	Hide	Modify Variable	Change Contents	Show
Target	Question 1	count	Display Here	Question 1
Value		1		
Modification Type		Set Variable Contents		
New Contents			count	
				Condition
				count Equal To 1

Modify Variable 액션과 Change Contents 액션의 순서를 잘못 매기면 Arrow 개체를 클릭할 때 텍스트 블록 Display Here에 표시되는 변수 count의 값은 1이 아닌 0이 된다.
콘텐츠를 제작할 때 의도한 액션이 발생하지 못한 것은 Modify Variable 액션과 Change Contents 액션에 대한 정확한 이해가 없었기 때문이다. 즉, Change Contents 액션이 발생한 후 Modify Variable 액션이 발생하면 변수 count의 디폴트 값 0을 텍스트 블록 Display Here에 표시한 후 변수 count의 값을 1로 변경하게 되어 변수 count의 값을 제대로 표시하지 못하게 된다.
따라서 변경된 변수의 값을 텍스트 블록 Display Here에 제대로 표시하려면 항상 Change Contents 액션 앞에 Modify Variable 액션을 배치해야 한다.
예로 든 콘텐츠의 경우에는 잘못된 액션을 쉽게 파악할 수 있다. 하지만 다음과 같은 액션의 경우에는 액션 중 어디가 잘못되었는지 찾아내기가 어렵다.
예를 들어, 하이퍼링크를 클릭하면 이미지가 숨겨지고, 이미지가 숨겨지면 0.3초 후 이미지 자신을 보이게 하고, 이미지가 보이면 0.6초 후 메시지가 발송되는 액션을 제작해 보자(▶Title12).

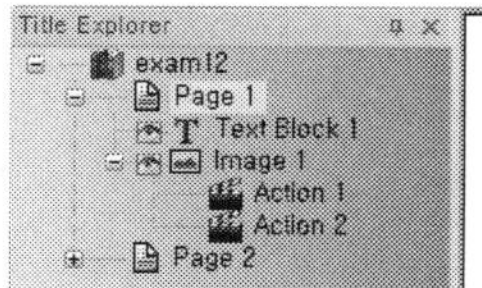

이 컨텐츠의 동작을 살펴보려면 여기를 클릭하세요. 그림이 깜박인 후 메시지 창이 열립니다.

하이퍼링크 및 이미지에 설정된 액션은 다음과 같다.

액션 항목	Text Block 1	Image 1	
	여기를	Action 1	Action 2
On	Click	Hide	Show
Action	Hide	Show	Display Message
Target	Image 1	Image 1	Standard … Window
Message to Display			야 ! 파이다...
Delay before action		0.3	0.6

위와 같이 액션을 설정한 후 실행하면 하이퍼링크를 클릭하지도 않았는데 메시지 창이 열린다. Debug Mode를 실행해 보면 하이퍼링크를 클릭하기 이전에 Image 1 개체에 설정된 Action 2가 실행됨을 볼 수 있다.

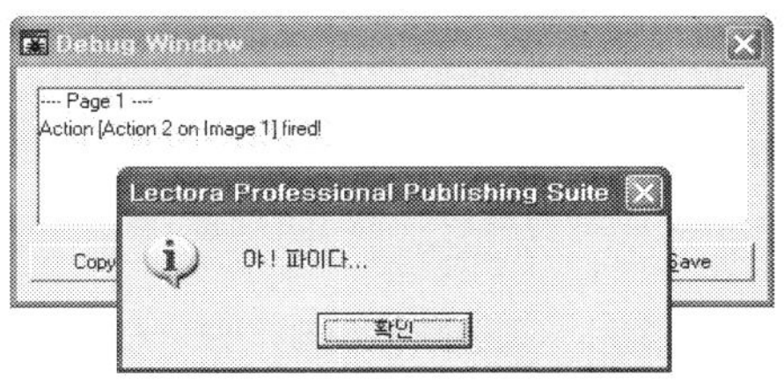

이런 현상이 발생하는 것은 페이지가 열릴 때부터 Image 1 개체가 보이고 따라서 Image 1 개체에 설정된 Action 2의 On 이벤트 상황이 발생하기 때문이다.
따라서 이런 문제점을 수정하기 위해 Image 1 개체가 숨겨질 때 초기 값이 0인 사용자 변수 check의 값이 1이 되게 하고, 변수 check의 값이 1일 때에만 메시지가 발송되게 한다.

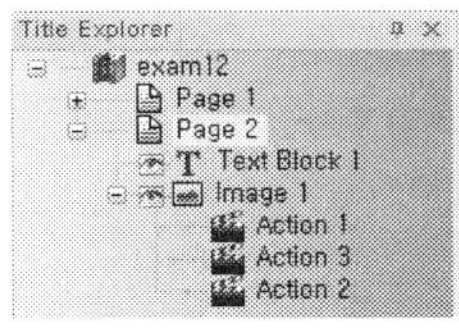

이 컨텐츠의 동작을 살펴보려면 여기를 클릭하세요. 그림이 깜박인 후 메시지 창이 열립니다.

Image 1 개체에 추가된 액션은 다음과 같다. Image 1 개체에 추가된 액션은 Action 2 개체 앞에 위치함을 주의한다.

액션 항목	Image 1		
	Action 1	Action 3	Action 2
On	Hide	Hide	Show
Action	Show	Modify Variable	Display Message
Target	Image 1	check	Standard … Window
Message to Display			야 ! 파이다...
Delay before action	0.3		0.6
Value		1	
Modifycation Type		Set Variable Contents	
			Condition
			check Equal To 1

Image 1 개체가 숨겨질 때 변수 check의 값은 Modify Variable 액션에 의해 1로 설정된다.

예제의 프로그래밍 상의 결함을 수정 조치하면 페이지가 열리더라도 Image 1 개체에 부착된 액션은 실행되지 않는다. 즉,

- 페이지가 열릴 때부터 Image 1 개체가 나타나있는 상태이므로 On Hide 이벤트 상황이 될 수 없다.
- On Show 이벤트 상황이라고 해도 변수 check의 값이 0인 관계로 Display Message 액션이 실행되지 않는다.

하지만 텍스트 블록의 하이퍼링크를 클릭하면 의도한 대로 액션이 발생한다.

- Image 1이 숨겨지는 상황에서 Image 1 자신을 보이게 하고, Modify Variable 액션으로 변수 check의 값을 1로 변경한다.
- 변수 check의 값 1은 Display Message 액션의 조건을 충족한다.

✎ Image 1이 숨겨질 때 변수 check의 값을 1로 변경되게 했다.

만일 Image 1이 보일 때 변수 check의 값을 1로 변경했다면 액션은 의도대로 되지 않는다. 왜냐하면 페이지가 열리는 순간부터 Image 1 개체가 보이는 상태이므로 변수 check의 값은 1로 변경되고 따라서 하이퍼링크의 클릭과 관계없이 메시지 창이 나타나게 된다.
Debug Mode를 실행하고 하이퍼링크 '여기를'을 클릭하면 액션의 발생순서와 함께 변수 check의 값의 변경 내용이 Debug Window에 표시된다.

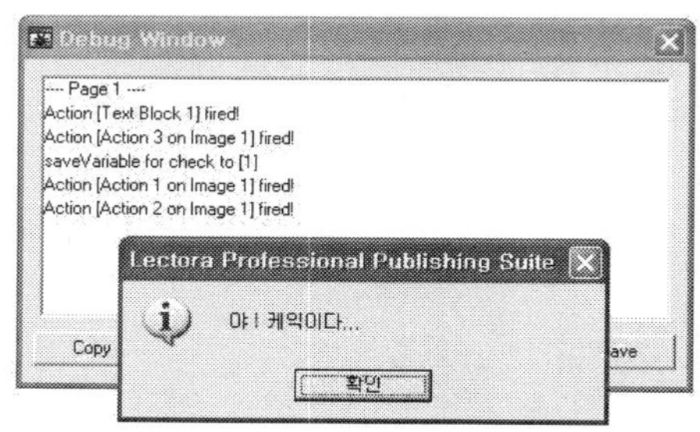

Debug Window에 표시된 문자열	내용
---- Page 1 ----	Page 1에 관해 디버그 한다.
Action [Text Block 1] fired!	Text Block 1의 하이퍼링크에 설정된 액션이 실행되었다.
Action [Action 3 on Image 1] fired!	Image 1 개체의 Action 3 개체가 실행되었다*.
saveVariable for check to [1]	변수 check의 값이 1로 저장되었다.
Action [Action 1 on Image 1] fired!	Image 1 개체의 Action 1 개체가 실행되었다.
Action [Action 2 on Image 1] fired!	Image 1 개체의 Action 2 개체가 실행되었다.

* Action 1, Action 2는 액션 실행 시간으로 지연 시간을 각각 0.3, 0.6초를 지정하였기 때문에 Action 3 개체가 먼저 실행된다.

Debug Window에서 Options 버튼을 클릭하면 Debug Mode의 옵션을 설정할 수 있다.

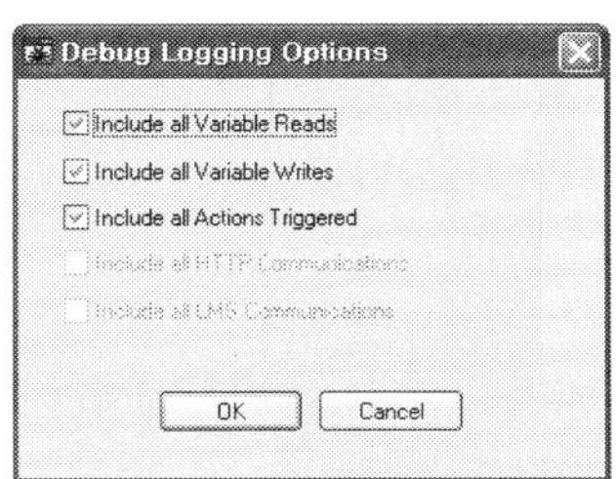

- Include all Variable Reads 옵션을 선택하면, Debug Window는 개체에 할당된 변수의 초기 값을 보여준다. 질문 개체, 폼 개체, change contents 액션, submit 액션 그리고 변수 값 변경 액션과 관련된 변수의 값이 보인다.
- Include all Variable Writes 옵션을 선택하면, Debug Window는 변경된 변수의 값을 보여준다. 즉, 질문, 폼 개체, 변수 값 변경 액션 혹은 어떤 수단에 의해 변수가 수정되면 변수의 새로운 값이 보인다.
- Include all Actions Triggered 옵션을 선택하면, Debug Window는 액션이 시작될 때마다 액션을 발생시킨 주체의 이름과 함께 "Action fired!" 란 메시지를 보여준다.
- Include all HTTP Communications 옵션은 Publish HTML Location 창에서 Debug Published Content 옵션을 선택한 경우에만 사용할 수 있다. 이 옵션이 선택되면, 타이틀 내부에서 통신하기 위해 사용된 POST 혹은 GET methods가 실행될 시, 그 내용이 Trivantis Debug 창에 표시된다.

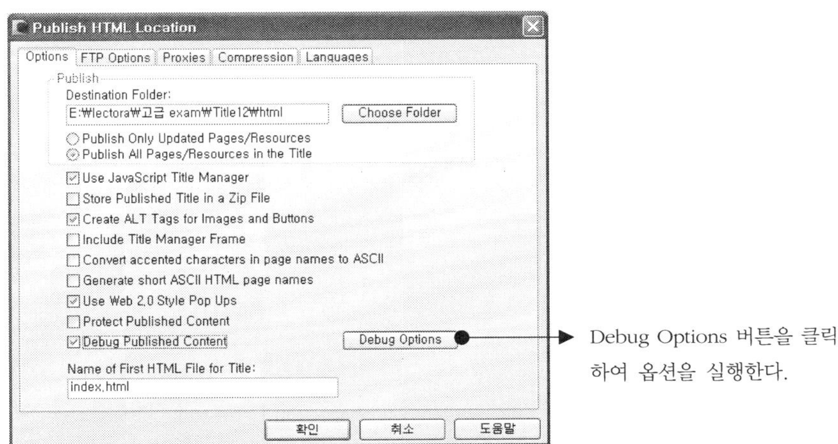

- Include all LMS Communications 옵션은 Publish HTML Location 창에서 Debug Published Content 옵션을 선택한 경우에만 사용할 수 있다. 이 옵션이 선택되면, 그리고 타이틀을 LMS로 출판하면, Trivantis Debug 창에는 LMS와 통신한 모든 것들이 기록된다.

효율적인 스크립팅 방법

□ 그룹 개체를 활용한다.

예를 들어, 페이지에 Image 1, Image 2, Image 3, Image 4가 삽입되어 있다고 하자. 페이지가 열릴 때 Image 1만 보이게 하려면 페이지가 열리는 순간 Image 1이외의 이미지는 숨겨진 상태가 되게 해야 한다.

– 페이지에 삽입된 모든 이미지는 Initially Visible 속성이 선택된 상태라고 가정한다.

페이지가 열릴 때 Image 1만 보이게 하는 액션은 간단하다. 물론, 액션을 어떻게 정의하든 페이지가 열릴 때 Image 1만 보이게 할 수 있지만 비효율적인 방법은 피하고 가장 효율적인 방법을 채택해야 할 것이다.

- 비효율적 액션: 개체마다 개별적으로 숨기거나 보이는 액션을 정의한다.

페이지 개체에 포함된 액션 개체의 내용 

액션 항목	Page 6		
	Action 1	Action 2	Action 3
On	Show	Show	Show
Action	Hide	Hide	Hide
Target	Image 2	Image 3	Image 4
주)	(a)	(b)	(c)

(a) Page 6 개체가 열릴 때 Image 2 개체를 숨긴다.
(b) Page 6 개체가 열릴 때 Image 3 개체를 숨긴다.
(c) Page 6 개체가 열릴 때 Image 4 개체를 숨긴다.

페이지 개체에 포함된 액션 개체이므로 On 이벤트는 페이지의 이벤트가 된다. 즉, On Show, On Hide는 페이지가 열릴 때, 페이지가 닫힐 때를 가리킨다.

- 효율적 액션: 개체를 그룹으로 묶은 후 숨기거나 보이는 액션을 정의한다.

Image 1, Image 2, Image 3, Image 4를 Group_1에 포함시킨 상태를 가정한다.

페이지 개체에 포함된 액션 개체의 내용 

액션 항목	Page 6	
	Action 1	Action 2
On	Show	Show
Action	Hide	Show
Target	Group_1	Image 1
주)	(a)	(b)

(a) Page 6 개체가 열릴 때 모든 이미지 개체를 숨긴다.
(b) Page 6 개체가 열릴 때 Image 1 개체를 보여준다.

페이지에 포함된 모든 개체를 한꺼번에 숨겼다가 보이고 싶은 개체만 선택적으로 나타나게 하는 방법을 사용했다. 이러한 방법은 특정 이벤트의 발생 시 현재 화면에 보이는 개체를 한꺼번에 숨길 때 사용될 수 있다.

– 액션 순서에 주의한다. 모든 개체를 먼저 숨긴 후 특정 개체가 보이게 한다.

□ 액션 개체로 구성된 액션 그룹 개체를 활용한다(▶Title13).

예를 들어, 목록에 마우스를 갖다 대면 목록에 정의된 액션이 실행되어 미리보기 창에 그 내용이 나타나고 미리보기 창의 하단에 자막이 표시되는 콘텐츠를 제작한다고 하자.

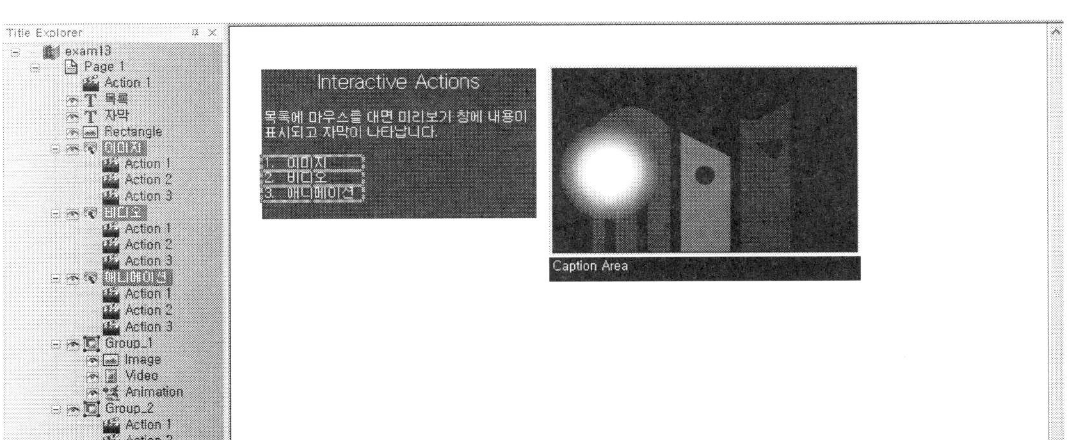

목록에는 투명 속성 버튼이 겹쳐져 있고, 버튼 액션이 정의되어 있다. 위에서부터 차례로 이미지, 비디오, 애니메이션의 이름을 갖는다.

미리보기 창에는 이미지, 비디오, 애니메이션 개체가 겹쳐진 상태로 놓여있고, 그 하단에 자막의 역할을 하는 텍스트 블록이 위치한다. 콘텐츠를 구성하는 미디어 개체는 다음과 같다.

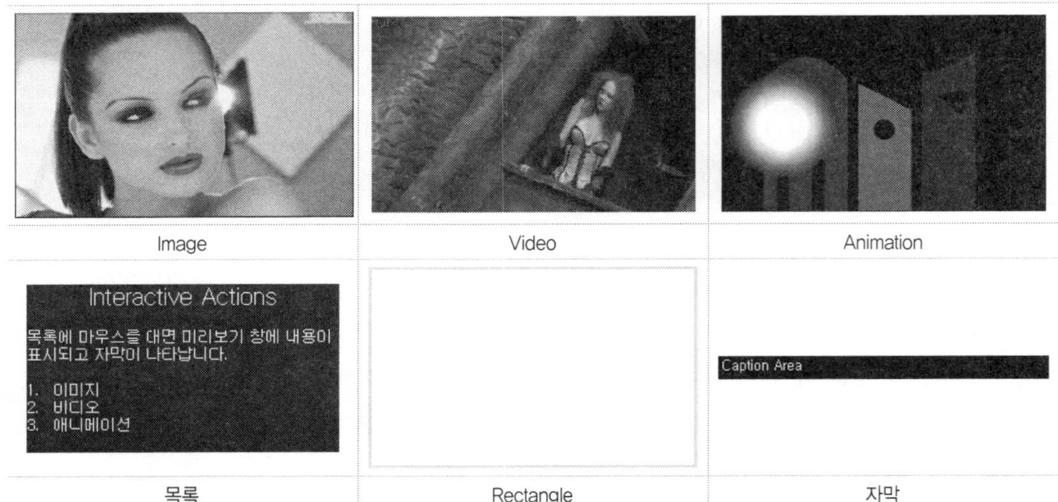

이 콘텐츠는 2개의 그룹 개체를 포함하고 있다. Group_1 개체는 미디어 개체를 포함하고, Group_2 개체는 액션 개체를 포함한다. Group_2 개체에 포함된 액션 개체의 내용은 다음과 같다.

액션 항목	Group_2	
	Action 1	Action 2
On		
Action	Hide	Change Contents
Target	Group_1	자막
New Contents		caption
주)	(a)	(b)

(a) Group_1 개체를 숨긴다.
(b) 텍스트 블록 '자막'의 내용을 변수 caption의 값으로 변경한다.

변수 caption은 사용자 정의 변수로서 0의 값을 지닌다.

- 액션 그룹 개체에 포함된 액션 개체는 On 이벤트가 정의되지 않는다.

Group_2의 액션 개체는 결국, 이미지, 비디오, 애니메이션 개체를 숨기고 이름이 자막인 텍스트 블록 개체의 내용을 변수 caption의 값으로 변경되게 한다.
목록에 겹쳐진 투명 속성의 버튼을 클릭하면 변수 caption의 값을 변경하고, Group_2의 액션 개체를 실행한 후 버튼 액션의 타깃에 해당하는 개체가 나타나도록 한다. 버튼 이미지에 삽입된 액션 개체의 내용은 다음과 같다.

액션 항목	이미지		
	Action 1	Action 2	Action 3
On	Mouse Enter	Mouse Enter	Mouse Enter
Action	Modify Variable	Run Action Group	Show
Target	caption	Group_2	Image
Value	미인과 조명		
Modification Type	Set Variable Contents		
주)	(a)	(b)	(c)

(a) 버튼에 마우스를 갖다 대면 변수 caption의 값을 문자열 '미인과 조명'으로 설정한다.
(b) 버튼에 마우스를 갖다 대면 액션 그룹 Group_2에 포함된 액션을 순서대로 실행한다.
(c) 버튼에 마우스를 갖다 대면 Image 개체를 보여준다.

이 예제에서 주의할 점은 액션의 발생 순서이다.

- 변수 caption의 값을 변경한다.
- Group_1에 포함된 개체를 숨긴다.
- 자막의 내용을 변수 caption의 값으로 변경한다.
- 이미지(비디오, 애니메이션) 개체를 보인다.

Change Contents 액션에 앞서 Modify Variable 액션이 실행되었으며, 미리보기 창에 포함된 모든 미디어 개체를 숨긴 후 특정 미디어 개체를 보이게 한다.
액션 개체로 구성된 그룹 개체를 실행하려면 Run Action Group 액션을 적용한다. 그룹 내부의 액션이 실행되는 시점은 그룹 액션 개체를 실행하는 개체의 On 이벤트 발생 시점이 된다.
예를 들어, 버튼 개체에서 그룹 개체를 실행하면, On 이벤트 발생 시점은 버튼을 클릭할 때 혹은 버튼에 마우스를 놓을 때 등이 된다.

□ 조건부 분기를 활용한다(▶Title14).

콘텐츠는 그 종류에 따라서 조건 분기를 해야 하는 경우도 있고, 동일한 크기의 버튼 영역을 동일 위치에 반복적으로 배치해야 하는 경우가 있다. 예를 들어, Button Wizard를 실행하는 콘텐츠를 제작할 때 버튼 유형에 따라 상이한 대화상자가 열리게 '다음' 버튼 영역에 놓인 투명 속성의 버튼 액션을 설정해야 한다.

'다음' 버튼 영역을 배치하는 방법은 두 가지로 나눌 수 있다.

- '다음' 버튼 영역의 수만큼의 투명 속성 버튼을 배치한다.
- 처음 나타나는 '다음' 버튼 영역에만 투명 속성 버튼을 배치한다. 이 버튼은 콘텐츠 마지막 과정까지 활용된다.

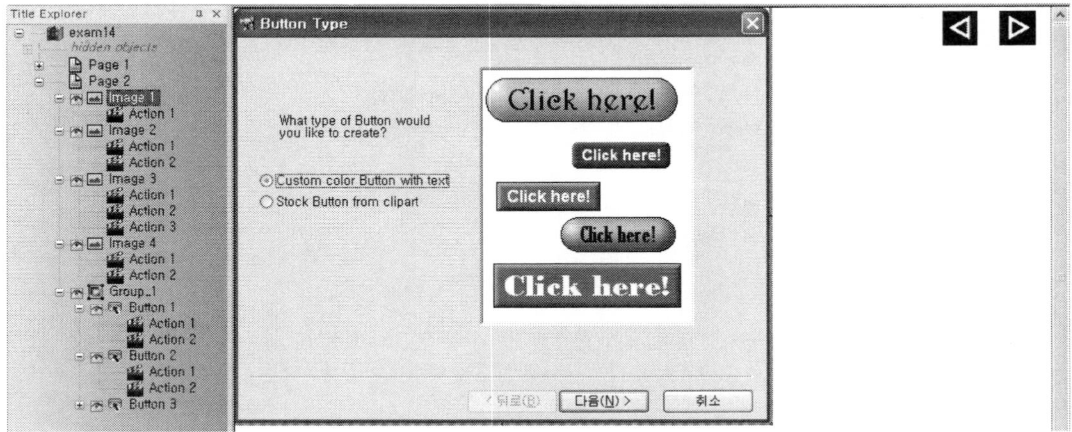

물론, 어떤 방법을 따르든 동일한 결과를 낳을 수 있지만 효율의 측면에서 본다면 후자가 더 낫다고 볼 수 있다.

Button Wizard를 실행할 때 행하는 것과 동일한 콘텐츠를 제작하려면 옵션 선택에 따른 대화상자 내용의 변경을 고려해야 한다. 즉, 아래 그림에서 보듯 Custom color Button with text 옵션을 선택했을 때에는 [그림 1]과 같이 진행되도록 콘텐츠를 제작해야 하며, Stock Button from clipart 옵션을 선택했을 때에는 [그림 2]와 같이 진행되도록 콘텐츠를 제작해야 한다.

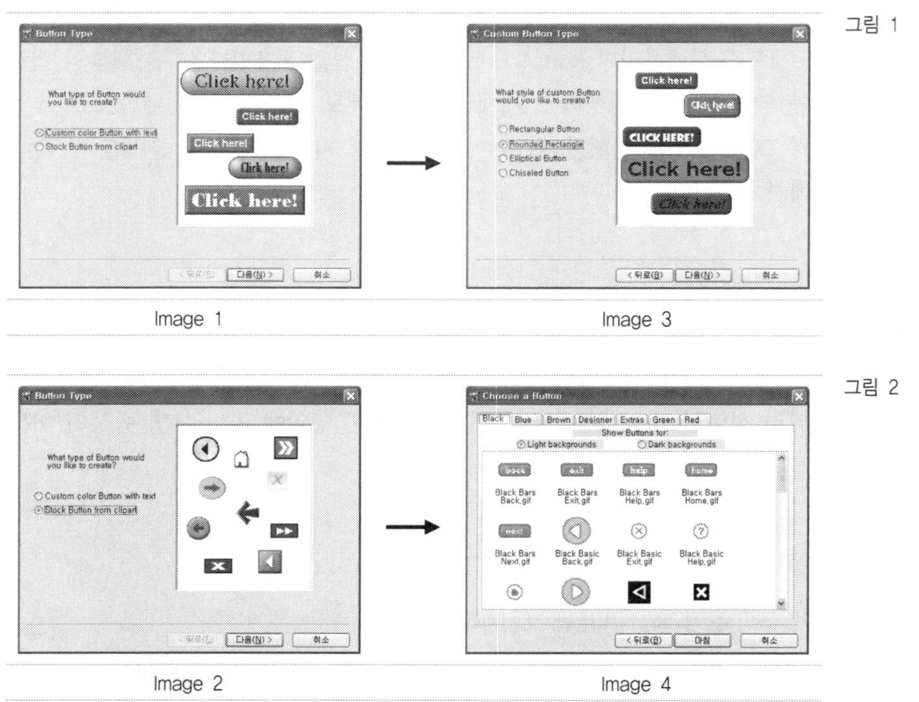

그림 1

Image 1　　Image 3

그림 2

Image 2　　Image 4

먼저 Custom color Button with text 옵션과 Stock Button from clipart 옵션을 클릭했을 때의 전환 이미지를 보여주기 위해서는 다음과 같이 Custom color Button with text 옵션과 Stock Button from clipart 옵션, 그리고 '다음' 버튼 영역에 투명 속성의 버튼을 배치해야 한다.

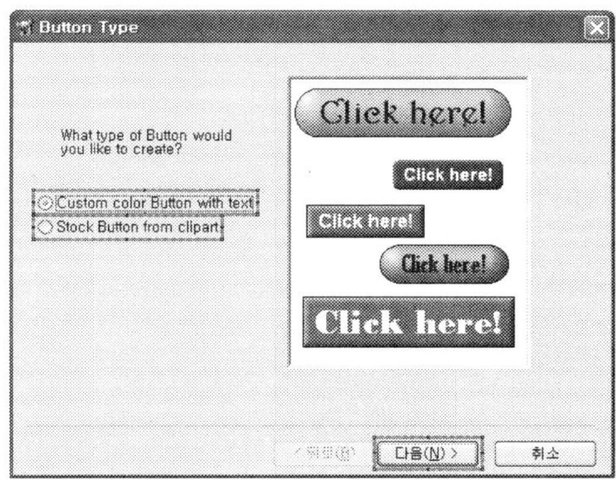

버튼 유형을 선택한 후 '다음' 버튼 영역을 클릭하여 해당 버튼 유형의 다음 이미지를 보이기 위해서는 변수 값에 따른 조건 분기를 활용한다.

- 화면에 나타난 이미지 개체의 이름을 변수 select의 값으로 설정한다. 예를 들어, 화면에 보이는 이미지 개체의 이름이 Image 1이면 변수 select의 값을 image1로 설정한다.

Image 1, Image 2, Image 3 개체에 정의된 액션 내용은 다음과 같다.

액션 항목	Image 1	Image 2	Image 3
	Action 1	Action 1	Action 2
On	Show	Show	Show
Action	Modify Variable	Modify Variable	Modify Variable
Target	select	select	select
Value	image1	image2	image3
Modification Type	Set Variable Contents	Set Variable Contents	Set Variable Contents
주)	(a)	(b)	(c)

(a) Image 1 개체가 나타날 때 변수 select의 값을 image1로 설정한다.
(b) Image 2 개체가 나타날 때 변수 select의 값을 image2로 설정한다.
(c) Image 3 개체가 나타날 때 변수 select의 값을 image3으로 설정한다.

이미지 개체가 나타날 때 변수 select의 값을 해당 이미지 개체의 이름으로 설정한 이유는 변수 select의 값을 액션 조건으로 사용하기 위해서이다.
Custom color Button with text 옵션과, Stock Button from clipart 옵션 영역, 그리고 '다음' 영역에 배치한 투명 속성 버튼 Button 1, Button 2, Button 3의 액션은 다음과 같이 설정한다.

액션 항목	Button 1	Button 2	Button 3	
	Action 2	Action 2	Action 2	Action 3
On	Mouse Click	Mouse Click	Mouse Click	Mouse Click
Action	Modify Variable	Modify Variable	Show	Show
Target	select	select	Image 3	Image 4
Value	image1	image2		
Modification Type	Set Variable Contents	Set Variable Contents		
			Condition	
			select Equal To image1	select Equal To image2
주)	(a)	(b)	(c)	(d)

(a) Button 1 개체를 클릭하면 변수 select의 값을 image1로 설정한다.
(b) Button 2 개체를 클릭하면 변수 select의 값을 image2로 설정한다.
(c) Button 3 개체를 클릭하면 변수 select의 값이 image1일 때 Image 3 개체를 보여준다.
(d) Button 3 개체를 클릭하면 변수 select의 값이 image2일 때 Image 4 개체를 보여준다.

'다음' 버튼 영역을 클릭하여 선택한 버튼 유형에 따라서 상이한 이미지가 보이도록 하기 위해 Button 3 개체의 액션 실행 조건을 (c), (d)와 같이 지정한다. 그 이유는 Custom color Button with text 옵션을 선택했을 때의 이미지는 Image 1이며, Stock Button from clipart 옵션을 선택했을 때의 이미지는 Image 2이기 때문이다. 액션 실행 조건은 액션 속성 창의 Condition 탭에서 지정한다.

✎ 콘텐츠 제작의 궁극적 목표가 웹 출판에 있다면 제작된 콘텐츠를 반드시 웹에 출판하여 액션의 작동 여부를 확인해야 한다. 실행 모드나 미리보기 모드로 확인한 결과와 웹 미리보기 모드로 확인한 결과가 상이한 경우도 있다.

✎ 제작된 타이틀의 추리 구조 및 개체 속성, 액션 설정 등에 하등의 문제가 없는데도 불구하고 콘텐츠가 의도대로 진행되지 않는다면 그룹 속성을 해제한 상태에서 콘텐츠를 제작한다. 그룹 개체에 포함된 개체에 액션 개체가 삽입된 경우 액션이 제멋대로 동작하는 경우가 발생한다.

[참고]

실행 모드, 미리보기 모드에서는 아무런 문제없이 가동되는 콘텐츠도 웹에 올리면 오동작하는 경우가 발생한다. 특히, 최근 웹 서버의 보안 강화로 인해 보안 프로그램 입장에서 보안에 위배된다고 판단되는 타이틀 이름, 변수 이름 등을 사용하면 실행 자체도 되지 않을 수 있다.
보안에 걸리지 않는다 해도 액션에 시차를 준 경우 역시 콘텐츠는 오동작을 할 수 있다. 즉, 화살표(Arrow)가 1초 후 나타나고 0.5초 후 그 옆에 애니메이션(Ani)이 나타나는 액션을 설정하고 이들 개체가 화면에 나타난 후 Mouse Click Hide Arrow, Mouse Click Hide Ani 액션을 실행하면 액션의 대상은 숨겨지지 않을 수도 있다. 즉, 개체가 화면에 나타나는 데 소요되는 지정한 시차가 경과하기 전에 숨기기 액션을 실행해서는 개체가 화면에서 숨겨지지 않게 된다.
따라서 이때 화살표와 애니메이션 개체를 화면에서 숨기려면 화살표와 애니메이션 개체에 지정한 시차 1초, 1.5초를 고려하여 액션을 설정한다.
시차가 1, 1.5초 적용된 액션에 의해 화면에 나타난 개체를 숨기려면 Mouse Click Hide Arrow, Mouse Click Hide Ani 액션 역시 시차를 동일하게 적용하여 실행해야 한다.

PART 02

텍스트 관련 도구

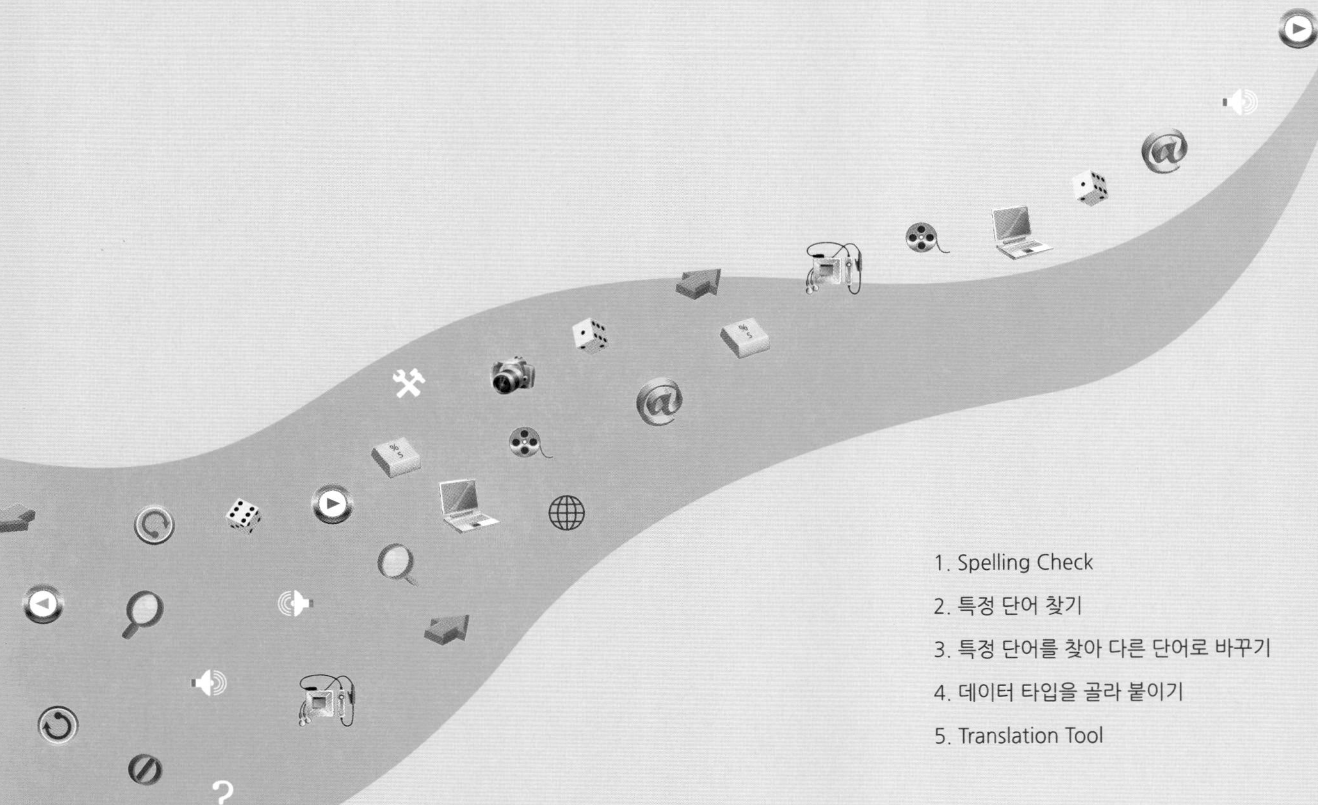

1. Spelling Check
2. 특정 단어 찾기
3. 특정 단어를 찾아 다른 단어로 바꾸기
4. 데이터 타입을 골라 붙이기
5. Translation Tool

1, Spelling Check

Tools/Spell Check를 실행하면 텍스트 블록에 입력된 텍스트의 스펠링을 검사할 수 있다.

– 단, 이 기능은 영문으로 입력된 텍스트에 한정된다.

- Current Page를 선택하면 현재 작업 중인 페이지의 스펠링을 검사한다.
- Entire Title을 선택하면 타이틀 전체를 대상으로 스펠링 검사를 한다.

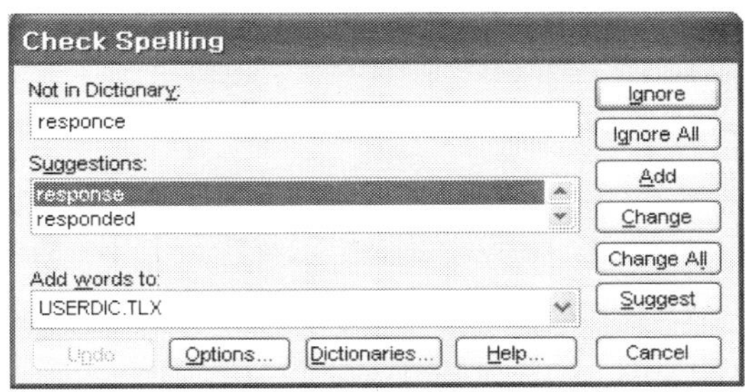

- Not in Dictionary 박스에서는 스펠링이 틀린 단어가 표시된다.
- Suggestions 리스트에서는 틀린 단어에 대한 올바른 단어를 제시한다.
- Add words to 리스트의 사용자 사전에는 단어를 등록한다.
- Ignore 버튼을 클릭하면 틀린 단어로 제시된 단어를 그대로 두고 다음 단어를 검색한다.
- Change 버튼을 클릭하면 틀린 단어로 제시된 단어를 Suggestions 리스트에서 선택한 단어로 바꿔준다.
- Suggest 버튼을 클릭하면 틀린 단어에 대한 올바른 단어를 보다 철저하게 찾아 Suggestions 리스트에 보여준다.
- Add 버튼을 클릭하면 Add words to 리스트의 사용자 사전에 틀린 단어로 제시된 단어를 맞는 단어로 등록한다.

스펠링 옵션

Options 버튼을 클릭하면 스펠링 검사 옵션을 설정할 수 있다.

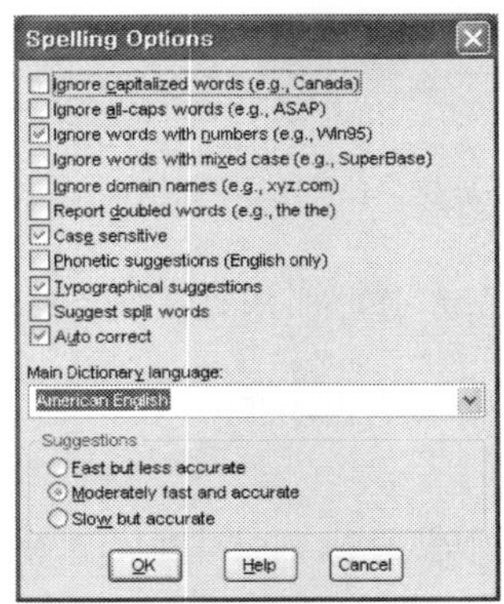

- Ignore capitalized words (e.g., Canada) 옵션을 선택하면 대문자로 시작하는 단어(예: Korea)는 맞춤법 검사에서 무시된다.
- Ignore all-caps word (e.g., ASAP) 옵션을 선택하면 대문자로 된 단어(예: PHP)는 맞춤법 검사에서 무시된다.
- Ignore words with numbers (e.g., Win95) 옵션을 선택하면 숫자가 함께 사용된 단어(예: Flash5)는 맞춤법 검사에서 무시된다.
- Ignore words with mixed case (e.g., SuperBase) 옵션을 선택하면 대・소문자를 비정상적으로 결합한 단어(예: mouseClick)는 맞춤법 검사에서 무시된다.
- Ignore domain names (e.g., xyz.com) 옵션을 선택하면 인터넷 주소를 나타내는 단어(예: yahoo.com)는 맞춤법 검사에서 무시된다.
- Report doubled words (e.g., the the) 옵션을 선택하면 한 줄에 연달아 두번 나타나는 단어를 보고한다.

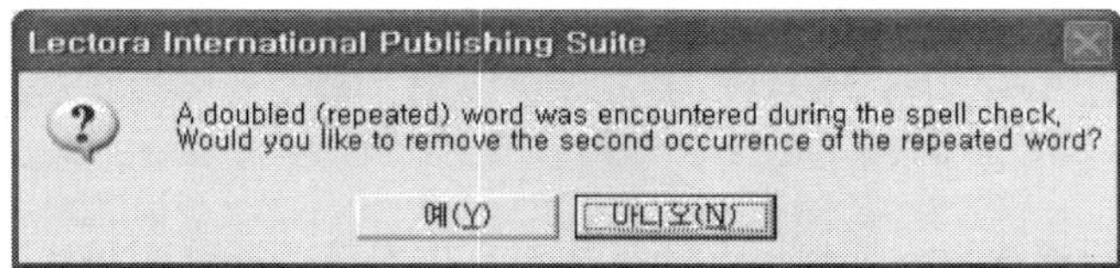

- Case sensitive 옵션을 선택하면 대・소문자를 구별하여 검사한다. 즉, 단어 Php가 사전에 맞는 단어로 등록된 경우 PHP는 틀린 단어로 보고한다.
- Phonetic suggestions (English only) 옵션을 선택하면 틀린 단어를 발견할 시 발음이 비슷한 단어를 맞는 단어로 제시한다. 이 옵션은 Typographical suggestions 옵션과 함께 사용된다.

- Typographical suggestions 옵션을 선택하면 틀린 단어를 발견할 시 철자가 비슷한 단어를 맞는 단어로 제시한다. 이 옵션은 Phonetic suggestions (English only) 옵션과 함께 사용된다.

예를 들어, vidio란 단어를 발견하면 발음이 비슷하거나 철자가 비슷한 video를 맞는 단어로 제시한다.

- Suggest split words 옵션을 선택하면 두 단어를 붙여 쓴 경우 두 단어를 나누어 맞는 단어로 제시한다. 예를 들어, can use를 canuse로 입력한 경우 can use를 맞는 단어로 제시한다.
- Auto correct 옵션을 선택하면 "Auto Change" 액션이 적용된 단어는 자동으로 사전에 등록된 맞는 단어로 바뀌진다. 이 옵션을 선택하지 않으면 변경 여부를 사용자가 결정해야 한다.
- Main Dictionary language 옵션에서는 주된 사전 언어를 지정한다.
- Suggestions 박스에서는 맞춤법 검사 방법을 지정한다.
- Fast but less accurate 옵션은 느슨한 검사 방법으로서 정확성이 떨어진다.
- Moderately Fast and accurate 옵션은 적절한 검사 방법으로서 정확성이 보통이다.
- Slow but accurate 옵션은 세밀한 검사 방법으로서 정확성이 뛰어나다.

□ Dictionaries 버튼을 클릭하면 사용자 사전과 관련된 제 설정을 할 수 있다.

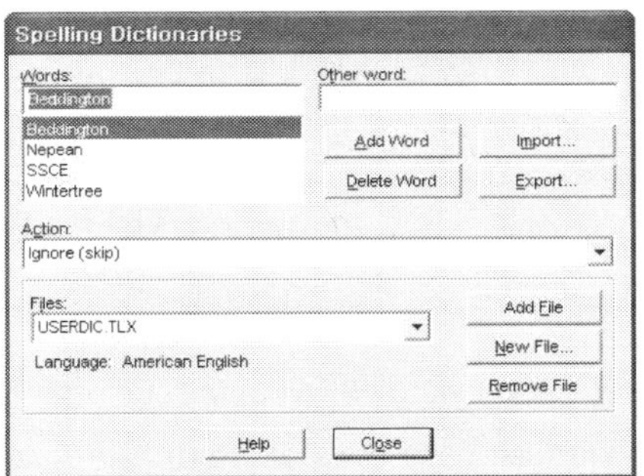

- Words 리스트는 사전에 등록된 맞는 단어를 표시한다.
- Other word 박스에서는 Words 박스에 입력한 단어 혹은 Words 리스트에서 선택한 단어와 교체할 단어를 입력한다. 단어를 입력한 후 Add Word 버튼을 클릭하면 입력된 단어는 사용자 사전에 등록된다. Other word는 "Auto change", "Conditionally change" 액션의 값으로 사용된다.

예를 들어, mouseRollOver란 단어가 검색되었을 때 mouseEnter란 단어로 바꾸어주려면 Words 박스와 Other word 박스를 다음과 같이 입력하고 Add Word 버튼을 클릭한다.

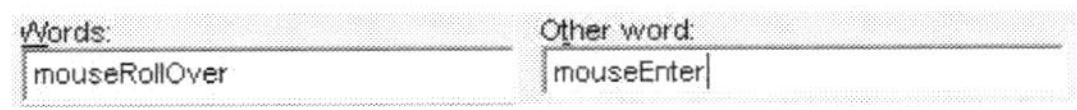

• Action 리스트는 사전에 등록된 단어를 발견했을 때 어떻게 할 것인지를 지정한다.

- Auto change (use case of other word)
- Conditionally change (use case of checked word)

사전에 등록된 단어가 발견될 때 Other word로 입력한 단어가 자동으로 교체된다. 이들 액션은 스펠링 검사 옵션에서 Auto correct 옵션을 선택했을 때만 작용한다. Auto change (use case of other word) 액션은 약어를 풀어 쓸 때 유용하다. 즉, Words 박스에 DHC를 입력하고 Other word 박스에 Daegu Health College를 입력하면 DHC란 단어를 발견함과 동시에 Daegu Health College로 바꿔준다.

- Conditionally change (use case of other word)
- Conditionally change (use case of checked word)

이들 액션은 Auto change (use case of other word), Auto change (use case of checked word) 액션과 동일하다. 단, 발견된 단어를 자동으로 교체하지 않고 사용자가 교체여부를 결정하게 한다.

• Ignore skip 액션은 사전에 등록된 단어가 발견될 때 철자가 맞는 단어로 인식하게 하여 그냥 넘어가게 한다.
• Exclude (treat as misspelled) 액션은 사전에 등록된 단어일지라도 잘못된 단어로 인식하게 한다.

mouseRollOver란 단어를 만날 때 자동적으로 mouseEnter란 단어로 교체하려면 다음 단계를 밟는다. 스펠링 검사 옵션에서 Auto correct 옵션을 선택했는지 확인한다.

- Words 박스에 mouseRollOver, Other word 박스에 mouseEnter를 입력한다.
- Action 리스트에서 Auto change (use case of other word) 혹은 Auto change (use case of checked word) 액션을 선택한다.

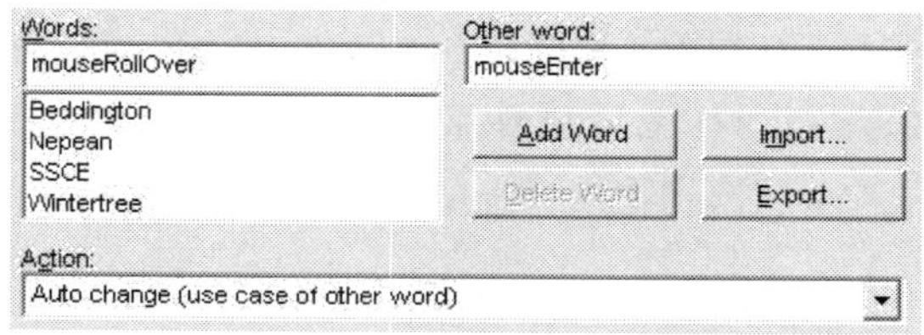

- Add Word 버튼을 클릭한다.

Words 리스트의 단어를 선택하고 이 단어와 교체할 단어를 입력한 후 액션을 바꾸려면 다음과 같이 한다.

- Words 리스트에서 단어를 선택한다.
- Other word 박스에 관련 단어를 입력한다.
- Action 리스트에서 액션을 선택한다.
- Add Word 버튼을 클릭한다.

□ Export 버튼을 클릭하면 사용자 사전의 내용을 텍스트 파일로 저장할 수 있다.
□ Import 버튼을 클릭하면 텍스트 파일을 불러올 수 있다.

텍스트 파일의 내용은 현재 선택된 사용자 사전에 추가된다. 텍스트 파일은 [찾을 단어, 탭, 액션, 바꿀 단어] 형태로 한 줄씩 입력한다.

Beddington i	Ignore (skip)
DHC ADaegu Heath College	Auto change (use case of other word)
adress e	Exclude (treat as misspelled)
list box Citem box	Conditionally change (use case of other word)
mouse point cmouse cursor	Conditionally change (use case of checked word)
mouseRollOver amouseEnter	Auto change (use case of checked word)

□ Add File 버튼을 클릭하면 다른 사전을 불러올 수 있다.
□ New File 버튼을 클릭하면 새로운 사용자 사전을 만들 수 있다.

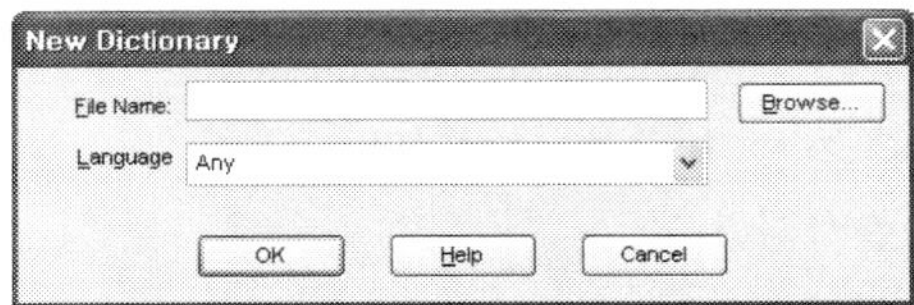

파일 이름을 입력하고 드롭다운 버튼 Language를 클릭하여 언어를 선택한 후 OK 버튼을 클릭한다.

언어 목록에 없는 언어로 사용자 사전을 만들려면 언어를 Any로 지정한다.

2. 특정 단어 찾기

Edit/Find를 실행하면 텍스트 블록에서 특정 단어를 찾을 수 있다.

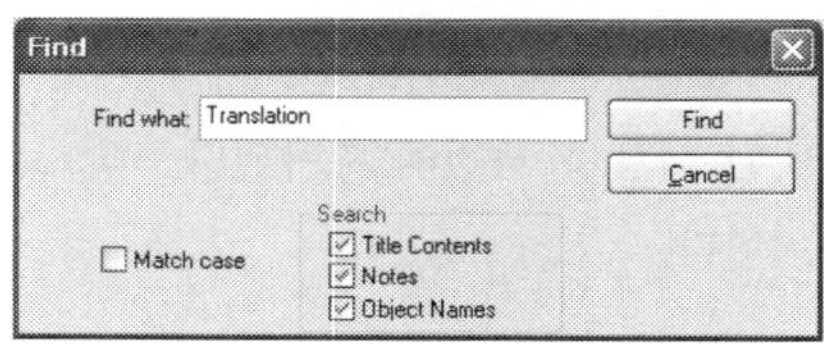

- Find what 필드에 단어를 입력한 후 Find 버튼을 클릭하면 해당 단어를 찾아 준다.
- Match case 옵션을 선택하면 대소문자를 구분하여 찾는다.
- Search 박스에서는 찾는 대상을 지정한다.

  - Title Contents는 타이틀에 삽입된 전체 텍스트 블록을 대상으로 단어를 찾는다.
  - Notes는 타이틀에 삽입된 전체 Note를 대상으로 단어를 찾는다.
  - Object Names는 타이틀에 삽입된 개체 이름을 대상으로 단어를 찾는다.

- 단어를 계속 찾으려면 Find Next 버튼을 클릭한다.
- 찾은 단어는 하단 박스에 표시된다.

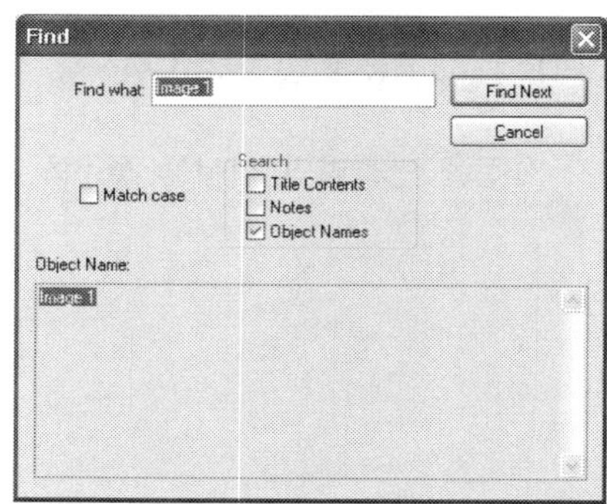

3. 특정 단어를 찾아 다른 단어로 바꾸기

Edit/Replace를 실행하면 단어를 찾아 다른 단어로 바꿀 수 있다.

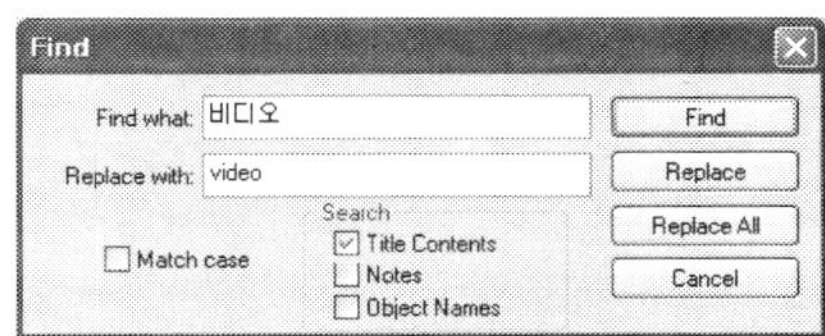

- Find what 필드에는 찾는 단어를 입력한다.
- Replace with 필드에는 찾은 단어를 대체할 단어를 입력한다.
  - Find 버튼을 클릭하여 단어를 찾은 후 Replace 버튼을 클릭하면 Replace with 필드에 입력한 단어로 대체된다.
  - Replace all 버튼을 클릭하면 찾은 단어를 모두 한꺼번에 Replace with 필드에 입력한 단어로 바꿀 수 있다.

4, 데이터 타입을 골라 붙이기

Edit/Paste As를 실행하면 클립보드로부터 데이터를 붙여 넣을 때 데이터 타입을 골라 붙여 넣을 수 있다. 클립보드의 내용에 따라 나타나는 부 메뉴의 목록이 달라진다.

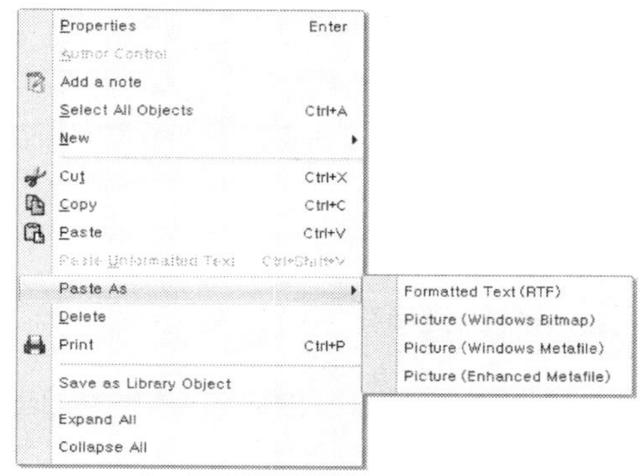

- Unicode: 2바이트가 하나의 문자를 나타내며, 세계 각국의 언어를 동일한 코드로 표현할 수 있다. 클립보드의 내용을 Unicode 형태로 붙여 넣는다.
- RTF: Rich Text Format의 약자로서 서로 다른 운영체계 내에서 운영되는 워드프로세서들 간에 텍스트 파일들을 교환하기 위한 파일 형식이다. 클립보드의 내용을 RTF 형태로 붙여 넣는다.
- Picture (Windows Metafile): 클립보드의 내용을 그림 형태로 붙여 넣는다. 텍스트를 이미지 개체로 붙여 넣을 때 사용한다.

예를 들어, 한글 2007 버전으로 작성한 문서에 포함된 그림을 복사하여 렉토라에 붙여 넣으면 빈 텍스트 블록이 삽입된다. 이때는 Edit/Paste As를 실행하여 데이터 형식으로 Picture (Windows Bitmap)를 선택한다.

5. Translation Tool

타이틀 내의 텍스트를 .RTF 파일로 저장하려면 Translation Tool을 사용한다. 텍스트 블록 내의 문자열, 버튼 마법사로 제작한 사용자 버튼 이름, 그리고 Display Message 액션 내부의 문자열이 .RTF 파일에 저장된다. Translation Tool 기능을 사용하면 상황에 맞는 텍스트 내용으로 바꿀 수 있다(▶Title15).

✎ Translation 툴은 타이틀 편집에 사용되는 도구로서 웹에서는 사용할 수 없다.

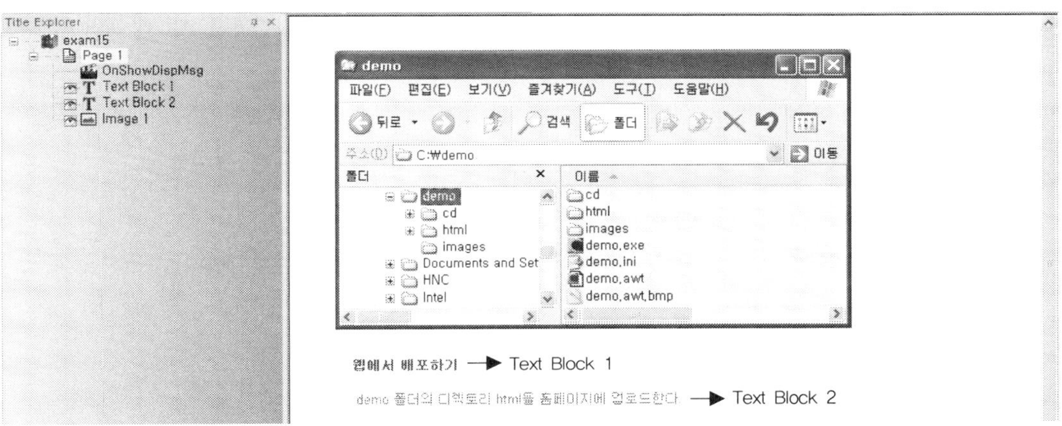

Translation 툴을 사용하면 Text Block 1과 Text Block 2의 내용, Display Message 액션의 메시지를 상황에 맞게 변경할 수 있다.

| 1 단계 | .RTF 파일로 저장한다.

❶ Tools/Translation Tool을 실행한다.
❷ Export text to a translation file 옵션을 선택한다.
❸ The current page only 옵션을 선택한다.

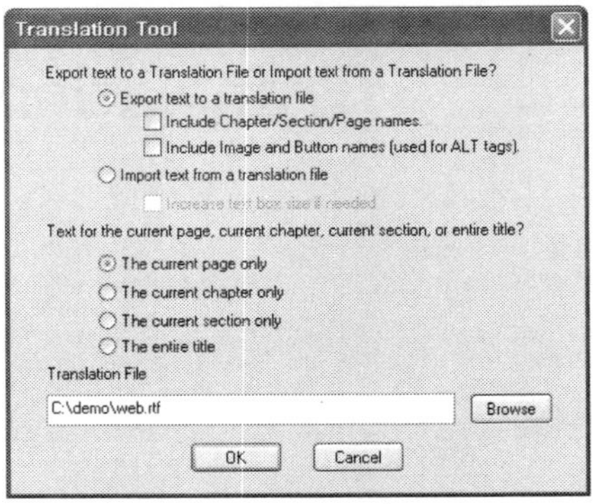

Translation Tool

Export text to a Translation File or Import text from a Translation File?
- Export text to a translation file
  - Include Chapter/Section/Page names.
  - Include Image and Button names (used for ALT tags).
- Import text from a translation file
  - Increase text box size if needed

Text for the current page, current chapter, current section, or entire title?
- The current page only
- The current chapter only
- The current section only
- The entire title

Translation File

C:\demo\web.rtf　Browse

OK　Cancel

❹ .RTF 파일의 이름을 입력하고 OK 버튼을 클릭한다.

Text Block 1과 Text Block 2의 내용은 web.rtf 파일로 저장된다.

- Include Image and Button names 옵션을 선택하면 이미지와 버튼의 이름을 Alt 태그의 값으로 저장할 수 있다.
- The current page only 옵션을 선택하면 현재 페이지에 포함된 텍스트만 .RTF 파일로 저장된다.
- The entire title 옵션을 선택하면 타이틀 전체의 텍스트가 .RTF 파일로 저장된다.

| **2 단계** | .RTF 파일의 코드에 할당된 내용을 수정하여 .RTF 파일로 저장한다.

web.rtf 파일의 내용은 다음과 같다.

```
##~~Do not edit this line.92.a~~##
타이틀을 웹에 출판하려면 Publish/Publish to HTML을 실행한다.
##~~Do not edit this line.76~~##
웹에서 배포하기
##~~Do not edit this line.75~~##
demo 폴더의 디렉토리 html을 홈페이지에 업로드한다.
##~~Do not edit this line.90~~##
Image 1
```

- line.92.a는 Display Message 액션에서 설정한 메시지 내용이다.
- line.76은 Text Block 1의 내용이다.
- line.75는 Text Block 2의 내용이다.
- line.90은 이미지 개체의 이름이다.

RTF 파일은 코드 부분과 텍스트로 구성되며, 텍스트는 텍스트의 속성을 그대로 간직한다.

✎ 코드는 웹으로 출판될 때 텍스트 블록 개체, 액션 개체, 이미지 개체에 부여되는 HTML 식별 코드이다.

web.rtf 파일의 코드에 할당된 내용을 변경하고 .RTF 파일로 저장한다.

파일 이름: cd.rtf

##~~Do not edit this line,92,a~~##
타이틀을 CD로 출판하려면 Publish/Publish to CDRom을 실행한다.
##~~Do not edit this line,76~~##
CD로 배포하기
##~~Do not edit this line,75~~##
demo 폴더의 디렉토리 cd를 디스크에 담아 배포한다.
##~~Do not edit this line,90~~##
Image 1

파일 이름: exec.rtf

##~~Do not edit this line,92,a~~##
타이틀을 실행형 파일로 출판하려면 Publish/Publish to Single File Executable을 실행한다.
##~~Do not edit this line,76~~##
실행형 파일로 배포하기
##~~Do not edit this line,75~~##
demo 폴더의 현 디렉토리에 출판된 demo.exe 파일을 배포한다.
##~~Do not edit this line,90~~##
Image 1

코드 부분은 손대지 않고 코드에 할당된 내용만 변경한다. Translation 툴의 Import 옵션으로 .RTF 파일을 불러오려면 .RTF 파일에 기록된 HTML 식별 코드가 동일해야 한다.

| 3 단계 | Translation Tool을 실행하여 특정 텍스트의 내용을 변경한다.

현재 페이지의 텍스트를 .RTF 파일 내용으로 대체하려면 다음과 같이 한다.

❶ Tools/Translation Tool을 실행한다.
❷ Import text from a translation file 옵션을 선택한다.
❸ The current page only 옵션을 선택한다.

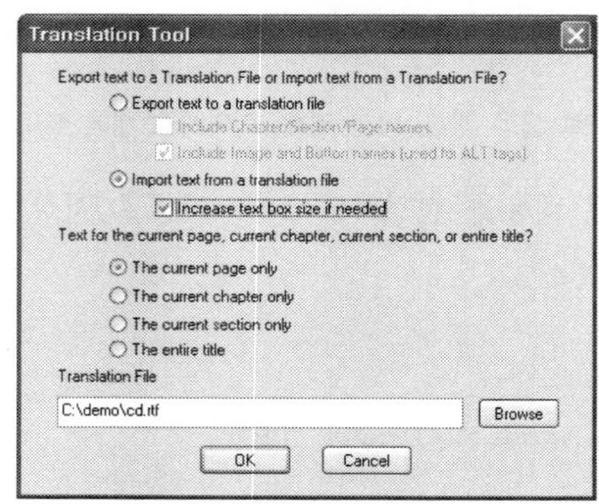

- The current page only 옵션을 선택하면 현재 페이지의 내용만 변경된다.
- The entire title 옵션을 선택하면 타이틀 전체의 내용이 변경된다.
- Increase text box size if needed 옵션을 선택하면 불러올 텍스트의 크기에 맞추어 텍스트 블록의 크기가 자동으로 조정된다.

Increase text box size if needed 옵션을 선택하지 않으면 페이지에 놓인 텍스트의 크기보다 불러올 텍스트의 크기가 클 경우 텍스트의 일부만 텍스트 블록에서 보이므로 수동으로 텍스트 블록의 크기를 조정해야 한다.

❹ Browser 버튼을 클릭하여 .RTF 파일을 선택한 후 OK 버튼을 클릭한다.

타이틀의 내용은 .RTF 파일의 내용으로 변경된다.

Translation 툴은 동일한 콘텐츠를 다양한 언어로 표현할 때 유용하다. 타이틀의 구조를 그대로 유지하면서 텍스트 블록 내의 문자열, 버튼 마법사로 제작한 사용자 버튼 이름, 그리고 Display Message 액션 내부의 문자열을 다른 언어로 표현할 수 있다. 예를 들면, 한글로 된 콘텐츠를 영어, 일어 등으로 표현할 수 있다.

파일 이름: cd.rtf

##~~Do not edit this line.92.a~~##

タイトルをCDで公開するには´ Publish / Publish to CDRomを実行する°

##~~Do not edit this line.76~~##

CDで配布する

##~~Do not edit this line.75~~##

demoフォルダ内のディレクトリにcdをディスクに入れて配布する°

##~~Do not edit this line.90~~##

Image 1

파일 이름: web.rtf

##~~Do not edit this line,92,a~~##

タイトルをWeb上に公開するには Publish / Publish to HTMLを実行する。

##~~Do not edit this line,76~~##

Web上で展開する

##~~Do not edit this line,75~~##

demoフォルダ内のディレクトリにhtmlをホームページにアップロードする

##~~Do not edit this line,90~~##

Image 1

파일 이름: exec.rtf

##~~Do not edit this line,92,a~~##

タイトルをスタンドアロンファイルとして公開するには Publish / Publish to Single File Executableを実行する。

##~~Do not edit this line,76~~##

スタンドアロンのファイルとして配布する

##~~Do not edit this line,75~~##

demoフォルダの現在のディレクトリに出版されたdemo.exeファイルを展開します。

##~~Do not edit this line,90~~##

Image 1

타이틀의 내용을 .rtf 파일로 저장한 타이틀을 웹에 출판할 때 Languages 탭에 .rtf 파일과 경로를 지정하면 해당 .rtf 파일의 내용으로 바뀐 타이틀이 함께 출판된다.

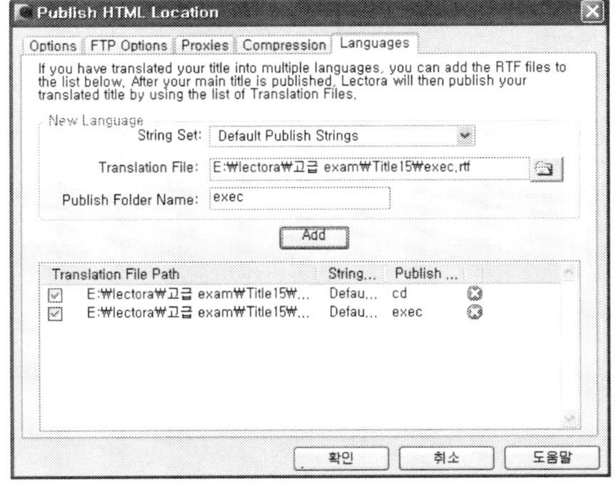

예를 들어, 웹 폴더 trans에 타이틀을 출판하였다면 trans/cd, trans/exec 폴더에는 각각 cd.rtf, exec.rtf 파일의 내용으로 출판된 타이틀이 업로드 된다. 바뀐 내용의 타이틀을 보여주려면 타이틀을 제작할 때 이들 내용을 볼 수 있게 하이퍼링크 등의 수단을 제공해야 한다.

PART

03

개체 관리

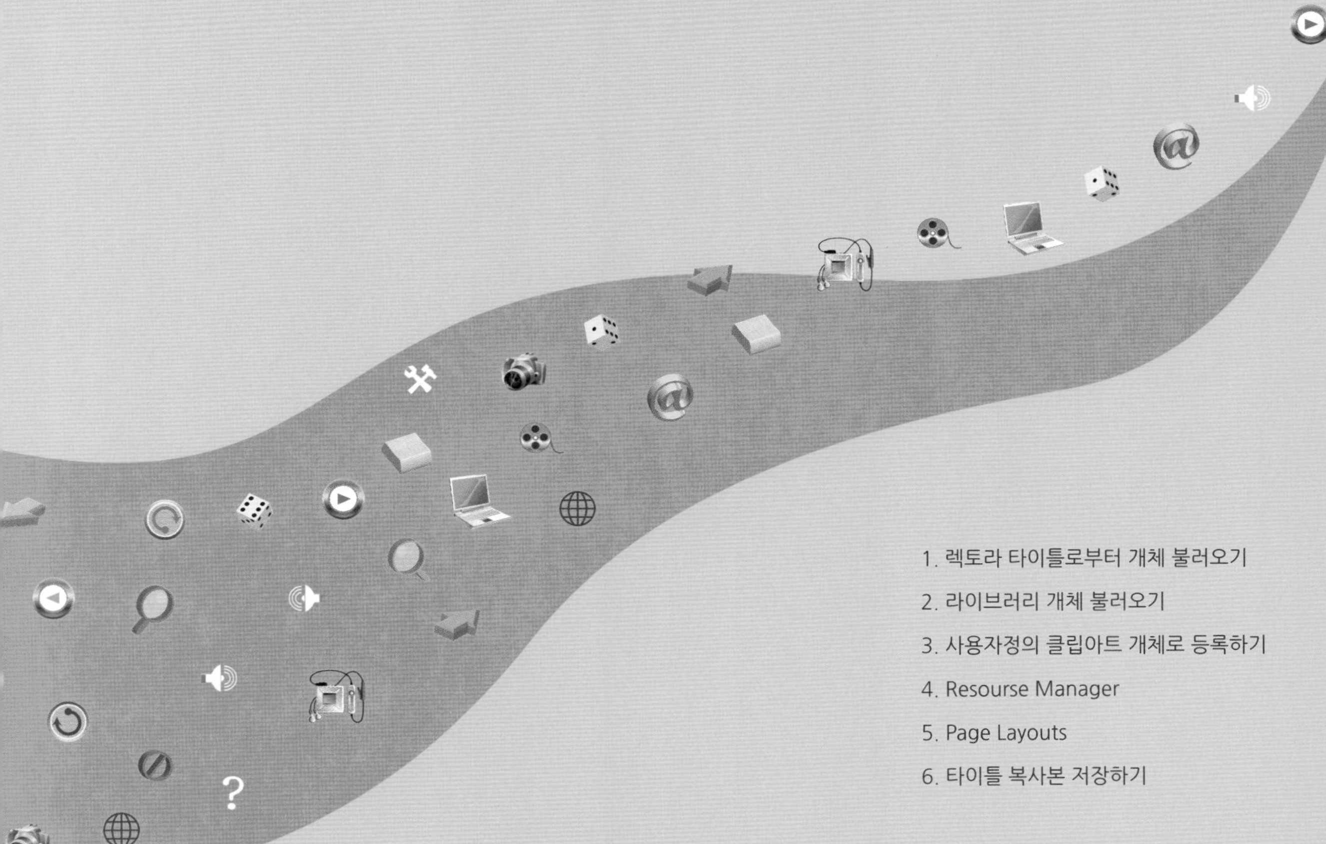

1. 렉토라 타이틀로부터 개체 불러오기
2. 라이브러리 개체 불러오기
3. 사용자정의 클립아트 개체로 등록하기
4. Resourse Manager
5. Page Layouts
6. 타이틀 복사본 저장하기

개체를 기존의 타이틀로부터 불러오면 타이틀 제작 시간을 절약할 수 있다. 또한, 라이브러리 개체로 등록하거나, 사용자정의 클립아트 개체로 등록하면 효율적으로 개체를 활용할 수 있다. 한편, 동일한 포맷으로 여러 페이지를 제작할 때에도 Page Layouts 기능을 활용하면 정해진 장소에 동일 유형의 개체를 배치할 수 있어 타이틀 전체적으로 일관되게 제작할 수 있으며, 타이틀 제작 시간을 단축할 수 있다.

1, 렉토라 타이틀로부터 개체 불러오기

기존의 렉토라 타이틀로부터 개체를 불러오면 타이틀 제작 시간을 절약할 수 있다. 불러올 수 있는 개체는 타이틀의 모든 개체가 된다. 타이틀 전체를 불러올 수도 있고, Chapter, Section, Page 단위로 불러올 수도 있다. 또한 미디어 개체 등을 선별적으로 불러올 수도 있다.

예를 들어, Additional Files 타이틀의 맨 뒤에 Introduction to Flash 타이틀의 Chapter 1, Section 2에 포함된 Page 1을 붙여 넣어 보자.

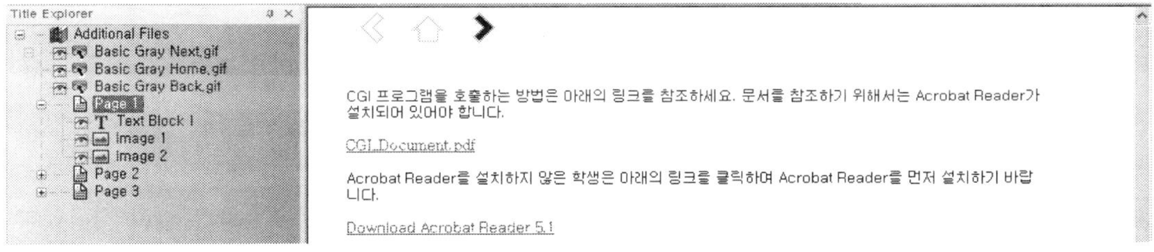

❶ Additional Files 타이틀의 Page 1을 클릭한다.

❷ Tools/Import from Existing Title을 실행한다.

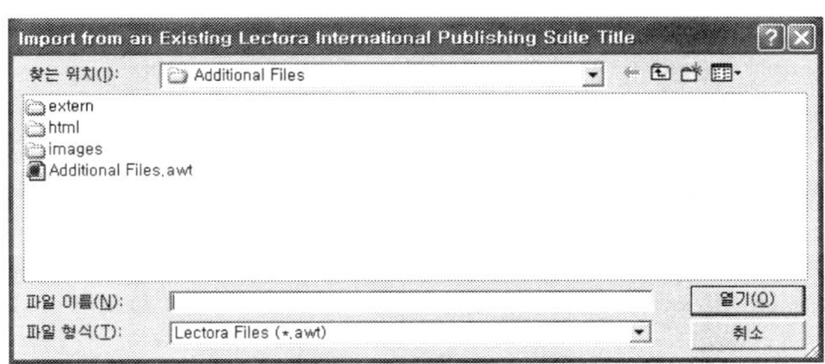

❸ 불러올 Introduction to Flash 파일을 선택한 후 열기 버튼을 클릭한다.

❹ Section 2 플래시 활용의 Page 1을 클릭하고 Import 버튼을 클릭한다.

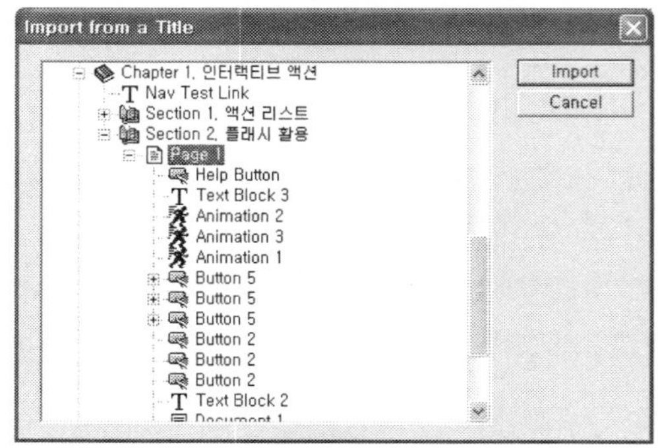

Tip 특정 개체만을 불러오려면 특정 개체만 선택한다. 여러 개의 개체를 선택하려면 Ctrl 키를 누른 채 선택한다.

Additional Files 타이틀의 맨 위에 Introduction to Flash 타이틀의 Chapter 1, Section 2에 포함된 Page 1이 붙여진다.

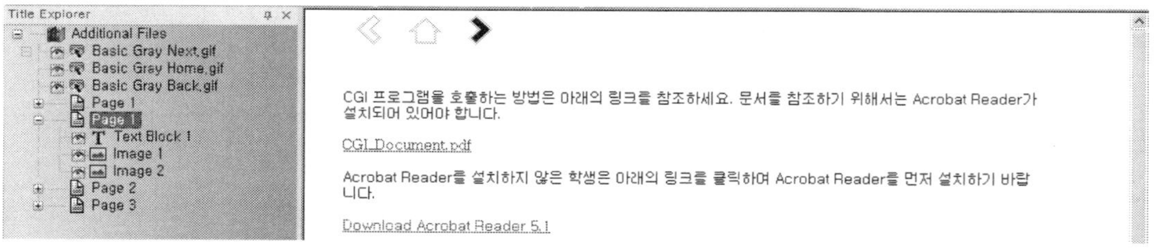

❺ 페이지 이름을 변경하고 불필요한 개체를 삭제한 후 페이지를 적당한 위치로 옮기고 저장한다.

Tools/Import from Existing Title 기능을 활용하면 타이틀의 공동 제작도 가능하다. 타이틀 제작을 한 팀이 맡은 경우를 생각해 보자. 팀장은 타이틀의 전체 구성도를 제작하여 템플릿 파일로 팀 구성원들에게 나눠주고, 각 구성원들은 자신이 맡은 Chapter 혹은 페이지를 제작하고, 팀장은 추후 팀 구성원들이 제작한 파일을 수합하여 템플릿 파일로 불러들여 타이틀을 완성할 수 있다.

타이틀은 언제든지 갱신될 수 있다. 팀 구성원들이 수정한 파일을 불러들여 기존의 내용을 대체하면 된다. 팀 환경 하에서 공동으로 타이틀을 제작할 때 주의할 점은 팀 구성원들마다 작업 컴퓨터를 달리해야 한다는 것이다. 동일 컴퓨터 하에서 작업하거나, 네트워크상에서 공유형태로 작업하는 경우에는 다른 구성원이 작업한 내용을 덮어쓸 여지가 많기 때문이다.

2. 라이브러리 개체 불러오기

개체를 라이브러리 개체로 저장하면 개체를 공유할 수 있다. 공유 대상 개체로는 모든 개체가 해당된다. 라이브러리 폴더의 경로는 기본적으로 다음과 같다.

✎ C:₩Program Files₩Trivantis₩Lectora International Publishing Suite₩ Library

라이브러리 개체를 불러오려면 다음과 같이 한다.

❶ Tools/Library Object/Insert a Library Object from a file을 실행한다.

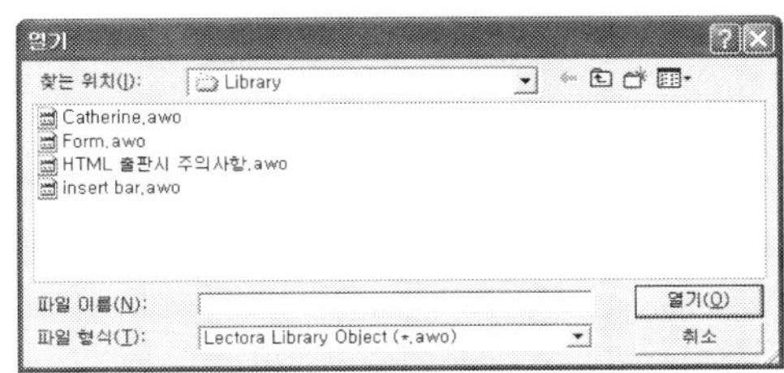

❷ 개체를 선택한 후 열기 버튼을 클릭한다.

개체를 라이브러리에 저장하여 공유하려면 다음과 같이 한다.

❶ 개체를 마우스 오른쪽 버튼으로 클릭, 단축 메뉴에서 Save as Library Object를 실행한다. 혹은 개체를 선택한 후 Tools/Library Object/Save the current selection as Library Object를 실행한다.

❷ 파일 이름을 입력하고 저장 버튼을 클릭한다. 개체는 .awo 파일 확장자로 공유 폴더에 저장된다.

✎ 공유 폴더의 경로는 네트워크 드라이브를 지정할 수도 있다.

3, 사용자정의 클립아트 개체로 등록하기

Media Library Organizer를 사용하면 디지털 미디어 파일을 찾거나 공유할 수 있다. Media Library Organizer는 파일을 카테고리 속에 편성함으로써 미디어 파일을 쉽게 찾을 수 있게 한다. Tools/Media Library Organizer를 실행한다.

[참고]

Media Library Organizer는 미디어 파일의 저장/관리와 관계있다. 즉, 미디어 파일을 유형별로 혹은 용도별로 나누어 어떤 폴더에 저장할 것인지 혹은 파일이 저장된 폴더 구조를 어떻게 관리할 것인지 결정한다.

Media Library Organizer로 작업하기 이전에 먼저 Media Library의 위치를 지정해야 한다. 이 위치는 기본적으로 렉토라 클립아트 폴더로 설정되어 있다. 가능한 손대지 않는다.

✎ C:₩Program Files₩Trivantis₩Lectora Professional Publishing Suite₩ClipArt

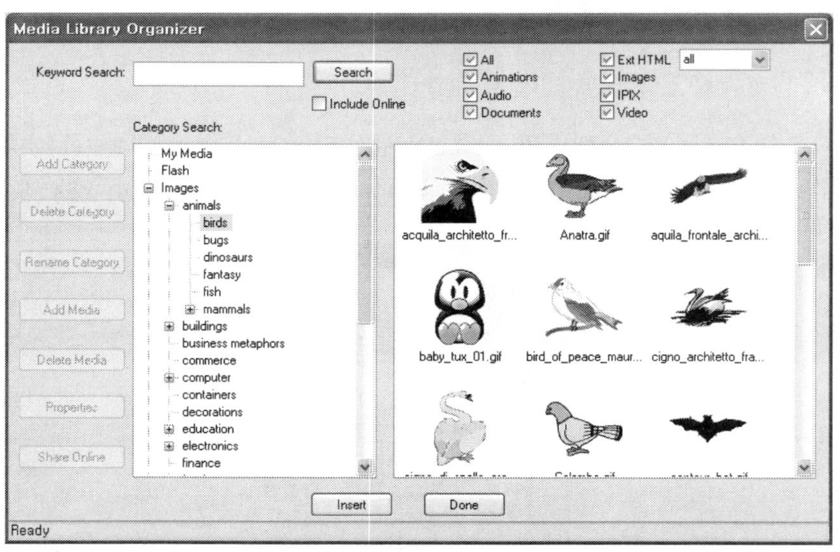

사용자 카테고리 설정

사용자 카테고리를 설정하려면 Category Search 박스에서 특정 카테고리를 선택하고 Add Category 버튼을 클릭한다. 예를 들어, My Media를 선택한 후 Add Category 버튼을 클릭하면 My Media 카테고리에 새로운 부 카테고리가 추가된다.

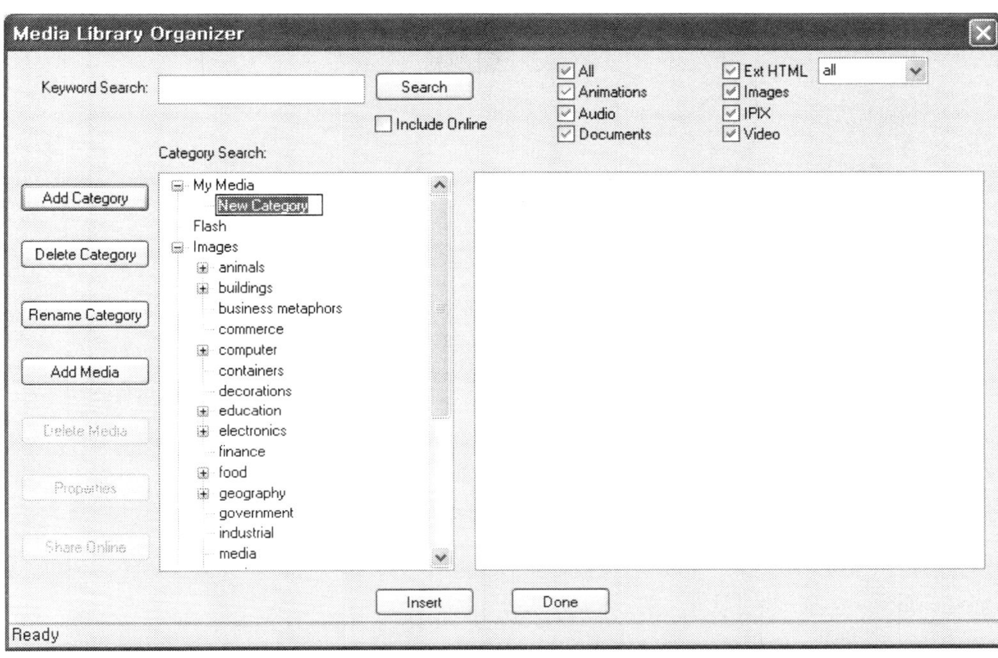

- Rename Category 버튼을 클릭하면 현재 선택된 카테고리의 이름을 변경할 수 있다.
- Delete Category 버튼을 클릭하면 현재 선택된 카테고리를 삭제할 수 있다.
- Add Media 버튼을 클릭하면 현재 선택된 카테고리에 미디어 개체를 추가할 수 있다.

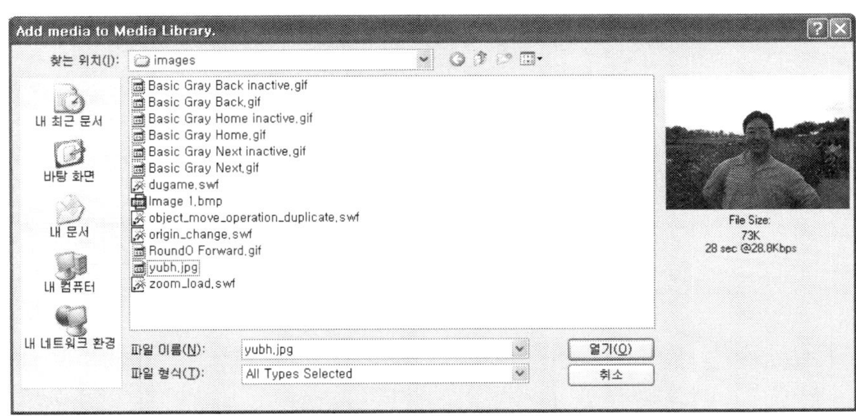

파일을 선택한 후 열기 버튼을 클릭하면 선택한 파일이 New Caregory에 추가된다.

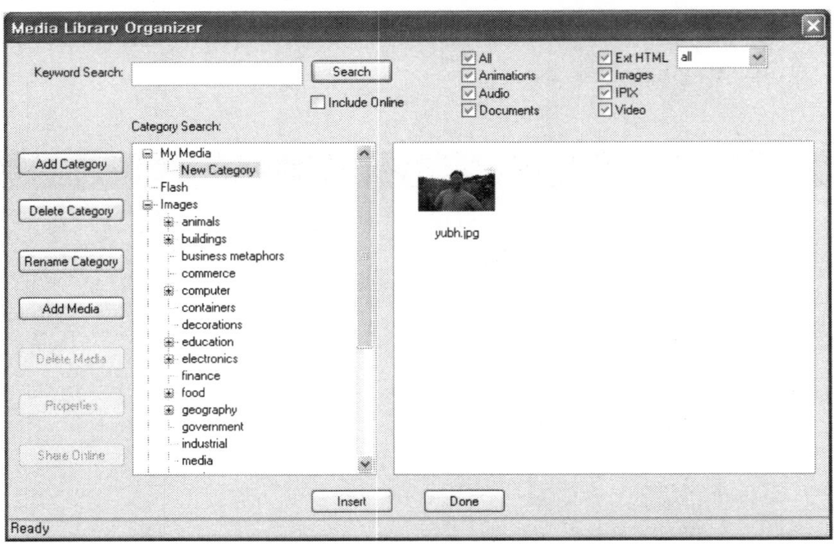

- 카테고리에 등록된 미디어 개체를 컨텐트 페이지에 삽입하려면 Media Library Organizer 대화상자에서 해당 미디어 개체를 선택한 후 Insert 버튼을 클릭한다.
- 개체 속성 대화상자에서 미디어 개체를 불러오려면 Import 버튼의 드롭다운 리스트를 펼쳐 Media Library...를 지정한다.

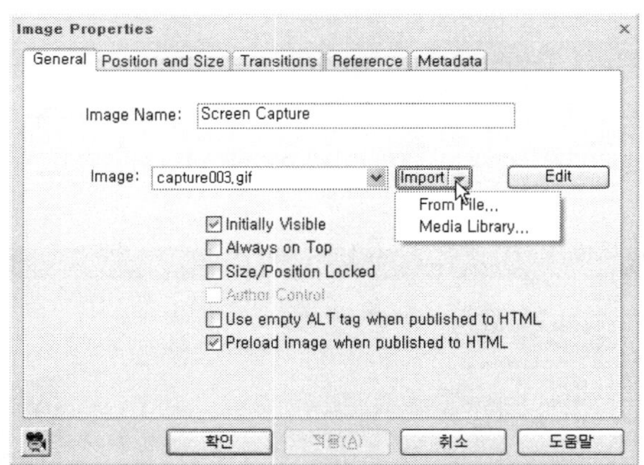

4. Resourse Manager

Resource Manager는 타이틀에 포함된 이미지, 애니메이션, IPIX, 비디오, 오디오, 버튼 및 기타 개체에 대한 파일 정보를 제공한다. 렉토라에 있어 resource란 타이틀에 삽입된 개체의 원본 파일을 의미한다.

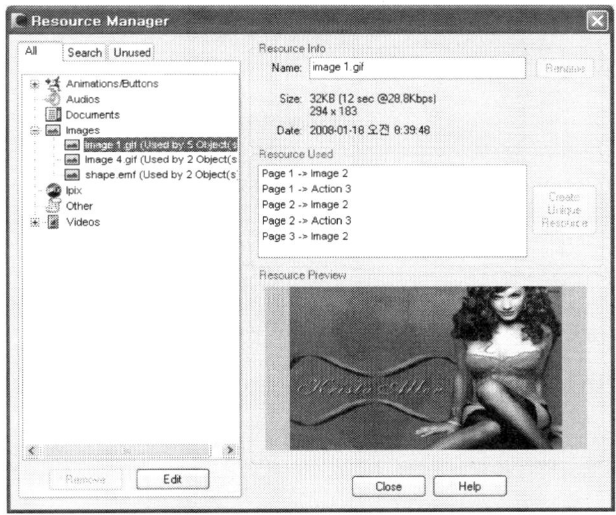

1) 원본 파일 이름 변경하기

타이틀에 삽입된 개체의 원본 파일 이름은 Resource Info 박스의 Name 필드에 표시된다. 원본 파일의 이름을 변경하려면 Name 필드의 이름을 변경하고 Rename 버튼을 클릭한다.

✎ 타이틀에 삽입된 개체의 이름을 변경하는 것이 아니라 개체의 원본 파일의 이름을 변경한다.

2) Creating a unique resource

원본 파일이 동일한 개체를 타이틀의 여러 페이지에 삽입한 경우, 이들 개체 중 하나를 편집 혹은 수정하게 되면 나머지 개체 역시 따라서 변하게 된다.

- Create Unique Resource 버튼의 용도는 이들 개체 중 특정 개체만의 속성을 변경하고 나머지 개체에는 아무런 영향을 주지 않을 목적으로 사용된다. 예를 들어, 페이지 1, 2, 3에 image 1.gif 파일을 원본으로 하는 이미지 개체 Image 2가 들어있다.

✎ 이미지 개체 Image 2를 편집하면 타이틀에 포함된 이미지 개체 Image 2가 모두 변경된다.

페이지 3의 Image 2 개체만을 수정하려면 Images 범주를 선택한 후 Resource Used 박스에서 Page 3 → Image 2를 선택하고 Create Unique Resource 버튼을 클릭한다.

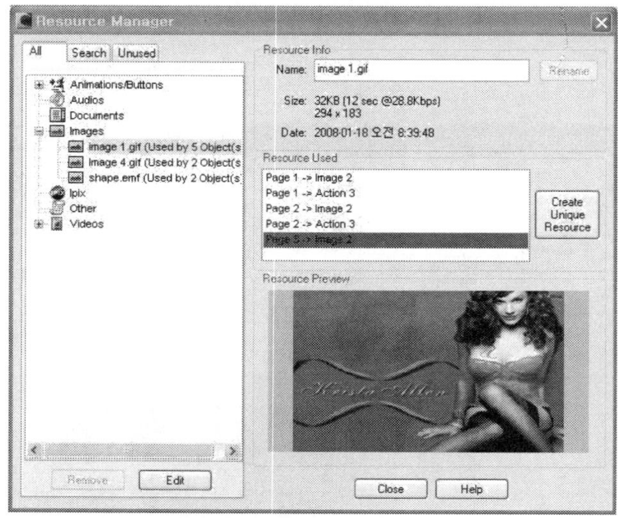

✎ 이미지 개체 Image 2를 편집하면 페이지 3에 삽입된 이미지 개체 Image 2만 그 내용이 변경된다.

- Unused 탭을 클릭하면 타이틀에서 사용하지 않는 개체들을 확인할 수 있다. 이들 개체를 삭제하려면 Remove 버튼을 클릭한다.
- Search 탭을 클릭하면 파일 이름을 찾을 수 있다.

✎ AVI 파일을 선택했을 때에는 Convert to Flash 버튼이 활성화 된다.

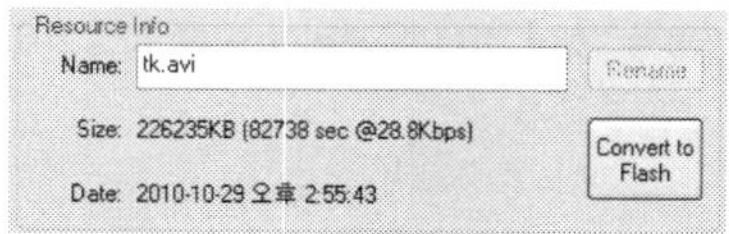

Convert to Flash 버튼을 클릭하면 AVI 파일을 F4V, FLV 파일로 변환할 수 있다.

5, Page Layouts

Page Layouts을 사용하면 여러 페이지에 걸쳐 일관된 디자인을 적용할 수 있다. 예를 들어, 타이틀이 여러 페이지로 구성되고, 각 페이지는 이미지와 이미지 관련 텍스트를 포함한다고 하면, 렉토라가 제공하는 Image and text column 혹은 Image and text row 레이아웃을 적용하여 모든 페이지에 걸쳐 이미지와 이미지 관련 텍스트를 동일 위치에 놓을 수 있다.

현재 페이지에 적용된 레이아웃은 그 다음부터 추가되는 모든 페이지에 그대로 적용되어 타이틀 전체에 걸쳐 디자인 및 페이지 구조를 일관성 있게 적용할 수 있다.

✎ 페이지에 적용된 기본 레이아웃은 Blank 유형이다.

1) 사용자 정의 레이아웃 등록하기

예를 들어, 아래와 같은 페이지의 내용을 사용자 레이아웃으로 정의해 보자.

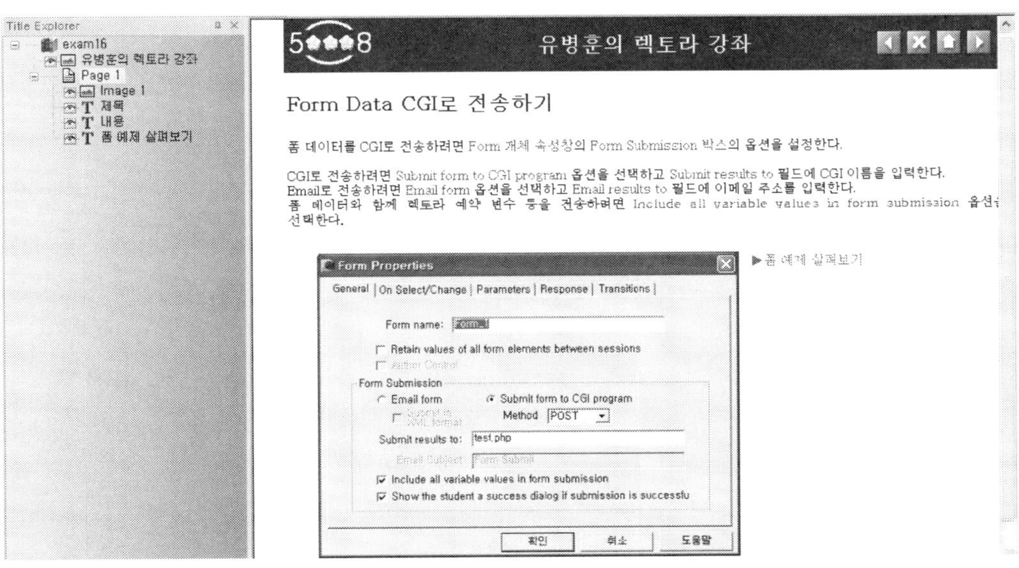

사용자 레이아웃으로 등록할 때 유의할 점은 타이틀 로고로 사용될 부분은 모든 페이지에 그대로 상속돼야 하므로 로고 부분의 이미지는 타이틀 개체 아래에 배치한다.

❶ Layout/Page Layouts을 실행한다.
❷ Page Layouts 창에서 Add new layout from current page layout 버튼을 클릭한다.
❸ 레이아웃의 이름을 입력하고 OK 버튼을 클릭한다.

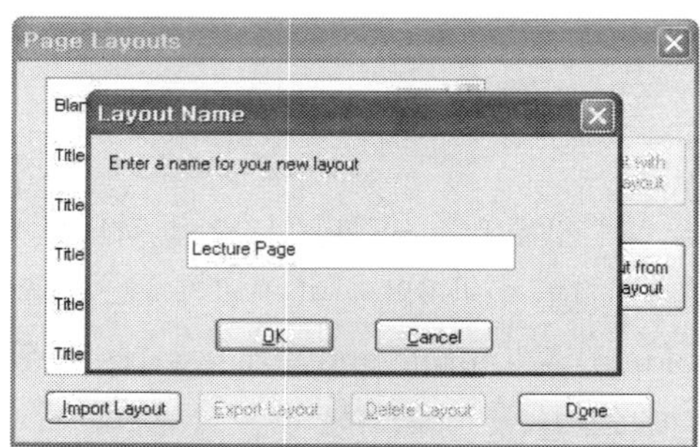

Lecture Page 레이아웃이 등록된다.

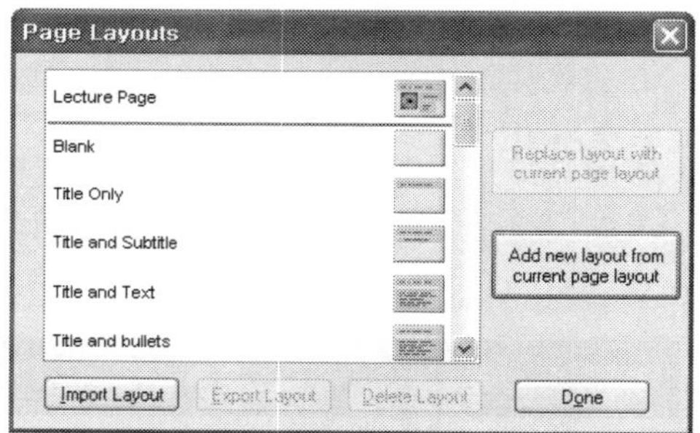

2) 특정 레이아웃을 현재 페이지의 레이아웃으로 바꾸기

특정 레이아웃을 현재 페이지의 레이아웃으로 바꾸기는 사용자 레이아웃을 만드는 방법과 동일하다. 렉토라에서 제공한 레이아웃을 이용하여 페이지 내용을 편집, 수정한 후 이를 레이아웃으로 등록하고자 할 때 사용한다.

예를 들어, 새 페이지를 열고 Image and text column 레이아웃을 적용한 다음 입력 틀에 텍스트와 이미지 개체를 삽입한 후 텍스트 블록 및 이미지의 위치를 이동하고 이를 Image and text column 레이아웃으로 저장한다고 하자.

❶ 현재 페이지가 선택된 상태에서 Layout/Page Layouts을 실행한다.
❷ Image and text column 레이아웃을 선택한다.

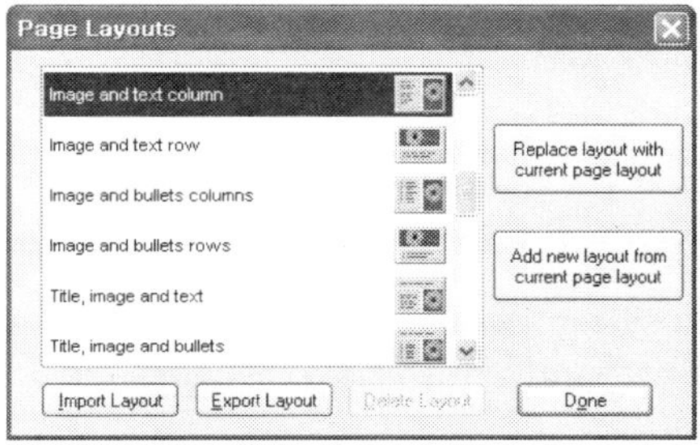

❸ Replace layout with current page layout 버튼을 클릭한다.

Image and text column 레이아웃은 현재 페이지에 적용된 레이아웃으로 바뀌게 된다.

3) 현재 페이지에 특정 레이아웃 적용하기

❶ 타이틀 구조 창에서 현재 페이지 개체를 클릭한다(▶Title16).

❷ Insert Toolbar의 Page Layout 리스트를 클릭하여 레이아웃 유형을 선택한다.

Tip 페이지에 레이아웃을 적용해도 아무런 변화를 보이지 않는다. 단, 페이지를 추가하면 레이아웃이 적용된 빈 페이지가 열린다. 예를 들어, Lecture Page 레이아웃을 적용한 후 페이지를 추가하면 Lecture Page 레이아웃이 적용된 페이지가 열린다. 텍스트, 이미지 개체가 있던 자리는 그 크기만큼 점선 영역으로 표시된다.

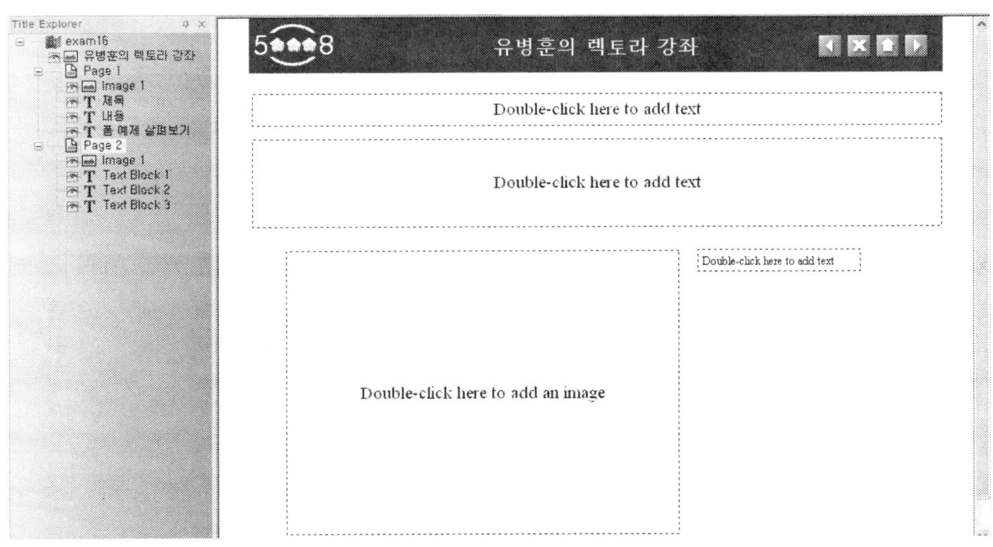

이미지 개체 영역을 더블클릭하면 이미지 개체 속성 창이 열리고, 오디오 개체 영역을 클릭하면 오디오 개체 속성 창이 열려 해당 개체를 삽입할 수 있다. 텍스트 블록 영역을 더블클릭하면 텍스트 편집 상태가 되어 텍스트를 입력할 수 있다.

- 사용자 정의 레이아웃을 삭제하려면 Delete Layout 버튼을 클릭한다.
- 사용자 정의 레이아웃을 파일로 저장하려면 Lecture Page 레이아웃을 선택한 후 Export Layout을 클릭한다.

레이아웃은 .alt 파일로 저장된다. Lecture Page 레이아웃을 저장하면 Lecture Page.alt 파일이 저장된다.

- 레이아웃을 불러오려면 Import Layout을 실행한다.

□ 레이아웃을 정의할 때 Layout 메뉴의 Space Evenly, Make Same Size 명령을 사용하면 깔끔한 디자인을 할 수 있다.

- Space Evenly 명령은 선택한 개체의 좌/우(Across), 아래/위(Down) 간격을 동일하게 만든다.
- Make Same Size 명령은 선택한 개체의 가로(Width), 세로(Height), 전체(Both) 크기를 동일하게 만든다.

6, 타이틀 복사본 저장하기

File/Save a Copy of Title을 실행하면 작업 중인 타이틀을 다른 폴더에 백업할 수 있다.

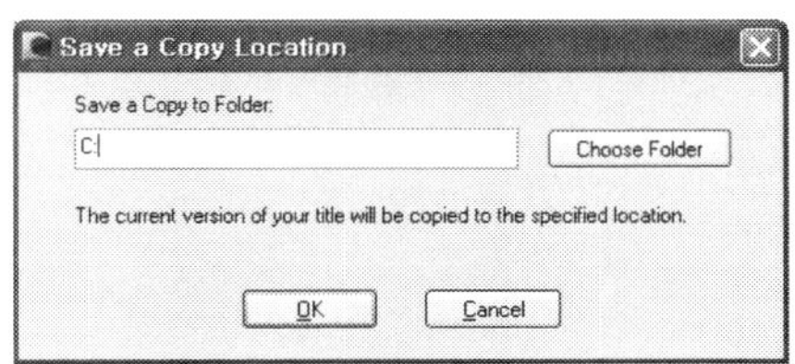

타이틀을 백업할 폴더로 'C:/Backup/Introduction to Excel'을 입력하고 OK 버튼을 클릭하면 C:/Backup/Introduction to Excel 폴더가 만들어지고 타이틀이 저장된다.

✎ 타이틀을 CD 혹은 이동 저장 매체에 저장할 때는 타이틀이 저장된 폴더 전체를 저장한다.

TIP 타이틀을 먼저 저장한 후 백업 타이틀로 복사한다. 타이틀을 백업한 후 반드시 제대로 저장되었는지 확인한다.

[참고] Save As와 Save a Copy of Title의 차이점

- 현재 제작 중인 타이틀을 다른 폴더로 저장하고 타이틀이 저장된 원래 폴더에서 계속 작업하려면 Save a Copy of Title을 실행한다.
- 현재 제작 중인 타이틀을 다른 폴더로 저장하고 타이틀이 저장된 새로운 폴더에서 계속 작업하려면 Save As를 실행한다.

PART 04

이미지·애니메이션 편집

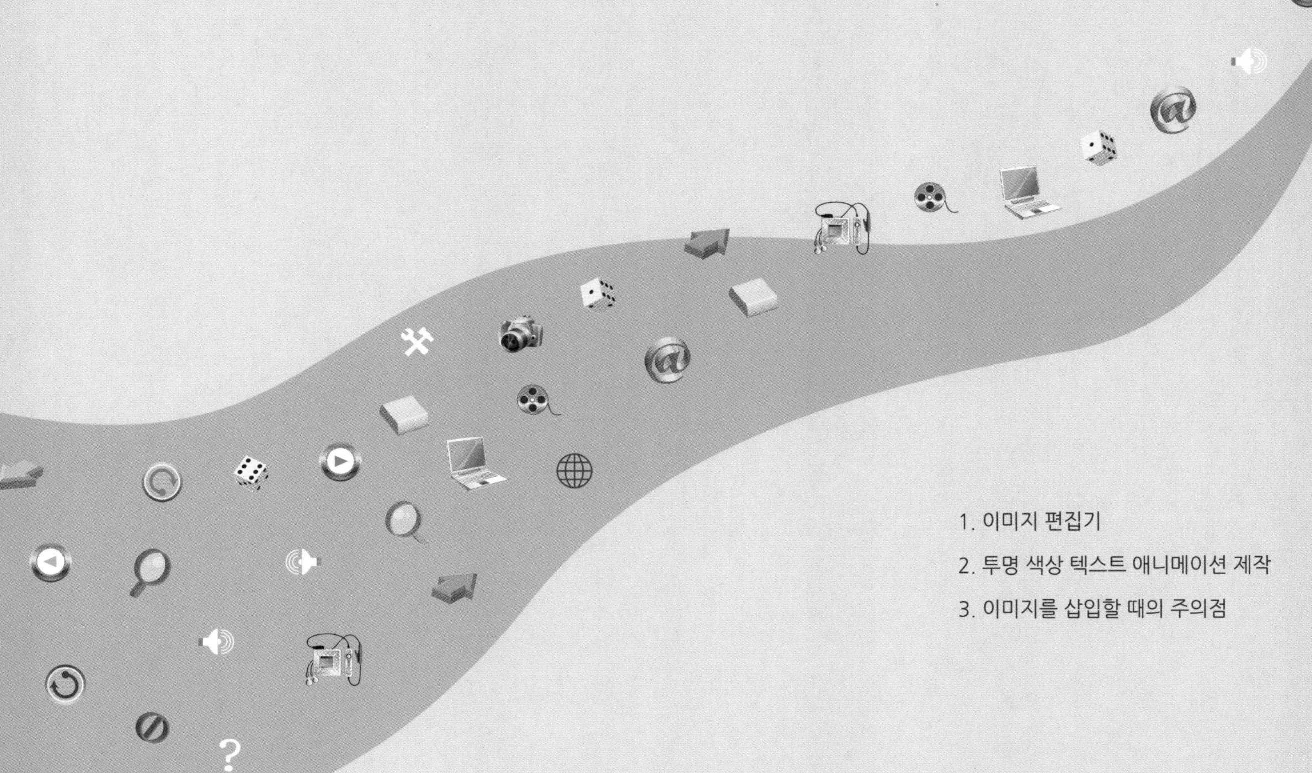

1. 이미지 편집기

이미지를 편집하려면 이미지 속성 창에서 Edit 버튼을 클릭한다. 이미지 편집 창이 열린다.

1) 필터

Image/Effects, Image/Spatial Filters를 실행하면 특수 효과를 줄 수 있다.

Posterize (포스터화) | Mosaic (모자이크) | Average (평균 흐림) | Median (중간 흐림) | Sharpen (선명 효과)

Despeckle (얼룩 제거) | Add Noise (노이즈 추가) | Emboss (돌출 효과) | Edge Enhance (테두리 강조) | Oilify (유성화)

- Halftone(하프톤)은 다양한 크기와 모양을 가진 점들을 이용하여 이미지를 단색의 이미지로 변경한다. 신문용 흑백 이미지에 많이 사용된다.
- Gray Scale(회색 음영)은 256 색조의 그레이 색으로 변경한다. 그레이 스케일은 명도의 기준 척도가 된다.
- Color Resolution(화면 색상)은 이미지 해상도를 변경한다.

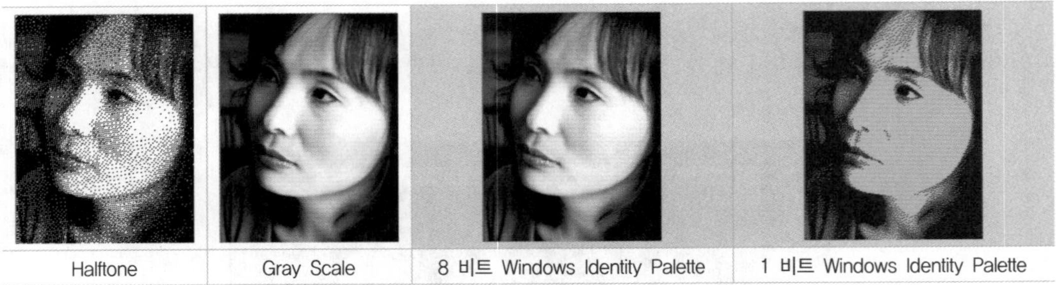

Halftone	Gray Scale	8 비트 Windows Identity Palette	1 비트 Windows Identity Palette

해상도를 조정하려면 Color/Color Resolution을 실행한다.

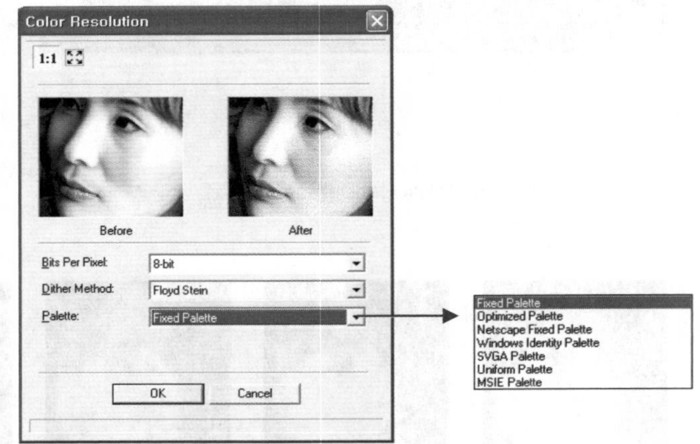

디더링 방법	이미지 색상 해상도가 떨어질 때 이미지를 매끄럽고 부드럽게 처리하기 위한 방법. 미리보기 창의 이미지를 참조하면서 가장 적당한 방법을 선택한다.	
색상표	이미지 색상이 256 색상 이하일 경우 이미지 색상으로 사용할 팔레트를 선택한다.	
	Fixed Palette	두개 이상의 이미지가 열려 있을 때 화질이 떨어지는 것을 방지한다.
	Optimized Palette	캡처된 이미지에 가장 알맞은 색상표를 적용한다.
	Windows density Palette	윈도우 시스템 색상표를 사용한다.
	Netscape Fixed Palette	넷스케이프와 인터넷 익스플로러 색상표를 사용한다.

• Spatial Filters는 테두리를 추출한다.

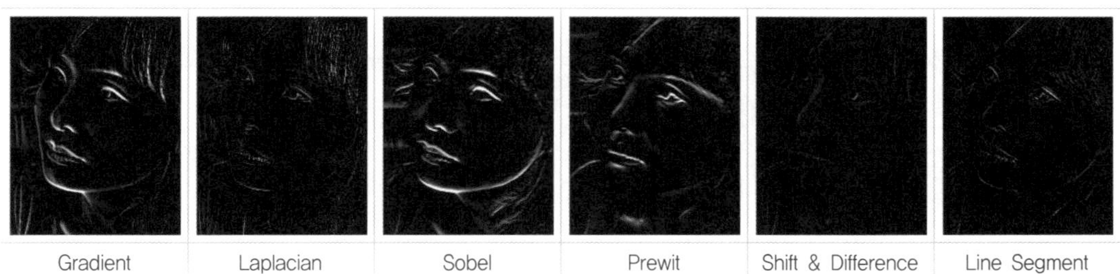

• 색상 수정은 캡처된 이미지의 명도, 대비, 색상, 채도, 그리고 감마 값을 변경한다. 전체적으로 뿌연 이미지는 이미지의 색상이 손상되지 않는 범위 내에서 명도와 대비를 조정한다.

Gamma(감마)

R70 G70 B70	R100 G100 B100	R130 G130 B130

- Hue는 빨강, 노랑, 파랑과 같이 다른 색과 구별되는 색의 성질과 구분을 나타낸다.
- Brightness는 색이 지니고 있는 명암의 차이 정도, 밝기의 비율을 말한다. 흰색에 가까울수록 명도가 높고 흑색에 가까울수록 명도가 낮다.
- Saturation은 색의 순도 혹은 맑고 탁한 정도를 나타낸다. 원색에 가까울수록 채도가 높고 다른 색이 혼합되면 채도가 떨어진다.

✎ Hue, Brightness, Saturation을 색의 3요소라 한다.

- Contrast는 두 가지 이상의 색채 효과를 비교했을 때 그 차이가 인정되는 것을 말한다.
- Gamma는 모니터가 만드는 중간톤 값의 명도를 측정한다.

- Intensity(명암 추출)는 그래픽으로부터 지정된 명암 영역의 색상을 추출한다.
- Invert(색상 반전)는 선택된 이미지를 사진 음화로 전환한다.

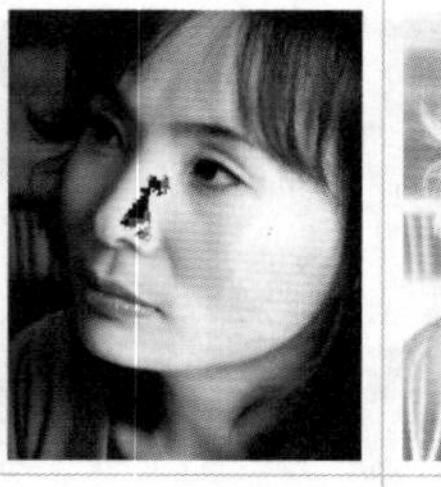

Intensity-Detect	Intensity-Stretch	Invert

- Histogram-Contrast(히스토그램 대비)는 선택된 이미지의 대비 값을 증가시키거나 감소시킨다.
- Histogram-Equalize(히스토그램 균일화)는 이미지의 회색 수준에 따라서 일련의 픽셀을 선형화한다. 이미지에서 어두운 영역을 상세하게 보이는 데 사용된다.

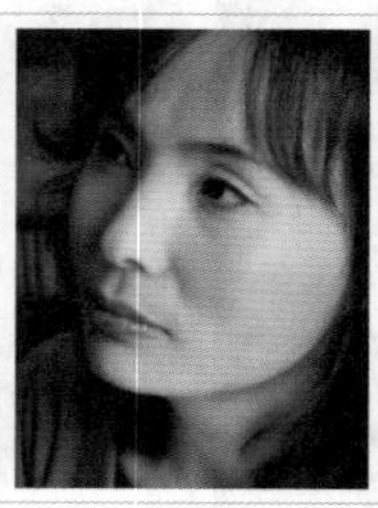

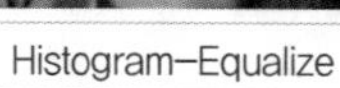
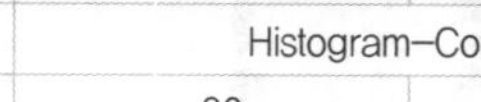

Histogram-Equalize	Histogram-Contrast	
	-30	30

2) 페인트 툴

페인트 툴을 활용하면 이미지에 선, 텍스트, 도형 등을 넣을 수 있으며 이미지의 특정 영역을 삭제할 수 있다. 페인트 툴을 클릭하면 툴과 관련된 옵션을 선택할 수 있다.

도구		옵션		설명
	선택		사각형 형태	선택한 모양으로 편집 영역이 지정된다.
			모서리가 둥근 사각형 형태	
			삼각형 형태	
			선 형태로 자유로이 선택	
			원 형태	
			원 형태로 자유로이 선택	
	펜			자유로이 선을 그을 수 있다.
	브러시			선택한 붓 모양으로 그린다.
	지우개			선택한 지우개 크기로 클릭한 위치를 지운다.
	채우기			선택한 색으로 채워 넣는다.
	스포이드			클릭한 위치의 색상을 추출한다.
	확대/축소			이미지 영역을 확대/축소한다.
	돋보기			클릭한 지점을 확대한다.
	스프레이			선택한 스프레이 크기로 색을 뿌려 준다
	텍스트			텍스트를 입력한다.
	선			선택한 굵기로 선을 그린다.
	곡선			선택한 굵기로 곡선을 그린다.
	사각형		면색 없는 테두리를 그린다. 면색과 테두리를 함께 그린다. 테두리 없는 사각형을 그린다.	선택한 모양으로 사각형을 그린다.
	둥근 사각형			선택한 모양으로 모서리가 둥근 사각형을 그린다.
	타원			선택한 모양으로 타원을 그린다.
	다각형			선택한 모양으로 다각형을 그린다.
	전경 색/배경 색		전경 색과 배경 색을 교체한다.	전경 색과 배경 색을 선택한다.

- 버튼을 클릭하면 이미지의 특정 영역을 사각 형태로 선택할 수 있다. 이미지의 특정 영역을 마우스 왼쪽 버튼을 누른 채 끌어 편집 대상 영역을 지정한다.

✎ 옵션에서 사각 형태 이외의 모양을 선택했을 때는 이미지를 한번 클릭한 후 마우스를 끌어 선택 영역을 지정한다.

- : 마우스를 클릭한 후 마우스 버튼에서 손을 뗀 상태로 마우스를 이동하고 다시 마우스를 클릭하는 방식을 반복하여 선택 영역을 지정한다. 더블클릭하면 선택 영역이 지정된다.

- ⬭ : 마우스를 누른 상태에서 원 형태로 끌어 선택 영역을 지정한다.
- Edit/Cut, Edit/Copy를 실행하면 선택 영역을 클립보드로 복사한다. 전자는 선택 영역을 잘라낸다.
- Edit/Paste를 실행하면 클립보드에 복사한 내용물을 이미지에 붙여 넣는다.
- Edit/Delete를 실행하면 선택 영역을 삭제할 수 있다.
- Ctrl+Z, Ctrl+Y 키를 누르면 편집 작업을 취소/재실행할 수 있다.
- 버튼을 클릭한 후 이미지의 특정 부분을 클릭하면 클릭한 부분의 색이 foreground color로 등록된다. 이미지로부터 색을 추출할 때 사용한다.

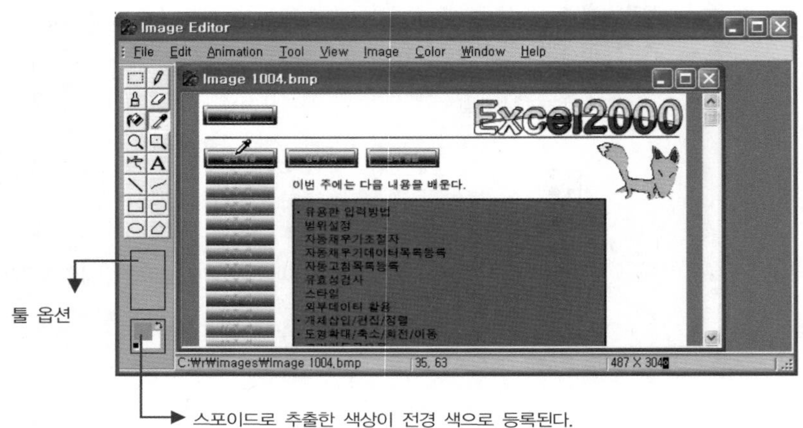

- 버튼을 클릭하면 foreground color로 지정된 색을 채울 수 있다.

✎ 지정된 색으로 채워지지 않을 때는 이미지 해상도를 더 낮은 수준으로 조정한다.

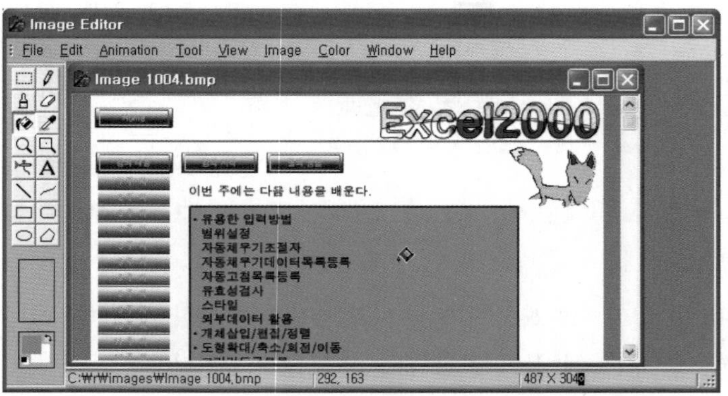

- A 버튼은 텍스트를 입력할 때 사용한다. 애니메이션 제작하기를 참조한다.
- 버튼은 옵션에서 지정한 지우개 크기로 이미지를 지울 때 사용한다.

✎ 지우개는 배경 색으로 칠하여 지운다.

- 버튼은 선을 자유로이 그을 때 사용한다.
- 버튼은 옵션에서 지정한 굵기로 직선을 그릴 때 사용한다.
- , , , 버튼은 사각형, 모서리가 둥근 사각형, 타원, 다각형을 그릴 때 사용한다. 그리기 옵션으로는 , , 세 가지가 있다. 각각 테두리만 그릴 때, 테두리가 있는 면색을 그릴 때, 면색만 그릴 때 사용한다.
- 버튼은 무작위 방식으로 색을 뿌릴 때 사용한다.

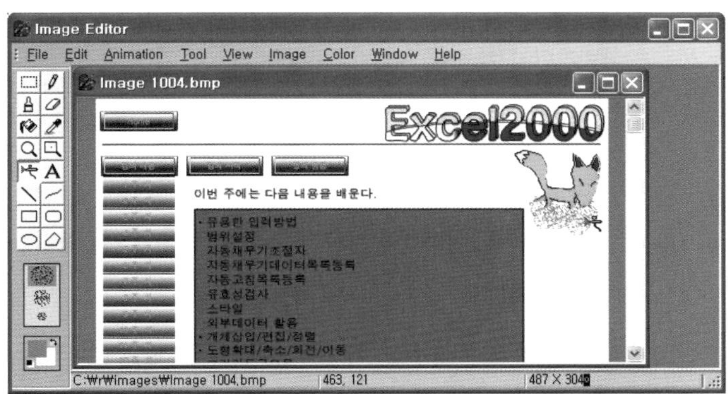

- 버튼은 foreground color(전경 색)와 background color(배경 색)를 선택할 때 사용한다. 전경 색으로 채택된 색은 채우기, 뿌리기, 텍스트, 선, 사각형, 타원, 다각형 등을 그릴 때의 색이 된다. 전경 색을 교체하려면 전경 색 버튼을, 배경 색을 교체하려면 배경 색 버튼을 클릭한다.

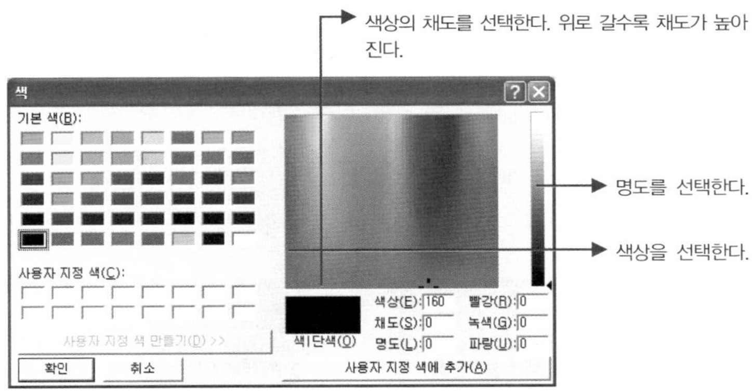

- 사용자 지정색을 추가하려면 사용자 지정 색에 추가 버튼을 클릭한다.

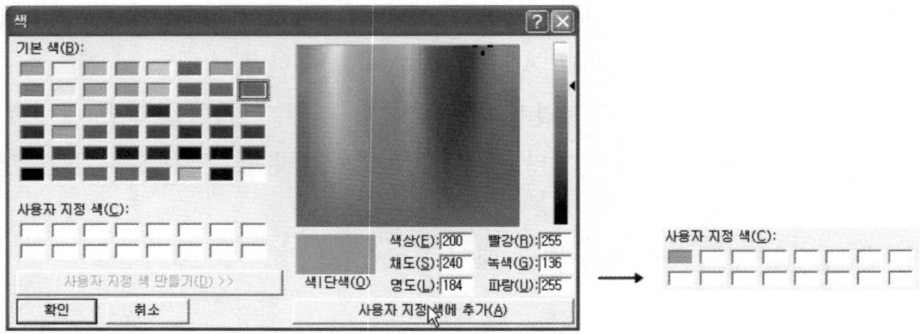

- 전경 색과 배경 색을 교체하려면 교체 버튼 을 클릭한다.

- 칼라 팔레트 창의 Enable Transparency 옵션을 선택하면 투명 색상을 적용할 수 있다. 칼라 팔레트 창을 열려면 View/Color Palette를 실행한다.

Tip 이미지의 특정 색상을 투명 색상으로 설정하려면 이미지 해상도를 8-bit로 전환하고 파일 형식을 GIF로 저장한다.

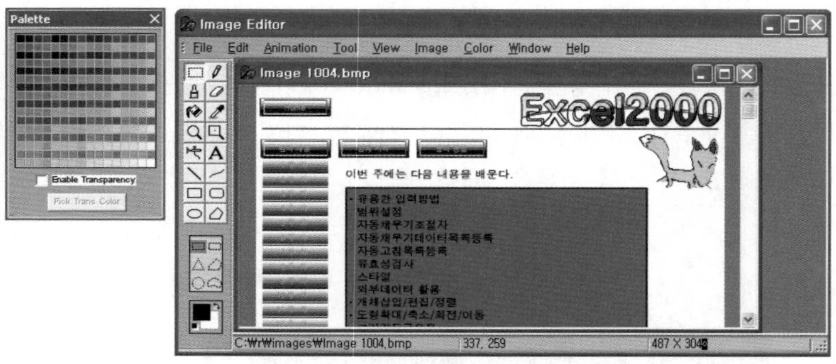

❶ Enable Transparency 옵션을 클릭한다. Pick Trans Color 버튼이 활성화 된다.

❷ Pick Trans Color 버튼을 클릭 후 투명 색상으로 지정하고자 하는 색상을 팔레트 창에서 클릭한다.

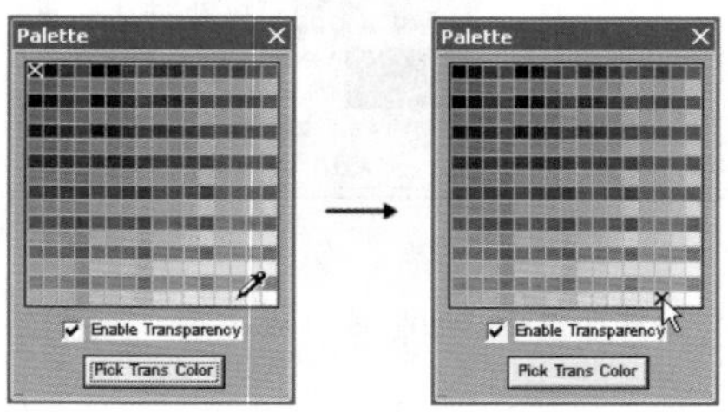

- 투명 색상으로 지정한 색상은 자동적으로 전경 색으로 등록된다.

❸ 채우기 버튼 [icon]을 클릭한 후 투명 색상으로 지정할 부분을 클릭한다.

❹ File/Save As를 실행하고 파일 이름을 입력한다.

❺ 드롭다운 버튼 파일 형식(T)을 클릭하여 GIF (*.gif)를 선택하고 저장 버튼을 클릭한다.

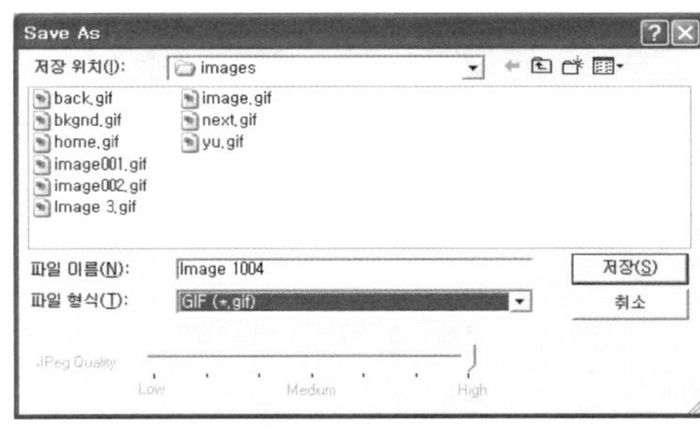

❻ 이미지 편집기의 닫기 버튼 [icon]을 클릭한다.

❼ 이미지 속성 창의 Import 버튼을 클릭한다.

❽ Image1004.gif 파일을 클릭하고 열기 버튼을 클릭한다.

❾ 확인 버튼을 클릭한다. BMP 이미지가 GIF 이미지로 대체된다.

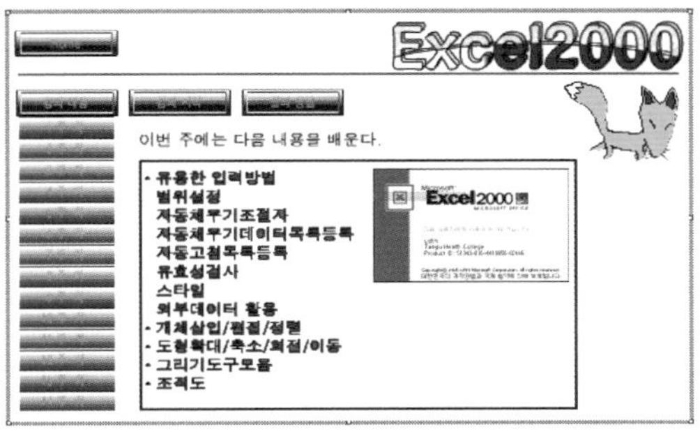

투명 색상이 지정된 GIF 이미지

– 투명 색상으로 지정한 영역으로 컨텐트 페이지의 이미지가 보인다.

• 다각형을 그리려면 다각형 버튼 [icon]을 클릭한다.

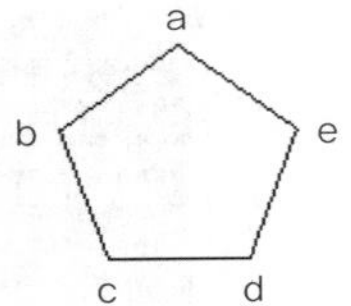

❶ a 점을 클릭한 후 마우스 버튼에서 손을 떼고 마우스를 b로 이동한다.
❷ b 점을 클릭한 후 마우스 버튼에서 손을 떼고 마우스를 c로 이동한다.
❸ 동일한 방법으로 d, e 점을 클릭한다. 마지막으로 a 점을 더블클릭한다.

• 곡선을 그리려면 커브 버튼 [icon]을 클릭한다.

커브 버튼은 Bézier 곡선을 그린다. 베지어 곡선은 시작점, 마침점, 그리고 두개의 조정점으로 정의된다.

❶ a 점을 클릭한 후 마우스를 누른 채 b 점까지 끌어 놓는다.
❷ c 점과 d 점을 클릭하여 곡선을 완성한다.

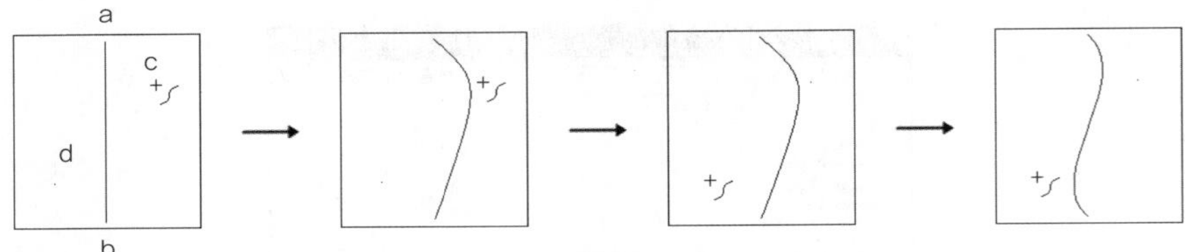

c, d 점을 클릭하고 마우스를 누른 채 끌면 곡선의 경사를 자유롭게 조정할 수 있다.

컨텐트 페이지에 삽입된 이미지 파일을 다른 파일로 대체하기

❶ 이미지를 더블클릭한다.
❷ 이미지 속성 창에서 Import 버튼을 클릭한다.
❸ 파일을 선택하고 열기 버튼을 클릭한다.
❹ 확인 버튼을 클릭한다.

• 타이틀에 삽입된 기존 이미지 파일로 대체하려면 속성 창의 드롭다운 버튼 Image를 클릭하여 파일을 선택한다.

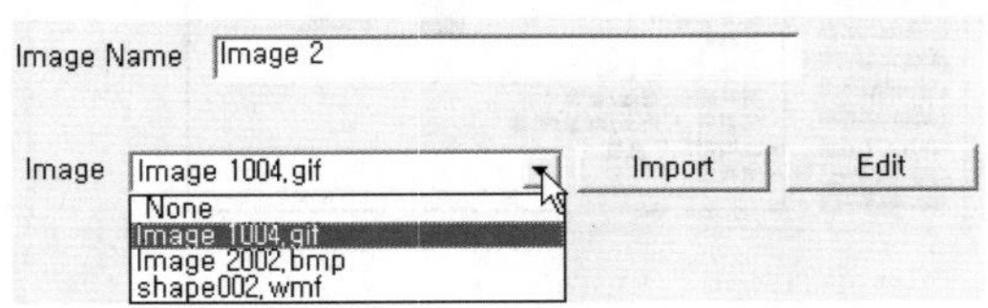

2. 투명 색상 텍스트 애니메이션 제작

투명 색상 속성의 텍스트 애니메이션은 매우 유용한 용도로 사용된다. 강좌를 수강하는 학생들에게 어떤 주의를 주거나 강좌의 특정 부분을 주목케 할 목적으로 사용된다.

제자리에서 커졌다 작아졌다 반복하는 문자열 애니메이션 만들기

❶ Tools/New Animation Tool을 실행한다. 마침 버튼을 클릭하면 이미지 편집기 창이 열린다.

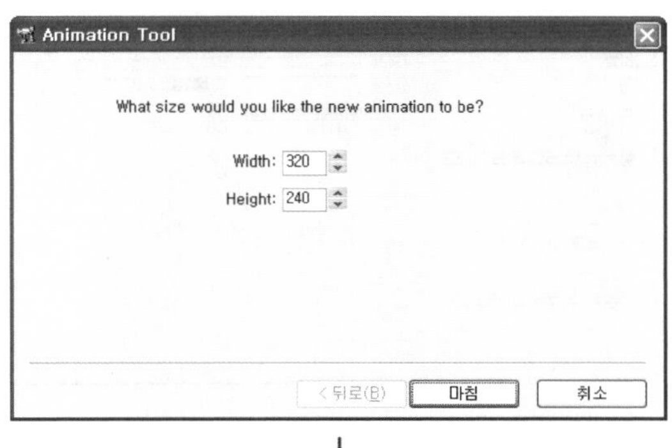

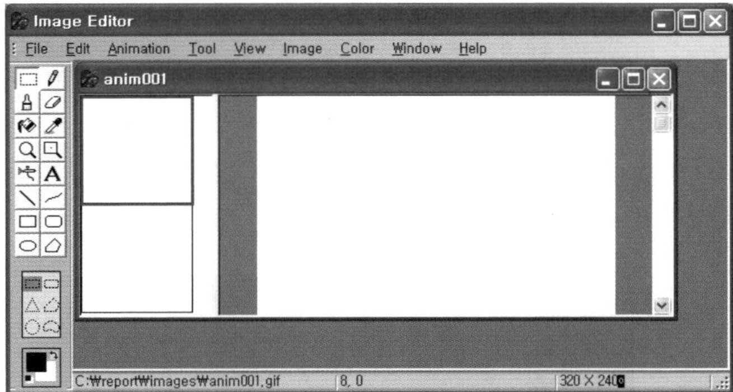

❷ 전경 색/배경 색 아이콘 을 클릭하여 텍스트 색상과 음영 색상을 지정한다.

- 전경 색은 텍스트의 색상을, 배경 색은 텍스트의 음영 색상이 된다. 전경 색을 선택한 상태에서 채우기 버튼 으로 캔버스 영역을 클릭하면 캔버스 색상을 지정할 수 있다.

❸ 텍스트 아이콘 A을 클릭하고 캔버스를 클릭한다. 텍스트 입력 창이 열린다. 텍스트의 음영 색상은 Background Color에서 변경할 수 있다.

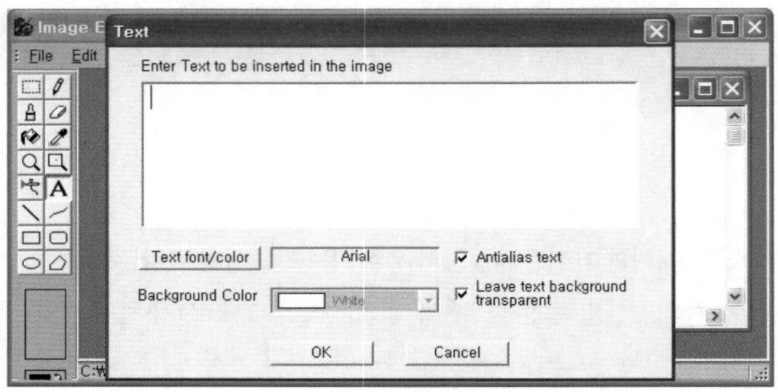

❹ Text font/color 버튼을 클릭한다.

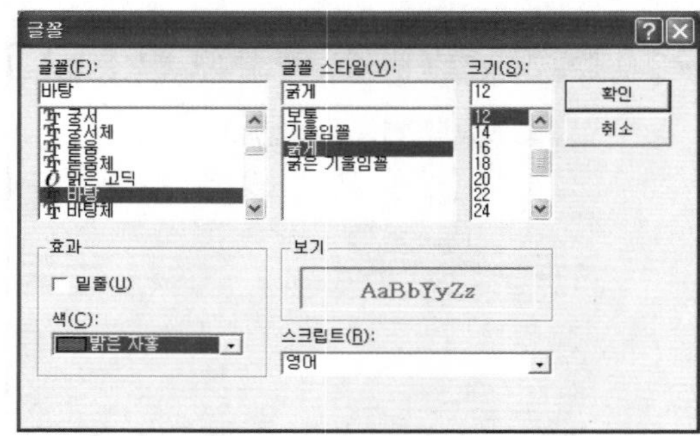

❺ 글꼴과 스타일, 크기를 지정한 후 확인 버튼을 클릭한다.

– 텍스트를 '바탕' 글꼴로 입력할 때 글꼴이 가장 예쁜 모양으로 보인다.

❻ Leave text background transparent 옵션을 해제하고 텍스트의 음영 색상을 캔버스의 기본 색상인 White로 지정한다.

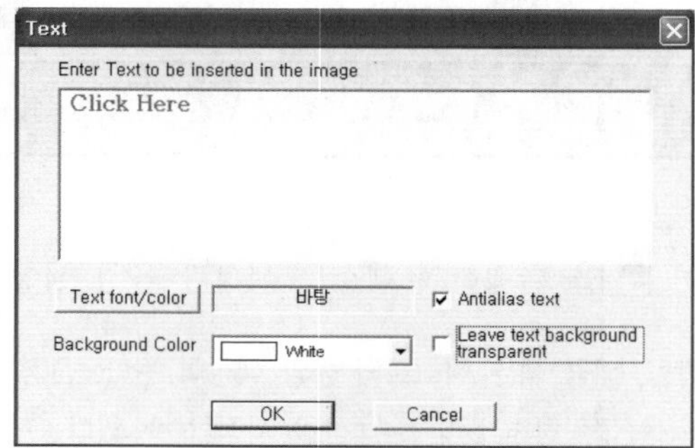

• Leave text background transparent 옵션이 선택된 상태에서는 텍스트의 음영 색상이 투명하게 되어 캔버스 색상을 배경으로 텍스트가 삽입된다. 캔버스의 색상이 흰색인 경우 텍스트의 색상을 흰색으로 지정하면 텍스트를 제대로 볼 수 없다. 따라서 이럴 때는 Leave text background transparent 옵션을 해제하고 텍스트의 음영 색상을 캔버스의 색상과 다르게 지정할 필요가 있다.

- 텍스트의 음영 색상과 캔버스의 색상을 달리 지정한 경우 투명 색상으로 텍스트의 음영 색상을 선택하느냐 캔버스의 색상을 선택하느냐에 따라 투명하게 보이는 부분이 달라지게 된다.

❼ 텍스트를 입력한 후 OK 버튼을 클릭한다.
❽ 좌표 값이 100, 55가 되는 지점에서 클릭한다. 캔버스에 문자열이 삽입된다.

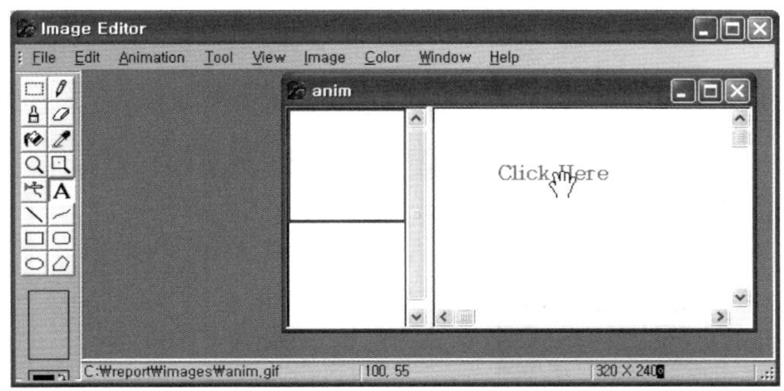

❾ 두 번째 프레임을 클릭한다.
❿ 텍스트 아이콘 A을 클릭하고 캔버스를 클릭한다.
⓫ Text font/color 버튼을 클릭하고 글자의 크기를 첫 번째 프레임에 삽입한 글자 크기보다 작게 지정하고 확인 버튼을 클릭한다. 첫 번째 프레임과 동일한 텍스트를 입력하고 OK 버튼을 클릭한다.
⓬ 좌표 값이 100, 55가 되는 지점에서 클릭한다. 캔버스에 문자열이 삽입된다.

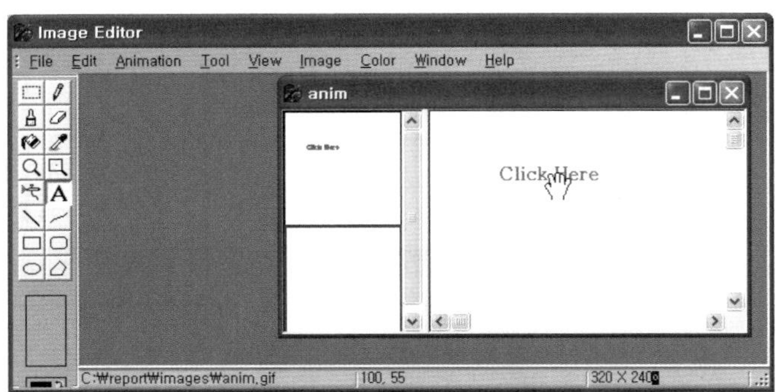

⓭ View/Color Palette를 실행한다.

⑭ 첫 번째 프레임을 클릭한 후 팔레트 창의 Enable Transparency 옵션을 클릭, ✔한다. Pick Trans Color 버튼이 활성화 된다.

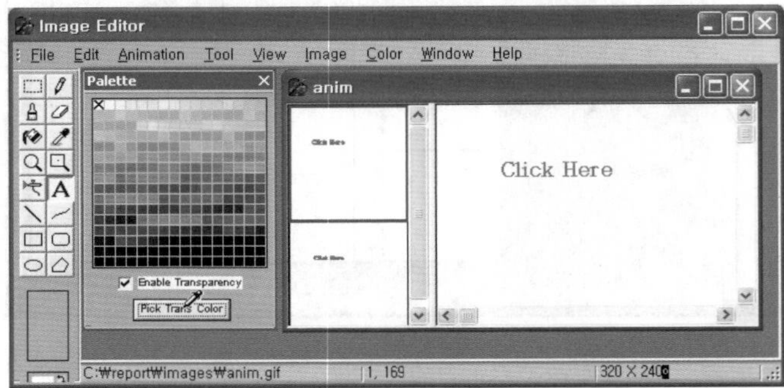

⑮ Pick Trans Color 버튼을 클릭한 후 애니메이션의 배경 색과 동일한 색(흰색)을 팔레트 창에서 클릭한다.

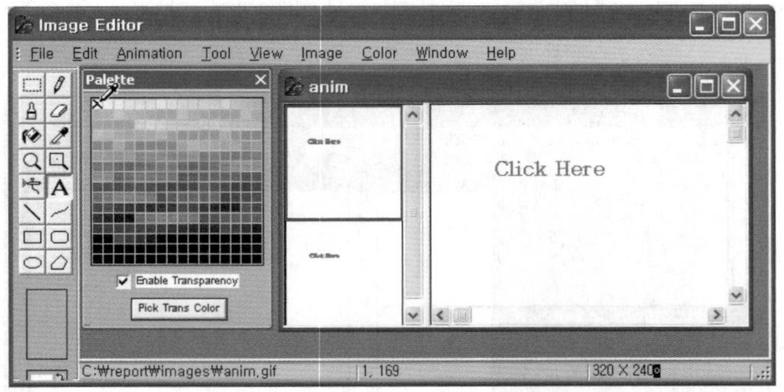

⑯ 동일한 방법으로 두 번째 프레임 역시 애니메이션의 배경 색과 동일한 색(흰색)을 팔레트 창에서 지정한다.

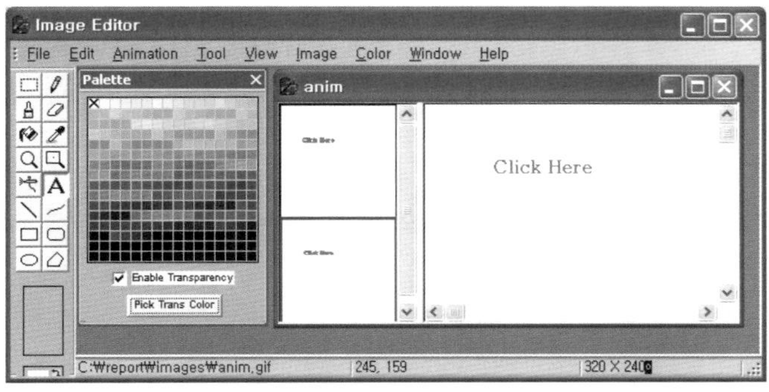

⑰ 상대적으로 큰 글자를 사용한 첫 번째 프레임을 선택하고, 페인트 툴바에서 선택 아이콘 ⬚을 클릭한 후 문자열 범위를 지정한다.

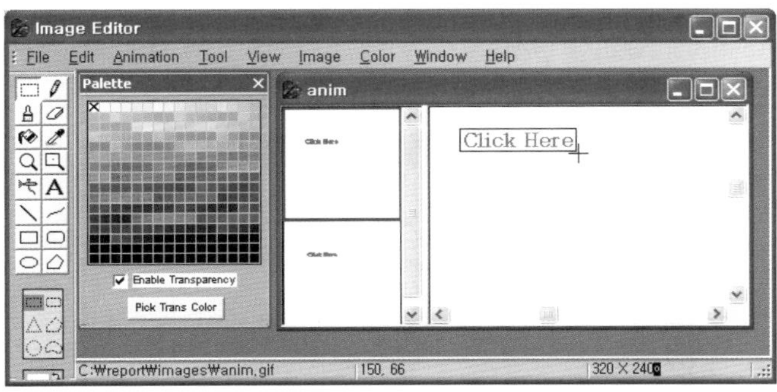

⑱ Image/Crop을 실행한다. 모든 프레임의 캔버스 크기가 문자열의 크기로 설정된다.

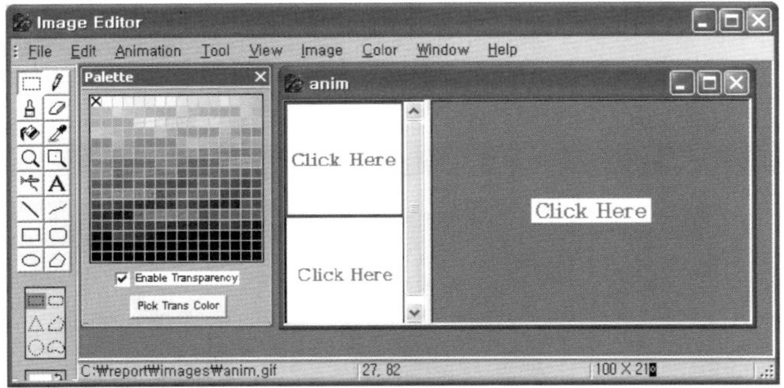

⑲ Animation/Play를 실행한다. 애니메이션이 제대로 동작하면 Animation/Stop을 실행한다.

⑳ File/Save를 실행한다.

㉑ 닫기 버튼 ⊠을 클릭한다.

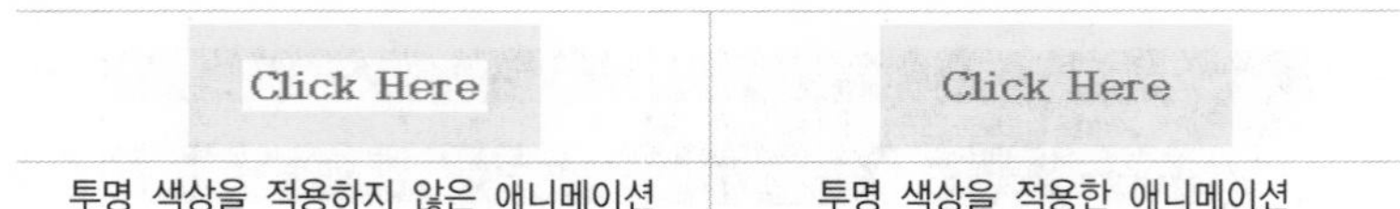

투명 색상을 적용하지 않은 애니메이션	투명 색상을 적용한 애니메이션

✎ New Animation Tool과 New Image Tool을 실행하여 투명 색상 속성 버튼을 만들 때 그 차이를 알아야 한다. 전자의 경우에는 캔버스 색상을 지정하고 그 색상을 투명 색상으로 지정하여 투명 색상 속성의 버튼을 제작할 수 있지만 후자의 경우에는 불가능하다.

[참고]

애니메이션은 타이틀을 C 드라이브 폴더에 저장한 후 제작한다. 내문서 폴더에서 제작하는 경우 마우스 포인터의 X/Y 좌표 값이 제대로 표시되지 않는다.

제자리에서 커졌다 작아졌다 반복하는 원 애니메이션 만들기

❶ Tools/New Animation Tool을 실행한다.

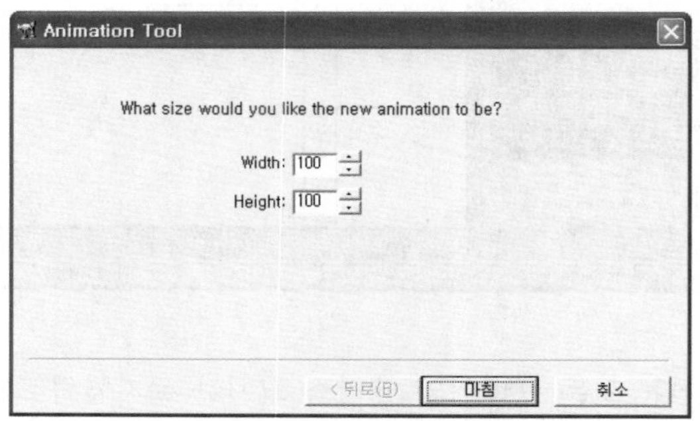

❷ 마침 버튼을 클릭 한다. 이미지 편집기가 열린다.

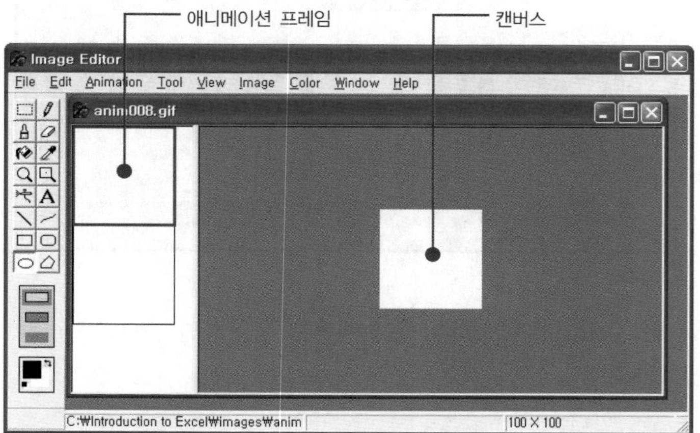

이미지 편집기의 왼쪽 프레임 창은 애니메이션의 프레임을 보여주며, 오른쪽 프레임 창은 캔버스를 보여준다. 작업 대상 프레임은 굵은 테두리로 표시된다.

❸ 페인트 툴바의 타원 아이콘 ○을 클릭하고 채우기 옵션으로 테두리 없는 면색 채우기 아이콘 ▬을 클릭한다.

✎ 색상은 전경 색/배경 색 아이콘 을 클릭하여 팔레트 창에서 지정한다. 캔버스의 색상을 지정하려면 팔레트 창에서 색상을 선택한 후 채우기 버튼 을 클릭하고 캔버스 영역을 클릭한다. 캔버스의 특정 영역만 선택한 색상으로 채우려면 선택 버튼 □을 클릭하여 캔버스 영역을 지정한 후 채우기 버튼 을 클릭하고 캔버스 영역을 클릭한다.

❹ 마우스를 캔버스로 옮겨 좌표 값이 30, 30인 지점에서 마우스를 누른 채 좌표 값 70, 70인 지점까지 끌어 놓는다. 원이 그려진다.

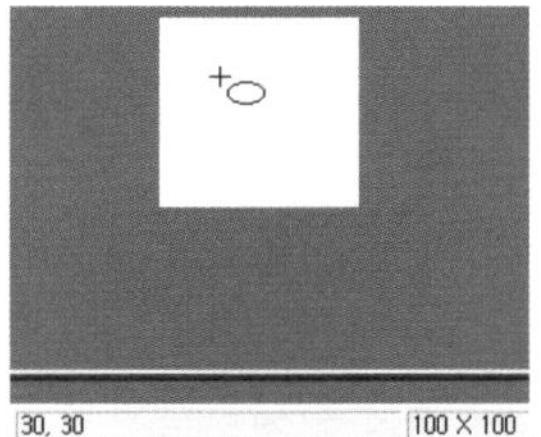

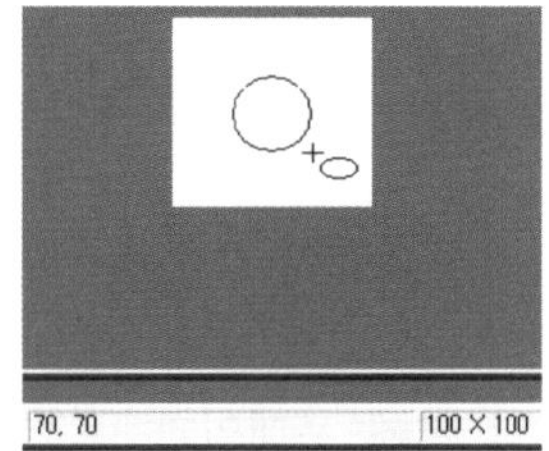

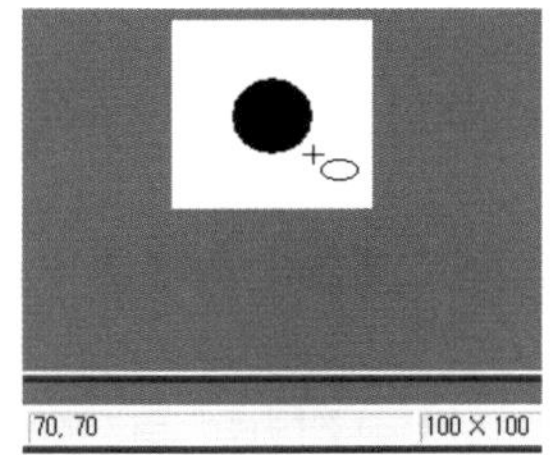

❺ 왼쪽 프레임 창에서 두 번째 프레임을 클릭한다. 두 번째 프레임이 작업 대상 프레임이 된다.

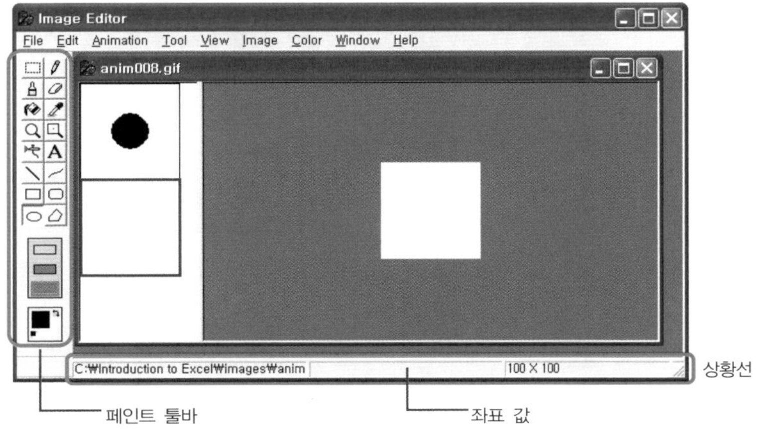

❻ 동일 방식으로 좌표 값이 10, 10인 지점에서 마우스를 누른 채 좌표 값 90, 90인 지점까지 끌어 놓는다.

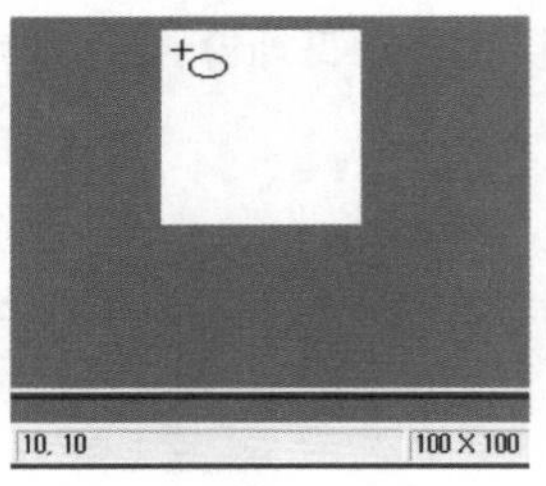

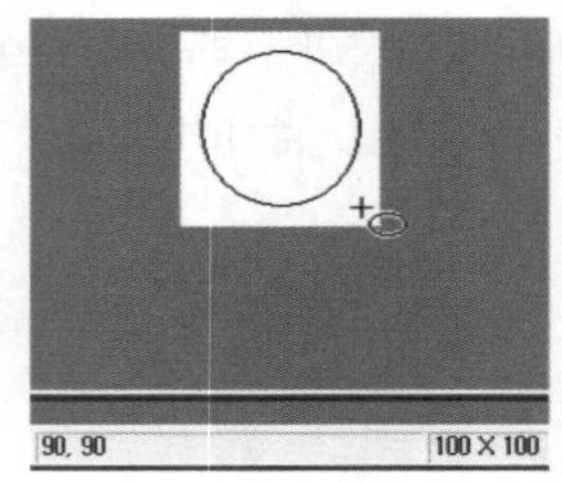

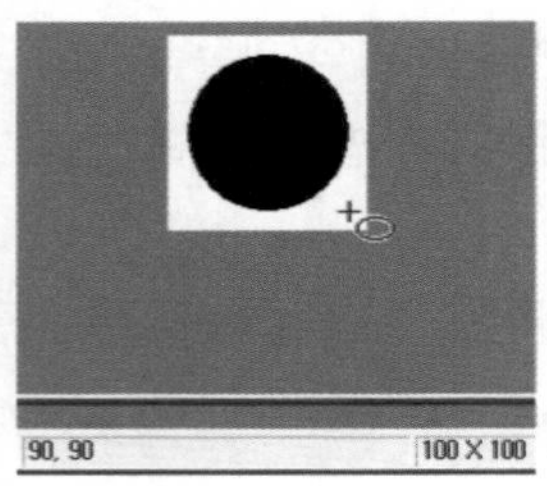

❼ 첫 번째 프레임을 더블클릭한다.

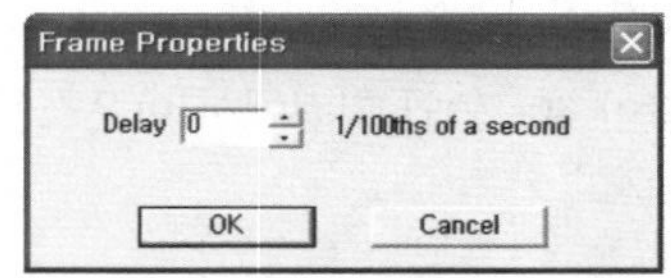

❽ Delay 값을 지정하고 OK 버튼을 클릭한다. Delay 값은 $\frac{1}{100}$초 단위로 지정된다.

✎ Delay 값을 많이 줄수록 애니메이션의 속도가 느려진다.

❾ 두 번째 프레임을 더블클릭하여 첫 번째 프레임과 동일한 Delay 값을 지정한다.

❿ Animation/Play를 실행한다. 애니메이션이 제대로 동작하면 Animation/Stop을 실행한다.

⓫ File/Save를 실행한다.

⓬ 닫기 버튼 ☒을 클릭한다.

렉토라 편집 창에 애니메이션이 삽입된다.

3, 이미지를 삽입할 때의 주의점

이미지 개체는 파일 유형에 따라 용량에 많은 차이가 발생한다. 동일한 이미지를 파일 유형을 달리하여 저장하였을 때의 파일 용량은 다음과 같다.

.bmp	.gif	.jpg	.png
62KB	15KB	5KB	46KB

타이틀에 삽입한 이미지 개체가 웹상에서 보이는 선명도는 파일의 유형에 따라 많은 차이가 있다.

- .bmp 파일은 가장 깨끗하지만 가장 많은 용량을 차지한다.
- .jpg 파일은 .bmp, .jpg, .gif, .png 파일 유형 중 선명도가 가장 뒤떨어진다.

따라서 타이틀을 제작할 때 이미지는 가능한 한 .gif, .png 파일 유형으로 삽입한다. HyperSnap DX, Snagit 등의 화면 캡처 프로그램 혹은 윈도우의 화면 캡처 기능(Alt+Prt Scr)을 이용하여 화면 캡처한 이미지를 타이틀에 삽입할 때에는 아래 한글 등의 워드프로세서를 활용한다.

- Tools/Screen Capture Tool을 실행하여 화면을 캡처할 수도 있으나 전문적인 화면 캡처 프로그램을 사용하는 것이 낫다.

화면 캡처한 이미지는 .bmp 파일로 저장된다. .bmp 파일은 원래의 색상 정보를 온전하게 보존하여 선명도가 최고라는 장점은 있으나 파일 용량이 크고, 이미지의 가로/세로 크기를 줄이거나 확대하면 선명도가 형편없어진다는 단점을 지니고 있다. 만일, 이미지의 크기를 변형하여 타이틀에 삽입하려면 어떻게 할 것인가?

- 화면 캡처한 이미지를 워드프로세서 아래 한글에 삽입한다.
- 이미지를 더블 클릭하여 개체 속성 창을 연다.

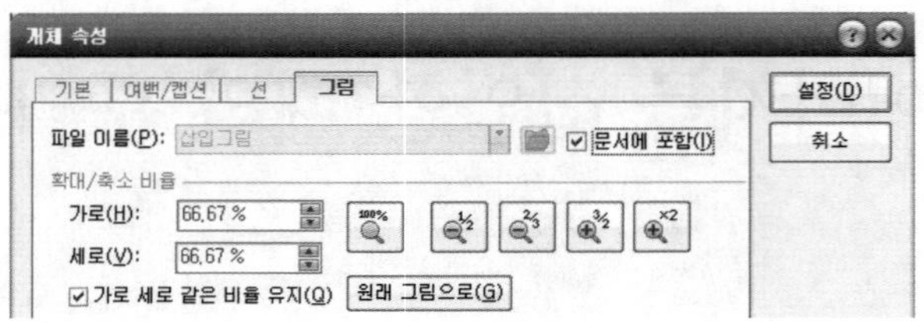

원래 그림으로 버튼을 클릭하고 1/2, 1/2 버튼을 누르면 원래 그림의 1/4 크기로, 1/2, 2/3 버튼을 누르면 원래 그림의 1/3 크기로 변형된다.

- 그림 탭의 확대/축소 비율 옵션을 적절히 활용하여 원하는 크기를 설정한다.
- 설정 버튼을 클릭한다. 이미지의 크기가 변형된다.
- 페이지에 삽입된 이미지를 또 다시 화면 캡처한다.

화면 캡처된 이미지는 .bmp 파일 유형의 속성을 지닌다.

- 화면 캡처 프로그램에서 이미지를 .gif 혹은 .png 파일로 저장한다.
- 타이틀에서 Add Image 버튼을 클릭하여 이미지를 삽입한다.

화면 캡처된 이미지를 그대로 타이틀에 삽입했을 때에는 Image Editor를 이용하여 .gif 혹은 .png 파일로 변환한다.

PART

05

비디오·화면 녹화

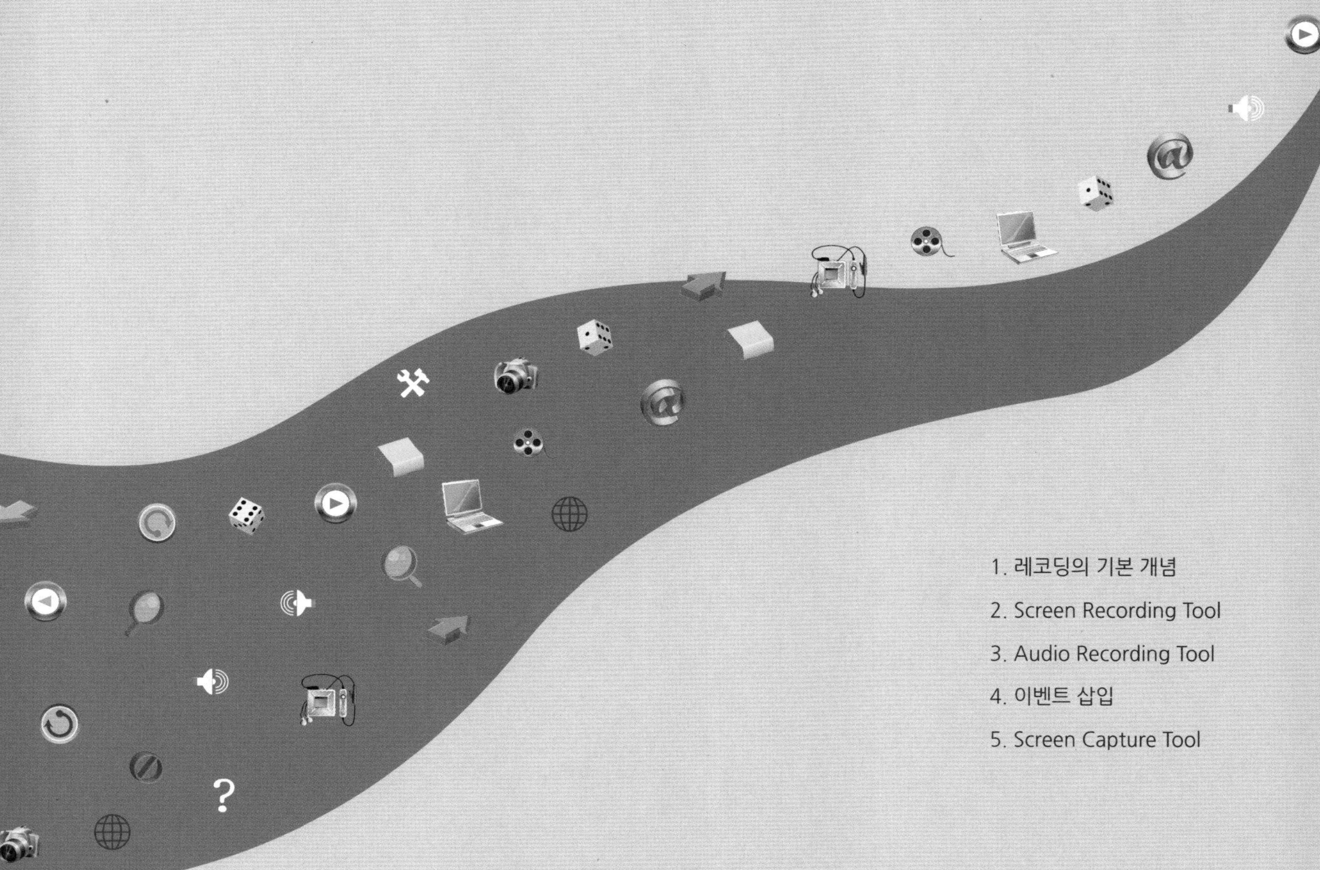

1. 레코딩의 기본 개념
2. Screen Recording Tool
3. Audio Recording Tool
4. 이벤트 삽입
5. Screen Capture Tool

비디오와 오디오를 타이틀에 포함하기 위해서는 적어도 해상도, 전송속도, 코덱 그리고 하드웨어 가속기에 관한 개념을 알아야 한다. 해상도는 타이틀 속성을 참조한다.

1, 레코딩의 기본 개념

1) 전송속도

동영상은 프레임이라 불리는 수많은 정지영상을 순차적으로 결합한 파일이다. 웹상에서 동영상을 다운로드하여 재생하는 데 있어 가장 큰 걸림돌이 되는 것은 네트워크 회선의 전송속도와 동영상의 크기이다.

- 동영상의 크기는 동영상을 구성하는 프레임 수와 각 프레임의 바이트 크기에 의해 결정된다.

동영상의 프레임은 키 프레임과 델타 프레임으로 구성된다. 키 프레임은 정지영상을 담으며 일정 간격으로 배치된다. 렉토라 화면 카메라는 기본적으로 80 프레임마다 1 키프레임을 배치한다. 이에 반해 델타 프레임은 움직이는 영상을 담는다. 움직임이나 변화가 많을수록 프레임의 바이트 크기는 커지게 된다.

- 동영상의 전송속도는 비트율(Bit Rate)로 측정된다.

전송속도는 통신 네트워크에서 이용가능한 최대 전송속도 및 동영상의 크기, 프레임율에 의해 결정된다.

- 프레임율(fps: Frame per Second)은 초당 프레임 수를 나타낸다.

프레임의 바이트 크기가 커지거나 프레임율이 커지게 되면 더 높은 전송속도가 요구된다. 물론, 프레임율이 높아지더라도 프레임간의 변화가 적다면 그렇게 높은 전송속도는 요구되지 않는다. 일반적으로 프레임율이 커질수록 포착되는 움직임을 자연스럽게 연결하여 보다 매끄러운 동영상이 되지만, 한편으로는 동영상의 용량을 증가시켜 전송시간이 길어지는 단점이 있다.
예를 들어, 컴퓨터가 128Kbps 모뎀에 연결된 경우 이론적으로는 초당 16,000바이트(=128,000비트/8비트)를 수신할 수 있다. 그러나 실제 전송속도는 이보다 훨씬 떨어질 것이다. 따라서 2 MB 크기의 동영상을 수신하는 데는 최소 2분가량이 소요된다. 동영상의 프레임율이 12 fps이고 각 프레임의 크기가 5KB라고 하면 초당 3.2 프레임만 받을 수 있어 동영상은 매우 느리고 부자연스럽게 재생된다. 동영상이 제대로 재생되려면 전송속도는 적어도 480Kbps가 되어야 한다.

2) 코덱

소스 동영상은 가능한 한 렉토라 화면 카메라의 기본 코덱 Microsoft Video 1과 무압축 PCM 오디오 코덱을 사용하여 녹화한다.

파일에 있어 오디오 데이터는 영상 데이터보다 훨씬 더 AVI 파일 용량과 밀접한 관련이 있다. 오디오 코덱의 선택은 비디오의 용량을 결정할 뿐만 아니라 오디오 음질에도 영향을 준다.

무압축 PCM 오디오 코덱으로 압축하면 최상의 음질을 얻을 수 있고 음질의 손상 없이 편집이 가능하다. 반면에 압축 오디오 코덱으로 압축하면 오디오 용량은 줄일 수 있지만 음질은 떨어지게 되고 음질은 편집을 거듭할수록 떨어진다. 최종 동영상 제작 시 음질이 저하된 오디오를 고음질로 출판한다고 해서 음질이 좋아지지는 않는다.

렉토라가 제공하는 무압축 PCM 오디오 코덱은 11.025kHz, 8비트 모노 속성을 지니며, 초당 파일 용량을 10KB씩 증가시킨다. 모노 대신 스테레오 속성을 지정하면 초당 파일 용량은 20KB씩 증가된다. 파일 용량의 증가는 더 높은 전송속도를 요구한다. 일반적으로 음성은 스테레오로 녹음할 필요가 없다.

오디오 음질이 낮더라도 동영상의 파일 용량을 줄이는 것이 목표라면 압축 오디오 코덱을 사용한다. MPEG Layer 3 코덱은 뛰어난 오디오 코덱으로서 동영상 파일 용량을 줄임과 동시에 양질의 음질을 유지하게 한다.

소스 동영상을 녹화할 때 화면 녹화 영역은 필요 이상으로 크게 잡지 않는다. 비디오 옵션과 오디오 옵션은 가능한 렉토라 화면 카메라에서 기본으로 제공하는 상태를 따른다. 왜냐하면 최상의 품질로 비디오를 녹화할 수 있기 때문이다.

3) 하드웨어 가속기

하드웨어 가속기는 그래픽 카드(비디오 카드)에 내장된 입체 화상 처리 전용 기능으로서 CPU가 부담해야 할 그래픽 데이터 처리를 분담하여 CPU의 부담을 줄일 수 있고 그래픽 데이터 처리속도를 향상시켜 보다 빠른 화면 스크롤을 가능하게 한다.

화면 녹화는 CPU 자원을 많이 사용하여 CPU 자원을 고갈시키고 프레임 캡처율을 떨어뜨리고 시스템 성능을 저하시킨다. 결과적으로 녹화 시 마우스 이동도 어렵게 되고 녹화 중인 응용 프로그램의 실행 속도도 느려진다. 이런 현상은 컴퓨터 성능이 낮거나, CPU 집중적인 응용 프로그램을 실행할 때, 그리고 화면 영역을 크게 잡아 녹화할 때 두드러진다.

이러한 현상이 발생할 때 제대로 된 비디오를 제작하려면 프레임율을 수동으로 지정하거나, 하드웨어 가속 기능을 해제한다. 윈도 2000과 XP에서 하드웨어 가속 기능을 해제하면 CPU 사용율을 획기적으로 낮춰 프레임 캡처율을 엄청나게 올릴 수 있다.

하드웨어 가속 기능을 사용하는 게임, CAD, TV 카드 등을 녹화하려면 비디오의 품질을 개선하는 다른 방법을 모색해야 한다. 즉, 녹화 영역을 줄이거나, 프레임율을 낮추거나, 컴퓨터 성능을 업그레이드해야 한다.

디스플레이 등록정보 창에서 하드웨어 가속을 해제하려면 다음과 같이 한다.

- 윈도우 바탕화면을 마우스 오른쪽 버튼으로 클릭한다.
- 디스플레이 등록정보 창이 열린다.
- 설정 탭을 클릭한다.
- 고급 버튼을 클릭한다.
- 문제 해결 탭을 클릭한다.
- 하드웨어 가속을 없음으로 지정한다.

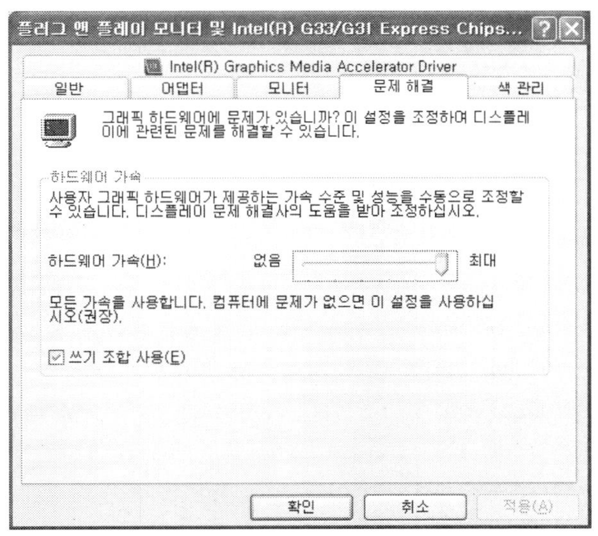

디스플레이 등록정보에서 하드웨어 가속 기능을 해제하면 모든 응용 프로그램은 하드웨어 가속 기능을 사용할 수 없다.

2. Screen Recording Tool

Tools/Screen Recording Tool을 이용하여 화면을 녹화할 때 파일 용량을 적게 하려면 녹화 범위를 최대한 줄인다. 피치 못해 넓은 화면을 녹화해야 한다면 프레임율을 줄여야 한다.

1) 비디오 포맷 유형

렉토라 Screen Recording Tool은 다섯 가지 유형의 비디오 포맷을 제공한다.

- .flv 파일은 플래시 비디오로서 고도로 압축된 비디오 포맷이다. 이벤트와 비디오를 일치시키는 성능이 있다. 비디오를 보기 위해서는 Flash browser plug-in이 요구된다.
- Windows Media Video는 가장 작은 비디오 포맷으로서 이벤트와 비디오의 시간을 일치시키는 성능이 있다.
- Real Video는 비디오뿐만 아니라 해설자의 목소리를 담은 오디오를 포함할 수 있다. 이 비디오를 사용하기 위해서는 특별한 소프트웨어가 설치되어 있어야 한다. 이 포맷으로 녹화되면 파일의 용량은 커질 수도 있다.
- AVI Video는 오디오와 비디오 둘 다 포함한다. 그러나 일반적으로 파일 용량이 Real Video에 비해 훨씬 크다. 또한 어떤 멀티미디어 요소는 비디오 재생에 필요한 plug-in을 요구할 수도 있다. 그것은 사용자가 다운로드 해야 한다. 이 파일은 스트리밍 비디오로 전환될 수 있다. 스트리밍 비디오는 웹상에서 잘 작동하지만 최적의 작동을 위해서는 스트리밍 미디어 서버가 요구된다.
- Animated GIF는 오디오를 포함할 수 없기 때문에 가장 작은 파일 포맷이다. GIF 파일은 극단적으로 압축되고 훨씬 작은 파일 용량에 훨씬 긴 녹화를 할 수 있다. 사실상 모든 브라우저는 근본적으로 GIF 파일을 지원하기 때문에 이 파일을 보는 데 있어 어떤 문제도 있을 수 없다. 그렇지만 GIF 파일에는 오디오를 포함할 수 없어 쉽게 스트리밍 비디오 파일로 전환될 수 없다.

✎ GIF 파일 포맷은 256 색상만을 참작한다. 따라서 GIF로 저장된 파일은 256 색상으로 된 팔레트를 지니게 된다.

- Use optimized palette 옵션을 선택하면 이미지에서 가장 많이 사용된 색상들을 팔레트로 사용하게 한다.
- Use Windows 256 color palette 옵션을 선택하면 윈도우 팔레트를 팔레트로 사용하게 한다.
- Use Web palette 옵션을 선택하면 웹 팔레트를 팔레트로 사용하게 한다. 웹 팔레트는 216 색상으로 구성된 팔레트이다. 이 팔레트를 사용하면 216 색상은 사용자의 브라우저상에 정확하게 표현된다.

렉토라 Screen Recording Tool을 사용하여 화면을 녹화한 결과 플래시 비디오 포맷으로 녹화한 비디오가 가장 뛰어난 것으로 판단된다. 타이틀을 제작하여 웹에 출판할 계획이라면 비디오는 가능한 한 .flv, .gif 파일 유형으로 삽입한다.

2) 비디오 환경 설정

비디오 녹화와 관련된 환경 설정은 상당히 중요하다. 어떤 비디오 포맷을 선택하느냐에 따라서 녹화와 관련된 환경 설정 내용이 달라진다.

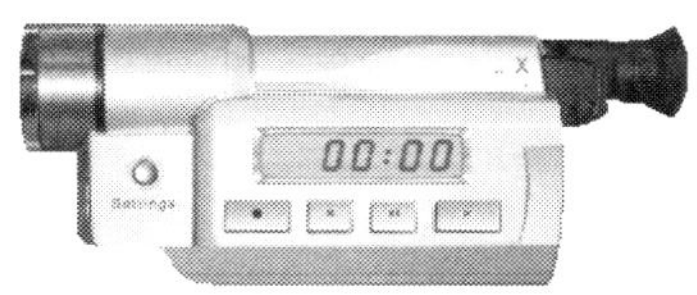

□ 녹화 환경을 설정하려면 Settings 버튼을 클릭한다.

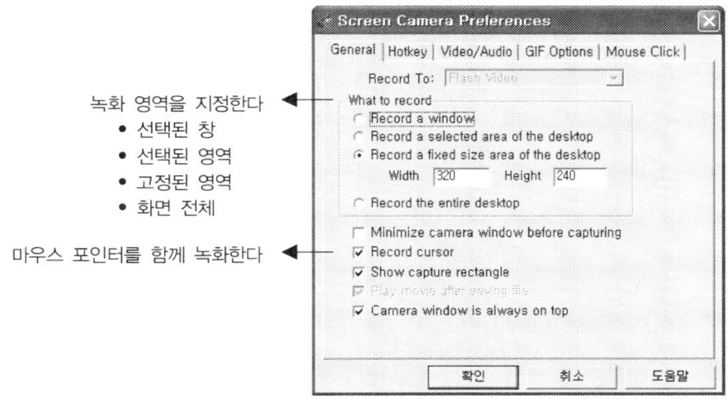

□ 녹화와 관련된 단축키는 Hotkey 탭에서 설정한다.

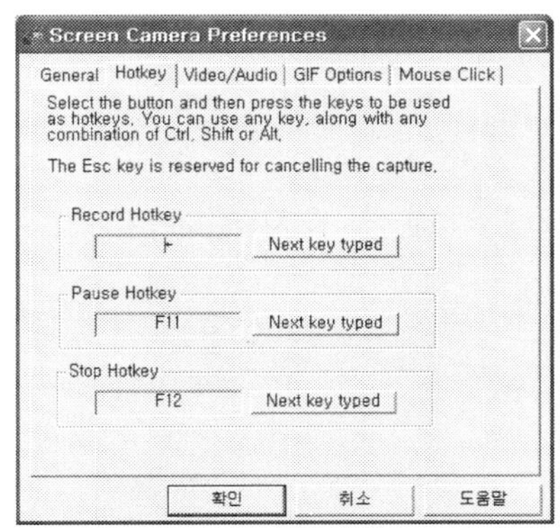

□ 비디오, 오디오의 압축과 관련된 옵션은 Video/Audio 탭에서 설정한다.

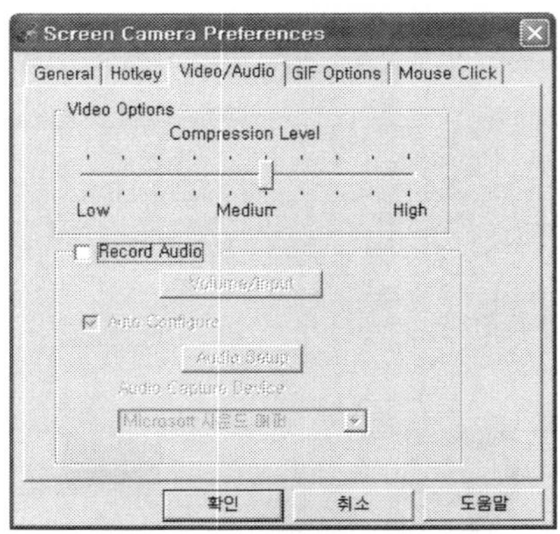

Video/Audio 탭의 내용은 비디오 포맷 유형에 따라서 상이하게 제시된다. AVI 비디오 포맷 유형을 선택한 경우 Video 옵션을 선택할 수 있다.

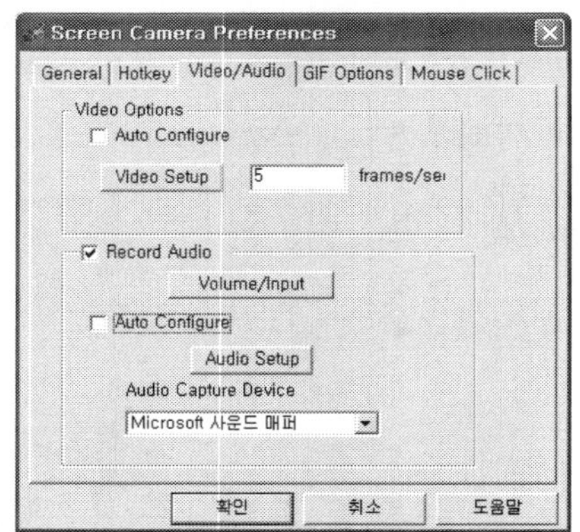

- 특정 코덱을 사용하려면 컴퓨터에 코덱을 설치해야 한다.
- 사용자가 설치한 코덱으로 비디오를 압축한 경우, 강좌 배포 시 코덱도 함께 배포해야 한다.

• Record Audio 옵션 버튼을 선택하면 오디오 녹음과 관련된 옵션을 설정할 수 있다.

- Audio Capture Device는 오디오를 캡처할 장치를 지정한다. 일반적으로 PC에 장착된 사운드 카드를 지정한다.
- 음성 혹은 음악 등을 녹음하려면 Volume/Input 버튼을 클릭한다. 녹음 컨트롤 창의 옵션/속성을 실행하여 녹음 장치를 지정한다.

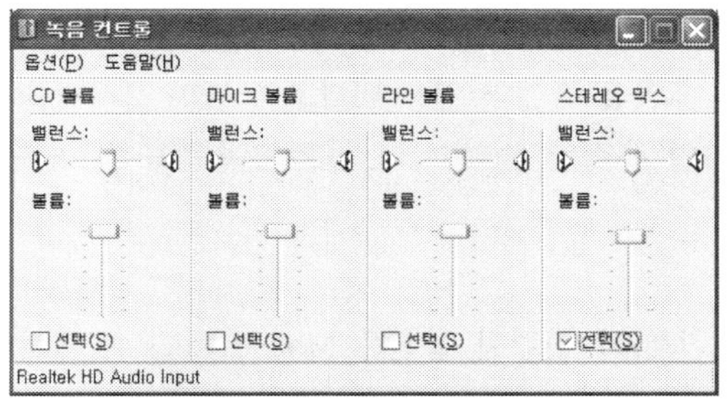

윈도우는 컴퓨터에 설치된 오디오 라인을 관리하는 오디오 라인 라우팅 서비스를 제공한다. 각 오디오 라인은 오디오 웨이브 폼 데이터 채널로 구성된다. 볼륨 컨트롤의 속성 창은 컴퓨터에 설치된 재생/녹음 관련 오디오 소스 라인의 종류를 보여준다.

– 속성창의 목록에서 선택된 장치는 선택된 장치와 관련된 볼륨크기, 스피커 좌/우 밸런스, 음소거, 녹음장치 선택 등을 설정할 수 있는 도구를 표시할 뿐이다.

재생, 녹음의 실제적인 컨트롤은 볼륨 컨트롤 창과 녹음 컨트롤 창에서 이뤄진다.

– 녹음 장치로 스테레오 믹스 혹은 라인 입력을 선택한 경우 녹음 테이프를 녹음할 수 있다. 이때 라인 입력의 볼륨 컨트롤을 음소거 상태로 설정하지 않아야 한다.

✎ 녹음기와 컴퓨터를 연결하려면 녹음기의 Line-out 단자 혹은 이어폰 단자와 사운드 카드의 Line-in 단자를 오디오 잭으로 연결한다.

– 특정 장치의 선택 항목을 체크하면 그 장치를 통해 녹음할 수 있다.

✎ 단, 특정 장치의 오디오 소스 라인은 채널이 개방되어 있어야 한다. 즉, 특정 장치의 볼륨 컨트롤을 음소거 상태로 설정하지 않아야 한다. 마이크는 예외로서 마이크의 볼륨 컨트롤을 음소거 상태로 두더라도 마이크를 통해 녹음을 할 수 있다.

– Compact Disk의 음악을 들으면서 마이크 음성만 녹음하려면 볼륨 컨트롤에서 CD 오디오의 음소거 항목을 선택한다.

✎ 스테레오 믹스를 통해 소리는 들을 수 있지만 볼륨 컨트롤에서 CD 오디오를 음소거 한 상태이므로 Compact Disk의 음악은 녹음되지 않는다.

– 녹음 장치로 스테레오 믹스를 선택하면 볼륨 컨트롤에서 음소거를 하지 않은 모든 오디오 소스를 들으면서 녹음할 수 있다.

화면 카메라는 녹화 상황에 맞추어 프레임율, 비디오 코덱, 그리고 키 프레임율을 적절하게 결정한다. 특별한 경우가 아니면 자동 설정을 사용한다.

녹화하는 도중 응용 프로그램의 실행이 느려지거나 마우스 이동이 부자연스런 현상이 발생하면 수동으로 프레임율을 설정한다. 교육용 혹은 시연용 비디오의 녹화 프레임율은 5-10 프레임으로 설정한다. 더 높은 프레임율은 파일 용량만 늘리고 더 높은 전송속도를 요구하여 재생속도를 떨어뜨릴 뿐이다.

□ 마우스 포인터(마우스 커서)와 관련된 옵션은 Mouse Click 탭에서 설정한다.

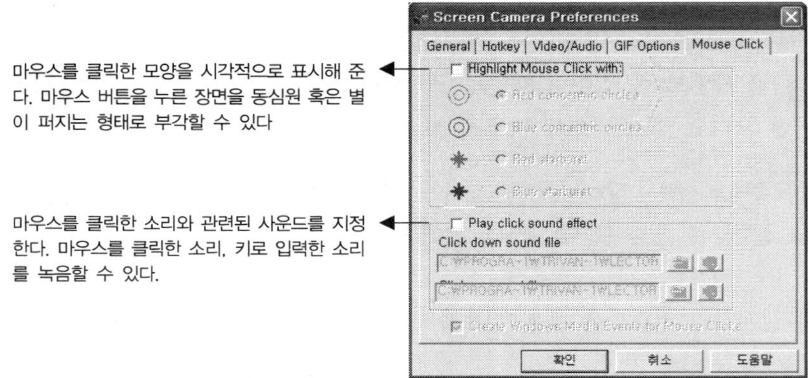

3) 녹화

비디오 설정이 끝났으면 녹화 버튼을 클릭하여 녹화를 한다. 녹화 관련 버튼의 용도는 다음과 같다.

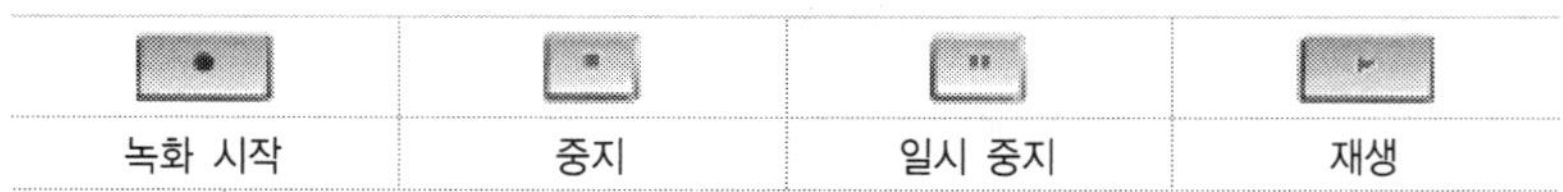

- 녹화 범위를 최소한으로 설정한다.
  - 강조 부분에 주된 초점을 맞추어 범위를 설정한다. 녹화 범위를 넓게 잡은 경우에는 초당 녹화 프레임의 수를 낮게 설정해야 한다. 프레임율을 낮게 잡으면 녹화 화면의 급격한 이동이 발생할 경우 튀는 현상이 발생할 수도 있다. 하지만 이것은 녹화한 것을 비디오로 처리하는 시간을 줄여준다.

- 마우스 동작은 가능한 한 느리고 천천히 한다.
- 마우스 이동을 특별히 보여 주어야 할 이유가 없을 때에는 일시 정지 버튼을 클릭하여 녹화를 잠시 멈춘 상태에서 마우스를 이동하고 녹화 시작 버튼을 눌러 녹화를 다시 한다.
- 화면을 스크롤 할 때에도 가능한 한 천천히 한다.
- 가능한 한 렉토라 비디오의 자동 설정 옵션을 사용한다.

- 렉토라 비디오는 녹화 상황에 맞는 프레임율, 비디오 코덱, 그리고 키 프레임율을 자동으로 결정한다.
- 수동으로 프레임율을 높이면 보다 부드러운 움직임을 잡을 수 있지만 파일 용량이 훨씬 더 커지며 시스템 자원을 많이 사용하는 단점이 있다.

- 화면을 녹화할 때 오디오를 녹음할 이유가 없으면 반드시 Record Audio 옵션 버튼의 선택을 해제한다. 그렇지 않으면 녹화된 파일 용량이 필요이상으로 커지게 된다.
- 오디오를 녹음할 때에는 녹음 컨트롤의 스테레오 믹스 항목의 볼륨 조정과 함께 오디오를 재생하는 프로그램의 볼륨을 적당히 조정해야 한다.
- 비디오, 오디오 등을 결합하여 함께 편집하려면 비디오는 AVI 포맷으로, 오디오는 WAV 포맷으로 제작한다.
- 삽입된 비디오 개체를 편집하려면 속성 창의 Edit 버튼을 클릭한다. Video Editor 창이 열린다.

Video Sample Display는 비디오 내에서의 현재 프레임을 보여준다. 재생 모드에서는 프레임을 재생하여 비디오를 보여준다.

비디오 편집하기

비디오 에디터를 사용하면 .avi 비디오 포맷 파일을 재생, 편집하여 .avi, .flv, .asf, .wmv 혹은 .rm 비디오 포맷으로 저장할 수 있다. 또한 편집 중인 비디오에 사운드 효과를 추가하거나 비디오를 병합할 수 있으며, 편집 중인 비디오로부터 오디오 트랙을 복사할 수 있다.

❶ 비디오를 더블클릭한다.
❷ 비디오 속성 창의 Edit 버튼을 클릭한다.

❸ 비디오를 편집하고 File/Save를 실행한다.

비디오 에디터의 재생 컨트롤 명칭은 다음과 같다.

	정지		시작		일시 정지/다시 시작		
	맨 처음으로		이전 프레임으로		다음 프레임으로		맨 뒤로
	선택 시작		선택 마침		이벤트 삽입		

비디오 편집 시 유의사항

화면 녹화한 경우 마우스 동작은 계속적인 연결이 되도록 편집한다.

비디오 편집 위치 지정 방법

- 탐색 슬라이더를 마우스로 클릭 혹은 끌어 편집할 위치를 정하거나, 시작 버튼을 눌러 비디오

샘플 디스플레이 창에서 재생되는 장면을 보면서 일시 정지 버튼을 눌러 편집할 위치를 정한다.

• 정확한 편집 위치는 [버튼] 버튼을 적절히 활용하여 설정한다.

비디오 프레임 삭제하기

❶ 삭제를 시작할 프레임에 재생 헤드를 두고 [버튼] 버튼을 클릭한다.

✎ 비디오의 처음부터 삭제하려면 삭제 대상 마지막 프레임만 지정한다.

❷ 삭제 대상 마지막 프레임에 재생 헤드를 두고 [버튼] 버튼을 클릭한다.

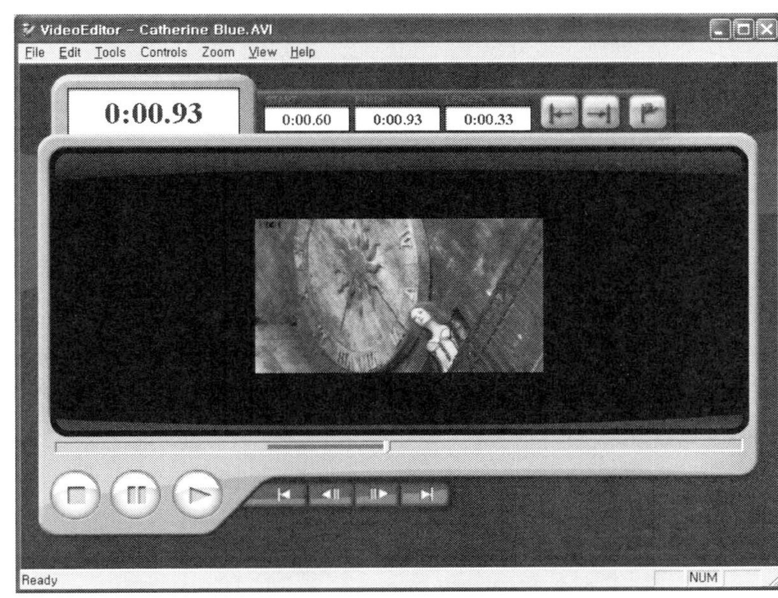

탐색 슬라이더에 편집 영역이 설정된다.

❸ Edit/Delete를 실행한다. 선택 영역의 프레임이 삭제된다.

✎ 삭제를 취소하려면 Ctrl+Z 키를 누른다.

• Tools/Trim을 실행하면 선택 영역을 제외한 나머지 영역의 프레임을 모두 삭제한다.

비디오 복사하기

비디오를 복사하려면 [버튼], [버튼] 버튼을 클릭하여 복사 영역을 설정한 후 Edit/Copy Video & Audio를 실행한다. 비디오만 복사하려면 Edit/Copy Video를, 오디오만 추출하려면 Edit/Copy Audio를 실행한다. 복사된 비디오 및 오디오는 클립보드에 저장된다.

비디오 붙이기

클립보드에 저장된 비디오를 붙여 넣으려면 비디오를 붙여 넣을 위치에 재생 헤드를 두고 Edit/Paste를 실행한다.

✎ 비디오 A에 비디오 B를 붙여 넣으려면 비디오 A, B는 둘 다 동일한 코덱/옵션으로 녹화되어야 한다.

오디오 파일 붙이기

오디오 파일을 붙여 넣으려면 Tools/Insert Audio Clip을 실행한다.

오디오 제거하기

비디오로부터 오디오를 제거하려면 Tools/Remove Audio Stream을 실행한다.

비디오를 플래시 비디오로 전환하기

비디오를 플래시 비디오로 전환하려면 비디오를 오른쪽 마우스로 클릭하고 단축 메뉴에서 Convert to Flash를 클릭한다. F4V, FLV 포맷으로 전환할 수 있다.

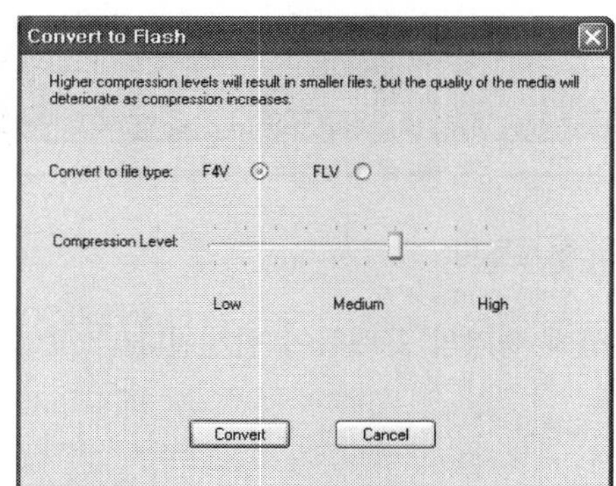

3. Audio Recording Tool

PC의 사운드를 녹음하거나 목소리를 녹음하려면 Tools/Audio Recording Tool을 실행한다. 오디오 포맷은 Flash Audio, Windows Media Audio, Real Audio, 그리고 WAV Audio 중 한 유형을 선택한다.

- Flash와 Windows Media는 가장 작은 오디오 포맷으로서 이벤트와 오디오 내의 시간을 일치시키는 기능이 있다.
  - 단, Flash는 플래시를 볼 수 있는 플러그인이 요구되며, Windows Media는 다양한 운영체제에서 지원되지 않는다는 단점을 지닌다.

- Real 오디오 파일은 웹 오디오 포맷이지만 대중적이지 못한 플러그인을 요구한다.
- WAV 파일은 근본적으로 윈도우즈 환경 하에서 오디오를 포맷할 때 사용하는 것이지만 압축을 전혀 하지 않아 파일 용량이 엄청나게 크다는 단점이 있다.

File/Preferences를 실행하여 재생 장치와 녹음 장치를 지정한다.

- 기본적으로 Microsoft 사운드 매퍼가 지정되어 있다.
- PC에 장착된 사운드 카드를 지정할 수 있다.

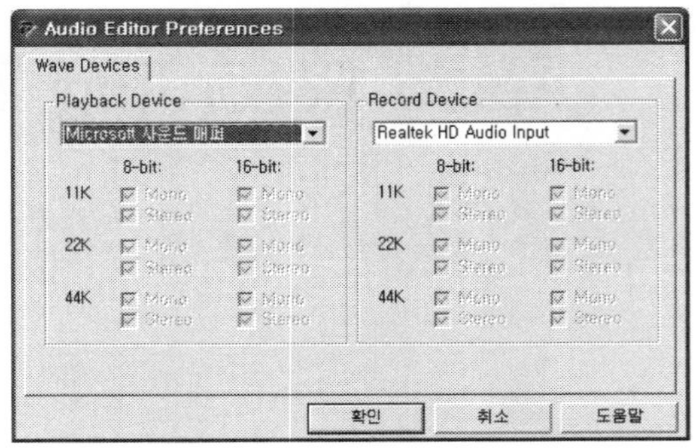

- 녹음을 하려면 시작 버튼 을 클릭한다.
- 녹음을 일시 정지하려면 일시 정지 버튼 을 클릭한다.
- 녹음을 마치려면 정지 버튼 을 클릭한다.

□ 삽입된 오디오 개체를 편집하려면 속성 창의 Edit 버튼을 클릭한다. Audio Editor는 다음 오디오 포맷을 지원한다.

- Uncompressed Windows audio (.wav)
- MPEG, Audio layer 3 (.mp3)
- RealMedia streaming media (.rm)
- Windows Media audio (.wma)
- Advanced Systems Format (.asf)
- Standard MIDI (.mid)
- MPEG 4 Audio (.m4a)
- uLaw audio (.au)
- Flash audio (.flv)

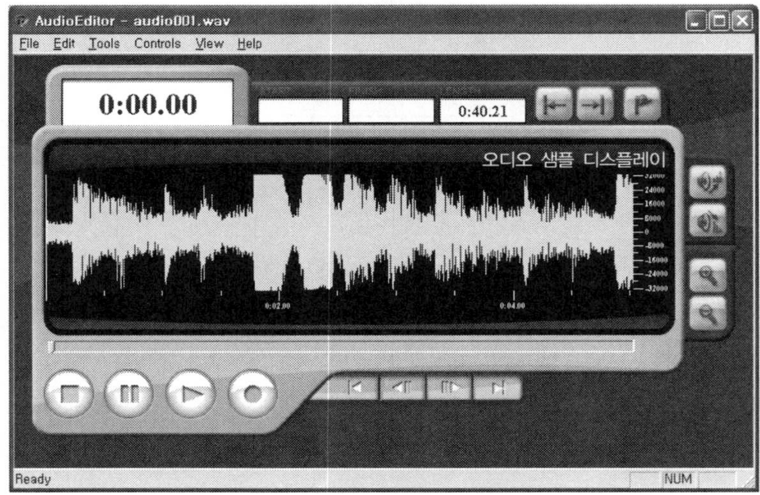

– WAV 파일을 편집할 때에만 웨이브 파형이 표시된다.

• 오디오 샘플 디스플레이 창에서 마우스를 누른 상태로 끌어 편집 영역을 지정한다.

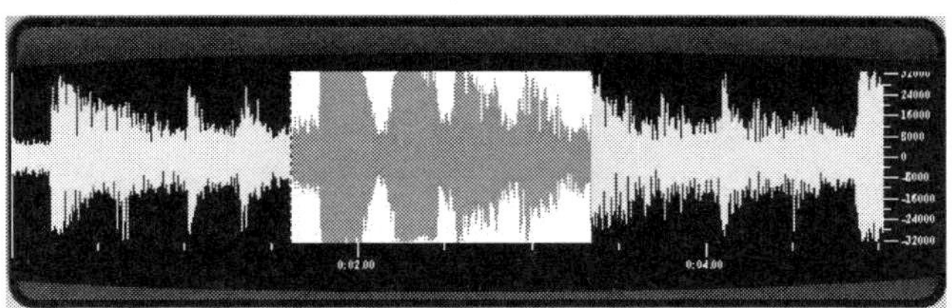

• Tools/Silence를 실행하면 지정한 편집 영역은 무음으로 대체된다.
• Tools/Trim을 실행하면 지정한 편집 영역만 남기고 나머지는 모두 삭제된다.
• Tools/Fade In을 실행하면 지정한 편집 영역의 소리가 점차로 분명해진다.
• Tools/Fade Out를 실행하면 지정한 편집 영역의 소리가 점차로 희미해진다.
• 오디오 포맷을 달리하여 저장하려면 File/Save As를 실행한다.

Save Audio File 창에서 Change Parameters 버튼을 클릭하면 압축률을 지정할 수 있다.

Save Audio File 창에서 파일 형식을 다른 유형으로 지정하면 다른 포맷으로 저장할 수 있다.

– 오디오를 편집할 일이 있으면 무압축 방식의 WAV 포맷으로 녹음한다.

4. 이벤트 삽입

비디오, 오디오 개체에는 이벤트 삽입이 가능하다(▶Title17).

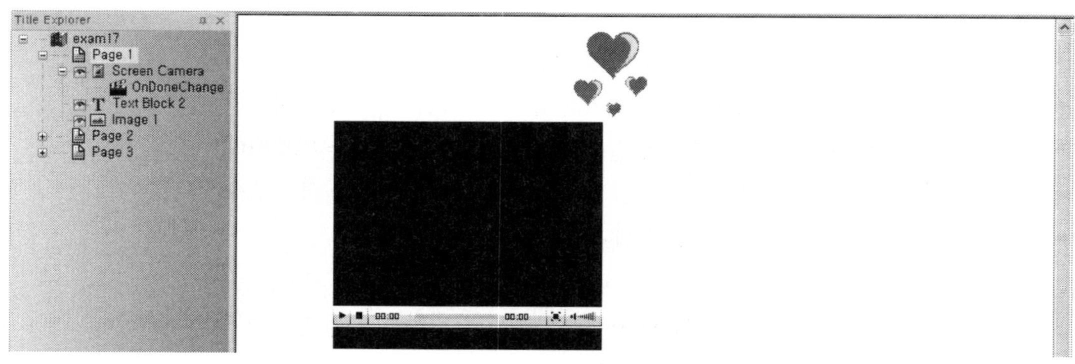

비디오 혹은 오디오가 재생되는 동안 비디오 파일(.wmv or .flv) 혹은 오디오 파일(.wma or .flv) 내부에 설정된 이벤트를 사용하여 액션을 시작할 수 있다. 특히, 비디오의 장면과 자막을 일치시킬 때 혹은 자막이 필요한 오디오에서 소리와 자막을 일치시킬 때 유용하다.

- 이벤트를 삽입하려면 프레임을 선택한 후 Tools/Insert Event 명령을 실행한다. 이벤트가 삽입되면 슬라이더에 마크가 표시된다.
  - 비디오, 오디오에 삽입된 이벤트는 액션에 활용된다. 이벤트가 삽입된 비디오, 오디오 개체에는 Events 탭의 드롭다운 리스트 Event가 활성화 된다. Events 탭에서는 각각의 이벤트에 맞춰 발생할 액션을 정의할 수 있다.

예제 | 비디오에 아래 그림과 같이 3개의 이벤트가 정의되어 있다. 이벤트 별 액션을 설정해 보자.

비디오(오디오)에 삽입된 이벤트 목록은 다음과 같다. 이벤트 목록은 이벤트 이름과 이벤트 발생 시점이 표시된다. 비디오(오디오)에 삽입된 이벤트 목록을 보려면 Tools/View Current Events 명령을 실행한다.

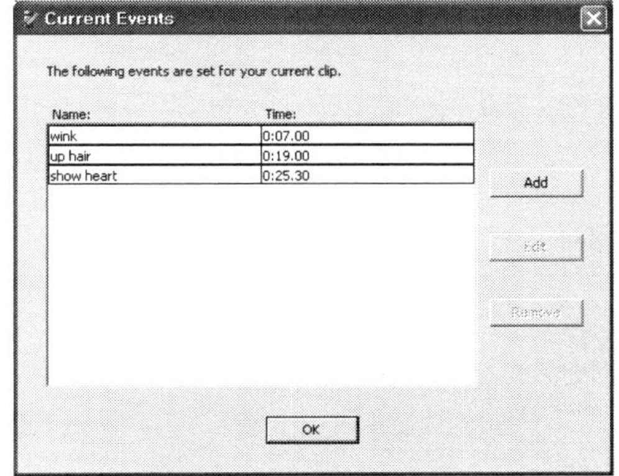

시간/프레임은 HH:MM:SS.00 형식으로 표시된다. 1초 미만은 0-99의 수치로 표시된다.

00:00:01.01 … 00:00:01.55 … 00:00:01.99 00:00:02.00 00:00:02.01 00:00:02.02 …

✎ 시간/프레임 표시 간격 및 수치는 타임라인의 줌 상태에 따라 달라진다. 세밀한 편집은 줌을 최대로 적용한 상태에서 한다.

이벤트 별 액션은 비디오 속성 창의 Events 탭에서 설정한다. 이벤트 wink, up hair에는 Change

Contents 액션을, show heart에는 Show 액션을 주어 이벤트 발생 시 자막과 하트 그림을 보여주게 한다.

✎ 이벤트의 종류는 Event 드롭다운 버튼을 클릭하여 선택한다.

이벤트 wink 시 실행 액션

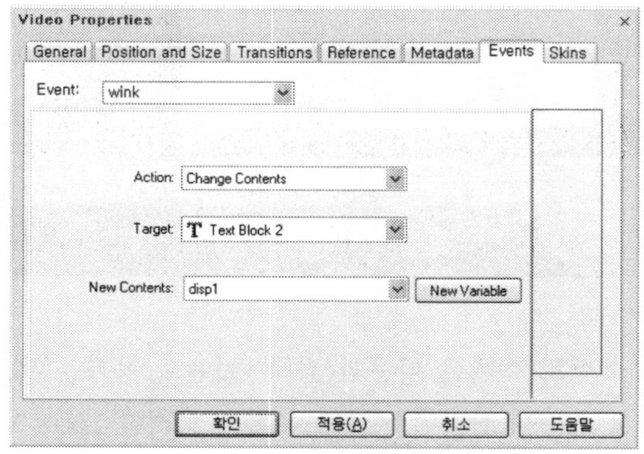

비디오에 삽입한 이벤트 wink의 발생 시점에 맞추어 Text Block 2에 변수 disp1의 값을 표시하는 Change Contents 액션이 발생한다.

– 변수 disp1은 '안녕하세요?'란 값을 지닌다.

이벤트 up hair 시 실행 액션

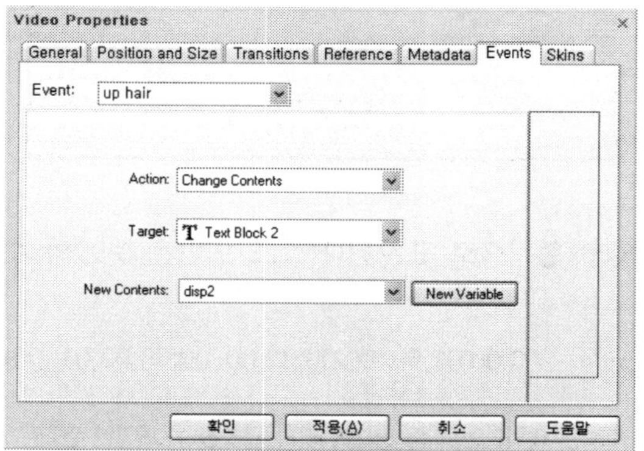

비디오에 삽입한 이벤트 up hair의 발생 시점에 맞추어 Text Block 2에 변수 disp2의 값을 표시하는 Change Contents 액션이 발생한다.

– 변수 disp2는 '아! 따분해...'란 값을 지닌다.

□ 비디오에 삽입한 이벤트 show heart의 발생 시점에 맞추어 하트 모양이 보이게 하는 Show 액션이 발생한다.

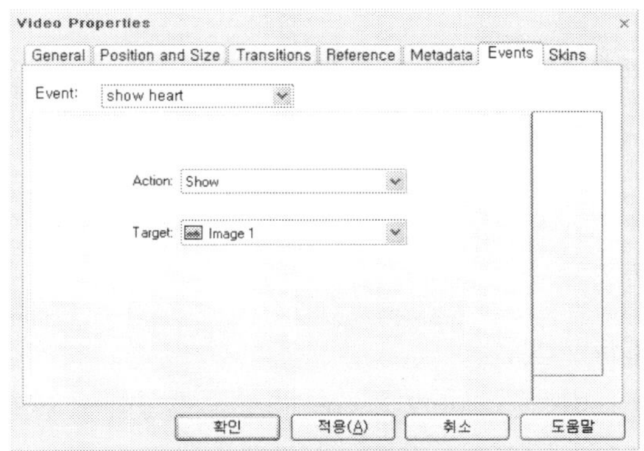

□ 비디오 개체에는 On Done Playing 이벤트 발생 시 자막에 변수 disp3의 값을 표시하는 액션을 부착한다.

액션 항목	Screen Camera
	Action 1
On	Done Playing
Action	Change Contents
Target	Text Block 2
New Contents	disp3

– 변수 disp3은 'Event 예제였습니다.'란 값을 지닌다.

비디오를 재생하면 이벤트 발생 시점에 맞추어 액션이 실행되고, 자막과 그림이 나타난다.

Done Playing 이벤트 시 발생할 액션은 비디오 개체의 재생이 완료되는 순간 실행된다.

- Done Playing 이벤트 시 발생할 액션은 웹으로 출판된 타이틀에서 미디어 개체가 플래시로 전환될 때에만 실행된다.
- Done Playing 이벤트 시 발생할 액션은 Timer progress bar에도 적용될 수 있다. Timer progress bar에 설정된 시간이 경과하면 이 액션은 실행된다.

예제 | 비디오에 다음 액션을 추가해 보자.

- 특정 시점에서 자막이 보였으면 잠시 후 자막이 사라지게 한다.
- 특정 시점에서 그림이 보였으면 잠시 후 그림이 사라지게 한다.

❶ 비디오 속성 창에서 Edit 버튼을 클릭한다.
❷ 비디오 편집기에서 Tools/View Current Events 명령을 실행한다. Current Events 창이 열린다.
❸ 이벤트 wink를 선택한 후 Add 버튼을 클릭한다.
❹ 이벤트 이름을 hide wink caption으로, Time을 00:08.50으로 입력한 후 OK 버튼을 클릭한다. 이벤트 hide wink caption이 추가된다.

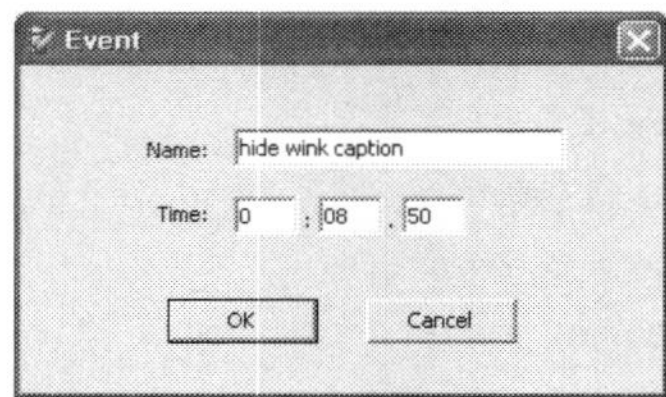

❺ 동일한 방식으로 이벤트 up hair와 show heart 다음에 이벤트 hide up hair caption, hide show heart image를 추가한다. 각 이벤트에 지정된 시간은 자막과 그림이 나타나는 시간에 1.5초를 더하여 입력한다.

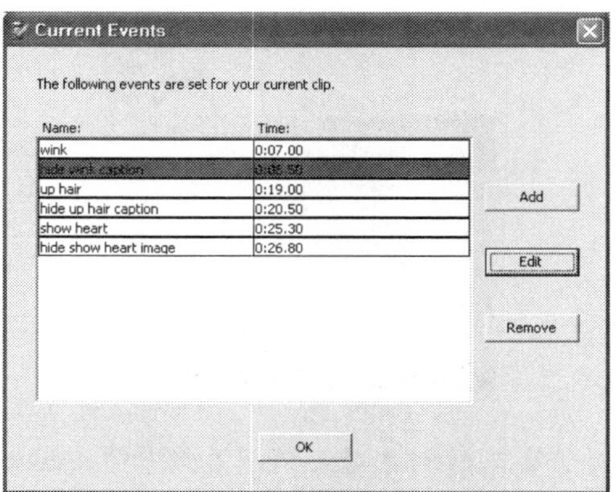

이벤트가 삽입되면 슬라이더에 마크가 표시된다.

추가한 이벤트 액션 역시 비디오 속성 창의 Events 탭에서 설정한다. hide wink caption, hide up hair caption, hide show heart image 이벤트에 정의된 액션은 다음과 같다.

액션 항목	Screen Camera		
	hide wink caption	hide up hair caption	hide show heart image
On			
Action	Change Contents	Change Contents	Hide
Target	Text Block 2	Text Block 2	Image 1
New Contents	disp	disp	

– 변수 disp는 공백 하나의 값을 지닌다.

예제 | Events 탭에서 지정한 액션으로 충분하지 않을 때에는 보조 액션을 강구한다.

- 비디오 혹은 오디오의 첫 프레임에 이벤트를 하나 삽입한다.
- 첫 프레임의 이벤트가 발생할 때 시작할 액션은 액션 그룹 개체로 묶는다.
- 액션 실행 시점을 이벤트 발생 시점과 동일하게 지정한다.

첫 프레임에 삽입된 이벤트의 이름을 start라고 하고, 비디오가 시작하자마자 이벤트가 발생하게 한다. 이벤트 발생 시 시작할 액션은 Run Action Group으로 한다.

이벤트 start의 발생 시점은 00:00.00 초로 지정한다.

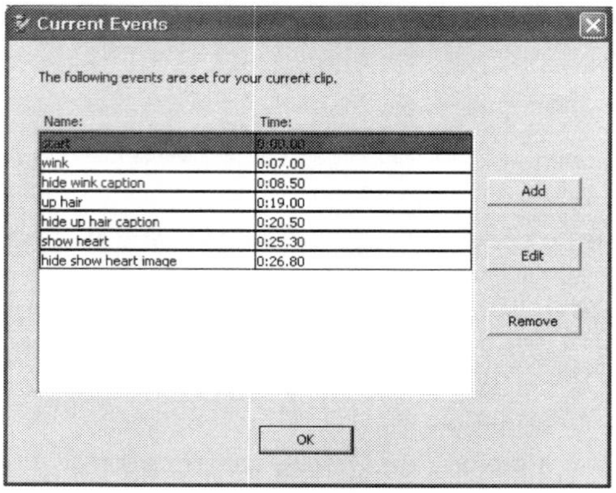

Current Events

The following events are set for your current clip.

Name:	Time:
start	0:00.00
wink	0:07.00
hide wink caption	0:08.50
up hair	0:19.00
hide up hair caption	0:20.50
show heart	0:25.30
hide show heart image	0:26.80

Add

Edit

Remove

OK

예를 들어, wink 이벤트 발생 시 Image 2를 보여 주고, up hair 이벤트 발생시 Image 2를 이동시키고 감추는 액션을 발생시키려면 액션 그룹 개체에 Show, Move, Hide 액션을 정의하고 액션의 발생 시점을 해당 이벤트의 발생 시점과 동일하게 지정한다.

wink, up hair 이벤트 발생 시점은 Current Events 목록의 시간을 참조한다.

이벤트 start와 액션 그룹 Group_1에 정의된 액션은 다음과 같다.

액션 항목	Screen Camera	Group_1		
	start	Action 1	Action 2	Action 3
On				
Action	Run Action Group	Show	Move To	Hide
Target	Group_1	Image 2	Image 2	Image 2
X/Y coordinate			26/80	
Delay before action		7.0	19.0	23.0
주)		(a)	(b)	(c)

(a) 액션 발생 시점을 이벤트 wink와 맞춘다.
(b) 액션 발생 시점을 이벤트 up hair와 맞춘다.
(c) 액션 발생 시점을 Image 2가 이동한 후로 맞춘다.

- X/Y 좌표 값은 Image 2 개체 속성 창의 Position and Size 탭을 참조하여 설정한다.

비디오를 재생하면 이벤트 발생 시점에 맞추어 액션이 실행되고, 자막과 그림이 나타난다.

- 비디오 속성 창의 Skins 탭에서는 비디오의 스킨 모양을 변경할 수 있다. 스킨 중 Blue를 선택하면 비디오의 스킨 모양은 다음과 같이 나타난다.

- 오디오 개체 역시 비디오와 동일하게 이벤트를 적용할 수 있다. 이벤트는 주로 청각장애자를 위한 자막을 제공할 용도로 사용한다.
- 비디오, 오디오를 복사하여 다른 비디오에 붙여 넣거나, 비디오에서 오디오 클립을 제거하거나 포함하려면 비디오는 AVI 포맷으로 녹화해야 하며, 오디오는 WAV 포맷으로 녹음해야 한다.

  - 오디오 클립이 삽입될 프레임을 지정한다.
  - Tools/Insert Audio Clip 명령을 실행한다.

- 비디오에서 오디오를 제거하려면 Tools/Remove Audio Stream 명령을 실행한다.
- 비디오에 포함된 오디오의 특정 부분에 어떤 효과를 주려면 다음과 같이 한다.

❶ Tools/Audio Recording Tool 명령을 실행하고, WAV 포맷을 선택한다.

녹음을 할 수 있는 준비 상태로 대기한다.

❷ 비디오를 실행하고 비디오에 포함된 모든 오디오를 녹음한다.
❸ 녹음이 끝나면 WAV 포맷으로 오디오를 저장한다.
❹ 저장된 오디오 속성 창을 열고 Edit 버튼을 클릭한다. 오디오 에디터가 열린다.

❺ 오디오를 편집한다.
❻ 오디오를 WAV 포맷으로 저장한다.
❼ 비디오 속성 창을 열고 Edit 버튼을 클릭한다. 비디오 에디터가 열린다.
❽ Tools/Remove Audio Stream 명령을 실행하여 오디오를 제거한다.
❾ Tools/Insert Audio Clip 명령을 실행하여 편집된 오디오를 삽입한다.
❿ 비디오를 저장한다.

- 비디오의 특정 부분을 복사하여 다른 비디오에 붙여 넣으려면 다음과 같이 한다.

❶ 비디오 속성 창을 열고 Edit 버튼을 클릭한다. 비디오 에디터가 열린다.
❷ 복사할 영역을 지정한 후 Edit/Copy 명령을 실행하고 다음 항목 중 하나를 선택한다.

- Video & Audio
- Video Only
- Audio Only

❸ 복사한 내용을 붙여 넣을 비디오 속성 창을 열고 Edit 버튼을 클릭한다. 비디오 에디터가 열린다.
❹ 붙여 넣을 위치를 지정하고 Edit/Paste 명령을 실행한다.

- 비디오 내부에 자막을 삽입하려면 비디오 속성 창의 General 탭에서 Caption 항목을 선택하고 자막으로 사용할 XML 파일을 지정한다. 자막 파일은 plain text file 형태로 저장한다.

자막용 XML 파일의 예는 다음과 같다. 한글 문자를 사용하면 글자가 깨어진다.

```
<tt xmlns="http://www.w3.org/2006/10/ttaf1">
    <body>
        <div xml:id="captions">
            <p begin="00:07" end="00:10">[Girl] Hello?</p>
            <p begin="00:11.5" end="00:14.50">[Man] Hi!</p>
            <p begin="00:19" end="00:22">[Girl]Kids get bored...</p>
            <p begin="00:25.30" end="00:29.30">[An Example of inserting caption!]</p>
        </div>
    </body>
</tt>
```

5. Screen Capture Tool

화면을 캡처하려면 Tools/Screen Capture Tool을 실행한다. 캡처 옵션으로 .gif, .jpeg를 선택할 수 있다.

- 색상이 고른 영역을 지닌 이미지나 256 색상이 불필요한 이미지는 GIF 포맷으로 변형한다.
- 256 색상 이상을 요하는 이미지나 사진은 JPEG 포맷으로 변형한다.

1) 스크린 캡처 옵션 설정

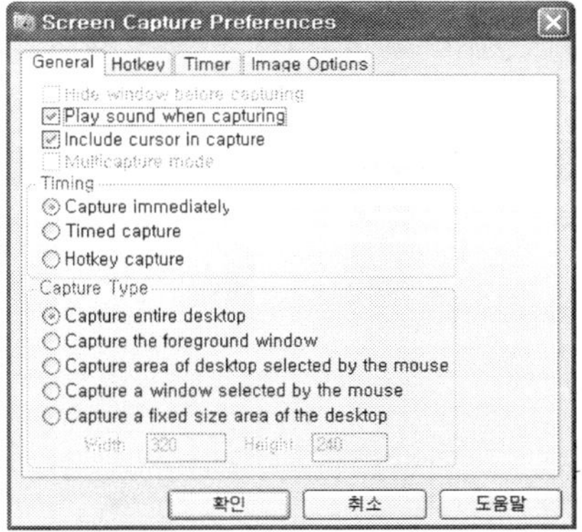

- Include cursor in capturing 옵션을 선택하면 마우스 포인터의 모양도 함께 캡처한다.
- Timing 박스는 확인 버튼을 클릭하자마자 캡처할 것인지의 여부를 지정한다. 따라서 원하는 시점에 캡처하기 위해서는 Hotkey capture 옵션을 선택한다.
- Capture Type 박스는 캡처 대상을 지정한다.

옵션 버튼	캡처 대상
Capture entire desktop	화면 전체
Capture the foreground window	활성화 된 윈도우 창
Capture area of desktop selected by the mouse	마우스로 선택한 영역
Capture a window selected by the mouse	마우스로 클릭한 윈도우 창
Capture a fixed size area of the desktop	고정된 크기의 영역

□ Hotkey 탭을 클릭하면 화면 캡처를 시작하는 키를 지정할 수 있다.

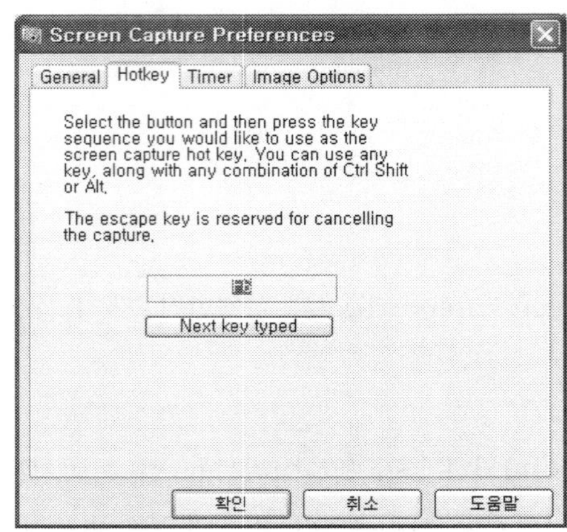

Ctrl+SpaceBar 키를 지정하려면 Ctrl 키를 누른 상태에서 SpaceBar 키를 누른다. 가능한 한 렉토라의 기본 값 F6을 그대로 사용한다.

□ Image Options 탭을 클릭하면 GIF 및 JPEG 이미지의 품질을 설정할 수 있다.

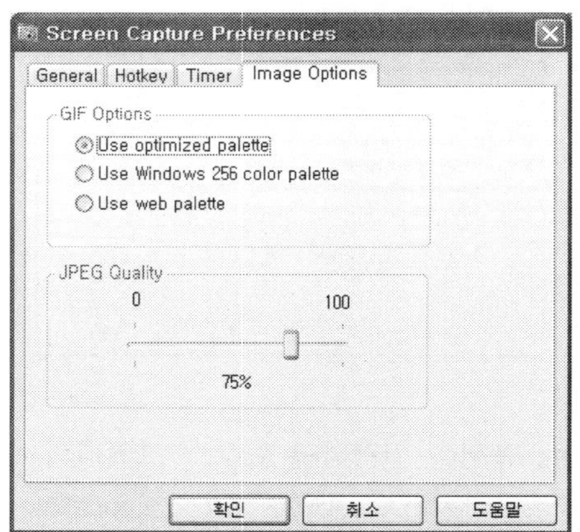

- Use optimized palette 옵션을 선택하면 캡처된 이미지에 가장 알맞은 색상표를 적용한다.
- Use Windows 256 color palette 옵션을 선택하면 윈도우 시스템 색상표를 사용한다. 캡처된 이미지가 윈도우 화면 색상을 포함할 때 선택한다.
- Use web palette 옵션을 선택하면 넷스케이프와 마이크로소프트 인터넷 익스플로러 색상표를 사용한다.

2) 화면 캡처하기

- 윈도우 창은 여러 개의 창으로 구성된다. 캡처 대상을 Capture a window selected by the mouse로 지정하면 윈도우 창을 선택적으로 캡처할 수 있다.
- 캡처 대상을 Capture area of desktop selected by the mouse로 지정하면 마우스를 끌어 캡처 영역을 선택하여 캡처할 수 있다.

렉토라 내장 스크린 캡처 기능은 화면 캡처가 필요할 때마다 실행해야 하는 단점이 있다. 따라서 윈도우의 화면 캡처 기능을 함께 사용한다.

- PrtScr 키를 누르면 모니터 화면 전체를 그림 이미지로 클립보드에 저장한다.
- Alt+PrtScr 키를 누르면 활성화 된 윈도우 창을 그림 이미지로 클립보드에 저장한다.

Tip 비디오를 캡처할 때 화면이 검게 나오면 화면 가속기를 해제한 상태에서 캡처한다.

PART 06

렉토라 고급편

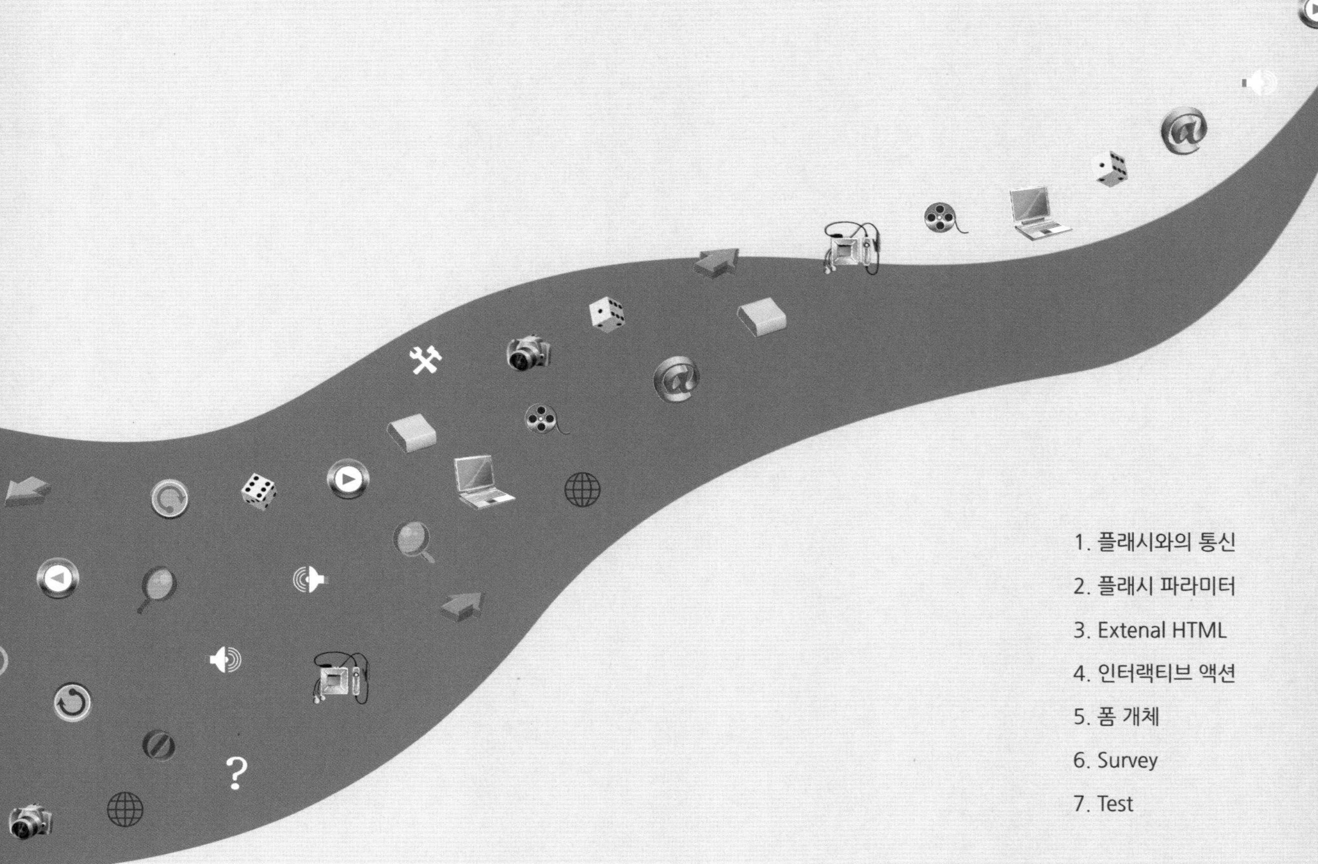

1. 플래시와의 통신
2. 플래시 파라미터
3. Extenal HTML
4. 인터랙티브 액션
5. 폼 개체
6. Survey
7. Test

1. 플래시와의 통신

타이틀을 HTML로 출판하면 렉토라는 자바스크립트 지원 파일을 생성한다. 이들 파일에는 외부 HTML 개체를 통해 사용할 수 있는 수많은 함수들이 있다. 이들 함수를 활용하면 플래시 무비에서 타이틀 내에 포함된 개체와 변수를 제어할 수 있다.

내비게이션 함수

- trivPrevPage() : 타이틀 내에서 이전 페이지로 이동한다.
- trivNextPage() : 타이틀 내에서 다음 페이지로 이동한다.
- trivExitPage(page, bFeedback) : 타이틀 내의 어떤 페이지로든 이동 가능하다. 첫 번째 파라미터는 이동할 페이지 이름이며, 두 번째 파라미터는 불 연산자 값으로서 이동한 페이지에 있는 질문에 대한 피드백을 보여줄 것인지 아닌지를 지정한다.

개체 함수

- actionChangeContents(newContents) : 개체의 내용을 변경한다. 파라미터 newContents는 내용이 변경되는 개체와 동일한 유형의 파일 이름이 된다.
- actionShow() : 숨은 개체를 보이게 한다.
- actionHide() : 개체를 숨긴다.
- actionToggleShow() : 개체를 숨겼다 보였다 한다.
- actionPlay() : 오디오나 비디오 개체를 재생한다.
- actionStop() : 오디오나 비디오 개체의 재생을 멈춘다.
- actionTogglePlay() : 오디오나 비디오 개체를 재생/정지한다.
- slideTo(x, y, amount, delay) : 파라미터 delay에서 지정한 간격으로 파라미터 amount에서 지정한 값만큼 파라미터 x, y 좌표 값으로 개체를 이동한다.

Variable 함수

- set(value) : 변수의 값을 파라미터 value에서 지정한 값으로 설정한다.

- getValue() : 변수의 값을 돌려준다.
- setByVar(var) : 변수의 값을 다른 변수의 값으로 설정한다.

렉토라와 플래시간의 교신은 자바스크립트를 통해 이루어진다. 자바스크립트에서 렉토라 변수를 변경하려면 함수 VarvariableName.setVariable(new value)를 사용한다. 렉토라 변수를 읽으려면 함수 VarvariableName.getValue()를 사용한다. 렉토라 변수는 변수 이름 앞에 Var로 선언된다. 플래시 무비에서 이들 함수는 getURL() 함수를 사용하여 구현한다.

```
getURL ("javascript:window.document.[name of Lectora-published.swf].SetVariable ('yourFlashVariable'
,VarvariableName.getValue())");
```

✎ 플래시 6 이후 버전에서 유효하며, 렉토라 구 버전에서 플래시와 교신할 때 사용한다.

예제 | 아래의 플래시 무비는 변수 이름이 contentBox인 다이내믹 텍스트 필드를 포함한다. 이 텍스트 필드에는 렉토라 변수 myVariable의 값이 표시된다[1](▸Title18).

플래시 무비의 구성

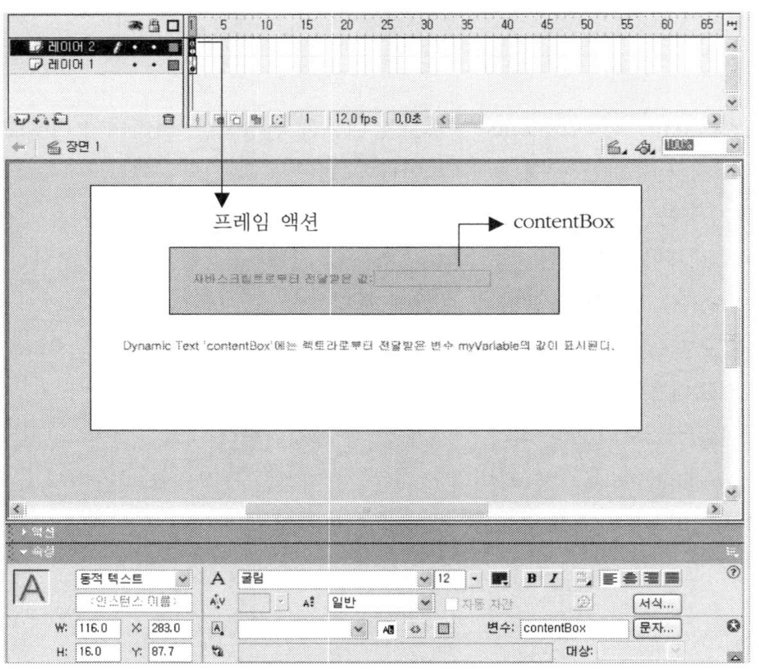

[1] Trivantis Community에서 발췌한 내용임.

- Layer 2의 1 프레임에는 프레임 액션이 들어가 있다.

```
getURL("javascript:window.document.swfanim1087.SetVariable('contentBox', VarmyVariable.getValue())");
```

즉, 렉토라 변수 myVariable의 값을 읽어 무비 testMC.swf의 다이내믹 텍스트 필드 contentBox에 나타나게 한다.
프레임 액션에 정의된 무비클립의 이름 swfanim1087은 무비 testMC.swf를 타이틀에 삽입했을 때 렉토라 프로그램이 자체적으로 부여한 코드 이름을 사용한다. 코드 이름은 무비의 속성 창 우측에 나타난다.

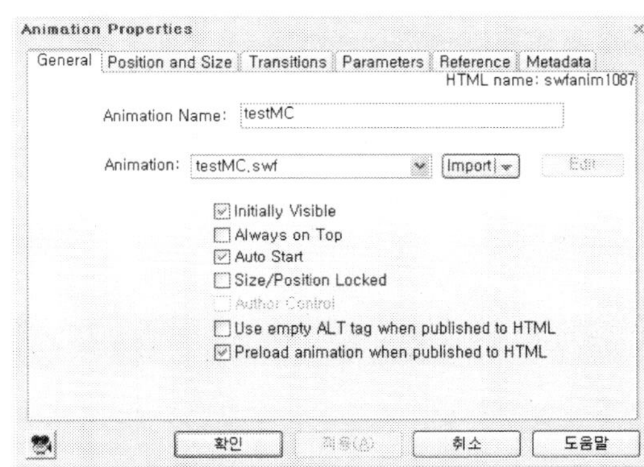

- 렉토라에 삽입된 개체의 HTML 코드를 참조하려면 File/Preferences를 실행하고 Show HTML-published object names in object properties 옵션을 선택한다.

렉토라 타이틀의 구성

렉토라 타이틀은 플래시 무비 testMC.swf와 렉토라 변수 myVariable의 값을 변경시키는 Modify Variable 액션으로 구성되어 있다.

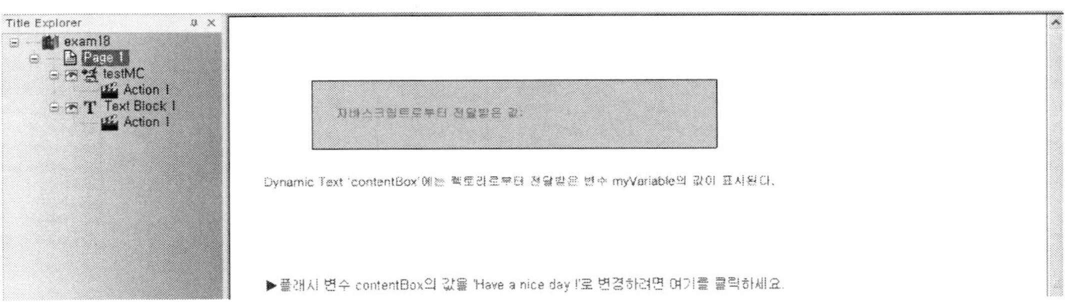

PART 06 191

- 애니메이션에 부착된 액션 개체 Action 1의 내용은 변수 myVariable의 값을 문자열 '안녕하세요...'로 변경한다. 변수 myVariable과 그 값은 플래시로 전달된다.
- 텍스트 블록 Text Block 1에 부착된 액션 개체 Action 1의 내용은 플래시 변수 contentBox의 값을 문자열 'Have a nice day !'로 변경한다.

액션 항목	testMC	Text Block 1
	Action 1	Action 1
On	Show	Mouse Click
Action	Modify Variable	Flash Command
Target	myVariable	testMC
Value	안녕하세요...	
Modification Type	Set Variable Contents	
Command		Set Variable
Name		contentBox
Value		Have a nice day !

예제 | 타이틀에 포함된 플래시 무비는 9개의 버튼 심벌로 구성되어 있다(▸Title19).

렉토라 타이틀에서 페이지를 오갈 수 있는 내비게이션 버튼 액션은 다음과 같다.

□ Pre

```
on (release) {
      getURL("javascript:trivPrevPage()");
}
```

□ Next

```
on (release) {
      getURL("javascript:trivNextPage()");
}
```

□ Home

```
on (release) {
      getURL("javascript:trivExitPage('index.html',true)");
}
```

□ Exit

```
on (release) {
      getURL("javascript:exitTitle()");
}
```

렉토라 타이틀의 개체를 제어하는 액션은 다음과 같다.

□ Show Text

```
on(release){
      getURL("javascript:text46.actionShow();");
}
```

□ Hide Text

```
on(release){
      getURL("javascript:text46.actionHide();");
}
```

□ Change Text

```
on(release){
      getURL("javascript:text46.actionChangeContents('Beauty Lover','alignleft','1');");
}
```

□ Change Image

```
on(release){
    getURL("javascript:image78.actionChangeContents('images/a.jpg');");
}
```

□ ReChange Image

```
on(release){
    getURL("javascript:action57();");
}
```

HTML 코드 action57()은 렉토라 타이틀의 Text Block 1에 포함한 액션 개체로서 다음과 같다.

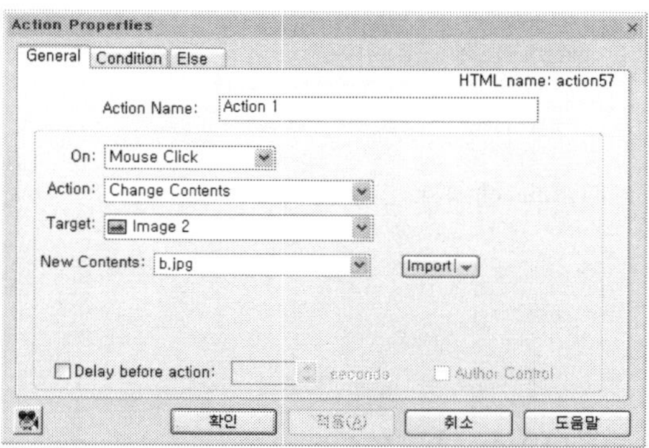

Text Block 1에 포함한 액션 개체의 HTML 코드를 살펴보려면 index.html을 참조한다.

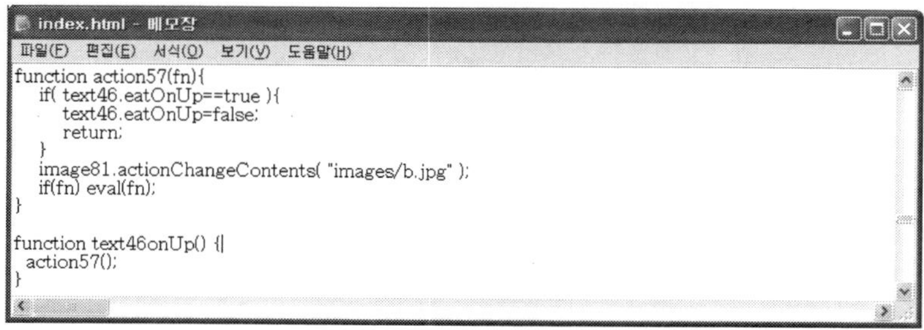

– 메모장의 편집/찾기를 실행하여 액션 개체의 HTML 코드를 찾는다.

플래시의 액션 스크립트에서 정의한 개체는 다음과 같다.

image78(b.jpg) image81(a.jpg)

✎ 예제의 액션은 HTML로 출판했을 때만 작용한다. Lectora 2010 버전에서는 액션 Flash Command를 사용하여 보다 효율적으로 플래시 변수를 제어할 수 있다.

플래시와 보안

플래시를 포함한 타이틀을 웹에 출판했을 때 다음과 같은 보안 경고문이 나오면 설정 버튼을 클릭한다.

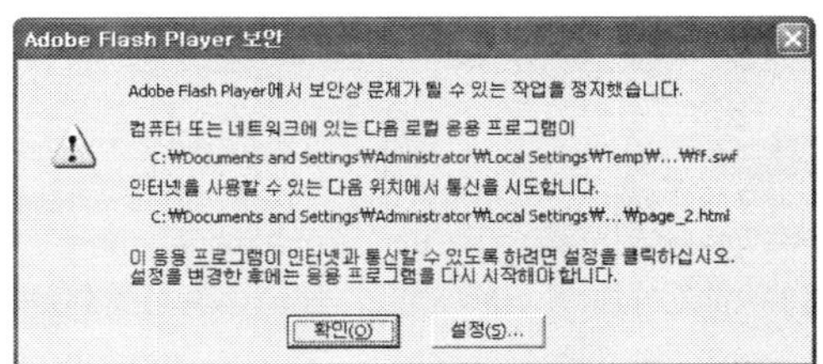

Adobe Flash Player 설정 관리자 창에서 항상 허용 버튼을 클릭한다.

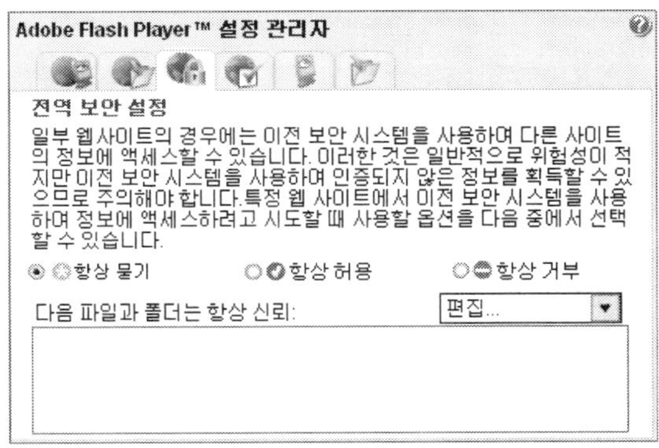

2, 플래시 파라미터

Media Library Organizer 창의 Flash 범주에 등록된 플래시의 파라미터를 조정하면 사용자 취향에 맞는 애니메이션을 구사할 수 있다(▶Title20).

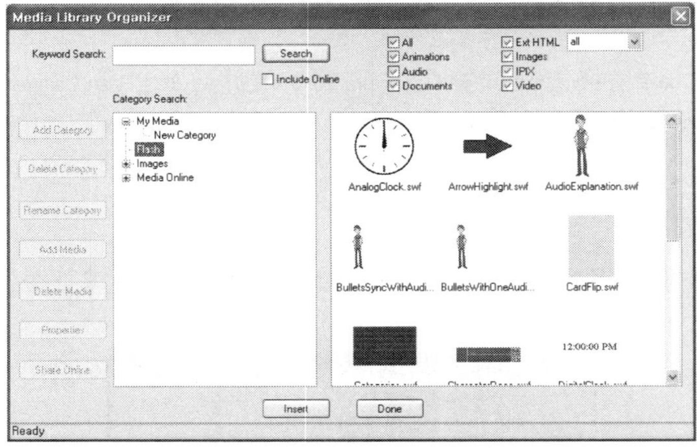

TIP 애니메이션에 설정할 수 있는 파라미터 이름과 값은 반드시 영문으로 입력한다. 한글로 입력하는 경우 파라미터의 값이 표시되지 않는다.

1) ArrowHighlight 플래시 개체

ArrowHighlight 플래시 개체는 특정 대상을 가리키는 용도로 사용된다. 개체를 선택한 후 Insert 버튼을 클릭하면 Animation 대화상자가 열린다.

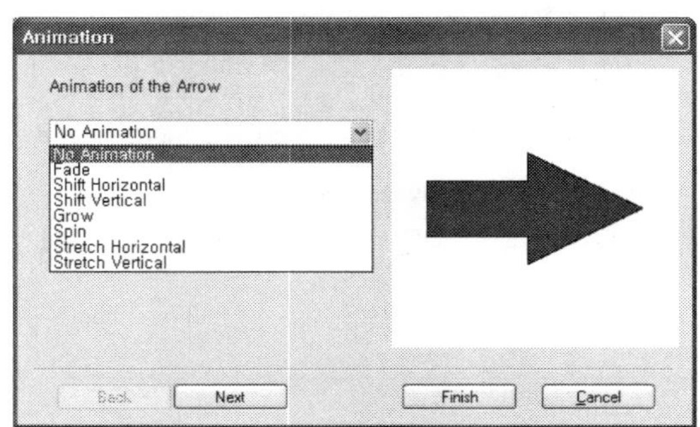

- Animation of the Arrow 드롭다운 필드를 클릭하면 화살표 유형을 지정할 수 있다.
- Preview 버튼을 클릭하면 애니메이션의 동작을 미리 확인할 수 있다.
- Next 버튼을 클릭하면 애니메이션에 정의된 파라미터 순으로 파라미터 설정 창이 나타난다. 파라미터 설정 창에는 애니메이션 설정에 있어서의 파라미터 용도와 그 값의 설정 방법이 제시된다.

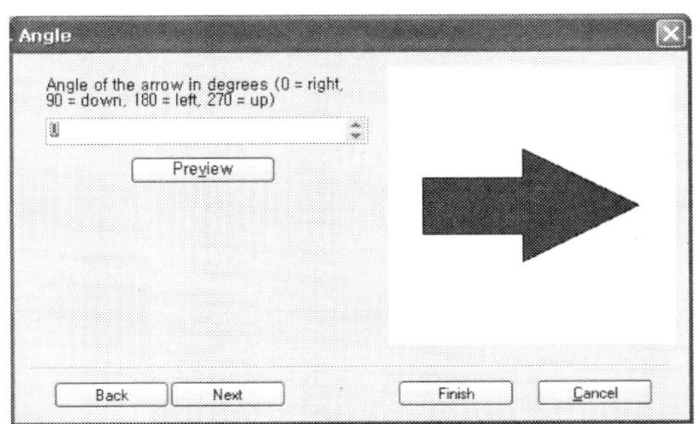

- Finish 버튼을 클릭하면 애니메이션이 삽입된다.
- 페이지에 삽입된 애니메이션의 속성은 애니메이션 속성 창의 파라미터 탭에서 설정한다.

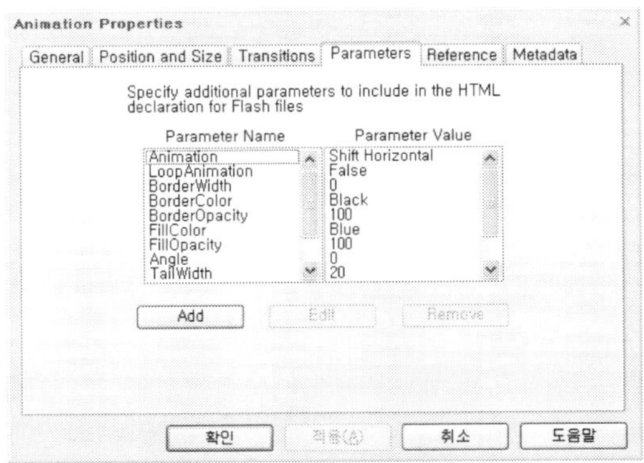

– 렉토라에서 제공하는 플래시는 일종의 사용자 정의 인터페이스(UI) 파일이다.

삽입된 애니메이션 속성 창의 Parameters 탭에는 애니메이션의 모양, 동작과 관련된 파라미터들이 있다.

– 파라미터는 '이름/값'의 형식으로 정의되어 있다.

- 파라미터 Animation을 선택하고 Edit 버튼을 클릭하면 애니메이션 종류를 변경할 수 있다.

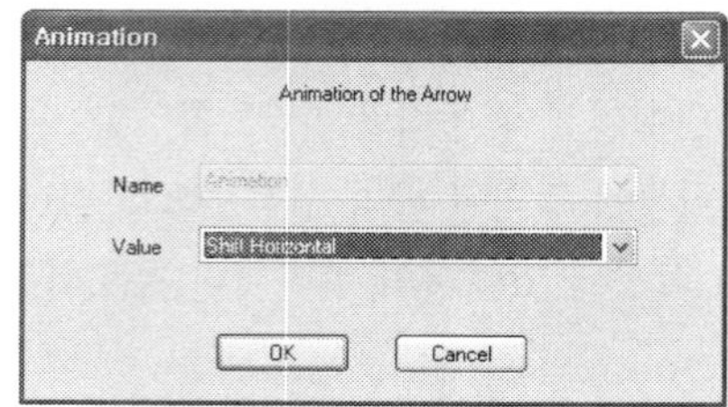

파라미터 Animation의 값을 2로 설정하고, LoopAnimation의 값을 True로, FillOpacity의 값을 20으로, Angle의 값을 90으로 지정하면 ArrowHighlight 플래시 개체의 속성이 해당 속성으로 변경된다.

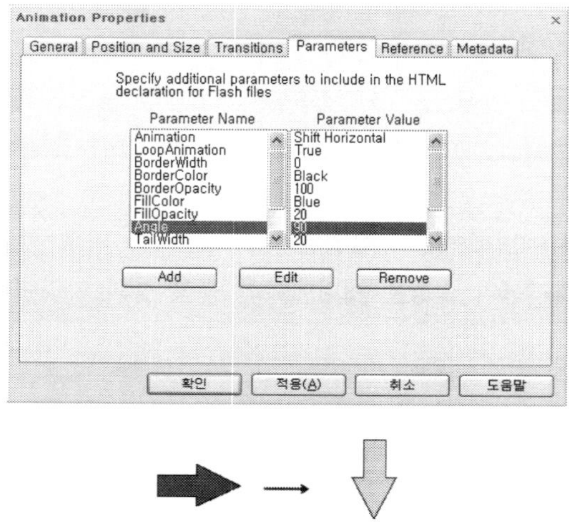

2) PhotoViewer

PhotoViewer 플래시 개체는 액자 안에서 이미지를 순차적으로 보여줄 용도로 사용한다. 플래시 개체를 선택한 후 Insert 버튼을 클릭하면 Select Images 대화상자가 열린다.

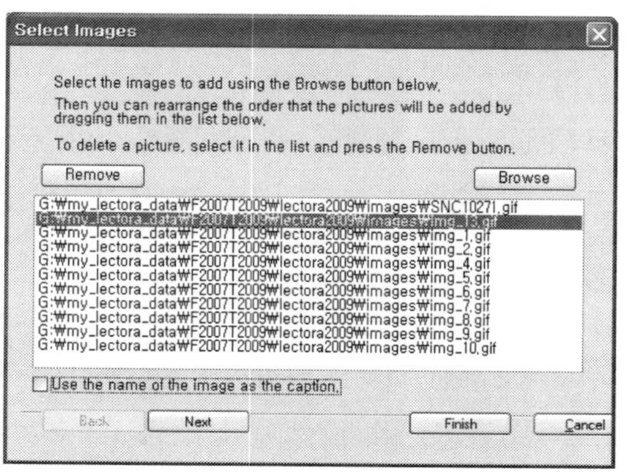

- PhotoViewer 개체에 포함할 이미지 파일은 Browse 버튼을 클릭하여 지정한다. 목록에 등록된 이미지 파일은 마우스를 끌어 순서를 조정할 수 있다.
- Use the name of the image as the caption 옵션을 선택하면 이미지 파일의 이름이 캡션으로 사용된다. 이미지에 표시되는 캡션을 사용자 정의하려면 Use the name of the image as the caption 옵션을 선택하지 않는다.
- Next 버튼을 클릭하면 애니메이션 설정에 있어서의 파라미터 용도와 그 값을 참조하여 애니메이션 속성을 설정할 수 있다.
- Finish 버튼을 클릭하면 애니메이션이 삽입된다. 페이지에 삽입된 애니메이션 속성은 애니메이션 속성 창의 파라미터 탭에서 설정한다.

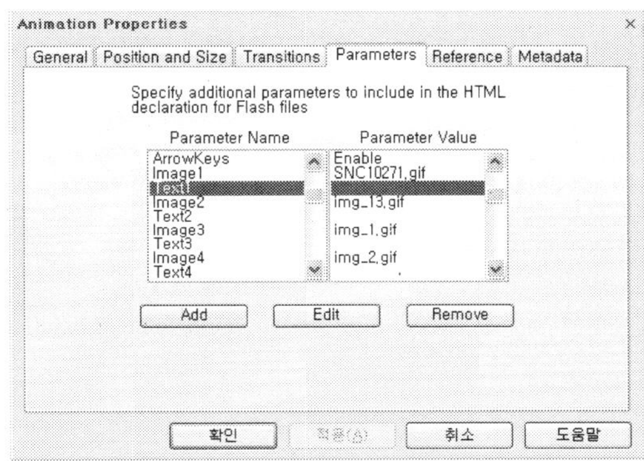

- 파라미터 Text1, Text2, …, Text12를 선택한 후 Edit 버튼을 클릭하면 캡션을 사용자 정의할 수 있다.

파라미터 AutoPlay의 값을 True로, BorderWidth의 값을 1로, TextColor의 값을 White로, 그리고 TextBackgroundColor의 값을 Navy Blue로 지정하면 PhotoViewer 플래시 개체의 속성이 해당 속성으로 변경된다.

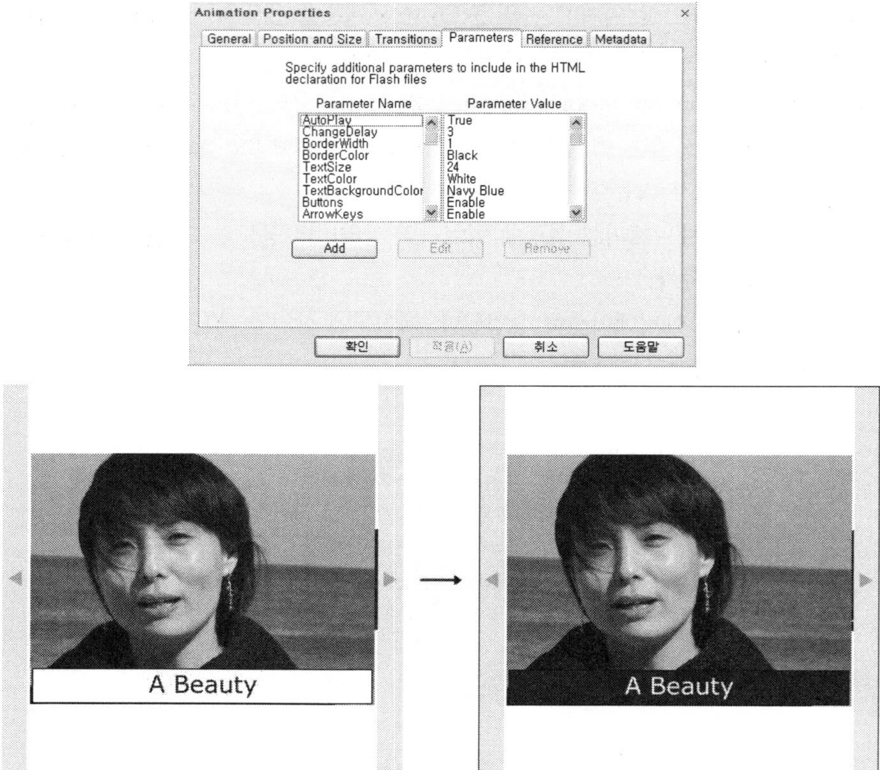

3) BulletsSyncWithAudio

BulletsSyncWithAudio 플래시 개체는 캐릭터를 통해 불릿 텍스트를 보여주거나 녹음된 소리를 전달하는 용도로 사용한다. BulletsSyncWithAudio 플래시 개체를 선택한 후 Insert 버튼을 클릭하면 Character Type 대화상자가 열린다.

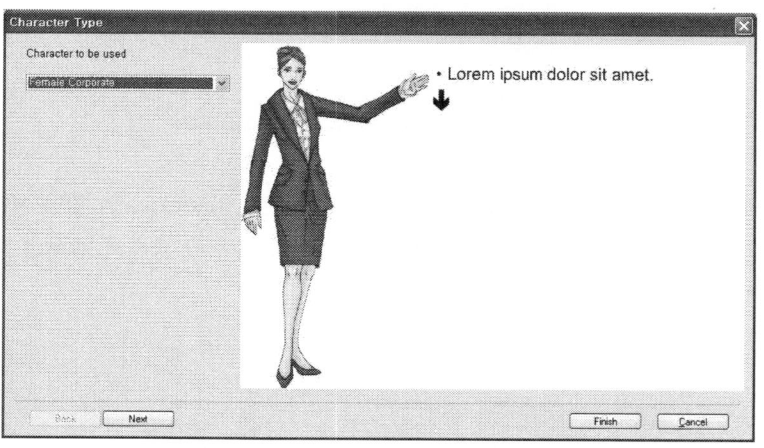

- 캐릭터의 종류는 Character to be used 드롭다운 버튼을 클릭하여 지정한다.
- Next 버튼을 클릭하면 애니메이션 설정에 있어서의 파라미터 용도와 그 값을 참조하여 애니메이션 속성을 설정할 수 있다.
- Female Corporate를 선택하고 Finish 버튼을 클릭하면 해당 플래시 개체가 화면에 삽입된다. 페이지에 삽입된 애니메이션 속성은 애니메이션 속성 창의 파라미터 탭에서 설정한다.

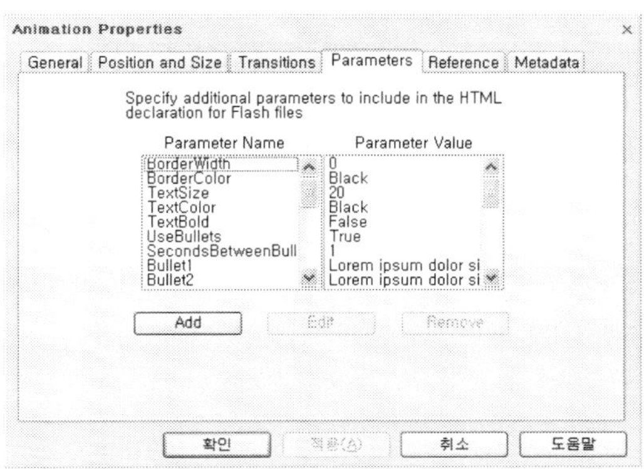

파라미터 TextSize의 값을 30으로, UseBullets의 값을 False로, Bullet1, Bullet2, Bullet3, Bullet4의 값을 각각 On Event, Action, Target, Condition으로 지정하면 BulletsSyncWithAudio 플래시 개체의 속성이 해당 속성으로 변경된다.

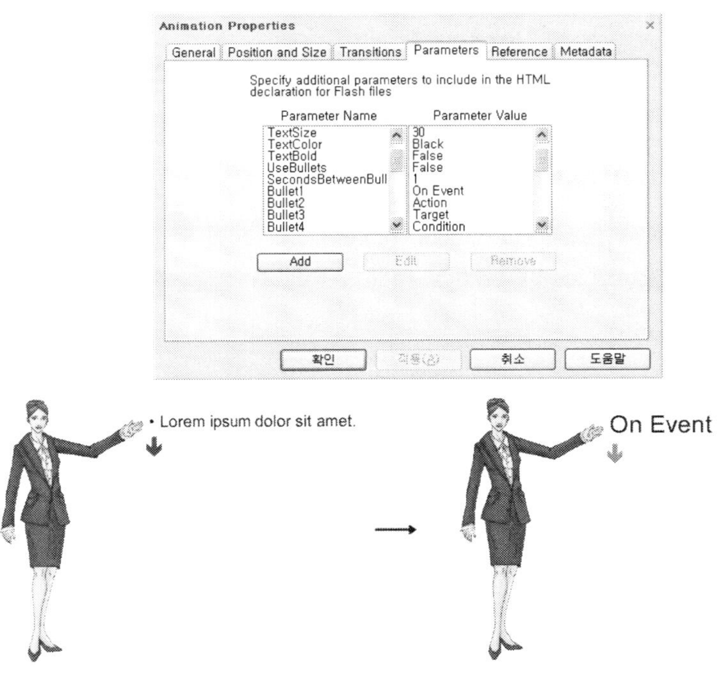

• Bullet1이 등장할 때 사운드를 지정하려면 파라미터 Sound1에 사운드 파일을 지정한다. 사운드 파일은 .mp3, .flv 파일을 선택할 수 있다.

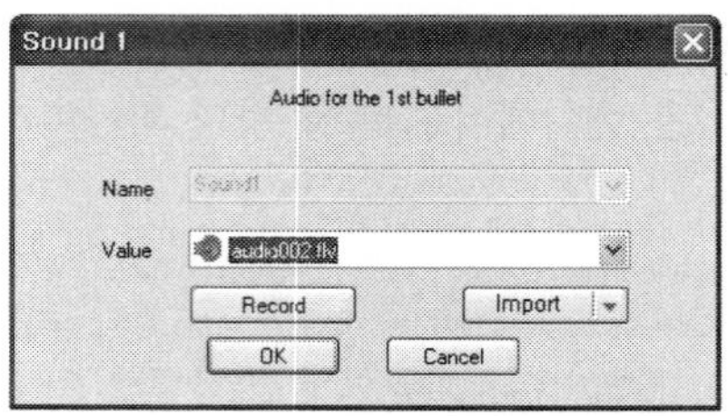

[참고]

- BulletsSyncWithAudio 플래시 개체의 경우 다음 불릿 내용으로 이동하려면 불릿 아래를 가리키는 화살표 애니메이션 ⬇을 클릭한다.
- BulletsWithOneAudio 플래시 개체를 삽입하면 불릿의 이동을 자동으로 지정할 수 있다.

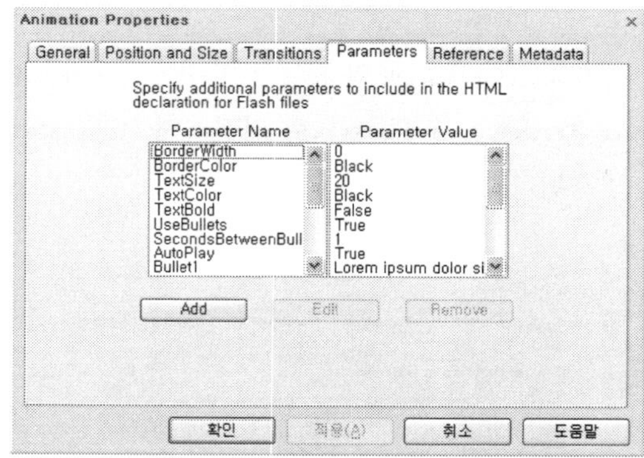

SecondsBetweenBullets를 5로, Bullet1, Bullet2, Bullet3, Bullet4의 값을 각각 On Event, Action, Target, Condition으로 지정하면 BulletsWithOneAudio 플래시 개체의 속성이 해당 속성으로 변경된다.

• 파라미터 SecondsBetweenBullets은 불릿이 등장하는 초 간격을 지정한다.

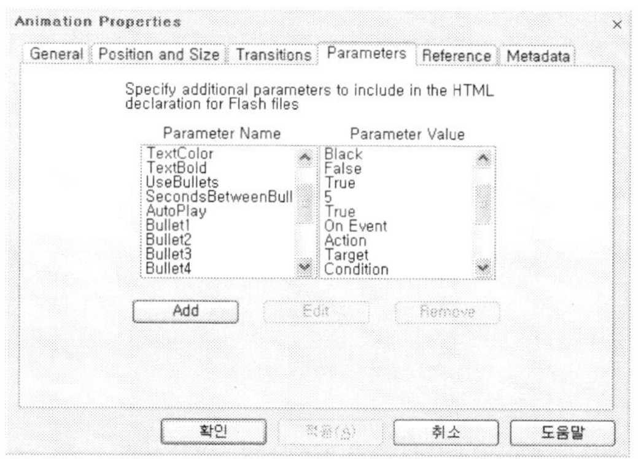

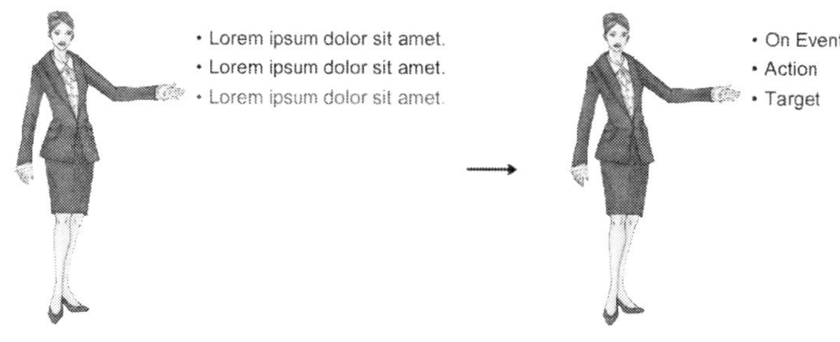

Flash command Get Variable 액션을 사용하여 검색할 수 있는 변수는 다음과 같다.

- mute 캐릭터의 오디오를 죽인다.
- unmute 캐릭터의 오디오를 키운다.
- pause 캐릭터를 일시 정지한다.
- resume 캐릭터 재생을 다시 시작한다.

4) CharacterRace

CharacterRace 플래시 개체는 레이스 게임을 통해 학업 성취도를 보여 줄 목적으로 사용한다. 학업 성취도는 학생과 레이스 경쟁 상대 중 누가 먼저 결승점에 도착하는 가로 평가된다. 경쟁 상대는 질문의 수만큼 이동하여 결승점에 도착하고, 학생은 Number of allowed wrong answers로 지정한 값을 제외한 나머지 질문의 수만큼 이동하여 결승점에 도착한다. 예를 들어 Number of allowed wrong answers로 지정한 값이 2이면 학생은 '질문 수 - 2'만큼 이동하여 결승점에 도착한다. 학생이 맞는 답을 선택하면 결승점을 향해 이동하고, 틀린 답을 선택하면 제자리에 멈춘 상태가 된다. 반면, 경쟁 상대는 학생의 답과 관계없이 결승점을 향해 이동한다. CharacterRace 플래시 개체를 선택한 후 Insert 버튼을 클릭하면 Number Allowed Wrong 대화상자가 열린다.

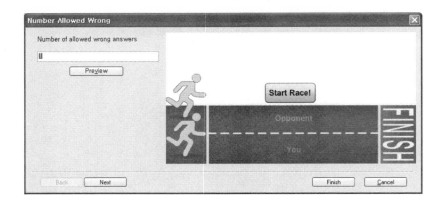

- 학생이 결승점에 이르는 데 필요한 이동 횟수에서 뺄 횟수는 Number of allowed wrong answers 필드에서 지정한다.
- Next 버튼을 클릭하면 애니메이션 설정에 있어서의 파라미터 용도와 그 값을 참조하여 애니메이션 속성을 설정할 수 있다.
- Finish 버튼을 클릭하면 애니메이션이 삽입된다.
- 페이지에 삽입된 애니메이션 속성은 애니메이션 속성 창의 파라미터 탭에서 설정한다.

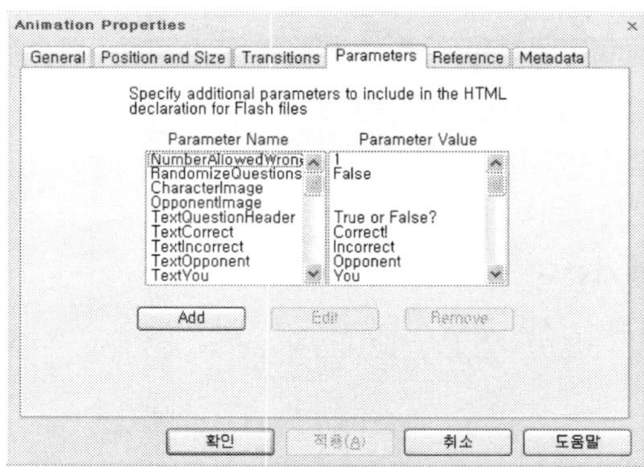

- 파라미터 Question1, Answer1, …, Question10, Answer10를 선택한 후 Edit 버튼을 클릭하면 질문 내용과 정답을 정의할 수 있다.

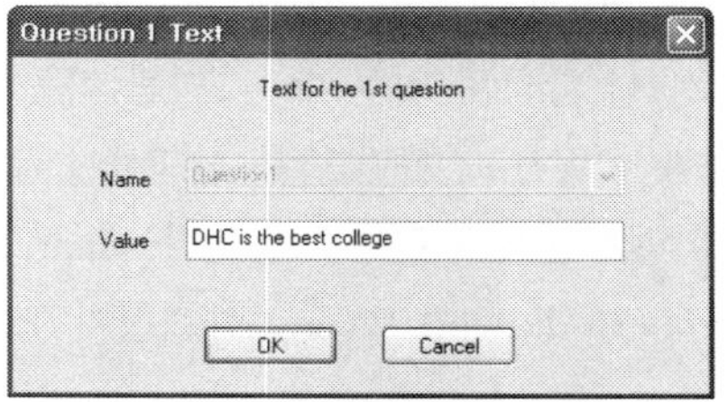

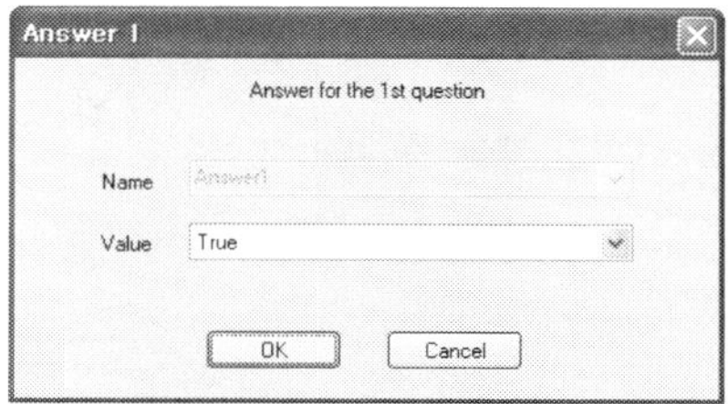

- 파라미터 Question1의 정답은 파라미터 Answer1의 값이 된다. 파라미터 Answer1의 값이 True이면 True를 선택했을 때, False이면 False를 선택했을 때 정답이 된다.

파라미터 NumberAllowedWrong의 값을 2로, RandomizeQuestions의 값을 True로, TextYou를 Me로 변경하고, TextStartRace를 Start Test!로, Question1, Answer1, Question2, Answer2, …, Question10, Answer10의 값을 변경하면 CharacterRace 플래시 개체의 속성이 해당 속성으로 변경된다.

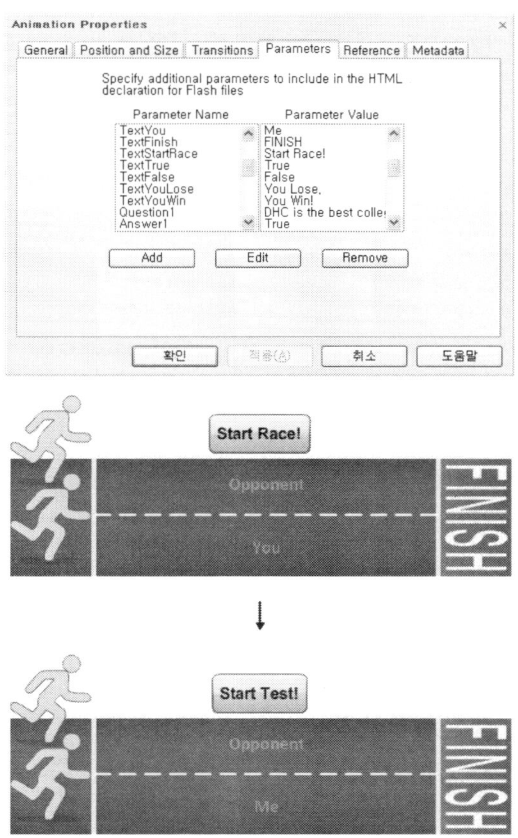

- Flash command Get Variable 액션을 사용하여 검색할 수 있는 변수는 다음과 같다.

  - result 게임의 결과. 1이면 승, -1이면 패를 뜻한다.
  - score 정답을 맞힌 질문 수
  - percentage 정답을 맞힌 질문 수/총 질문 수

5) CardFlip

CardFlip 플래시 개체는 단순한 게임이라기보다 플래시 동작이 끝났을 때 특정 개체를 보여주거나 다음 페이지로 이동하게 하는 용도로 사용될 수 있다. CardFlip 플래시 개체를 선택한 후 Insert 버튼을 클릭하면 Card Color 대화상자가 열린다.

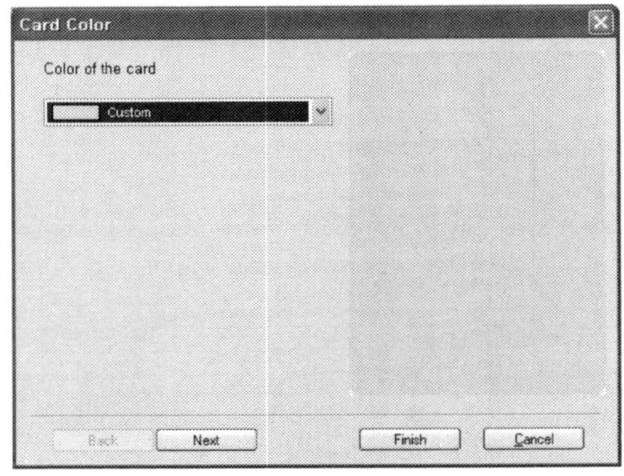

- 카드의 색상은 Color of the card 드롭다운 버튼을 클릭하여 지정한다.
- Next 버튼을 클릭하면 애니메이션 설정에 있어서의 파라미터 용도와 그 값을 참조하여 애니메이션 속성을 설정할 수 있다.
- Finish 버튼을 클릭하면 애니메이션이 삽입된다.
- 페이지에 삽입된 애니메이션 속성은 애니메이션 속성 창의 파라미터 탭에서 설정한다.

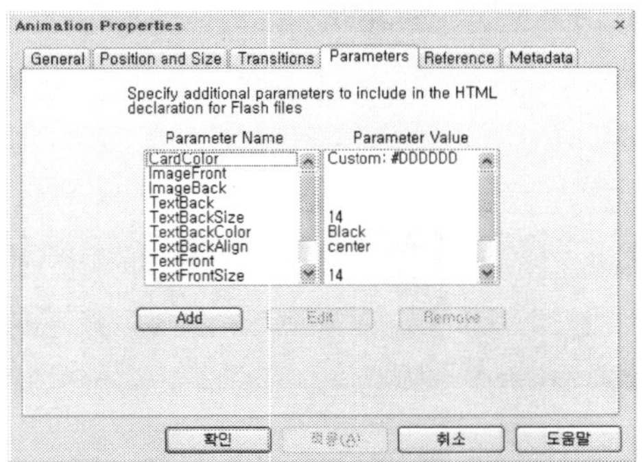

- 파라미터 ImageFront, ImageBack, TextFront, TextBack을 선택한 후 Edit 버튼을 클릭하면 카드 앞/면의 이미지와 텍스트를 정의할 수 있다.

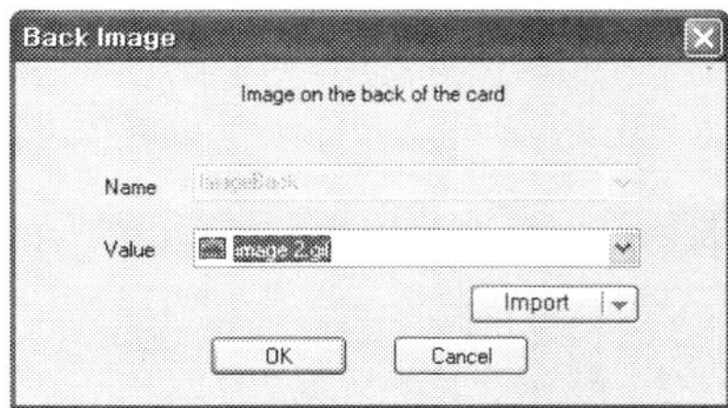

파라미터 CardColor의 값을 Blue로, ImageFront의 값을 Image 1.png로, ImageBack의 값을 Image 2.gif로, TextBack의 값을 'Play with Me !'로, TextBackColor의 값을 Yellow로 변경하면 CardFlip 플래시 개체의 속성이 해당 속성으로 변경된다.

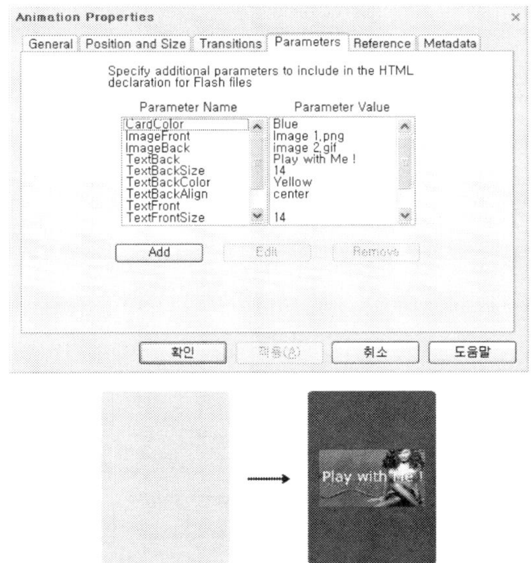

CardFlip 플래시 개체를 타이틀 개체 아래에 놓고 다음 액션 개체를 부착하면 타이틀에 포함된 모든 페이지를 5초 단위로 차례로 열어준다.

액션 항목	exam20
	Action 1
On	Done Playing
Action	Go To
Target	Next Page
Delay before action	5

6) Categories

Categories 플래시 개체는 테스트 용도로 사용한다. 테스트 범주를 구분하고 각 범주마다 해당 문제를 제출한다. 응시한 문제는 비활성 상태로 만든다. Categories 플래시 개체를 선택한 후 Insert 버튼을 클릭하면 Category 1 Text 대화상자가 열린다.

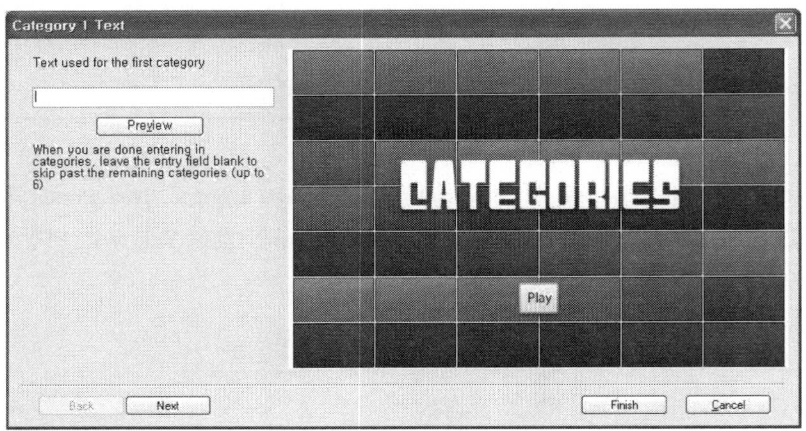

- 첫 번째 범주의 이름은 Text used for the first category 필드에 입력한다.
- Next 버튼을 클릭하면 애니메이션 설정에 있어서의 파라미터 용도와 그 값을 참조하여 애니메이션 속성을 설정할 수 있다.
- Finish 버튼을 클릭하면 애니메이션이 삽입된다.
- 페이지에 삽입된 애니메이션 속성은 애니메이션 속성 창의 파라미터 탭에서 설정한다.

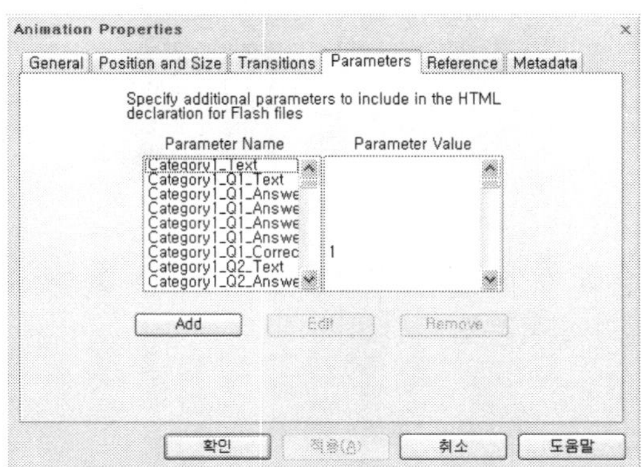

- 파라미터는 범주 이름, 질문, 답, 정답 순으로 구성되며, 범주는 총 여섯 개가 제공된다. 범주 1에 포함된 파라미터의 내용은 다음과 같다.

- Category1_Text: 범주 1의 이름
- Category1_Q1_Text: 질문 1
- Category1_Q1_Answer1_Text: 질문 1의 답 1
- Category1_Q1_CorrectAnswer: 질문 1의 정답

- Category1_Text를 선택한 후 Edit 버튼을 클릭하면 범주 1의 이름을 정의할 수 있다.

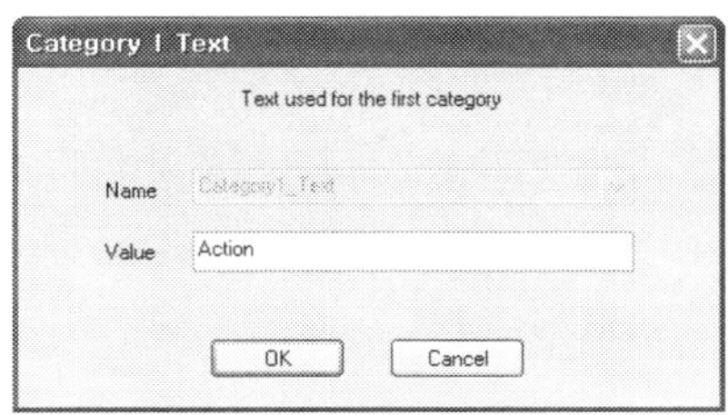

파라미터의 값을 변경하면 Categories 플래시 개체의 속성이 해당 속성으로 변경된다. 편의상, 범주 1에 해당하는 파라미터 Category1_Q1_Text, Category1_Q1_Answer1_Text의 값을 Question 1, Answer 1, Answer 2, Answer 3. Answer 4와 같이 정의하였으며, NameOfGameText를 'lectora'로 정의하였다. 파라미터 Category1_Q1_CorrectAnswer에는 정답 번호를 입력한다.

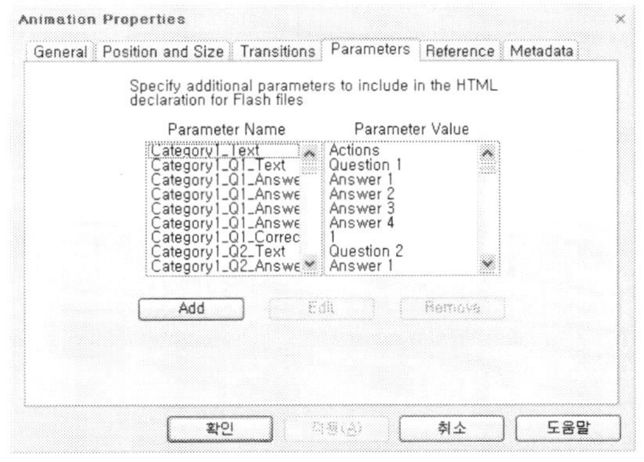

- Play 버튼을 클릭하면 테스트를 실행할 수 있다. 정의한 범주 이름은 첫 번째 줄에 표시되며, 각 범주별로 출제된 문제가 열에 나열된다.

ACTIONS	EVENT	TARGET	VARIABLE	FORM	TEST/SURVEY
200	200	200	200	200	200
400	400	400	400	400	400
600	600	600	600	600	600
800	800	800	800	800	800
1000	1000	1000	1000	1000	1000
Select A Question					0

문제를 클릭하면 문제를 풀이할 것인지 그냥 통과할 것인지 묻는 메시지 창이 열린다.

- Respond 버튼을 클릭하면 문제로 이동한다.
- Pass 버튼을 클릭하면 문제를 풀지 않고 통과한다.

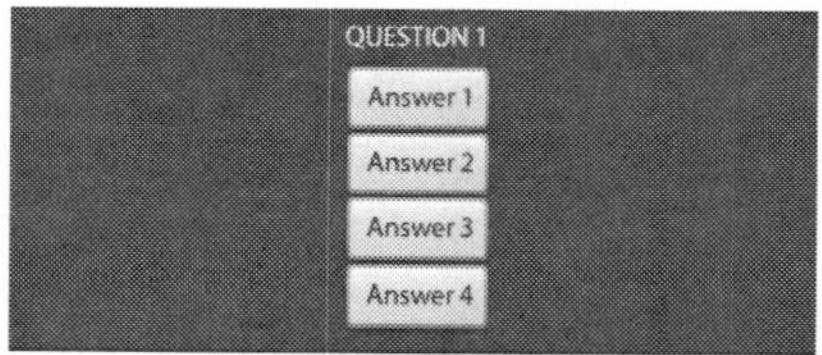

- 정답을 클릭하면 점수 란에 200이 표시된다.

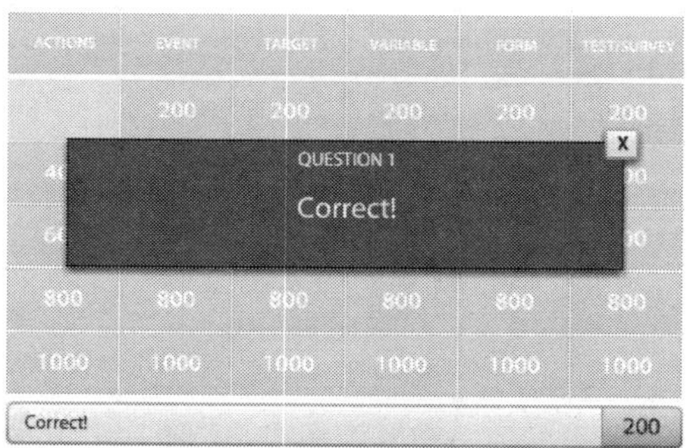

- Flash command Get Variable 액션을 사용하여 검색할 수 있는 변수는 다음과 같다.
  - score 정답을 맞힌 질문 수
  - percentage 정답을 맞힌 질문 수/총 질문 수
  - points 누적 포인트 수

7) Hangman

Hangman 플래시 개체는 테스트 용도로 사용한다. 정답을 구성하는 데 필요한 알파벳 문자와 아라비아 숫자 등을 제공하고, 선택한 문자의 조합이 정답과 일치할 때 테스트를 통과한 것으로 한다. Hangman 플래시 개체를 선택한 후 Insert 버튼을 클릭하면 Paper Texture 대화상자가 열린다.

- 애니메이션의 배경 화면은 The paper texture used for the background 드롭다운 버튼에서 선택한다.
- Next 버튼을 클릭하면 애니메이션 설정에 있어서의 파라미터 용도와 그 값을 참조하여 애니메이션 속성을 설정할 수 있다.
- Finish 버튼을 클릭하면 애니메이션이 삽입된다.
- 페이지에 삽입된 애니메이션 속성은 애니메이션 속성 창의 파라미터 탭에서 설정한다.

파라미터는 답에 해당하는 문자열을 조합하는 데 필요한 문자, 질문, 정답 등으로 구성된다. 질문은 총 열 개가 제공된다. 파라미터 Question1의 값은 질문 1의 내용을, 파라미터 Answer1의 값은 질문 1의 정답을 정의한다.

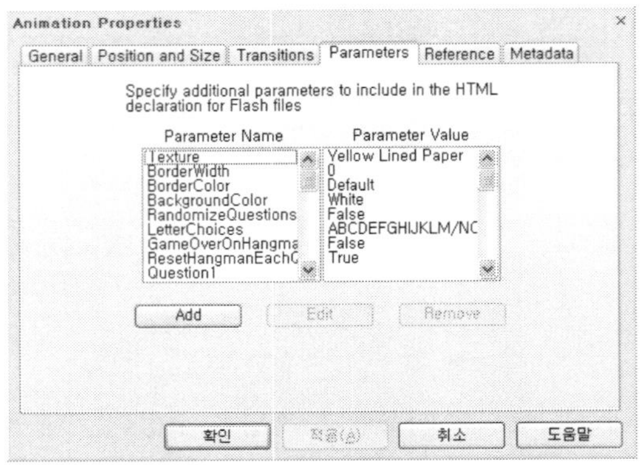

• LetterChoices를 선택한 후 Edit 버튼을 클릭하면 문자열을 조합하는 데 필요한 문자를 정의할 수 있다.

파라미터의 값을 변경하면 Hangman 플래시 개체의 속성이 해당 속성으로 변경된다.

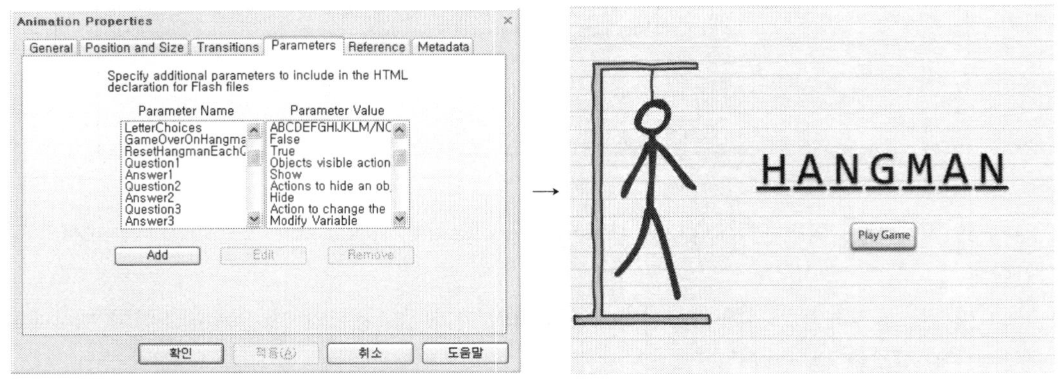

• Play Game 버튼을 클릭하면 테스트를 실행할 수 있다. 파라미터 LetterChoices에서 정의한 문자가 나열되고, 질문 아래에 정답을 표시하는 데 필요한 공간이 보인다.
• Flash command Get Variable 액션을 사용하여 검색할 수 있는 변수는 다음과 같다.

  - score 정답을 맞힌 질문 수
  - percentage 정답을 맞힌 질문 수/총 질문 수

8) WordScramble

WordScramble 플래시 개체는 테스트 용도로 사용한다. 정답을 구성하는 데 필요한 문자를 제공하고, 정답 표시 영역에 문자를 끌어 놓아 문자의 조합이 정답과 일치할 때 테스트를 통과한 것으로 한다. WordScramble 플래시 개체를 선택한 후 Insert 버튼을 클릭하면 Border Color 대화상자가 열린다.

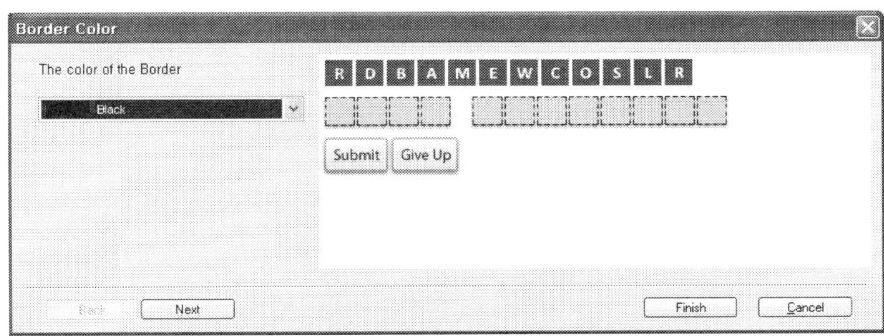

- 애니메이션의 테두리 색상은 The color of the Border 드롭다운 버튼에서 선택한다.
- Next 버튼을 클릭하면 애니메이션 설정에 있어서의 파라미터 용도와 그 값을 참조하여 애니메이션 속성을 설정할 수 있다.
- Finish 버튼을 클릭하면 애니메이션이 삽입된다.
- 페이지에 삽입된 애니메이션 속성은 애니메이션 속성 창의 파라미터 탭에서 설정한다.

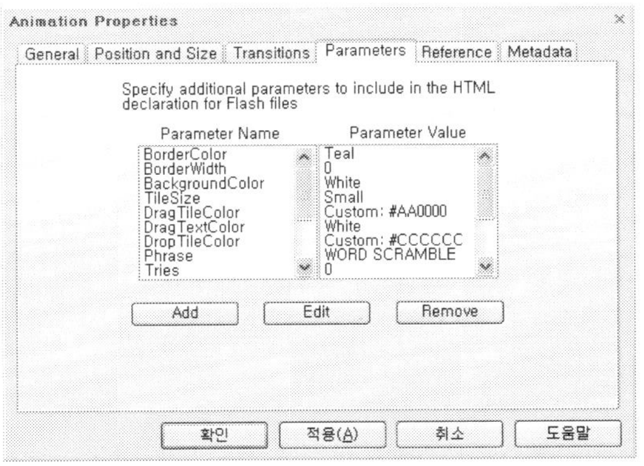

파라미터는 정답에 해당하는 문자열, 게임 반복 횟수 등으로 구성된다.

- Phrase를 선택한 후 Edit 버튼을 클릭하면 정답을 정의할 수 있다. 정답에 사용된 문자는 정답을 조합하는 데 필요한 문자로 제시된다.

파라미터의 값을 변경하면 WordScramble 플래시 개체의 속성이 해당 속성으로 변경된다.

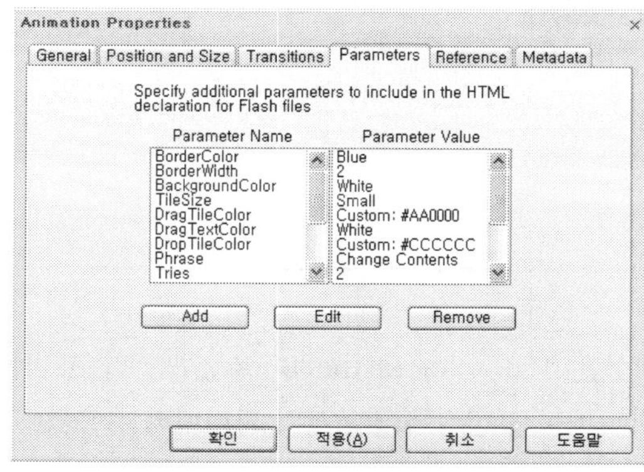

- 파라미터 BorderColor의 값은 애니메이션의 테두리 색상을 지정한다. 단, BorderWidth의 값이 0이면 테두리는 표시되지 않는다.
- 파라미터 Tries의 값은 게임 반복 횟수를 지정한다.

파라미터 BorderColor의 값을 Blue로, BorderWidth의 값을 2로, Phrase의 값을 'Change Contents'로, Tries의 값을 2로 지정하면 애니메이션은 다음과 같이 나타난다.

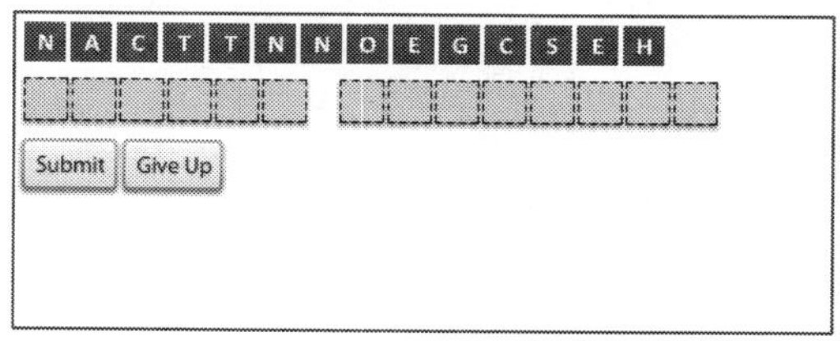

- 문자가 담길 공간에 상단에 나열된 문자를 끌어 놓는다.
- 정답 결과를 확인하려면 Submit 버튼을 클릭한다.
- Give Up 버튼을 클릭하면 정답을 보여준다.

문제를 모두 풀면 테스트가 종료된다.

- Flash command Get Variable 액션을 사용하여 검색할 수 있는 변수는 다음과 같다.
  - result 게임의 결과. 1이면 승, -1이면 패를 뜻한다.
- Change Contents 액션을 활용하면 플래시 무비의 변수 값을 표시할 수 있다.

예 | 플래시 무비 Hangman을 실행하고, 텍스트 버튼 '결과 보기'를 클릭하면 텍스트 블록 Text Block 1에 게임을 하여 맞힌 질문의 수를 표시하려면 다음과 같이 한다.

액션 항목	결과 보기	
	Action 1	Action 2
On	Mouse Click	Mouse Click
Action	Flash Command	Change Contents
Target	Hangman	Text Block 1
Command	Get Variable	
Name	score	
Variable	disp	
New Contents		disp

(a) Hangman의 변수 score의 값을 변수 disp에 저장한다.
(b) 변수 disp의 값을 텍스트 블록 Text Block 1에 표시한다.

disp는 사용자 정의 변수이다.

9) 파라미터 추가하기

Animation Properties 창에서 Add 버튼을 클릭하면 파라미터를 추가할 수 있다. 추가 가능한 파라미터의 종류는 다음과 같다.

파라미터 이름	파라미터 이름
• bgcolor	• menu
• align	• quality
• allowfullscreen	• salign
• base	• scale
• flashvars	• wmode
• loop	• SeamlessTabbing

플래시 무비를 웹 브라우저에서 재생하려면 무비를 작동하고 브라우저 설정을 지정할 html문서가 필요하다. html 파라미터는 플래시 무비의 위치, 배경 색상, 크기 등을 결정하며 object, embed 태그의 속성을 설정한다. 플래시 출판 설정은 다음과 같다(▶Title21).

dimensions 옵션

object, embed 태그의 width, height 속성의 값을 설정한다.

- 무비 원래 크기로 지정하려면 match movie (the default)를 선택한다.
- 픽셀의 크기로 지정하려면 pixels를 선택한다.
- 브라우저 창에 비례하는 크기로 지정하려면 percent를 선택한다.

– 파라미터 값: 수치

playback 옵션

무비의 재생과 특징을 조정한다.

- paused at start는 무비가 로드될 때 재생이 되지 않게 한다. 기본적으로 무비는 로드되는 순간 재생되게 설정되어 있다. (parameter play=true).
- loop는 무비가 마지막 프레임을 재생했을 때 첫 프레임부터 다시 재생되도록 한다. (parameter loop=on)
- display menu는 무비를 마우스 오른쪽 버튼으로 클릭했을 때 단축 메뉴를 보여준다. (parameter menu=true)
- select device font를 선택하면 사용자 시스템에 설치되지 않은 폰트를 폰트 표면이 부드럽게 처리된 anti-aliased 시스템 폰트로 대체할 수 있다. device font는 텍스트의 가독성을 높이고 무비 파일의 용량을 줄인다. 이 옵션은 단순한 텍스트에 해당하는 static text를 포함한 무비에만 영향을 준다.

– 파라미터 값: true | false | on | off

quality 옵션

무비 재생 속도와 무비의 화질을 결정한다. 무비의 재생 속도와 화질은 서로 상관관계에 있어, 재생 속도를 높이면 화질이 떨어지고 화질을 향상시키면 재생 속도가 떨어진다. 무비의 화질은 anti-aliasing 효과의 적용 여부에 따른다. anti-aliasing 효과는 프레임을 부드럽게 처리한다. 이 옵션은 object, embed 태그의 파라미터 quality의 값을 설정한다.

- low는 재생 속도에 초점을 맞춰 anti-aliasing 효과를 적용하지 않는다.
- auto low는 재생 속도에 초점을 맞추지만 필요 시 anti-aliasing 효과를 적용한다.
- auto high는 재생 속도와 화질을 동일하게 초점을 맞추지만 프레임율이 지정 프레임율에 떨어지는 경우 anti-aliasing 효과를 해제하여 재생 속도를 향상시킨다.
- medium은 비트맵을 제외하고는 어느 정도 anti-aliasing 효과를 적용한다. low 설정보다는 화질이 높지만 high 설정보다는 화질이 떨어진다.
- high는 기본 설정으로서 재생 속도보다 화질에 초점을 맞춰 항상 anti-aliasing 효과를 적용한다. 무비가 애니메이션을 포함할 때는 비트맵은 부드럽게 처리되지 않는다.
- best는 최상의 화질을 제공하며, 재생 속도는 고려하지 않는다. 출력되는 모든 것들이 부드럽게 처리된다.

  – 파라미터 값: low | medium | high | autolow | autohigh | best

window mode 옵션

object, embed 태그에서 html의 wmode 속성을 설정한다.

- window는 object, embed 태그에 어떠한 window 관련 속성도 넣지 않는다. 무비의 배경은 불투명하며 html의 배경 색상이 된다. 무비 자신의 윈도우를 열고 재생하는 관계로 플래시 무비와 상하로 겹친 개체는 표시되지 않는다. 이 옵션은 object 태그의 파라미터 wmode의 값을 window로 설정한다.
- opaque는 무비의 배경을 불투명하게 하며, 무비의 밑에 놓인 개체를 감추고 무비의 위에 놓인 개체를 표시한다. 이 옵션은 object 태그의 파라미터 wmode의 값을 opaque로 설정한다.
- transparent는 무비의 배경을 투명하게 하며, 무비의 상하로 겹친 개체를 모두 표시한다. 이 옵션은 object 태그의 파라미터 wmode의 값을 transparent로 설정한다.

  – 파라미터 값: window | opaque | transparent

html alignment 옵션

html 페이지에 포함된 텍스트, 이미지 등의 html 요소와 관련하여 html 페이지에서 무비 창을 어떻게 위치시킬 것인지 결정한다.

- default는 무비를 브라우저 창의 가운데에 위치시킨다. 브라우저 창이 무비 보다 작으면 상・하・위・아래의 경계를 잘라낸다.
- left, right, top, bottom은 무비를 브라우저 창의 해당 경계를 따라 위치시키고 브라우저 창이

무비 보다 작게 되면 나머지 세 경계를 잘라낸다.

- 파라미터 값: default | l | r | t | b

TIP html alignment 설정은 무비가 html 페이지의 단일 요소일 경우에는 무비의 위치를 변경하지 않는다. html의 img 태그의 align 속성처럼 html 구성 요소와 관련하여 무비의 상대 위치를 조정한다. 결과적으로, 이 설정은 어떤 효과도 발생하지 않는 것처럼 보인다. 이 설정이 효과를 내려면 html 페이지에 텍스트, 이미지 등의 요소를 추가하든지, 무비가 정의된 태그를 다른 html 문서에 통합해야 한다.

scale 옵션

무비의 원래 크기를 %로 변경하였다면 무비를 지정된 바운더리 내부에 놓을 수 있다. scale 옵션은 무비의 크기 조정과 관계있다. object, embed 태그의 파라미터 scale의 값을 설정한다. 브라우저 창의 크기를 조정하면 다음 설정이 적용된다.

- default (show all)는 무비의 가로/세로 비율을 유지하여 무비를 왜곡하지 않고 지정된 영역에 무비 전체를 보여준다. 무비의 스테이지 바운더리가 모두 나타난다.
- noborder는 플래시의 가로/세로 비율을 일정하게 유지하면서 무비 창 영역을 채우게 무비를 크기를 조정한다. 바운더리가 나타나지 않도록 한다.
- exactfit는 무비 창 영역에 플래시를 모두 보여준다. 단, 가로/세로 비율을 유지하지 않아 왜곡된 모양이 된다.

- 파라미터 값: showall | noborder | exactfit

salign 옵션

width and height에 설정된 영역에서 플래시 무비가 어디에 위치할 것인지 지정한다. 이 옵션은 object, embed 태그의 파라미터 salign의 값을 설정한다.
html alignment가 무비 표시 영역을 html 내부에서 정렬하는데 반해 flash alignment는 무비를 무비 표시 영역 내부에서 정렬한다. horizontal 옵션은 left, center, right를 vertical 옵션은 top, center, bottom의 값을 지닌다.

- 파라미터 값: l | r | t | b | tl | tr | bl | br

예제 | 무비를 웹에 올린 모양은 다음 그림과 같다(▶Title21).

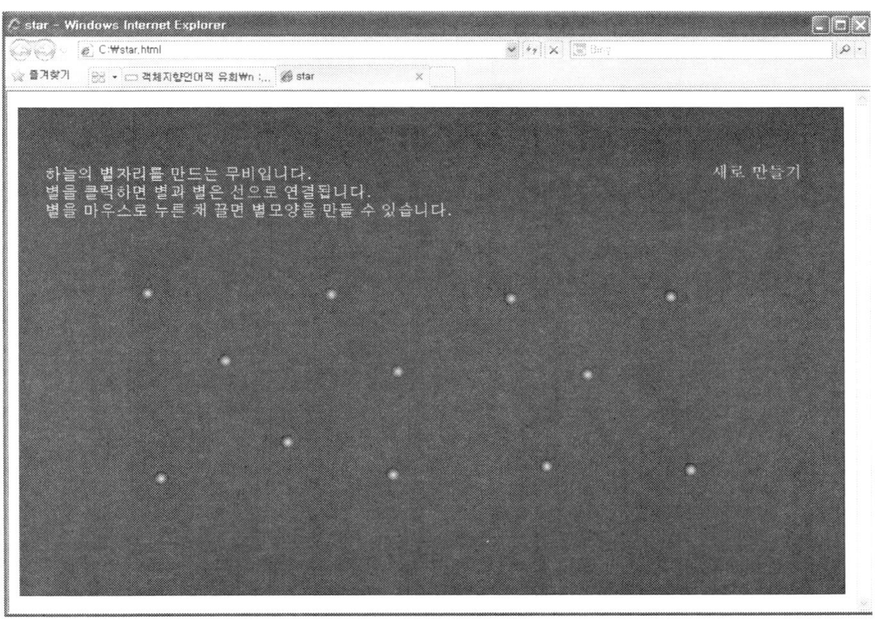

다음 장면은 scale과 salign의 값을 변경한 후 브라우저의 크기를 조정한 장면이다.

- scale을 noborder로, salign을 l로 지정하면 무비는 왼쪽을 기준으로 정렬된다.

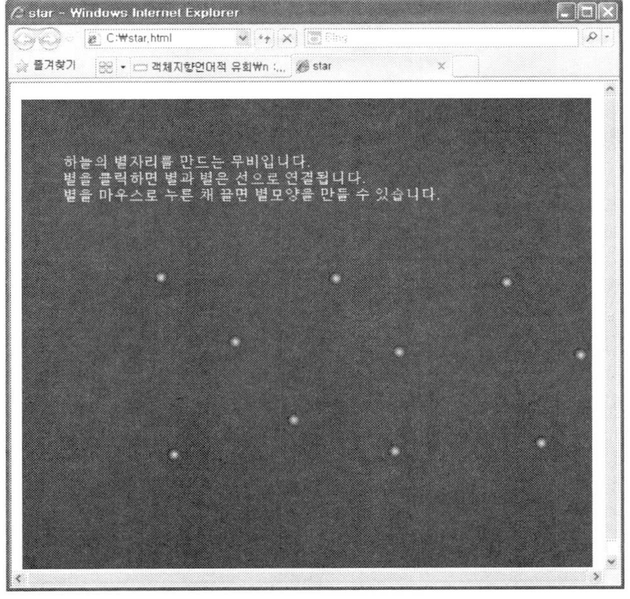

- scale을 noborder로, salign을 r로 지정하면 무비는 오른쪽을 기준으로 정렬된다.

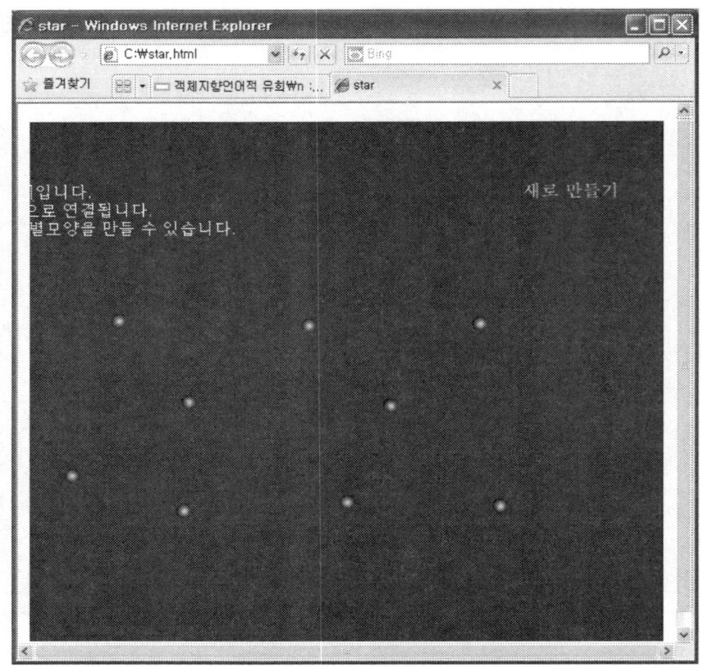

다음 태그 속성과 파라미터는 플래시로 출판한 html 문서에 적용할 수 있는 코드에 해당한다. 인터넷 익스플로러는 object 태그에 포함된 파라미터를 인식하며, 넷스케이프는 embed 태그에 포함된 파라미터를 인식한다.

movie

로드되는 SWF 파일의 이름을 지정한다. object 태그에만 적용된다.

- 파라미터 값: filename.swf

classid

Flash Player ActiveX 컨트롤을 확인한다. object 태그에만 적용된다.

- 속성 값: clsid:D27CDB6E-AE6D-11cf-96B8-444553540000

codebase

Flash Player ActiveX 컨트롤이 아직 설치되지 않은 경우 브라우저가 컨트롤을 자동으로 다운로드할 수 있도록 컨트롤의 위치를 확인한다. object 태그에만 적용된다.

– 속성 값: codebase='//download.macromedia.com/pub/shockwave/cabs/flash/swflash.cab#version=8,0,0,0

bgcolor

bgcolor 16진수 값(#rrggbb)을 사용하여 무비의 배경 색상을 설정한다.

– 파라미터 값: #rrggbb (예: #FF0000)

menu

플래시를 마우스 오른쪽 버튼으로 클릭했을 때 나타나는 단축 메뉴의 사용여부를 설정한다. 메뉴항목을 숨기려면 false를 지정한다.

– 파라미터 값: true | false

base

플래시 무비에 정의된 모든 상대 경로를 가리키는 디렉토리 혹은 주소를 규정한다.

– 파라미터 값: "."(기본 값) 혹은 무비(.swf)가 위치한 폴더

seamlesstabbing

seamless tabbing을 수행할 수 있도록 ActiveX 컨트롤을 설정한다. 이렇게 하면 사용자가 Flash 응용 프로그램 밖으로 탭 이동을 할 수 있다.

– true (혹은 생략)는 ActiveX 컨트롤이 seamless tabbing을 수행하게 설정한다. Tab 키를 누르면 주변의 HTML 내용으로 포커스가 이동한다.
– false는 ActiveX 컨트롤이 seamless tabbing을 수행하지 않게 설정한다. Tab 키를 누르면 Flash 응용 프로그램의 시작 부분으로 포커스를 이동시킨다.

– 파라미터 값: true | false

플래시 파라미터에 관한 구체적 내용은 매크로미디어사의 flash player tech-note를 참조한다.

렉토라가 제공하는 플래시 무비의 파라미터에 대한 간략한 설명은 다음과 같다.

Parameter	용도	값	기본값
Analog Clock (AnalogClock.swf)			
BackgroundColor	배경 색상	16진수 RGB	#FFFFFF
BorderColor	테두리 색상	16진수 RGB	#000000
BorderWidth	테두리 너비	수치	0
Style	스타일(1–5)	수치	1
UseSecondHand	초 침을 보임	True 혹은 False	True
Digital Clock (DigitialClock.swf)			
TextColor	텍스트 색상	16진수 RGB	#000000
Arrow Highlight (ArrowHighlight.swf) : 방향을 가리키는 화살표			
Animation	화살표 애니메이션(0–7)	수치	1
LoopAnimation	연속 재생	Boolean	False
BorderOpacity	테두리의 투명도	수치	100
FillColor	화살표 색상	16진수 RGB	#000000
FillOpacity	화살표를 채우는 투명 색상	수치	100
Angle(화살표 각도)	0 오른쪽, 90 아래, 180 왼쪽, 270 위쪽	수치	0
TailWidth	화살 끝 모양 너비	수치	20
TailLength	화살 끝 모양 길이	수치	35
HeadWidth	화살 시작 모양 너비	수치	40
HeadLength	화살 시작 모양 길이	수치	40
Flash Card (CardFlip.swf)			
CardColor	카드 색상	16진수 RGB	#DDDDDD
ImageFront	카드 전면의 이미지	Image, animated gif, Flash animation	
ImageBack	카드 뒷면의 이미지	Image, animated gif, Flash animation	
TextBack	카드 뒷면의 텍스트	텍스트	Click Here
TextBackSize	카드 뒷면의 텍스트 크기	수치	14
TextBackColor	카드 뒷면의 텍스트 색상	16진수 RGB	#000000
TextBackAlign	카드 뒷면의 텍스트 정렬	left, center, right	center
TextFront	카드 앞면의 텍스트	텍스트	
TextFrontSize	카드 앞면의 텍스트 크기	수치	14
TextFrontColor	카드 앞면의 텍스트 색상	16진수 RGB	#000000
TextFrontAlign	카드 앞면의 텍스트 정렬	left, center, right	center
CardSound	카드를 클릭할 때의 소리	사운드 파일	Default Flip Sound
Question Character Race (CharacterRace.swf)			
NumberAllowedWrong	오답 허용 수	수치	1
CharacterImage	내 이미지	이미지 파일	
OpponentImage	상대방 이미지	이미지 파일	
TextQuestionHeader	질문 창 맨 앞부분의 텍스트	텍스트	True or False?
TextCorrect	정답시 피드백	텍스트	Correct!
TextIncorrect	오답시 피드백	텍스트	Incorrect
TextOpponent	상대방 레인에 표시할 텍스트	텍스트	Opponent
TextYou	내 레인에 표시할 텍스트	텍스트	You
TextFinish	결승점 영역 내부의 텍스트	텍스트	FINISH
TextStartRace	출발 버튼 텍스트	텍스트	Start Race!
TextTrue	맞다는 버튼에 표시될 텍스트	텍스트	True
TextFalse	틀린다는 버튼에 표시될 텍스트	텍스트	False

Parameter	용도	값	기본값
TextYouLose	졌을 때 보여 줄 피드백 텍스트	텍스트	You Lose.
TextYouWin	이겼을 때 보여 줄 피드백 텍스트	텍스트	You Win!
Question1	첫 번째 질문 텍스트	텍스트	
Answer1	첫 번째 답 텍스트	True or False	True
Female Animated Character, Male Animated Character			
Audio Explanation	입을 움직여 오디오 파일을 말하며, 간단한 제스쳐를 한다.		
Bullets with One Audio	오디오 파일을 말하며 여러 개의 불릿을 제시한다.		
Bullets Sync with Audio	불릿 한 개에 오디오 파일 한 개를 말한다.		
Sound1	캐릭터가 말하는 사운드	사운드 파일	
TextBold	굵은 글자	Boolean	False
UseBullets	불릿 사용 유무	Boolean	True
SecondsBetweenBullets	자동실행 상태에서 불릿 사이의 시간(초)	수치	1
AutoPlay	불릿을 자동적으로 보임	Boolean	True
Bullet1	첫 번째 불릿 텍스트	텍스트	Bullet Point 1
Matching Pair Game (MatchingPairGame.swf)			
Image1	첫 번째 짝짓기 할 이미지	이미지 파일	
Text1	첫 번째 짝짓기 할 앞면 텍스트	텍스트	
ImageBack	카드 뒷면의 이미지	이미지 파일	
Photo Viewer (PhotoViewer.swf)			
ChangeDelay	초로 나타낸 사진 사이의 지연시간	수치	3
TextBackgroundColor	텍스트의 배경 색상	16진수 RGB	#DDDDDD
Buttons	버튼 활성 유무	Enabled, Disabled	Enabled
ArrowKeys	화살표 키 활성 유무	Enabled, Disabled	Enabled
Text Animation (TextAnimation.swf)			
Text	텍스트	텍스트	Hello World!
Animation	텍스트 애니메이션(1-10)	수치	1
LetterDelay	1/10초로 표시한 문자 사이 간격	수치	0.1
LetterSpeed	1/10초로 표시한 문자의 속도	수치	0.5
Jigsaw puzzle (JigsawPuzzleGame.swf)			
Image	퍼즐에 사용할 이미지 파일	이미지 파일	
Difficulty	퍼즐 조각 수에 기초한 난이도(1-4)	수치	1
ShowOutlines	아웃라인 표시 유무	Boolean	True
Tic Tac Toe (TicTacToeGame.swf)			
GridColor	Tic Tac Toe 그리드 색상	16진수 RGB	#000000
GridWidth	테두리 너비	수치	2
XColor	X 표시 색상	16진수 RGB	#666666
OColor	O 표시 색상	16진수 RGB	#000000
Reveal (Reveal.swf)			
ImagePath	이미지 파일 경로	파일 경로	
RandomizeQuestion	무작위 질문 여부	True 혹은 False	False
Complexity	타일의 수	수치	9
LockTilesOnIncorrect	타일을 잠금	16진수 RGB	True
QuestionHeaderText	제목 표시줄에 나타낼 문자열	텍스트	True or False?
Correct Text	정답시 피드백	텍스트	Correct!
Incorrect Text	오답시 피드백	텍스트	Incorrect!

3, Extenal HTML

외부 HTML 개체는 렉토라의 고급 기능으로서 CGI, ASP, PHP, Java Script 등의 스크립트를 HTML 양식으로 문서에 입력할 수 있는 여지를 제공한다(▶Title22).

HTML 코드는 〈head〉…〈/head〉 태그와 〈body〉…〈/body〉 태그에 삽입한다.

- HTML과 자바스크립트를 페이지의 헤더에 두려면 External HTML 개체의 Header Scripting 옵션을 사용한다.
- HTML과 자바스크립트를 페이지의 바디 부분에 두려면 External HTML 개체의 Other 옵션을 사용한다.

✎ 외부 HTML은 한 페이지에 하나만 삽입할 수 있다. 왜냐하면, 각 스크립트마다 특유의 파일 확장자가 붙기 때문이다.

1) Shockwave Movie

쇽웨이브와 플래시는 멀티미디어 재생기이다. 쇽웨이브 파일 포맷 .dcr, .dir은 Director authoring application에 의해 제작된다. 플래시 파일 포맷 .swf는 Flash, FreeHand, Generator에 의해 제작된다. 쇽웨이브 무비를 타이틀에 삽입하려면 다음과 같이 한다.

❶ 타이틀의 왼쪽 프레임 창에서 쇽웨이브 무비를 추가할 페이지를 선택한다.
❷ External HTML 추가 버튼 을 클릭한다.
❸ 드롭다운 버튼 Object Type을 클릭하여 Shockwave Movie를 선택한다.

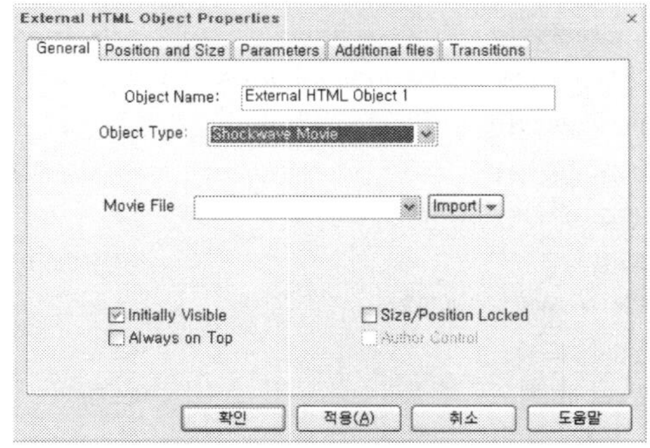

❹ Import 버튼을 클릭한다.

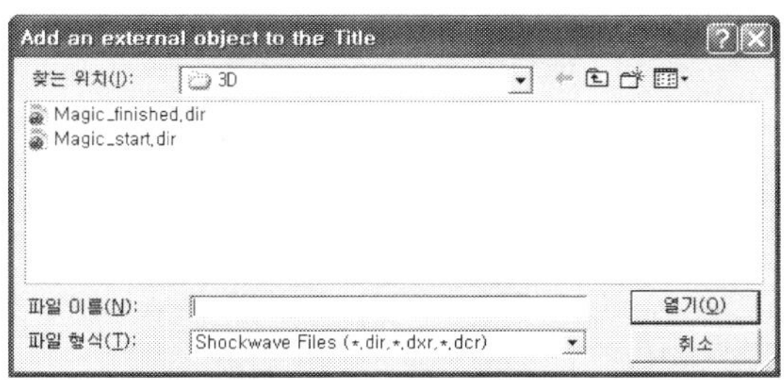

❺ .dir 파일을 선택한 후 열기 버튼을 클릭한다.

- 쇽웨이브 무비가 여러 개의 무비로 구성된 경우에는 Additional files 탭을 클릭하여 무비를 구성하는 나머지 무비를 모두 추가한다.

❻ 확인 버튼을 클릭한다.

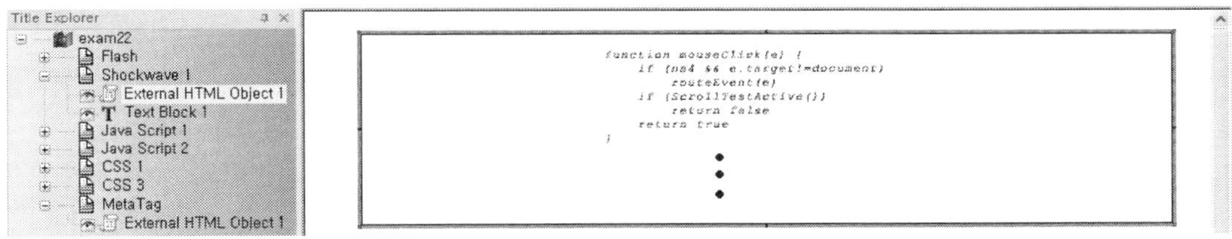

❼ 컨텐트 페이지에 삽입된 External HTML 개체의 핸들을 조정하여 쇽웨이브 무비가 충분히 보일 수 있는 크기로 확대한다.

- 쇽웨이브 무비를 보려면 컴퓨터에 쇽웨이브 플레이어를 설치해야 한다.

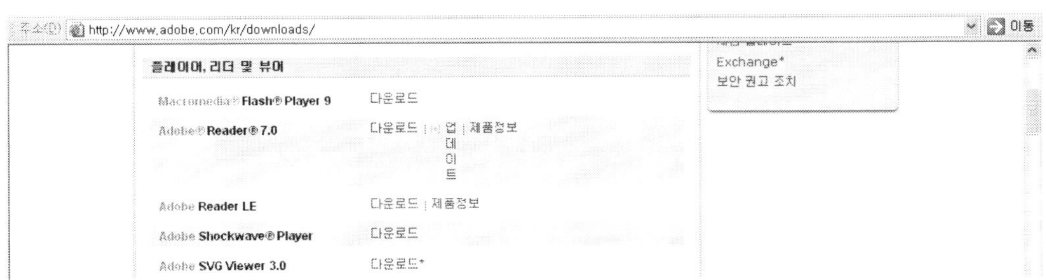

Director sample movies는 아래의 사이트를 방문한다.

✎ http://www.adobe.com/cfusion/knowledgebase/index.cfm?id=tn_14350

2) Flash Movie

플래시 무비를 외부 HTML로 연결하는 방법은 쇽웨이브 무비를 연결하는 방법과 동일하다. 단, 이때는 Object Type으로 Flash Movie를 선택해야 한다(렉토라 2006 버전). 또한 플래시 무비가 여러 개의 무비로 구성된 경우에는 Additional files 탭을 클릭하여 무비를 구성하는 나머지 무비를 모두 추가한다.
렉토라 2010 버전에서는 Object Type으로 Flash Movie를 제공하지 않는다. 따라서 플래시는 애니메이션 추가 버튼을 클릭하여 삽입한다.

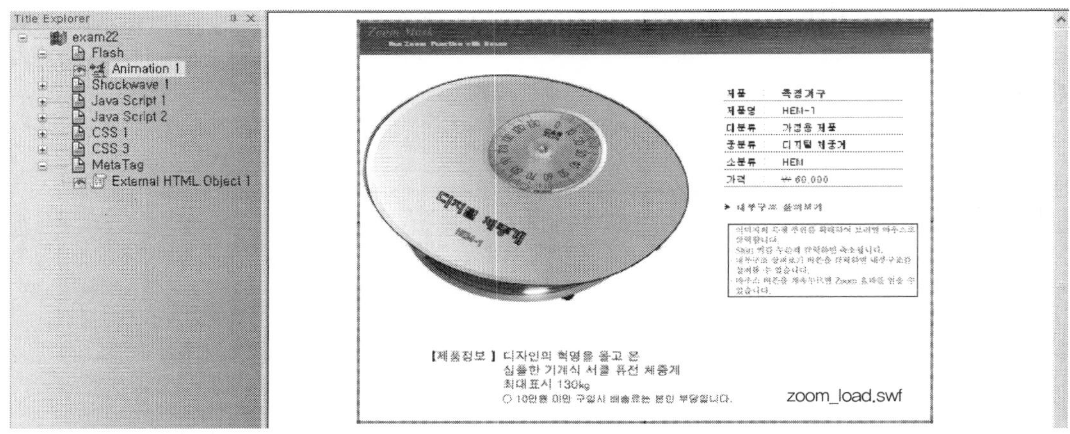

플래시 무비가 여러 개의 무비로 구성된 경우, 무비가 제대로 동작하려면 무비에 포함된 모든 파일을 웹에 올려야 한다. 예를 들어, 메인 플래시 무비 zoom_load.swf는 세 개의 무비를 포함한다고 하자.

플래시 무비 zoom_load.swf를 실행하려면 다음과 같이 한다.

❶ 애니메이션 추가 버튼 을 클릭한다.
❷ Import 버튼을 클릭하여 플래시 무비 zoom_load.swf를 선택하고 열기 버튼을 클릭한다.

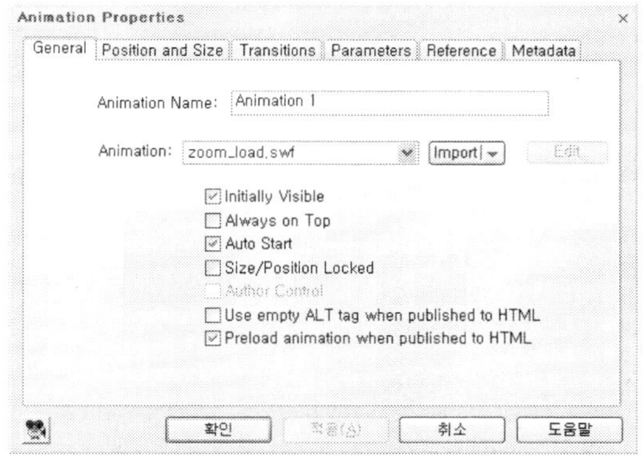

❸ 확인 버튼을 클릭한다.
❹ 타이틀 왼쪽 프레임 창의 타이틀 아이콘 exam22를 더블클릭한다.
❺ Additional files 탭을 클릭한다.
❻ Add File 버튼을 클릭한다.
❼ 파일을 선택하고 열기 버튼을 클릭한다.

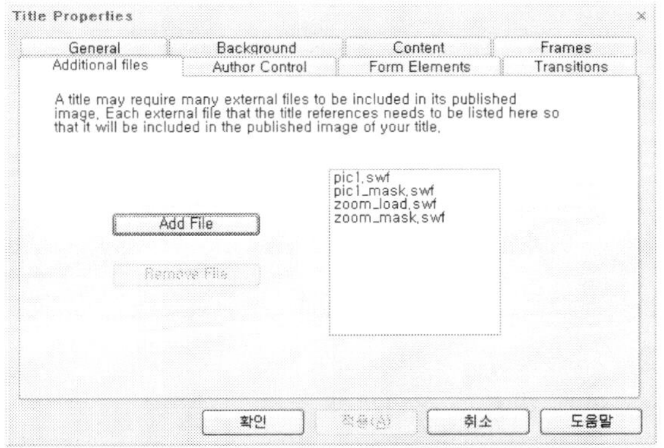

❽ 확인 버튼을 클릭한다.

✎ 여러 개의 무비로 구성된 플래시 무비는 Additional files 탭에 파일을 추가할 때 컨텐트 페이지에 삽입된 무비 자체도 함께 추가한다. 컨텐트 페이지에 삽입된 메인 무비는 images 폴더에 복사되고, 나머지 무비는 extern 폴더에 복사되기 때문에 무비 간에 서로 참조할 수 없기 때문이다. Run Mode, Preview Mode 하에서 플래시 무비의 실행여부를 확인하려면 extern 폴더에 복사된 나머지 플래시 무비를 images 폴더에 복사한다.

3) Java Applet

자바 애플릿이란 자바와 같은 객체지향 프로그래밍 언어를 사용하여 웹 페이지와 함께 사용자측으로 보내질 수 있도록 만든 프로그램으로서 자바 컴파일러(javac.exe)로 컴파일 되고, 웹브라우저 상에서 작동된다.

JAR 파일은 자바 애플릿을 위한 클래스, 이미지 및 사운드 파일들을 하나의 파일에 압축한 파일이다.

❶ 타이틀의 왼쪽 프레임 창에서 자바 애플릿을 추가할 페이지를 선택한다.
❷ External HTML 추가 버튼 을 클릭한다.
❸ 드롭다운 버튼 Object Type을 클릭하여 Java Applet을 선택한다.

Jar 파일은 ZIP 파일 형태로 압축된 파일로서 애플릿과 관련된 클래스 및 리소스를 포함한다. Jar 파일을 사용하려면 Use Jar File 옵션을 선택하고 Jar 파일과 클래스 이름을 지정한다.

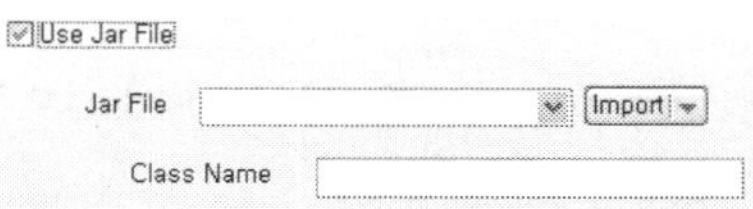

❹ Import 버튼을 클릭한다.

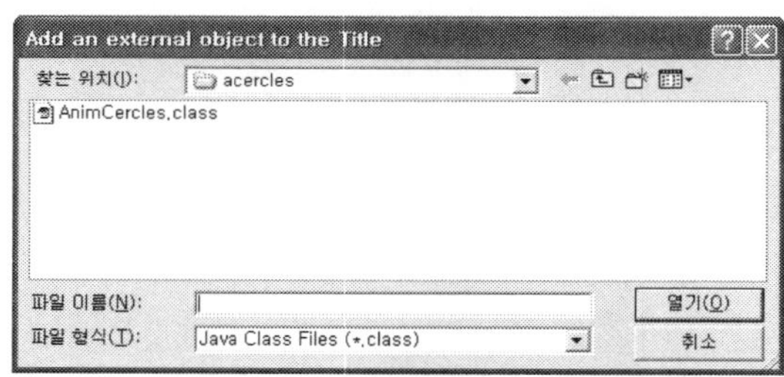

❺ class 파일을 선택하고 열기 버튼을 클릭한다.

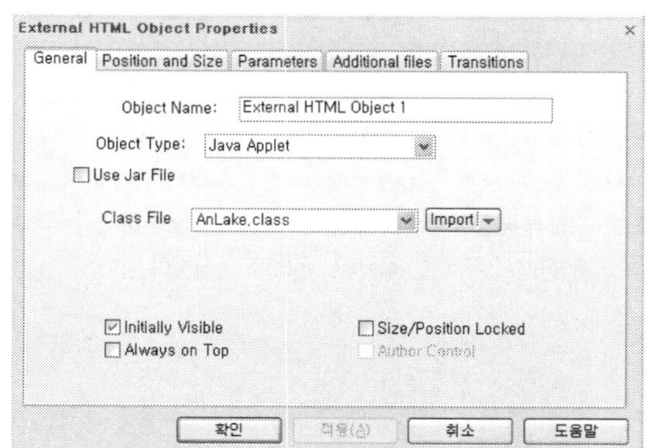

❻ Parameters 탭을 클릭하고 파라미터 이름과 값을 입력한다.

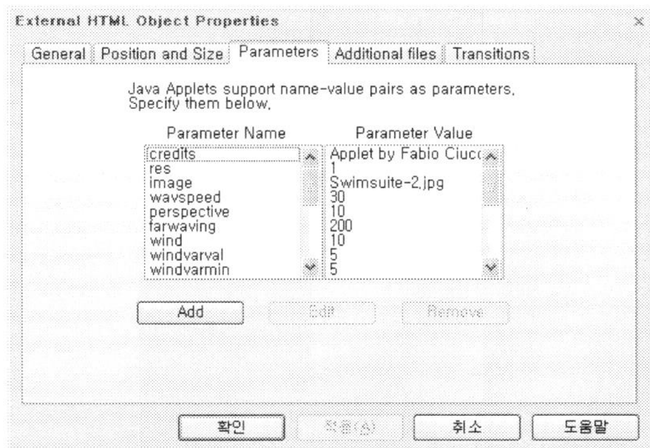

파라미터 이름과 값은 자바 애플릿과 함께 제공되는 html 파일의 〈APPLET〉 태그를 참조하여 입력한다.

✎ 윈도우 XP에서 자바를 사용하려면 685 페이지의 자바 설정 방법을 참조한다.

```
<APPLET code="AnLake.class" width="307" height="230">
<param name="credits" value="Applet by Fabio Ciucci (www.anfiteatro.it/java.html)">
<param name="res" value="1">
<param name="image" value="Swimsuite-2.jpg">
<param name="wavspeed" value="30">
<param name="perspective" value="10">
<param name="farwaving" value="200">
<param name="wind" value="10">
<param name="windvarval" value="5">
<param name="windvarmin" value="5">
<param name="windvarmax" value="15">
<param name="overimg" value="NO">
<param name="overimgX" value="140">
<param name="overimgY" value="150">
<param name="textscroll" value="NO">
<param name="regcode" value="NO">
<param name="regnewframe" value="NO">
<param name="regframename" value="_blank">
<param name="statusmsg" value="AnLake applet">
<param name="memdelay" value="1000">
<param name="priority" value="3">
<param name="MinSYNC" value="10">
</APPLET>
```

파라미터 설명

- regnewframe : 새 프레임에서 reglink에 지정한 페이지의 디스플레이 여부
- regframename : reglink에 지정한 새 프레임 이름
- reglink : 애플릿을 클릭했을 때의 선택적인 URL 링크
- statusmsg : 상태표시줄 메시지
- res : 해상도 (1..8)
- image : 로드할 이미지
- wavspeed : 파도 속도 (1..200)
- perspective : 원근 투시 (1..100)
- farwaving : 멀리 있는 파도 강도 (1..10000)
- wind : 바람 강도 (1..20)
- windvarval : 바람 변화 속도 (0..200)
- windvarmin : 바람 변화 최소값 (0..20)
- windvarmax : 바람 변화 최대값 (0..20)
- overimg : 애플릿 상의 이미지
- overimgX : 오버레이 이미지에 대한 X 위치
- overimgY : 오버레이 이미지에 대한 Y 위치
- memdelay : 메모리 할당 해제 지연
- priority : 작업 우선 순위 (1..10)
- MinSYNC : 최소한의 프레임 당 0.001초 단위

❼ 자바 애플릿이 다른 파일을 참조하는 경우에는 Additional files 탭을 클릭하여 참조 대상 파일을 모두 추가한다.

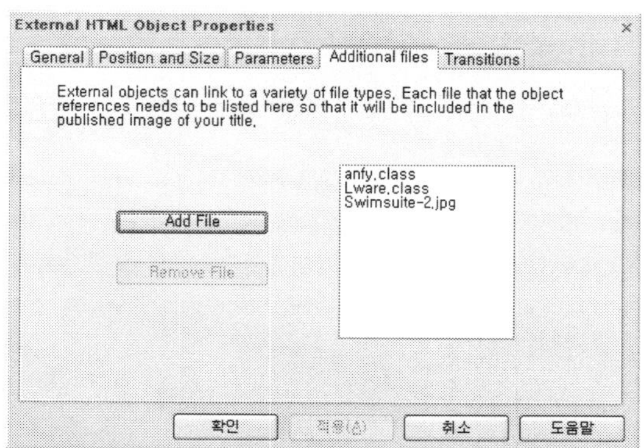

❽ 확인 버튼을 클릭한다. External HTML 개체가 삽입된다.

External HTML 개체의 크기는 자바 애플릿이 충분히 나타날 수 있게 조정한다. 예를 들어, 애플릿이 이미지에 특수 효과를 주는 것이라면 External HTML 개체의 크기를 이미지의 크기와 동일하게 조정한다.

✎ 자바 애플릿을 실행하려면 J2SE Runtime Environment 5.0 플러그인을 설치해야 한다.

✎ Object Type으로 Other를 선택하고, 애플릿 코드를 Custom HTML 필드에 직접 입력하면 자바 애플릿을 간편하게 추가할 수 있다.

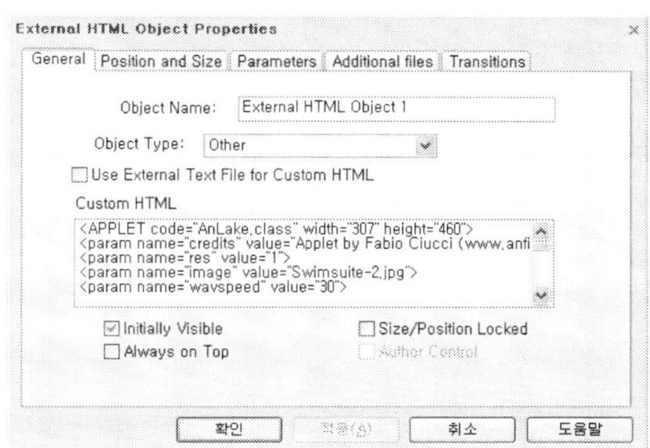

class 파일 및 애플릿 코드에 삽입된 그림 파일은 Additional files 탭에 추가한다.

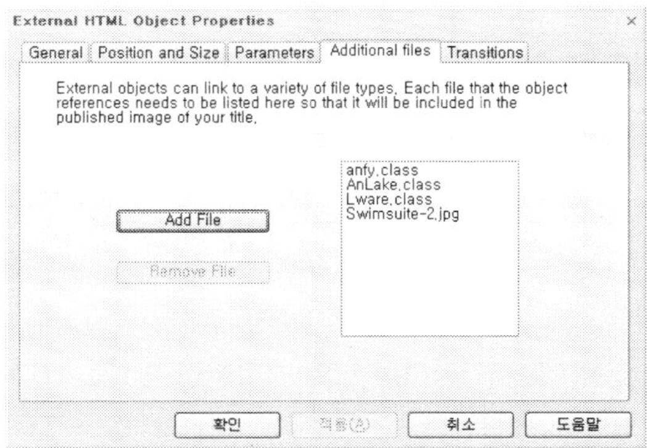

4) HTML과 자바스크립트를 페이지의 헤더로 추가하기

HTML과 자바스크립트를 타이틀 페이지의 헤더로 추가하려면 다음과 같이 한다.

✎ 렉토라는 페이지 포맷 태그를 자동으로 처리하기 때문에 〈head〉…〈/head〉 태그를 입력하지 않는다. 기존의 헤드 개체에 별도의 스크립트만 추가하면 된다. 추가된 스크립트는 자바스크립트 태그 내에 위치하게 된다.

❶ 타이틀의 왼쪽 프레임 창에서 HTML 혹은 자바스크립트를 페이지 헤더로 추가할 페이지를 선택한다.
❷ External HTML 추가 버튼 을 클릭한다.
❸ 드롭다운 버튼 Object Type을 클릭하여 Header Scripting을 선택한다.
❹ HTML 혹은 자바스크립트를 Custom HTML 필드에 직접 입력한다.

HTML 혹은 자바스크립트가 다른 파일을 참조하는 경우에는 Additional files 탭을 클릭하여 참조대상 파일을 모두 추가한다.

❺ 확인 버튼을 클릭한다.

풀 스크린 모드를 구현하는 예제 스크립트는 다음과 같다.

```
function fullWin() {
       window.open("page_2.html","","fullscreen");
}
window.opener="nothing";
window.open('','_parent','');
window.close();
```


5) HTML과 자바스크립트를 페이지의 바디에 추가하기

HTML과 자바스크립트를 타이틀 페이지의 바디에 추가하려면 다음과 같이 한다.

✎ 렉토라는 페이지 포맷 태그를 자동으로 처리하기 때문에 〈head〉…〈/head〉, 〈body〉…〈/body〉 태그를 입력하지 않는다. 기존의 바디 개체에 별도의 스크립트만 추가하면 된다. 추가된 스크립트는 〈DIV〉 블록내에 위치하게 된다.

- HTML과 자바스크립트를 타이틀 페이지의 바디에 추가하는 방법은 HTML과 자바스크립트를 페이지의 헤더로 추가하는 방법과 동일하다. 단, 이때는 Object Type으로 Other를 선택해야 한다.
- HTML 혹은 자바스크립트가 다른 파일을 참조하는 경우에는 Additional files 탭을 클릭하여 참조대상 파일을 모두 추가한다.

6) ASP Script

ASP는 마이크로소프트 윈도우 환경 하에서 사용될 수 있는 웹프로그래밍 언어이다. ASP는 Server Side Script라는 기술을 통하여 서버가 데이터 처리를 수행하고 그 결과만을 클라이언트에게 전달한다. 따라서 ASP 스크립트를 사용하기 위해서는 사용자의 계정이 등록된 서버가 마이크로소프트의 윈도우 서버인지 확인할 필요가 있다.

- HTML에 ASP 코드를 삽입한 경우, ASP 코드가 제대로 실행되려면 파일 확장자를 반드시 .asp로 저장한다.
- ASP 코드와 JSP 코드, PHP 코드 등은 동일 페이지에 삽입될 수 없다. 왜냐하면 이들 코드는 모두 특정 확장자 이름으로 출판돼야 하기 때문이다.

❶ 타이틀의 왼쪽 프레임 창에서 ASP를 추가할 페이지를 선택한다.
❷ External HTML 추가 버튼 을 클릭한다.
❸ 드롭다운 버튼 Object Type을 클릭하여 ASP Script를 선택한다.
❹ ASP 스크립트를 Custom HTML 필드에 직접 입력한다.

- ASP 스크립트가 다른 파일을 참조하는 경우에는 Additional files 탭을 클릭하여 참조대상 파일을 모두 추가한다.

❺ 확인 버튼을 클릭한다.

사용자가 입력한 ID와 패스워드를 확인하는 예제 스크립트는 다음과 같다.

```
<%
user_id=request("user_id")
password=request("password")
Response.write "user_id" &user_id& "<br>"
Response.write "password" &password& "<br>"
%>
```

7) JSP Script

JSP는 정적 페이지를 동적 콘텐츠로 결합한 HTML 혹은 XML 페이지 제작에 보조 스크립트로 사용된다. JSP는 윈도우 NT의 IIS에서만 가동되는 ASP에 비해 대부분의 서버에서 가동되어 ASP의 대체 언어로 채택되고 있다.

- HTML에 JSP 코드를 삽입한 경우, JSP 코드가 제대로 실행되려면 파일 확장자를 반드시 .jsp로 저장한다.
- JSP를 타이틀 페이지에 추가하는 방법은 ASP를 페이지에 추가하는 방법과 동일하다. 단, 이때는 Object Type으로 JSP Script를 선택해야 한다.

- JSP 스크립트가 다른 파일을 참조하는 경우에는 Additional files 탭을 클릭하여 참조대상 파일을 모두 추가한다.

폼에 입력한 값을 추출하여 사용자에게 돌려주는 예제 스크립트는 다음과 같다.

```
Name: <%= request.getParameter("name") %> <br>
Color: <%= request.getParameter("color") %>
```

8) PHP Script

PHP는 HTML과 스크립트를 결합하여 동적 웹 페이지를 제작할 수 있는 스크립팅 환경을 제공한다. PHP는 MySQL, Oracle 등의 웹 데이터베이스와 연동할 수 있으며, 윈도우의 ODBC를 통해 특정 데이터베이스와의 연결을 가능하게 한다. 또한 PHP는 윈도우 계열 및 유닉스, 리눅스 등의 대부분의 서버에서 지원된다.

- HTML에 PHP 코드를 삽입한 경우, PHP 코드가 제대로 실행되려면 파일 확장자를 반드시 .php로 저장한다.
- PHP를 타이틀 페이지에 추가하는 방법은 ASP를 페이지에 추가하는 방법과 동일하다. 단, 이때는 Object Type으로 PHP Script를 선택해야 한다.
- PHP 스크립트가 다른 파일을 참조하는 경우에는 Additional files 탭을 클릭하여 참조대상 파일을 모두 추가한다.

폼에 입력한 값을 추출하여 사용자에게 돌려주는 예제 스크립트는 다음과 같다.

```
Welcome <?php echo $_POST["name"]; ?>.<br />
You are <?php echo $_POST["age"]; ?> years old!
```

9) ColdFusion

콜드퓨전은 서버 사이드 스크립팅 언어로서 HTML , XML과 거의 유사한 문법을 사용한다. 콜드퓨전은 .cfm이라는 확장자를 가진다.

- HTML에 ColdFusion 코드를 삽입한 경우, ColdFusion 코드가 제대로 실행되려면 파일 확장자를 반드시 .cfm으로 저장한다.
- ColdFusion을 타이틀 페이지에 추가하는 방법은 ASP를 페이지에 추가하는 방법과 동일하다. 단, 이때는 Object Type으로 ColdFusion을 선택해야 한다.

- ColdFusion 스크립트가 다른 파일을 참조하는 경우에는 Additional files 탭을 클릭하여 참조대상 파일을 모두 추가한다.

폼에 입력한 값을 추출하여 사용자에게 돌려주는 예제 스크립트는 다음과 같다.

```
<html>
<head><title>Hello</title></head>
<body>
<cfif Isdefined("name")>
      <cfoutput>* 이름 : #name#</cfoutput>
<cfelse>
      parameter not!
</cfif>
</body></html>
```

10) META Tags

HTML 메타태그는 웹 페이지의 정보를 기술한다. 어떤 웹 검색 엔진은 웹 페이지를 검색할 때 메타태그 정보를 이용한다.

❶ 타이틀의 왼쪽 프레임 창에서 메타태그를 추가할 페이지를 선택한다.
❷ External HTML 추가 버튼 을 클릭한다.
❸ 드롭다운 버튼 Object Type을 클릭하여 META Tags를 선택한다.
❹ 메타태그를 Custom HTML 필드에 직접 입력한다.

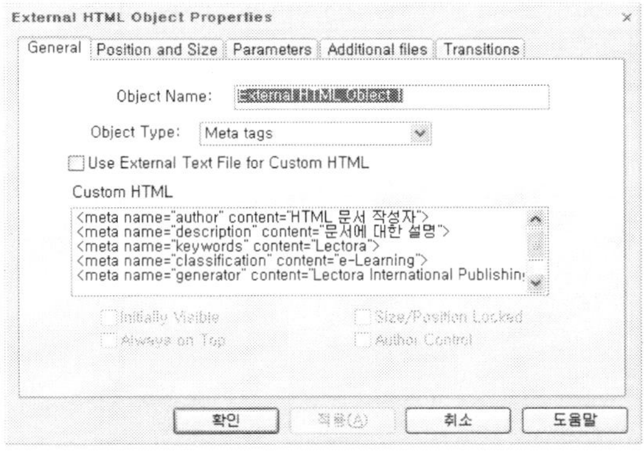

❺ 확인 버튼을 클릭한다.

페이지 정보를 입력하는 예제 스크립트는 다음과 같다.

```
<meta name="author" content="유병훈">
<meta name="description" content="External HTML Object">
<meta name="keywords" content="Lectora">
<meta name="classification" content="e-Learning">
<meta name="generator" content="Lectora International Publishing Suite v.2006">
<meta http-equiv="Pragma" content="no-cache">
<meta http-equiv="Content-Type" content="text/html;charset=euc-kr">
```

✎ CSS, JS 파일을 메타태그 Custom HTML 필드에 연결할 수도 있다.

```
<link rel="stylesheet" type="text/css" href="styles.css">
<script language= "JavaScript" src="externalFunctions.js"></script>
```

11) Cascading Style Sheets

페이지를 보여주는 방법, 개별 개체가 표시되는 방법을 제어하려면 스타일시트를 사용한다. CSS는 헤드 부분과 바디 부분의 코드를 구분하여 각각의 External HTML 개체로 삽입한다.

- 헤드 부분은 Object Type으로 Cascading Style Sheet를 선택한다.
- 바디 부분은 Object Type으로 Other를 선택한다.

❶ 타이틀의 왼쪽 프레임 창에서 메타태그를 추가할 페이지를 선택한다.
❷ External HTML 추가 버튼 을 클릭한다.
❸ 드롭다운 버튼 Object Type을 클릭하여 Cascading Style Sheet를 선택한다.
❹ Import 버튼을 클릭하여 CSS 파일을 선택한다.

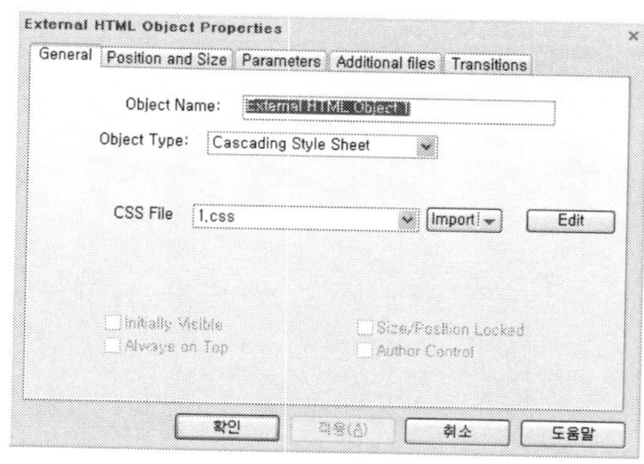

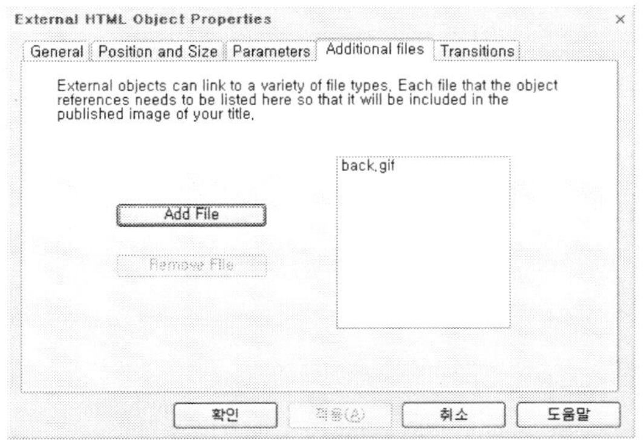

❺ 확인 버튼을 클릭한다.

그림 파일로 배경 화면을 만드는 1.CSS의 코드는 다음과 같다.

```
body
{
      background-image:url('back.gif')
}
```

✎ css를 외부파일로 저장할 때에는 태그는 삽입하지 않는다. 순수 css 부분만 저장한다.

스타일시트의 적용 방법은 크게 Inline 방식과 Embedding 두 가지 방식으로 나눌 수 있다. Inline 방식은 HTML의 바디 부분의 특정 태그 내에 스타일을 정의하여 그 태그에만 영향을 준다. 이에 반해 Embedding 방식은 헤드 부분에 스타일을 정의하여 바디 부분에 나오는 해당 태그에 영향을 준다. 문서 전체의 통일성을 기할 필요가 있을 때는 Embedding 방식을 따른다. 다음 예제는 Embedding 방식의 스타일시트를 보여준다.

```
<html>
<head>
<style type="text/css">
p:first-letter {
      color: #ff0000;
      font-size:xx-large;
}
</style>
</head>
<body>
<p>
텍스트의 첫 번째 문자에 특수 효과를 주기 위해 :first-letter pseudo-element를 사용할 수 있습니다.
```

```
</p>
</body>
</html>
```

예제 문서의 스타일시트를 외부 HTML 개체를 사용하여 적용하려면 헤드 부분과 바디 부분의 코드를 구분하여 각각의 External HTML 개체로 삽입한다.

❶ 헤드에서 정의한 스타일시트를 style.css란 이름으로 저장한다.

✎ 〈style type="text/css"〉 … 〈/style〉태그 내의 코드만 저장한다.

❷ Object Type으로 Cascading Style Sheet를 선택하고 style.css 파일을 지정한다.

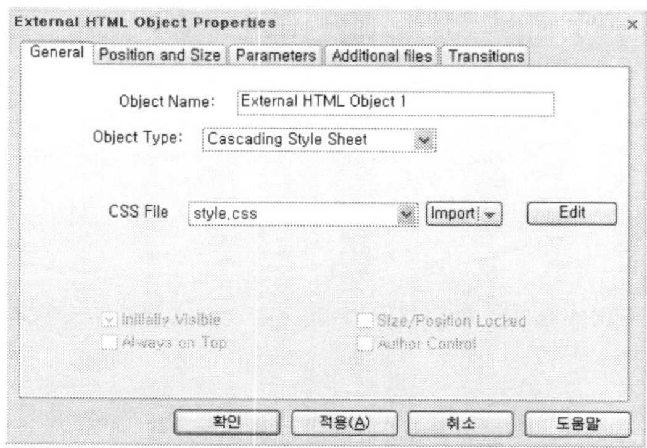

❸ HTML 문서의 바디 부분의 코드는 Object Type으로 Other를 선택하고 입력한다.

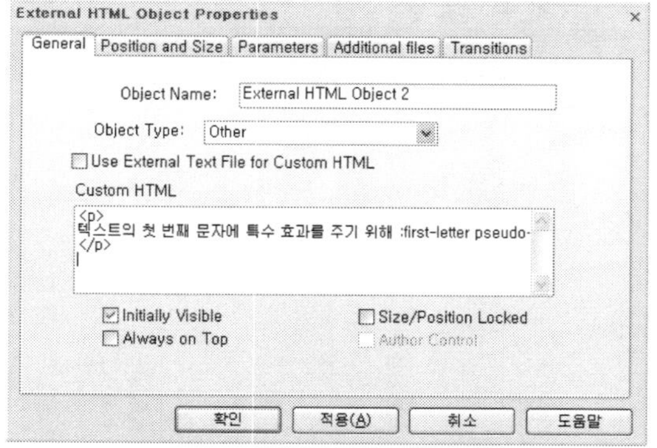

컨텐트 페이지에는 두개의 외부 HTML 개체가 삽입된다. 외부 HTML 개체의 크기를 적당하게 조정한다.

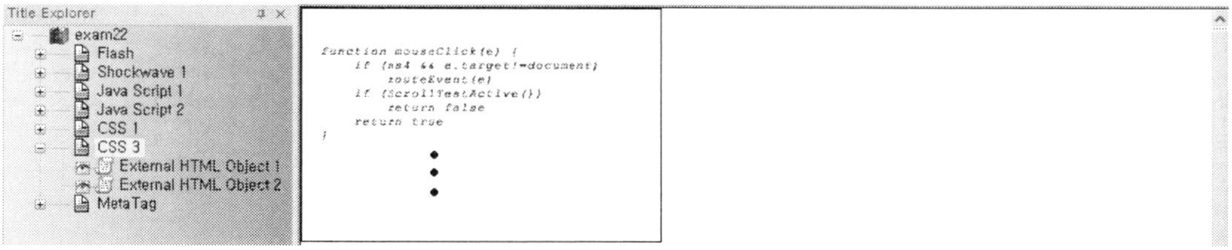

12) Top of file scripting

파일의 시작 부분에 코드나 코멘트를 삽입하려면 Top of file scripting을 선택한다. 삽입된 코드나 코멘트는 〈HTML〉 태그의 바깥 윗부분에 위치한다.

```
<!DOCTYPE HTML PUBLIC "-//W3C//DTD HTML 4.0 Transitional//EN">
```

13) Bottom of file scripting

파일의 끝 부분에 코드나 코멘트를 삽입하려면 Bottom of file scripting을 선택한다. 삽입된 코드나 코멘트는 〈HTML〉 태그의 바깥 아래 부분에 위치한다.

인터랙티브 액션

1) 액션의 기초

액션은 다음 세 가지 요소로 구성된다.

액션 구성 요소	기능
On	이벤트 유형. 이벤트는 강좌가 진행되는 동안 발생하는 것들을 가리킨다. 페이지가 열리는 것, 키를 누르는 것, 버튼을 클릭하는 것, 마우스를 클릭하는 것 등이 이벤트가 발생한 예가 된다. 액션이 삽입된 혹은 정의된 개체와 관련된 이벤트를 말한다.
Action	이벤트가 발생했을 때 실제로 일어나는 것을 가리킨다. 특정 개체를 나타내거나 숨기는 것, 변수 값을 변경하는 것, 특정 페이지 혹은 웹 주소로 이동하는 것, 폼 데이터를 전송하는 것, 그리고 비디오나 오디오를 재생하거나 멈추는 것 등이 액션의 예가 된다.
Target	액션이 먹히는 개체를 가리킨다. 타이틀, 타이틀 내의 페이지, 웹 주소, 개체, 그리고 타이틀의 변수 등이 타깃의 예가 된다. 개체의 이름 및 변수 이름이 사용된다.

이들 구성 요소는 함께 어우러져 최종 결과를 낳는다. 타이틀 편집 중 선택할 수 있는 액션의 종류 및 옵션은 개체 유형에 따라 달라진다.

On 이벤트

On 이벤트는 액션이 발생할 때를 알린다. 액션의 발생 시점은 선택한 개체에 맞게 지정한다. 예를 들어, On Done 이벤트는 비디오 개체에만 적용할 수 있다.

On 항목	액션 시작 시점
On Any Key	어떤 키든 눌렀을 때
On Keystroke	지정된 특정 키를 눌렀을 때
On MouseClick	액션을 내포한 개체를 마우스 왼쪽 버튼으로 클릭했을 때
On Mouse Double-Click*	액션을 내포한 개체를 마우스 왼쪽 버튼으로 더블클릭했을 때
On Mouse Enter	액션을 내포한 개체에 마우스 포인터를 놓았을 때
On Mouse Exit	액션을 내포한 개체에서 마우스 포인터가 바깥으로 빠졌을 때
On Show	액션을 내포한 개체가 처음 나타날 때 즉, 개체가 로드될 때
On Done Playing	비디오 혹은 오디오 개체의 재생이 끝났을 때
On Right Mouse Click*	액션을 내포한 개체를 마우스 오른쪽 버튼으로 클릭했을 때
On Hide	액션을 내포한 개체가 숨겨질 때
On Timer	지정된 시간 간격이 경과할 때

* : 웹 브라우저에서는 작용하지 않는다.

On Show 액션 개체가 텍스트 개체에 포함되어 있다면 On 이벤트는 텍스트가 보일 때를 말한다. 만일 On Show 액션 개체가 페이지 개체에 포함되어 있다면 On 이벤트는 페이지가 보일 때를 말한다.

Action 유형

Action 유형은 On 이벤트와 더불어 작동한다. Action은 어떤 명령을 실행할 것인지를 알린다.

Action 항목	명령 내용
Cancel Test/Survey	타깃 테스트/서베이를 취소한다.
Change Contents	타깃 개체의 콘텐츠를 다른 개체의 내용 혹은 변수의 값으로 변경한다.
Display Message	메시지를 담은 메시지 창을 연다.
Exit Title/Close Window	타이틀을 닫거나 팝업 창을 닫는다.
Flash Command	타깃 플래시 애니메이션을 제어한다.
Go To/Set Frame Contents	타깃으로 지정된 페이지, 프레임, 혹은 웹 주소로 이동한다.
Hide	타깃 개체를 숨긴다.
Launch a program/document	응용 프로그램을 실행하거나 문서 파일을 연다.
Modify Variable	타깃 개체의 변수 값을 변경한다.
Move To	타깃 개체의 X/Y 좌표를 이동시킨다.
Mute FLV Media	페이지에 삽입된 .flv 비디오의 소리를 죽인다.
None	아무런 액션도 실행하지 않는다.
Pause	비디오, 오디오, 애니메이션 등의 미디어 개체의 재생을 일시 정지한다.
Play	비디오, 오디오, 애니메이션 등의 미디어 개체를 재생한다.
Print Current Page	현재 열린 페이지를 인쇄한다.
Process Question	질문에 대한 처리를 하여 피드백을 보여준다.
Reset All Variables	타이틀의 모든 변수 값을 처음 설정 값으로 되돌린다.
Reset Form	폼 구성 요소 개체 상태를 처음 상태로 되돌린다.
Reset Question	타깃 질문을 대답하지 않은 원 상태로 되돌린다.
Reset Test/Survey	테스트/서베이를 처음 상태로 되돌린다.
Run Action Group	액션 그룹 내의 모든 액션이 실행된다. 액션 그룹에만 적용된다.
Set Progress	Progress Bar의 초기 진행 상태를 설정한다.
Show	타깃 개체가 나타나게 한다.
Size To	타깃 개체의 Width/Height 크기를 변경한다.
Step Progress	Progress Bar 속성에서 지정한 Step Size의 크기만큼 Progress Bar를 채워 넣는다.
Stop	비디오, 오디오, 애니메이션 등의 미디어 개체의 재생을 멈춘다.
Submit Form	폼 개체의 데이터를 이메일 혹은 CGI 프로그램으로 전송한다.
Submit Variable Values	정의된 모든 변수의 값을 이메일 혹은 CGI 프로그램으로 전송한다.
Submit/Process Test/Survey	테스트/서베이 결과를 이메일 혹은 CGI 프로그램으로 전송한다.
Toggle Play Mode	미디어 개체의 재생을 멈추거나 재생을 시작할 수 있다.
Toggle Visibility State	타깃 개체를 나타나게 하거나 숨길 수 있다.
Unmute FLV Media	페이지에 삽입된 .flv 비디오의 소리가 나오게 한다.

Target 항목

타깃 항목은 On 이벤트, Action의 대상이 된다.

Target 항목	명령 대상
Back	현재 페이지 이전에 보았던 페이지.
Chapter, Section, or Page	특정 Chapter, Section, 혹은 Page.
Current Page	스크롤 바를 이동시켜 타깃 개체를 보여준다.
First Page in Title	타이틀의 첫 번째 페이지.
Next Chapter, Page, or Section	다음 Chapter, Section, 혹은 Page.
Previous Chapter, Page, or Section	앞 Chapter, Section, 혹은 Page.
This Object	액션을 포함한 혹은 액션 개체가 부착된 개체 자신을 뜻한다.
Title	렉토라 타이틀.
Web Address	웹 주소. (http://kr.yahoo.com, mailto:yubh@hanmail.net)
Objects	특정 개체.
Variables	특정 변수.

(1) 액션 설정 방법

액션은 내장 액션과 외장(보조) 액션으로 구분된다. 내장 액션은 개체 속성 창에서 설정하며, 외장 액션은 액션 개체 속성 창에서 설정한다. 따라서 내장 액션의 실행 시점은 내장 액션이 설정된 개체의 On 이벤트 발생 시점이 되며, 외장 액션의 실행 시점은 외장 액션이 부착된 개체의 On 이벤트 발생 시점이 된다.

내장 액션과 외장 액션이 함께 지정된 경우 내장 액션이 먼저 실행되고 외장 액션이 부착된 순서에 따라 실행된다. 액션은 개체 속성 창에서 설정할 수도 있고, 외장 액션을 함께 부착할 수도 있다. 내장 액션은 버튼 개체 및 폼 구성 요소 개체에만 설정할 수 있으며, 외장 액션은 Table of Contents, Reference List, Document, Menu 개체를 제외한 모든 개체에 설정할 수 있다.

예 | 버튼 개체 애니메이션을 클릭하면 개체 Animation을 보이는 내장 액션을 설정하려면 다음과 같이 한다. 버튼 개체 애니메이션은 투명 속성을 지닌다.

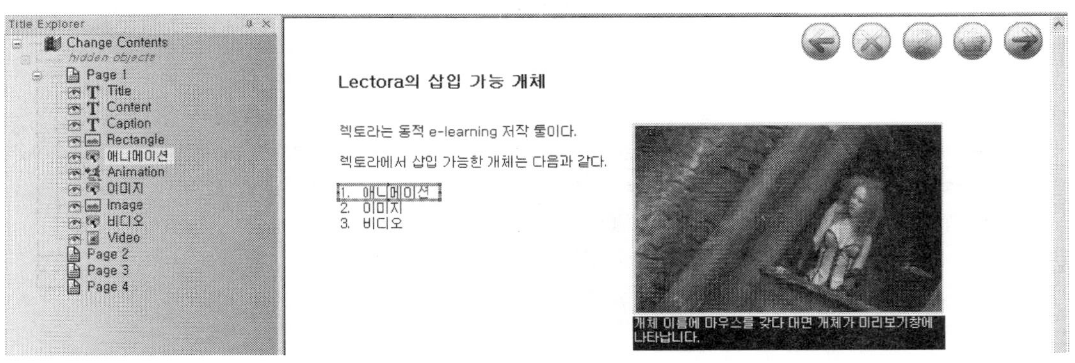

❶ 버튼 개체 애니메이션을 더블클릭한다.

❷ On Click 탭을 클릭한다.

❸ 드롭다운 버튼 Action을 클릭하여 Show를 선택한다.

❹ 드롭다운 버튼 Target을 클릭하여 Animation을 선택한다. 선택가능한 Target은 Action 종류에 따라 달라진다.

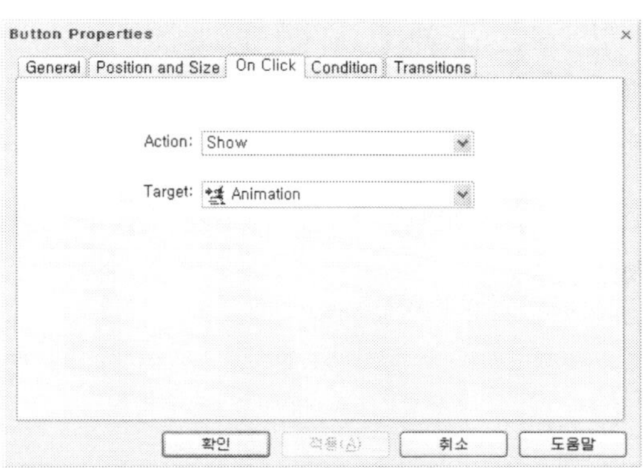

❺ 확인 버튼을 클릭한다.

버튼에 설정한 액션은 버튼을 클릭하면 개체 Animation을 보이라는 명령이다.

✎ 편집 상태( )에서는 액션이 실행되지 않는다. 실행 모드( ) 혹은 미리보기 모드( ) 상태에서 액션 결과를 확인한다. 특히, 타이틀을 웹으로 출판할 목적이면 브라우저에서 미리보기 모드( )로 액션 결과를 확인한다.

폼 구성 요소 개체 역시 내장 액션을 설정할 수 있다. 액션 설정 방법은 버튼 액션 설정 방법과 동일하다.

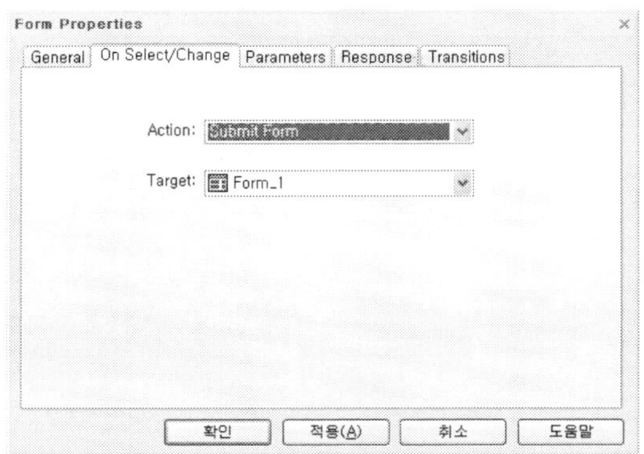

• 폼 구성 요소 개체의 내장 액션은 On Select/Change 탭에서 지정한다.

개체 속성 창에서는 단 하나의 액션만 설정할 수 있다. 콘텐츠를 제작하다보면 내장 액션만으로는 의도하는 결과를 이끌어 낼 수 없는 경우가 허다하다. 이럴 때는 내장 액션을 설정한 개체에 보조 액션을 추가한다. 보조 액션은 액션 개체로서의 성격을 띤다.
예를 들어, 버튼 개체 애니메이션을 클릭하면 개체 Image, Video를 숨기라는 액션을 추가하려면 버튼 개체에 다음 액션을 추가한다.

❶ 타이틀의 왼쪽 프레임 창에서 버튼 개체 애니메이션을 클릭한다.
❷ 액션 추가 버튼 을 클릭한다. 액션 속성 창이 열린다.
❸ On Mouse Click 상태에서 드롭다운 버튼 Action을 클릭하여 Hide 액션을 선택한다.
❹ 드롭다운 버튼 Target을 클릭하여 Image를 선택한다.

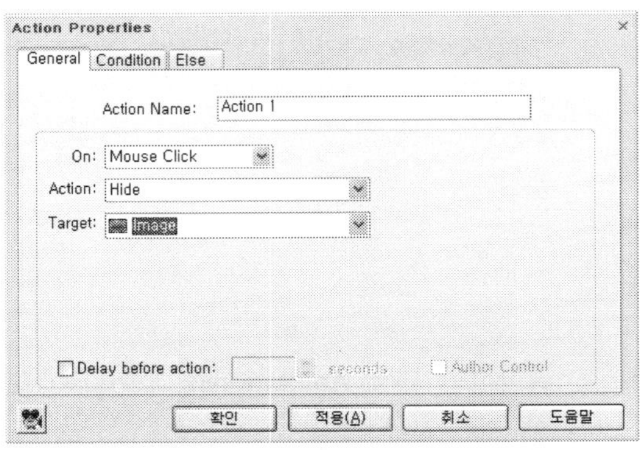

❺ 확인 버튼을 클릭한다.
❻ 동일한 방식으로 Video를 숨기는 액션을 추가한다.

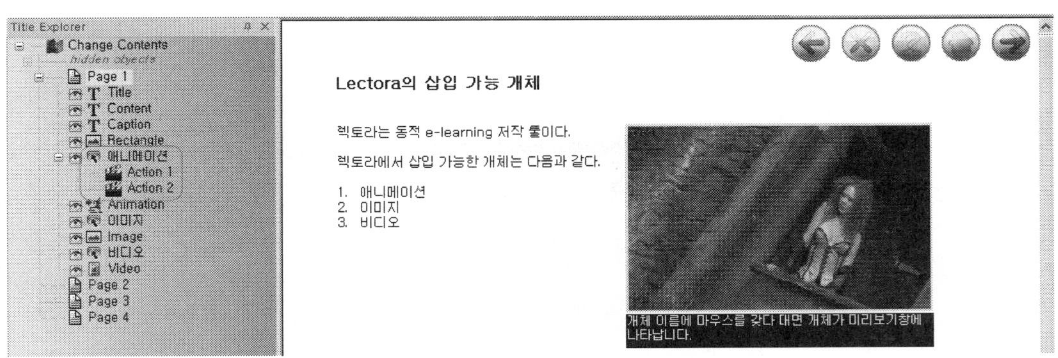

액션은 버튼 개체에 부착된 Action 1, Action 2 형태로 삽입된다. 버튼을 클릭하면 버튼에 내장된 액션과 버튼에 부착된 보조 액션이 동시에 발생한다. 그것은 내장 액션 및 보조 액션의 On 이벤트가 Mouse Click으로 동일하기 때문이다.

액션 항목	버튼 내장 액션	버튼 보조 액션 1	버튼 보조 액션 2
On	Click	Click	Click
Action	Show	Hide	Hide
Target	Animation	Image	Video

내장 액션과 보조 액션의 On 이벤트는 의도하는 바에 따라 달리 적용할 수 있다. 예를 들어 버튼 개체 애니메이션을 클릭하면 개체 Animation을 보이고, 버튼 개체 애니메이션에 마우스를 올리면 개체 Image와 Video를 숨기게 하려면 On 이벤트를 다음과 같이 설정한다.

액션 항목	버튼 내장 액션	버튼 보조 액션 1	버튼 보조 액션 2
On	Click	Mouse Enter	Mouse Enter
Action	Show	Hide	Hide
Target	Animation	Image	Video

버튼 내장 액션의 On Click 이벤트는 마우스를 클릭할 때를 가리키므로 마우스를 버튼에 올릴 때의 이벤트와 관련된 액션은 버튼 보조 액션으로 설정할 수밖에 없다. 버튼에 포함될 수 있는 보조 액션의 수는 제한받지 않는다.

액션은 모든 개체에 설정할 수 있다. 예를 들어, 도형 개체 Rectangle이 처음 나타난 후 개체 Animation이 2초 후에 나타나게 하려면 도형 개체 Rectangle을 클릭한 후 액션 개체를 추가하고 다음과 같이 액션을 설정한다.

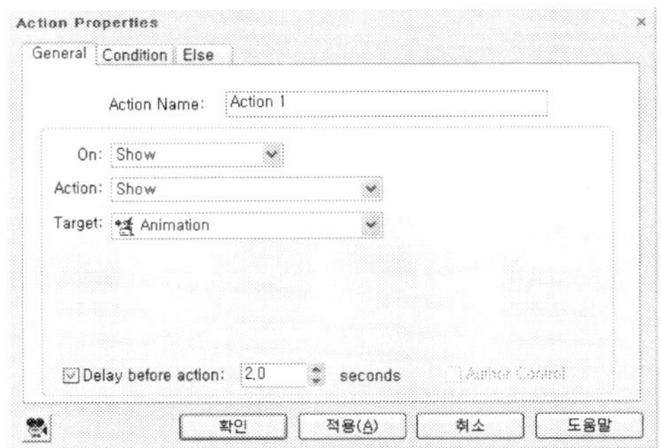

도형 개체 Rectangle에 액션이 포함된다.

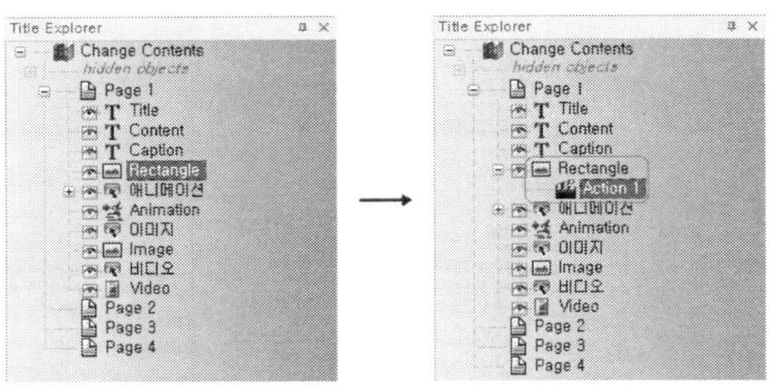

액션 항목	액션	설명
On	Show	On Show 이벤트의 주체인 개체 Rectangle이 나타난 후 2초가 경과하면 개체 Animation을 보인다.
Action	Show	
Target	Animation	
Delay before action	2.0	

(2) 액션 설정 지침

인터랙티브 액션을 설정하기 위해서는 다음과 같은 지침 하에서 액션을 지정한다.

- 이미지상의 임의의 영역을 클릭하기 위해 그 영역에 투명 버튼을 배치할 때는 이미지가 먼저 열린 후 투명 버튼이 활성화 되게 한다. 물론, 투명 버튼은 해당 이미지 보다 더 높은 레이어 층에 위치하도록 추리구조에서 배치한다.
- 투명 버튼을 클릭한 후에는 투명 버튼이 보이지 않게 지정한다. 그렇지 않으면 여러 개의 투명 버튼이 겹쳐질 경우 엉뚱한 액션이 발생한다.
- 액션을 여러 개 설정할 때는 액션의 순서 및 그 유형에 유의한다. 투명 버튼을 먼저 숨기고, 불필요한 이미지 개체를 숨기고, 그 다음 액션의 결과 보여질 이미지를 보이게 한다.
- 버튼을 클릭했을 때 버튼의 모양을 보이고 다음 이미지가 보이게 하려면 이미지가 보이는 시차를 0.2초 정도 설정한다.
- 이미지, 비디오 등의 미디어 개체의 동작 (보여짐, 숨겨짐, 클릭됨, 더블클릭됨, 특정키가 눌려짐)과 관련된 액션은 미디어 개체에 포함한다. 동작에 따라 여러 개의 액션을 포함할 수 있다.

(3) 액션과 타깃 개체의 관계

액션은 타깃 개체를 대상으로 작용한다. 액션의 타깃은 타이틀 내의 모든 변수, 모든 페이지, 그리고 액션이 삽입되는 페이지의 모든 개체가 된다. 보통의 경우 다른 페이지에 있는 개체는 타깃이 될 수 없다.

- 액션과 타깃은 액션이 효율적으로 발생하게 배치한다. 즉, 타깃 대상 개체는 액션 바로 밑에 놓이도록 배치한다. 예를 들어, 애니메이션 버튼을 클릭하면 Animation 개체를 재생하고, 이미지 버튼을 클릭하면 Image 개체를 보여주고, 비디오 버튼을 클릭하면 Video 개체를 재생하는 콘텐츠의 경우 각 버튼 아래에 해당 개체를 배치한다. 복잡한 콘텐츠일 경우 각 개체간의 유기적 관계를 쉽게 파악할 수 있다.

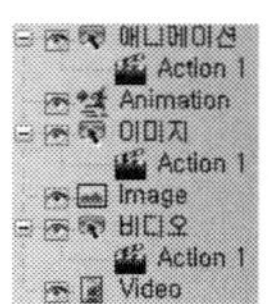

• 다른 페이지에 놓인 개체를 타깃 대상으로 활용하려면 타이틀 개체 바로 밑에 개체를 배치한다. 타이틀 개체 바로 밑에 배치된 개체는 타이틀의 모든 페이지에 보인다. 예를 들어, 모든 페이지에서 개체 Rectangle을 타깃 대상으로 활용하려면 개체 Rectangle을 타이틀 개체 밑에 놓는다.

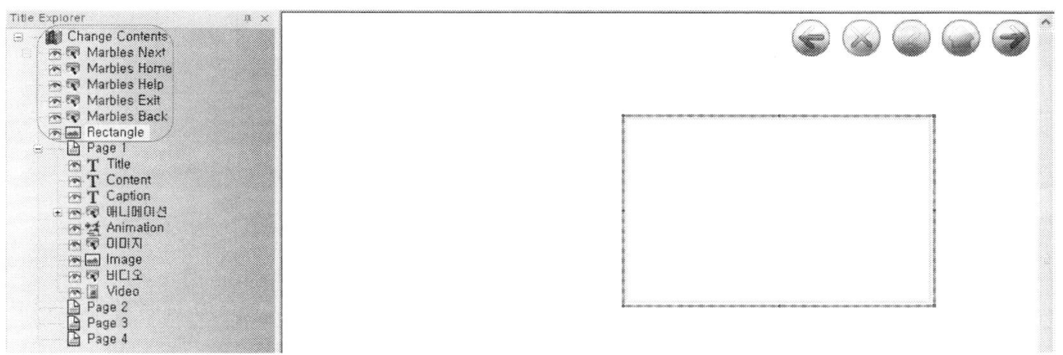

프레임이 삽입된 타이틀의 경우, 액션의 타깃 대상은 타이틀 내의 모든 변수, 동일 프레임 내의 모든 페이지, 그리고 액션이 삽입되는 페이지의 모든 개체가 된다.

(4) 액션 시작 시점

액션을 설정할 때 액션 시작 시점을 지정할 수 있다. 각 개체마다 액션 시작 시점을 달리 지정하면 각 개체에 설정된 액션은 지정된 시점에 맞춰 발생하므로 보다 동적인 페이지로 보일 수 있다. 액션 시작 시점은 액션 발생 시점과 구별된다. 액션 발생 시점은 On 이벤트 상황이 된다. On 이벤트 상황은 액션을 정의할 개체 유형에 따라 달라진다. 텍스트 블록 개체의 경우엔 텍스트 블록을 클릭하거나 혹은 텍스트 블록이 화면에 나타나거나, 숨겨질 때 액션이 발생한다. 이미지 개체의 경우엔 이미지를 클릭하거나, 이미지에 마우스를 갖다 댈 때 혹은 이미지에 갖다 댄 마우스를 뺄 때, 그리고 이미지가 화면에 나타나거나, 숨겨질 때 액션이 발생한다. 결국, 액션을 내포한 개체에 대한 마우스 동작 혹은 액션을 내포한 개체의 움직임이 액션 발생 시점이 된다.
액션 시작 시점은 액션의 발생 여건이 조성되었을 때 액션을 즉각적으로 시작할 것인지 시차를 두고 시작할 것인지를 결정한다. 액션 시작 시점은 액션 속성 창에서 설정한다. Delay before action 옵션을 선택한 상태에서 지연 시간을 지정하면 지정한 시간이 경과하자마자 액션이 실행된다.

(5) 내비게이션 버튼과 액션

내비게이션 버튼은 원하는 페이지로의 이동을 가능하게 하는 버튼 집합이다. 예제 타이틀에 삽입된 내비게이션 버튼은 5개의 버튼으로 구성되어 있다. 이들 버튼은 모든 페이지의 동일한 위치에 배치돼야 하므로 타이틀 개체 바로 밑에 배치한다. 이들 버튼의 액션은 다음과 같이 설정한다.

액션 항목		
On Action Target	Click Exit Title/Close Window	Click Go To First Page in Title

액션 항목			
On Action Target	Click Go To Chapter, Section, or Page Help Page, Top of Page	Click Go To Previous Page	Click Go To Next Page

(6) 개체 상속과 액션

타이틀 개체 아래에 놓인 개체는 특정 페이지에서 상속을 포기하지 않는 한 모든 페이지에 그대로 상속된다. 상속성의 속성을 지닌 개체는 타이틀 내의 어느 페이지에서 수정하든 원본 개체 즉, 모체를 수정한 결과가 되어 그 개체를 상속한 모든 페이지의 개체 즉, 자식은 수정된 내용으로 바뀌게 된다. 예를 들어, 타이틀 개체 아래에 버튼 을 배치하면 이 버튼은 타이틀 내의 모든 페이지에 동일 위치에 나타난다. 타이틀 개체 아래에 버튼 을 배치한 경우, 각 페이지별로 버튼 의 액션을 달리 설정해도 모든 페이지의 버튼 에 설정된 액션은 마지막에 설정한 액션의 내용이 된다. 그 이유는 모든 페이지에 놓인 버튼이 타이틀 개체 아래에 놓인 버튼을 상속했기 때문이다. 모체의 속성은 자식에게도 그대로 전달된 결과이다.

Page 1에 놓인 버튼 과 타이틀의 마지막 페이지에 놓인 버튼 에 우리가 원하는 액션을 설정하려면 다음과 같은 방법을 따른다.

❶ 버튼 을 클릭한 후 Ctrl+C 키를 누른다. 버튼 은 클립보드에 저장된다.

❷ 타이틀 왼쪽 프레임 창에서 페이지 개체 Page 1을 더블클릭한다.

❸ Inherit 탭을 클릭한다.

❹ Exclude inheritance of certain objects 옵션을 선택한 후 Inherited 목록 박스에서 Marbles Back을 클릭한 후 [>>>] 버튼을 클릭한다. 선택된 개체는 상속 포기 목록으로 등록된다.

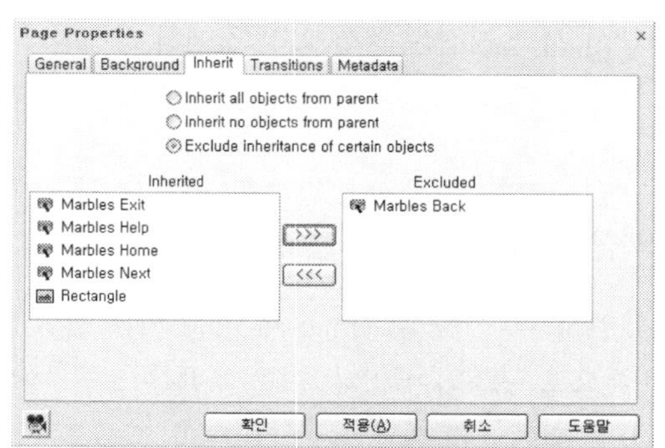

❺ 확인 버튼을 클릭한다. 해당 페이지에서 버튼 이 사라진다.

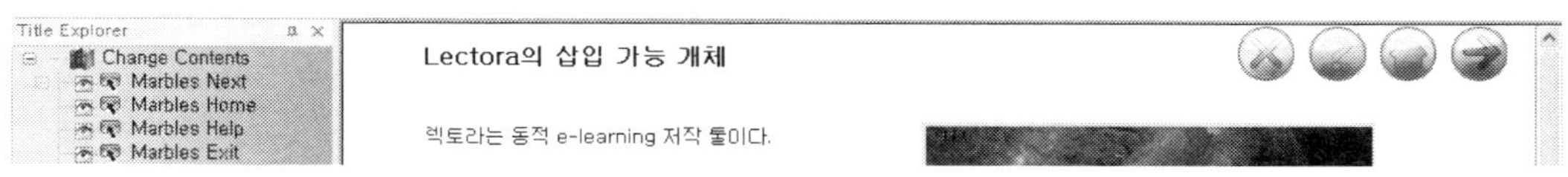

❻ Ctrl+V 키를 누른다. 클립보드에 저장된 버튼 이 원래 자리에 삽입된다.

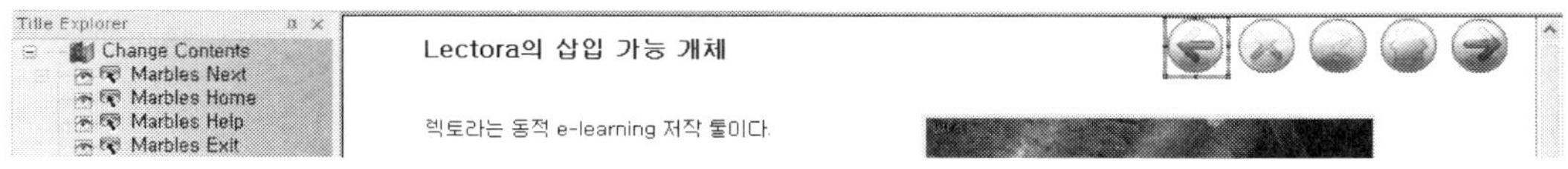

❼ 버튼 을 더블클릭한다.

❽ On Click 탭을 클릭하고 Action을 None으로 지정한다.

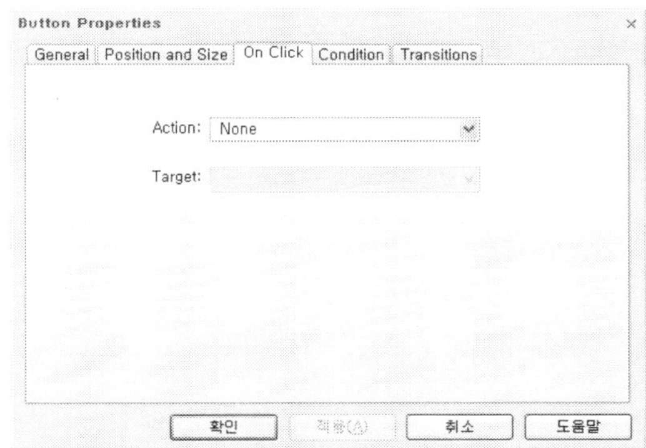

❾ 확인 버튼을 클릭한다.

❿ 타이틀의 마지막 페이지에는 버튼 의 상속을 포기하고 버튼 을 복사・삽입한 후 None 액션을 설정한다.

– 타이틀의 첫 페이지에서는 앞 페이지로 가는 액션은 무의미하며, 마지막 페이지에서는 다음 페이지로 가는 액션이 무의미하기 때문에 해당 버튼의 상속을 포기하고 그 자리에 액션이 설정되지 않은 동일 버튼을 삽입한다.

2) 액션과 변수

액션에 있어 가장 기본이 되는 것은 변수의 개념이다. 변수에 대한 이해가 없이는 액티브한 콘텐츠 제작이 불가능하다. 변수란 수치 혹은 문자열을 저장하고, 수정하고, 그리고 테스트할 수 있는 개체를 뜻한다. 변수의 사용 용도는 다양하다. 변수의 활용은 학생들의 선호에 따라 다른 섹션으로 분기시킬 수도 있고, 학생들에게 맞춤형 메시지를 전달하여 올바른 입력을 유도할 수도 있다.
또한 변수는 학생들이 강좌의 어떤 부분에서 뭘 했는지 판단 가능케 하여 그러한 행동에 대한 적절한 행동을 가능하게 해 준다. 렉토라의 변수는 예약 변수와 폼 변수, 그리고 사용자 정의 변수가 있다.

(1) 예약 변수

예약 변수는 렉토라에서 자체적으로 정의한 내장 변수로서 단지 읽을 수만 있고 수정은 할 수 없다. 사용할 수 있는 변수의 집합은 타이틀 속성 창의 Content 탭에서 지정한 타이틀 유형과 밀접한 관계가 있다.

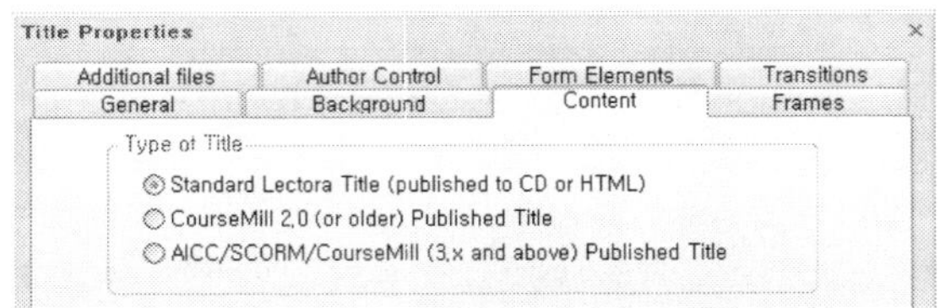

타이틀을 표준 렉토라 타이틀(CD 혹은 HTML로 출판) 유형, AICC/SCORM 타이틀 유형, 그리고 CourseMill 2.0 타이틀 유형으로 제작할 때 사용할 수 있는 내장 변수는 다음과 같다.

변수 이름		변수 값
	BrowserType	브라우저 이름
	CurrentChapterName*	열린 페이지의 Chapter 이름
	CurrentDate*	시스템의 현재 날짜
	CurrentPageName*	열린 페이지 이름
	CurrentSectionName*	열린 페이지의 Section 이름
	CurrentTime	시스템의 현재 시간
	CurrentTitleName	학습 중인 타이틀 이름
공통	ElapsedTime	학습 시작 후 경과한 시간
	PageInChapter*	Chapter에서의 페이지 번호
	PagesInChapter*	Chapter의 총 페이지 수
	PageInSection*	Section에서의 페이지 번호
	PagesInSection*	Section의 총 페이지 수
	PageInTitle*	타이틀에 있어서의 페이지 번호
	PagesInTitle*	타이틀의 총 페이지 수
	Platform	운영 체제
	PublishDate	타이틀 출판 날짜
＊ : 변수의 값을 동적으로 업데이트한다.	〈test name〉_Score	개별 테스트 점수
	〈test name〉_〈test section〉_Score	테스트의 개별 섹션 점수

변수 이름		변수 값
AICC/SCORM	AICC_Core_Lesson *	출판된 타이틀이 점수를 바르게 계산하는 데 필요한 정보를 포함한다. 변수의 값을 수정하면 AICC_Score 값이 AICC LMS에 업데이트되지 않으며, 반영되지도 않는다.
AICC/SCORM * : 수정 가능	AICC_Core_Vendor	AICC CMI 시스템에서 AICC 규정을 준수하는 타이틀을 실행할 때 렉토라가 요구하는 정보를 포함한다. 이 변수는 출판된 타이틀에서 사용하지 않는다.
	AICC_Credit	AICC 강좌가 학점을 부여하는 강좌인지 그저 열람하는 강좌인지를 반영한다.
	AICC_Lesson_Location *	강좌 내에서의 위치를 포함한다. 렉토라로 출판한 콘텐츠는 강좌의 모든 페이지에 이 변수를 설정하여 AICC LMS에 학생들의 현재 위치를 반영케 한다.
	AICC_Lesson_Status *	AICC LMS 내에서의 강좌 수강 여부 상태를 포함한다. 렉토라는 이 변수의 값을 incomplete로 설정하여 강좌의 완료 상태를 LMS에게 맡긴다. LMS는 학생들의 AICC_Score와 교사가 강좌를 출판할 때 사용한 Mastery Score 값을 근거로 완료여부를 결정한다.
	AICC_Score *	전체 테스트 점수의 평균
	AICC_Student_ID	학생 ID
	AICC_Student_Name	학생 이름
	AICC_Time *	강좌를 본 총 학습 시간. 렉토라로 출판한 콘텐츠는 이 값을 자동으로 업데이트한다. 이 변수는 HH:MM:SS.mm 포맷 형태를 지닌다.
SCORM * : 수정 가능	CMI_Core_Entry	SCORM 2004로 출판한 타이틀에만 가능. 이전에 강좌에 접속했는지에 관한 정보
	CMI_Core_Exit *	강좌 종료 방법과 이유
	CMI_Completion_Status *	SCORM 2004로 출판한 타이틀에만 가능. 강좌를 충분히 학습했다고 판단되는 지점에 반드시 삽입해야 한다.
CourseMill	CM_Course_ID	학습 ID
	CM_Course_Name	학습 이름
	CM_Student_ID	학생 ID
	CM_Student_Name	학생 이름

(2) 폼 변수

폼 구성 요소 개체는 다른 개체에서는 찾아볼 수 없는 독특한 변수를 지닌다. 이들 변수는 폼에 입력한 데이터의 값을 저장할 공간을 제공하며, 타이틀 내의 어디서든 이용할 수 있다. 변수의 값은 폼 구성 요소 개체 유형에 따라 달라진다.

- 체크 박스와 라디오 버튼 그룹에 포함되지 않은 라디오 버튼의 변수 값은 버튼이 선택되었을 때는 'on'이 되고, 선택되지 않았을 때는 아무 값도 지니지 않는다.

- 라디오 버튼이 라디오 버튼 그룹에 포함될 때는 변수가 할당되지 않는다.
- 라디오 버튼 그룹의 변수 값은 선택된 라디오 버튼 개체의 이름이 되며, 아무 버튼도 선택되지 않았을 때는 아무 값도 지니지 않는다.
- 입력 필드의 변수 값은 필드에 기입된 텍스트가 된다.
- 드롭다운 리스트의 변수 값은 선택된 목록 이름이 된다.
- 리스트 박스의 변수 값은 한 개의 목록만 선택가능할 때는 선택된 목록의 이름이, 여러 개의 목록이 선택가능할 때는 선택된 모든 목록의 이름이 되며 이들 값은 콤마로 구분된다. 드롭다운 리스트와 리스트 박스에서 목록이 하나도 선택되지 않으면 변수의 값은 아무 값도 지니지 않는다.

✎ 폼 변수 역시 예약 변수에 포함된다.

(3) 사용자 정의 변수

사용자 정의 변수란 사용자가 필요에 의해 임의로 정의한 변수이다. 예를 들어, 라디오 버튼을 클릭했을 때 라디오 버튼의 변수 값을 라디오 버튼의 이름이 아닌 다른 문자열로 설정하고 싶을 때 사용자 변수를 정의한다.

❶ Tools/Variable Manager를 실행한다.

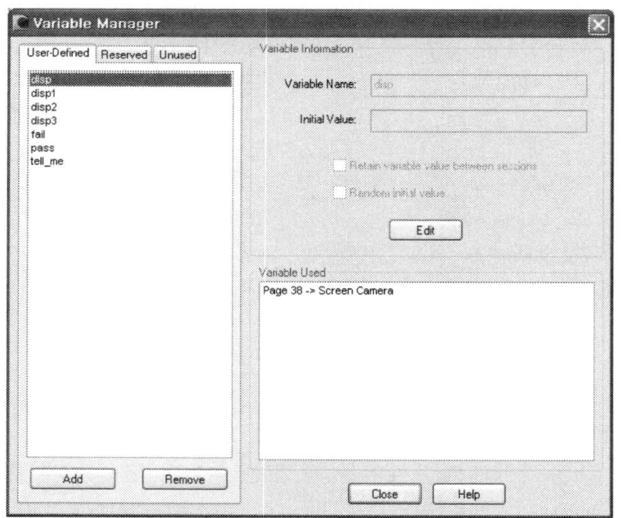

변수 관리 창은 세 개의 탭으로 구성된다. Reserved 탭에는 예약 변수 및 폼 구성 요소 개체 변수의 목록이 나타나며, User-Defined 탭에는 사용자 정의 변수 목록이 나타난다. Unused 탭에는 현재 타이틀에서 사용하지 않는 변수 목록이 나타난다.

❷ Add 버튼을 클릭한다.

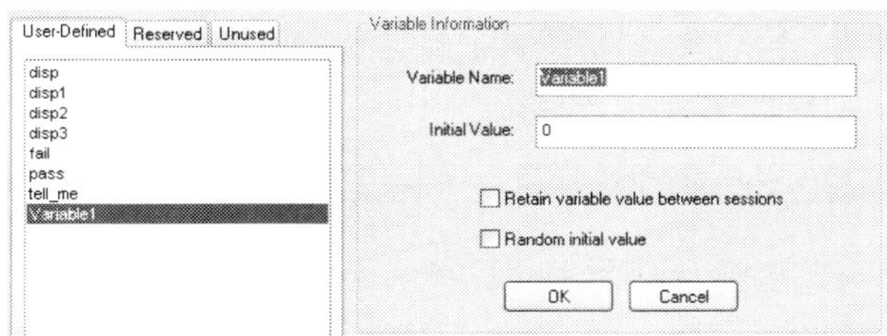

❸ Variable Name 필드에 변수 이름을 입력한다.

❹ Initial Value 필드에 변수의 값을 입력한다. 입력된 값은 변수의 초기 값으로 사용된다.

- Retain variable value between sessions 옵션을 선택하면 강좌를 마친 뒤에도 변수의 값이 그대로 보존된다. 나중 강좌를 다시 시작하면 보존된 변수 값을 사용할 수 있다. 옵션을 선택하지 않은 상태로 두면 변수는 강좌가 시작할 때마다 초기 값으로 지정한 값을 지닌다.

❺ OK 버튼을 클릭한다.

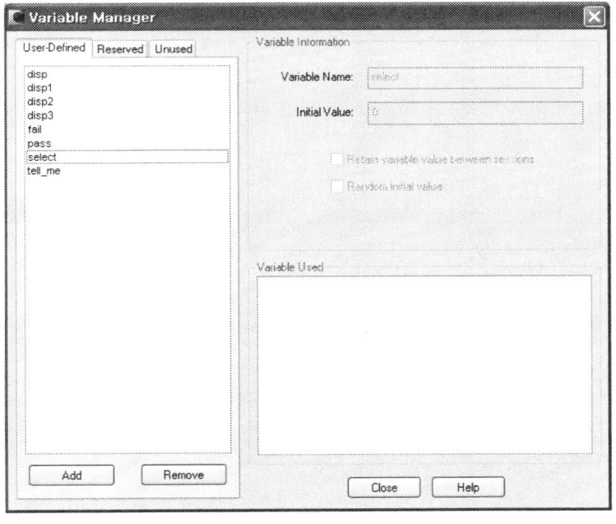

❻ Close 버튼을 클릭한다.

사용자 정의 변수를 수정하려면 변수 관리 창에서 변수를 선택하고 Edit 버튼을 클릭한다.

사용자 변수 입력 시 주의사항

- 변수의 이름은 반드시 영문으로 입력한다.
- 변수의 이름은 띄어 쓸 수 없다. 단어를 구분하여 입력하려면 아래 밑줄(_)을 사용한다.
- 렉토라의 예약 변수 이름은 사용할 수 없다.
- 변수를 참조할 때는 대소문자를 구분한다.

✎ Value_Response, ValueResponse, value_response, valueresponse

변수의 값은 어떠한 값이라도 사용할 수 있다. 수치를 입력하면 변수 값은 수치가 되며, 문자열을 입력하면 변수 값은 문자열이 된다.

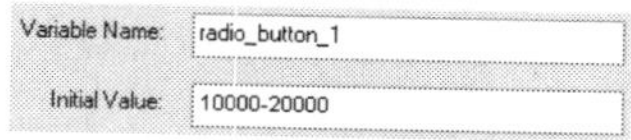

변수 radio_button_1의 값은 문자열 '10000 - 20000'이 된다.

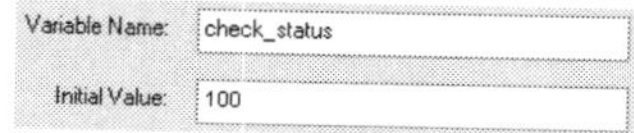

변수 Check_Status의 값은 수치 100이 된다.

3) 액션 활용

(1) Show/Hide

Show/Hide 액션은 가장 많이 사용되는 액션이다. 이 액션은 특정 개체를 화면에 표시하거나 숨기는 용도로 사용한다. Show 액션은 처음 나타날 때에만 기능한다.

예제 | 지도의 특정 지점을 클릭하면 그 지점을 중심으로 확대/축소되는 액션(▸Title23)

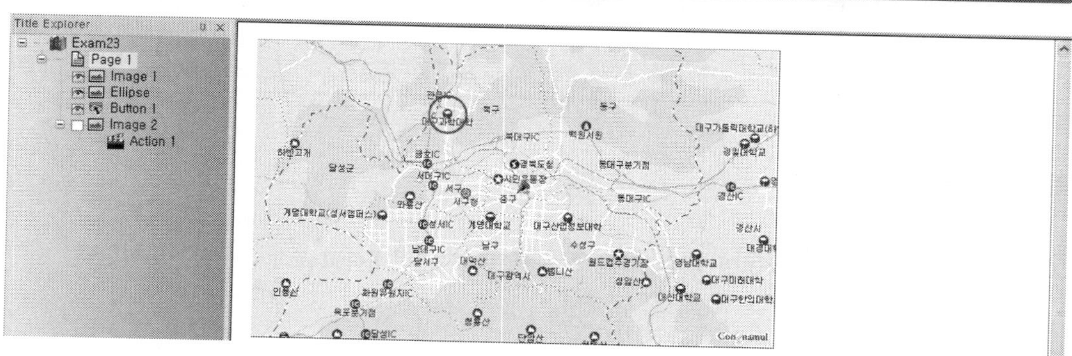

콘텐츠 구조

- 두개의 그림을 동일한 좌표에 동일한 크기로 겹쳐 배치한다.
- 그림의 보이기 속성은 페이지가 열릴 때 보여야 할 그림(Image 1)만 Initially Visible 속성을 선택한다. 다른 그림(Image 2)은 Initially Visible 속성을 해제하여 화면에 나타나지 않도록 한다.

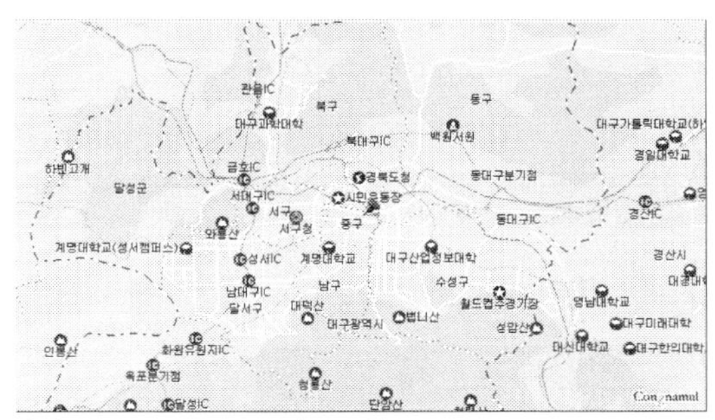

속성: ☑ Initially Visible, ☐ Always on Top

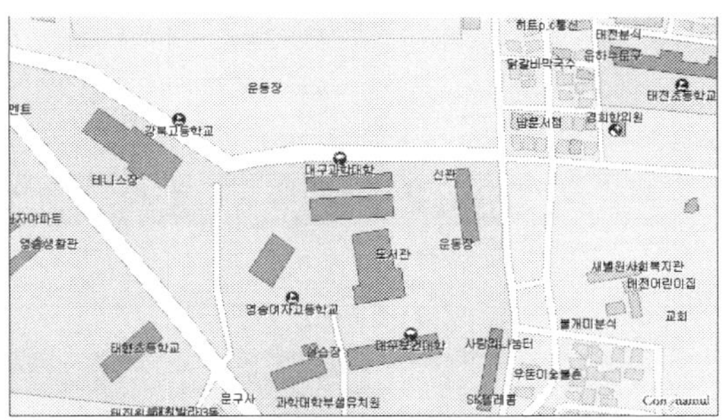

속성: ☐ Initially Visible, ☑ Always on Top

- 클릭할 지점은 원(Ellipse)으로 표시하고 원과 투명 속성의 버튼(Button 1)을 함께 겹쳐 배치한다.

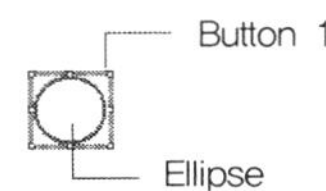

✎ 투명 속성의 버튼은 특별한 언급이 없는 한 Initially Visible 속성을 선택한다.

제작 설명

- 버튼(Button 1)을 클릭하면 확대된 그림을 최상위 레이어 층으로 올려 보이게 한다(a).

확대된 그림은 화면에 처음 나타난 축소된 그림보다 상위의 레이어에 위치하므로 확대된 그림이 나타나게 되면 자연히 축소된 그림은 가려져 보이지 않는다. 확대된 그림을 최상위 레이어 층으로 올린 이유는 버튼 영역이 인식되지 않게 하기 위해서이다. 그렇지 않으면 버튼 영역이 인식되고 버튼 영역을 클릭하면 오작동을 하게 된다.

- 확대된 그림을 클릭하면 그림 자신을 숨기게 한다(b).

축소된 그림, 원 및 버튼은 확대된 그림에 가려진 상태이므로 확대된 그림을 숨기면 자연히 나타난다.

액션 설정

액션 항목	Button 1	Image 2
	내장 액션	Action 1
On	Click	Mouse Click
Action	Show	Hide
Target	Image 2	Image 2
주)	(a)	(b)

예제 | 텍스트 목록에 마우스를 놓으면 텍스트 내용과 일치하는 개체가 보이는 액션(▶Title24)

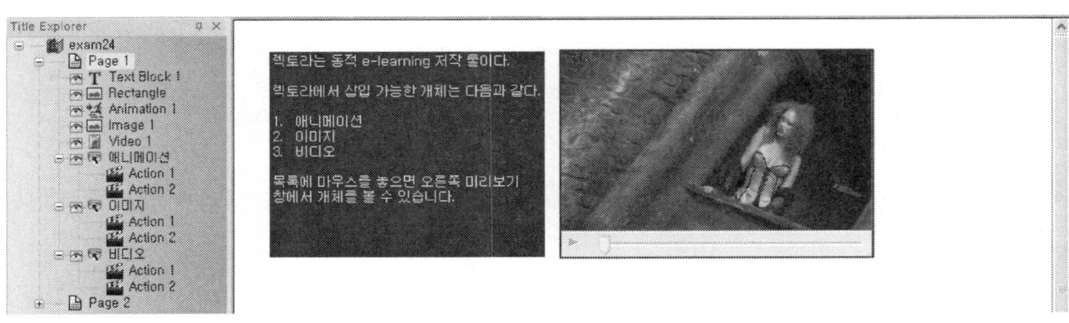

콘텐츠 구조

- 애니메이션, 이미지, 비디오 개체를 동일한 좌표에 동일한 너비로 겹쳐 배치한다.
- 투명 버튼을 제외한 모든 개체의 Initially Visible 속성을 해제하여 화면에 나타나지 않도록 한다.

Animation 1	Image 1	Video 1

- 텍스트 목록과 투명 속성 버튼(애니메이션, 이미지, 비디오)을 겹쳐 배치한다.

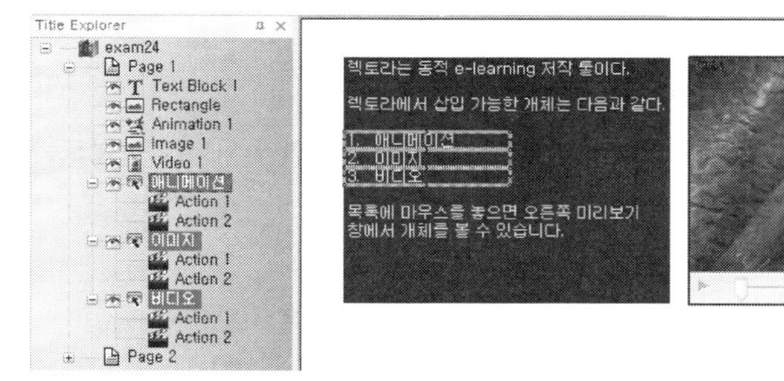

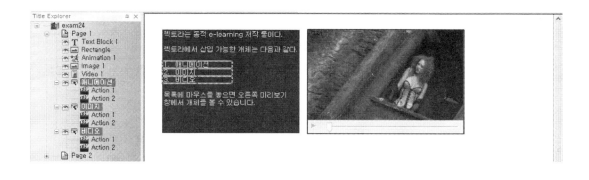

제작 설명

- 텍스트 목록에 마우스 포인터를 놓으면 해당 개체를 보이게 하고(a), 텍스트 목록에서 마우스 포인터를 빼면 해당 개체가 숨겨지게 한다(b).
- 텍스트 목록에 버튼 효과를 주기 위해 투명 속성 버튼을 텍스트 목록과 겹치고 버튼마다 타깃을 달리 지정한다.

액션 설정

액션 항목	애니메이션		이미지		비디오	
	Action 1	Action 2	Action 1	Action 2	Action 1	Action 2
On	Mouse Enter	Mouse Exit	Mouse Enter	Mouse Exit	Mouse Enter	Mouse Exit
Action	Show	Hide	Show	Hide	Show	Hide
Target	Animation 1	Animation 1	Image 1	Image 1	Video 1	Video 1
주)	(a)	(b)	(a)	(b)	(a)	(b)

예제 | 버튼을 클릭하면 그림이 나타나고 지시선 및 텍스트가 사라지는 액션(▸Title25)

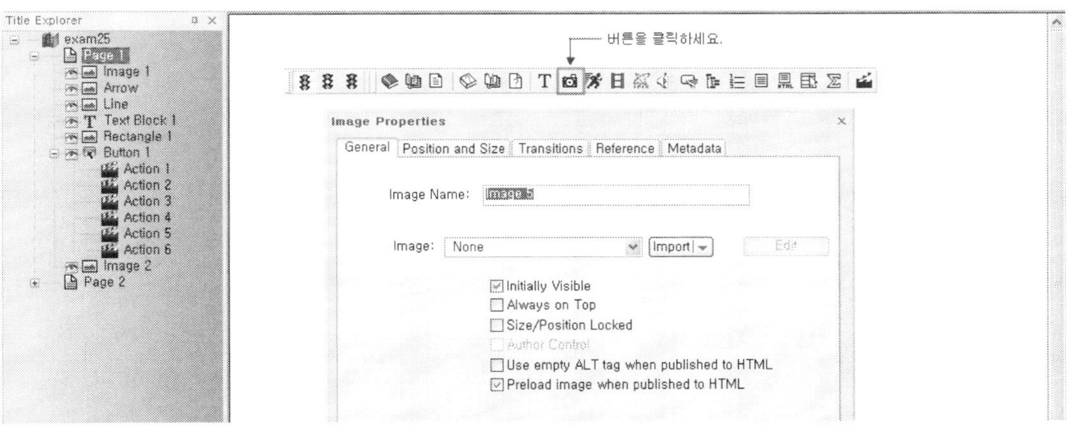

콘텐츠 구조

- 그림, 지시선 및 텍스트 개체를 예제와 같이 배치한다.
- 버튼을 클릭하면 나타나는 Image 2의 Initially Visible 속성을 해제하여 화면에 나타나지 않도록 한다.

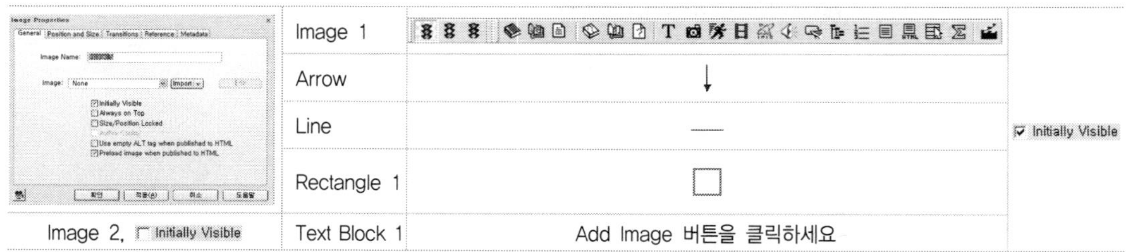

	Image 1		
	Arrow	↓	
	Line	—	☑ Initially Visible
	Rectangle 1	□	
Image 2, ☐ Initially Visible	Text Block 1	Add Image 버튼을 클릭하세요	

- 사각형과 투명 속성 버튼을 겹쳐 배치한다.

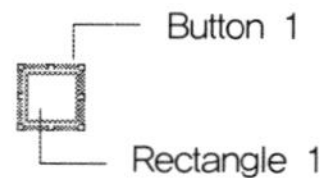

제작 설명

- 버튼을 클릭하면 Image 2를 나타나게 하고(a) 다른 개체는 보이지 않게 한다(b).
- 사각형 영역에 버튼 효과를 주기 위해 투명 속성 버튼을 사각형과 겹친다.

액션 설정

액션 항목	Button 1						
	내장 액션	Action 1	Action 2	Action 3	Action 4	Action 5	Action 6
On	Click	Mouse Click					
Action	Show	Hide	Hide	Hide	Hide	Hide	Hide
Target	Image 2	Arrow	Button 1	Image 1	Line	Rectangle 1	Text Block 1
주)	(a)	(b)					

예제 액션은 화면에 나타난 개체를 숨기기 위해 개체의 수만큼 액션을 추가하였다. 이러한 방법은 매우 비효율적이다. 보다 효율적인 방법은 숨길 대상 개체를 모은 그룹을 정의하고 이 그룹을 대상 타깃으로 Hide 액션을 실행한다.

그룹 개체는 그룹에 포함된 개체를 타깃 대상으로 액션을 적용할 때 사용되는 개체로서, Show, Hide, Play, Stop, Toggle Visibility, 그리고 Toggle Play 액션과 함께 쓰인다.

개체를 그룹으로 정의하는 방법

❶ 그룹으로 지정할 개체(Image 1, Arrow, Line, Text Block 1, Rectangle 1, Button 1)를 선택한다.

❷ 선택한 개체에 마우스 포인터를 두고 마우스 오른쪽 버튼을 클릭한다.

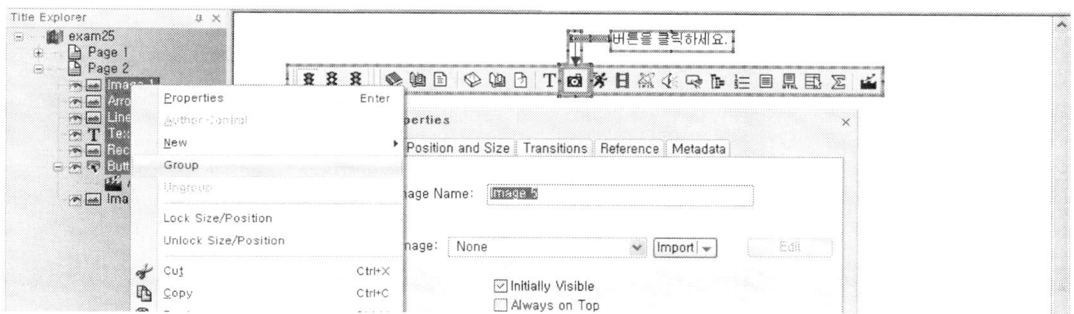

❸ 단축 메뉴에서 Group을 클릭한다. 개체 Group_1이 생성된다.

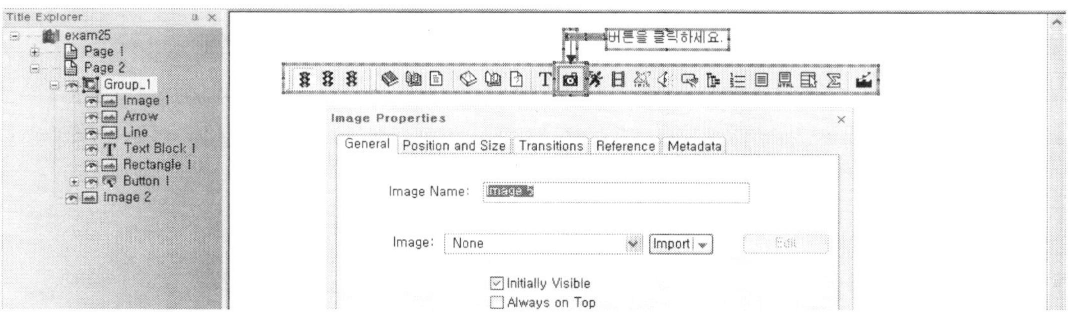

그룹 활용 방법

그룹에 포함된 개체를 대상으로 Hide 액션을 실행하려면 Button 1의 액션을 다음과 같이 설정한다.

액션 항목	Button 1	
	내장 액션	Action 1
On	Mouse Click	Mouse Click
Action	Show	Hide
Target	Image 2	Group_1

타깃 대상을 그룹 개체에 포함하면 단 한번의 액션으로 소기의 목적을 달성할 수 있다.

예제 | 지시선과 텍스트가 시간차를 두고 나타나는 액션(▶Title26)

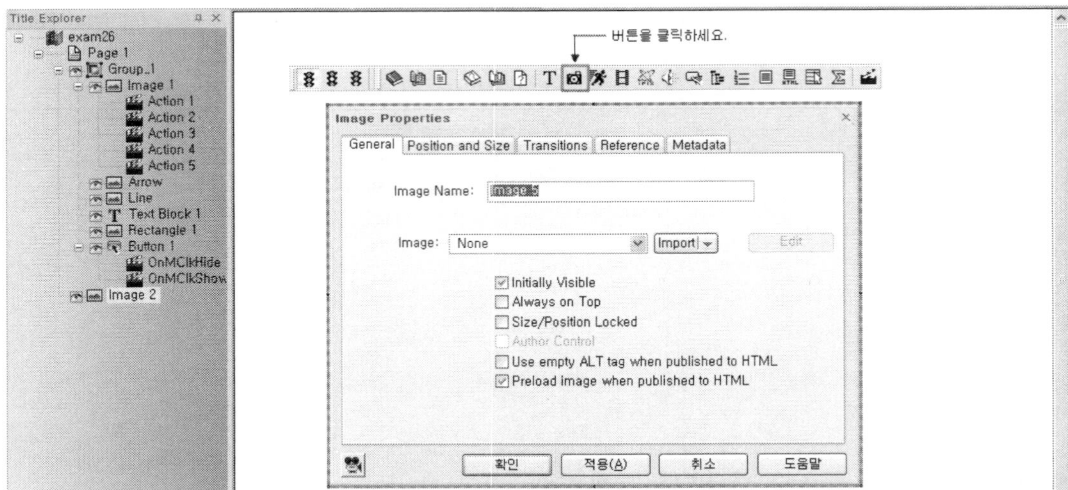

콘텐츠 구조

- 그림, 지시선 및 텍스트 개체를 예제와 같이 배치한다.
- 화면이 열릴 때 나타나야 할 Image 1을 제외한 나머지 개체의 Initially Visible 속성을 해제하여 화면에 나타나지 않도록 한다.

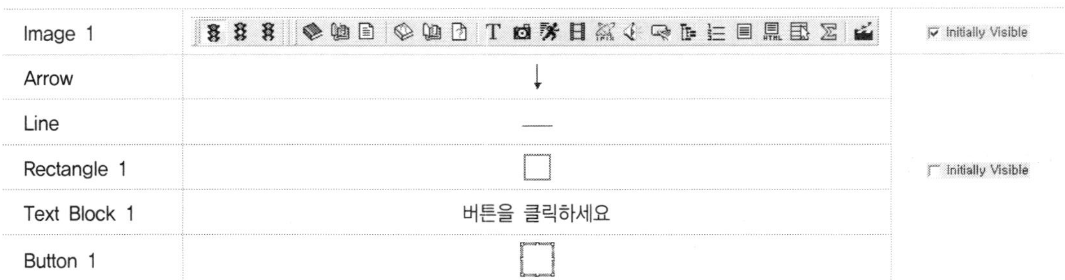

Image 1		☑ Initially Visible
Arrow	↓	
Line	—	
Rectangle 1	□	☐ Initially Visible
Text Block 1	버튼을 클릭하세요	
Button 1	□	

제작 설명

Image 1이 화면에 완전히 나타났을 때 Rectangle 1, Arrow, Line, Text Block 1, 그리고 Button 1 개체가 각각 0.5초, 0.9초, 1.3초, 1.7초, 그리고 2.1초 지연되어 화면에 나타나게 하려면 이미지 개체 Image 1에 액션을 추가하고, 각 개체마다 Delay before action 옵션의 시간을 달리 입력한다.

액션 설정

액션 항목	Image 1				
	Action 1	Action 2	Action 3	Action 4	Action 5
On	Show	Show	Show	Show	Show
Action	Show	Show	Show	Show	Show
Target	Rectangle 1	Arrow	Line	Text Block 1	Button 1
Delay before action	0.5	0.9	1.3	1.7	2.1

✎ 여러 개의 텍스트 블록이 수직으로 나열된 경우, 동일한 방식으로 Show 액션을 사용하면 한 줄씩 나타나는 애니메이션을 구현할 수 있다.

예제 | 목록에서 선택한 개체가 미리보기 창에 보이는 액션(▶Title27)

콘텐츠 구조

미리보기 창에 4개의 플래시 무비를 동일 위치에 동일 크기로 겹쳐 배치한다.

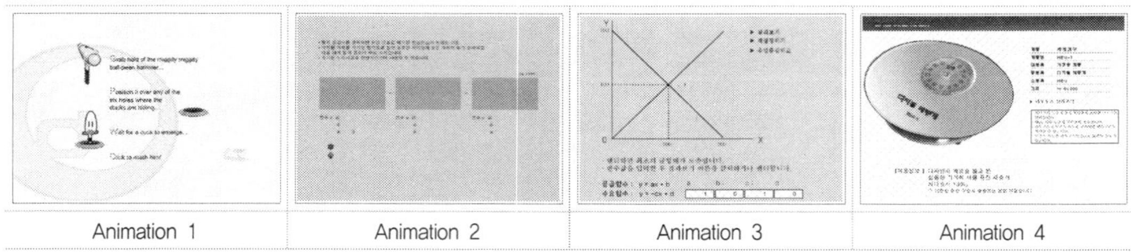

Animation 1	Animation 2	Animation 3	Animation 4

제작 설명

텍스트 게임을 클릭하면 Animation 1이, 유아용 콘텐츠를 클릭하면 Animation 2가, 경제모형 시뮬레이션을 클릭하면 Animation 3이, Zoom/Pan 플래시를 클릭하면 Animation 4가 미리보기 창에 나타나게 해야 하므로, 목록에서 선택된 개체 이외의 개체들은 미리보기 창에서 숨길 필요가 있다.

- Animation 1, Animation 2, Animation 3, Animation 4 개체를 그룹으로 묶는다.
- Hide 액션으로 그룹을 미리보기 창에서 숨긴다.
- Show 액션으로 목록에서 선택한 개체가 미리보기 창에 나타나게 한다.
- 페이지가 열릴 때 Animation 1 개체가 보이게 페이지 2 개체에 액션 개체를 추가한다.

액션 항목	Page 2
	Action 1
On	Show
Action	Show
Target	Animation 1

액션 설정

액션 항목	게임		유아용 콘텐츠	
	Action 1	Action 2	Action 1	Action 2
On	Mouse Click	Mouse Click	Mouse Click	Mouse Click
Action	Hide	Show	Hide	Show
Target	Group_1	Animation 1	Group_1	Animation 2

액션 항목	경제모형 시뮬레이션		Zoom/Pan 플래시	
	Action 1	Action 2	Action 1	Action 2
On	Mouse Click	Mouse Click	Mouse Click	Mouse Click
Action	Hide	Show	Hide	Show
Target	Group_1	Animation 3	Group_1	Animation 4

예제 | **트랜지션 효과를 준 액션. 앞의 두개의 이미지는 1.2초 간격으로 오른쪽 화면으로부터 등장한다. 마지막 이미지는 원이 열리면서 나타난다. 이미지는 나타나자마자 점으로 분해되어 사라졌다가 다시 원이 열리면서 나타난다. 먼저 등장한 개체는 다른 개체가 등장하면 사라진다(▸Title28).**

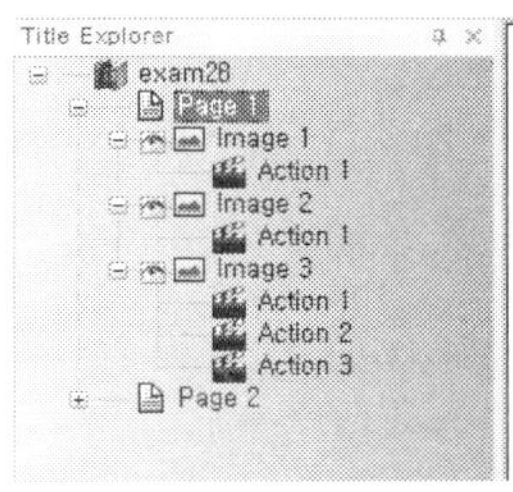

- 이미지 개체를 동일한 좌표에 동일한 크기로 겹쳐 배치한다.
- 모든 개체의 Initially Visible 속성을 선택하여 화면에 나타나도록 한다.

Image 1	Image 2	Image 3

- 모든 개체에 트랜지션 효과를 준다. 트랜지션 효과는 개체 속성 창의 Transitions 탭에서 설정한다.

트랜지션 효과는 개체가 나타날 때 그리고 사라질 때 적용한다. Transition In 박스는 개체가 나타날 때의 트랜지션 효과를, Transition Out 박스는 개체가 사라질 때의 트랜지션 효과를 지정한다.

Image 1

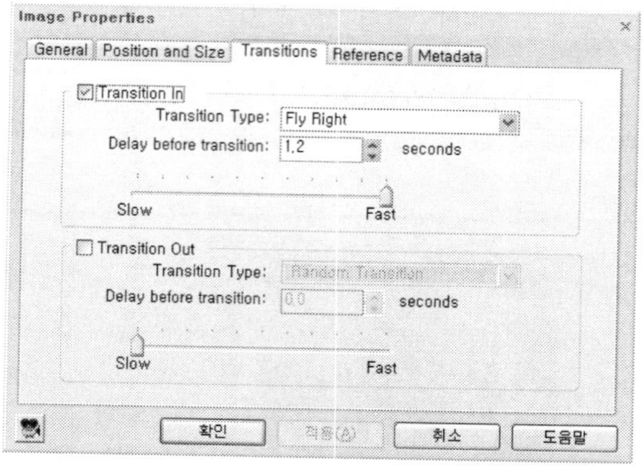

Image Properties
General | Position and Size | Transitions | Reference | Metadata
Transition In
Transition Type: Fly Right
Delay before transition: 1.2 seconds
Slow Fast
Transition Out
Transition Type: Random Transition
Delay before transition: 0.0 seconds
Slow Fast
확인 적용(A) 취소 도움말

Image 2

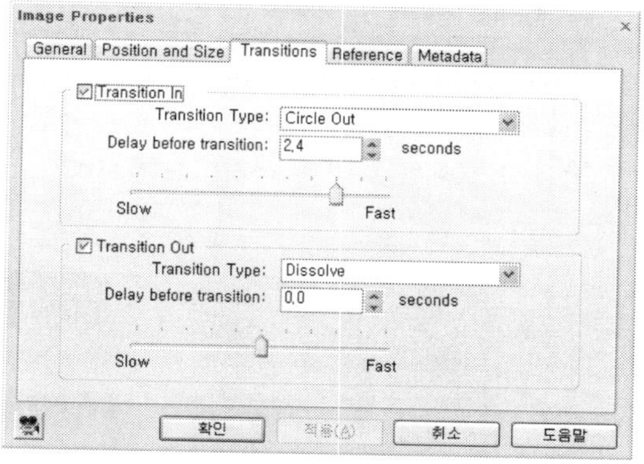

Image Properties
General | Position and Size | Transitions | Reference | Metadata
Transition In
Transition Type: Circle Out
Delay before transition: 2.4 seconds
Slow Fast
Transition Out
Transition Type: Dissolve
Delay before transition: 0.0 seconds
Slow Fast
확인 적용(A) 취소 도움말

Image 3

제작 설명

- Image 1, Image 2 개체는 화면에 나타날 때의 트랜지션 효과만 설정한다. 페이지가 열릴 때 이들 개체가 오른쪽에서 날아오게 드롭다운 버튼 Transition Type을 클릭하여 Fly Right를 지정한다. 이들 개체는 화면에 완전히 나타났을 때 즉, 개체가 원래 삽입된 자리에 도달했을 때 자신을 사라지도록 한다(a).
- Image 3 개체는 화면에 나타날 때 그리고 화면에서 사라질 때의 트랜지션 효과를 설정한다. 개체가 삽입된 자리에서 나타나게 Transition Type을 Circle Out로 설정하고, 이미지가 화면에 완전히 나타났을 때 화면에서 분해되어 사라지게 Transition Type을 Dissolve로 설정한다.
- 이미지 개체에 Transition In과 Transition Out 을 동시에 적용하면 개체는 반복적으로 나타났다 사라진다. 한번만 사라졌다 나타나게 하기 위해 사용자 정의 변수 count를 사용한다. 변수의 초기값은 0으로 지정하고, 이미지가 나타나면 변수의 값에 1을 더한다(b). 이미지가 나타나자마자 이미지를 사라지게 하고(c), 이미지가 사라지자마자 나타나게(d) 하기 위해 변수의 값 1을 액션 조건으로 설정한다.
- 각 개체가 화면에 등장하는 순서는 Delay before transition 시간차를 이용한다. Image 2 개체의 지연 시간은 1.2초로, Image 3 개체의 지연 시간은 2.4초로 지정한다. 트랜지션 효과의 발생 시간

이 길수록 화면에 등장하는 순서는 뒤에 놓이게 된다. 트랜지션 효과의 속도는 슬라이더 Slow Fast를 조정하여 지정한다.

액션 설정

액션 항목	Image 1	Image 2	Image 3		
	Action 1	Action 1	Action 1	Action 2	Action 3
On	Show	Show	Show	Show	Hide
Action	Hide	Hide	Modify Variable	Hide	Show
Target	Image 1	Image 2	count	Image 3	Image 3
Value			1		
Modification Type			Add to Variable		
Delay Before Action		1.2	2.4		
				Condition	
				count Equal To 1	
주)	(a)		(b)	(c)	(d)

Image 3이 화면에 나타나면 변수 count는 1의 값을 지닌다. 따라서 Action 2, Action 3의 실행 조건이 충족되어 Image 3은 사라졌다 다시 나타난다. Image 3이 두 번째 나타날 때는 변수 count의 값은 2를 지니게 되고 Action 2, Action 3의 실행 조건을 위배하여 더 이상 액션이 실행되지 않는다.

✎ Action 2, Action 3의 조건을 다음과 같이 설정하면 이미지는 나타났다 사라지기를 2번 반복한 후 화면에 나타난다.

Variable:	Relationship:	Value:
count	Less Than Or Equal	2

✎ 이미지에 트랜지션 효과가 작동 중인 상태에서 다음 페이지로 이동하는 내비게이션 버튼을 클릭하면 이미지의 잔상이 남은 상태에서 다음 페이지가 열리는 경우도 있다. 이러한 문제점을 해결하려면 이미지의 트랜지션 효과가 진행 중일 때는 내비게이션 버튼을 클릭하지 못하게 숨겼다가 트랜지션 효과가 완료된 후에 내비게이션 버튼이 나타나게 한다.

트랜지션 효과가 완료된 후에 내비게이션 버튼 Blue Roadsign Next.gif가 나타나게 하려면 예제의 Image 1, Image 3에 다음 액션을 추가한다.

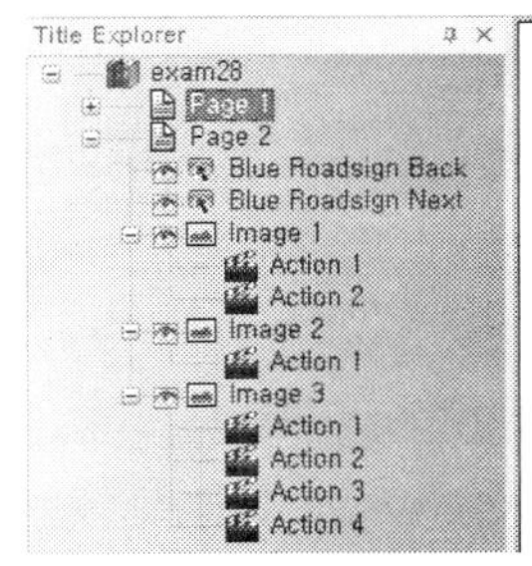

PART 06 265

액션 항목	Image 1	Image 3
	Action 2	Action 4
On	Show	Show
Action	Hide	Show
Target	Blue Roadsign Next	Blue Roadsign Next
		Condition
		count Equal To 2

예제 | 미디어 개체 유형 목록 중 붉은 색으로 표시된 목록에 해당하는 개체가 보였다 사라지는 액션 (▸Title29).

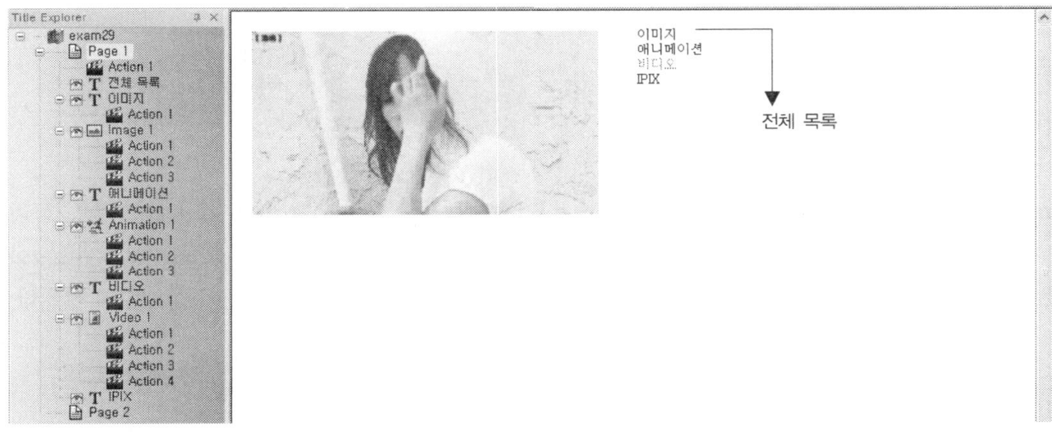

페이지가 열리면 첫 번째 목록 '이미지'가 붉은 색으로 표시되고, Image 1 개체가 화면에 나타났다 사라진다. Image 1 개체가 사라지면 두 번째 목록 '애니메이션'이 붉은 색으로 표시되고 Animation 1 개체가 화면에 나타났다 사라진다.

콘텐츠 구조

텍스트 블록 전체 목록, 이미지, 애니메이션, 비디오, IPIX는 동일한 내용으로 구성된다. 텍스트 블록 전체 목록의 글자 색은 검정 색이며, 나머지는 해당 글자 부분만 붉은 색 속성을 지닌다. 예를 들어, 텍스트 블록 이미지는 텍스트 '이미지'만 붉은 색이 되고 그 나머지 텍스트 '애니메이션', '비디오', 'IPIX'는 검은 색이다.

제작 설명

- 페이지가 열리는 순간 텍스트 블록 이미지 개체가 나타나게 한다.

- 이미지 개체가 나타나면 Image 1 개체가 나타나게 한다.
- Image 1 개체가 나타나면 2초 후 개체 자신을 숨기고, 애니메이션 개체가 나타나게 한 후 이미지 개체를 숨긴다.
- 애니메이션 개체가 나타나면 Animation 1 개체가 나타나게 한다.
- Animation 1 개체가 나타나면 2초 후 개체 자신을 숨기고, 비디오 개체가 나타나게 한 후 애니메이션 개체를 숨긴다.

이러한 액션은 계속 이어진다.

액션 설정

액션 항목	Page 1	이미지	애니메이션	비디오
	Action 1	Action 1	Action 1	Action 1
On	Show	Show	Show	Show
Action	Show	Show	Show	Show
Target	이미지	Image 1	Animation 1	Video 1
Delay Before Action	1.0	1.0	1.0	1.0

액션 항목	Image 1		
	Action 1	Action 2	Action 3
On	Show	Hide	Hide
Action	Hide	Show	Hide
Target	Image 1	애니메이션	이미지
Delay Before Action	1.5		

액션 항목	Animation 1		
	Action 1	Action 2	Action 3
On	Show	Hide	Hide
Action	Hide	Show	Hide
Target	Animation 1	비디오	애니메이션
Delay Before Action	2.0		

액션 항목	Video 1			
	Action 1	Action 2	Action 3	Action 4
On	Show	Show	Hide	Hide
Action	Play	Hide	Show	Hide
Target	Video 1	Video 1	IPIX	비디오
Delay Before Action	1.0	5.0		

(2) Run Action Group

타이틀 내의 모든 페이지에서 내비게이션 버튼에 놓인 Help 버튼을 클릭하면 도움말이 나타나게 해 보자(▶Title30).

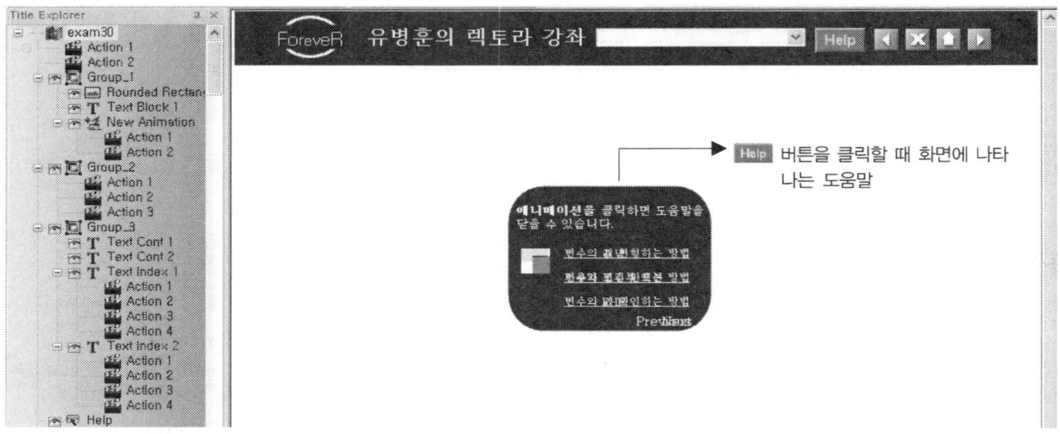

Run Action Group은 액션 그룹에 포함한 액션을 한꺼번에 실행할 때 사용되는 액션으로서, 액션 그룹을 타깃으로 한다.

콘텐츠 구조

- 텍스트 및 애니메이션 개체 및 모서리가 둥근 사각형 개체를 화면과 같이 배치한다.
- 텍스트와 애니메이션 개체, 모서리가 둥근 사각형 개체의 Always on Top 속성을 선택하여 화면에 나타나는 다른 개체에 의해 가려지지 않도록 한다.
- New Animation, Text Block 1, Rounded Rectangle을 Group_1로 묶는다.
- Text Cont 1, Text Cont 2, Text Index 1, Text Index 2를 Group_3으로 묶는다.

New Animation		☑ Always on Top
Text Block 1	애니메이션을 클릭하면 도움말을 닫을 수 있습니다.	
Rounded Rectangle		
Text Cont 1	변수의 개념 사용자 변수 만드는 방법 변수의 값 확인하는 방법	
Text Cont 2	변수의 값 변형하는 방법 변수와 조건부 액션 변수와 PHP	
Text Index 1	Next	
Text Index 2	Previous	

제작 설명

- 모든 페이지에서 Help 버튼을 클릭하여 도움말을 불러 올 수 있도록 하기 위해 도움말을 구성하는 모든 개체를 타이틀 개체 아래에 둔다.
- 도움말의 텍스트 버튼 Next, Previous를 클릭할 때 도움말 목록의 내용이 바뀌게 조치한다.

  - 도움말을 불러 올 때 사용할 액션은 그룹에 묶어 Run Action Group의 타깃이 되게 한다.
  - 모든 페이지에서 액션 그룹을 참조하기 위해 액션 그룹 역시 타이틀 아래에 둔다.
  - 애니메이션 개체를 클릭하면 도움말이 닫히도록 한다.

- 도움말 중 변경 될 부분은 그룹으로 묶어 관리한다.

  - Help 버튼을 클릭하면 Group_1 개체와 도움말 목록 Text Cont 1이 겹쳐져 나타나게 한다.
  - Next 버튼을 클릭하면 도움말 목록 Text Cont 1이 Text Cont 2로 바뀌고 Next는 Previous로 바뀐다.

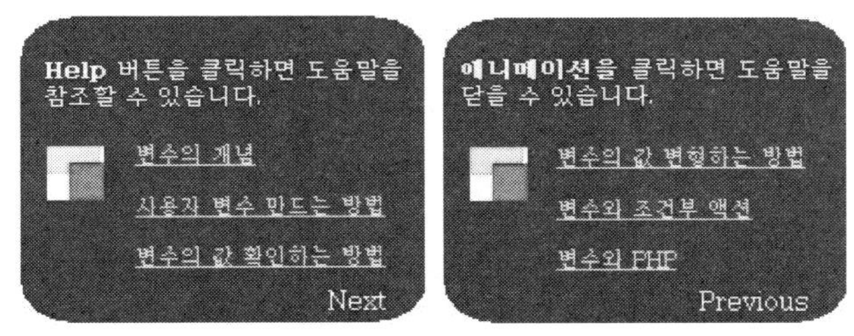

도움말 목록은 하이퍼링크 속성을 준다. 하이퍼링크로 연결된 도움말 페이지의 구조는 아래와 같다.

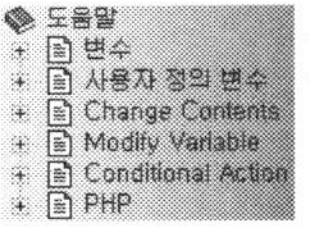

도움말 페이지의 가로/세로 크기는 400×400 픽셀로 제작되어 있다.

액션 설정

액션 항목	exam30		New Animation	
	Action 1	Action 2	Action 1	Action 2
On	Show	Show	Mouse Click	Mouse Click
Action	Hide	Hide	Hide	Hide
Target	Group_1	Group_3	Group_1	Group_3

액션 항목	Group_2			Help
	Action 1	Action 2	Action 3	**내장 액션**
On				Click
Action	Show	Show	Show	Run Action Group
Target	Group_1	Text Cont 1	Text Index 1	Group_2

액션 항목	Text Index 1			
	Action 1	Action 2	Action 3	Action 4
On	Mouse Click	Mouse Click	Mouse Click	Mouse Click
Action	Hide	Show	Hide	Show
Target	Text Cont 1	Text Cont 2	Text Index 1	Text Index 2

액션 항목	Text Index 2			
	Action 1	Action 2	Action 3	Action 4
On	Mouse Click	Mouse Click	Mouse Click	Mouse Click
Action	Hide	Show	Hide	Show
Target	Text Cont 2	Text Cont 1	Text Index 2	Text Index 1

도움말 목록 중 변수의 개념에 설정된 하이퍼링크 속성을 살펴보면 다음과 같다.

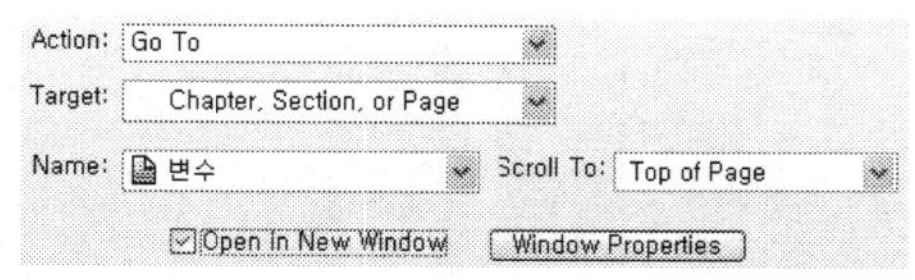

도움말이 열리는 창의 속성은 다음과 같다. 창의 속성은 Window Properties 버튼을 클릭하여 지정한다.

도움말 목록을 클릭했을 때 나타나는 팝업 창의 크기는 도움말 페이지의 크기와 동일하게 지정한다. 팝업 창의 크기를 임의로 조정하려면 Use Default Size or 옵션 항목의 선택을 해제한다.

(3) Play/Stop

Play/Stop 액션은 비디오, 오디오, 애니메이션 등의 미디어 개체를 재생하거나 재생을 정지시키는 역할을 한다(▶Title31).

- 버튼을 클릭하여 미디어 개체를 재생/정지하려면 컨텐트 페이지에 버튼을 설치한다.
- 페이지가 열릴 때 미디어 개체를 재생/정지하려면 페이지 개체 아래에 액션을 삽입한다.

선택할 수 있는 타깃은 현재 페이지에 삽입된 재생 가능 미디어 개체 및 타이틀 개체 아래에 배치한 재생 가능 미디어 개체에 한정된다.

액션 항목	▶	■	Page 1	
	내장 액션	내장 액션	Action 1	Action 2
On	Click	Click	Show	Hide
Action	Play	Stop	Play	Stop
Target	Audio 1	Audio 1	Audio 1	Audio 1

페이지에 포함된 액션은 페이지가 열리면 Audio 1을 재생하고 닫히면 Audio 1의 재생을 멈추게 한다.

(4) Toggle Visibility State

Toggle Visibility State 액션은 버튼을 클릭할 때마다 타깃 대상을 보였다 숨겼다 하는 역할을 한다(▶Title32).

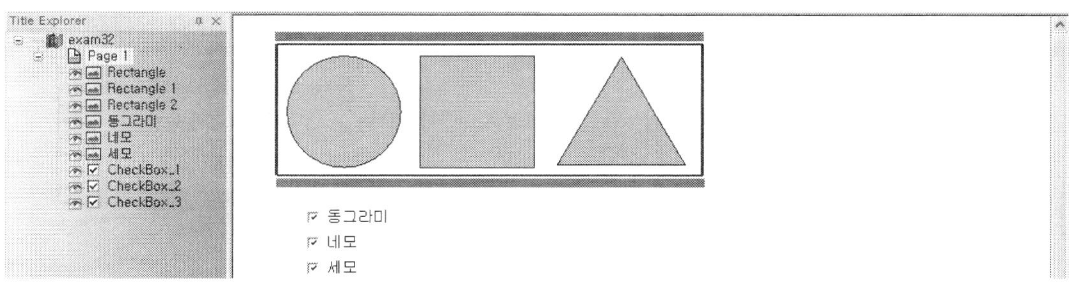

- 체크 박스와 그리기 개체를 화면과 같이 배치한다.
- 모든 개체의 Initially Visible 속성을 선택하여 화면에 나타나도록 한다.

체크 박스는 Initially selected 속성을 선택하여 처음부터 선택된 상태로 화면에 나타나게 한다. 체크 박스의 용도에 맞게 체크 박스가 선택됐을 때 관련 개체를 보여야 하기 때문이다.

액션 항목	CheckBox_1	CheckBox_2	CheckBox_3
	내장 액션	**내장 액션**	**내장 액션**
On	Select/Change	Select/Change	Select/Change
Action	Toggle Visibility State	Toggle Visibility State	Toggle Visibility State
Target	동그라미	네모	세모

(5) Toggle Play Mode

Toggle Play Mode 액션은 버튼 혹은 재생 가능 미디어 개체를 클릭할 때마다 타깃 대상을 재생했다 멈췄다 하는 역할을 한다(▶Title33).

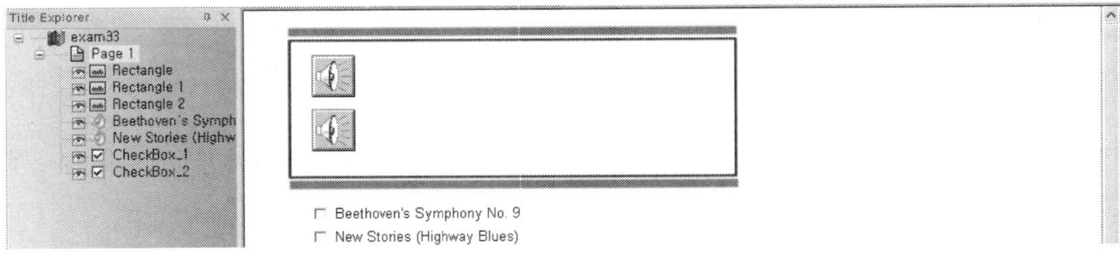

- 체크 박스와 오디오 개체를 화면과 같이 배치한다.
- 모든 개체의 Initially Visible 속성을 선택하여 화면에 나타나도록 한다.
- 체크 박스는 Initially selected 속성을 해제하여 선택되지 않은 상태로 화면에 나타나게 한다. 체크 박스가 선택됐을 때 오디오 개체가 재생돼야 하기 때문이다.

액션 항목	CheckBox_1	CheckBox_2
	내장 액션	**내장 액션**
On	Select/Change	Select/Change
Action	Toggle Play Mode	Toggle Play Mode
Target	Beethoven's Symphony No. 9	New Stories (Highway Blues)

(6) Go To

Go To 액션은 특정 페이지, 특정 웹 주소로 분기할 때 사용하는 액션이다. 특히, 조건과 결합하여 많이 쓰인다.

예제 | 기본 Go To 액션(▶Title34)

콘텐츠 구조

- 컨텐트 페이지의 버튼은 버튼 마법사를 실행하여 삽입한다.
- 모든 버튼은 처음부터 화면에 표시돼야 하므로 Initially Visible 속성을 선택한다.

제작 설명

버튼 마법사로 삽입한 버튼은 기본적으로 Go To 액션이 지정되어 있다. 액션 타깃을 타이틀 내의 페이지로 하려면 Chapter, Section, or Page를 선택한다.

❶ 버튼 Change Contents를 더블클릭한다.

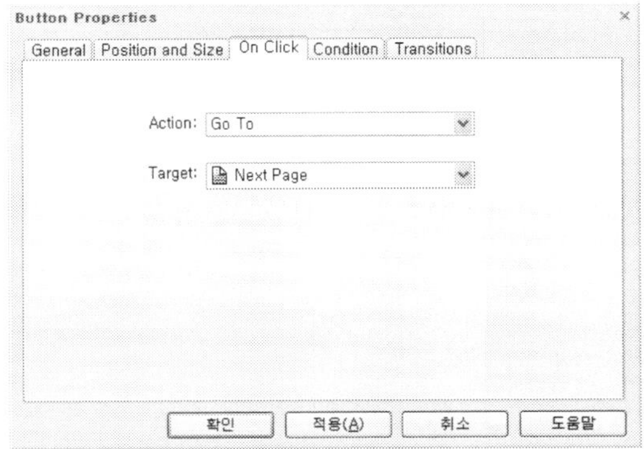

❷ 드롭다운 버튼 Target을 클릭한다. Go To 액션과 관련된 타깃 목록이 나타난다.
❸ Chapter, Section, or Page를 선택한다.

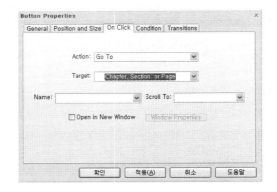

❹ 드롭다운 버튼 Name을 클릭한다. 타이틀의 Chapter, Section, Page 이름이 나타난다.
❺ 도움말의 Change Contents를 선택한다.

✎ Chapter, Section은 논리적 개체이므로 화면에 나타나지 않는다. Chapter를 선택하면 해당 Chapter의 첫 번째 페이지로 이동한다.

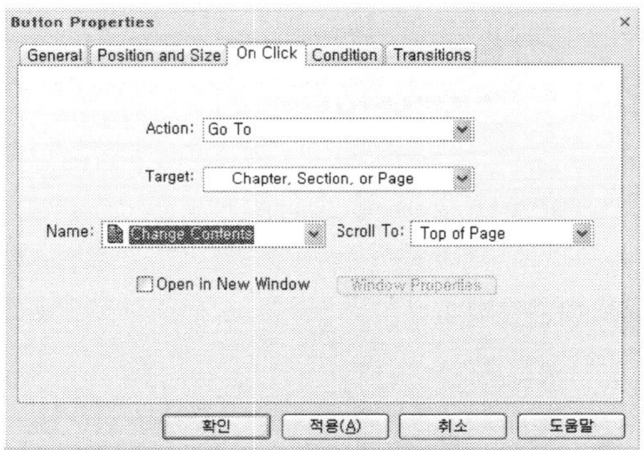

❻ 확인 버튼을 클릭한다.

드롭다운 버튼 Scroll To를 클릭하면 해당 페이지에 삽입된 모든 개체 이름이 나타난다.

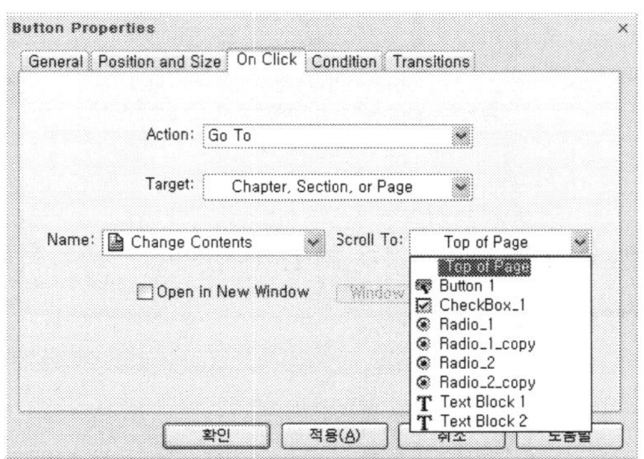

특정 개체를 선택하면 개체가 위치한 부분으로 페이지가 스크롤된다. 페이지가 아주 큰 경우 특정 개체가 화면에 나타나도록 한다.

□ 액션 타깃을 타이틀로 하려면 Title을 선택한다.

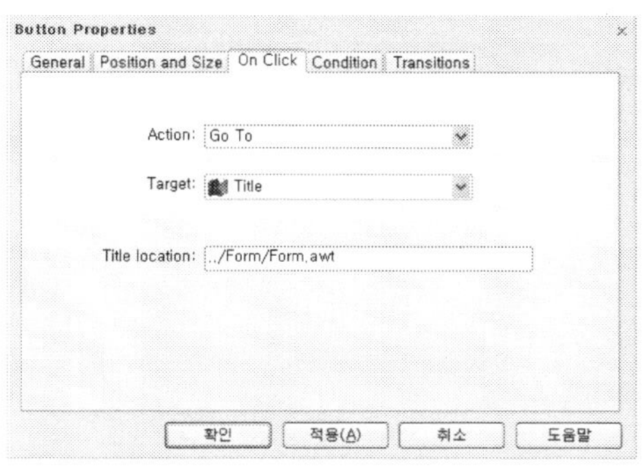

- Title location 필드에는 타이틀의 경로 및 이름을 입력한다.

  - Go To 액션을 설정한 현재 타이틀을 HTML 파일로 출판하고, Form.awt 타이틀을 HTML 파일과 동일 폴더에 업로드한다면 타이틀 이름만 입력한다.

  - Go To 액션을 설정한 현재 타이틀을 CD로 출판하는 경우, 현재 타이틀과 Form.awt 타이틀의 폴더 구조가 아래와 같다면 타이틀 경로와 이름을 '../Form/Form.awt'로 입력한다.

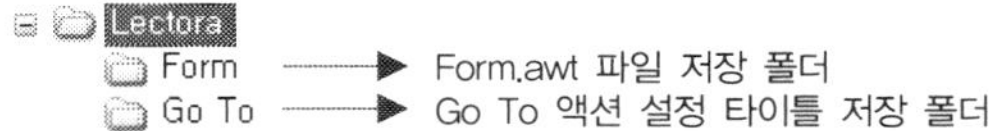

- '..'은 현재 폴더의 모 디렉토리 Lectora를 의미한다.

□ 액션 타깃을 웹 페이지로 하려면 Web Address를 선택한다.

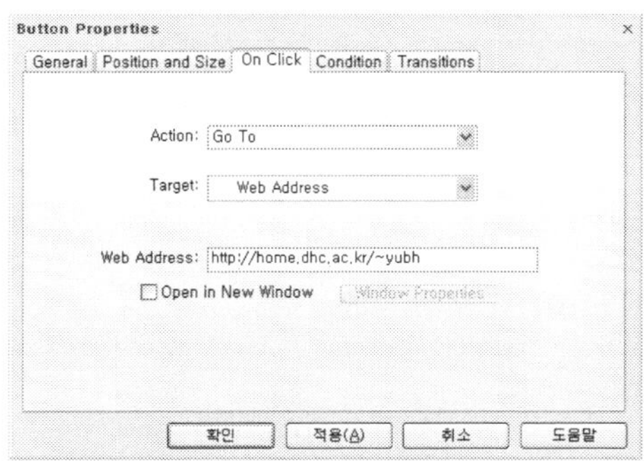

- Web Address 필드에는 웹 주소를 입력한다.
  - 웹 주소를 절대적 주소로 입력하려면 프로토콜 및 사이트의 위치를 정확하게 기입한다.
  - 웹 주소를 상대적 주소로 입력하려면 웹 디렉토리 경로 및 파일 이름을 입력한다.
  - 웹 주소를 이메일로 입력하려면 mailto:yubh58@hanmail.net 형식으로 입력한다.

- Go To 액션을 설정한 현재 타이틀을 index.html이란 이름으로 웹 폴더 d에 업로드한 경우 웹 주소 입력 형식은 다음과 같다.

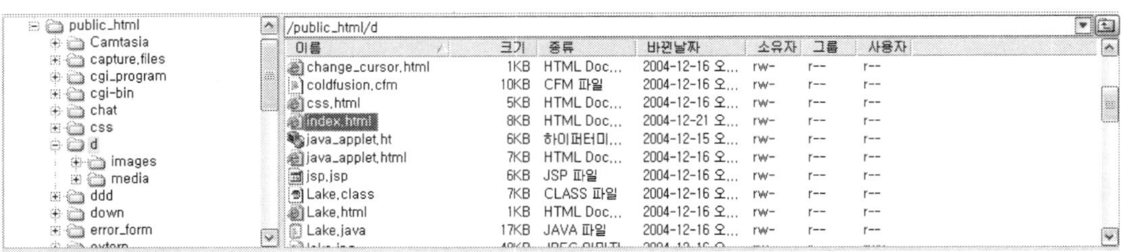

  - 웹 폴더 d에 업로드된 css.html 파일을 Go To 액션 타깃 주소로 지정하려면 파일 이름 css.html만 입력한다.

  - 웹 폴더 cgi_program에 업로드된 cgi.html 파일을 Go To 액션 타깃 주소로 지정하려면 폴더 경로와 파일 이름을 입력한다.

- Open in New Window 옵션을 선택하면 타깃 주소에 입력된 웹 페이지를 새로운 윈도우 창 즉, 팝업 창에서 열 수 있다. Window Properties 버튼이 활성화 된다.
- Window Properties 버튼을 클릭하면 윈도우 창의 속성을 지정할 수 있다.

액션 설정

액션 항목	Change Contents	Modify Variable	Submit Variable Values
	내장 액션	**내장 액션**	**내장 액션**
On	Click	Click	Click
Action	Go To	Go To	Go To
Target	Chapter, Section, or Page		
Name	도움말, Change Contents	도움말, Modify Variable	도움말, Submit … Values
Scroll To	Top of Page		

액션 항목	Welcome Lectora	The Definition of Variable
	내장 액션	**내장 액션**
On	Click	Click
Action	Go To	Go To
Target	Web Address	Web Address
Web Address	http://home.dhc.ac.kr/~yubh/	http://home.dhc.ac.kr/~yubh/

예제 | 드롭다운 리스트(▶Title35)

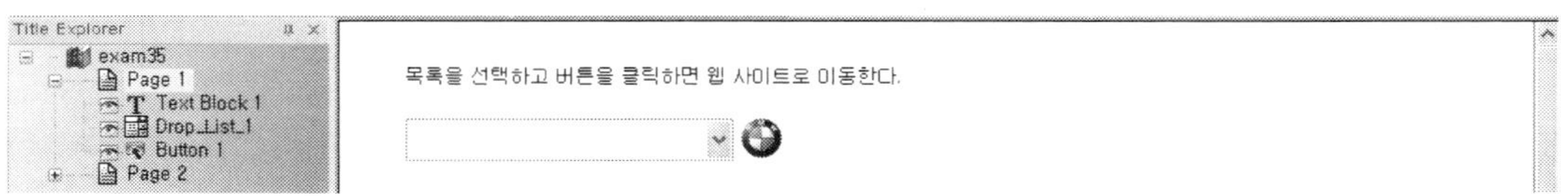

콘텐츠 구조

드롭다운 리스트와 버튼의 Initially Visible 속성을 선택하여 화면에 배치한다.

제작 설명

- 드롭다운 리스트의 목록을 선택한 후 버튼 을 클릭하면 목록에 지정된 웹 사이트로 이동하도록 드롭다운 리스트의 목록을 웹 주소로 등록한다.

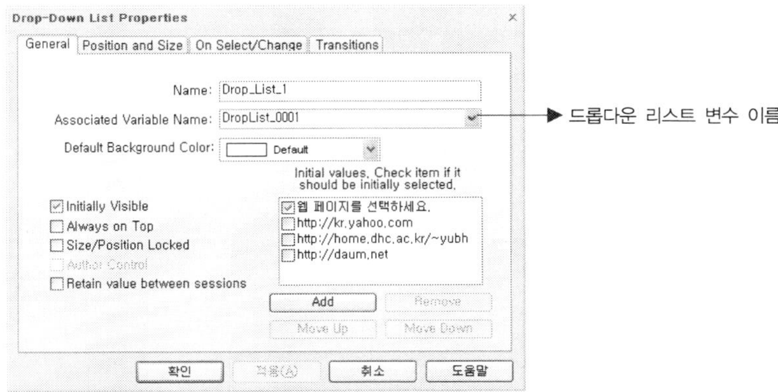

- Go To 액션의 타깃은 Web Address로 하고 웹 주소는 드롭다운 리스트의 변수 값을 지정한다. 변수 값은 VAR(변수이름)으로 입력한다.

액션 설정

액션 항목	(버튼) 내장 액션	(드롭다운 리스트) 내장 액션
On	Click	Select/Change
Action	Go To	Go To
Target	Web Address	Web Address
Web Address	VAR(DropList_0001)	VAR(DropList_0001)

- 목록을 선택 후 버튼을 클릭하여 웹 사이트로 이동하려면 버튼의 내장 액션을 지정한다.
- 목록을 선택하자마자 웹 사이트로 이동하려면 드롭다운 리스트의 내장 액션을 지정한다.

예제 | 입력 필드에 기입한 웹 사이트로 이동하는 액션(▸Title36)

go 텍스트를 클릭하면 입력 필드에 기입한 웹 사이트로 이동하게 하기 위해 go 텍스트에 Go To 액션을 추가한다. 웹 주소는 입력 필드의 변수 값을 이용한다.

액션 항목	Text Block 1 Action 1
On	Mouse Click
Action	Go To
Target	Web Address
Web Address	VAR(Entry_0001)

예제 | 이메일

Go To 액션에서 이메일로 보내려면 mailto:yubh58@hanmail.net 형태로 입력한다.

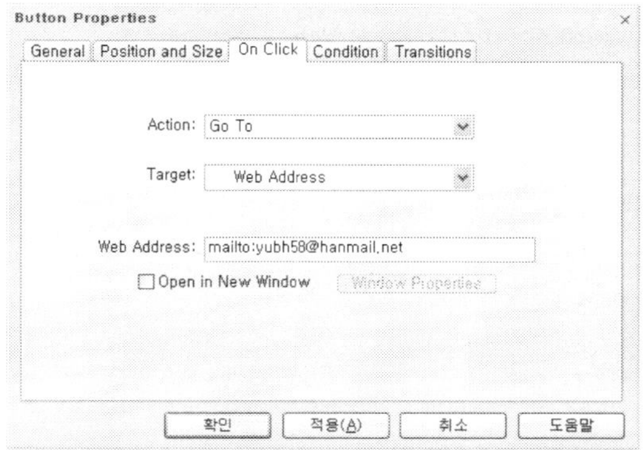

예제 | 사용자 정의 변수의 값으로 이동하는 액션(▸Title37)

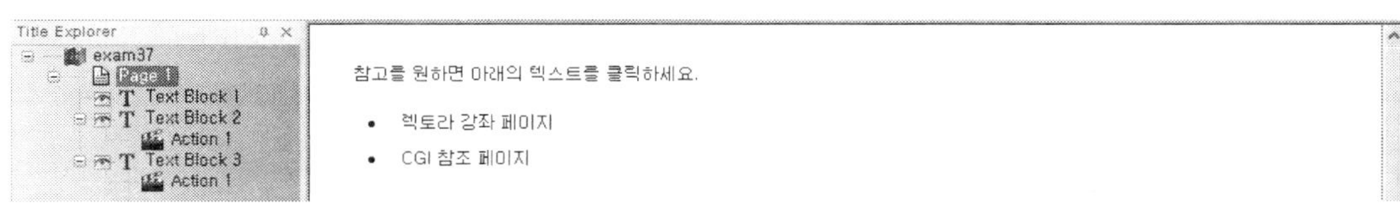

• 사용자 정의 변수를 웹 주소로 활용하려면 사용자 변수를 정의한다.

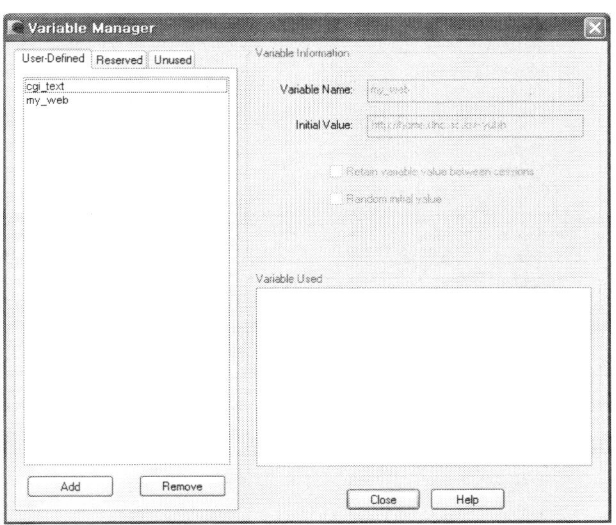

변수 이름	값
cgi_text	cgi.html
my_web	http://home.dhc.ac.kr/~yubh

- Go To 액션의 웹 주소는 변수 값으로 설정한다.

액션 항목	Text Block 2	Text Block 3
	Action 1	Action 1
On	Mouse Click	Mouse Click
Action	Go To	Go To
Target	Web Address	Web Address
Web Address	VAR(cgi_text)	VAR(my_web)

(7) Exit Title/Close Window

Exit Title/Close Window 액션은 타이틀을 닫거나, 팝업 창을 닫는 역할을 한다.

CourseMill, AICC 혹은 SCORM 타이틀 유형으로 출판할 때는 반드시 Exit Title/Close Window 액션을 추가해야만 강좌를 듣는 학생들이 타이틀을 닫을 때 CourseMill 혹은 LMS로 되돌아 갈 수 있다

타이틀을 닫으려면 버튼 액션을 다음과 같이 설정한다.

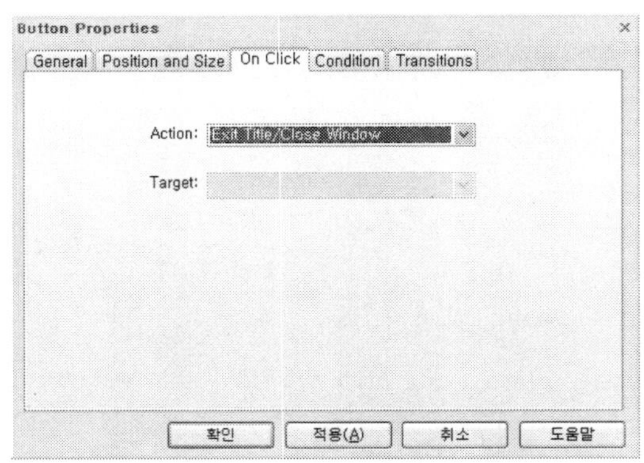

(8) Launch a program/document

Launch a program/document 액션은 응용 프로그램을 실행하거나 문서 파일을 여는 역할을 한다. 문서 파일은 시스템에 설치된 응용 프로그램 혹은 Plug-in에 의해 열린다.

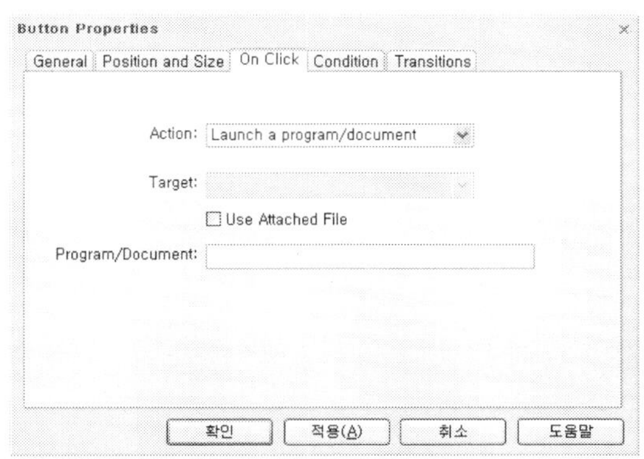

- Program/Document 필드에는 프로그램의 이름 및 문서 파일의 이름을 경로와 함께 입력한다.

예를 들어, Launch a program/document 액션을 설정한 타이틀을 HTML 파일로 출판하고, HTML 파일과 윈도우가 제공하는 계산기 프로그램을 같은 폴더에 업로드한다면 다음과 같이 파일 이름만 입력한다.

✎ Run Mode, Preview Mode 하에서는 Program/Document 필드에 지정한 응용 프로그램이 실행되지 않는다. Run Mode, Preview Mode 하에서 응용 프로그램의 실행여부를 확인하려면 응용 프로그램을 타이틀과 동일 폴더에 복사한다.

- Launch a program/document 액션을 설정한 타이틀을 HTML 파일로 출판하고, HTML 파일은 홈 디렉토리에, 문서 파일 Readme.pdf는 홈 디렉토리의 하위 폴더 cgi_program에 업로드한다면 다음과 같이 폴더 경로와 파일 이름을 입력한다.

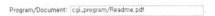

- Use Attached File 옵션을 선택하면 Add File 버튼을 클릭하여 실행 파일 및 문서 파일을 지정할 수 있다. 하드 디스크로부터 파일을 찾아 지정하기 때문에 Program/Document 필드에 일일이 응용 프로그램을 지정하는 것에 비해 파일 경로를 입력하는 수고를 덜 수 있다. 첨부된 파일은 타이틀의 extern 폴더에 저장되어 Run Mode, Preview Mode 하에서도 응용 프로그램이 실행되며, 타이틀을 어떤 유형으로 출판하든 항상 응용 프로그램이 실행된다.

Button Properties
General | Position and Size | On Click | Condition | Transitions
Action: Launch a program/document
Target:
Use Attached File
Attached File: calc.exe
Add File
확인 | 적용(A) | 취소 | 도움말

예제 | 리스트 박스의 목록 실행(▸Title38)

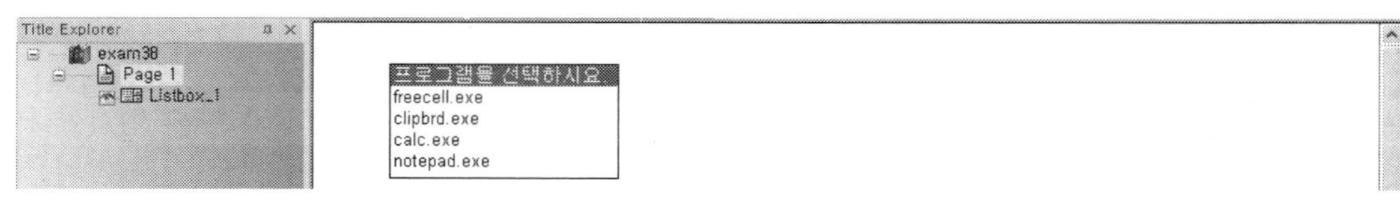

제작 설명

리스트 박스의 목록을 클릭하면 해당 프로그램이 실행되도록 리스트 박스의 목록을 실행 프로그램의 이름으로 등록한다.

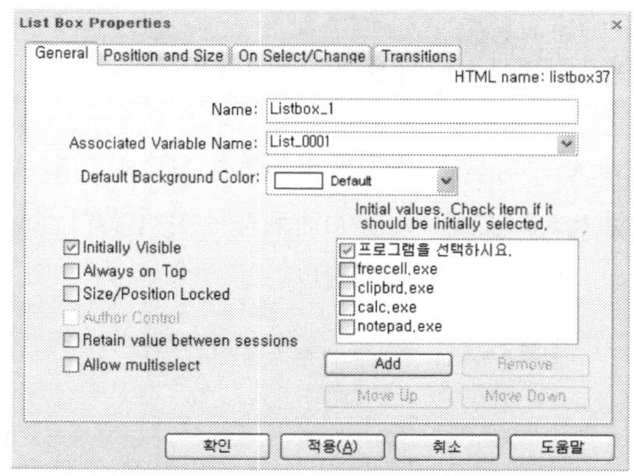

타이틀 개체 exam38을 더블클릭하여 개체 속성 창의 Additional files 탭에서 관련 프로그램을 모두 추가한다. 첨부된 파일은 타이틀의 extern 폴더에 저장된다. 타이틀을 HTML 유형으로 출판하면 이들 프로그램은 html 폴더에 출판된다.

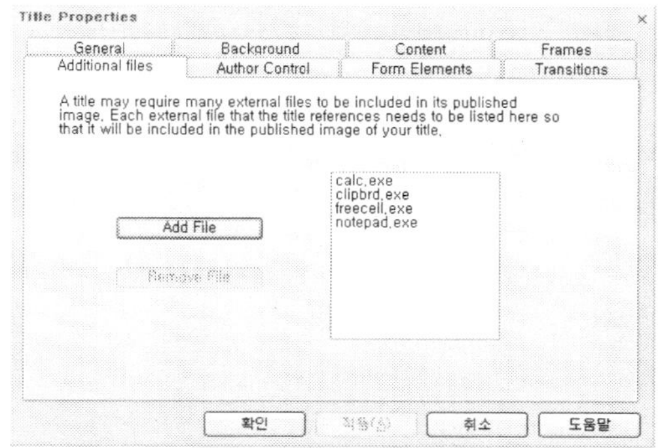

액션 설정

액션 항목	Listbox_1
	내장 액션
On	Select/Change
Action	Launch a program/document
Program/Document	VAR(List_0001)

목록을 클릭하면 지정된 프로그램이 실행된다.

타이틀 개체 exam38 속성 창의 Additional files 탭에서 관련 프로그램을 모두 추가한 경우, Run Mode, Preview Mode 하에서는 응용 프로그램이 열리지 않는다. Run Mode, Preview Mode 하에서 응용 프로그램의 실행여부를 확인하려면 응용 프로그램을 타이틀과 동일 폴더에 복사한다.

✎ Modify Variable 액션을 활용하면 프로그램 파일 이름 대신 다른 이름을 사용할 수 있다. (▸조건부 액션 참조).

(9) Mail To

Mail To 액션은 웹 브라우저에 등록된 메일 프로그램을 열어 지정한 메일 주소로 편지를 보내는 역할을 한다.

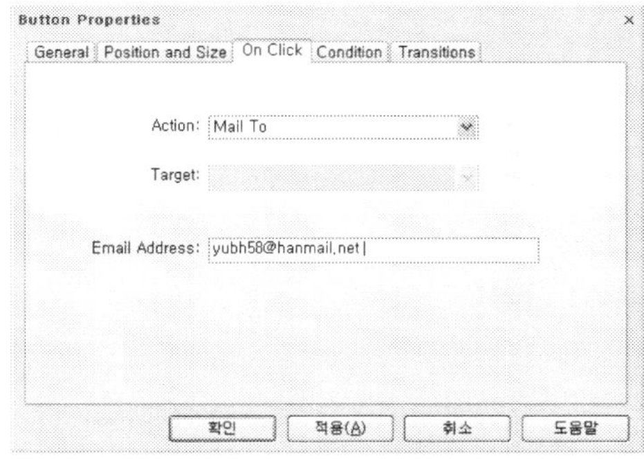

• Email Address 필드에는 yubh58@hanmail.net 형태로 입력한다.

✎ 인터넷 익스플로러는 기본 메일 프로그램으로 아웃룩 익스프레스를 사용한다. 아웃룩 익스프레스는 많은 네트워크에서 사용할 수 없게 차단되기도 한다. 아웃룩 익스프레스로 메일을 보낼 수 없는 경우에는 인터넷 익스플로러에서 기본 메일 프로그램을 변경한다.

❶ 도구/인터넷 옵션을 실행한다.
❷ 프로그램 탭을 클릭한다.

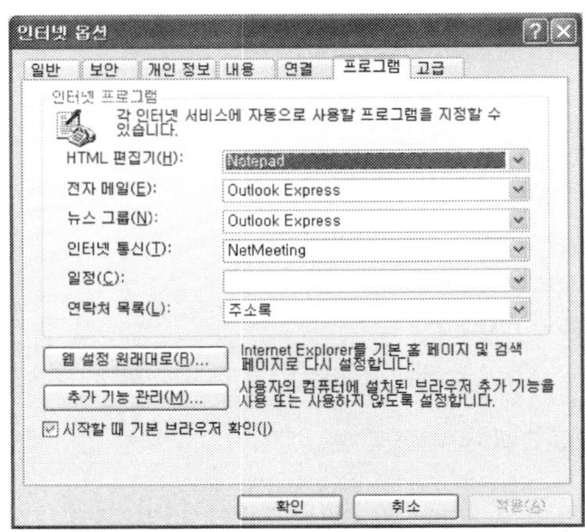

❸ 드롭다운 버튼 전자 메일을 클릭하여 Hotmail을 선택한다.
❹ 확인 버튼을 클릭한다.

✎ Hotmail 계정을 먼저 신청해야 한다(▶메일 계정 설정에 대해서는 폼 속성 참조).

(10) Display Message

Display Message 액션은 메시지 창을 통해 메시지를 전달하는 역할을 한다. 주로 경고문이나 어드바이스를 제공할 때 사용한다(▶Title39).

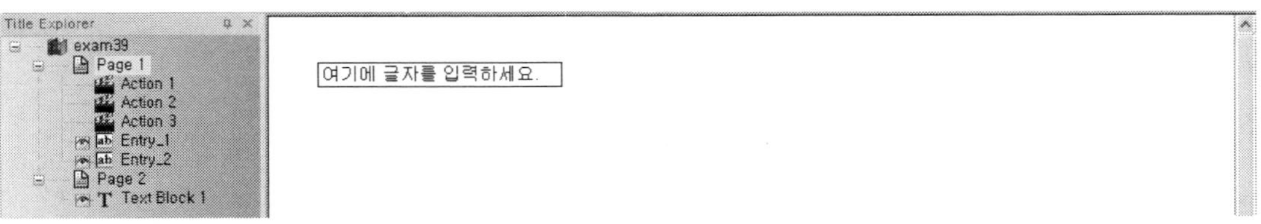

제작 설명

- 동일한 크기의 입력 필드 Entry_1, Entry_2를 동일 위치에 겹친다.
- 입력 필드 Entry_2의 Default text로 '여기에 글자를 입력하세요.'를 지정한다.
- 입력 필드 Entry_1 위에 Entry_2가 오게 한다.
- 화면이 열리면 잠시 후 경고문이 발생하도록 한다.
- 경고문을 닫으면 Entry_1이 숨겨지고 Entry_2가 보이게 한다.
- 경고문의 내용을 바탕으로 입력 필드에 텍스트를 입력하면 도움말 창이 팝업 창에 열리도록 조건부 액션을 설정한다.

Page 1 개체에 부착한 액션 개체 Action 1의 속성은 다음과 같다. 즉, 페이지가 열리고 2초 경과하면 'Change Contents를 입력합니다.'라는 경고문을 발생한다. 윈도우의 표준 경고 창에 메시지를 보이기 위해 Target으로 Standard Message Window를 선택한다.

Page 1 개체에 부착한 액션 개체 Action 2에는 페이지가 열리고 2.1초 경과하면 입력 필드 Entry_2를 숨기는 액션을 설정한다.

액션 항목	Page 1
	Action 2
On	Show
Action	Hide
Target	Entry_2
Delay before action	2.1

Page 1 개체에 부착한 액션 개체 Action 3에는 도움말 창을 열어주는 액션을 설정한다. 액션 실행 조건은 입력 필드 Entry_2에 입력한 값이 'Change Contents'와 같을 때이다.

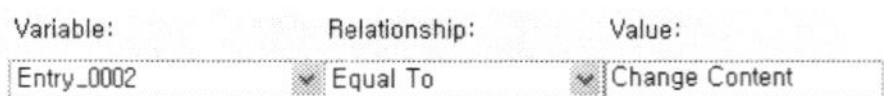

Page 1 개체에 부착한 액션 개체 Action 3의 속성은 다음과 같다. 타이틀의 Page 2에 입력해 놓은 내용을 메시지로 보여주기 위해 Target으로 Custom Message Window를 선택한다. 페이지 선택은 드롭다운 버튼 Name을 클릭하여 지정한다.

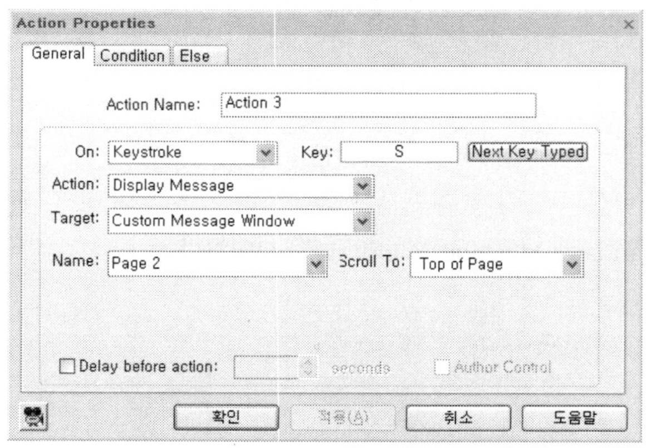

(11) Print Current Page

Print Current Page 액션은 현재 열린 페이지를 인쇄하는 역할을 한다.

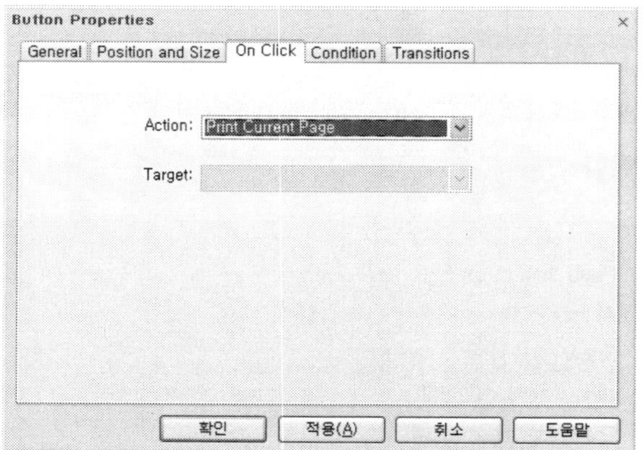

Print Current Page 액션이 설정된 버튼을 클릭하면 인쇄 대화상자가 열린다.

(12) Change Contents

Change Contents 액션은 타깃 개체의 내용을 다른 개체의 내용 혹은 변수의 값으로 교체하는 역할을 한다.

- Target은 타이틀에 포함된 모든 미디어 개체, 버튼 개체, 그리고 텍스트 블록 중 하나가 된다. 타깃 목록 창에는 개체의 이름이 표시된다.
- New Contents는 타깃에 지정된 개체 유형에 따라 그 목록이 달라진다. 타깃에서 지정한 개체가 미디어 개체의 경우 동일 유형의 미디어 개체 이름이, 버튼 개체의 경우 버튼 개체의 변수 이름이, 텍스트 블록의 경우 렉토라 내장 및 사용자 정의 변수 이름이 된다.
- 타깃이 미디어 개체이면 동일 유형의 미디어 개체의 내용으로 바뀐다. 예를 들어, 타깃이 이미지 개체이면 다른 이미지 개체로, 타깃이 비디오 개체이면 다른 비디오 개체로 바뀐다.
- 타깃이 버튼 개체이면 다른 버튼 개체로 바뀐다.
- 타깃이 텍스트 블록이면 렉토라 내장 변수 혹은 사용자 정의 변수의 값 중 하나로 바뀐다.

Change Contents로 미디어 개체의 내용을 변경할 때 개체의 크기는 반드시 개체를 생성한 응용 프로그램에서 조절해야 한다.

Tip 개체의 크기를 가로 200, 세로 150의 크기로 통일하려면?

- 플래시 애니메이션을 제작할 때는 플래시 작업 공간의 크기를 가로 200, 세로 150으로 설정한다.
- 비디오 화면을 녹화하여 비디오를 제작할 때는 녹화 영역의 크기를 가로 200, 세로 150으로 설정한다.
- 이미지 개체의 크기는 Image Editor에서 설정한다. Image/Resize를 실행 가로 200, 세로 150으로 조정한다.

✎ Change Contents 액션에 의해 타깃 개체 A에 보이는 새로운 내용 B는 B 원래 크기로 대체된다.

예제 | 변수의 값을 텍스트 블록에 나타나게 하는 액션(▸Title40)

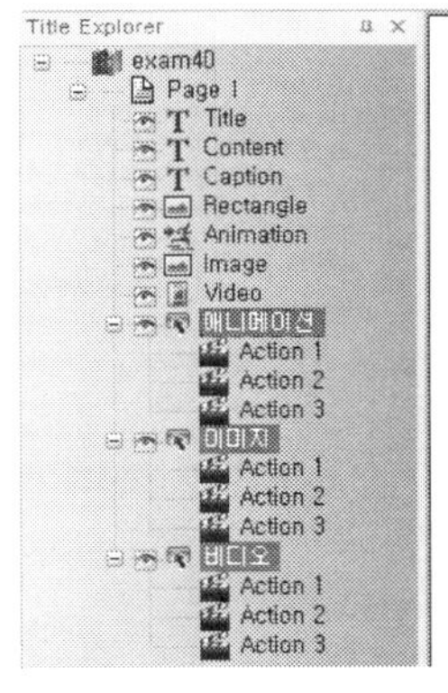

Lectora의 삽입 가능 개체

렉토라는 동적 e-learning 저작 툴이다.

렉토라에서 삽입 가능한 개체는 다음과 같다.

1. 애니메이션
2. 이미지
3. 비디오

개체 이름에 마우스를 갖다 대면 개체가 미리보기창에 나타납니다.

콘텐츠 구조

- Animation, Image, Video 개체를 동일한 좌표에 동일한 크기로 겹쳐 배치한다.
- Animation, Image, Video 개체의 Initially Visible 속성을 해제하여 화면에 나타나지 않도록 한다.

Animation | Image | Video

- 텍스트 목록에 버튼 효과를 주기 위해 투명 속성 버튼을 사용한다. 텍스트 목록과 투명 속성 버튼(애니메이션, 이미지, 비디오)을 겹쳐 배치한다.

제작 설명

- 텍스트 목록에 마우스 포인터를 놓으면 목록에 해당되는 개체에 대한 설명이 텍스트 블록 Caption에 나타나도록 한다. 텍스트 블록에는 사용자 정의 변수의 값이 표시된다.
- 각 버튼의 액션 Action 1 및 Action 2는 버튼에 마우스를 놓을 때의 액션과 버튼에서 마우스가 벗어날 때의 액션으로서 각각 Show, Hide 액션이 지정되어 있다. Change Contents 액션은 버튼의 세 번째 액션 Action 3에 설정한다.

사용자 변수는 Tools/Variable Manager를 실행하여 정의한다.

❶ Variable Manager 대화상자에서 Add 버튼을 클릭한다.
❷ 변수 이름과 값을 입력한 후 OK 버튼을 클릭한다.

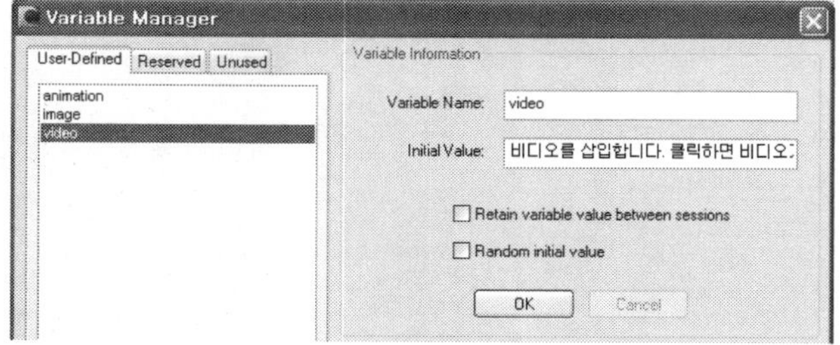

정의된 변수의 이름과 값은 다음과 같다.

animation	클릭하면 무비가 재생/정지됩니다.
image	그림을 삽입합니다. 클릭하면 그림을 보기/숨기기할 수 있습니다.
video	비디오를 삽입합니다. 클릭하면 비디오가 재생/정지됩니다.

Change Contents 액션은 다음과 같이 설정한다.

❶ 애니메이션 버튼을 클릭한 후 액션 추가 버튼 을 클릭한다.
❷ 드롭다운 버튼 On을 클릭하여 Mouse Enter를 선택한다.
❸ 드롭다운 버튼 Action을 클릭하여 Change Contents를 선택한다.
❹ 드롭다운 버튼 Target을 클릭하여 Caption을 선택한다.

✎ Change Contents 액션의 타깃 대상은 새로운 콘텐츠를 보여주는 수단이 된다. 예제에서는 변수의 값 즉, 문자열을 타깃을 통해 보여주려 하므로 타깃을 텍스트 블록 Caption으로 지정한다.

❺ 드롭다운 버튼 New Contents를 클릭하여 animation을 선택한다.

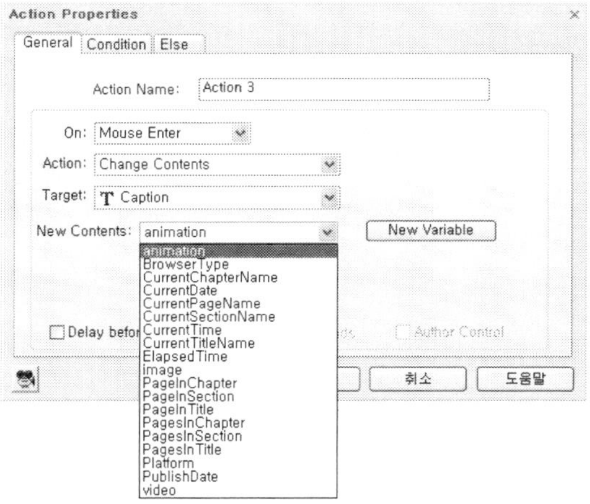

New Contents 목록은 Target에서 지정한 개체 유형에 따라 달라진다. 타깃을 텍스트 블록으로 지정하면 New Contents 목록은 렉토라의 예약변수 및 폼 관련 변수, 그리고 사용자 정의 변수가 된다.

❻ 확인 버튼을 클릭한다.
❼ 동일한 방법으로 이미지, 비디오 버튼에 Change Contents 액션을 설정한다.

애니메이션 버튼에 설정된 액션은 다음과 같다.

액션 항목	애니메이션		
	Action 1	Action 2	Action 3
On	Mouse Enter	Mouse Exit	Mouse Enter
Action	Show	Hide	Change Contents
Target	Animation	Animation	Caption
New Contents			animation

이미지, 비디오의 타깃은 각각 Image, Video로 New Contents로는 image, video로 지정한다.

✎ 타깃 대상 텍스트 블록 Caption에 표시되는 문자 속성은 텍스트 블록 Caption의 문자 속성에 따른다.

예제 | 개체를 동일 유형의 다른 개체로 변경하는 액션(▸Title41)

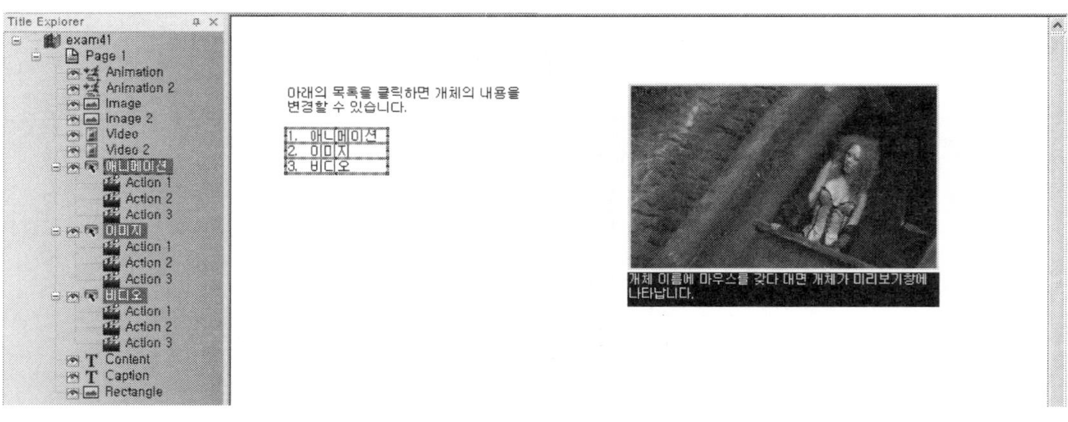

콘텐츠 구조/제작 설명

- 콘텐츠 구조 및 제작 설명은 동일 유형의 개체 내용을 변경한다는 것을 제외하고는 287 페이지의 예제와 동일하다. 본 예제에서는 Change Contents 액션의 New Contents 목록으로 사용될 Animation 2, Image 2, Video 2 개체를 타이틀에 추가한다. 이들 개체의 보이기 속성 역시 예제 1과 동일하게 설정한다.
- 버튼을 클릭할 때 Change Contents 액션이 실행되게 버튼의 세 번째 액션 Action 3의 On 이벤트를 Mouse Click으로 변경한다.
- 액션의 타깃 대상을 애니메이션, 이미지, 비디오 등의 미디어 개체로 선택하면 New Contents 목록은 타깃 대상과 동일한 유형의 개체가 된다. 이때 목록은 파일 이름으로 표시된다.

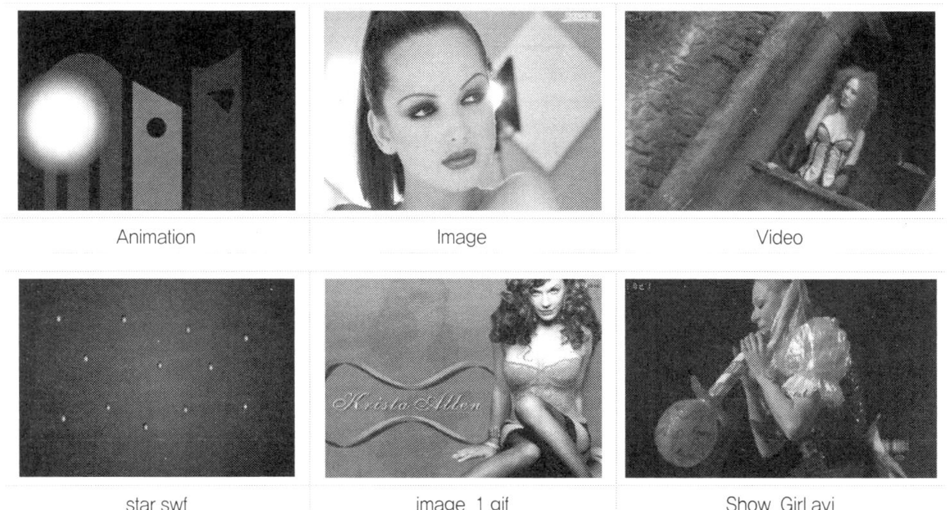

Animation	Image	Video
star.swf	image 1.gif	Show Girl.avi

액션 설정

액션 항목	애니메이션	비디오	이미지
	Action 3	Action 3	Action 3
On	Mouse Click	Mouse Click	Mouse Click
Action	Change Contents	Change Contents	Change Contents
Target	Animation	Video	Image
New Contents	star.swf	Show Girl.avi	image 1.gif

✎ Change Contents로 미디어 개체의 내용을 변경할 때 개체의 크기는 반드시 이미지 편집기에서 조절해야 한다. 컨텐트 페이지에서 개체의 크기를 조정하면 Change Contents 액션은 개체의 크기를 조정 이전의 크기로 변경하여 변경된 개체는 의도하는 형태로 나타나지 않는다.

예제 | 입력 필드에 기입하는 문자가 그대로 텍스트 블록에 반영되는 액션(▸Title42)

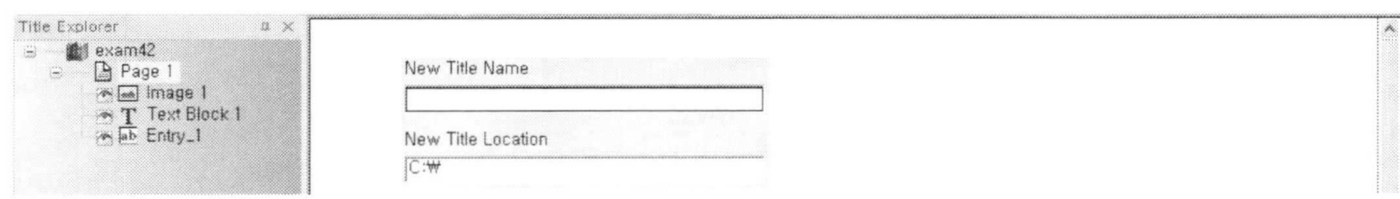

콘텐츠 구조

- 입력 필드와 텍스트 블록을 그림과 같이 배치한다.

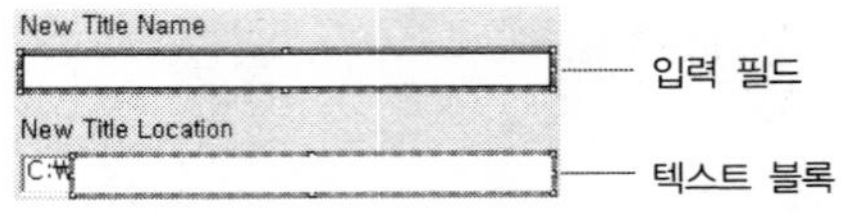

- 텍스트 블록은 문자 'C:₩' 다음에 위치하도록 조정한다.
- 입력 필드와 텍스트 블록, 이미지 그림의 Initially Visible 속성을 선택하여 처음부터 화면에 나타나도록 한다.
- 입력 필드에 글자를 입력하면 글자가 텍스트 블록에 바로 반영되어 나타나게 텍스트 블록의 내용을 입력 필드의 내용으로 변경한다.

액션 설정

액션 항목	Entry_1
	내장 액션
On	Select/Change
Action	Change Contents
Target	Text Block 1
New Contents	Entry_0001

✎ 입력 필드에 입력되는 글꼴 및 글자 크기는 페이지 개체 속성 창에서 지정한다.

예제 | 디버깅 기능을 수행하는 액션(▸Title43)

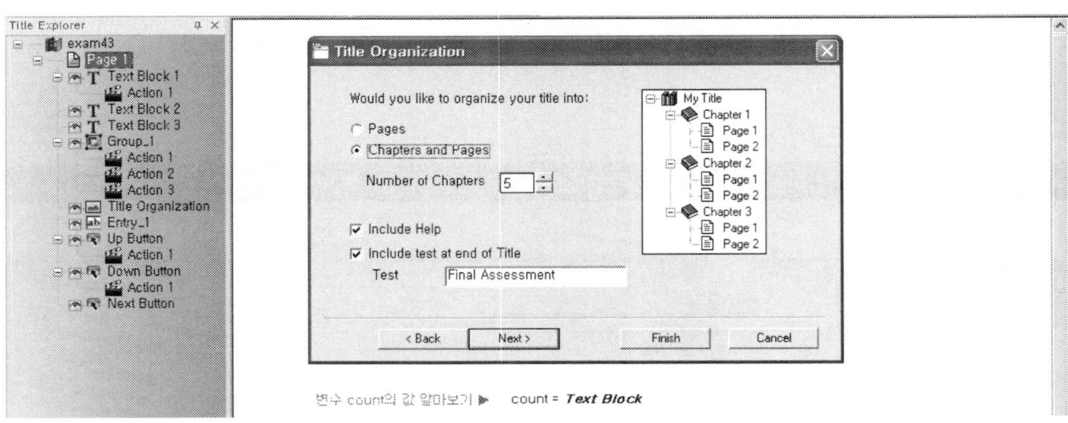

Change Contents 액션은 설정한 변수의 값이 제대로 먹히는지 확인할 수 있는 수단을 제공한다. 예를 들어, 사용자 변수의 이름을 count, 초기 값을 0으로 정의한 경우를 상정하자.

변수 count의 값이 3일 때만 어떤 액션이 실행되도록 액션을 설정할 때 액션이 제대로 실행되지 않는다면 Change Contents 액션을 통해 변수 count의 값을 텍스트 블록에서 확인할 수 있다. 버튼 액션의 예는 다음과 같다.

액션 항목	Text Block 1
	Action 1
On	Mouse Click
Action	Change Contents
Target	Text Block 3
New Contents	count

New Contents로는 렉토라 내장 변수 모두 지정할 수 있다. 예를 들어, New Contents로 ElapsedTime을 지정하면 강좌를 시작하여 경과한 시간을 텍스트 블록에 나타낼 수 있다.

예제 | 라디오 버튼의 선택 상황을 토글로 전환하는 액션(▶Title44)

라디오 버튼은 그 속성상 선택/비선택 상태로 표시돼야만 한다. 라디오 버튼 그룹에 포함되지 않은 라디오 버튼은 선택/비선택 상태로 전환할 수 없다.

라디오 버튼은 단독으로 사용되지 않으며 라디오 버튼 그룹에 내장하여 사용한다. 라디오 버튼을 단독으로 사용했을 때는 라디오 버튼의 선택/해제가 되지 않는다. 따라서 라디오 버튼을 굳이 단독으로 사용해야 할 경우에는 버튼의 선택/해제가 가능토록 해야 하며, 선택/해제한 버튼의 변수 값을 제대로 설정할 수 있어야 한다.

콘텐츠 구조

- 라디오 버튼 Radio_1을 복제한 Radio_1_copy를 함께 겹쳐 배치한다.
- 라디오 버튼 Radio_2를 복제한 Radio_2_copy를 함께 겹쳐 배치한다.

  – Radio_1_copy와 Radio_2_copy는 라디오 버튼의 선택이 해제된 상태를 나타내기 위해 사용한다.

- Radio_1, Radio_2 버튼을 클릭할 때 액션이 실행돼야 하므로 Radio_1, Radio_2 버튼 개체를

Radio_1_copy, Radio_2_copy 버튼 개체 보다 더 높은 레이어 층에 배치한다.

제작 설명

Radio_1 버튼을 클릭하면 Radio_2 버튼의 선택이 해제되고 Radio_1 버튼이 선택돼야 하며, Radio_2 버튼을 클릭하면 Radio_1 버튼의 선택이 해제되고 Radio_2 버튼이 선택돼야 한다.

- Radio_1 버튼을 클릭하면 Radio_2 개체를 Radio_2_copy 개체로 변경한다(a).
- Radio_2 버튼을 클릭하면 Radio_1 개체를 Radio_1_copy 개체로 변경한다(b).

  – 선택이 해제된 라디오 버튼 모양을 선택되지 않은 라디오 버튼 모양으로 대체한다.

액션 설정

액션 항목	Radio_1	Radio_2
	내장 액션	내장 액션
On	Select/Change	Select/Change
Action	Change Contents	Change Contents
Target	Radio_2	Radio_1
New Contents	Radio_0002_copy	Radio_0001_copy
주)	(a)	(b)

Radio_1 버튼을 클릭하면 Radio_1이 선택되고 Radio_2 개체의 내용이 Radio_2_copy 개체로 변경되어 Radio_1의 변수 값은 on으로, Radio_2의 변수 값은 공백이 된다.

(13) Modify Variable

Modify Variable 액션은 타깃 개체의 변수 값을 변경하는 역할을 한다. Change Contents의 Target은 개체 이름이, Modify Variable의 Target은 변수 이름이 된다.

예제 | 드롭다운 리스트 목록에 파일 확장자 .txt를 추가하는 액션(▸Title45)

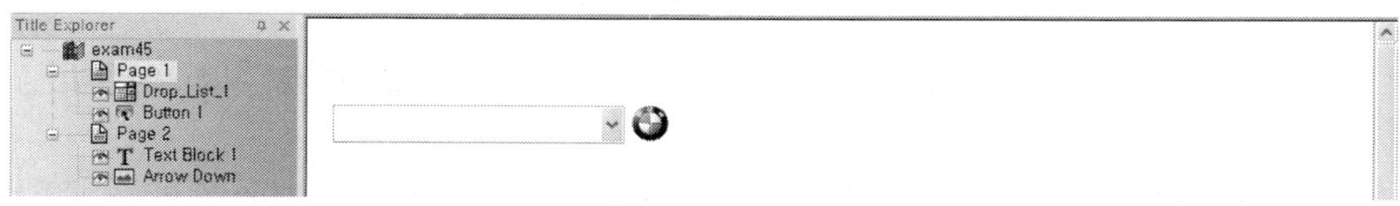

제작 설명

- 드롭다운 리스트의 목록은 파일 확장자를 뺀 이름만 등록한다.

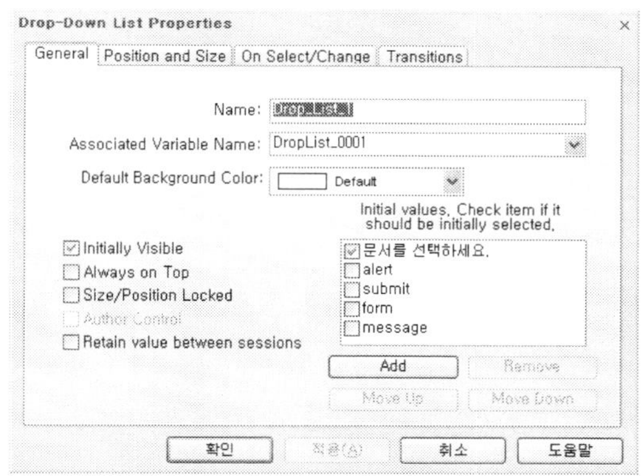

- HTML 타이틀 유형으로 출판하고 다른 웹 폴더의 파일을 지정하려면 files/alert와 같이 경로와 파일 이름을 등록한다.

❶ 드롭다운 리스트 속성 창의 On Select/Change 탭을 클릭한다.
❷ 드롭다운 버튼 Action을 클릭하여 Modify Variable을 선택한다.

액션을 Modify Variable로 지정하면 New Variable 버튼이 표시된다. New Variable 버튼을 클릭하면 사용자 변수를 정의할 수 있다.

❸ 드롭다운 버튼 Target을 클릭하여 드롭다운 리스트를 선택한다.
❹ Value 필드에 파일 확장자 .txt를 입력한다.
❺ 드롭다운 버튼 Modification Type을 클릭하여 Add to Variable을 선택한다.

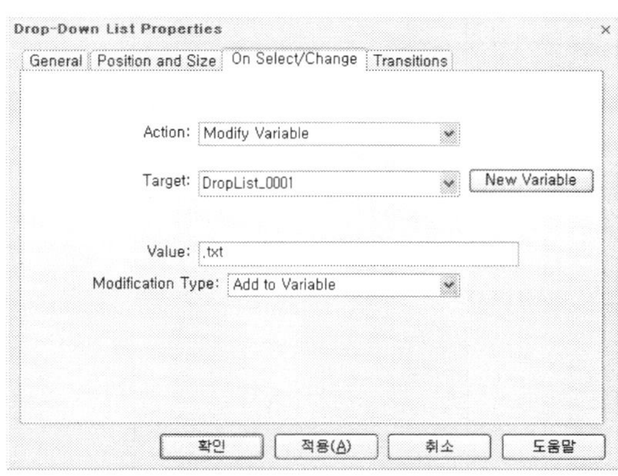

❻ 확인 버튼을 클릭한다.

❼ 타이틀 개체 exam45를 더블클릭한다.

❽ Additional files 탭을 클릭하고 Add File 버튼을 클릭하여 해당 파일을 추가한다.

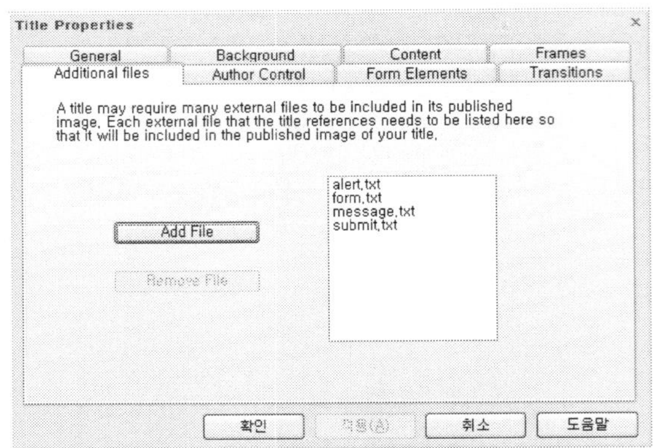

❾ 확인 버튼을 클릭한다.

액션 설정

액션 항목	Drop_List_1	
	내장 액션	내장 액션
On	Select/Change	Click
Action	Modify Variable	Launch a program/document
Target	DropList_0001	
Value	.txt	
Modification Type	Add to Variable	
Program/Document		VAR(DropList_0001)
주)	(a)	(b)

(a) 드롭다운 리스트의 목록에 .txt란 문자열을 더한다.

(b) 드롭다운 리스트에서 선택한 목록을 실행한다.

타이틀 개체 exam45 속성 창의 Additional files 탭에서 관련 프로그램을 모두 추가한 경우, Run Mode, Preview Mode 하에서는 응용 프로그램이 열리지 않는다. Run Mode, Preview Mode 하에서 응용 프로그램의 실행여부를 확인하려면 응용 프로그램을 타이틀과 동일 폴더에 복사한다.

Value

Value 필드에는 숫자, 문자 혹은 문자열, 다른 변수의 값이 입력될 수 있다. 다른 변수의 값을 입력하려면 키워드 VAR(변수이름)을 사용한다.

[참고] Modification Type

- Set Variable Contents: 타깃 변수의 값을 Value 필드에 입력한 값으로 대체한다.
- Add to Variable: 타깃 변수의 값에 Value 필드에 입력한 값을 더한다. 타깃 변수의 값과 Value 필드의 값이 둘 다 수치인 경우에만 산술 덧셈 연산이 되고, 그 이외의 경우에는 두 값을 문자열로 결합한다.
- Subtract from Variable: 타깃 변수의 값에서 Value 필드에 입력한 값을 뺀다. 타깃 변수의 값과 Value 필드의 값이 둘 다 수치인 경우에만 산술 뺄셈 연산이 된다. 타깃 변수의 값이 문자열일 때는 끝 문자들과 Value 필드의 시작 문자들이 일치할 때만 문자를 뺀다.
- Multiply Variable By: 타깃 변수의 값을 Value 필드에 입력한 값으로 곱한다. 타깃 변수의 값과 Value 필드의 값이 둘 다 수치인 경우에만 산술 곱셈 연산이 된다.
- Divide Variable By: 타깃 변수의 값을 Value 필드에 입력한 값으로 나눈다. 타깃 변수의 값과 Value 필드의 값이 둘 다 수치인 경우에만 산술 나눗셈 연산이 된다.
- Round Down Variable: 수치의 값을 지닌 변수에만 적용할 수 있다. 값 보다 더 작은 값 중 가장 큰 정수로 대체된다. 예를 들면, 타깃 변수의 값이 3.75이면 타깃 변수의 값을 3으로 변경한다.
- Round Variable: 수치의 값을 지닌 변수에만 적용할 수 있다. 변수의 값은 .5 이상이면 반올림한 정수로, .5 미만이면 소수점 이하를 뗀 정수로 대체된다. 예를 들면, 타깃 변수의 값이 3.75이면 타깃 변수의 값은 4로, 3.47이면 3으로 변경된다.

타깃 변수 값	Value 필드 값	Modification Type	Modify Variable 액션 결과
5	2	Set Variable Contents	2
		Add to Variable	7
		Subtract from Variable	3
		Multiply Variable By	10
		Divide Variable By	2.5
count of	2	Set Variable Contents	2
		Add to Variable	count of2
		Subtract from Variable	Invalid
		Multiply Variable By	Invalid
		Divide Variable By	Invalid
count of	t of	Set Variable Contents	t of
		Add to Variable	count oft of
		Subtract from Variable	coun
		Multiply Variable By	Invalid
		Divide Variable By	Invalid

Value의 값은 RAND(min, max), VAR(Variable_Name)으로 입력할 수 있다.

예제 | 강좌를 시작하여 마칠 때까지 걸린 시간과 현재 시간을 알려주는 액션(▶Title46)

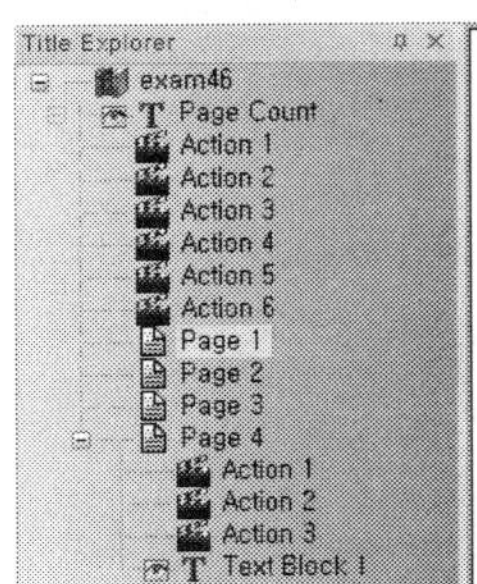

페이지를 넘길 때마다 강좌 경과 시간과 현재 시간을 알려 주려면 타이틀 아래에 텍스트 블록과 액션 개체를 삽입한다. 텍스트 블록 Page Count는 Change Contents 액션의 타깃으로 이용된다.

✎ Change Contents 액션의 타깃으로 텍스트 블록을 사용할 때는 변경된 콘텐츠 내용이 충분히 나타날 수 있게 텍스트 블록의 크기를 조정한다.

✎ Modify Variable 액션으로 문자열을 나열할 때 주의할 점은 Modify Variable 액션을 사용한 첫 번째 액션 개체의 Modification Type은 반드시 Set Variable Contents로 설정해야 한다. 첫 번째 액션 개체의 Modification Type으로 Add to Variable을 사용하게 되면 문자열은 앞 액션의 결과에 계속 연결되어 표시된다.

액션 항목	Page Count		
	Action 1	Action 2	Action 3
On	Show	Show	Show
Action	Modify Variable	Modify Variable	Modify Variable
Target	advise		
Value	VAR(ElapsedTime)	분간 청취했습니다.	_지금 시간은_
Modification Type	Set Variable Contents	Add to Variable	Add to Variable

액션 항목	Page Count		
	Action 4	Action 5	Action 6
On	Show	Show	Show
Action	Modify Variable	Modify Variable	Change Contents
Target	advise		Page Count
Value	VAR(CurrentTime)	입니다.	
Modification Type	Add to Variable	Add to Variable	
New Contents			advise

_: 공백

액션 항목	Page 4		
	Action 1	Action 2	Action 3
On	Timer	Timer	Timer
Action	Modify Variable	Modify Variable	Change Contents
Target	elap_time		Text Block 1
Value	VAR(ElapsedTime)	분이 경과하였습니다.	
Modification Type	Set Variable Contents	Add to Variable	
Time Interval	1.0	0.9	1.0
New Contents			elap_time

ElapsedTime, CurrentTime은 렉토라 내장 변수로서 경과 시간 및 시스템의 현재 시간을 나타낸다. 내장 변수의 값을 나타내려면 키워드 VAR()을 사용한다. advise, elap_time은 사용자 정의 변수이다.

[참고]

타이틀 개체 exam46 바로 밑에 삽입한 텍스트 블록 Page Count는 Tools/Page Numbering Tool을 실행하여 삽입한다. Add Text Block 버튼을 클릭하여 타이틀 개체 바로 밑에 텍스트 블록을 배치할 수 없는 경우 활용한다.

✎ Modify Variable 액션과 Change Contents 액션을 함께 사용할 때는 액션의 순서에 주의한다.

변수의 값을 수정한 후 이를 텍스트 블록에 표시하려면 Modify Variable 액션이 Change Contents 액션보다 먼저 배치돼야만 한다. 예제의 Modify Variable 액션과 Change Contents 액션의 관계는 다음과 같이 이해한다.

변수 elap_time의 값	Text Block 1의 내용
없음 ⟶ VAR(ElapsedTime)+분이…	Text Block 1 ⟶ 00:00:03분이…
Modify Variable	Change Contents

예제 | 자바스크립트 변수 사용 액션(▸Title47)

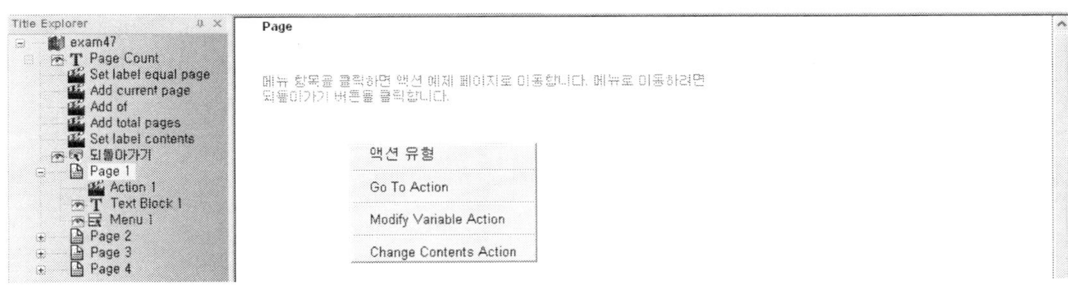

렉토라 변수는 자바 변수의 값을 저장할 수 있다. 예를 들어, 버튼을 클릭할 때 특정 사이트 혹은 웹 페이지로의 이동을 바란다면 Modify Variable 액션을 사용하여 소기의 목적을 달성할 수 있다. Modify Variable 액션의 타깃은 타이틀 내의 어떤 변수도 사용할 수 있다. 이름이 here인 사용자 정의 변수를 Modify Variable 액션의 타깃으로 하고 HTML 파일과 message.txt 파일을 동일 폴더에 업로드한다면 버튼 액션은 다음과 같이 준다.

액션 항목	버튼
	내장 액션
On	Click
Action	Modify Variable
Target	here
Value	javascript:location.href="message.txt"
Modification Type	Set Variable Contents

Go To 액션을 추가하고 타깃을 Web Address로, 웹 주소를 VAR(here)로 지정하면 message.txt 파일을 열 수 있다.

자바 변수를 활용하는 한 가지 예를 더 들면, 특정 페이지가 열릴 때 페이지 위치를 사용자 정의 변수에 저장하고, 타이틀 내의 모든 페이지에 특정 페이지로 이동할 수 있는 버튼을 삽입하면, 타이틀 내의 어떤 페이지에서건 버튼을 클릭하여 특정 페이지로 이동할 수 있다.

페이지 1에는 메뉴가 삽입되어 있고, 메뉴 항목을 클릭하면 항목에 지정된 페이지로 이동할 수 있다.

액션 항목	Menu 1		
	Go To Action	Modify Variable Action	Change Contents Action
On	Click	Click	Click
Action	Go To	Go To	Go To
Target	Chapter, Section, or Page		
Name	Page 2	Page 3	Page 4
Scroll To	Top of Page		

페이지 2, 페이지 3, 페이지 4에는 각각 Go To 액션, Modify Variable 액션, Change Contents 액션 예제가 있으며, 메뉴가 위치한 페이지 1로 이동할 수 있는 되돌아가기 버튼이 있다.

페이지 위치를 저장하고자 하는 페이지 1에는 페이지 개체 아래에 액션을 추가하여 다음과 같이 Modify Variable 액션을 설정한다. 변수 here에 페이지 위치가 저장된다.

액션 항목	Page 1 Action 1
On	Show
Action	Modify Variable
Target	here
Value	javascript:location.href
Modification Type	Set Variable Contents

타이틀 개체 exam47 아래에 페이지 1로의 이동을 가능하게 하는 되돌아가기 버튼을 추가하고 다음과 같이 Go To 액션을 설정한다. 되돌아가기 버튼을 클릭하면 변수 here에 저장된 페이지 1로 이동한다.

액션 항목	**되돌아가기** **내장 액션**
On	Click
Action	Go To
Target	Web Address
Web Address	VAR(here)

✎ 자바스크립트 변수를 사용한 액션은 HTML로 출판해야만 실행된다.

예제 | 폼 구성 요소 개체의 변수 값 변경하기(▸Title48)

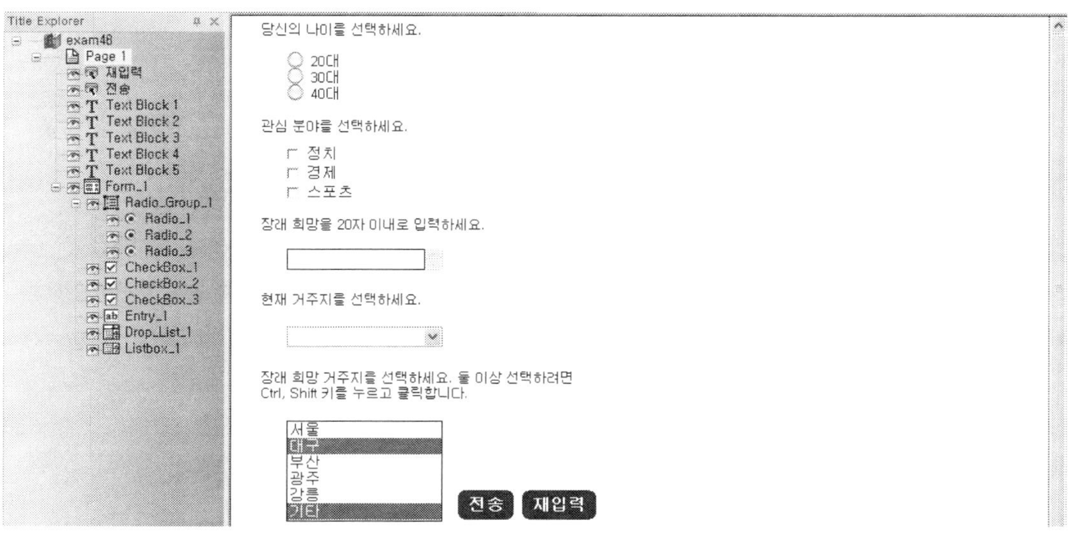

라디오 버튼, 체크 박스, 드롭다운 리스트, 그리고 리스트 박스 목록을 선택하거나 입력 필드에 값을 기입한 후 폼 데이터를 실행하면 이들 개체의 변수와 값이 전송된다.

```
RadioGroup_0001=Radio_2<br />
Checkbox_0001=on<br />
Checkbox_0002=<br />
Checkbox_0003=on<br />
Entry_0001=대기업 CEO
DropList_0001=대구
List_0001=대구, 강릉, 기타
```

라디오 버튼 그룹의 변수 값은 선택된 라디오 버튼의 이름이, 아무 버튼도 선택되지 않았을 때는 공백 상태로 전송된다. 체크 박스의 변수 값은 선택된 경우엔 on이, 선택되지 않은 경우엔 공백 상태로 전송된다.

전송된 데이터를 보는 입장에선 학생들이 무엇을 선택했는지 언뜻 보기에는 매우 난감한 일임에 틀림없다. 이러한 문제점을 해결해 주는 것이 Modify Variable 액션이다.

라디오 버튼 그룹의 변수 값을 라디오 버튼의 이름표로 변경하는 액션

라디오 버튼 그룹의 변수 값을 라디오 버튼의 이름표로 변경하려면 라디오 버튼을 클릭했을 때 라디오 버튼 그룹의 변수 값을 라디오 버튼의 이름표로 바꾸어 준다.

액션 항목	Radio_1	Radio_2	Radio_3
	내장 액션	내장 액션	내장 액션
On	Select/Change	Select/Change	Select/Change
Action	Modify Variable	Modify Variable	Modify Variable
Target	RadioGroup_0001		
Value	20대	30대	40대
Modification Type	Set Variable Contents	Set Variable Contents	Set Variable Contents

체크 박스의 변수 값을 체크 박스의 이름표로 변경하는 액션

체크 박스의 변수 값을 체크 박스의 이름표로 변경하려면 체크 박스를 클릭했을 때 체크 박스 자신의 변수 값을 자신의 이름표로 바꾸어 준다.

Name: CheckBox_1
Associated Variable Name: Checkbox_0001 → 체크 박스의 변수 이름

액션 항목	CheckBox_1	CheckBox_2	CheckBox_3
	내장 액션	내장 액션	내장 액션
On	Select/Change	Select/Change	Select/Change
Action	Modify Variable	Modify Variable	Modify Variable
Target	Checkbox_0001	Checkbox_0002	Checkbox_0003
Value	정치	경제	스포츠
Modification Type	Set Variable Contents	Set Variable Contents	Set Variable Contents

예제 | Survey 질문 개체의 변수 값 변경하기(▶Title49)

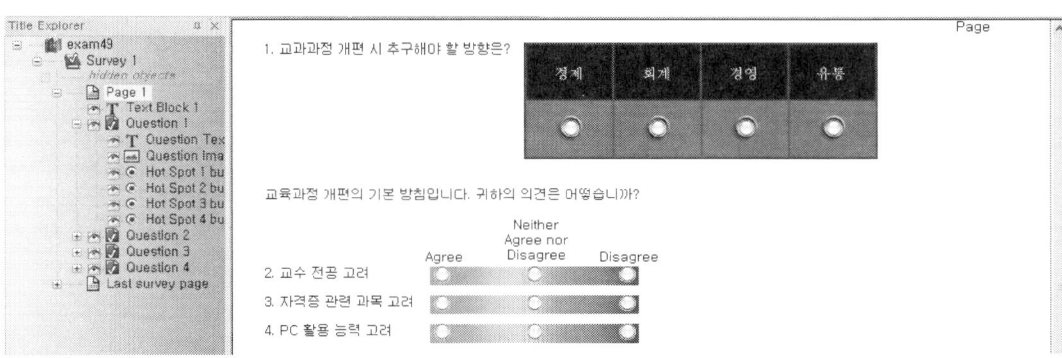

• Hot Spot 유형

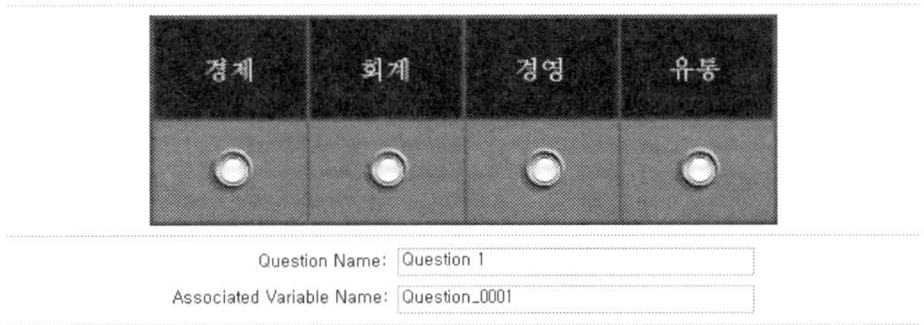

Hot Spot 유형의 질문을 이메일로 전송하면 질문에 할당한 변수와 그 값 0, 1, 2, 3이 전송된다.

```
Question 1
교과과정 개편 시 추구해야 할 방향은?
Your answer:3
Question_0010=3
```

0 대신 경제, 1 대신 회계, 2 대신 경영, 3 대신 유통을 전송하려면 라디오 버튼의 내장 액션을 이용한다.

액션 항목	Hot Spot 1 button **내장 액션**	Hot Spot 2 button **내장 액션**	Hot Spot 3 button **내장 액션**	Hot Spot 4 button **내장 액션**
On	Select/Change	Select/Change	Select/Change	Select/Change
Action	Modify Variable	Modify Variable	Modify Variable	Modify Variable
Target	Question_0001			
Value	경제	회계	경영	유통
Modification Type	Set Variable Contents			

- Likert, Likert Table 유형

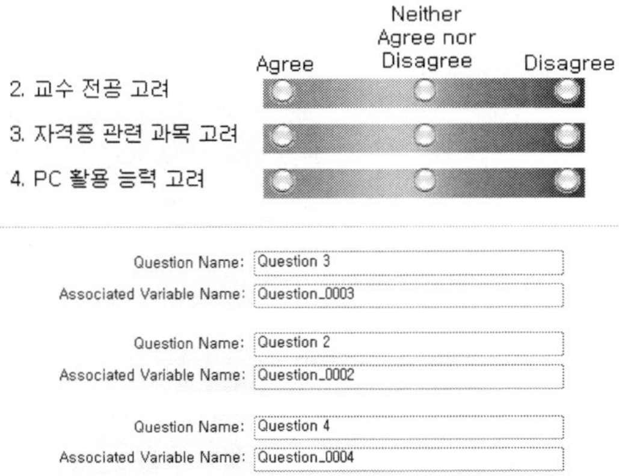

Agree | Neither Agree nor Disagree | Disagree

2. 교수 전공 고려
3. 자격증 관련 과목 고려
4. PC 활용 능력 고려

Question Name: Question 3
Associated Variable Name: Question_0003

Question Name: Question 2
Associated Variable Name: Question_0002

Question Name: Question 4
Associated Variable Name: Question_0004

Likert, Likert Table 유형의 질문을 이메일로 전송하면 질문에 할당한 변수와 그 값 Agree, Neither Agree Nor Disagree, Disagree가 전송된다.

```
Question 2
교수 전공 고려
Your answer:Disagree
Question 3
자격증 관련 과목 고려
Your answer: Neither Agree nor Disagree
Question 4
PC 활용능력 고려
Your answer:Agree
Question_0002=Disagree
Question_0003=Neither Agree nor Disagree
Question_0004=Agree
```

Agree 대신 찬성, Disagree 대신 반대, Neither Agree nor Disagree 대신 찬성도 반대도 아님을 전송하려면 라디오 버튼의 내장 액션을 이용한다.

액션 항목	Choice 1 button	Choice 2 button	Choice 3 button
	내장 액션	**내장 액션**	**내장 액션**
On	Select/Change	Select/Change	Select/Change
Action	Modify Variable	Modify Variable	Modify Variable
Target	Question_0002		
Value	찬성	찬성도 반대도 아님	반대
Modification Type	Set Variable Contents		

Question 3, Question 4의 라디오 버튼에도 동일한 액션을 설정한다. 이때는 Modify Variable의 타깃을 Question_0003, Question_0004로 지정한다.

Hot Spot 유형을 제외한 나머지 질문 유형은 화면에 보이는 그대로 변수의 값이 전송된다.

예제 | 다른 프레임에 놓인 개체 제어하기(▸Title50)

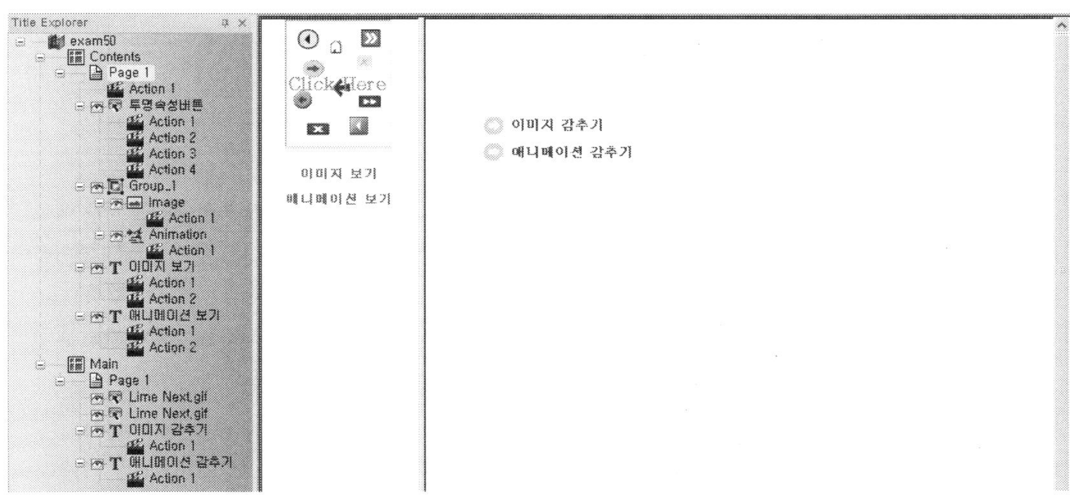

예제 타이틀에는 Contents 유형의 프레임이 적용되어 있다.

Main 프레임 창에 놓인 텍스트 버튼을 클릭하면 Contents 프레임에 놓인 해당 개체를 숨긴다.

콘텐츠 구조

- Contents 프레임 개체 아래에 Page 1 개체를 삽입하고, Page 1 개체에 투명속성버튼과 Image, Animation 및 이미지 보기, 애니메이션 보기 개체를 배치한다.

투명속성버튼은 Main 프레임에 놓인 텍스트 버튼을 클릭하여 Contents 프레임에 놓인 개체를 제어할 목적으로 사용된다.

- Main 프레임 개체의 Page 1에는 이미지 감추기, 애니메이션 감추기 버튼을 배치한다.

제작 설명

- 문자열 이미지 보기를 클릭하면 Image가, 애니메이션 보기를 클릭하면 Animation이 Contents 프레임 상단에 나타나도록 한다.
- 이미지 감추기 버튼을 클릭하면 Image가, 애니메이션 감추기 버튼을 클릭하면 Animation이 Contents 프레임 상단에서 사라지도록 한다.

프레임이 설정된 경우에는 다른 프레임에 놓인 개체는 액션의 대상이 될 수 없고 단지 Go To 액션의 대상(페이지)만이 가능할 뿐이다. 따라서 다른 프레임에 놓인 개체를 대상으로 숨기기 액션을 실행하려면 평범한 방법으로는 불가능하다.
예를 들어, Go To 액션에 의해 Contents 프레임의 페이지로 이동하였다고 하자. 어떻게 하면 페이지에 놓인 개체를 숨기거나 보일 수 있을까? 만일, Go To 액션의 타깃인 페이지가 새로 열린다면 페이지 개체의 On Show 액션을 활용하여 페이지에 놓인 개체를 제어할 수 있을 것이다.
불행히도 Go To 액션의 타깃인 Contents 프레임의 페이지는 화면에 나타나는 순간 열린 상태이기 때문에 페이지 개체의 On Show 액션을 활용할 수 없다. 따라서 페이지에 놓인 개체를 제어하기 위해서 다음과 같은 편법을 사용한다.

- 눈에 보이지 않는 투명 속성의 버튼을 활용한다.

투명 속성의 버튼은 처음 화면에 나타나는 순간부터 자신을 숨기기/보이기를 반복한다. 단, 이런 행위를 0.1초의 시차를 두고 행한다. Image, Animation이 숨겨지는 조건은 투명 속성의 버튼이 숨겨질 때, 그리고 사용자 정의 변수 this가 각각 image, animation을 값으로 지닐 때이다.

일단, Image, Animation이 숨겨지면 Image, Animation개체에 포함된 액션 개체에 의해 사용자 정의 변수 this의 값을 0으로 변경하여 투명 속성의 버튼이 숨겨질 때 Image, Animation이 더 이상 숨겨지지 않게 한다. 변수 this의 값은 Main 프레임의 텍스트 버튼을 클릭할 때 결정된다.

- 이미지 감추기를 클릭하면 변수 this의 값은 image가 된다.
- 애니메이션 감추기를 클릭하면 변수 this의 값은 animation이 된다.

액션 설정

- Contents 프레임

액션 항목	Page 1	투명속성버튼			
	Action 1	Action 1	Action 2	Action 3	Action 4
On	Show	Show	Hide	Hide	Hide
Action	Hide	Hide	Show	Hide	Hide
Target	Group_1	투명속성버튼	투명속성버튼	Image	Animation
		Delay before action: 0.1		Condition	
Variable				this	this
Relationship				Equal To	Equal To
Value				image	animation

액션 항목	Image	이미지 보기	
	Action 1	Action 1	Action 2
On	Hide	Mouse Click	Mouse Click
Action	Modify Variable	Hide	Show
Target	this	Group_1	Image
Value	0		
Modification Type	Set Variable Contents		

액션 항목	Animation	애니메이션 보기	
	Action 1	Action 1	Action 2
On	Hide	Mouse Click	Mouse Click
Action	Modify Variable	Hide	Show
Target	this	Group_1	Animation
Value	0		
Modification Type	Set Variable Contents		

• Main 프레임

액션 항목	이미지 감추기	애니메이션 감추기
	Action 1	Action 1
On	Mouse Click	Mouse Click
Action	Modify Variable	Modify Variable
Target	this	
Value	image	animation
Modification Type	Set Variable Contents	

예제 | 버튼을 클릭한 횟수를 알리는 액션(▸Title51)

도움말을 제공하고 도움말 항목마다 Modify Variable 액션을 지정하여 도움말 항목의 클릭 횟수에 관한 정보를 얻을 수 있다면 학생들이 체감하는 강좌의 난이도 수준을 간접적으로 파악할 수 있고, 도움말 항목 클릭 정보를 바탕으로 콘텐츠 내용을 수정 보완할 수 있다.

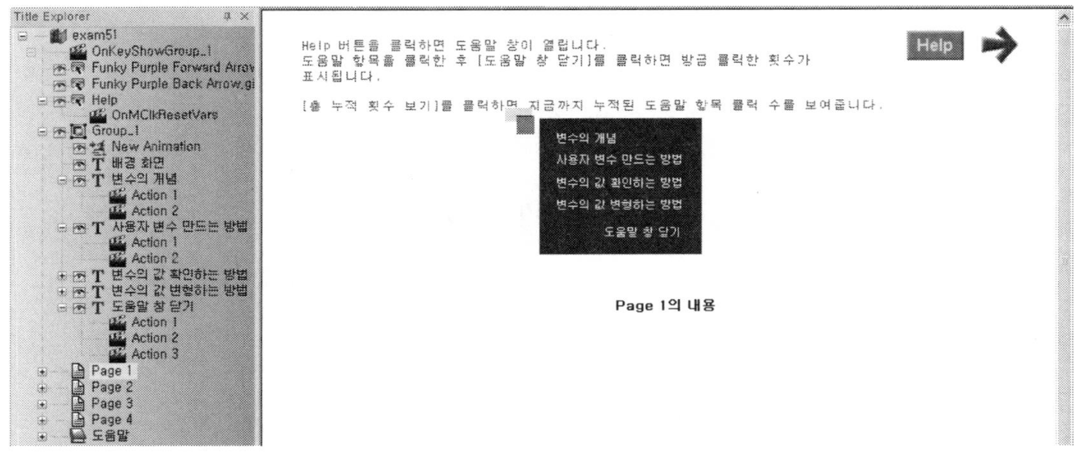

콘텐츠 구조

콘텐츠 구조는 Run Action Group의 예제와 거의 유사하다. 도움말 창을 구성하는 애니메이션, 텍스트 블록, 사각형 도형을 Group_1로 묶는다. 이 예제에서는 도움말 항목의 클릭 횟수를 텍스트 문서에 저장한다는 점이 다르다.

목록을 클릭하면 다음 액션이 발생하도록 한다.

- 목록에 지정된 변수의 값이 1씩 증가한다. 변수는 목록의 아래 방향 순으로 Lectora_Variable, User_Defined_Variable, Change_Contents, Modify_Variable로 정의한다.

- 애니메이션을 클릭하면 변수 Lectora_Variable, User_Defined_Variable, Change_Contents, Modify_Variable의 값이 CGI를 통해 텍스트 문서로 전송된다.
- 변수의 값이 CGI로 전송된 후 변수의 값을 초기 상태로 되돌린다.

- 도움말 항목과 관련된 내용은 도움말 장에 배치한다. 도움말 장을 구성하는 모든 페이지의 크기는 445×500 픽셀로 지정한다.

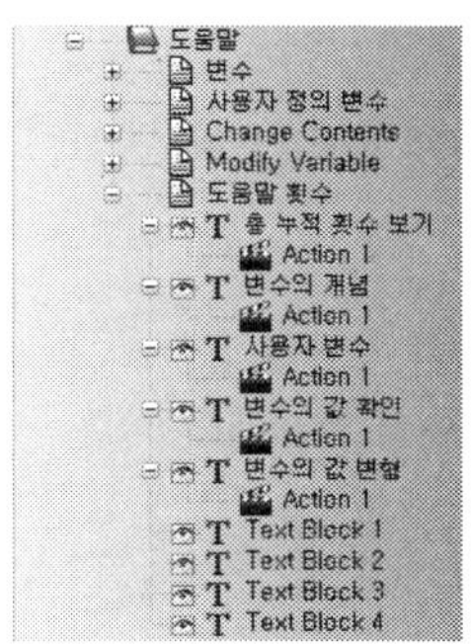

도움말의 내용은 작은 창에 표시되도록 한다. 도움말 페이지 중 도움말 내용이 가장 많은 페이지를 기준으로 한다.

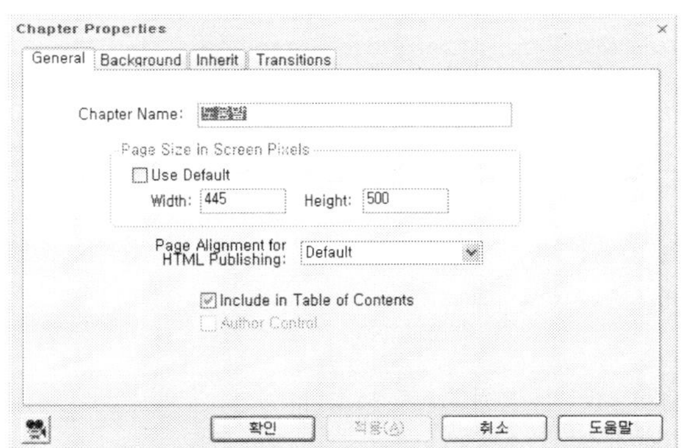

도움말 장에 삽입된 페이지의 속성

제작 설명

- 도움말 항목을 클릭하면 해당 도움말 페이지가 팝업 창 형태로 열릴 수 있게 Go To 액션을 설정한다.
- 도움말 항목을 클릭하면 변수의 값을 1씩 증가시킨다. 도움말 항목의 Modify Variable 액션 타깃으로 정의된 변수이름과 초기 값은 다음과 같다.

도움말 항목	Modify Variable 액션의 타깃	변수의 값
변수의 개념	Lectora_Variable	0
사용자 변수 만드는 방법	User_Defined_Variable	0
변수의 값 확인하는 방법	Change_Contents	0
변수의 값 변형하는 방법	Modify_Variable	0

– 변수를 정의할 때 Retain Variable Value between sessions 옵션을 해제한 상태로 설정한다. 이 옵션을 체크한 상태로 설정하면 도움말 항목을 클릭한 횟수가 누적되어 중복 계산된다.

• 도움말 창에서 도움말 창 닫기를 클릭하면 다음 액션이 발생하도록 한다.

– 도움말 창을 숨긴다.
– 도움말 항목에 대한 클릭 횟수를 CGI로 전송한다.
– 클릭 횟수에 대한 정보를 팝업 창 형태로 보여준다.

액션 설정

도움말 항목인 텍스트 블록 개체 및 애니메이션 개체에 포함한 액션 개체의 내용은 다음과 같다.

액션 항목	변수의 개념	
	Action 1	Action 2
On	Mouse Click	Mouse Click
Action	Go To	Modify Variable
Target	Chapter, Section, or Page	Lectora_Variable
Value		1
Modification Type		Add to Variable
Name	도움말: 변수	
팝업 창	☑ Open in New Window	

액션 항목	사용자 변수 만드는 방법	
	Action 1	Action 2
On	Mouse Click	Mouse Click
Action	Go To	Modify Variable
Target	Chapter, Section, or Page	User_Defined_Variable
Value		1
Modification Type		Add to Variable
Name	도움말: 사용자 정의 변수	
팝업 창	☑ Open in New Window	

액션 항목	변수의 값 확인하는 방법	
	Action 1	Action 2
On	Mouse Click	Mouse Click
Action	Go To	Modify Variable
Target	Chapter, Section, or Page	Change_Contents
Value		1
Modification Type		Add to Variable
Name	도움말 : Change Contents	
팝업 창	☑ Open in New Window	

액션 항목	변수의 값 변형하는 방법	
	Action 1	Action 2
On	Mouse Click	Mouse Click
Action	Go To	Modify Variable
Target	Chapter, Section, or Page	Modify_Variable
Value		1
Modification Type		Add to Variable
Name	도움말 : Modify Variable	
팝업 창	☑ Open in New Window	
주)	(a)	(b)

(a) 도움말 항목을 클릭하면 도움말 페이지를 팝업 창에 열어준다.
(b) 도움말 항목을 클릭하면 변수의 값에 1을 더한다.

액션 항목	도움말 창 닫기		
	Action 1	Action 2	Action 3
On	Mouse Click	Mouse Click	Mouse Click
Action	Hide	Submit Variable Values	Go To
Target	Group_1		Chapter, Section, or Page
Submit Value		myclick_content.php	
Name			도움말 횟수
팝업 창			☑ Open in New Window
팝업 창 속성			Width/Height: 240/120
주)	(c)		(a)

(c) 도움말 창 닫기를 클릭하면 도움말을 숨기고 변수의 값을 CGI로 전송한다.

- 버튼 Help를 클릭하면 그룹 개체 Group_1을 보이고, 사용자 정의 변수 값을 초기 상태로 되돌린다.

액션 항목	Help	
	내장 액션	외장 액션
On	Click	Mouse Click
Action	Show	Reset All Variables
Target	Group_1	

– 텍스트 파일에 저장된 클릭 횟수에 도움말 항목을 클릭한 횟수를 더하기 위해서는 변수의 값을 초기화할 필요가 있다.

- myclick_content.php와 text_alert.txt 파일의 위치를 상대적 주소 개념이 아닌 절대적 주소 개념으로 입력하려면 다음과 같이 한다.

✎ http://home.dhc.ac.kr/~yubh/Lectora_Lecture/Click_Count/myclick_content.php

✎ http://home.dhc.ac.kr/~yubh/Lectora_Lecture/Click_Count/mytext_alert.txt

myclick_content.php와 text_alert.txt 파일의 위치를 상대적 주소 개념으로 입력할 때에는 이들 파일을 타이틀이 출판되는 html 폴더에 함께 업로드한다.

CGI 프로그램 myclick_content.php는 다음과 같이 스크립트한다.

```
<?php
$fp=file("text_alert.txt");
    /*text_alert.txt 파일을 읽어 데이터를 배열에 기억시킨다.*/
$fp[0]+=$lectora_variable;
    /*배열에 기억된 값에 사용자 정의 변수의 값을 더하여 다시 배열에 기억시킨다.*/
$fp[1]+=$user_defined_variable;
$fp[2]+=$change_contents;
$fp[3]+=$modify_variable;
$fw=fopen("text_alert.txt","w");
fwrite($fw,$fp[0]."\n".$fp[1]."\n".$fp[2]."\n".$fp[3]);
    /*배열에 기억된 값을 텍스트 파일 text_alert.txt에 저장한다. ₩n은 라인 피드를 의미한다.*/
fclose($fw);
?>
```

예제 | 체크 박스의 선택여부에 따라 라디오 버튼의 변수 값이 달라지는 액션(▸Title52)

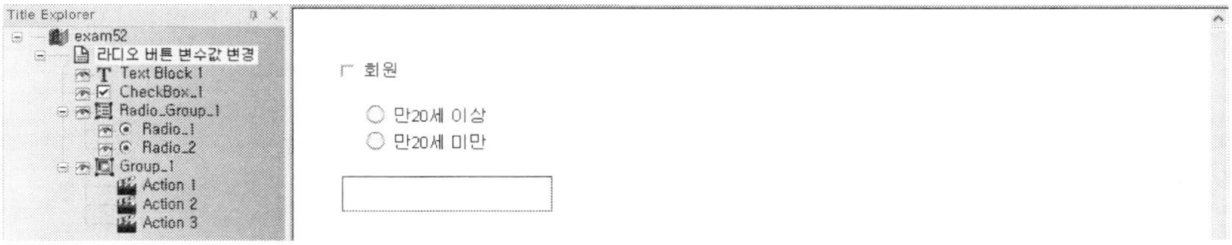

Title Explorer
exam52
라디오 버튼 변수값 변경
Text Block 1
CheckBox_1
Radio_Group_1
Radio_1
Radio_2
Group_1
Action 1
Action 2
Action 3

회원
만20세 이상
만20세 미만

본 예제는 체크 박스의 선택여부에 따라 라디오 버튼의 변수 값이 변경되도록 하였으며, 선택된 라디오 버튼의 변수 값이 텍스트 블록에 나타나도록 하였다.

콘텐츠 구조

- 화면과 같이 체크 박스와 라디오 버튼을 배치한다. 라디오 버튼은 라디오 버튼 그룹에 포함한다.
- 텍스트 블록의 Initially Visible 속성은 해제한다.

제작 설명

- 라디오 버튼 만20세 이상을 클릭하면 '구매할 수 있습니다.'란 메시지가 알림 창에 나타나고, 라디오 버튼 만20세 미만을 클릭하면 '구매할 수 없습니다.'란 메시지가 알림 창에 나타나도록 한다.
- 체크 박스 회원을 선택하면 나이에 관계없이 '구매할 수 있습니다.'란 메시지가 알림 창에 나타나도록 한다.

액션 작동 원리

- 체크 박스, 라디오 버튼을 클릭하면 액션 그룹 Group_1을 실행한다(a).
- 액션 그룹 Group_1의 액션은 다음과 같다.
  - 만20세 이상, 만20세 미만 버튼을 클릭하면 Text Block 1 개체가 화면에 나타나게 하고(b), 만20세 이상 버튼이 선택된 경우에는 변수 possible의 값이, 만20세 미만 버튼이 선택된 경우에는 변수 impossible의 값이 Text Block 1 개체에 나타나게 한다(c).
  - 체크 박스를 클릭하면 Text Block 1 개체가 화면에 나타나게 하고(b), 체크 박스가 선택된 경우에는 변수 possible의 값이, 체크 박스가 해제된 경우에는 변수 impossible의 값이 Text Block 1 개체에 나타나게 한다(d).

액션 설정

액션 항목	Radio_1	Radio_2	CheckBox_1
	내장 액션	**내장 액션**	**내장 액션**
On	Select/Change	Select/Change	Select/Change
Action	Run Action Group	Run Action Group	Run Action Group
Target	Group_1	Group_1	Group_1
주)	(a)		

액션 항목	Group_1		
	Action 1	Action 2	Action 3
On			
Action	Show	Change Contents	Change Contents
Target	Text Block 1	Text Block 1	Text Block 1
New Contents		possible	possible
		Condition	
		RadioGroup_0001 Contains Radio_1	Checkbox_0001 Equal To on
		Else	
Action		Change Contents	
Target		Text Block 1	
New Contents		impossible	
주)	(b)	(c)	(d)

(14) Reset All Variables

Reset All Variables 액션은 타이틀의 모든 변수 값을 처음 설정 값으로 되돌린다. 읽기만 가능한 렉토라 예약 변수의 값은 제외된다. 액션을 실행하면 테스트 결과, 질문, 폼 개체 등의 변수 값을 원 상태로 되돌린다(▶Title53).

[참고]

Reset All Variables 액션을 실행해도 화면에 나타난 변수의 값은 원 상태로 돌아가지 않는다. 하지만 타이틀에 정의된 변수의 값은 원 상태로 되돌아간다. 텍스트 버튼 ▶Reset All Variables 실행 전의 각 변수의 값, ▶Reset All Variables 실행 후의 각 변수의 값을 클릭하여 확인하기 바란다.

(15) Submit Variable Values

이 액션은 정의된 모든 변수의 값을 Submit Address 필드에 지정한 CGI 스크립트 혹은 이메일로 전송한다(▶Title53).

데이터 전송 수단으로 CGI 프로그램을 선택하면 데이터는 '이름/값' 쌍으로 전송된다. 즉, 변수의 값들은 '이름'으로서 변수의 이름이, '값'으로서 변수의 값이 전송된다.
이메일로 전송하려면 Submit Address 필드에 'mailto:이메일_주소' 형식으로 입력한다.

Submit Variable Values 액션으로 전송되는 변수는 Variable Manager의 User-Defined, Reserved, Unused 탭에 등록된 모든 변수들이다.

[참고]

Submit Variable Values 액션은 폼 개체의 Parameters 탭에 등록된 파라미터는 전송하지 않는다. 폼 개체의 Parameters 탭에 등록된 파라미터를 전송하려면 Submit Form 액션을 사용한다. Submit Variable Values 액션은 타이틀에서 정의한 모든 변수의 값을 이메일 혹은 CGI 프로그램으로 전송한다. 텍스트 버튼 ▶Submit Variable Values (이메일 전송)을 클릭하여 확인하기 바란다.

CGI 프로그램으로 전송하려면 CGI 스크립트에 전송을 원하는 변수의 이름을 정의한다. 다음 스크립트는 사용자 정의 변수 a, 라디오 버튼 그룹 변수 RadioGroup_0001의 값을 텍스트 파일 data.txt에 기록하는 예가 된다.

```
<?php
$fp=fopen("data.txt","a");
fwrite($fp,$a."\t".$RadioGroup_0001);
fwrite($fp,"\r");
fclose($fp);
?>
```

이메일로 전송한 예

```
PublishDate=2010년 11월 1일 일 오전 11:43
CurrentDate=2010년 11월 1일 일
CurrentTime=오전 11:43
```

```
Platform=Microsoft Windows 2000 Workstation version 5.1 Service Pack 3 (Build 2600)
BrowserType=Lectora Professional Publishing Suite
ElapsedTime=00:00:07
PageInSection=1
PagesInSection=0
PageInChapter=1
PagesInChapter=0
PageInTitle=1
PagesInTitle=1
CurrentTitleName=exam53
CurrentChapterName=
CurrentSectionName=
CurrentPageName=Page 1
a=Reset All Variables 액션 예제입니다.
Entry_0001=2
Entry_0002=3
Entry_0003=5
Question_0001=맞다
RadioGroup_0001=Radio_2
```


Submit Variable Values 액션 창의 Submit Address 필드에 이메일 주소를 입력하고 타이틀을 출판할 때 에러가 발생하면 타이틀 출판 시 Use JavaScript Title Manager 옵션을 해제하고 출판한다. 출판된 타이틀을 웹에서 보려면 Java Runtime Environment를 시스템에 설치해야 한다. Java Runtime Environment가 시스템에 설치되지 않은 경우에는 웹브라우저 상단에 다음 메시지가 나타난다. 빨강 글을 클릭하여 자바를 다운로드한다.

- Your browser does not support Java that is required for the current page. Please download the latest Java Runtime Environment by Sun Microsystems and try visiting the page again. Thank You.

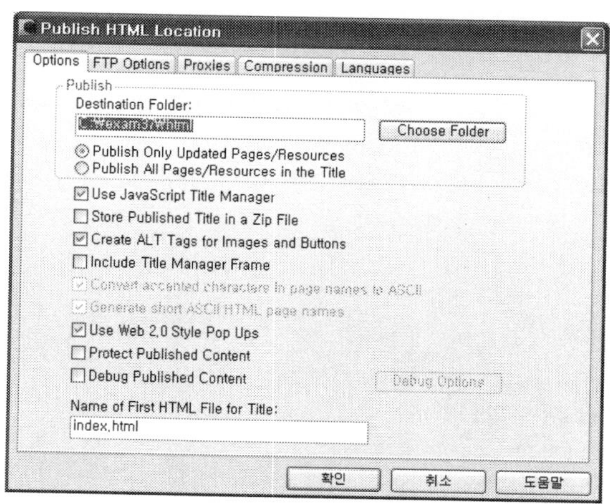

(16) Submit Form

Submit Form 액션은 폼 개체의 데이터를 이메일 혹은 CGI 프로그램으로 전송한다.

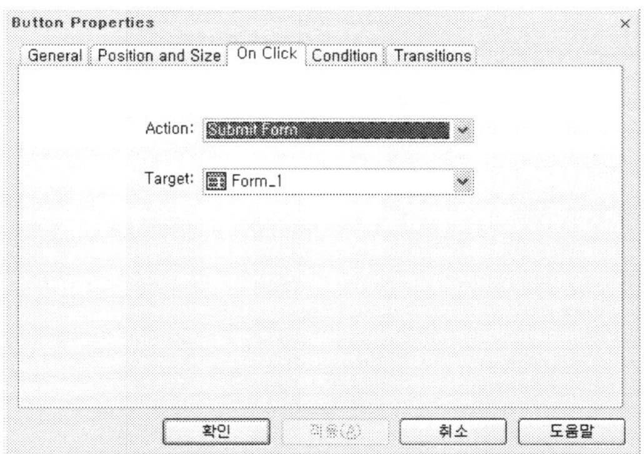

Submit Form 액션의 전송 방식은 폼 속성 창의 설정 내용을 따른다.

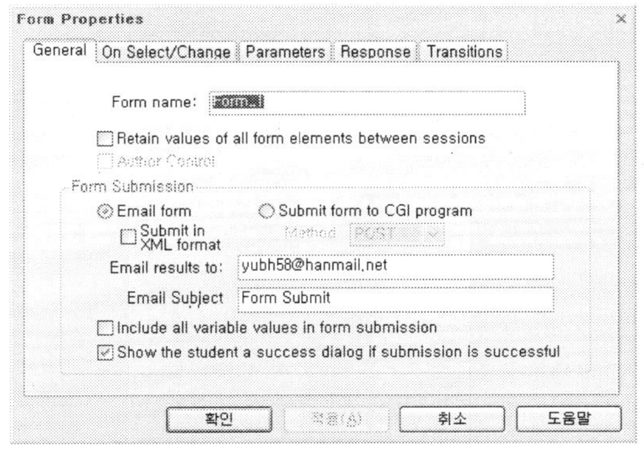

✎ 폼 개체는 논리적 개체로서 화면에 표시되지 않는다. 폼 개체는 항상 폼 구성 요소와 함께 사용된다. 폼 구성 요소는 물리적 개체로서 화면에 표시된다.

(17) Reset Form

Reset Form 액션은 폼 구성 요소 개체 상태를 처음 상태로 되돌린다. 선택된 폼 구성 요소는 선택되지 않은 상태로 되며, 입력된 텍스트는 지워진다.

Button Properties

General | Position and Size | On Click | Condition | Transitions

Action: Reset Form

Target: Form_1

확인 | 적용(A) | 취소 | 도움말

(18) 조건부 액션

예제 | 특정 문자열을 입력했을 때에만 다음 단계로 넘어가게 하는 조건부 액션(▸Title54)

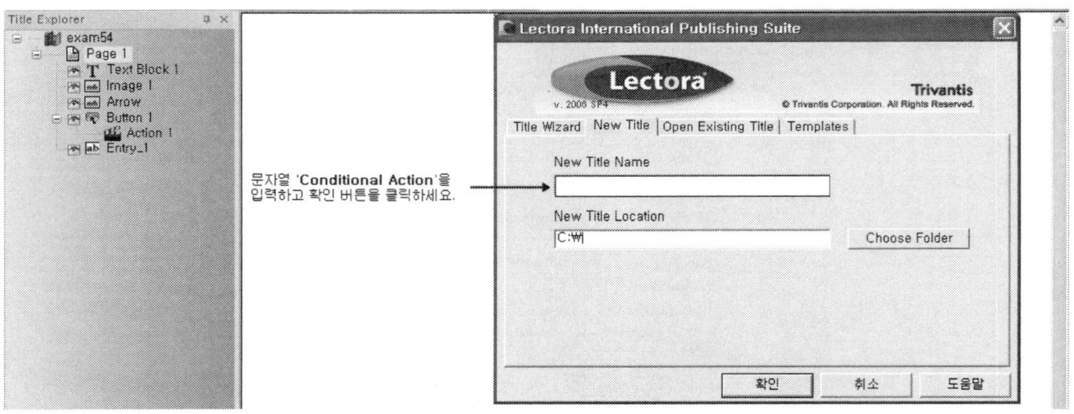

타이틀을 제작할 때 학생들이 문자열을 입력해야만 다음 단계로 넘어가게 하고 싶을 때가 있다. 이러한 조치는 학생들이 고의적으로 강좌의 지시 사항을 따르지 않고 다음 단계로 넘어가는 것을 막는 수단이 되며, 강좌를 의도대로 이끌어 갈 수 있다.

콘텐츠 구조

- Image 1의 New Title Name 영역에 입력 필드 Entry_1을 겹쳐 배치한다. 입력 필드 Entry_1의 크기를 New Title Name 필드의 크기와 동일하게 조정한다.
- 투명 속성의 버튼을 Image 1의 '확인' 버튼 영역에 겹쳐 배치한다.
- 모든 개체의 Initially Visible 속성을 선택한다.

제작 설명

- 문자열 'Conditional Action'을 입력하고 확인 버튼을 클릭하면 다음 페이지로 이동하도록 한다.
- 문자열 'Conditional Action'을 입력하지 않고 확인 버튼을 클릭하면 '타이틀 이름을 입력하세요'라는 메시지가 나타나도록 한다.

❶ 투명 속성 버튼을 더블클릭한다.
❷ On Click 탭을 클릭한다.
❸ 드롭다운 버튼 Action을 클릭하여 Display Message를 선택한다.
❹ 드롭다운 버튼 Target을 클릭하여 Standard Message Window를 선택한다.
❺ Message to Display 박스에 '타이틀 이름을 입력하세요.'를 입력한다.

❻ Condition 탭을 클릭한다.
❼ Perform action ONLY if the following is TRUE 옵션을 선택한다. 조건이 진일 때만 액션이 실행된다. 조건 창이 활성화 된다.
❽ 드롭다운 버튼 Variable를 클릭한다.

– 액션 조건으로 지정할 수 있는 변수가 모두 표시된다. 이들 변수는 타이틀의 예약 변수, 사용자 정의 변수, 그리고 폼 관련 변수 등에 해당한다.

❾ Entry_0001을 선택한다.
❿ 드롭다운 버튼 Relationship을 클릭한다. 조건 설정에 관련된 산술 연산자가 표시된다.
⓫ Does Not Contain을 선택하고 Value 필드에 'Conditional Action'을 입력한다.

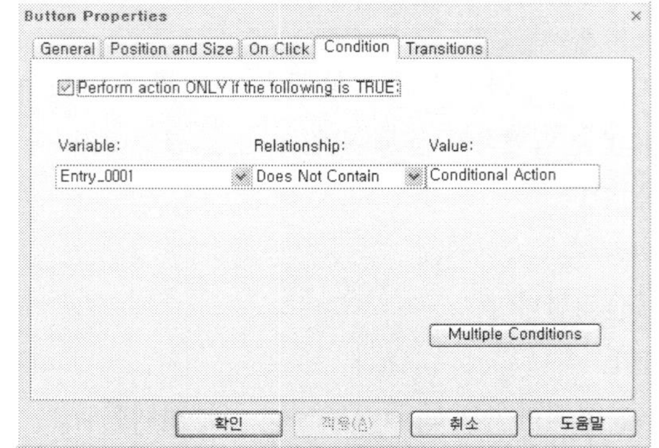

⓬ 확인 버튼을 클릭한다.

입력 필드 Entry_1에 'Conditional Action'을 입력하지 않은 상태에서 버튼을 클릭하면 메시지 창이 나타난다.

투명 속성 버튼에 Action 1을 추가한다. Action 1의 액션과 조건 설정은 다음과 같다.

액션 항목	Button 1
	Action 1
On	Mouse Click
Action	Go To
Target	Next Page
Condition	Entry_0001 Contains Conditional Action

Action 1은 입력 필드 Entry_1에 문자열 'Conditional Action'이 입력된 경우에만 실행된다.

예제 | 특정 문자열을 입력했을 때에만 다음 단계로 넘어가게 하는 버튼 영역이 활성화되는 조건부 액션 (▶Title55)

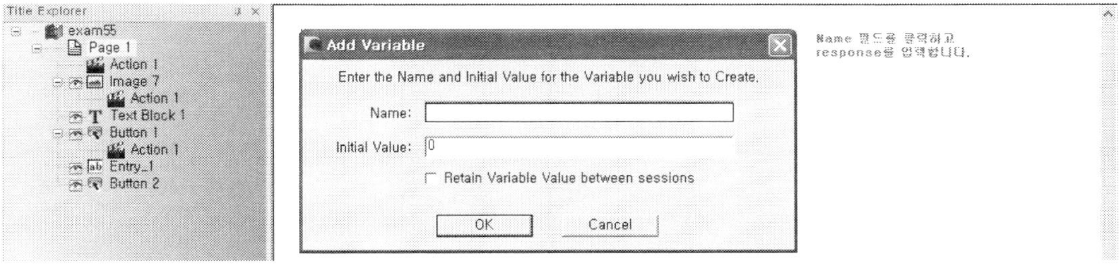

만일 입력 필드에 지시한 내용대로 입력했을 때만 확인 버튼 영역에 배치한 투명 버튼이 활성화되게 하려면 다음과 같이 한다.

콘텐츠 구조

- Image 1의 Name 영역에 입력 필드 Entry_1과 투명 속성의 버튼 Button 1을 겹쳐 배치하고, 입력 필드와 투명 버튼의 크기를 Name 필드의 크기와 동일하게 조정한다. Button 1 개체는 Entry_1 개체보다 상위 레이어에 둔다.
- 투명 속성의 버튼 Button 2를 Image 1의 OK 버튼 영역에 겹쳐 배치한다.
- Image 1과 Text Block 1, Button 1 개체의 Initially Visible 속성을 선택한다.

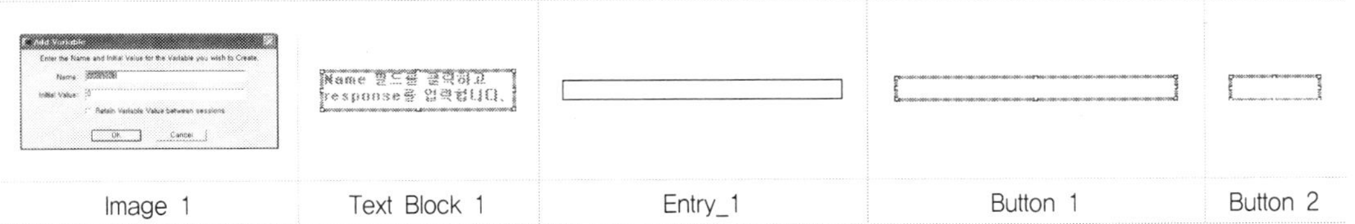

Image 1 | Text Block 1 | Entry_1 | Button 1 | Button 2

제작 설명

- Image 1의 Name 영역을 클릭하면 투명 버튼 개체 Button 1이 클릭되어 입력 필드 개체 Entry_1이 나타나게 한다.
- 문자열 'response'를 입력하면 OK 버튼 영역에 배치한 투명 속성 버튼 개체 Button 2가 나타나게 한다.
- 문자열 'response'를 입력하지 않으면 투명 속성 버튼 개체 Button 2가 나타나지 않게 한다.

액션 설정

액션 항목	Page 1	Image 1	Button 1	
	Action 1	Action 1	내장 액션	Action 1
On	Keystroke, Key:E	Show	Click	Mouse Click
Action	Show	Show	Show	Hide
Target	Button 2	Button 1	Entry_1	Button 1
	Condition			
	Entry_0001 Equal To respons			

Keystroke 이벤트와 관련된 액션 개체는 페이지 개체에 배치한다. Keystroke 이벤트는 Key: 선택 박스에서 지정한 키를 눌렀을 때 발생한다. 학생들이 response를 입력했을 때 Keystroke 이벤트와 관련된 액션이 발생되도록 하려면 1) 액션 발생 조건을 충족시키는 입력 필드의 값으로 respons를 지정하고, 2) Keystroke 이벤트 발생 시점은 문자열 response의 마지막 문자에 해당하는 키 e를 눌렀을 때로 정의한다. 즉, 입력 필드에 문자열 respons를 입력하고 e를 누르면 액션이 실행된다.

예제 | 드롭다운 리스트(▸Title56)

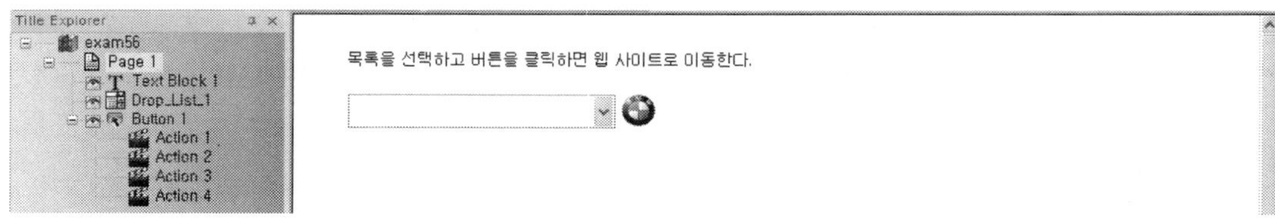

- 드롭다운 리스트의 목록은 다음과 같다.

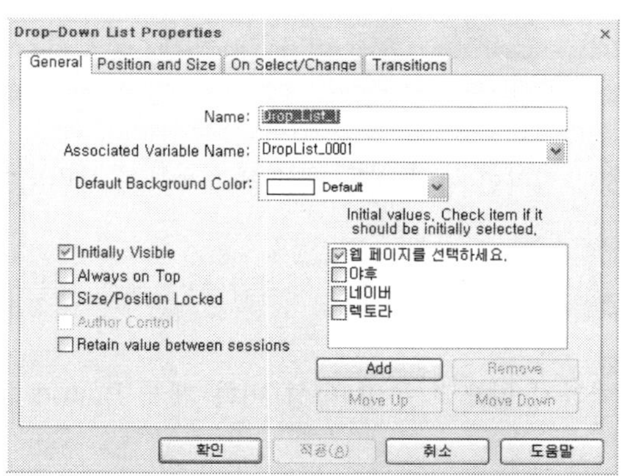

- 목록을 웹 페이지 주소 대신 웹 페이지 이름으로 입력한 경우 웹 페이지로 이동하려면 사용자 정의 변수를 활용한다. 사용자 변수를 다음과 같이 정의한다.

변수 이름	변수 값
address	0
yahoo	http://kr.yahoo.com
naver	http://www.naver.com/
lectora	http://home.dhc.ac.kr/~yubh

- 버튼 을 클릭하면 변수 address의 값이 변수 yahoo, naver, lectora의 값 즉, 웹 페이지 주소로 변경되게 한다. 이때 조건을 설정하여 드롭다운 리스트의 변수 값과 일치하는 웹 페이지 주소가 변수 address의 값이 되게 한다.

[참고]

드롭다운 리스트의 변수 값은 선택한 목록의 이름이 된다.

액션 항목			
	Action 1	Action 2	Action 3
On	Mouse Click	Mouse Click	Mouse Click
Action	Modify Variable	Modify Variable	Modify Variable
Target	address	address	address
Value	VAR(yahoo)	VAR(naver)	VAR(lectora)
Modification Type	Set Variable Contents		
Condition	DropList_0001 Equal To 야후	DropList_0001 Equal To 네이버	DropList_0001 Equal To 렉토라

– 드롭다운 리스트에서 야후를 클릭한 경우 드롭다운 리스트의 변수 값은 야후가 되어 Action 1만 실행된다.

- 웹 페이지로의 이동은 Go To 액션을 활용한다. 웹 주소는 변수 address의 값을 이용한다.

액션 항목	
	Action 4
On	Mouse Click
Action	Go To
Target	Web Address
Web Address	VAR(address)
Condition	DropList_0001 Does Not Contain 선택

- 드롭다운 리스트의 목록 중 '웹 페이지를 선택하세요.'를 클릭할 때는 웹 페이지로의 이동이 되지 않게 한다.

예제 | 드롭다운 리스트(▶Title57)

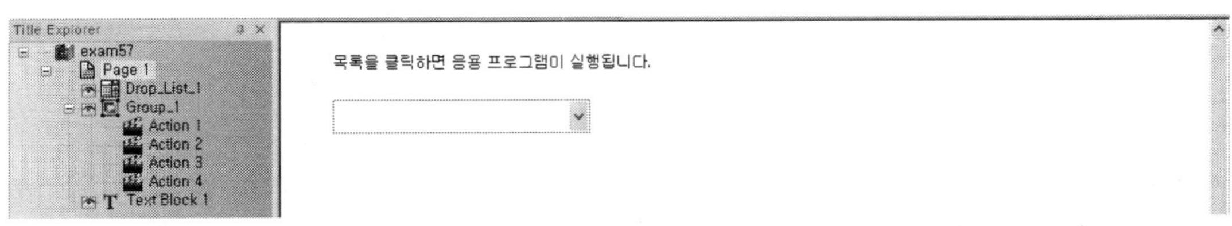

드롭다운 리스트 혹은 리스트 박스의 목록을 클릭했을 때 응용 프로그램이 바로 실행되게 하려면 Launch a program/document 액션을 활용한다.

- 드롭다운 리스트의 속성은 다음과 같이 설정한다.

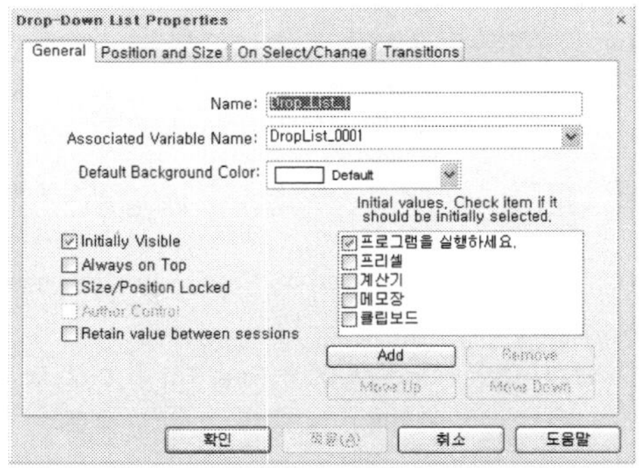

- 드롭다운 리스트의 목록을 클릭하면 액션 개체로 구성된 Group_1을 실행하게 액션을 설정한다.

• Group_1에 포함된 액션 개체는 Use Attached File 항목을 체크한 상태에서 응용 프로그램을 지정한다.

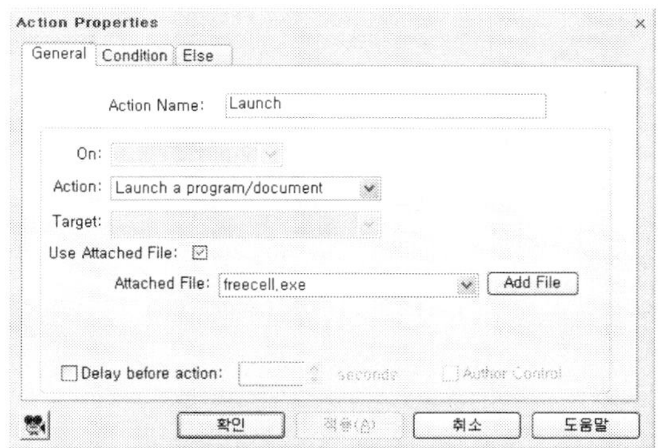

액션 설정

액션 항목	Action 1	Action 2
On		
Action	Launch a program/document	Launch a program/document
Target		
Attached File	notepad.exe	freecell.exe
Condition	DropList_0001 Equal To 메모장	DropList_0001 Equal To 프리셀

액션 항목	Action 3	Action 4
On		
Action	Launch a program/document	Launch a program/document
Target		
Attached File	calc.exe	clipbrd.exe
Condition	DropList_0001 Equal To 계산기	DropList_0001 Equal To 클립보드

예제 | 리스트 박스(▸Title58)

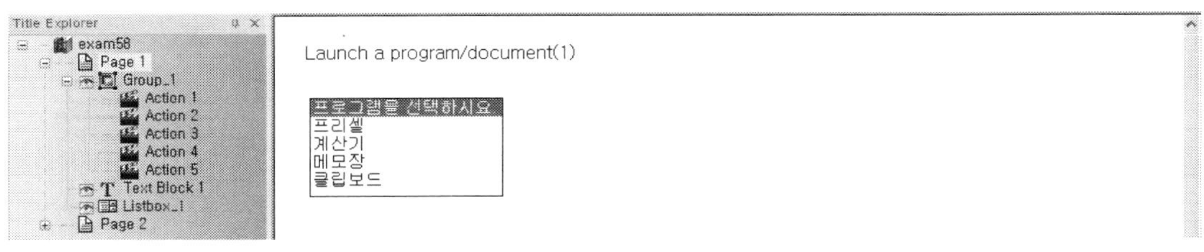

리스트 박스의 목록을 클릭하여 응용 프로그램이 바로 실행되게 하려면 Launch a program/document 액션을 활용한다.

사용자 정의 변수를 활용하는 방법

- 목록을 클릭했을 때 응용 프로그램을 실행하기 위해 사용자 변수를 정의한다.

변수 이름	변수 값
freecell	freecell.exe
calc	calc.exe
notepad	notepad.exe
clipbrd	clipbrd.exe

리스트 박스의 목록을 클릭하면 그룹 액션이 실행되고 리스트 박스의 변수 값과 일치하는 응용 프로그램이 실행되게 한다.

- 리스트 박스의 목록과 액션은 다음과 같이 설정한다.

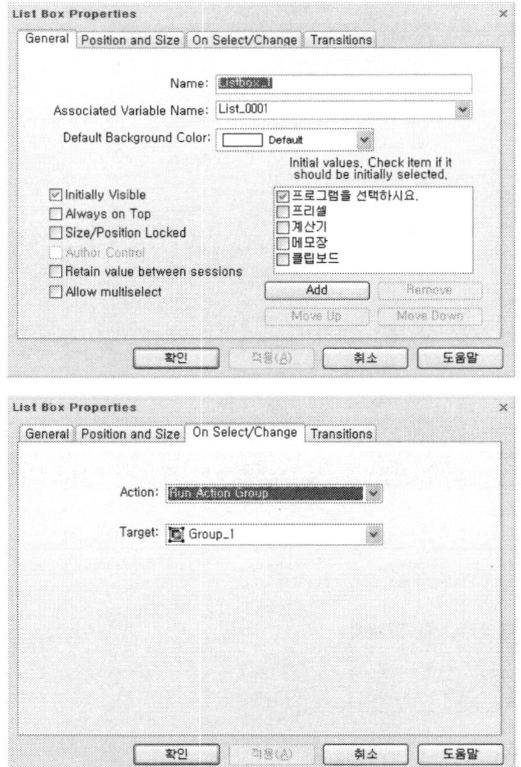

[참고]

리스트 박스의 변수 값은 선택한 목록의 이름이 된다.

액션 항목	Group_1	
	Action 1	Action 2
On		
Action	Launch a program/document	
Target		
program/document	VAR(freecell)	VAR(calc)
Condition	List_0001 Contains 프리셀	List_0001 Contains 계산기

액션 항목	Group_1		
	Action 3	Action 4	Action 5
On			
Action	Launch a program/document		Reset All Variables
Target			
program/document	VAR(notepad)	VAR(clipbrd)	
Condition	List_0001 Contains 메모장	List_0001 Contains 클립보드	

- Action 5 개체에 Reset All Variables 액션을 추가하지 않으면 동일 목록을 연속하여 클릭하여 프로그램을 실행할 수 없다.

✎ 응용 프로그램은 타이틀 개체 exam58 속성 창의 Additional files 탭에 추가한다. 액션을 위와 같이 정의했을 때는 Run Mode, Preview Mode 하에서는 응용 프로그램이 열리지 않으므로 응용 프로그램의 실행여부를 확인하려면 응용 프로그램을 타이틀과 동일 폴더에 복사한다.

실행 파일을 직접 지정하는 방법

실행 파일을 직접 지정하는 방법은 사용자 정의 변수를 활용하는 방법과 동일하다. 단, 실행 파일의 지정은 Use Attached File 옵션을 선택한 상태에서 지정한다.

액션 항목	Button 1	
	Action 1	Action 2
On		
Action	Launch a program/document	
Target		
Attached File	freecell.exe	calc.exe
Condition	List_0001 Contains 프리셀	List_0001 Contains 계산기

액션 항목	Group_1		
	Action 3	Action 4	Action 5
On			
Action	Launch a program/document		Reset All Variables
Target			
Attached File	notepad.exe	clipbrd.exe	
Condition	List_0001 Contains 메모장	List_0001 Contains 클립보드	

Use Attached File 옵션을 선택한 상태에서 실행 파일을 지정한 경우에는 실행 파일이 타이틀에 포함되므로 Run Mode, Preview Mode 하에서도 응용 프로그램의 실행여부를 확인할 수 있다. 사용자 정의 변수를 활용하는 방법보다 나은 방법이다.

예제 | Go Test 버튼을 클릭하면 선택한 라디오 버튼에 따라 다른 페이지로 분기하는 액션(▶Title59)

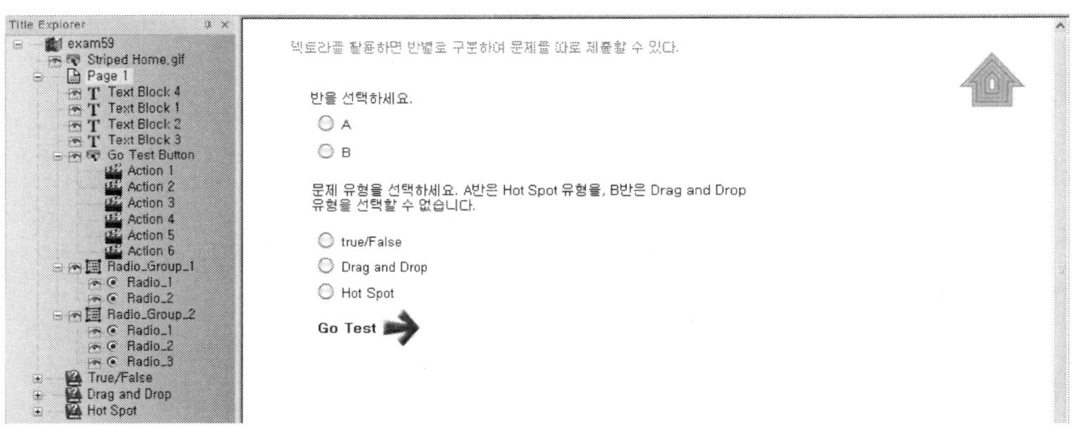

콘텐츠는 두개의 라디오 버튼 그룹으로 구성되어 있다. 컨텐트 페이지의 라디오 버튼은 추리 구조창의 라디오 버튼 순으로 나열되어 있다. 첫 번째 라디오 버튼 그룹에서 어떤 라디오 버튼을 선택하는가에 따라 두 번째 라디오 버튼 그룹에서 선택할 수 있는 문제 유형이 제약된다.
따라서 A반이 Hot Spot 유형의 문제를 선택한 경우, 그리고 B반이 Drag and Drop 유형의 문제를 선택한 경우에는 페이지 이동이 불가능하게 해야 한다. 또한 반을 선택하지 않고 혹은 문제 유형을 선택하지 않고 Go Test 버튼을 클릭할 때를 대비하여 아예 아무것도 실행되지 않게 조치하고, '반과 문제 유형을 선택하라'는 메시지를 나타나게 해야 한다.

액션 항목	Go TestButton	
	Action 1	Action 2
On	Mouse Click	
Action	Go To	
Target	Chapter, Section, or Page	
Name	True/False, Page 1	Drag and Drop, Page 1
조건 결합 방법	All of the Following	
Condition	RadioGroup_0001 Not Equal To	RadioGroup_0001 Contains Radio_1
	RadioGroup_0002 Contains Radio_1	RadioGroup_0002 Contains Radio_2
주)	(a)	(b)

(a) A, B 중 하나를 선택하고 True/False 유형을 선택할 때에만 True/False 페이지로 이동한다.
(b) A를 선택하고 Drag and Drop 유형을 선택할 때에만 Drag and Drop 페이지로 이동한다.

액션 항목	Go TestButton	
	Action 3	Action 4
On	Mouse Click	
Action	Go To	Display Message
Target	Chapter, Section, or Page	Standard Message Window
Name	Hot Spot, Page 1	Message to Display: 반과 문제유형을 선택하세요.
조건 결합 방법	All of the Following	Any of the Following
Condition	RadioGroup_0001 Contains Radio_2	RadioGroup_0001 Does Not Contain Radio
	RadioGroup_0002 Contains Radio_3	RadioGroup_0002 Does Not Contain Radio
주)	(c)	(d)

(c) B를 선택하고 Hot Spot 유형을 선택할 때에만 Hot Spot 페이지로 이동한다.
(d) A, B 중 하나를 선택하지 않거나 문제 유형을 선택하지 않을 경우에는 메시지가 나타나도록 한다.

액션 항목	Go TestButton	
	Action 5	Action 6
On	Mouse Click	
Action	Display Message	
Target	Standard Message Window	
Name	Message to Display: A반은 Hot Spot 유형을 선택할 수 없습니다.	Message to Display: B반은 Drag and Drop 유형을 선택할 수 없습니다.
조건 결합 방법	All of the Following	
Condition	RadioGroup_0001 Contains Radio_1	RadioGroup_0001 Contains Radio_2
	RadioGroup_0002 Contains Radio_3	RadioGroup_0002 Contains Radio_2
주)	(e)	(f)

(e) A를 선택하고 Hot Spot 유형을 선택하면 'A반은 Hot Spot 유형을 선택할 수 없습니다.'라는 메시지가 나타나도록 한다.
(f) B를 선택하고 Drag and Drop 유형을 선택하면 'B반은 Drag and Drop 유형을 선택할 수 없습니다.'라는 메시지가 나타나도록 한다.

예제 | 수 증감 버튼을 클릭하여 3이 되었을 때 Next 버튼이 활성화 되는 액션(▸Title60)

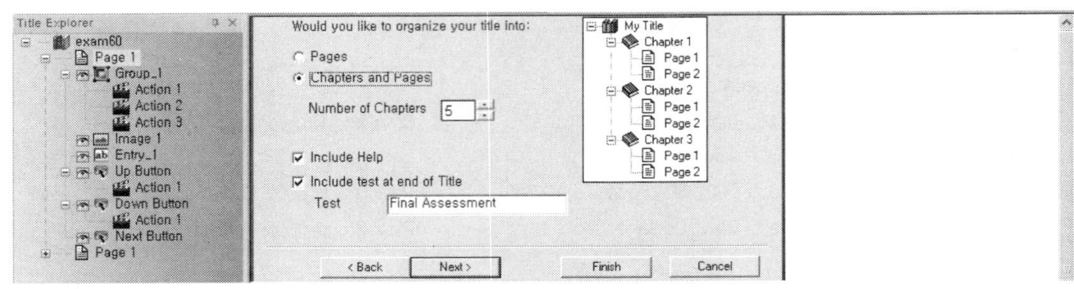

콘텐츠 구조

- 입력 필드, 투명 속성 버튼 3개를 화면대로 배치한다.
- 버튼 Next Button만 Initially Visible 속성을 해제하여 화면에 나타나지 않도록 한다.
- 입력 필드의 초기 값은 5로 입력한다.

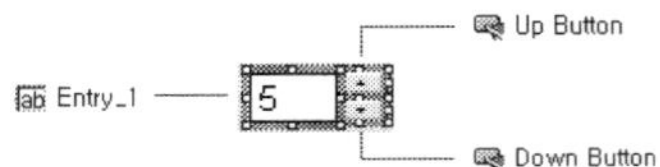

제작 설명

- 사용자 변수 count를 정의하고 초기 값으로 5를 지정한다. 변수 count의 값은 Change Contents 액션을 통해 입력 필드의 값으로 대체된다.
- Modify Variable 액션을 통해 Up 버튼을 클릭할 때마다 변수 count의 값을 1씩 증가시키고(a), Down 버튼을 클릭할 때마다 변수 count의 값을 1씩 감소시킨다(b). 변수 count의 값은 입력 필드에 나타나게 한다(c).
- 입력 필드의 값이 3이 되면 Show 액션을 통해 Next 버튼을 보여준다(d). 입력 필드가 3 이외의 값을 가질 때는 Hide 액션을 통해 Next 버튼을 숨긴다(e).
- 입력 필드의 값은 0 이상의 값을 가지게 제약 조건을 설정한다(f).
- Up 버튼과 Next 버튼에 공통으로 적용되는 액션은 액션 그룹으로 설정하여 실행한다(g).

액션 설정

액션 항목	Up Button		Down Button	
	내장 액션	Action 1	내장 액션	Action 1
On	Click	Mouse Click	Click	Mouse Click
Action	Modify Variable	Run Action Group	Modify Variable	Run Action Group
Target	count	Group_1	count	Group_1
Value	1		1	
Modification Type	Add to Variable		Subtract from Variable	
Condition			Entry_0001 Greater Than 0	
주)	(a)	(g)	(b), (f)	(g)

액션 항목	Group_1		
	Action 1	Action 2	Action 3
On			
Action	Change Contents	Show	Hide
Target	Entry_1	Next Button	Next Button
New Contents	count		
Condition		Entry_0001 Equal To 3	Entry_0001 Not Equal To 3
주)	(c)	(d)	(e)

[참고] 조건부 연산자

- Equal To : Variable 목록에서 선택한 변수의 값이 Value 필드에 입력한 값과 같을 때만 조건이 진이 된다. 숫자, 문자열 모두 비교 대상으로 사용할 수 있다.
- Not Equal To : Variable 목록에서 선택한 변수의 값이 Value 필드에 입력한 값과 다를 때만 조건이 진이 된다. 숫자, 문자열 모두 비교 대상으로 사용할 수 있다.
- Less Than : Variable 목록에서 선택한 변수의 값이 Value 필드에 입력한 값보다 작을 때만 조건이 진이 된다. 숫자만 비교 대상으로 사용할 수 있다.
- Less Than or Equal : Variable 목록에서 선택한 변수의 값이 Value 필드에 입력한 값보다 작거나 같을 때만 조건이 진이 된다. 숫자만 비교 대상으로 사용할 수 있다.
- Greater Than : Variable 목록에서 선택한 변수의 값이 Value 필드에 입력한 값보다 클 때만 조건이 진이 된다. 숫자만 비교 대상으로 사용할 수 있다.
- Greater Than or Equal : Variable 목록에서 선택한 변수의 값이 Value 필드에 입력한 값보다 크거나 같을 때만 조건이 진이 된다. 숫자만 비교 대상으로 사용할 수 있다.
- Contains : Variable 목록에서 선택한 변수의 값(문자열로 처리)이 Value 필드에 입력한 값(문자열로 처리)을 포함하면 조건이 진이 된다. 변수의 값은 문자열로 처리된다.
- Does Not Contain : Variable 목록에서 선택한 변수의 값(문자열로 처리)이 Value 필드에 입력한 값(문자열로 처리)을 포함하지 않으면 조건이 진이 된다. 변수의 값은 문자열로 처리된다.
- Is Correct : 목록에서 선택한 질문 변수의 값이 정답이면 조건이 진이 된다.
- Is Not Correct: : 목록에서 선택한 질문 변수의 값이 오답이면 조건이 진이 된다.

- Is Empty : 목록에서 선택한 변수의 값이 아무것도 없으면 조건이 진이 된다.
- Is Not Empty : 목록에서 선택한 변수의 값이 무엇이든 있다면 조건이 진이 된다.
- Is Passed : 목록에서 선택한 테스트 점수 관련 변수의 값이 Lowest Passing Score에 지정한 값보다 더 크면 조건이 진이 된다.
- Is Not Passed : 목록에서 선택한 테스트 점수 관련 변수의 값이 Lowest Passing Score에 지정한 값보다 더 작으면 조건이 진이 된다.

Variable 값	Relationship	Value	액션 실행 유무
12	Equal To	12	○
			×
		13	×
		one	×
one 12	Equal To	one 12	○
		one12	×
12	Not Equal To	12	×
			○
		13	○
		one	○
one 12	Not Equal To	one 12	×
		one12	○
12	Less Than	12	×
			×
		13	○
12	Less Than or Equal	12	○
			×
		13	○
12	Greater Than	12	×
			○
		13	×
12	Greater Than or Equal	12	○
			○
		13	×
12	Contains	1	○
			○
		2	○
		12	○
		13	×
one 12	Contains	one	○
		one12	×
		one 12	○
		1	○
		12	○

Variable 값	Relationship	Value	액션 실행 유무
		2	○
			○
12	Does Not Contain	1	×
			×
		2	×
		12	×
		13	○
one 12	Does Not Contain	one	×
		one12	○
		one 12	×
		1	×
		12	×
		2	×
			×

(19) On Timer

On Timer 이벤트는 지정된 시간이 경과했을 때 지정된 액션이 연속적으로 발생되게 할 목적으로 사용한다. 이 이벤트는 페이지 개체에 설정할 수 있다.

예를 들어, 페이지가 열리면 텍스트 애니메이션이 0.5초 간격으로 보였다 숨겨지는 동작을 반복하게 하려면 On Timer 이벤트를 활용한다(▶Title61).

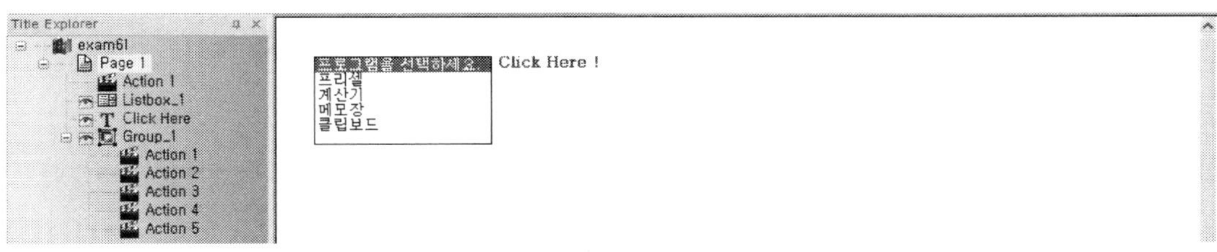

액션 설정

액션 항목	Page 1
	Action 1
On	Timer
Timer Interval	0.5
Action	Toggle Visibility State
Target	Click Here

On Timer 이벤트는 페이지가 열려 있는 상태에서도 마치 페이지가 열리고/닫히는 상황을 연출하여 페이지가 열릴 때 혹은 닫힐 때 실행될 수 있는 액션을 구현할 수 있다.

프레임으로 분리된 콘텐츠에서는 다른 프레임에 있는 개체를 제어할 수 없다. 그러나 On Timer 이벤트를 활용하면 마치 다른 프레임의 개체를 제어하는 효과를 낼 수 있다(▶Title62).

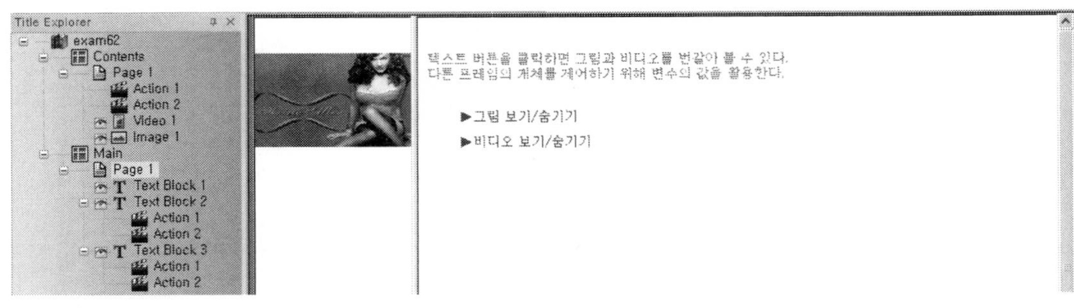

이 예제는 Modify Variable 액션에서 소개한 예제와 유사하다. 여기에서는 On Timer 이벤트를 활용하여 개체를 보이는 액션을 되풀이하는 가운데에서 조건을 만족할 때에만 개체가 보이도록 한다.

콘텐츠 설명

On Timer 이벤트를 활용하여 개체를 보이거나 숨기게 한다.

- 페이지가 열리면 0.1초 간격으로 변수 image의 값을 체크하여 0이면 이미지를 보이고, 1이면 이미지를 숨긴다.
- 페이지가 열리면 0.1초 간격으로 변수 video의 값을 체크하여 0이면 비디오를 보이고, 1이면 비디오를 숨긴다.

그림 보기/숨기기 텍스트를 클릭하면 다음 액션이 발생하여 변수 image와 video의 값을 변경한다.

- 변수 video의 값을 1로 변경한다. 즉, 비디오 개체를 숨긴다.
- 변수 image의 값이 0이면 변수 image의 값을 1로, 그렇지 않으면 0으로 변경한다. 즉, 이미지가 보이면 이미지를 보이지 않게 하고, 이미지가 보이지 않으면 이미지를 보이게 한다.

비디오 보기/숨기기 텍스트를 클릭하면 다음 액션이 발생하여 변수 image와 video의 값을 변경한다.

- 변수 image의 값을 1로 변경한다. 즉, 이미지 개체를 숨긴다.
- 변수 video의 값이 0이면 변수 video의 값을 1로, 그렇지 않으면 0으로 변경한다. 즉, 비디오가 보이면 비디오를 보이지 않게 하고, 비디오가 보이지 않으면 비디오를 보이게 한다.

이 콘텐츠에서는 변수의 값이 바뀜에 따라 개체가 보였다 숨겨졌다 하므로 마치 다른 프레임에 있는 개체를 제어하는 듯한 효과를 가져다준다. On Timer 이벤트에 설정된 시간 간격이 짧을수록 동작이 훨씬 매끄러운 콘텐츠를 얻을 수 있다.

액션 설정

- Contents 프레임

액션 항목	Page 1	
	Action 1	Action 2
On	Timer	Timer
Timer Interval	0.1	0.1
Action	Show	Show
Target	Image 1	Video 1
Condition	image Equal To 0	video Equal To 0
	Else	
Action	Hide	Hide
Target	Image 1	Video 1

- Main 프레임

액션 항목	Text Block 2		Text Block 3	
	Action 1	Action 2	Action 1	Action 2
On	Mouse Click	Mouse Click	Mouse Click	Mouse Click
Action	Modify Variable	Modify Variable	Modify Variable	Modify Variable
Target	video	image	image	video
Value	1	1	1	1
Modification Type	Set Variable Contents			
Condition		image Equal To 0		video Equal To 0
		Else		Else
Action		Modify Variable		Modify Variable
Target		image		video
Value		0		0
Modification Type		Set Variable Contents		Set Variable Contents

(20) Move To

Move To 액션은 타깃을 지정한 좌표 값으로 이동시킬 때 사용한다. 좌표 값을 VAR(변수이름) 형식으로 입력하면 개체를 이동시킬 때 변수에 지정된 값을 좌표 값으로 사용할 수 있어 전체적으로 통일을 기할 수 있다(▶Title63).

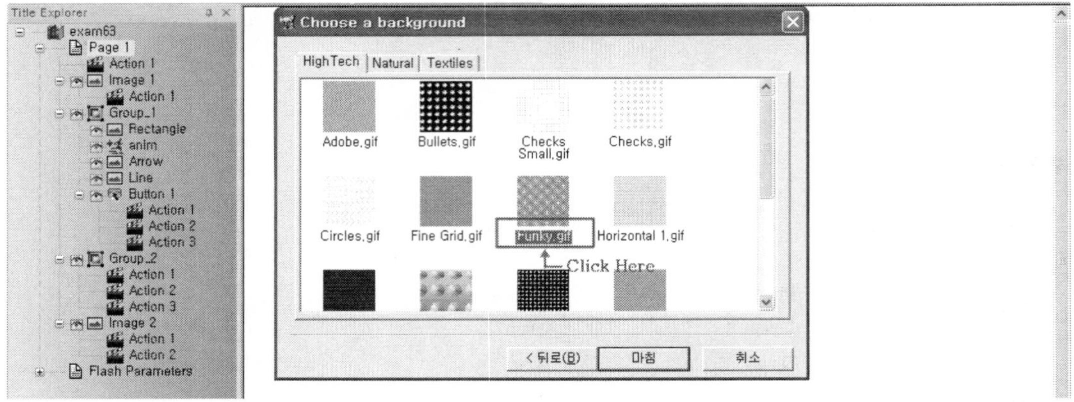

콘텐츠 구조

- Image 1, Image 2, 그리고 클릭 영역을 지시하는 그룹 개체로 구성된다.

Group_1을 구성하는 모든 개체의 속성은 Always on Top 옵션을 선택한 상태로 지정한다.

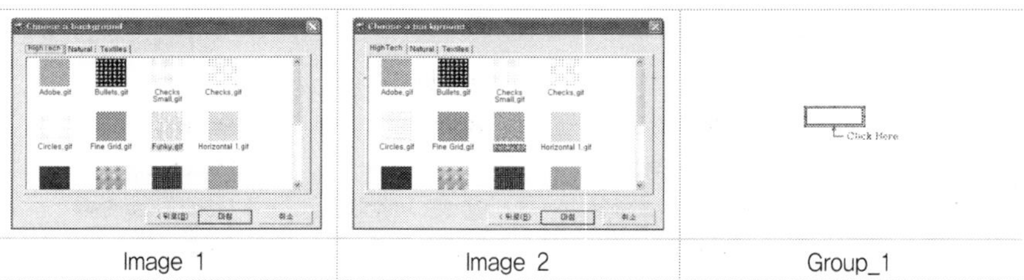

Image 1	Image 2	Group_1

제작 설명

- Image 1이 나타난 후 Group_1 개체가 보이게 한다.
- Group_1 개체에 포함된 투명 버튼을 클릭하면 Image 2가 나타나게 하고, Group_1 개체를 '마침' 버튼 영역으로 이동하게 한다.
- Group_1 개체에 포함된 투명 버튼을 클릭할 때 실행되는 액션은 사용자 정의 변수 step의 값을 활용한다.
  - 액션 그룹 Group_2의 실행은 변수 step의 값이 0일 때 실행된다.
  - Image 2를 숨기는 액션은 변수 step의 값이 1일 때 실행된다.
  - 변수 step의 초기 값은 0이지만 Image 2가 나타날 때 1로 변경된다.

액션 설정

액션 항목	Page 1	Group_1(Button 1)		
	Action 1	Action 1	Action 2	Action 3
On	Show	Mouse Click	Mouse Click	Mouse Click
Action	Hide	Hide	Run Action Group	Hide
Target	Group_1	Group_1	Group_2	Image 2
Condition			step Equal To 0	step Equal To 1

액션 항목	Group_2			Image 2	
	Action 1	Action 2	Action 3	Action 1	Action 2
On				Show	Show
Action	Hide	Show	Move To	Show	Modify Variable
Target	Image 1	Image 2	Group_1	Group_1	step
Value					1
Modification Type					Set Variable Contents
Position			X:307 Y:333		

Move To 액션은 텍스트 블록을 차례로 이동시켜 HTML의 marquee 태그와 유사한 액션을 구현할 수 있다.

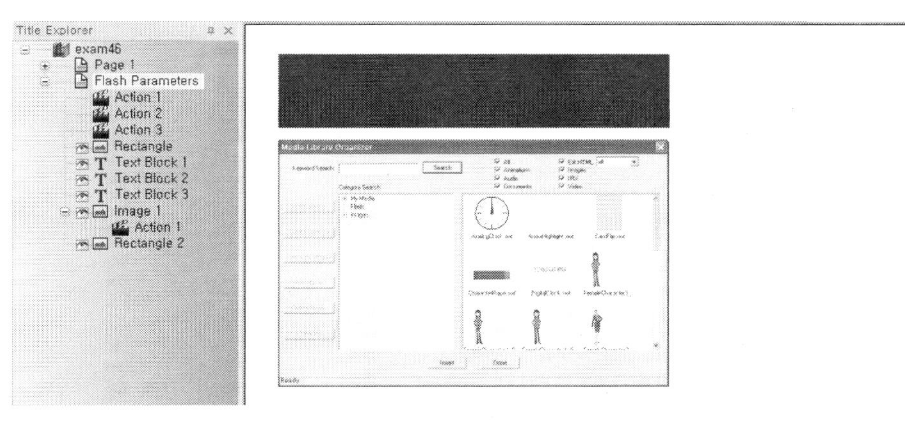

콘텐츠 구조

- Text Block 1, Text Block 2, Text Block 3이 나타날 Rectangle 개체를 배치한다.
- Text Block 1, Text Block 2, Text Block 3은 Rectangle 개체 하단의 동일 위치에 겹쳐 배치하고 Rectangle 2 개체로 가린다.
  - Rectangle, Rectangle 2 개체는 동일 색상을 적용한다.

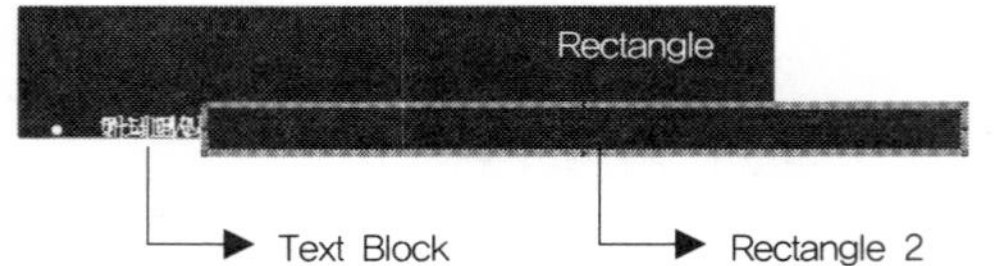

제작 설명

- 화면이 열리면 다음 액션이 실행되도록 한다.
  - Text Block 1의 이동이 끝나면 Image 1을 보여준다.
  - Image 1이 보이면 Text Block 2와 Text Block 3을 차례로 이동시킨다. 텍스트 블록의 이동 시점은 시차를 사용한다.

Text Block 2의 이동은 Image 1 개체에 부착된 액션에 의해 실행한다. 그 이유는 Image 1 개체에 Circle Out 트랜지션이 설정된 관계로 Image 1 개체가 화면에 완전히 나타난 후 Text Block 2를 이동시키기 위해서이다.

액션 설정

액션 항목	Flash Parameters			Image 1
	Action 1	Action 2	Action 3	Action 1
On	Show	Show	Show	Show
Action	Move To	Show	Move To	Move To
Target	Text Block 1	Image 1	Text Block 3	Text Block 2
Position	X:48 Y:33		X:48 Y:63	X:48 Y:48
Delay before action	2	3	10	

(21) Pause

Pause 액션은 비디오, 오디오 개체의 진행 상태를 잠시 멈추게 한다. 다시 시작하면 멈춘 위치에서부터 재생된다. Stop 액션이 적용되었을 때는 처음 위치로부터 다시 시작된다(▶Title64).

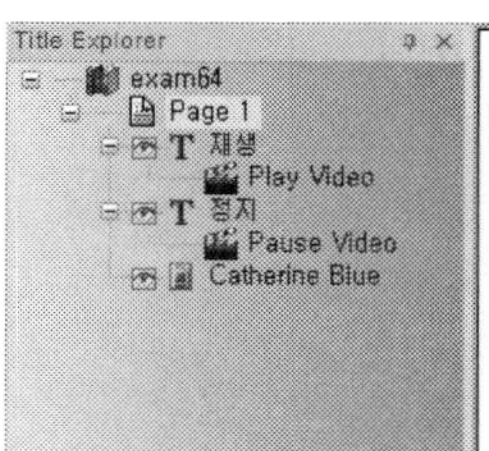

재생 버튼을 클릭하면 비디오가 재생되며, 정지 버튼을 클릭하면 비디오 재생이 멈추게 된다.

액션 설정

액션 항목	재생	정지
	Play Video	Pause Video
On	Mouse Click	Mouse Click
Action	Play	Pause
Target	Catherine Blue	Catherine Blue

(22) Process Question

Process Question 액션은 테스트 질문에 대한 해설 용도로 사용한다. 일반적으로 테스트는 강좌 수강 여부를 판단하기 위해 실시되는 관계로 질문에 대한 피드백을 제공하지 않는다. 그러나 테스트를 실시한 후 테스트 질문에 대한 설명을 제공한다면 강좌 내용을 한번 더 복습할 수 있는 시간이 주어져 학생들의 학습 성취도를 높일 수 있을 것이다.

- Process Question 액션은 질문에 대한 답이 맞는지 틀린지 판단하고, 필요 시 정답과 오답에 피드백으로 정의한 내용을 보여준다(▶Title65).

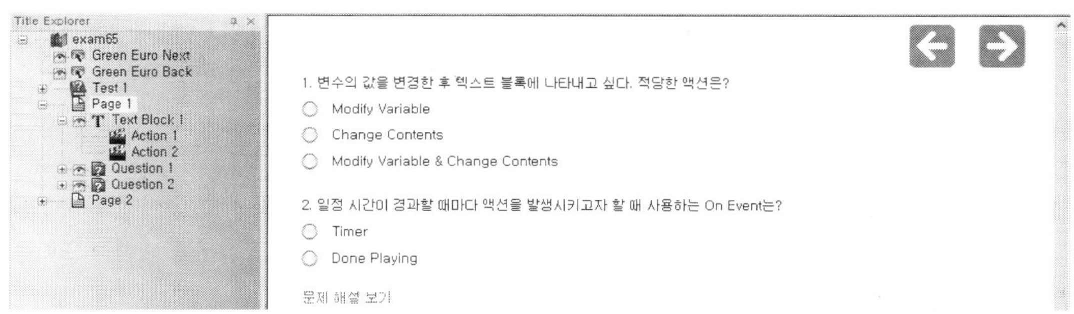

테스트 질문에 대한 해설은 피드백 창을 통해 학생들에게 보여준다. 피드백의 내용은 질문 속성 창의 Feedback message 창에 입력한다.

- 피드백은 Test 개체와 관계없이 타이틀 내에 삽입한 모든 질문에 적용할 수 있다.

질문 개체에 피드백을 설정하는 방식은 다음과 같다.

- Test 개체내에 삽입한 질문에 대한 피드백을 보여주려면 테스트 속성 창의 Show per question feedback from each question 옵션이 선택된 상태이어야 하고, 동시에 질문 속성 창의 Show feedback 옵션이 선택되어야 한다.

- Test 개체 바깥에 삽입한 질문에 대한 피드백을 보여주려면 질문 속성 창의 Show feedback 옵션만 선택하면 된다.

피드백이 보여지는 시점은 다음과 같다.

- Immediate feedback 옵션이 적용된 질문에는 답을 하는 순간에 피드백이 보여진다.
- Show feedback 옵션이 적용된 질문에는 다음 페이지로 넘어갈 때 피드백이 보여진다.

Process Question 액션은 주로 Show feedback 옵션이 적용된 질문에 대한 피드백을 보여 줄 목적으로 사용된다. 일반적으로 Show feedback 옵션이 적용된 질문에 대한 피드백은 다음 페이지로 이동할 때 발생하지만 Process Question 액션을 실행하면 질문이 포함된 페이지에서 피드백을 보여주게 하여 다음 페이지로 이동할 때 피드백이 나타나는 것을 방지할 수 있다.

Process Question 액션이 렉토라에 포함된 이유는 아마도 피드백이 발생하는 시점과 관련있지 않나 생각한다. 질문에 답하고 다음 페이지로 넘어갈 때 피드백이 발생하는 것보다는 질문이 담긴 페이지 내에서 피드백이 발생하는 것이 더 선호될 수 있지 않을까?

한편, Process Question 액션은 액션 발생 상황 즉, On 이벤트와 액션 발생 조건을 설정할 수 있는 이점이 있다. Show feedback 옵션이 적용된 질문에 대한 피드백은 다음 페이지로 이동할 때 무조건 피드백의 내용을 보여주지만 Process Question 액션을 활용하면 피드백이 보여질 시점과 조건을 지정할 수 있다.

예를 들어, 5페이지에 걸쳐 출제된 질문이 있고, 질문에 대한 답을 모두 마칠 때까지 아무런 피드백도 보여주지 않게 하고, 첫 질문으로 이동했을 때 질문이 틀린 경우에만 해당 질문에 대한 피드백을 보여주도록 할 수 있다.

✎ 질문 속성 창에서 Retain question answer between sessions 옵션을 선택하면 이전에 답한 상태 그대로 보여진다.

질문이 포함된 페이지가 열릴 때 Process Question 액션이 실행되도록 하려면 On Show 이벤트를 적용한다. 타이틀을 닫았다가 다시 이 페이지로 되돌아오면, 질문에 대한 답이 틀린 경우, 이전에 선택했던 항목에 대한 피드백을 보여준다.

– Process Question 액션은 페이지 개체에 부착한다.

Process Question 액션이 활성화 되려면 질문 1과 질문 2의 정답 및 오답에는 나름대로의 피드백을 지정하여야 한다. 즉, 질문에 대한 답이 정답일 경우에만 액션이 활성화 되어 피드백을 보여주려면 정답을 선택했을 때 보여 줄 피드백 내용을 입력해야 하며, 그 반대의 경우에는 오답을 선택했을 때 보여 줄 피드백 내용을 입력해야 한다.

질문	답	피드백 내용
Question 1	Modify Variable	변수의 값을 변경할 때 사용한다.
	Change Contents	미디어 개체의 내용을 변경할 때 사용한다.
	Modify Variable & Change Contents	변수의 값을 변경한 후에 Change Contents 액션으로 변수의 값을 텍스트 블록에 보여준다.
Question 2	Timer	일정 시간이 경과할 때마다 액션이 발생하는 것을 이용하면 간단한 애니메이션 효과를 낼 수 있다.
	Done Playing	오디오, 비디오, 애니메이션이 재생을 끝내는 시점을 의미한다.

- 특정 질문에 대해서만 피드백이 보이게 하려면 타깃으로 Question 1, Question 2 중 하나를 선택한다.

액션 항목	문제 해설 보기	
	Action 1	Action 2
On	Mouse Click	Mouse Click
Action	Process Question	Process Question
Target	Question 1	Question 2

- 페이지에 삽입된 모든 질문에 대해서 피드백이 보이게 하려면 타깃으로 All Questions on the page를 선택한다.

액션 항목	문제 해설 보기
	Action 1
On	Mouse Click
Action	Process Question
Target	All Questions on the page

– Process Question 액션에 조건을 설정하면 조건부 피드백을 발생시키는 것이 가능하다. 또한 Test 개체에 질문을 포함한 경우, 그리고 테스트 결과를 전송한 경우에는 Test_1_Score 변수를 조건으로 사용할 수 있다.

(23) Set Progress/Step Progress

Progress Bar는 콘텐츠의 진행 정도를 가시적으로 보여주는 도구가 된다(▶Title66).

- Progress Bar를 삽입하려면 Add/Object/Progress Bar를 실행한다.

Progress Bar Properties
General | Layout | Position and Size | Transitions
Progress Bar Name: Progress Bar
Type: Custom
Range: 10
Step Size: 2
Initially Visible
Always on Top
Size/Position Locked
Author Control
Empty Bar As Progress Increases
확인 | 적용(A) | 취소 | 도움말

Progress Bar의 유형(Type), Bar의 출발점에서 시작하여 도착점에 이르기까지 걸리는 전체 량 혹은 시간(Range), 한번 진행할 때마다 Progress Bar 내부에 표시되는 량 혹은 시간(Step Size)은 Progress Bar의 속성 창에서 설정한다.

Empty Bar As Progress Increases 옵션을 선택하면 Progress Bar가 꽉 채워진 상태에서 출발하여 진행될 때마다 공백으로 채워 넣을 수 있다.

- Range는 Step Size에 입력한 값으로 채워 넣을 때 채울 수 있는 최대의 크기를 뜻한다. 예를 들어, 총 10 페이지로 구성된 콘텐츠의 경우, 한 페이지씩 넘길 때마다 Progress Bar의 진행 상태를 3칸(Step Size)씩 표시하여 콘텐츠 진행 상태를 보여주려면 Range의 값을 3×10=30으로 지정한다.
- 주의 할 점은, Progress Bar의 Range 속성과 가로 길이는 다르다는 것이다. Progress Bar의 가로 길이는 속성 창의 Position and Size 탭에서 지정한다.

- 유형을 Custom으로 선택하면, Set Progress, Step Progress 액션을 사용하여 Progress Bar의 진행 상태를 수동으로 조정할 수 있다.
- 유형을 Timer로 선택하면, Progress Bar 속성이 Auto Start로 지정된 경우 Progress Bar는 자동으로 진행된다. Progress Bar의 진행은 페이지마다 새로 시작하며, Progress Bar 내부를 꽉 채우는데 필요한 시간과 한번 진행할 때마다 채워지는 시간의 량은 Total Time과 Increment에 지정한

값에 따른다.

- 유형을 Table of Contents로 선택하면, 마지막 페이지가 열릴 때 Progress Bar 내부가 꽉 채워진다. 한번 진행할 때마다 채워지는 량은 페이지 단위가 된다.

  – 유형을 Timer로 선택한 경우에는 Progress Bar에 On Done Playing 이벤트 관련 액션을 추가할 수 있다.

가. Set Progress

Set Progress 액션은 Step Progress 액션과 함께 사용되며, 타이틀에 삽입한 Progress Bar의 초기 진행 상태를 설정한다.

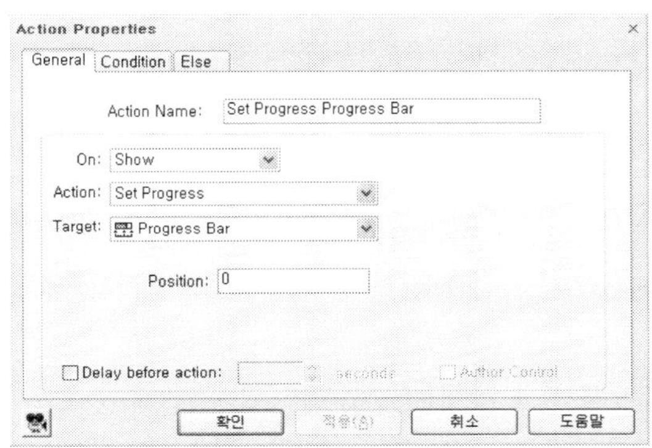

– Set Progress 액션은 Progress Bar의 유형을 Custom으로 지정한 경우에 한하여 사용할 수 있다.

이 액션은 On 이벤트가 발생할 시 Position에 지정한 크기만큼의 칸을 Progress Bar에 채워 넣는다. 예를 들어, Progress Bar의 Range가 50이고, Position에 지정한 크기가 10이면, 페이지가 열릴 때의 Progress Bar의 초기 상태는 다음 그림과 같이 나타난다.

즉, Progress Bar 길이의 $\frac{1}{5}$ 지점까지 채워진 상태로 표시된다.

나. Step Progress

Step Progress 액션은 Set Progress 액션과 함께 사용하며, Progress Bar를 타깃으로 한다.

– Progress Bar의 유형을 Custom으로 지정한 경우에 한하여 사용할 수 있다.

Step Progress 액션은 Set Progress 액션에서 설정한 Position을 바탕으로 Progress Bar 속성에서 지정한 Step Size의 크기만큼 Progress Bar를 채워 넣는다.
다음 예제는 Progress Bar의 유형을 Custom으로 지정하고, 페이지를 넘길 때마다 Step Size의 크기만큼 Progress Bar를 채워 넣는 액션이다.

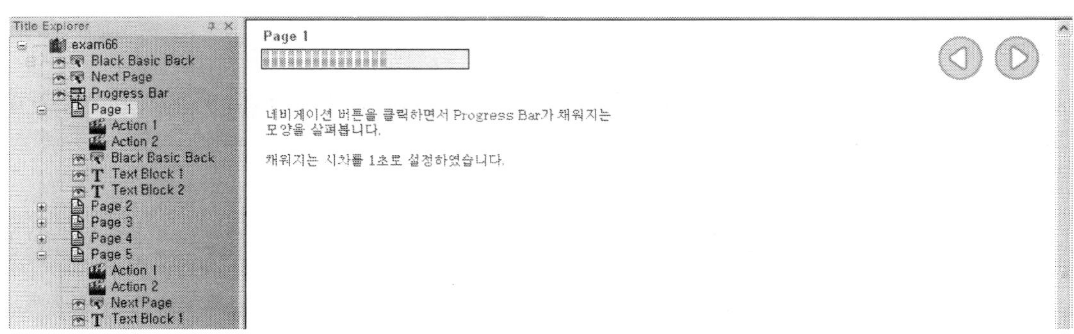

- 모든 페이지에 걸쳐 Progress Bar가 나타나게 Progress Bar를 타이틀 개체 아래에 둔다.
- 각 페이지마다 Set Progress, Step Progress 액션을 정의한다. 전자를 후자에 우선하여 정의한다.

각 페이지마다 Progress Bar의 진행 상태를 보여주기 위해 Set Progress의 Position 값을 지정한다. 첫 페이지의 Position의 값은 0으로 지정하고, 그 다음 페이지부터는 Step Size에서 지정한 값만큼 더하여 입력한다.

액션 항목	Page 1		Page 2	
	Action 1	Action 2	Action 1	Action 2
On	Show	Show	Show	Show
Action	Set Progress	Step Progress	Set Progress	Step Progress
Target	Progress Bar	Progress Bar	Progress Bar	Progress Bar
Position	0		2	
Delay before action		1.0		1.0

즉, Step Size의 값이 2면 첫 페이지에서 0+2 만큼 채워지므로, 다음 페이지부터는 Position의 값을 2로 지정한다. Page 3, Page 4, Page 5에 삽입된 Set Progress 액션의 Position 값은 각각 4, 6, 8이 된다.

(24) Size To

Size To 액션은 타깃 개체의 크기를 절대적 혹은 상대적 크기로 설정한다(▶Title67).

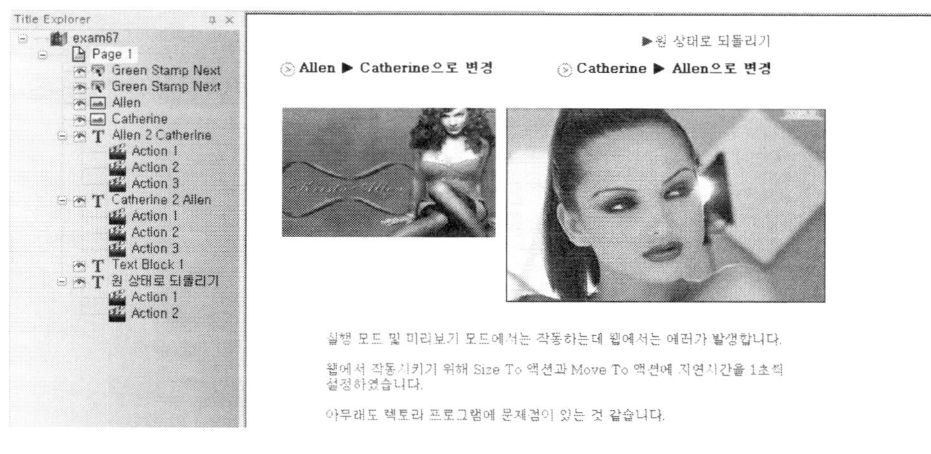

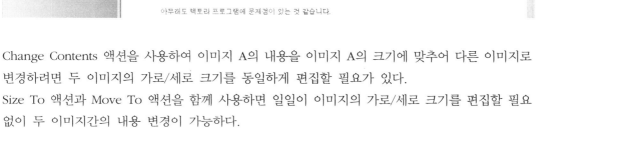

Change Contents 액션을 사용하여 이미지 A의 내용을 이미지 A의 크기에 맞추어 다른 이미지로 변경하려면 두 이미지의 가로/세로 크기를 동일하게 편집할 필요가 있다.
Size To 액션과 Move To 액션을 함께 사용하면 일일이 이미지의 가로/세로 크기를 편집할 필요 없이 두 이미지간의 내용 변경이 가능하다.

제작 설명

- Change Contents 액션을 사용하여 이미지 Allen을 이미지 Catherine으로 변경한다.
  - 이미지 Allen에 보이는 내용이 이미지 Catherine의 가로/세로 크기와 내용으로 바뀐다.
- 이미지 Allen의 가로/세로 크기를 이미지 Allen의 원래 크기로 조정한다.
- 이미지 Allen의 X/Y 좌표 값을 이미지 Allen의 원래 그것으로 조정한다.
- Change Contents 액션을 사용하여 이미지 Catherine을 이미지 Allen으로 변경한다.
  - 이미지 Catherine에 보이는 내용이 이미지 Allen의 가로/세로 크기와 내용으로 바뀐다.
- 이미지 Catherine의 가로/세로 크기를 이미지 Catherine의 원래 크기로 조정한다.
- 이미지 Catherine의 X/Y 좌표 값을 이미지 Catherine의 원래 그것으로 조정한다.

액션에 사용된 이미지의 원래 크기와 위치는 다음 표와 같다.

이미지	Width/Height	X/Y Coordinate
Allen	205/128	34/92
Catherine	307/192	249/92

액션 설정

액션 항목	Allen 2 Catherine		
	Action 1	Action 2	Action 3
On	Mouse Click	Mouse Click	Mouse Click
Action	Change Contents	Size To	Move To
Target	Allen	Allen	Allen
New Contents	Catherine.gif		
Width/Height		205/128	
X/Y Coordinate			34/92

액션 항목	Catherine 2 Allen		
	Action 1	Action 2	Action 3
On	Mouse Click	Mouse Click	Mouse Click
Action	Change Contents	Size To	Move To
Target	Catherine	Catherine	Catherine
New Contents	Allen.gif		
Width/Height		307/192	
X/Y Coordinate			249/92

원 상태로 되돌리기 버튼을 클릭하면 이미지 Allen은 Allen.gif로, 이미지 Catherine은 Catherine.gif 파일 내용으로 변경된다.

(25) Flash Command

Flash Command 액션은 플래시 애니메이션과의 통신을 가능하게 한다. 이 액션은 플래시 애니메이션이 삽입된 혹은 상속된 페이지에서만 가능하다(▶Title68).
플래시와의 통신을 시도하면 다음 보안 경고 창이 열린다.

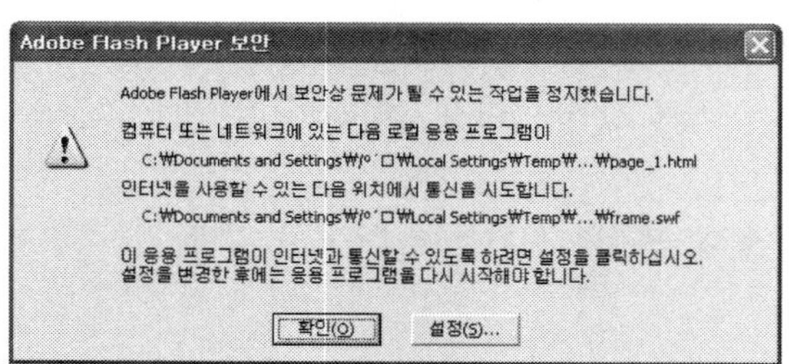

설정 버튼을 클릭하면 플래시 플레이어 설정 관리자에서 적당한 옵션을 선택할 수 있다.

Adobe Flash Player™ 설정 관리자

전역 보안 설정

일부 웹사이트의 경우에는 이전 보안 시스템을 사용하여 다른 사이트의 정보에 액세스할 수 있습니다. 이러한 것은 일반적으로 위험성이 적지만 이전 보안 시스템을 사용하여 인증되지 않은 정보를 획득할 수 있으므로 주의해야 합니다. 특정 웹 사이트에서 이전 보안 시스템을 사용하여 정보에 액세스하려고 시도할 때 사용할 옵션을 다음 중에서 선택할 수 있습니다.

항상 묻기 / 항상 허용 / 항상 거부

다음 파일과 폴더는 항상 신뢰: 편집...

플래시와의 통신을 항상 허용하려면 항상 허용 옵션을 선택한다.

예제 | Flash Command 액션을 활용한 플래시 제어 1

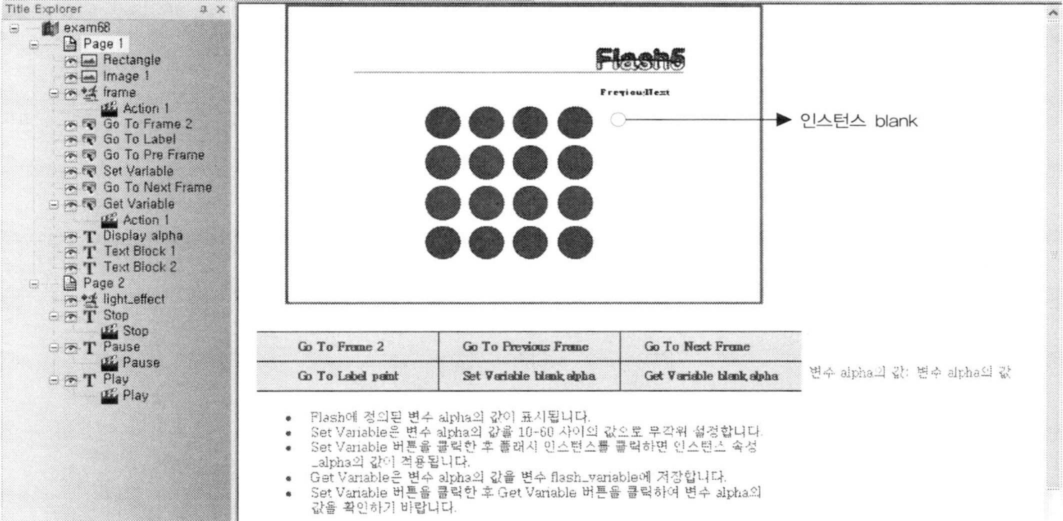

플래시 구조

플래시 무비는 세 개의 프레임으로 구성된다. 각 프레임에는 프레임 액션이 정의되어 있다.

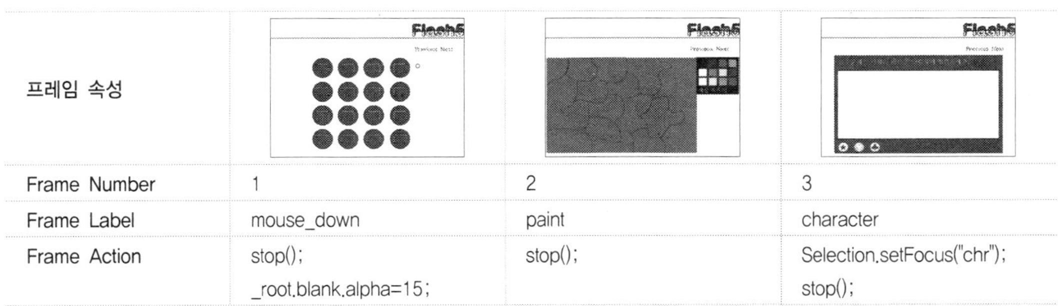

프레임 속성			
Frame Number	1	2	3
Frame Label	mouse_down	paint	character
Frame Action	stop(); _root.blank.alpha=15;	stop();	Selection.setFocus("chr"); stop();

제작 설명

- 렉토라는 플래시의 첫 번째 프레임의 Frame Number를 0으로 본다. 따라서 렉토라에서 플래시의 첫 번째 프레임을 지정하려면 프레임 번호를 0으로 매긴다.

  – 무비가 다수의 프레임으로 구성되고, 프레임마다 stop(); 액션이 정의된 경우, 렉토라에서 Play frame 액션을 실행하면 자동적으로 다음 프레임으로 이동한다.

- 플래시 애니메이션이 삽입된 페이지를 웹 출판하였을 때 첫 번째 프레임의 내용이 아닌 두 번째 프레임의 내용이 나타난다면 애니메이션에 Go To Frame 액션을 추가하여 첫 번째 프레임이 나타나도록 한다.

액션 설명

액션 항목	frame[1]	Go To Frame 2	Go To Label paint	Go To Pre Frame
	Action 1	내장 액션	내장 액션	내장 액션
On	Show	Click	Click	Click
Action	Flash Command	Flash Command	Flash Command	Flash Command
Target	frame	frame	frame	frame
Command	Go To Frame	Go To Frame	Go To Label	Go To Previous Frame
Number	0	2	paint	

액션 항목	Set Variable blank.alpha[2]	Go To Next Frame	Get Variable blank.alpha[3]	
	내장 액션	내장 액션	내장 액션	Action 1
On	Click	Click	Click	Mouse Click
Action	Flash Command	Flash Command	Flash Command	Change Contents
Target	frame	frame	frame	Display alpha
Command	Set Variable	Go To Next Frame	Get Variable	
Name	blank.alpha		blank.alpha	
Value	RAND(10,60)		flash_variable	
New Contents				flash_variable

1) 플래시 애니메이션 frame이 화면에 나타나는 순간 첫 번째 프레임으로 이동한다.
2) 플래시 무비에 삽입된 인스턴스 이름이 blank인 무비클립이 내포한 변수 alpha의 값을 난수 RAND(10,60)의 값으로 변경한다.

   – RAND(10,60): 10과 60 사이의 값을 무작위로 발생한다.

3) 플래시 무비에 삽입된 인스턴스 이름이 blank인 무비클립이 내포한 변수 alpha의 값을 사용자 정의 변수 flash_variable에 저장한다.

변수의 값을 플래시에 전달하려면 Flash Command 액션의 Set Variable 명령을, 플래시 변수의 값을 렉토라 변수에 저장하려면 Get Variable 명령을 사용한다. Call Fuction 명령은 플래시에 정의된 함수를 실행한다. 예를 들어, 플래시에 myFunc(arg)가 정의되어 있다면 Name 필드에는 myFunc을, Value 필드에는 함수 myFunc에 전달할 인수 arg의 값을 입력한다. 함수 myFunc은 플래시 내부의 컨테이너로부터 호출될 수 있는 형태로 등록해야 한다.

예제 | Flash Command 액션을 활용한 플래시 제어 2

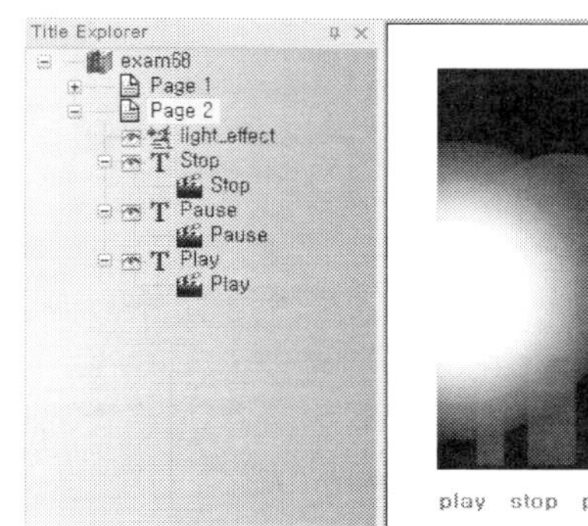

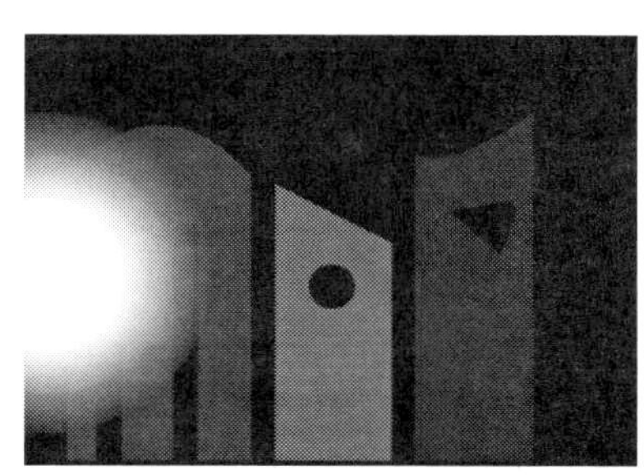

Flash Command 액션의 Play, Stop, Pause 명령은 플래시 애니메이션이 무비클립으로 구성된 경우에는 듣지 않는다.

액션 설명

액션 항목	Stop	Pause	Play
	Action 1	Action 1	Action 1
On	Mouse Click	Mouse Click	Mouse Click
Action	Flash Command	Flash Command	Flash Command
Target	light_effect	light_effect	light_effect
Command	Stop	Pause	Play

(26) Reset Question

Reset Question은 타깃 질문을 대답하지 않은 원 상태로 되돌린다(▶Title69).

Title Explorer
exam69
Page 1
Text Block 1
Text Block 2
Action 1
Action 2
Question 1

Question 1 : 테스트 질문에 대한 답을 원 상태로 되돌리는 액션은?

Process Question
Reset Question

On Mouse Click
Action Reset Question
Target Question 1

▶ Reset Question 1

액션 항목	Text Block 2	
	Action 1	Action 2
On	Mouse Click	Mouse Click
Action	Toggle Visibility State	Reset Question
Target	Text Block 1	Question 1
Condition	Question_0001 Is Not Empty	

(27) Back 타깃

Go To 액션의 타깃으로 Back을 선택하면 현재 페이지 이전에 보았던 페이지로 이동할 수 있다.

예제 | 드롭다운 리스트 혹은 하이퍼링크를 클릭하여 페이지를 이동한 후 Go Back 버튼을 클릭하면 드롭다운 리스트와 하이퍼링크가 입력된 페이지로 돌아간다(▸Title70).

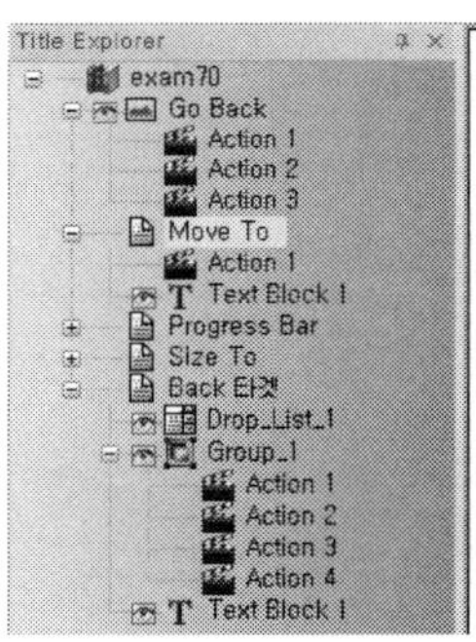

Go Back

(2) Move To

Move To 액션은 타겟을 지정한 좌표 값으로 이동시킬 때 사용한다. 좌표 값을 VAR(변수이름) 형식으로 입력하면 개체를 이동시킬 때 변수에 지정된 값을 좌표 값으로 사용할 수 있어 전체적으로 통일을 기할 수 있다.

예제 지시 부분을 클릭하면 그림이 바뀌고 지시 부분이 '마침' 버튼 영역으로 이동한다.

제작 설명

드롭다운 리스트 혹은 하이퍼링크를 클릭하여 이동한 페이지에 놓인 Go Back 버튼을 클릭하면 다음 동작을 행하게 한다.

- Go Back 버튼을 클릭하면 Go To Back 액션을 실행하게 한다.
- Go Back 버튼을 클릭하면 Go Back 버튼 자신을 숨긴다.
- Go Back 버튼을 클릭하면 변수 var_back의 값을 없게 한다.
- 드롭다운 리스트의 항목을 클릭하면 Run Action Group을 실행한다.

액션 항목	Go Back			Drop_List_1
	Action 1	Action 2	Action 3	Action 1
On	Mouse Click	Mouse Click	Mouse Click	Select/Change
Action	Go To	Hide	Modify Variable	Run Action Group
Target	Back	Go Back	var_back	Group_1
Value				
Modification Type			Set Variable Contents	

- 액션 그룹에 포함된 액션은 다음과 같다.

  - 리스트의 변수 값을 체크한 후 Go To 액션에 의해 지정된 페이지로 이동한다.
  - 변수 var_back의 값을 'ok'로 변경한다.

액션 항목	Group_1			
	Action 1	Action 2	Action 3	Action 4
On				Mouse Click
Action	Go To		Modify Variable	
Target	Chapter, Section, or Page		var_back	
Name	Move To	Size To	Progress Bar	
Value				ok
Modification Type				Set Variable Contents
Condition	DropList_0001 Contains Move To	DropList_0001 Contains Size To	DropList_0001 Contains Progress Bar	

- Go To 액션에 지정된 페이지 개체 아래에는 다음 액션 개체를 부착한다. 예를 들어, Move To 페이지에 부착된 액션은 다음과 같다.

액션 항목	Move To
	Action 1
On	Show
Action	Show
Target	Go Back
Condition	var_back Equal To ok

  - 변수 var_back의 값이 'ok'이면 Go Back 버튼을 보이게 한다.

(28) Mute FLV Media/Unmute FLV Media

Mute FLV Media 액션은 타이틀에 포함된 모든 FLV 개체의 소리를 죽이는 역할을 한다. FLV 개체의 소리를 다시 나오게 하려면 Unmute FLV Media 액션을 실행한다.

5, 폼 개체

폼 개체는 폼 양식을 만들 때 사용한다. 폼 양식을 삽입하려면 Add Form 버튼을 클릭한다.

1) 폼 구성 요소 개체 삽입하기

폼 개체에 삽입할 수 있는 개체는 라디오 버튼 그룹, 라디오 버튼, 체크 박스, 입력 필드, 드롭다운 리스트, 그리고 리스트 박스가 있다. 라디오 버튼을 제외한 이들 개체는 제각기 고유한 변수 이름이 할당된다. 라디오 버튼 그룹에 할당된 변수에는 라디오 버튼의 이름이 변수 값으로 사용된다(▶ Title71).

- 폼 구성 요소의 변수 이름은 반드시 영문으로 표시한다.

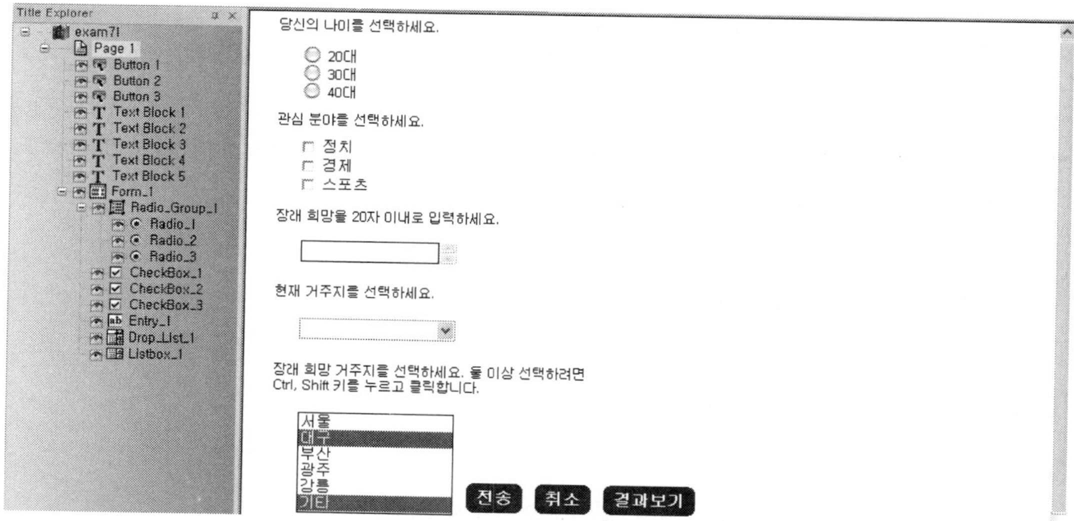

(1) 라디오 버튼

여러 개의 옵션 중 한 개를 선택하도록 하려면 라디오 버튼을 삽입한다. 라디오 버튼은 라디오 버튼 그룹에 포함되게 삽입한다.

라디오 버튼 그룹을 삽입하려면 폼 개체 Form_1을 클릭한 후 Add Radio Button Group 버튼을 클릭한다.

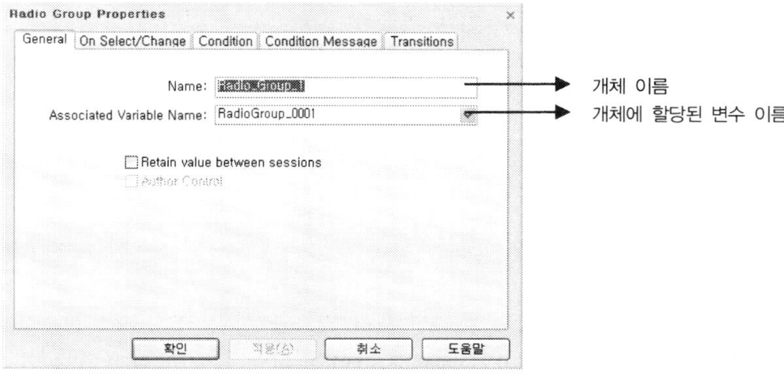

- Name 필드에는 추리 구조 창에 표시되는 라디오 버튼 그룹 개체의 이름을 입력한다.
- Associated Variable Name 필드에는 라디오 버튼 그룹 개체의 변수 이름을 입력한다.
- Retain value between sessions 옵션을 선택하면 강좌를 새로 시작할 때마다 이전에 자신이 선택했던 라디오 버튼 상태로 강좌를 계속할 수 있다. 옵션을 선택하지 않으면 라디오 버튼은 선택되지 않은 상태로 나타난다.
- 폼 개체에서 Retain values of all form elements between sessions를 선택한 경우에는 Retain value between sessions 옵션은 비활성 상태로 표시된다.

✎ 라디오 버튼 그룹 개체는 논리적 개체로서 화면에 표시되지 않는다.

Add Radio Button Group 버튼을 클릭하면 Radio_Group_1이 삽입된다. 라디오 버튼을 추가하려면 Radio_Group_1을 클릭한 후 Add Radio Button을 클릭한다. 추가된 라디오 버튼의 속성 창은 다음과 같다.

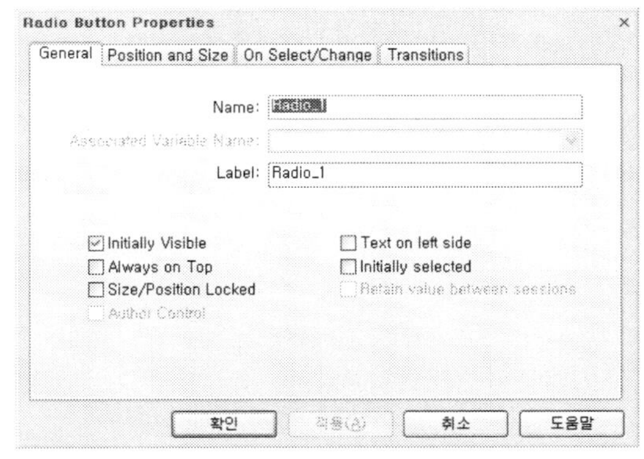

- Name 필드에는 추리 구조 창에 표시되는 라디오 버튼 개체의 이름을 입력한다.
- Label 필드에는 라디오 버튼의 이름표를 입력한다. 이름표는 버튼의 오른쪽에 붙는다.

폼을 실행한 후 삽입된 라디오 버튼 중 두 번째 버튼을 클릭하고 전송하면 다음과 같은 데이터가 전송된다. 즉, 라디오 버튼 그룹의 변수 값으로 라디오 버튼의 이름이 전송된다.

```
RadioGroup_0001=Radio_2<br/>
```

(2) 체크 박스

여러 개의 옵션을 동시에 선택할 수 있도록 하려면 체크 박스를 삽입한다. 체크 박스를 삽입하려면 Add Check box 버튼을 클릭한다. 체크 박스 개체엔 라디오 버튼 개체와 달리 변수 이름이 할당된다. 추가된 체크 박스의 속성 창은 다음과 같다.

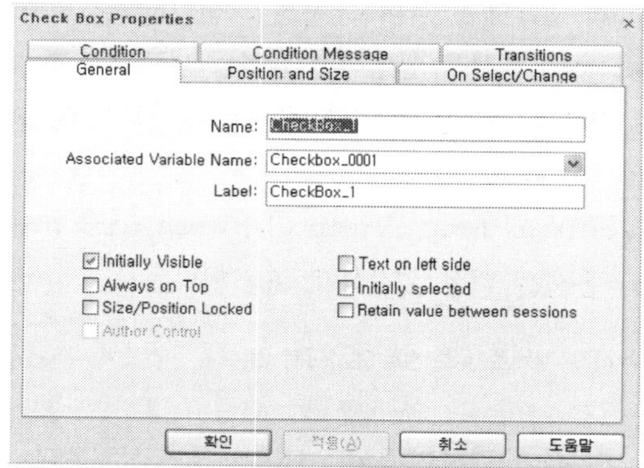

- Name 필드에는 추리 구조 창에 표시되는 체크 박스 개체의 이름을 입력한다.
- Associated Variable Name 필드에는 체크 박스 개체의 변수 이름을 입력한다.
- Label 필드에는 체크 박스의 이름표를 입력한다. 이름표는 체크 박스의 오른쪽에 붙는다.

폼을 실행한 후 첫 번째, 세 번째 체크 박스를 클릭하고 전송하면 다음과 같은 데이터가 전송된다. 즉, 선택된 체크 박스의 변수 값으로 on이 전송되며, 선택되지 않은 체크 박스의 변수 값으로는 아무것도 전송되지 않는다.

```
Checkbox_0001=on<br />
Checkbox_0002=<br />
Checkbox_0003=on<br />
```

(3) 입력 필드

텍스트를 입력할 공간은 입력 필드로 제공한다. 입력 필드를 삽입하려면 Add Entry 버튼을 클릭한다. 추가된 입력 필드의 속성 창은 다음과 같다.

- Entry name 필드에는 추리 구조 창에 표시되는 입력 필드 개체의 이름을 입력한다.
- Associated Variable Name 필드에는 입력 필드 개체의 변수 이름을 입력한다.
- Default text 필드에는 페이지가 열릴 때 입력 필드에 표시될 텍스트를 입력한다.
- 입력 필드의 배경 색은 Default Background Color에서 지정한다.
- Maximum characters allowed에는 입력 필드에 기입할 수 있는 최대 문자수를 지정한다.
- Multiline 옵션을 선택하면 줄을 바꾸어 여러 줄에 텍스트를 입력하도록 할 수 있다.
- Password field 옵션을 선택하면 입력되는 텍스트를 별표(*)로 처리할 수 있다.
- Read only 옵션을 선택하면 입력 필드에 기본적으로 기입된 텍스트를 수정할 수 없다.

폼을 실행한 후 입력 필드에 텍스트를 기입하고 전송하면 다음과 같은 데이터가 전송된다. 즉, 입력 필드의 변수 값으로 입력 필드에 기입한 텍스트가 전송된다.

```
Entry_0001=대기업 CEO
```

(4) 드롭다운 리스트

드롭다운 버튼 형태로 한 개의 옵션을 선택할 수 있도록 하려면 드롭다운 리스트를 삽입한다. 드롭다운 리스트를 삽입하려면 Add Drop-Down List 버튼을 클릭한다. 추가된 드롭다운 리스트의 속성 창은 다음과 같다.

- Name 필드에는 추리 구조 창에 표시되는 드롭다운 리스트 개체의 이름을 입력한다.
- Associated Variable Name 필드에는 드롭다운 리스트 개체의 변수 이름을 입력한다.
- 드롭다운 리스트의 배경 색은 Default Background Color에서 지정한다.
- 드롭다운 리스트의 항목을 입력하려면 Add 버튼을 클릭한다. 항목간의 줄 바꿈은 엔터 키를 누른다.

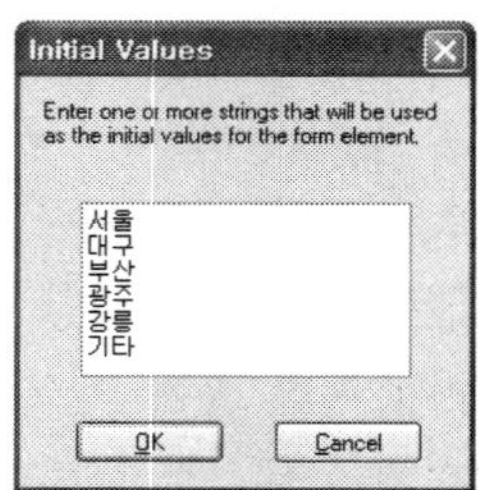

- 드롭다운 리스트의 초기 선택 값을 지정하려면 항목 중 하나를 선택한다.

폼을 실행한 후 드롭다운 리스트의 항목을 선택하고 전송하면 다음과 같은 데이터가 전송된다. 즉, 드롭다운 리스트의 변수 값으로 선택한 항목 이름이 전송된다.

```
DropList_0001=대구
```

(5) 리스트 박스

리스트 박스 형태로 여러 개의 항목을 선택할 수 있도록 하려면 리스트 박스를 삽입한다. 드롭다운 리스트를 삽입하려면 Add List Box 버튼을 클릭한다.

- Name 필드에는 추리 구조 창에 표시되는 리스트 박스 개체의 이름을 입력한다.
- Associated Variable Name 필드에는 리스트 박스 개체의 변수 이름을 입력한다.
- 리스트 박스의 배경 색은 Default Background Color에서 지정한다.
- Allow multiselect 옵션을 선택하면 여러 개의 항목을 선택할 수 있다.
- Add 버튼을 클릭하여 드롭다운 리스트 항목을 입력한 것과 동일한 방식으로 입력한다.
- 리스트 박스의 초기 선택 값을 지정하려면 항목 중 하나를 선택한다. Allow multiselect 옵션을 선택한 경우 여러 개의 항목을 동시에 선택할 수 있다.

폼을 실행한 후 리스트 박스의 항목을 선택하고 이메일로 전송하면 다음과 같은 데이터가 전송된다. 즉, 리스트 박스의 변수 값으로 선택한 항목 이름이 전송된다. 여러 개의 항목을 선택한 경우 콤마 기호로 구분된다.

```
List_0001=대구,강릉,기타
```

2) 폼 데이터 전송

(1) 폼 개체 속성

폼 데이터 즉, 폼 구성 요소의 변수 이름 및 변수 값의 전송 경로는 폼 속성 창의 Form Submission 박스의 설정 내용을 따른다.

- Retain values of all form elements between sessions 옵션을 선택하면 강좌를 새로 시작할 때마다 이전에 자신이 선택했던 폼 구성 요소 상태로 강좌를 계속할 수 있다. 옵션을 선택하지 않으면 폼 구성 요소는 선택되지 않은 상태로 나타난다.

Form Submission 박스에서는 폼 전송방법을 선택

- Email form을 선택하면 폼 구성 요소의 값을 이메일로 전송할 수 있다.

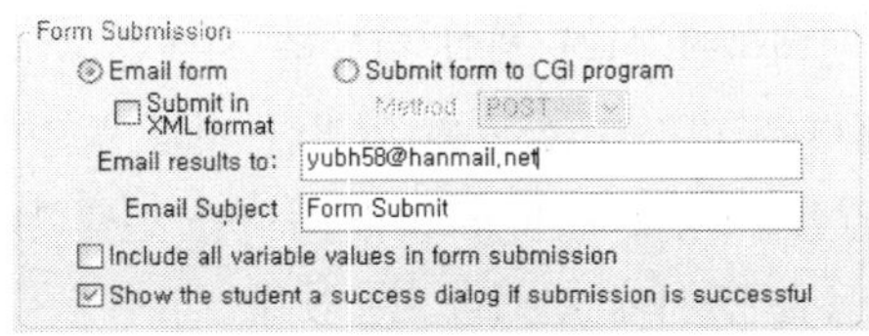

- Submit in XML format를 선택하면 폼 데이터는 XML 형태로 전송된다. 옵션을 선택하지 않으면 폼 데이터는 평문 형태로 전송된다.
- Email results to 필드에는 이메일 주소를 입력한다.
- Email Subject 필드에는 이메일 제목을 입력한다. 기본적으로 Form Submit란 제목으로 전송된다.

[참고]

제어판/메일, 아웃룩 익스프레스에서 한메일을 사용하여 데이터를 이메일로 전송하려면 다음과 같이 한다.

– 이메일 전송은 렉토라 실행 모드에서 실행한다.

아웃룩 익스프레스

- 한메일 홈페이지의 환경설정/외부메일설정/IMAP/POP3설정 도움말을 참조한다.

• 받는 서버 유형을 IMAP로 설정하려면 IMAP 사용하기를 선택하고 저장하기 버튼을 클릭한다.

❶ 아웃룩 익스프레스를 실행한다.

❷ 도구/계정을 실행한다. 인터넷 계정 창이 열린다.

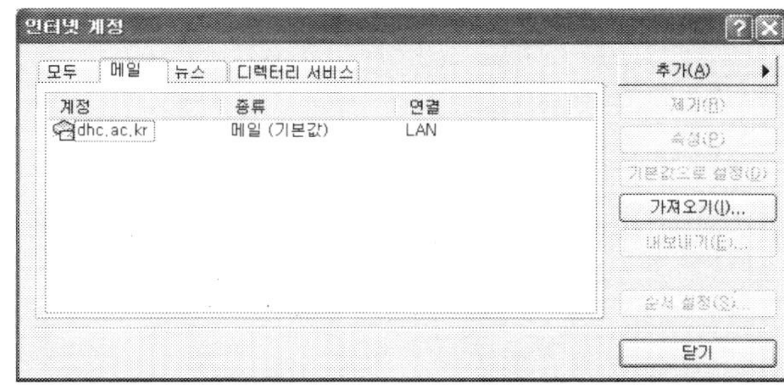

❸ 추가 버튼을 클릭하고 메일을 클릭한다. 인터넷 연결 마법사가 열린다.

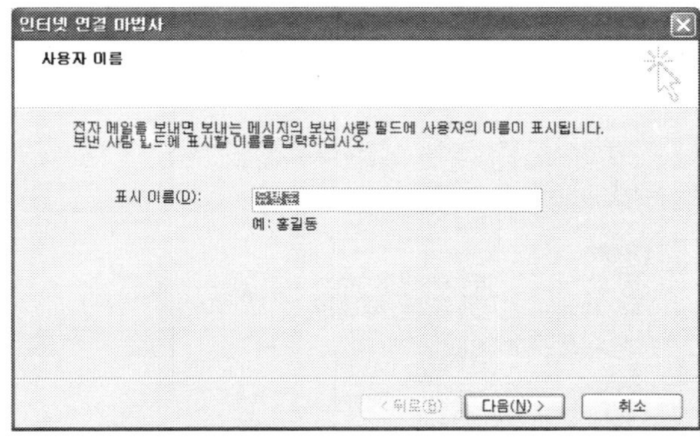

❹ 표시 이름 필드에 사용자 이름을 입력한 후 다음 버튼을 클릭한다.

– 사용자 이름은 사용자 계정 이름과 다르다. 메일을 보내는 사람의 이름을 나타낸다.

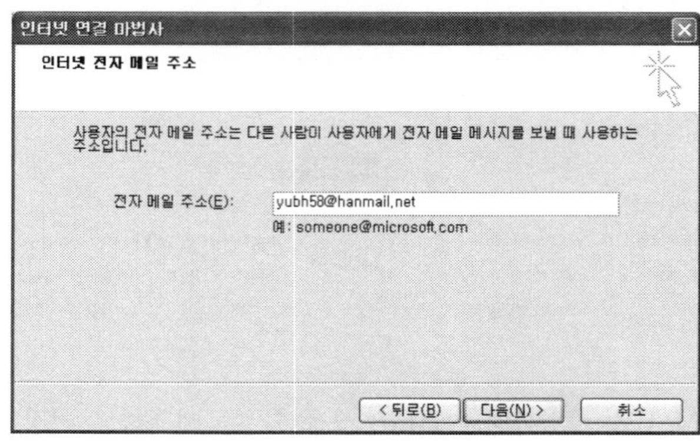

❺ 전자 메일 주소 필드에 사용자의 메일 주소를 입력한 후 다음 버튼을 클릭한다.

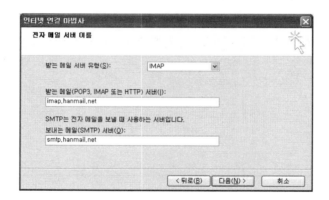

인터넷 연결 마법사
전자 메일 서버 이름
받는 메일 서버 유형(S): IMAP
받는 메일(POP3, IMAP 또는 HTTP) 서버(I): imap.hanmail.net
SMTP는 전자 메일을 보낼 때 사용하는 서버입니다.
보내는 메일(SMTP) 서버(O): smtp.hanmail.net
< 뒤로(B) 다음(N) > 취소

❻ 받는 메일 서버 유형, 받는 메일 서버, 보내는 메일 서버를 입력한 후 다음 버튼을 클릭한다.

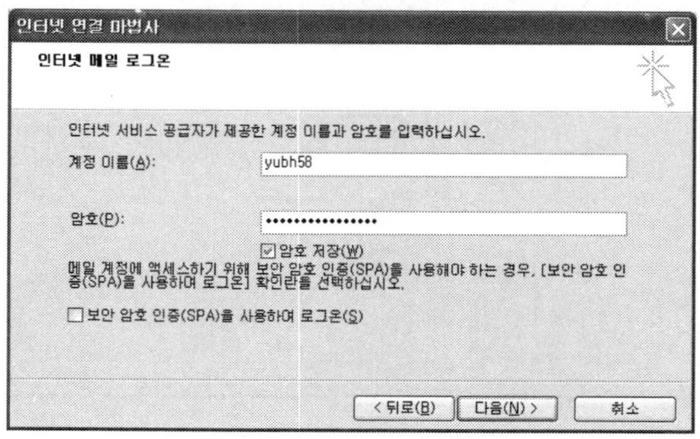

❼ 사용자 계정 이름과 암호를 입력한 후 다음 버튼을 클릭한다.

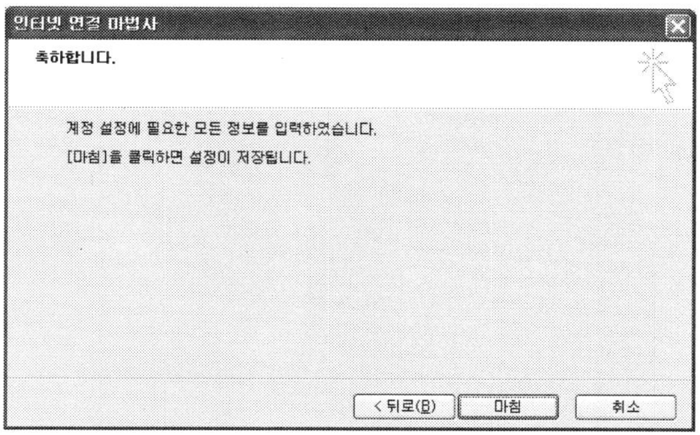

❽ 마침 버튼을 클릭한다. 새로운 계정이 등록된다.

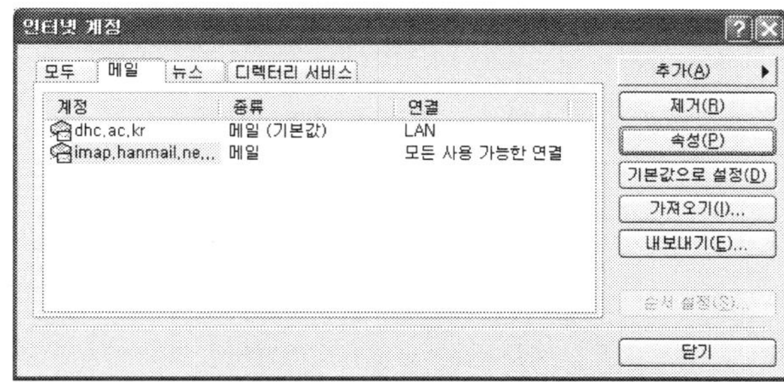

❾ 속성 버튼을 클릭한다. 계정 속성 창이 열린다.

❿ 서버 탭을 클릭한다.

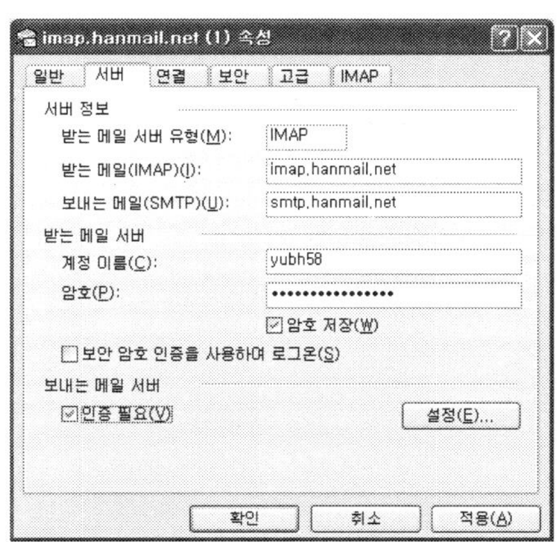

⓫ 보내는 메일 서버에서 인증 필요 옵션을 선택한 후 적용 버튼을 클릭하고 고급 탭을 클릭한다.

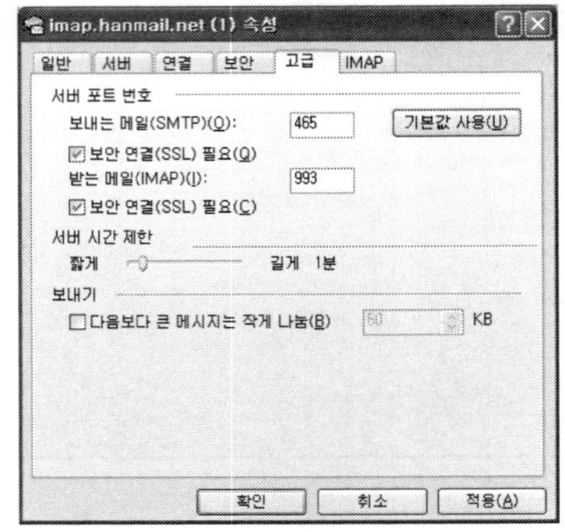

⓬ 보내는 메일의 보안 연결(SSL) 필요 옵션을 선택하고 포트 번호란에 465를 입력한다.
⓭ 받는 메일의 보안 연결(SSL) 필요 옵션을 선택하고 포트 번호란에 993을 입력한다.

– 보안 연결(SSL) 필요 옵션을 먼저 선택한 후 포트 번호를 입력한다.

⓮ 확인 버튼을 클릭하면 인터넷 계정 창에 새로운 계정이 등록된다.

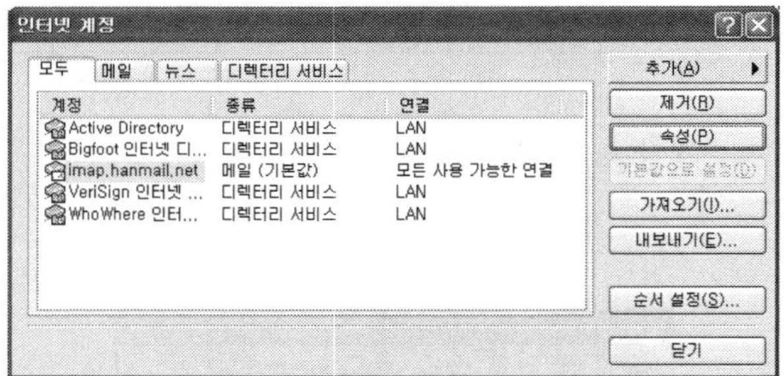

⓯ 닫기 버튼을 클릭하고 폴더를 다운로드한다.

⓰ 예 버튼을 클릭한다. IMAP 폴더 표시/숨기기 창이 열린다.

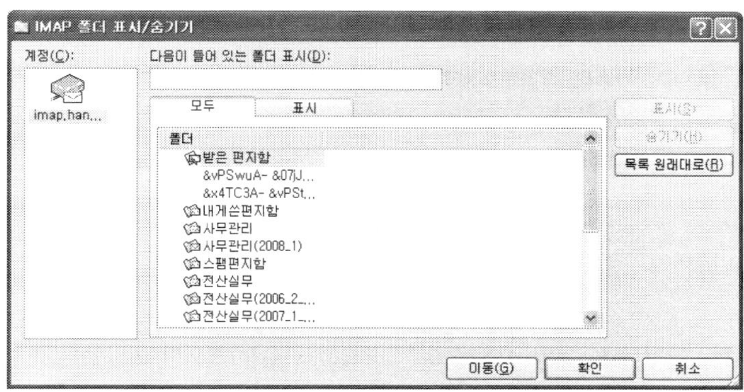

⓱ 받은 편지함을 선택한 상태에서 이동 버튼을 클릭하면 한메일의 받은 편지함이 동기화된다.

✎ 아웃룩 익스프레스를 실행했을 때 다음과 같은 메시지 창이 열리면 예 버튼을 클릭하여 아웃룩 익스프레스를 기본 메일 클라이언트로 지정한다.

타이틀에 폼 개체를 추가하고, 전송 방식을 이메일로 설정한 후 yubh58@hanmail.net로 폼을 전송한 결과는 다음과 같다.

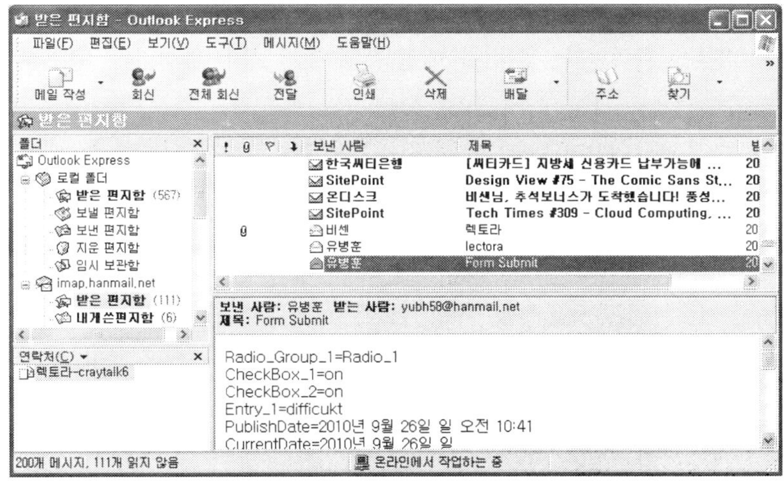

설정/제어판/메일(Microsoft Office Outlook 2007)

❶ 설정/제어판/메일을 실행한다. 메일 설정 창이 열린다.

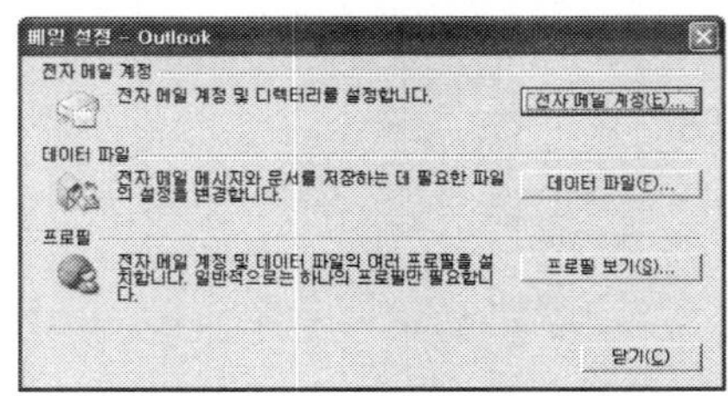

- 아웃룩 익스프레스에서 외부 메일 설정을 마친 상태에서 설정/제어판/메일을 실행하면 상기 메일 설정 창이 나타난다.

❷ 전자 메일 계정 버튼을 클릭한다. 계정 설정 창이 열린다.

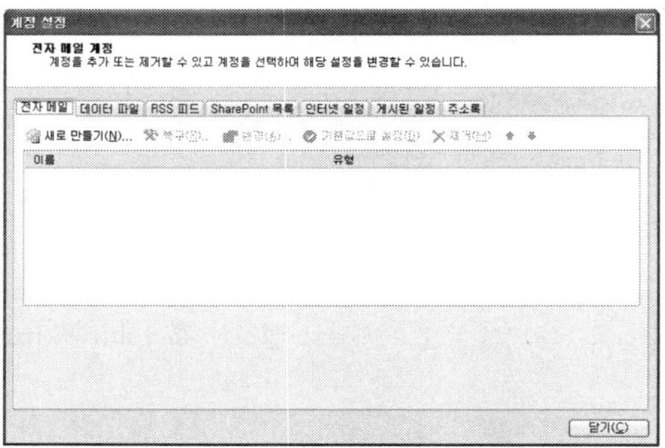

❸ 새로 만들기 버튼을 클릭한다. 새 전자 메일 계정 추가 창이 열린다.

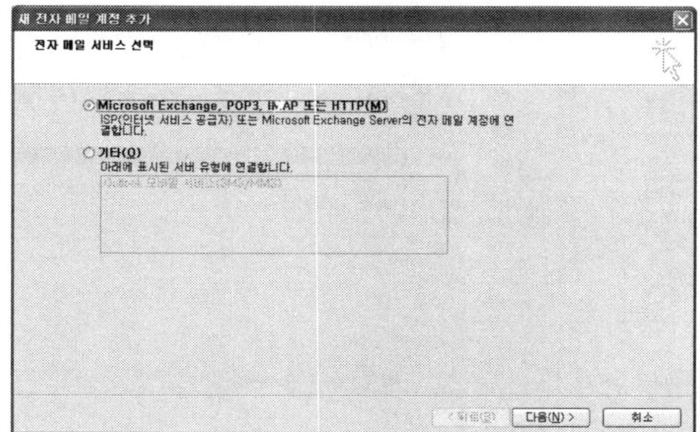

❹ Microsoft Exchange, POP3, IMAP 또는 HTTP 옵션을 선택하고 다음 버튼을 클릭한다.

❺ 수동으로 서버 설정 또는 추가 서버 유형 구성 옵션을 선택하고 다음 버튼을 클릭한다.

❻ 인터넷 전자 메일 옵션을 선택하고 다음 버튼을 클릭한다.

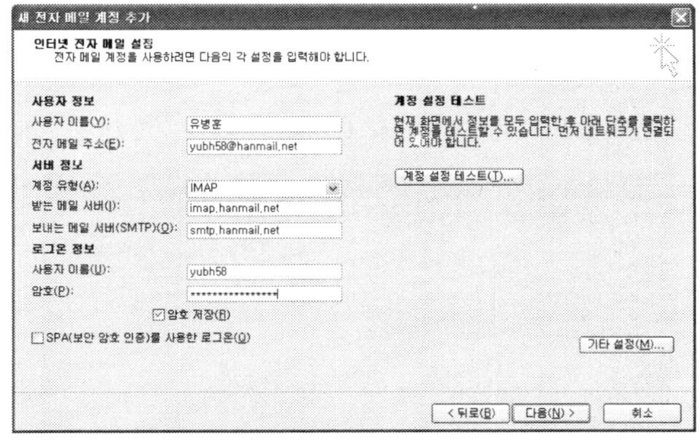

❼ 메일 설정에 필요한 정보를 입력하고 기타 설정 버튼을 클릭한다.

❽ 보내는 메일 서버 탭을 클릭한 후 보내는 메일 서버(SMTP) 인증 필요 옵션을 선택한다.

- 사용자 정보와 로그온 정보를 주의한다. 로그온 정보는 메일에 접속할 때의 계정 정보를 의미한다. 암호 저장 옵션은 반드시 선택한다.

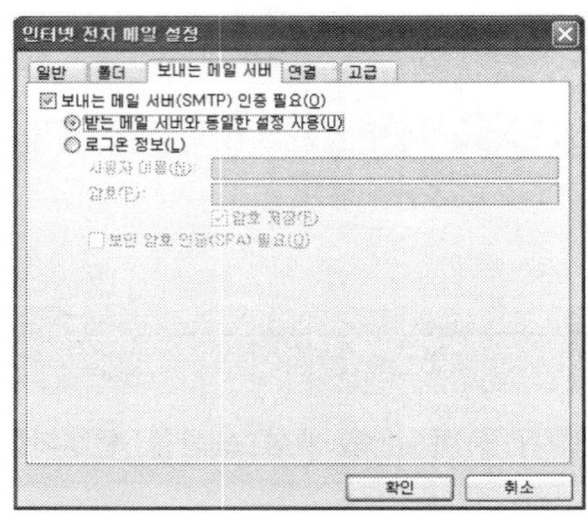

❾ 고급 탭을 클릭한 후 받는 메일 서버와 보내는 메일 서버의 포트 번호를 입력하고 연결 방식을 SSL로 지정한다.

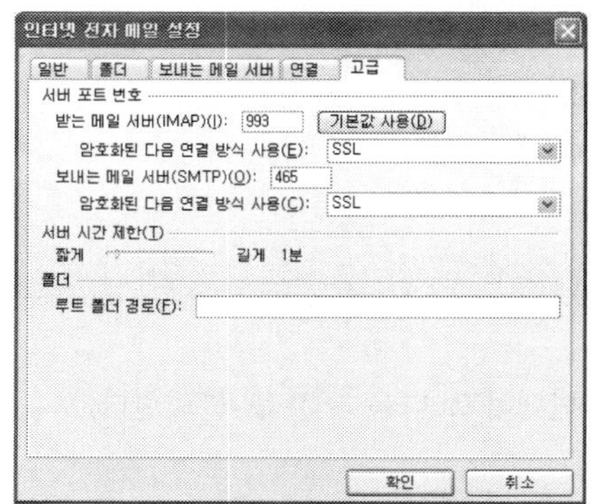

❿ 계정 설정 테스트 버튼을 클릭한다.

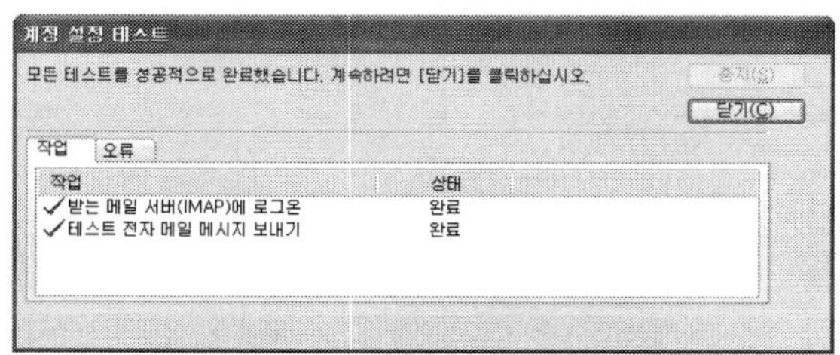

⓫ 테스트가 성공적으로 완료되면 닫기 버튼을 클릭한다.

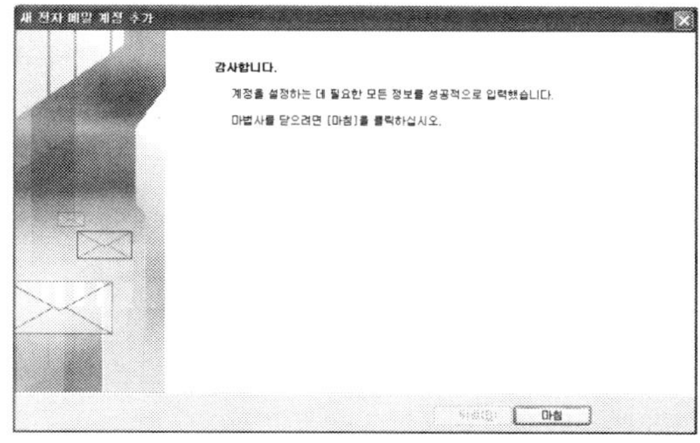

⓬ 마침 버튼을 클릭한다.

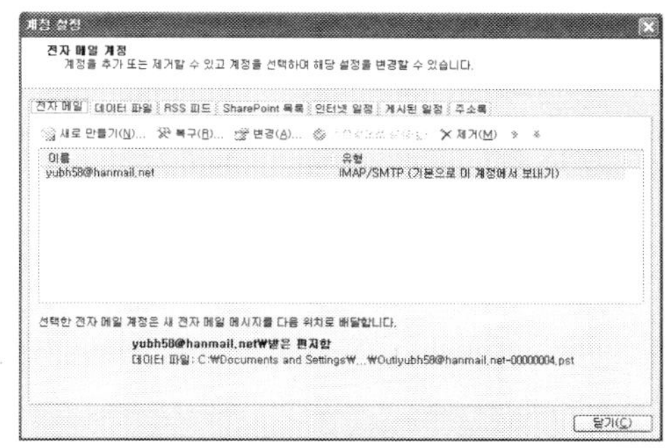

⓭ 닫기 버튼을 클릭한다.

- Submit form to CGI program을 선택하면 폼 구성 요소의 값을 CGI 프로그램으로 전송할 수 있다. 폼 데이터는 '이름/값' 쌍으로 전송된다. 즉, '이름'으로서 폼 개체의 이름이, '값'으로서 선택한 혹은 입력한 폼 개체의 값이 전송된다.

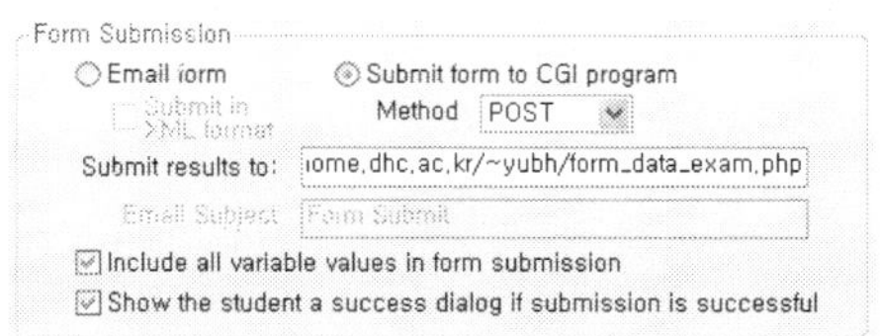

- 드롭다운 버튼 Method를 클릭하면 폼 전송 방법을 지정할 수 있다. GET 방식은 CGI의 환경변수를 통해 데이터를 전달한다. POST 방식은 표준 입력 방법을 사용하여 데이터를 전달한다. 되도록

이면 POST 방식을 사용한다.

- Submit results to 필드에는 CGI 프로그램을 입력한다.

  ✎ CGI 프로그램은 서버 유형에 따라 작동될 수도 있고 안 될 수도 있다. CGI 프로그램을 사용하여 폼 데이터를 전송하려면 반드시 계정을 등록한 서버 관리자에게 사용 가능한 CGI 프로그램이 어떤 것이 있는지 문의한다.

- Include all variable values in form submission 옵션을 선택하면 폼 데이터뿐만 아니라 렉토라에서 정의한 모든 변수의 값이 전송된다.

  – Include all variable values in form submission 옵션을 선택하지 않은 상태에서 폼 데이터를 CGI 프로그램으로 전송하면 폼 속성 창의 Parameters 탭에서 지정한 파라미터 변수만 전송되고, 폼 데이터 변수, 렉토라 내장 변수, 사용자 정의 변수 및 질문 변수는 전송되지 않는다. 따라서 CGI 프로그램으로 폼 데이터를 전송하기 위해서는 반드시 Include all variable values in form submission 옵션을 선택한다.

Include all variable values in form submission 옵션을 선택한 상태에서 이메일로 전송한 결과는 다음과 같다.

```
Radio_Group_1=Radio_1
CheckBox_1=on
CheckBox_2=on
CheckBox_3=
Entry_1=대학교수
Drop_List_1=광주
Listbox_1=대구
PublishDate=2005년 11월 11일 일 오후 10:26
..............................................................................
CurrentDate=2005년 11월 11일 일
CurrentTime=오후 10:26
Platform=Microsoft Windows 2000 Workstation version 5.1 Service Pack 2 (Build 2600)
BrowserType=Lectora International Publishing Suite
ElapsedTime=00:00:15
..............................................................................
CurrentSectionName=
CurrentPageName=Page 3
RadioGroup_0001=Radio_1
Checkbox_0001=on
Checkbox_0002=on
Checkbox_0003=
Entry_0001=대학교수
DropList_0001=광주
List_0001=대구
```

- 폼 데이터란 폼 개체에 포함된 폼 구성 요소의 변수 이름과 값, Parameters 탭에서 정의한 파라미터의 이름과 값, 그리고 Response 탭에서 정의한 변수를 말한다.

- Show the student a success dialog if submission is successful 옵션을 선택하면 폼 데이터를 무사히 전송한 경우 성공적으로 전송하였음을 알리는 창이 열린다.

□ Parameters 탭을 클릭하면 폼을 전송할 때 폼 데이터와 함께 전송하고 싶은 파라미터를 추가할 수 있다. 파라미터는 Add 버튼을 클릭하여 추가한다.

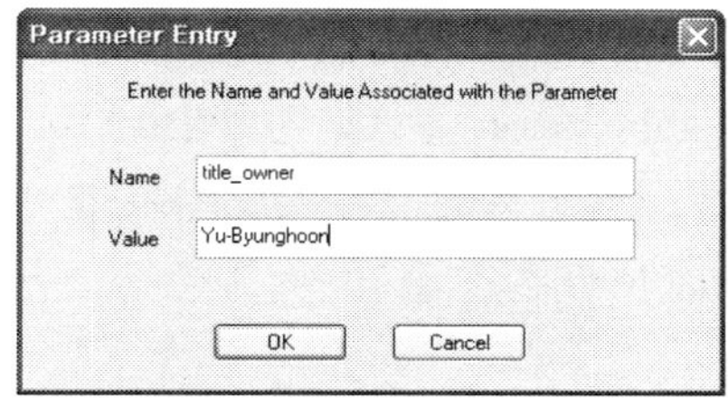

파라미터는 '변수 이름/변수 값' 형식으로 추가한다.

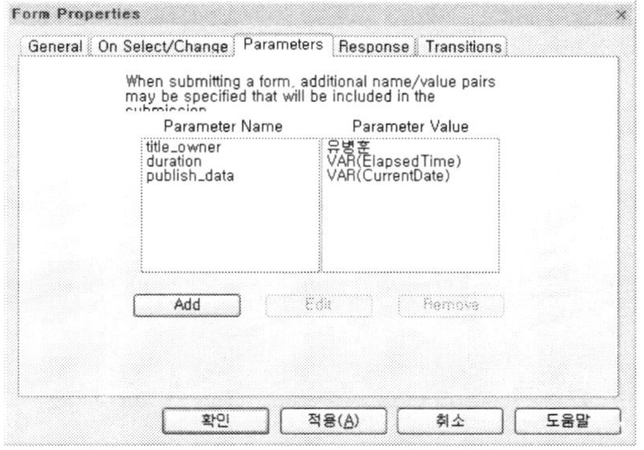

CGI 프로그램으로 폼 데이터를 전송하면 Include all variable values in form submission 옵션의 선택여부와 관계없이 파라미터 이름과 값이 전송된다.

- 파라미터 이름은 반드시 영문으로 입력해야 하며, 글자 사이에 빈칸이 들어가면 안된다.

폼 데이터 및 파라미터를 CGI로 전송하기 위해서는 다음과 같이 스크립트한다.

form_data_exam.php 코드

```
<?php
$fp=fopen("data_exam.txt","a");
fwrite($fp,$RadioGroup_0001."\t".$Checkbox_0001."\t".$Checkbox_0002."\t".$Checkbox_0003."
\t".$Entry_0001."\t".$DropList_0001."\t".$List_0001."\t".$title_author."\t".$publish_date);
fwrite($fp,"\r");
fclose($fp);
?>
```

□ Response 탭을 클릭하면 CGI 프로그램으로부터 응답된 내용을 변수에 저장할 수 있다. 폼을 전송하면 CGI 프로그램은 데이터 처리를 끝내고 그 처리 결과를 렉토라로 전달하게 되는데 이것을 렉토라 변수에 저장하여 자료로 활용할 수 있다.

- Response 탭은 데이터 전송 방법으로 Submit form to CGI program 옵션을 선택했을 때 활성화 된다.

- Receive response from CGI submission 옵션을 선택하면 CGI 처리 결과를 전달 받을 변수를 지정할 수 있다. 변수는 타이틀 내의 폼 관련 변수 및 사용자 정의 변수를 지정할 수 있다. 새로운 변수를 지정하려면 New Variable 버튼을 클릭하여 변수를 지정한다.

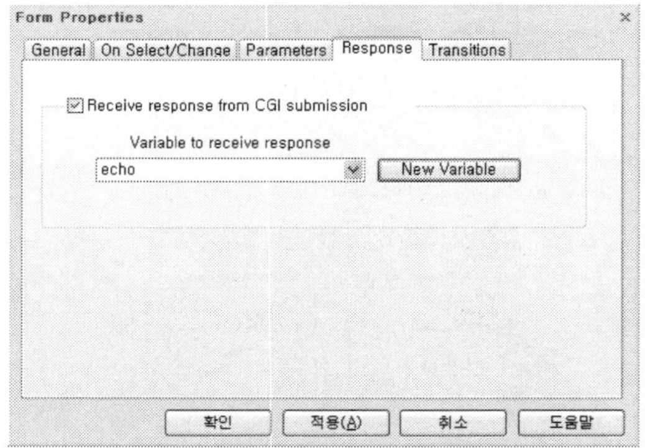

PHP 스크립트를 Response 변수로 활용하는 방법은 다음과 같다.

```
$t=$Score;
if ($t>=75) {
      echo "Nice";
} else {
      echo $t;
}
```

PHP 스크립트로부터 문자열 Nice 혹은 변수 $t의 값이 전송되어 변수 echo에 저장된다.

(2) CGI 프로그램

Form Submission 박스에서 Submit form to CGI program 옵션을 선택하면 폼 데이터를 CGI 프로그램으로 전송할 수 있다.

CGI 프로그램은 외부 프로그램과 웹 서버간의 데이터 전송을 가능하게 하여 홈페이지를 인터랙티브하게 한다. CGI를 이용한 데이터 흐름은 다음과 같다.

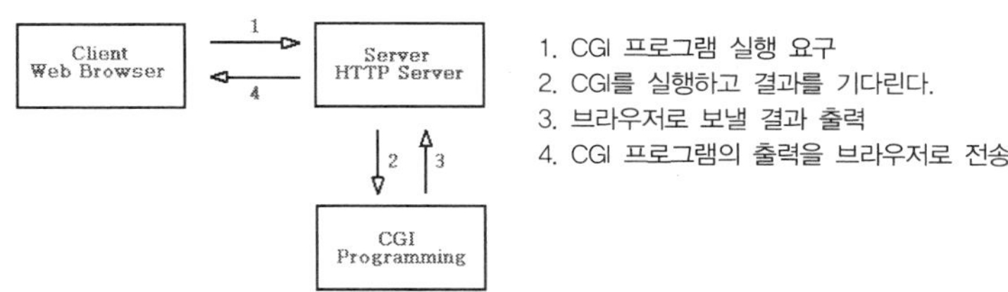

CGI 프로그램은 다양한 언어나 스크립크를 선택 활용할 수 있다. 주로 ASP, PHP 스크립트를 사용한다. 주의할 점은 사용자의 계정이 등록된 서버에서 사용자가 사용하려는 언어나 스크립트를 지원하는지 먼저 확인해야 한다.

- PHP는 대다수의 유닉스 서버에서 지원한다.
- ASP는 IIS 서버에서 지원한다.

CGI 프로그램을 사용하는 이유는 강좌를 수강한 학생들이 전송한 테스트 결과를 데이터베이스로 활용해야 하기 때문이다. CGI 프로그램을 통해 전송된 테스트 결과는 액세스, SQL 등의 데이터베이스와 연동될 수 있다.

하지만 CGI 프로그램을 웹 데이터베이스와 연동하는 문제는 사용자의 스크립팅 능력, 서버 환경 등을 고려할 때 고난도의 작업임에 틀림없다. 따라서 학생들이 전송한 테스트 결과를 데이터베이스로 활용하기 위해서는 다음 방식을 따른다.

- CGI 프로그램은 PHP 혹은 ASP로 작성한다.
- CGI 프로그램으로부터 출력된 결과는 텍스트 파일에 저장한다.
- 텍스트 파일에 저장된 데이터는 엑셀에서 불러들여 데이터베이스로 활용한다.

Submit 버튼을 클릭하면 CGI 프로그램 dataToText.php로 데이터를 전송하고 PHP 프로그램은 전송된 데이터를 data.txt 파일에 저장하는 예를 살펴보자(▶Title72).

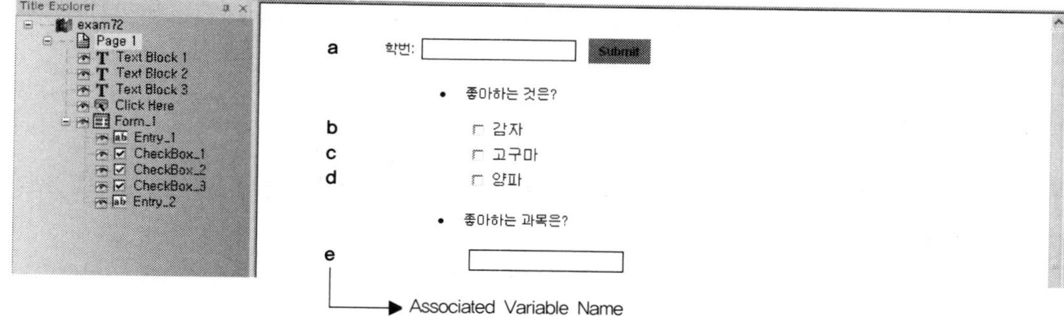

폼에 포함된 각 변수 이름(Associated Variable Name)은 볼드체로 표시되어 있다.

❶ 폼 속성은 다음과 같이 설정한다.

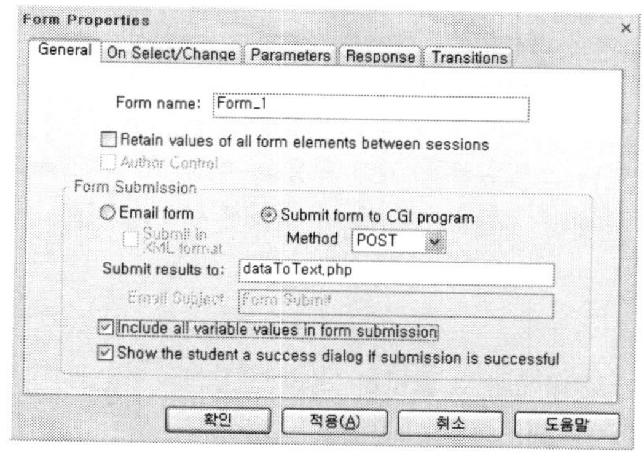

❷ Submit 버튼 액션은 다음과 같이 설정한다.

액션 항목	Submit
	내장 액션
On	Click
Action	Submit Form
Target	Form_1
	Condition
	a Not Equal To

학번을 입력해야만 폼이 실행된다.

❸ dataToText.php를 작성한다. 메모장을 이용하여 스크립트한 후 dataToText.php 파일 이름으로 저장한다.

```
<?php
$fp=fopen("data.txt","a");
fwrite($fp,$a."\t".$b."\t".$c."\t".$d."\t".$e);
fwrite($fp,"\r");
fclose($fp);
?>
```

- 데이터는 탭(₩t)으로 구분하여 저장한다.

❹ data.txt 파일을 메모장으로 작성한다. 메모장을 열고 data.txt 파일 이름으로 저장한다.

❺ dataToText.php, data.txt 파일을 업로드하고 이들 파일에 대한 권한 설정을 수정한다.

- FTP 프로그램을 사용하여 data.txt, dataToText.php 파일을 렉토라로 출판한 HTML 파일과 함께 동일 폴더에 업로드한다.
- data.txt, dataToText.php 파일의 권한 설정은 다음과 같이 한다.

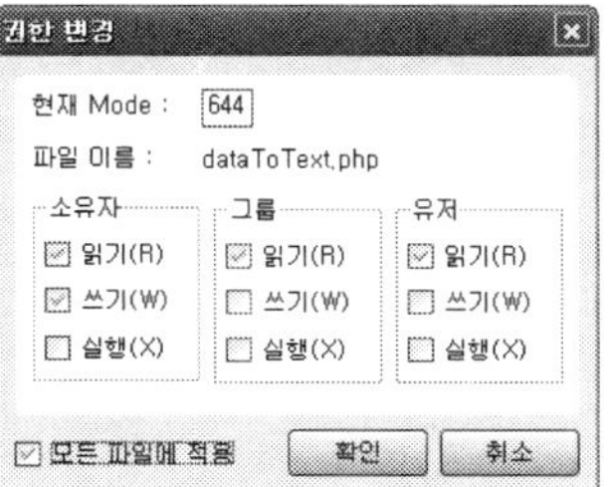

폼을 실행하면 dataToText.php 프로그램은 폼 데이터를 data.txt 파일에 저장한다. 폼 데이터가 저장된 텍스트 파일은 엑셀 프로그램에서 불러와 자료를 관리한다.

data.txt 파일 엑셀에 불러오기

다음 그림은 웹상에서 data.txt 파일을 열은 장면이다.

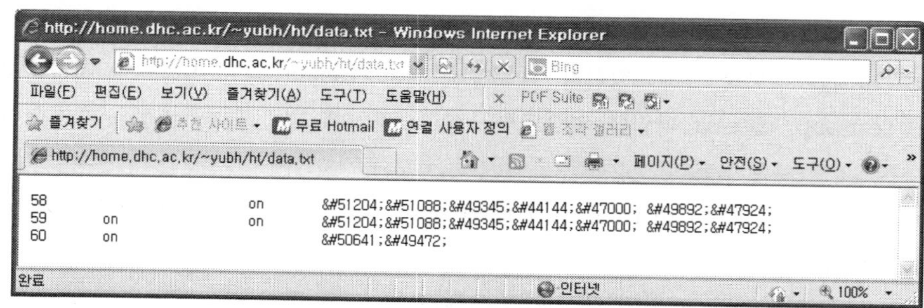

❶ 인터넷 익스플로러에서 파일/다른 이름으로 저장을 실행하여 웹 페이지 data.txt를 내 컴퓨터의 하드 디스크에 저장한다. 파일 형식은 텍스트 파일(*.txt)로 지정한다.

❷ 엑셀을 실행하고 데이터 탭의 외부 데이터 가져오기 그룹에서 텍스트 버튼을 클릭한다. 텍스트 파일 가져오기 대화상자가 열린다.

❸ data.txt 파일을 지정하고 가져오기 버튼을 클릭한다. 텍스트 마법사 창이 열린다.

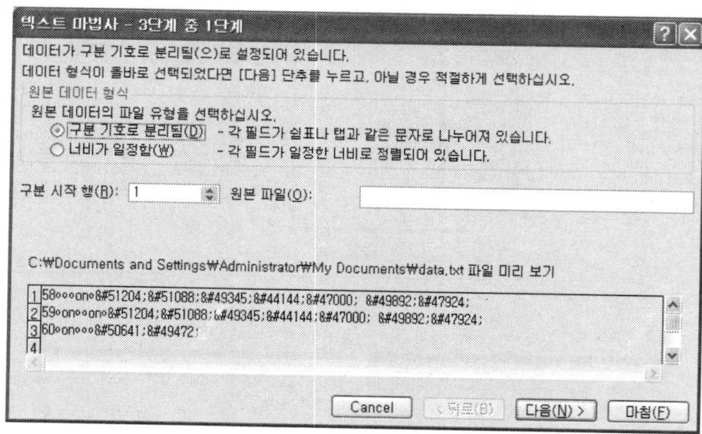

❹ 원본 데이터 형식 옵션으로 구분 기호로 분리됨을 선택하고 다음 버튼을 클릭한다.

– 텍스트 파일 data.txt에서 변수의 값은 탭 문자 '₩t'로 구분되어 저장되어 있다.

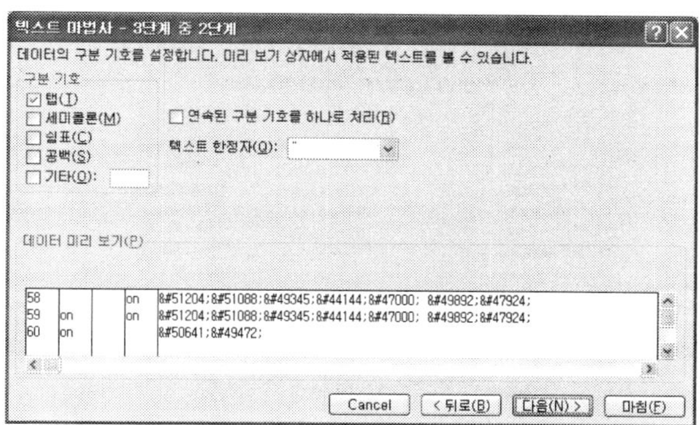

❺ 구분 기호로 탭을 선택하고 다음 버튼을 클릭한다.

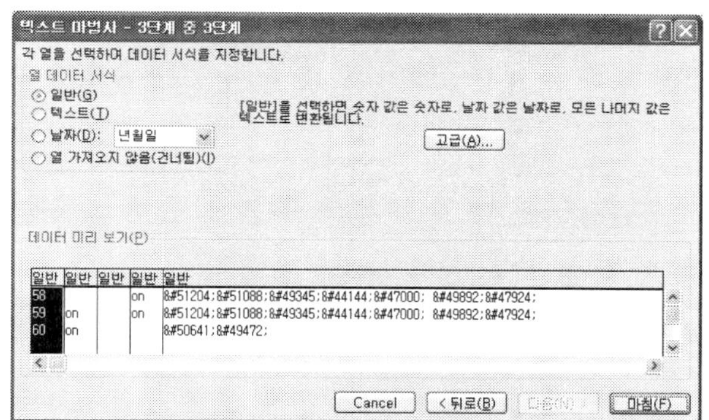

❻ 마침 버튼을 클릭한다. 엑셀 시트에 텍스트 파일의 내용이 삽입된다.

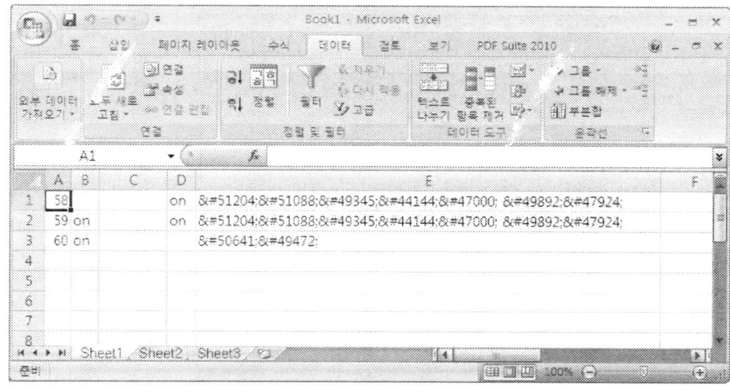

✎ 웹 브라우저에서 data.txt 파일의 내용을 복사한 후 엑셀에 붙여 넣을 수도 있다. 이때는 편집/선택하여 붙이기를 실행하고, 형식을 유니코드 텍스트 혹은 텍스트로 지정한다.

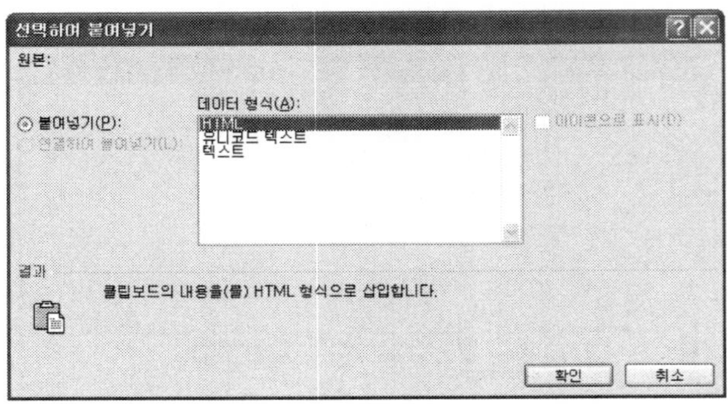

6. Survey

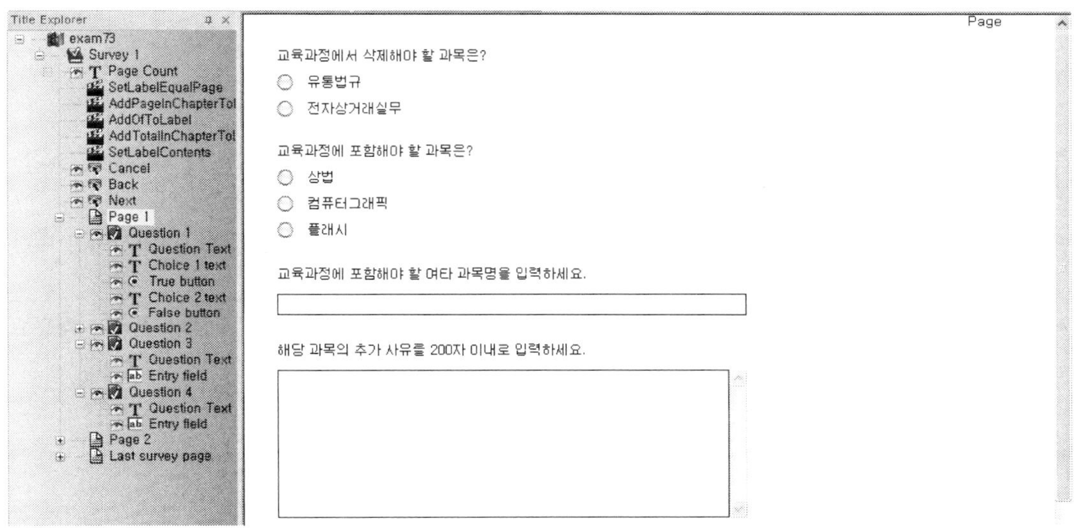

렉토라는 설문 용도의 Survey 기능을 제공한다. Survey 질문 유형은 다음과 같다.

- True/False
- Multiple Choice
- Hot Spot
- Likert
- Short Answer
- Essay
- Likert Table
- Ordinal

설문은 설문 개체를 먼저 삽입한 후 질문 개체를 추가함으로써 완성된다. 설문 개체는 폼, 테스트 개체와 유사한 성격을 가진다. 설문 개체는 논리적 개체에 불과하다. 설문 내용은 물리적 개체에 해당하는 페이지에 삽입한 질문 개체에 의해 결정된다(▶Title73).

1) 설문 개체 삽입하기

설문 개체를 추가하려면 Add Survey 버튼을 클릭한다.

- Survey Name 필드에 설문의 이름을 입력한다.
- Include in Table of Contents 옵션을 선택하면 타이틀 목차에 설문이 등록된다.
- Add standard navigation buttons to the survey 옵션을 선택하면 설문 페이지에 내비게이션 버튼이 삽입된다.
- Auto number the pages within the survey 옵션을 선택하면 설문 페이지에 페이지 번호가 자동으로 삽입된다.

페이지 번호는 오른쪽 상단 구석에 Page 1 of 10 형식으로 표시된다.

□ Content 탭에서는 설문 옵션을 설정한다.

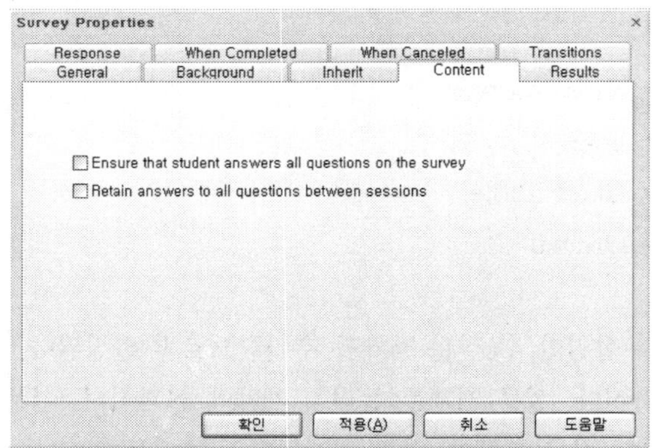

- Ensure that student answers all questions on the survey 옵션을 선택하면, 학생들은 모든 질문에 답하기 전에는 다음 단계로 넘어갈 수 없다.
- Retain answers to all questions between sessions 옵션을 선택하면, 학생들이 설문을 관두었든, 설문을 완료했든 관계없이 추후 이 페이지를 방문했을 때 이전에 답했던 상태 그대로 설문을 다시

할 수 있다.

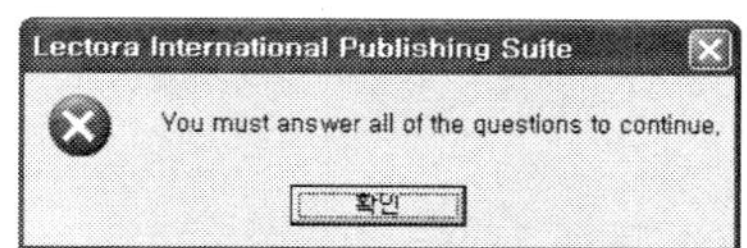

□ Result 탭에서는 설문 결과와 관련된 옵션을 설정한다.

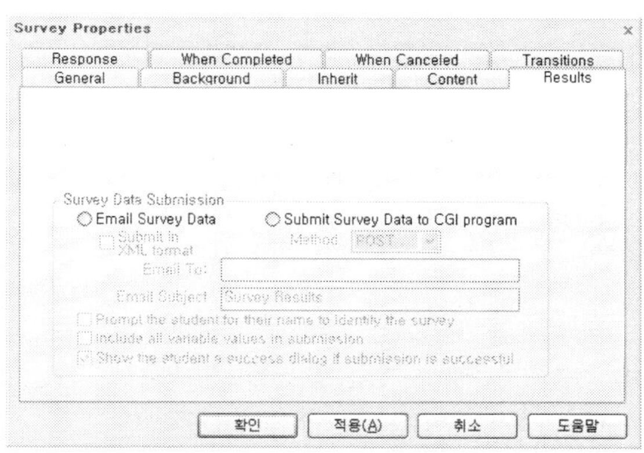

Survey Data Submission 박스에서는 설문 결과의 전송 방법을 지정한다.

- Email Survey Data 옵션을 선택하면 설문 결과를 이메일로 전송할 수 있다.
- Submit in XML format을 선택하면 설문 결과는 XML 형태로 전송된다. 옵션을 선택하지 않으면 설문 결과는 평문 형태로 전송된다.

인터넷 익스플로러는 이메일 전송 시 기본적으로 아웃룩 익스프레스를 사용한다. 설문 결과를 전송하는 방법으로 이메일 전송을 택하면 타이틀의 웹 출판 시 JavaScript Title Manager를 사용할 수 없어 강좌를 수강하는 학생들의 웹 브라우저에 자바가 설치되어 있지 않은 경우 강좌를 수강할 수 없다. 따라서 이메일 전송은 사용하지 않는다.

- 이메일 전송은 CDRom이나 Single File Executable 유형으로 출판할 때만 사용하도록 한다.
- 이메일 전송에 대한 자세한 내용은 폼 속성을 참조한다.

- Submit Survey Data to CGI program 옵션을 선택하면 설문 결과를 CGI 프로그램으로 전송할 수 있다.
- 드롭다운 버튼 Method를 클릭하면 설문 결과의 전송 방법을 지정할 수 있다.

- GET 방식은 CGI의 환경변수를 통해 데이터를 전달한다.
- POST 방식은 표준 입력 방법을 사용하여 데이터를 전달한다.

✎ 일반적으로 POST 방식을 사용한다.

- Submit results to 필드에는 CGI 프로그램을 입력한다.
  - CGI 프로그램은 서버 유형에 따라 작동될 수도 있고 안 될 수도 있다. CGI 프로그램을 사용하여 설문 결과를 전송하려면 반드시 계정을 등록한 서버 관리자에게 사용 가능한 CGI 프로그램이 어떤 것이 있는지 문의한다.
  - Publish/Publish to Single File Executable을 실행하면 플랫폼에 관계없이 실행가능한 .EXE 파일이 만들어진다. .EXE 파일은 데스크탑 컴퓨터의 하드 디스크에서뿐만 아니라 웹 상에서 타이틀 내에 정의된 CGI를 실행할 수 있게 한다.

- Prompt the student for their name to identify the survey 옵션을 선택하면, 설문을 시작하기 전 학생의 이름을 입력하는 창이 나타나게 한다.
  - 설문 페이지에서 학생의 이름을 입력할 수 있는 입력 필드를 제공하지 않는 경우에는 반드시 이 옵션을 선택한다. 그렇지 않으면 누가 설문에 응했는지 알 수 없다.

- Include all variable values in submission 옵션을 선택하면, 설문 결과 및 타이틀 내의 모든 변수의 값, 그리고 렉토라의 예약 변수의 값 모두가 전송된다. 옵션을 선택하지 않으면 학생 이름, 설문 이름 등 설문 결과의 일부만 전송된다.
  - 설문 결과를 CGI로 전송하면 타이틀에 포함된 모든 변수가 전송된다. 이들 변수의 값을 텍스트 파일이나 데이터베이스 파일에 저장하려면 CGI에서 해당 변수에 대한 정의가 선행돼야만 한다.
  - 설문 결과란 설문에 답한 사람의 이름, 서베이 개체의 이름, 서베이 개체에 포함된 질문 변수 이름과 값, 질문의 번호, 질문의 내용, 질문의 유형 그리고 Response 탭에서 정의한 변수를 말한다.

예를 들어, 서베이 개체가 True/False 질문, Likert 질문, Ordinal 질문으로 구성되어 있다면 전송된 설문 데이터는 다음과 같다.

```
Survey 1
Student: 유병훈
Question 1
신문을 구독합니까?
귀하의 답:아니오
Question 2
잡지를 좋아하는 정도를 표시하시오.
```

```
귀하의 답: 매우 좋아한다.
Question 3
좋아하는 미디어 매체 순위를 매기세요.
귀하의 답: 신문, 잡지, 인터넷 전자 매체
```

- Show the student a success dialog if submission is successful 옵션을 선택하면 설문 결과를 무사히 전송한 경우 성공적으로 전송하였음을 알리는 창이 열린다.

이 옵션을 선택하지 않으면 설문 결과를 전송한 학생의 입장에서 전송이 제대로 되었는지 안 되었는지 당황하게 된다.

- Response 탭을 클릭하면 CGI 프로그램으로부터 응답된 내용을 변수에 저장할 수 있다.

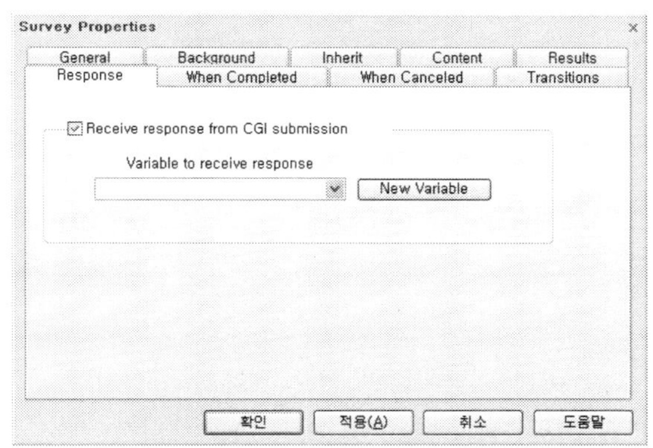

설문 결과를 전송하면 CGI 프로그램은 데이터 처리를 끝내고 그 처리 결과를 렉토라로 전달하게 되는데 이것을 렉토라 변수에 저장하여 자료로 활용할 수 있다. Response 탭은 데이터 전송 방법으로 Submit Survey Data to CGI program 옵션을 선택했을 때 활성화 된다.

- Receive response from CGI submission 옵션을 선택하면 CGI 처리 결과를 전달 받을 변수를 지정할 수 있다.

변수는 타이틀 내의 설문 관련 변수 및 사용자 정의 변수를 지정할 수 있다. 새로운 변수를 지정하려면 New Variable 버튼을 클릭하여 변수를 지정한다. PHP 스크립트를 Response 변수로 활용하는 방법은 다음과 같다.

```
$resp=$Question_0001;
if ($resp==True) {
```

```
        echo "why";
    } else {
        echo "";
    }
```

PHP 스크립트로부터 전송된 값이 지정된 변수에 저장된다.

- When Completed, When Canceled 탭을 클릭하면 설문을 완료한 경우/설문을 취소한 경우 이동할 페이지를 지정할 수 있다.

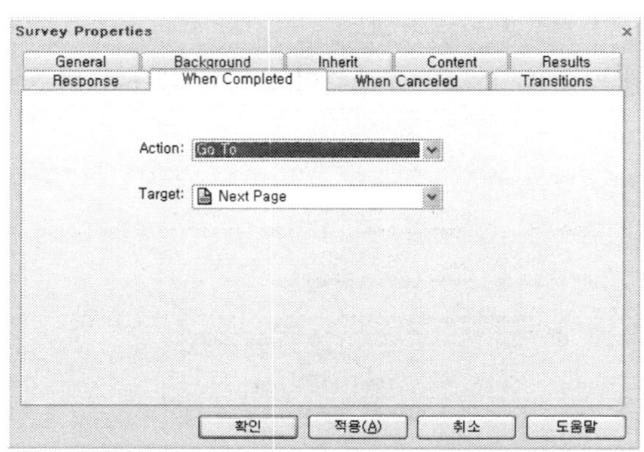

설문 옵션을 설정한 후 확인 버튼을 클릭하면 설문 개체가 삽입된다.

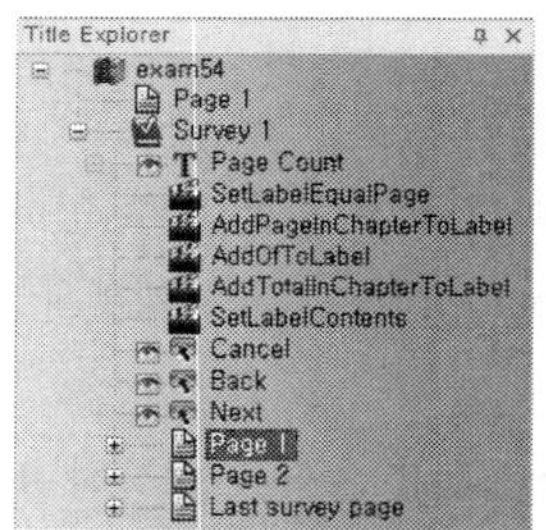

✎ 설문 개체는 기본적으로 Page 1과 Last survey page로 구성된다. 설문 속성 창에서, Add standard navigation buttons to the survey, Auto number the pages within the survey 옵션을 선택한 경우 설문 개체는 항상 위 그림과 같은 형태로 삽입된다. Last survey page는 설문 결과를 전송하기 위한 Done 버튼을 포함한다. 마지막 질문은 가능한 Last survey page에 추가하도록 한다.

설문 개체에 자동 삽입된 버튼의 액션은 다음과 같다.

액션 항목	Survey 1			Last survey page
	Cancel	Back	Next	Done
	내장 액션	내장 액션	내장 액션	내장 액션
On	Click	Click	Click	Click
Action	Cancel Test/Survey	Go To	Go To	Submit/Process test/Survey
Target	Survey 1	Previous Page	Next Page	Survey 1

2) 질문 추가하기

가. True/False

교과과정에서 삭제해야 할 과목은?

- 유통법규
- 전자상거래실무

True/False 질문은 2개의 선택 항목을 제시한다.

❶ 설문 개체에 질문을 추가하려면 페이지 개체를 클릭한 후 Add Survey Question 버튼을 클릭한다.

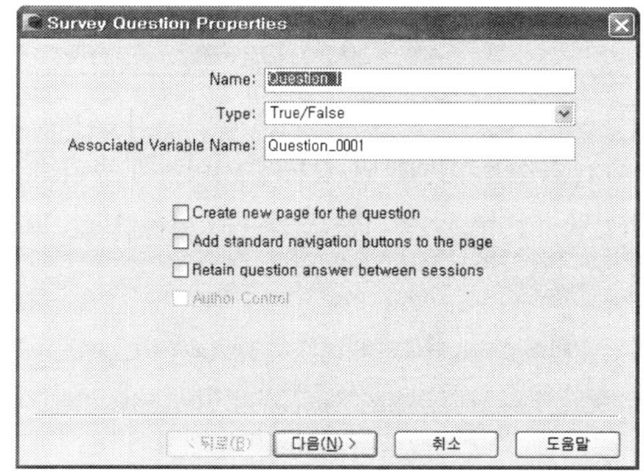

Survey Question 속성 창에서는 질문 이름, 질문 유형, 질문 관련 변수 이름 등을 설정한다.

- Type 필드를 클릭하면 질문 유형을 선택할 수 있다.
- Associated Variable Name 필드는 질문에 할당된 변수 이름을 표시한다.
- Create new page for the question 옵션을 선택하면 질문은 현재 선택한 페이지가 아닌 새로운 페이지에 삽입된다. 현재 선택한 페이지에 질문을 출제하려면 이 옵션의 선택을 해제한다.

• Add standard navigation buttons to the page 옵션을 선택하면 내비게이션 버튼을 삽입한다.
• Retain question answer between sessions 옵션을 선택하면, 학생들이 설문을 관두었든, 설문을 완료했든 관계없이 추후 이 페이지를 방문했을 때 이전에 답했던 상태 그대로 설문을 다시 할 수 있다.

❷ 질문 유형을 선택한 후 다음 버튼을 클릭한다. 질문 작성 창이 열린다.

질문 작성 창은 질문 유형에 따라 달라진다. True/False 유형을 선택한 화면은 다음과 같다.

• Question 박스에는 질문을 입력한다.

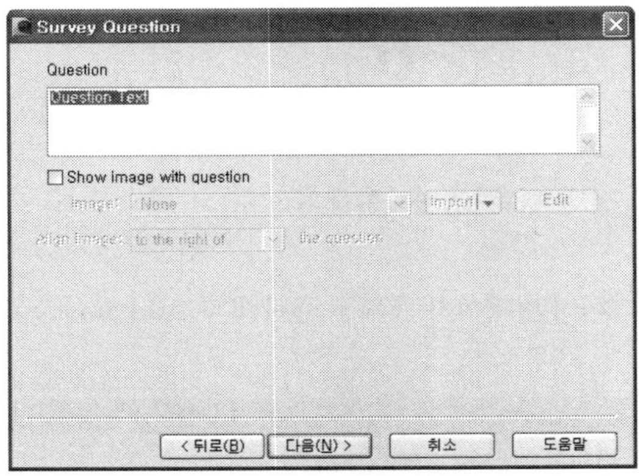

• Show image with Question 옵션을 선택하면 질문에 이미지를 추가할 수 있다. 이미지를 추가하려면 Import 버튼을 클릭한다. 이미지의 위치는 드롭다운 버튼 Align Image를 클릭하여 지정한다.

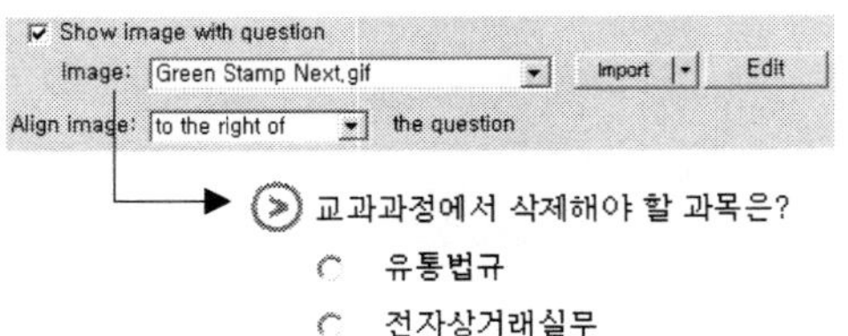

• Import 버튼의 드롭다운 버튼을 클릭하면 From File, Media Library 중 하나를 선택할 수 있다.

– Media Library의 저장 경로는 File/Preferences를 실행하여 설정한다.

❸ 질문을 제출한 후 다음 버튼을 클릭한다.

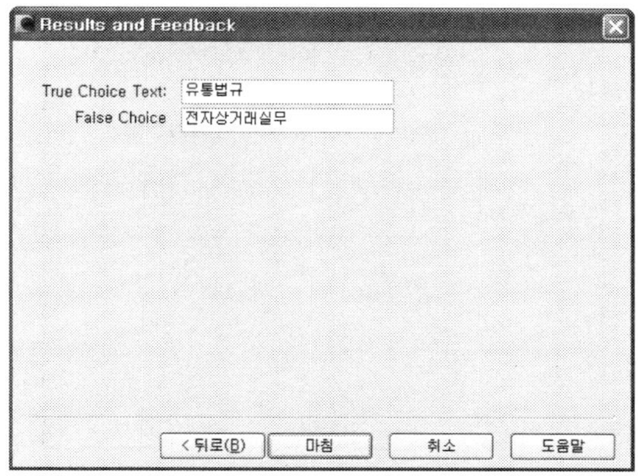

Results and Feedback 창에서는 질문에 대해 학생들이 선택할 항목을 입력한다.

❹ 마침 버튼을 클릭한다. 설문 페이지에 질문이 추가된다.

True/False 질문의 응답을 이메일 혹은 CGI 프로그램으로 전송하면 질문에 할당한 변수와 그 값 즉, True Choice Text 혹은 False Choice Text에 입력한 문자가 전송된다.

```
Question 1
교과과정에서 삭제해야 할 과목은?
Your answer:유통법규
Question_0001=유통법규
```

수정하기

❶ 질문 개체 Question 1을 더블클릭한다.

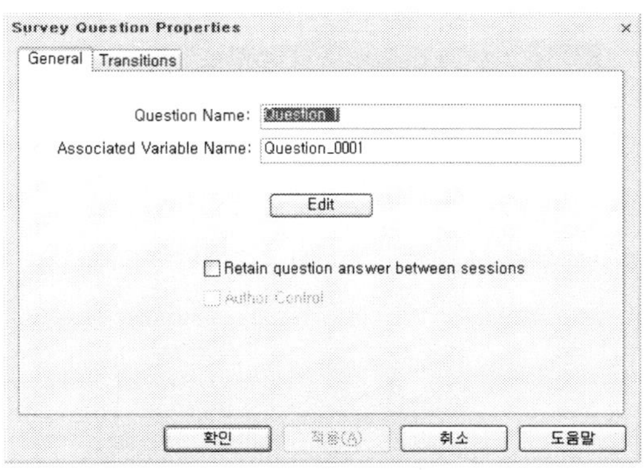

❷ Edit 버튼을 클릭한다.

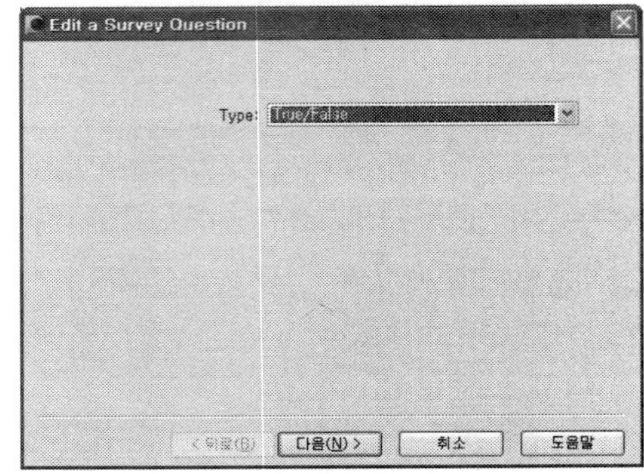

❸ 질문을 작성할 때와 동일한 방법으로 질문을 수정한다. 드롭다운 버튼을 클릭하면 질문 유형 자체를 변경할 수 있다.

질문을 추가하려면 Question 1 개체를 클릭한 후 Add Survey Question 버튼을 클릭한다. 두 번째로 추가되는 질문은 질문 이름이 Question 2, 변수 이름은 Question_0002가 된다.

나. Multiple Choice

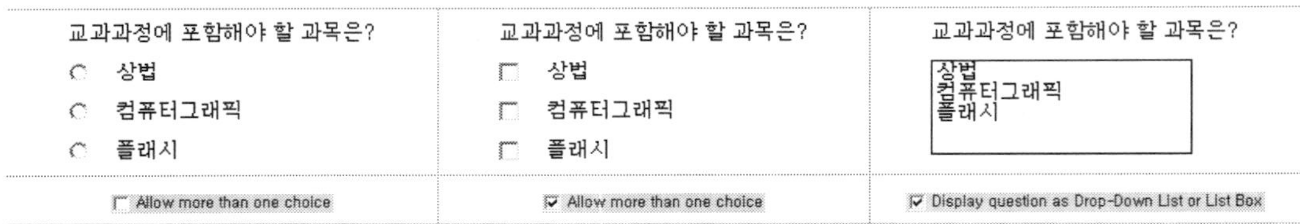

Multiple Choice 유형은 3개 이상의 선택 항목을 제시한다. 질문 유형을 Multiple Choice로 선택하면 질문에 대한 항목의 수, 선택 가능 항목의 수, 항목의 나열 형태를 설정할 수 있다.

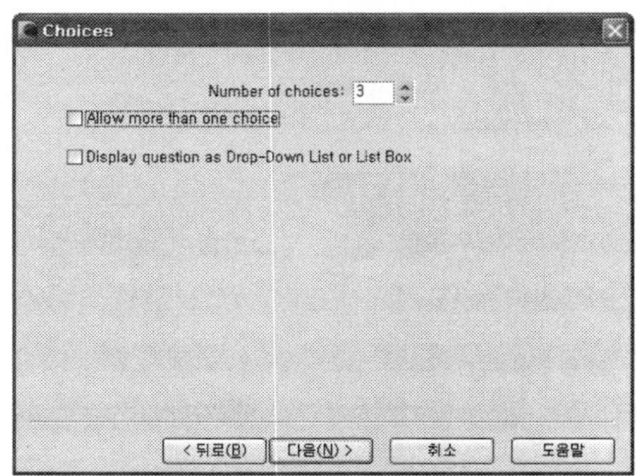

- 항목의 수는 Number of choices에서 지정한다.
- Allow more than one choice 옵션을 선택하면 2개 이상의 항목을 선택할 수 있게 한다.

  - 항목이 체크 박스 형태로 바뀌게 된다.

- Display question as Drop-Down List or List Box 옵션을 선택하면 드롭다운 리스트 혹은 리스트 박스의 형태로 항목을 나타내게 한다.

  - 질문에 대한 항목 입력 창은 Number of choices에서 지정한 항목의 수만큼 반복된다.

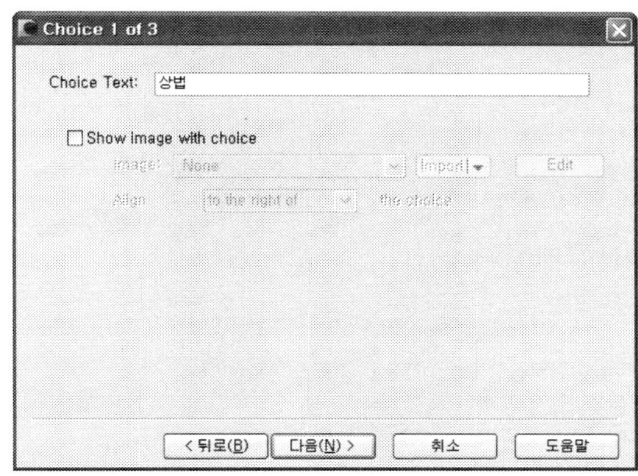

Multiple Choice 질문의 응답을 이메일 혹은 CGI 프로그램으로 전송하면 질문에 할당한 변수와 그 값 즉, 체크 박스의 내용이 전송된다.

```
Question 2
교과과정에 포함해야 할 과목은?
Your answer:컴퓨터그래픽, 플래시
Question_0002=컴퓨터그래픽, 플래시
```

다. Short Answer

교과과정에 포함해야 할 여타 과목명을 입력하세요.

Short Answer 질문은 80자 이내의 텍스트 형태의 대답을 요구하는 질문에 사용한다. Short Answer 질문을 삽입하면 대답을 입력할 공간을 제공한다.

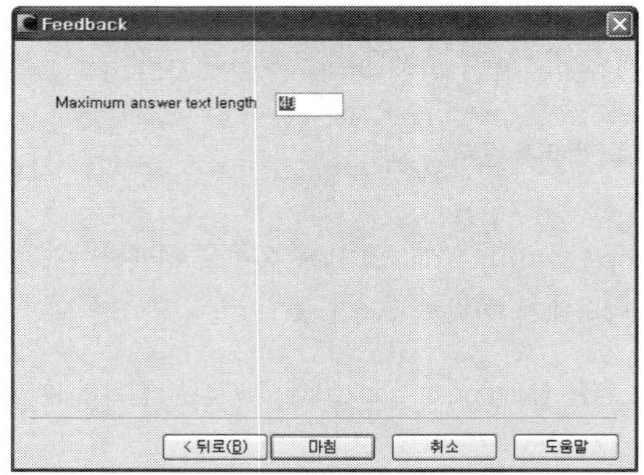

• Maximum answer text length 필드에는 예상되는 대답의 텍스트 길이를 입력한다.

Short Answer 질문의 응답을 이메일 혹은 CGI 프로그램으로 전송하면 질문에 할당한 변수와 그 값 즉, 필드에 입력한 내용이 전송된다.

```
Question 3
교과과정에 포함해야 할 여타 과목명을 입력하세요.
Your answer:웹 콘텐츠 개발
Question_0003=웹 콘텐츠 개발
```


라. Essay

해당 과목의 추가 사유를 200자 이내로 입력하세요.

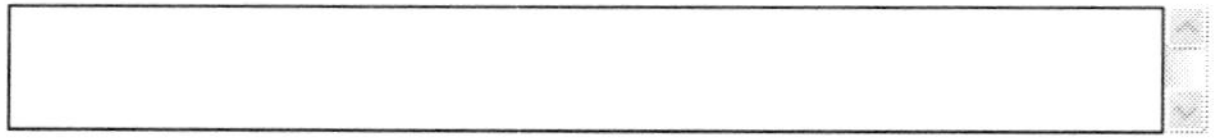

Essay 질문은 80자 이상의 텍스트 형태의 대답을 요구하는 질문에 사용한다.

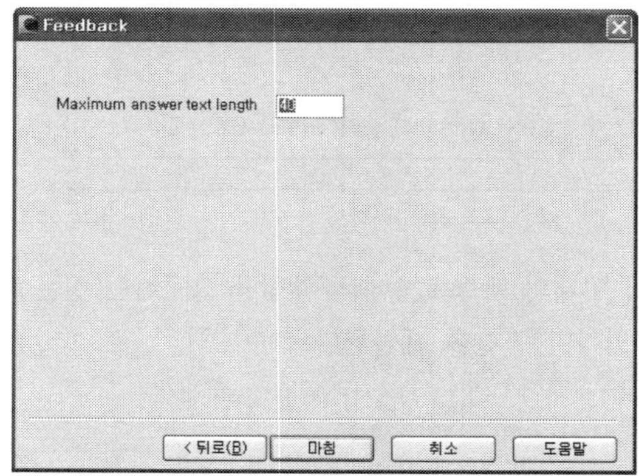

Essay 질문의 응답을 이메일 혹은 CGI 프로그램으로 전송하면 질문에 할당한 변수와 그 값 즉, 필드 박스에 입력한 내용이 전송된다.

```
Question 4
해당 과목의 추가 사유를 200자 이내로 입력하세요.
Your answer:이러닝 콘텐츠에 대한 수요가 커질 것으로 생각된다. 한발 앞선 자세로 미래를 맞을 필요가 있다.
Question_0004=이러닝 콘텐츠에 대한 수요가 커질 것으로 생각된다. 한발 앞선 자세로 미래를 맞을 필요가 있다.
```

마. Hotspot

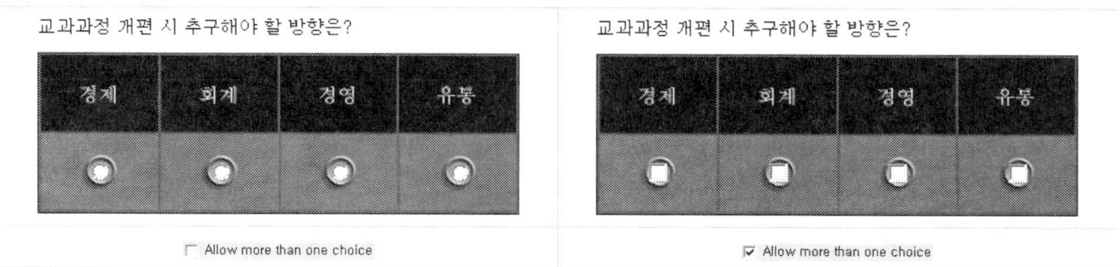

Hot Spot 유형은 3개 이상의 Hot Spot 항목을 제시한다. Hotspot 질문은 학생들에게 이미지와 핫스팟을 표시하는 다수의 라디오 혹은 체크 박스 버튼을 제공하여 질문에 대한 핫스팟 버튼을 선택하도록 할 때 사용한다.

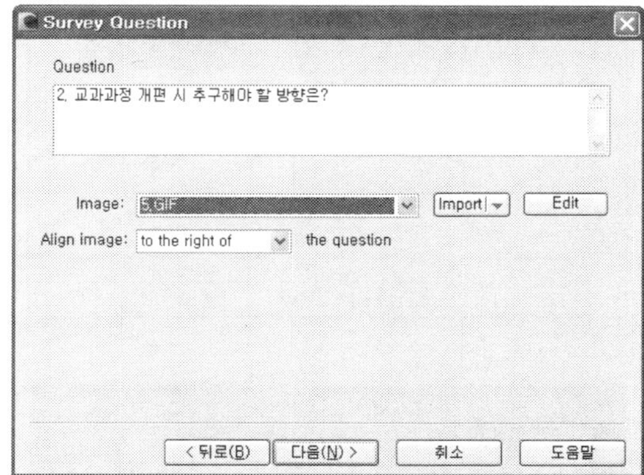

- Image 필드에는 질문에 사용할 메인 이미지 파일을 지정한다.
  - 이미지를 지정하려면 Import 버튼을 클릭한다. Import 버튼의 드롭다운 버튼을 클릭하면 From File, Media Library 중 하나를 선택할 수 있다.

질문 유형을 Hot Spot으로 선택하면 질문에 대한 Hot Spot 항목의 수를 설정할 수 있다.

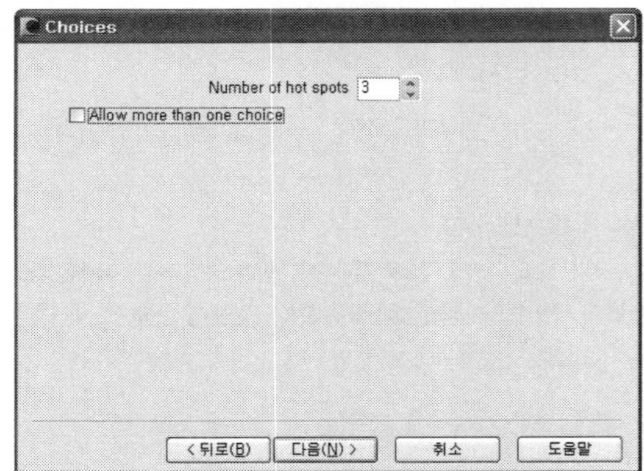

- Number of hot spots 필드에는 이미지 상에 놓일 핫스팟의 수를 지정한다.
- Allow more than one choice 옵션을 선택하면 한개 이상의 핫스팟을 정답으로 지정할 수 있다. 이때는 핫스팟 항목이 체크 박스 형태로 바뀌게 된다.

  – 질문에 대한 핫스팟 항목 창은 Number of hot spots 필드에서 지정한 수만큼 열린다. 메인 이미지 상의 핫스팟 위치는 Place hot spot 버튼을 클릭하여 설정한다.

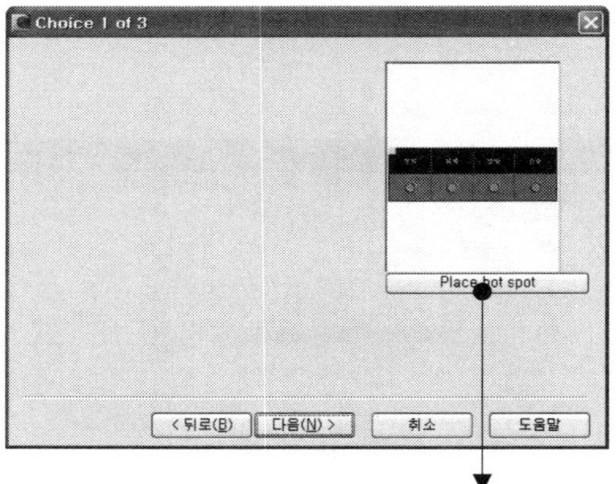

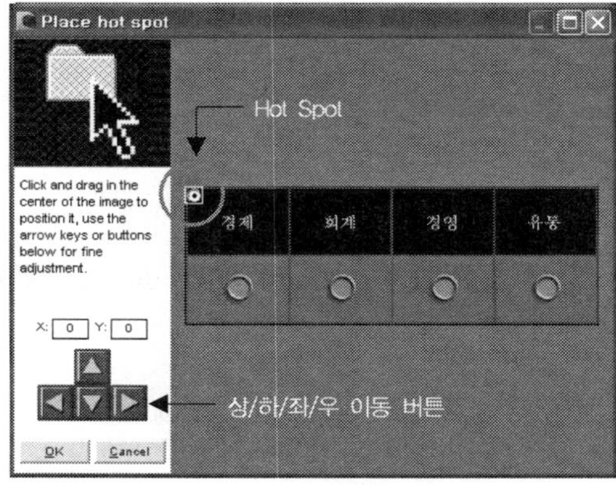

메인 이미지의 좌측 상단에 놓인 핫스팟을 끌어 정확한 위치에 갖다 놓는다.

핫스팟의 위치는 좌표 값을 참조하면서 결정한다. 미세한 조정은 상/하/좌/우 이동 버튼을 활용한다.
동일한 방식으로 질문에 대한 나머지 핫스팟 항목 창의 핫스팟을 설정한다.
Hot Spot 유형의 질문을 이메일 혹은 CGI 프로그램으로 전송하면 질문에 할당한 변수와 그 값 0, 1, 2, 3이 전송된다.

```
Question 5
교과과정 개편 시 추구해야 할 방향은?
Your answer:0,2
Question_0005=0,2
```

바. Likert

교과과정 개편에 대해 어떻게 생각합니까?

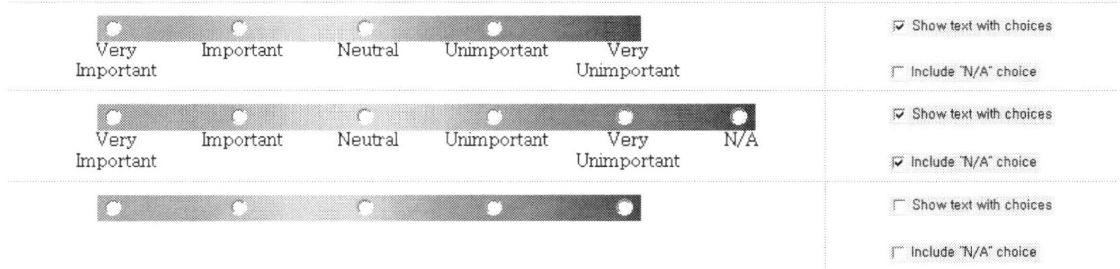

Likert 질문은 질문에 대한 동의 정도 즉, 강약 수준을 선택하도록 할 때 사용한다.

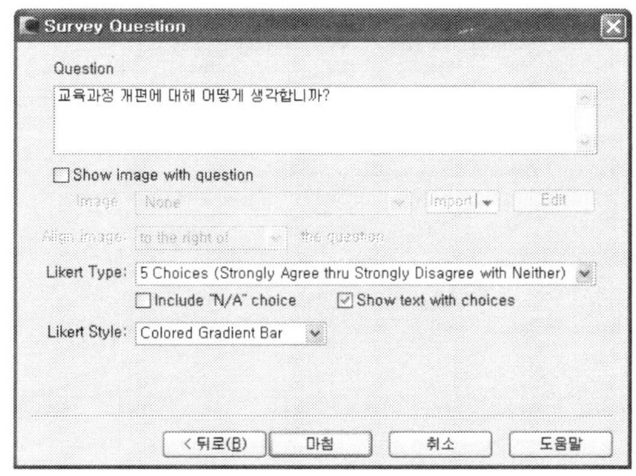

PART 06 391

- Likert Type에서는 Likert 유형을 선택한다. Likert 유형은 다음과 같다.
  - 3 Choices (Agree, Neither Agree nor Disagree, Disagree)
  - 4 Choices (Strongly Agree thru Strongly Disagree)
  - 5 Choices (Strongly Agree thru Strongly Disagree with Neither)
  - 3 Choices (Important, Neutral, Unimportant)
  - 4 Choices (Very Important thru Very Unimportant)
  - 5 Choices (Very Important thru Very Unimportant with Neutral)
  - Custom (Specify number of choices and choice's label)

Custom 유형을 선택하면 Multiple Choice, Hot Spot 질문을 삽입할 때와 같이 질문에 대한 항목의 수, 항목 입력 창이 차례로 나타난다.

- Custom 유형은 선택 항목의 내용을 사용자 정의할 때 사용한다. 즉, '매우 만족한다', '보통이다', '매우 실망이다'라는 항목 내용을 입력할 때 사용한다.

- Include "N/A" choice 옵션을 선택하면 not applicable(해당사항 없음) 항목을 포함할 수 있다.
- Show text with choices 옵션 선택을 해제하면 항목 텍스트를 숨길 수 있다.
- Likert Style에서는 Likert의 모양을 지정한다. Color Gradient Bar, Double Connector Bar, Single Connector Bar, No Connector Bar 중 하나를 선택할 수 있다.

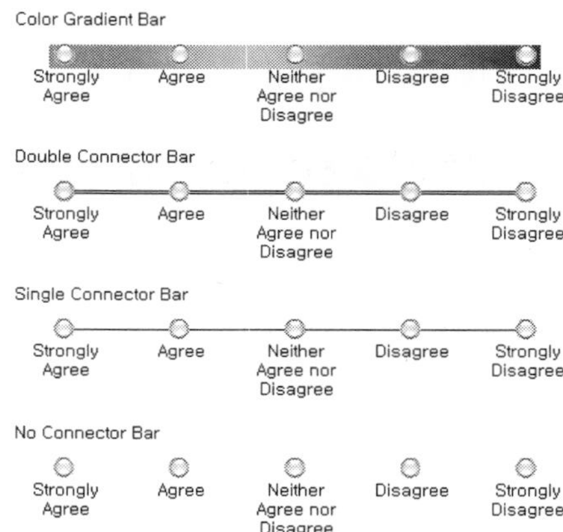

Likert 유형의 질문을 이메일 혹은 CGI 프로그램으로 전송하면 질문에 할당한 변수와 그 값 즉, Very Important, Important, Neutral, Unimportant, Very Unimportant가 전송된다.

```
Question 6
교과과정 개편에 대해 어떻게 생각합니까?
Your answer:Important
Question_0006=Important
```

사. Likert Table

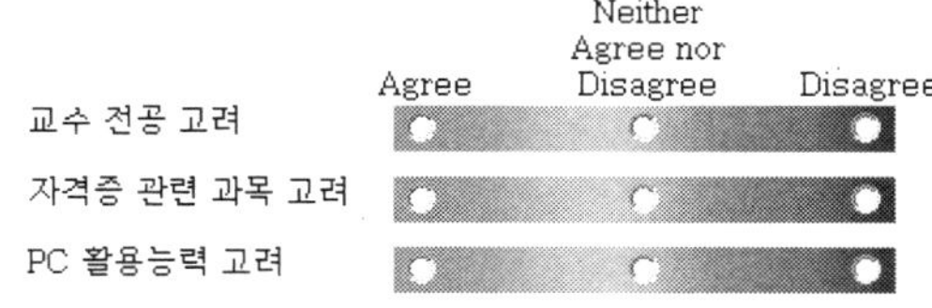

Likert Table 질문은 일련의 Likert 질문으로서, 상호 연결된 단일 Likert 질문에 대한 동의 정도 즉, 강약 수준을 선택하도록 할 때 사용한다.

- Number of Likert questions에서는 Likert Table에 포함될 질문의 수를 지정한다.
- Likert Table에 포함될 Likert 질문은 Likert Type, Likert Style에서 지정한다.

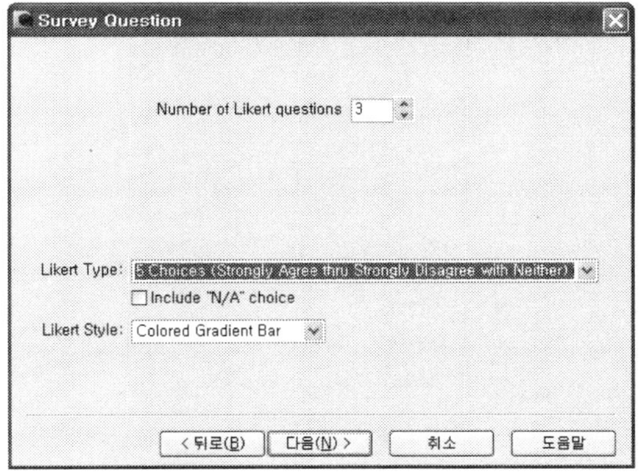

– Likert 질문 창은 Number of Likert questions 필드에서 지정한 수만큼 열린다.

Likert Question 1 of 3

Question

교수 전공 고려

Show image with question

Image: None Import Edit

Align image: to the right of the question

Likert Type: 5 Choices (Strongly Agree thru Strongly Disagree with Neither)

Include "N/A" choice Show text with choices

Likert Style: Colored Gradient Bar

< 뒤로(B) 다음(N) > 취소 도움말

Likert Table 유형의 질문을 이메일 혹은 CGI 프로그램으로 전송하면 질문에 할당한 변수와 그 값 즉, Agree, Neither Agree nor Disagree, Disagree가 전송된다.

```
Question 7
교수 전공 고려
Your answer:Agree
Question 8
자격증 관련 과목 고려
Your answer:Neither Agree nor Disagree
Question 9
PC 활용능력 고려
Your answer:Agree
Question_0007=Agree
Question_0008=Neither Agree nor Disagree
Question_0009=Agree
```

아. Ordinal

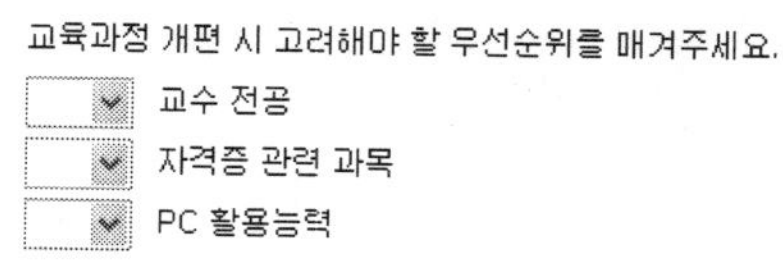

Ordinal 질문은 일련의 진술에 대해서 순위 즉, 중요성의 서열을 매기게 하고 싶을 때 사용한다.

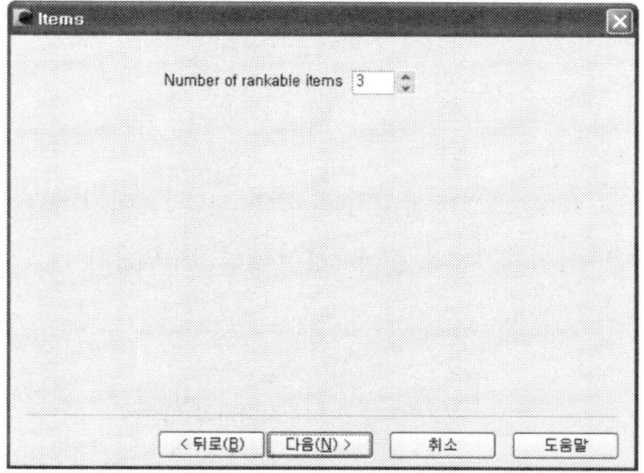

- Number of rankable items에서는 중요성의 순서대로 순위를 매길 진술의 수를 지정한다.
  - 질문에 대한 진술 창은 Number of rankable items 필드에서 지정한 수만큼 열린다.

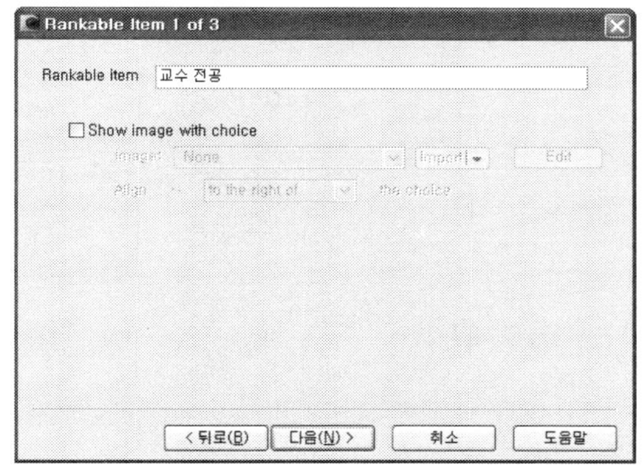

Ordinal 유형의 질문을 이메일 혹은 CGI 프로그램으로 전송하면 질문에 할당한 변수와 그 값 즉, Rankable item에 입력한 텍스트가 전송된다.

```
Question 10
교과과정 개편 시 고려해야 할 우선순위를 매겨주세요.
Your answer:자격증 관련 과목, PC 활용능력, 교수 전공
Question_0010=자격증 관련 과목, PC 활용능력, 교수 전공
```

[참고]

True/False, Hot Spot, Likert 유형의 질문에 대한 변수의 값을 변경하여 이메일 혹은 CGI 프로그램으로 전송하는 방법에 대해서는 인터랙티브 액션편을 참조한다.

3) 서베이 데이터 전송

서베이 데이터 즉, 질문의 변수 이름 및 변수 값의 전송 경로는 서베이 속성 창의 Survey Data Submission 박스의 설정 내용을 따른다.
서베이 데이터 전송 수단으로 CGI 프로그램을 선택하면 서베이 데이터는 '이름/값' 쌍으로 전송된다. 즉, 서베이의 '이름/값' 쌍은 다음과 같이 고정된 상태로 전송된다.

이름	값
name	사용자의 이름
email	사용자의 이메일 주소
SurveyName	서베이 이름
NumQuestions	서베이의 질문 수

서베이에 포함된 질문들에 있어, 전송되는 '이름/값' 쌍은 서베이에 포함된 질문의 수만큼 반복된다. 변수의 X는 실제 질문의 번호로 대체된다.

이름	값
QuestionX	질문 X의 질문 내용
AnswerX	질문 X에 대해 답한 내용
QuestionTypeX	질문 유형*

* 질문 유형을 구별하는 번호는 다음과 같다.

```
True/False = 1
Multiple Choice = 2
Short Answer = 3
Essay = 4
Fill in the Blank = 5
Matching = 6
Drag and Drop = 7
Hot Spot = 9
Likert = 10
Ordinal = 11
Likert Table = 12
```

- 질문 유형 구분 번호 5, 6, 7은 테스트 질문에만 적용된다.

서베이의 모든 데이터를 전송하려면 Submit/Process Test/Survey 액션을 실행한다. Submit(서베이 전송) 버튼과 Reset(서베이 재입력) 버튼 액션은 다음과 같이 설정한다.

액션 항목	Submit	Reset
	내장 액션	내장 액션
On	Click	Click
Action	Submit/Process Test/Survey	Reset Test/Survey
Target	Survey 1	Survey 1

세 개의 질문을 전송하려면 CGI는 다음과 같이 정의한다.

```
<?php
$fp=fopen("data.txt","a");
fwrite($fp,$name."\t".$SurveyName."\t".$Question_0001."\t".$Question_0002."\t".$Question_0003."
\t".$time."\t".$ElapsedTime."\t".$REMOTE_ADDR);
fwrite($fp,"\r");
fclose($fp);
?>
```

스크립트에 사용된 변수의 내용은 다음과 같다.

```
$name; //학생 이름
$SurveyName; //서베이 이름
$Question_0001; //첫 번째 질문에 할당된 변수
$Question_0002; //두 번째 질문에 할당된 변수
$Question_0003; //세 번째 질문에 할당된 변수
$time; //사용자 정의 변수
$ElapsedTime; //PHP 환경변수
$REMOTE_ADDR; //PHP 환경변수
```

- 데이터는 탭(\t)으로 구분하여 저장한다.

Multiple Choice 질문 변수에 전송되는 변수의 값을 체크 박스의 이름표로, Hotspot 질문 변수에 전송되는 변수의 값을 라디오 버튼의 이름표로 설정하려면 라디오 버튼과 체크 박스에 Modify Variable 액션을 정의한다.

7. Test

Survey의 질문은 정답이 없는 관계로 점수를 매길 수 없으며, 질문에 대한 피드백도 없다. 그저 설문에 응하는 사람들의 취향 혹은 선호를 표시하게 설문 항목을 제시하면 된다.

반면에, 테스트는 평가 목적으로 실행되며, 정답이 존재하는 관계로 점수를 매길 수 있으며, 경우에 따라 피드백을 설정할 수도 있다. 또한 평가 항목을 제대로 이해하고 있는지를 파악하기 위해 선택을 헷갈리게 하는 요소를 출제하기도 하고 각 문제마다 가중치를 달리 지정하여 문제의 중요도를 구분하기도 한다.

피드백의 제공은 테스트의 목적에 따라 결정된다. 수강생들의 학점 취득과 관련된 테스트라면 피드백을 제공하지 않는다. 피드백은 주로 학생들이 틀린 답을 선택했을 때 그 답이 왜 틀렸는지를 간단히 지적하는 내용으로 구성된다(▶Title74).

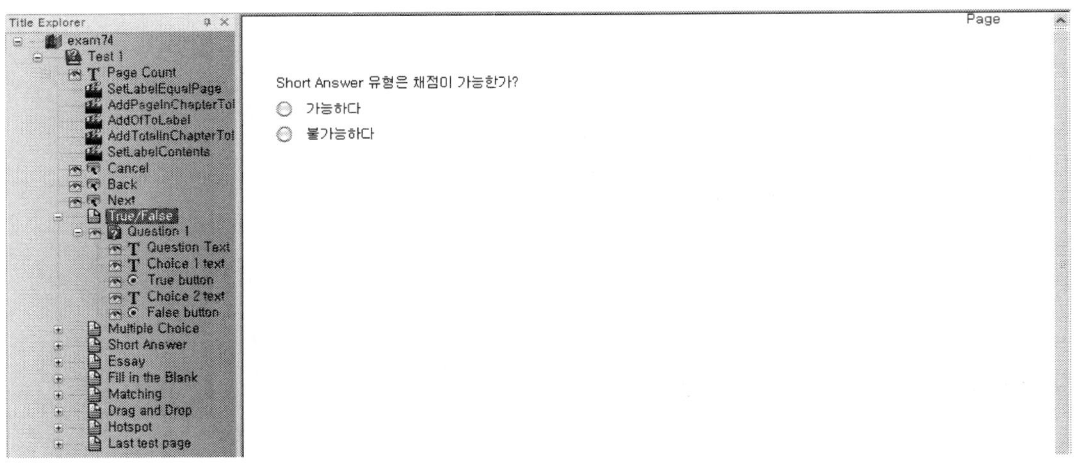

1) 테스트 속성

테스트는 Timed Test, Random Test 등의 테스트 방식을 제공하기 때문에 다양한 형태의 테스트가 가능하다.

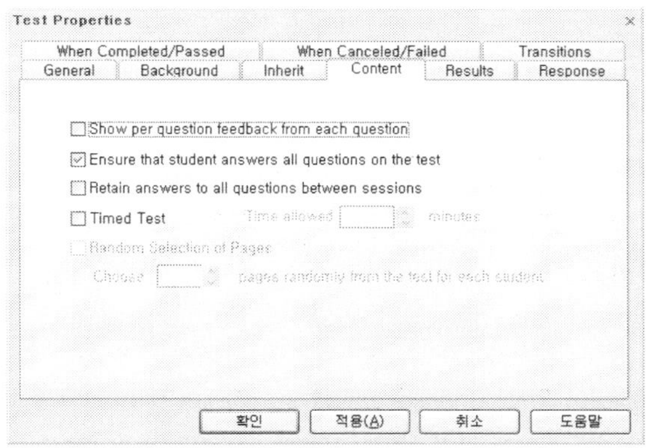

- Show per question feedback from each question 옵션을 선택하면, 학생들이 답을 선택했을 때 답에 대한 의견을 보여줄 수 있다. 이 옵션은 엄격한 테스트에 목적이 있지 않고 문제에 대한 학생들의 이해를 돕는 방편으로 사용된다.
- Ensure that student answers all questions on the test 옵션을 선택하면, 학생들은 모든 질문에 답하기 전에는 다음 단계로 넘어갈 수 없다.

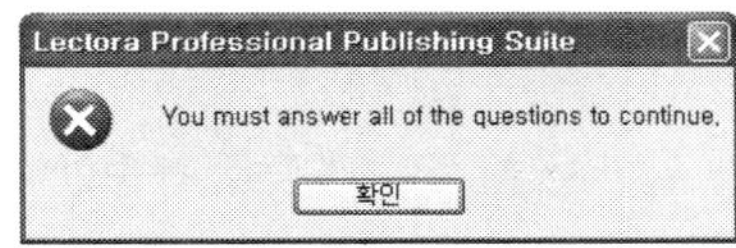

  - 이 옵션은 Timed Test와 함께 사용할 수 없다.

- Retain answers to all questions between sessions 옵션을 선택하면, 학생들이 테스트 도중 테스트를 관두었든, 테스트를 완료했든 관계없이 이전에 답했던 상태 그대로 테스트를 다시 할 수 있다.
- Timed test 옵션을 선택하면, 테스트 시간을 분 단위로 설정할 수 있다. 정해진 시간이 지나면 테스트는 자동으로 종료되고 테스트 결과가 전송된다.

  - When Completed/Passed, When Canceled/Failed 탭의 액션은 None으로 지정한다.
  - 특정 페이지로 이동하는 조건 분기를 설정하면 에러가 발생한다.

시간이 종료되면 테스트 결과가 자동으로 전송된다. 종료 전에 전송 버튼을 클릭하여 시험을 마칠 수도 있다. 가능하면 테스트 결과의 전송과 함께 타이틀이 닫히도록 Exit Title 액션을 추가한다. Exit Title 액션의 실행 조건은 response 변수를 활용한다.

- 즉, CGI로 테스트 결과를 전송한 후 CGI로부터 문자열 'time_over'를 response 변수 tell_me에 저장하도록 하고, 변수 tell_me의 값을 Exit Title 액션의 실행 조건으로 활용한다.

- Random Selection of Pages 옵션을 선택하면, Choose 필드에서 지정한 페이지 수만큼의 상이한 문제를 각 학생들에게 출제할 수 있다. 질문이 임의적으로 나타나는 것이 아니고, 질문을 담은 페이지가 임의적으로 나타난다. 이 옵션은 테스트 페이지에 두 장 이상의 질문 페이지가 있어야만 선택할 수 있다.

  - 질문이 5 페이지로 구성되어 있고, Choose 필드에 3을 지정하면 1, 2, 3 혹은 1, 3, 5 페이지가 문제로 각 학생들에게 제출된다. 학생들에게 각기 상이한 문제를 제시하려면 각 페이지마다 질문을 하나씩 배당한다.

페이지 마다 문제 수가 상이하면 학생들이 접하는 문제의 수가 달라진다. 문제가 임의로 제출되므로 각 학생들이 접하는 문제는 같을 수도 있고 다를 수도 있다.

✎ 랜덤 테스트를 실시하려면 다음을 주의한다.

- 각 질문에 질문 번호를 입력하지 않는다.
- 테스트의 마지막 페이지에 위치한 Done 버튼의 액션을 Go To Next Page로 설정한다.

랜덤 테스트를 실시하면 렉토라가 알아서 테스트 결과를 전송한다. 예를 들어, 학생들에게 문제가 3 페이지씩 제출되는 경우 학생들이 세 번째 페이지의 답을 작성한 후 Next 버튼을 클릭하면 렉토라는 자동으로 테스트 결과를 전송한다.

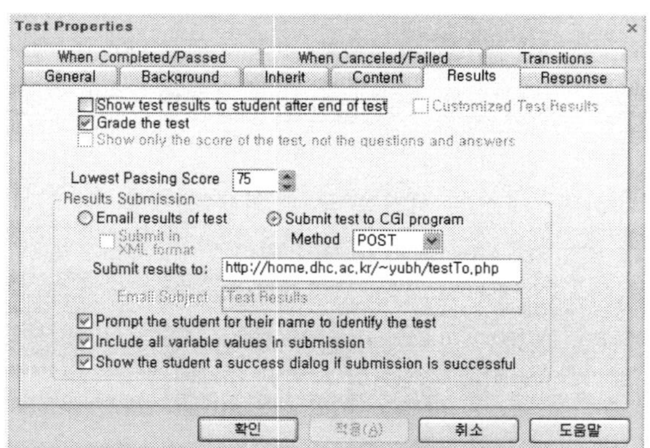

- Show test results to student after end of test 옵션을 선택하면, 테스트가 종료된 후 메시지 창을 통해 학생들에게 질문 내용과 질문에 대한 답을 보여준다.

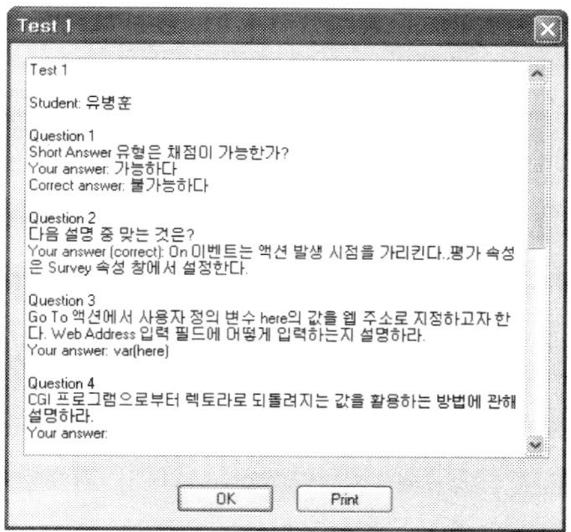

- Show only the score of the test, not the questions and answers 옵션을 선택하면, 테스트가 종료된 후 메시지 창을 통해 학생들에게 점수만 보여준다.

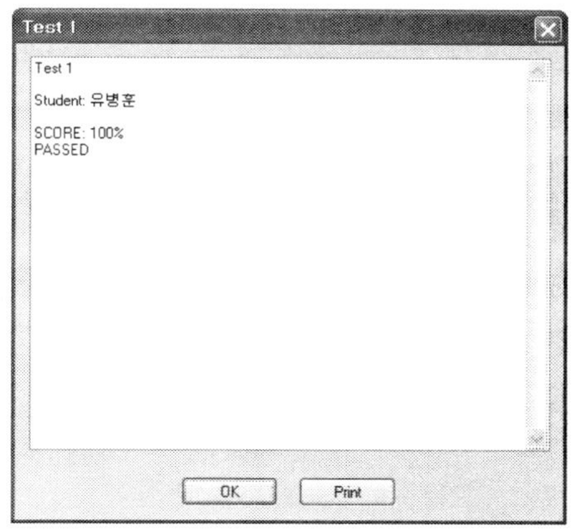

- Grade the test 옵션을 선택하면, 테스트가 종료된 후 테스트 점수를 백분율로 매겨준다. 이 옵션을 선택하면 평가 통과에 필요한 최저 점수를 Lowest Passing Score 필드에 지정할 수 있다. 지정된 최저 점수에 따라 When Completed/Passed, When Canceled/Failed 탭에 지정한 페이지로 이동한다.

✎ 테스트에 채점을 할 수 없는 Short Answer, Essay 유형의 질문이 포함되면 점수를 매겨주지 않는다. 또한 이들 채점 불능 질문 유형이 포함되면 점수 관련 변수를 활용할 수 없다. 예제 Title74는 점수가 매겨지지 않는다.

- 팝업 창에 나타나는 테스트 결과의 내용과 관련된 속성, 즉, 팝업 창을 열어서 보여 줄 것인지, 테스트 점수를 보여 줄 것인지, 그리고 정답과 관련 없이 답한 질문을 보여 줄 것인지를 설정하려면 Customized Test Results 옵션을 선택한다. 이 옵션은 Show test results to student after end of test 옵션을 선택해야 활성화된다. 옵션을 선택하면 Test Results 페이지가 추가된다.

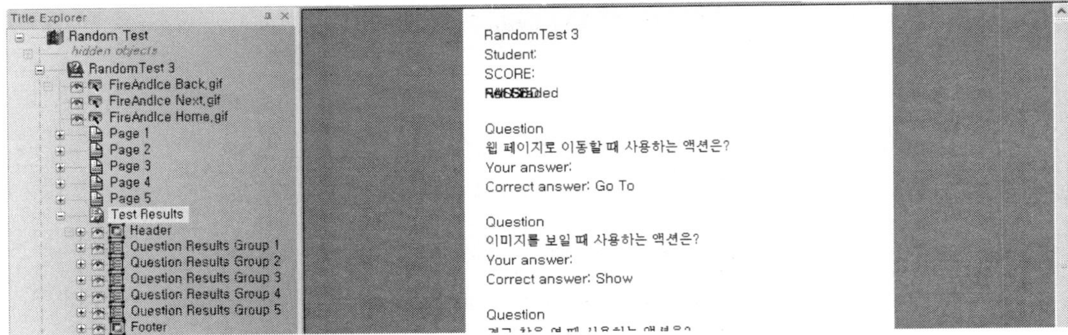

테스트 결과의 내용과 관련된 속성은 Test Results 속성 창의 Results Content 탭에서 설정한다.

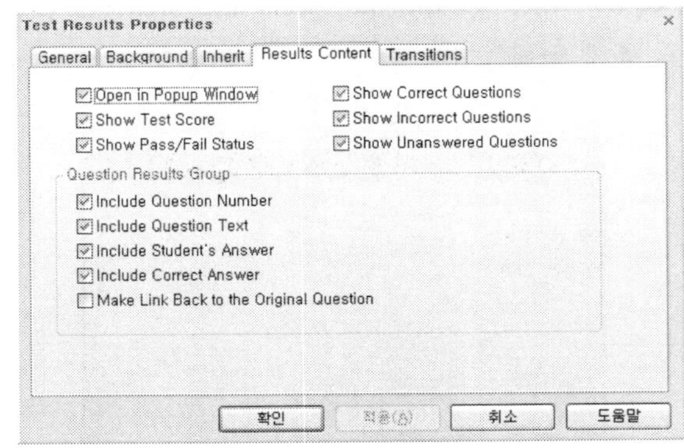

선택된 옵션	보여주는 대상
Open in Popup Window	팝업 창
Show Test Score	테스트 총 점수
Show Pass/Fail Status	테스트 통과 여부
Show Correct Questions	올바르게 답한 질문
Show Incorrect Questions	틀리게 답한 질문
Show Unanswered Questions	답하지 않았거나 빠뜨린 질문
Include Question Number	질문 번호
Include Question Text	질문 내용
Include Student's Answer	질문에 답한 내용
Include Correct Answer	질문의 정답
Make Link Back to the Original Question	해당 질문이 담긴 페이지와 링크된 표준 질문 버튼

Results Submission 박스에서는 테스트 결과의 전송 방법을 지정한다. 박스 내의 옵션은 Form, Survey 옵션과 유사하다.

- Email results of test 옵션을 선택하면 테스트 결과를 이메일로 전송할 수 있다.

• Submit in XML format을 선택하면 테스트 결과는 XML 형태로 전송된다. 옵션을 선택하지 않으면 테스트 결과는 평문 형태로 전송된다.

인터넷 익스플로러는 이메일 전송 시 기본적으로 아웃룩 익스프레스를 사용한다. 테스트 결과를 전송하는 방법으로 이메일 전송을 택하면 타이틀의 웹 출판 시 JavaScript Title Manager를 사용할 수 없어 강좌를 수강하는 학생들의 웹 브라우저에 자바가 설치되어 있지 않은 경우 강좌를 수강할 수 없다. 따라서 이메일 전송은 사용하지 않는다.

- 이메일 전송은 CDRom이나 Single File Executable 유형으로 출판할 때만 사용하도록 한다.
- 이메일 전송에 대한 자세한 내용은 폼 속성을 참조한다.

• Submit test to CGI program 옵션을 선택하면 테스트 결과를 CGI 프로그램으로 전송할 수 있다.
• 드롭다운 버튼 Method를 클릭하면 설문 결과의 전송 방법을 지정할 수 있다.

Submit results to 필드에는 CGI 프로그램의 이름과 경로를 입력한다. HTML 파일과 동일 폴더에 로드할 예정이면 파일 이름만, HTML 파일과 다른 폴더에 로드할 예정이면 파일 이름과 경로 이름을 함께 적어준다. 예를 들어, CGI 프로그램을 홈 디렉토리의 하위 폴더 CGI_BIN에 로드하고, HTML 파일을 홈 디렉토리에 로드할 예정이라면, Submit results to 필드에 다음과 같이 입력한다.

Submit results to: CGI_BIN/test.php

- CGI 프로그램은 서버 유형에 따라 작동될 수도 있고 안 될 수도 있다. CGI 프로그램을 사용하여 설문 결과를 전송하려면 반드시 계정을 등록한 서버 관리자에게 사용 가능한 CGI 프로그램이 어떤 것이 있는지 문의한다.

• Prompt the student for their name to identify the test 옵션을 선택하면, 테스트를 시작하기 전 학생의 이름을 입력하는 창이 나타나게 한다.
• Include all variable values in submission 옵션을 선택하면, 테스트 결과 및 타이틀 내에 삽입된 모든 개체의 변수 값, 사용자 정의 변수, 그리고 렉토라 예약 변수 및 Response 탭에서 지정한 response 변수 값이 전송된다. 옵션을 선택하지 않으면 학생 이름, 테스트 이름, 점수 등 테스트 결과의 일부만 전송되고 질문에 대한 답은 전송되지 않는다.

- 테스트 결과란 테스트에 답한 사람의 이름, 테스트 개체의 이름, 테스트 개체에 포함된 질문 변수 이름과 값, 질문의 번호, 질문의 내용, 질문의 유형, 질문의 정답, 최저 통과 점수, 테스트의 총 점수 그리고 Response 탭에서 정의한 변수를 말한다. 예를 들어, 테스트 개체가 True/False 질문, Matching 질문, Hot Spot 질문으로 구성되어 있다면 전송된 테스트 데이터는 다음과 같다.

```
Test 1
Student: 유병훈
SCORE: 33%
FAILED
Question 1
Short Answer 유형은 채점이 가능한가?
Your Answer:가능하다
Correct answer: 불가능하다
Question 2
왼쪽 열의 옵션과 오른쪽 열의 옵션을 서로 관련 있는 것끼리 연결하라. 연결 방법은 옵션을 클릭한 후 다른 열의 옵션을 클릭한다.
Your answer (correct): 1-1,2-2,3-3,4-4
Question 8
타이틀 구조가 아래와 같다. 폼 구성 요소 라디오 버튼 그룹과 폼 실행 버튼을 선택하라.
Your answer (correct): 2,4
```

- Show the student a success dialog if submission is successful 옵션을 선택하면 테스트 결과를 무사히 전송한 경우 성공적으로 전송하였음을 알리는 창이 열린다.
  - 이 옵션을 선택하지 않으면 설문 결과를 전송한 학생의 입장에서 전송이 제대로 되었는지 안 되었는지 당황하게 된다.

Response 탭을 클릭하면 CGI 프로그램으로부터 응답된 내용을 변수에 저장할 수 있다.

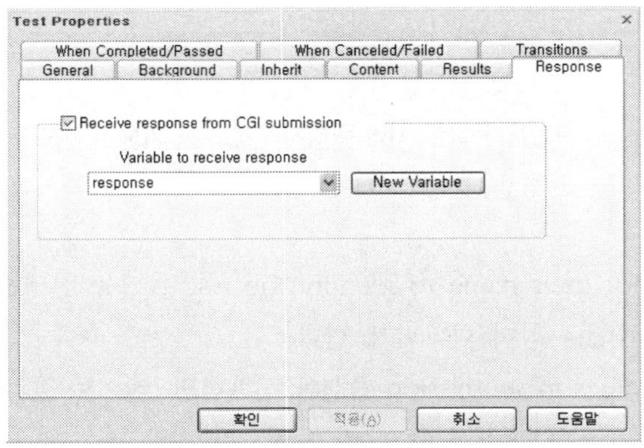

테스트 결과를 전송하면 CGI 프로그램은 데이터 처리를 끝내고 그 처리 결과를 렉토라로 전달하게 되는데 이것을 렉토라 변수에 저장하여 자료로 활용할 수 있다.

- Response 탭은 데이터 전송 방법으로 Submit test to CGI program 옵션을 선택했을 때 활성화 된다.

- Receive response from CGI submission 옵션을 선택하면 CGI 처리 결과를 전달 받을 변수를 지정할 수 있다.

변수는 타이틀 내의 테스트 관련 변수 및 사용자 정의 변수를 지정할 수 있다. 새로운 변수를 지정하려면 New Variable 버튼을 클릭하여 변수를 지정한다. PHP 스크립트를 Response 변수로 활용하는 방법은 다음과 같다.

```
$resp=$Score;
if ($resp>=80) {
      echo "passed";
} else {
      echo $resp;
}
```

PHP 스크립트로부터 전송된 값이 지정된 변수에 저장된다.

[참고] 렉토라 예약 변수

예약 변수는 렉토라에서 자체적으로 정의한 내장 변수로서 단지 읽을 수만 있고 수정은 할 수 없다. 사용할 수 있는 변수의 집합은 타이틀 속성 창에서 지정한 타이틀 유형과 밀접한 관계가 있다.

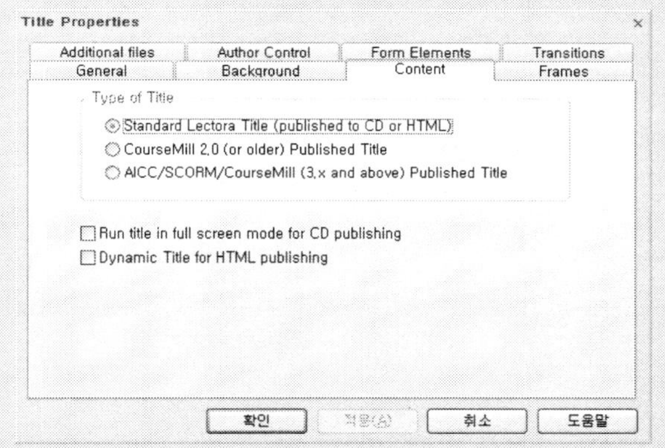

타이틀을 표준 렉토라 타이틀(CD 혹은 HTML로 출판) 유형, AICC/SCORM 타이틀 유형, 그리고 CourseMill 2.0 타이틀 유형으로 제작할 때 사용할 수 있는 테스트 관련 내장 변수는 다음과 같다. 기타 내장 변수는 인터랙티브 액션 편을 참조한다.

변수 이름		변수 값
공통	〈test name〉_Score	개별 테스트 점수
	〈test name〉_〈test section〉_Score	테스트의 개별 섹션 점수
	Question_####	질문에 대한 답
	RadioGroup_####	선택한 라디오 버튼의 이름, 선택되지 않았을 때는 공백
	Radio_####	선택되었을 때는 on, 선택되지 않았을 때는 공백
	Checkbox_####	선택되었을 때는 on, 선택되지 않았을 때는 공백
	Entry_####	입력한 값
	DropList_####	선택된 목록 이름
	List_####	선택된 목록 이름
AICC/SCORM * : 수정 가능	AICC_Core_Lesson *	렉토라로 출판한 콘텐츠가 점수를 바르게 계산하는 데 필요한 정보를 포함한다.
	AICC_Core_Vendor	AICC LMS에서 AICC 규정을 준수하는 강좌를 진행할 때 렉토라가 요구하는 정보를 포함한다.
	AICC_Course_ID	AICC/SCORM LMS의 강좌 ID.
	AICC_Credit	AICC 강좌가 학점을 부여하는 강좌인지 그저 열람하는 강좌인지를 반영한다.
	AICC_Lesson_ID	타이틀의 assignable unit의 이름
	AICC_Lesson_Location *	강좌 내에서의 위치를 포함한다.
	AICC_Lesson_Status *	AICC/SCORM LMS 내에서의 강좌 수강 여부 상태.
	AICC_Score *	전체 테스트 점수의 평균
	AICC_Student_ID	학생 ID
	AICC_Student_Name	학생 이름
	AICC_Time *	강좌를 본 총 학습 시간.
SCORM * : 수정 가능	CMI_Core_Entry	이전에 강좌에 접속했는지에 관한 정보(SCORM2004)
	CMI_Core_Exit *	강좌 종료 방법과 이유
	CMI_Completion_Status *	강좌를 충분히 학습했다고 판단되는 지점에 반드시 삽입 (SCORM2004)
CourseMill	CM_Course_ID	학습 ID
	CM_Course_Name	학습 이름
	CM_Student_ID	학생 ID
	CM_Student_Name	학생 이름

2) 테스트 질문

테스트는 채점이 가능한 6개의 질문과 채점이 불가능한 2개의 질문을 제공한다. 채점 가능 질문에 대해서는 정답을 제시하도록 하여 렉토라가 자체적으로 점수를 매길 수 있게 한다. 또한, 각 질문에 대한 피드백을 작성하도록 하여 필요시 피드백을 보여줄 수 있게 한다.

- 테스트는 각 질문에 대한 가중치를 부여할 수 있다.

가. True/False

Short Answer 유형은 채점이 가능한가?

가능하다.

불가능하다.

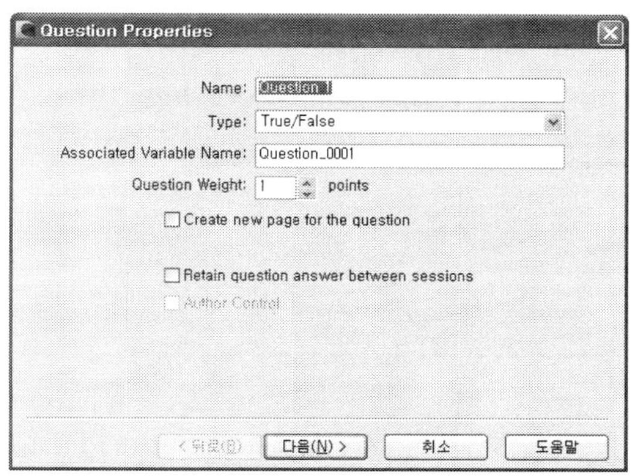

- Question Weight 필드는 문제의 가중치를 지정한다. 기본적으로 각 질문의 가중치는 1 포인트가 부여되어 있다. 포인트는 각 질문의 가중치 비율을 계산하는 데 사용된다. 각 문제의 가중치가 상이한 경우 렉토라는 문제의 가중치를 계산할 때 테스트의 가중치 합계를 사용한다.
  - 테스트가 다섯 문제로 구성된 경우, 문제 1에서 문제 4까지 가중치를 1씩 주고, 문제 5의 가중치를 4로 주면, 테스트의 가중치 합계는 8이 된다. 따라서 문제 1에서 문제 4는 테스트에서 차지하는 비중이 각각 12.5%가 되지만 문제 5는 테스트에서 50%의 비중을 갖게 된다.

- 질문에 대한 항목 중 라디오 버튼 Correct를 선택한 항목은 정답으로 간주한다.

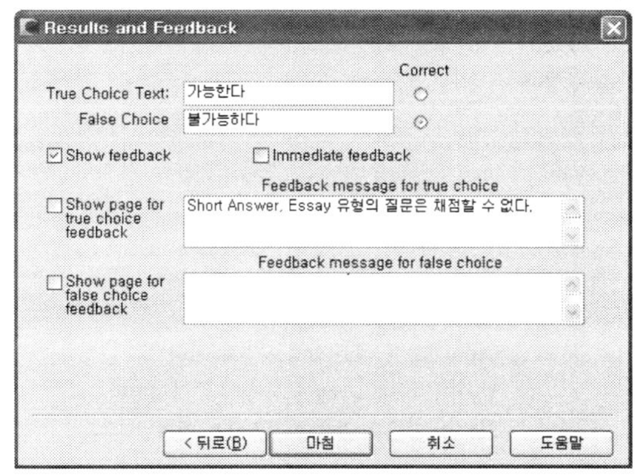

- Show feedback 버튼을 선택하면 학생들이 선택한 정답과 오답에 대해 피드백 메시지를 전달할 수 있다.

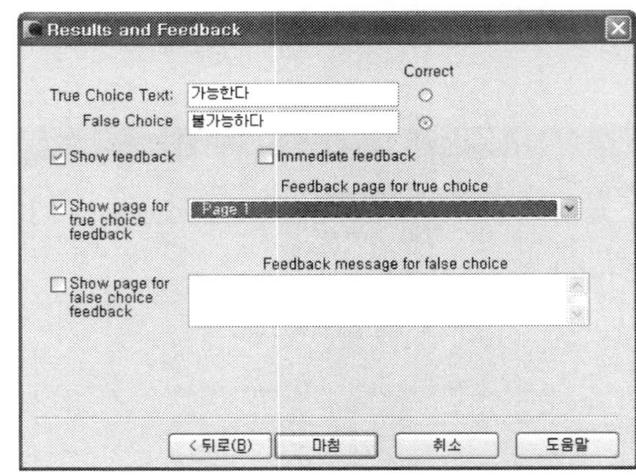

  - Feedback message for true choice 박스에는 학생들이 True Choice Text 항목을 선택했을 때 보여줄 메시지를 입력한다.
  - Feedback message for false choice 박스에는 학생들이 False Choice 항목을 선택했을 때 보여 줄 메시지를 입력한다.
  - 특정 페이지에 입력된 내용을 피드백하려면 Show page for true choice feedback 옵션을 선택하고 해당 페이지를 지정한다.

✎ 피드백 메시지는 테스트 속성 창에서 Show per question feedback from each question 옵션을 선택한 경우에만 나타난다.

True/False 질문의 응답을 이메일 혹은 CGI 프로그램으로 전송하면 질문에 할당한 변수 및 그 값 즉, True Choice Text 혹은 False Choice Text에 입력한 문자가 전송된다.

```
Question 1
Shore Answer 유형은 채점이 가능한가?
Your answer (correct): 불가능하다
Question_0001=불가능하다
```

나. Multiple Choice

다음 설명 중 맞는 것은?

- ○ On 이벤트는 액션 발생 시점을 가리킨다.
- ○ 평가 속성은 Survey 속성 창에서 설정한다.
- ○ Survey 질문은 점수가 자동으로 매겨진다.

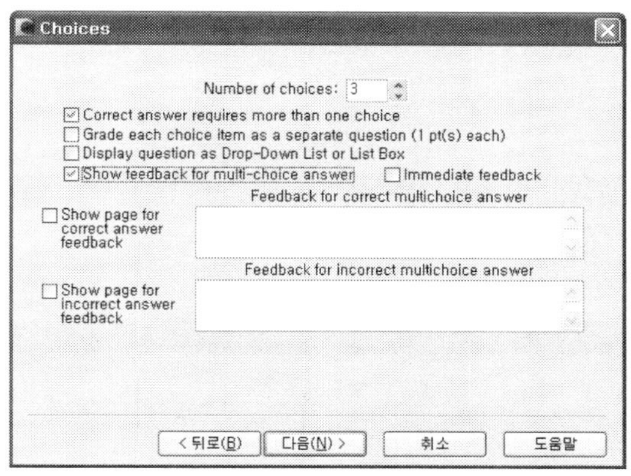

- 질문의 항목의 수는 Number of choices에서 지정한다.
- Correct answer requires more than one choice 옵션을 선택하면 2개 이상의 정답을 지정할 수 있다. 이때에는 항목이 체크 박스 형태로 바뀌게 된다.
- Grade each choice item as a separate question (1 pt(s) each) 옵션을 선택하면 각 항목마다 분리된 질문으로 간주하여 Question Weight 필드에서 지정한 가중치로 점수를 매긴다. 각 항목에 부여되는 가중치는 Question Weight 필드에서 지정한 가중치를 따라간다. 이 옵션을 선택하지 않으면 한 문제로 간주하여 정답을 모두 맞혔을 때만 맞는 것으로 보고 Question Weight 필드에서 지정한 가중치로 점수를 매긴다. 예를 들어, 가중치의 값을 2로 지정한 경우 총가중치는 다음 표와 같게 된다.

질문 가중치	Question Weight: 2	
채점 방법	☐ Grade each choice item as a separate question (2 pt(s) each)	☑ Grade each choice item as a separate question (2 pt(s) each)
항목 1		2
항목 2	2	2
항목 3		2
총가중치	2	6

  - 질문 가중치 설정 방법은 Matching 질문 유형, Drag and Drop 질문 유형과 Hot Spot 질문 유형에도 그대로 적용된다.

- Display question as Drop-Down List or List Box 옵션을 선택하면 드롭다운 리스트 혹은 리스트 박스의 형태로 항목을 나타내게 한다.
- Show feedback for multi-choice answer 옵션을 선택하면 피드백을 정의할 수 있다.
  - Feedback for correct multichoice answer 박스에는 학생들이 정답으로 지정된 항목 모두를 선택했을 때 보여 줄 메시지를 입력한다.

– Feedback for incorrect multichoice answer 박스에는 학생들이 선택한 항목이 틀렸을 때 보여 줄 메시지를 입력한다.

- Correct answer requires more than one choice 옵션을 선택하지 않으면 질문 항목 하나하나에 대해 개별적으로 피드백을 정의할 수 있다.

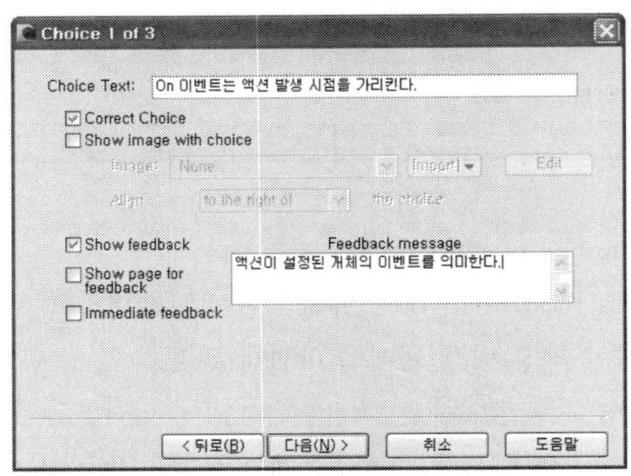

Multiple Choice 질문의 응답을 이메일 혹은 CGI 프로그램으로 전송하면 질문에 할당한 변수와 그 값 즉, 선택한 항목의 내용이 전송된다.

```
Question 2
다음 설명 중 맞는 것은?
Your answer (correct): On 이벤트는 액션 발생 시점을 가리킨다.
Question_0002=On 이벤트는 액션 발생 시점을 가리킨다.
```

다. Short Answer

Go To 액션에서 사용자 정의 변수 here의 값을 웹 주소로 지정하고자 한다. Web Address 입력 필드에 어떻게 입력하는지 설명하라.

Short Answer 질문은 80자 이내의 텍스트 형태의 대답을 요구하는 질문에 사용한다.

- Maximum answer text length 필드에는 예상되는 대답의 텍스트 길이를 입력한다.

Feedback

Maximum answer text length 40

Show Feedback

Immediate Feedback

Feedback message

Show page for feedback

< 뒤로(B) 마침 취소 도움말

Short Answer 질문의 응답을 이메일 혹은 CGI 프로그램으로 전송하면 질문에 할당한 변수와 그 값 즉, 입력 필드에 입력한 내용이 전송된다.

```
Question 3
Go To 액션에서 사용자 정의 변수 here의 값을 웹 주소로 지정하고자 한다. Web Address 입력 필드에
어떻게 입력하는지 설명하라.
Your answer: var(here)
Question_0003=var(here)
```

라. Essay

CGI 프로그램으로부터 렉토라로 되돌려진 값을 활용하는 방법에 관해 설명하라.

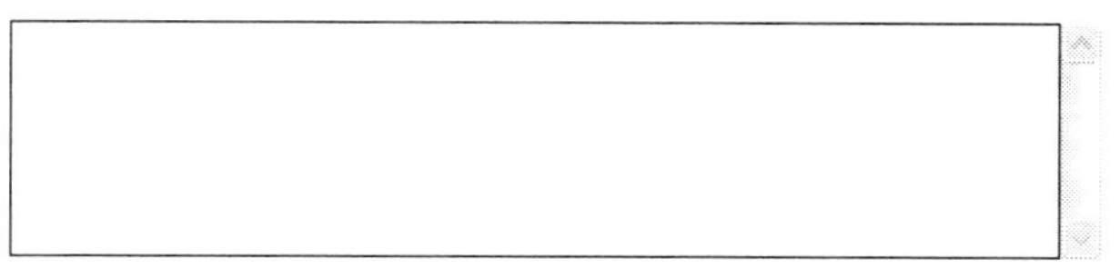

Essay 질문은 80자 이상의 텍스트 형태의 대답을 요구하는 질문에 사용한다는 점을 제외하고는 Short Answer 질문의 삽입과 동일하다.
Essay 질문의 응답을 이메일 혹은 CGI 프로그램으로 전송하면 질문에 할당한 변수와 그 값 즉, 입력 필드에 입력한 내용이 전송된다.

```
Question 4
CGI 프로그램으로부터 렉토라로 되돌려진 값을 활용하는 방법에 관해 설명하라.
Your answer:
테스트 속성 창의 Response 탭에 response 변수를 지정하고, CGI 스크립트에는 렉토라로 변수와 변수의 값을 되돌려 줄 수 있는 코드를
입력한다.
Question_0004=테스트 속성 창의 Response 탭에 response 변수를 지정하고, CGI 스크립트에는 렉토라로 변수와 변수의 값을 되돌려
줄 수 있는 코드를 입력한다.
```

마. Fill in the Blank

Fill in the ( ) Question의 괄호를 채워라.

Feedback

Possible Correct Answers
blank
공백
여백

Maximum answer text length 20

Show Feedback
Immediate Feedback
Show page for correct answer feedback
Feedback message for correct answer
Show page for incorrect answer feedback
Feedback message for incorrect answer

< 뒤로(B) 마침 취소 도움말

Possible Correct Answers 박스에는 정답을 입력한다. 학생들이 입력할 것으로 예상되는 문자열 형태를 줄을 바꾸어 모두 입력한다. 학생들이 입력한 문자열이 Possible Correct Answers 박스에 등록된 문자열과 일치한다면 정답을 입력한 것으로 간주된다. 대소문자는 구분하지 않는다.
Fill in the Blank 질문의 응답을 이메일 혹은 CGI 프로그램으로 전송하면 질문에 할당한 변수와 그 값 즉, 입력 필드에 입력한 내용이 전송된다.

```
Question 5
Fill in the ( ) Question의 괄호를 채워라.
Your answer (correct): blank
Question_0005=blank
```

바. Matching

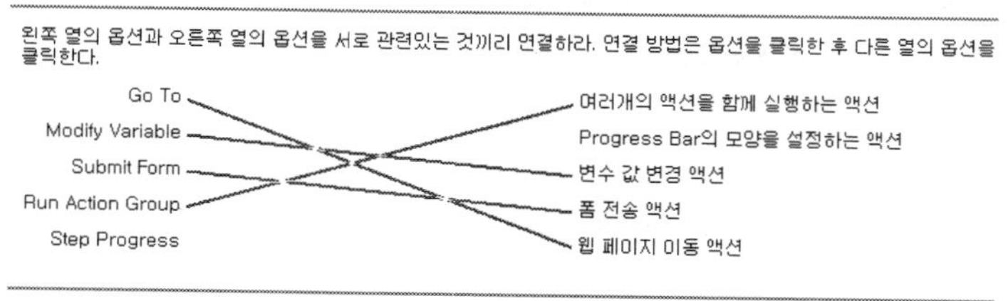

Matching 질문은 좌우로 나뉜 항목 열을 제공하여 관련 있는 항목끼리 짝을 짓게 하는 질문에 사용한다.

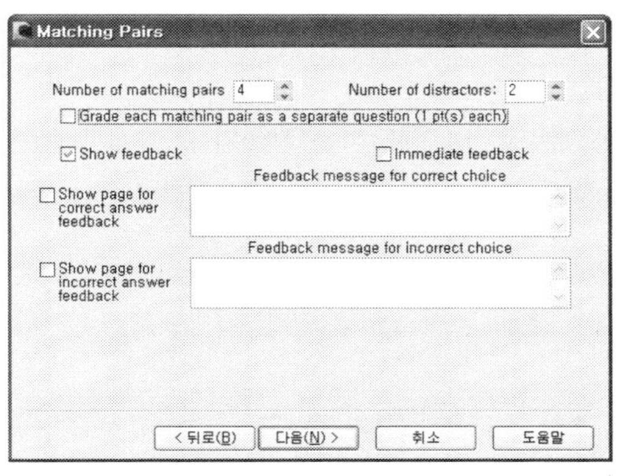

- Number of matching pairs 필드에는 학생들에게 제시될 짝의 수를 지정한다.
- Number of distractors 필드에는 짝과 관련 없는 단지 학생들의 선택을 혼란스럽게 만들 옵션의 수를 지정한다.
- Grade each matching pair as a separate question (1 pt(s) each) 옵션을 선택하면 각 짝마다 분리된 질문으로 간주하여 Question Weight 필드에서 지정한 가중치로 점수를 매긴다. 각 짝에 부여되는 가중치는 Question Weight 필드에서 지정한 가중치를 따라간다. 이 옵션을 선택하지 않으면 한 문제로 간주하여 짝을 모두 맞혔을 때만 맞는 것으로 보고 Question Weight 필드에서 지정한 가중치로 점수를 매긴다.
- Show feedback 옵션을 선택하면 피드백을 정의할 수 있다.
  - Feedback message for correct choice 박스에는 학생들이 정답으로 지정된 짝 모두를 선택했을 때 보여 줄 메시지를 입력한다.
  - Feedback message for incorrect choice 박스에는 학생들이 선택한 짝이 틀렸을 때 보여 줄 메시지를 입력한다.

짝 설정 창은 Number of matching pairs 필드에 지정한 수와 Number of distractors 필드에 지정한 수를 더한 만큼 열린다.

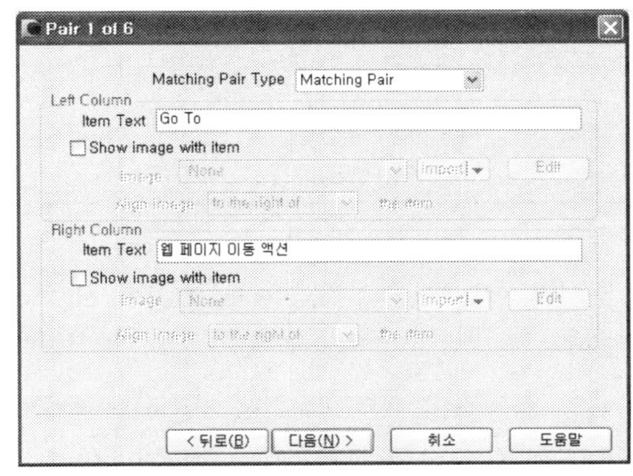

- Matching Pair Type 리스트에서는 Matching Pair, Left Column Distractor, Right Column Distractor 유형을 선택할 수 있다.
- Matching Pair 유형의 항목은 정답에 해당하는 짝이다. Left Column 박스의 Item Text와 Right Column 박스의 Item Text에 짝을 맞출 항목의 텍스트를 입력한다.
  - 'Show' 항목과 'Image' 항목의 연결을 정답으로 간주하려면 Left Column 박스의 Item Text에는 'Show'를, Right Column 박스의 Item Text에는 'Image'를 입력한다.
- Distractor 유형의 항목은 혼란을 줄 목적으로 추가한다. 이들 항목을 좌/우 어느 쪽 열에 둘 것인지는 Matching Pair Type 리스트를 클릭하여 지정한다.
  - Distractor 유형의 항목 중 하나를 왼쪽 열에 둔다면 나머지 항목은 오른쪽에 둔다.

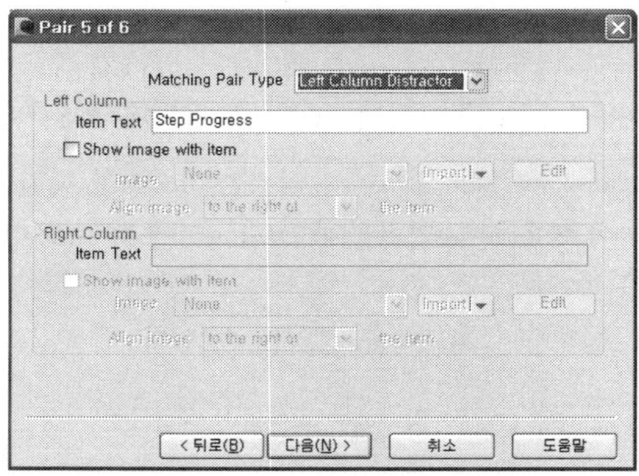

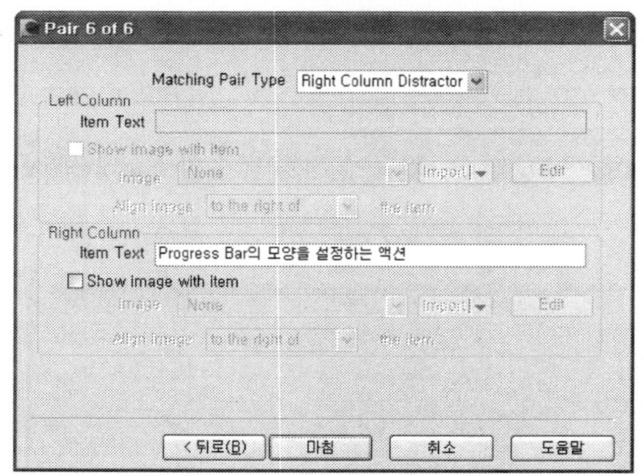

문제를 완성하면 렉토라는 오른쪽 열의 항목을 자동으로 휘저어 섞은 상태로 출제한다. 학생들은 이 상태로 문제를 대하게 된다.

Matching 질문의 응답을 이메일 혹은 CGI 프로그램으로 전송하면 질문에 할당한 변수와 그 값 즉, 좌/우 열에 순차적으로 부여한 번호 쌍이 콤마로 구분되어 전송된다.

```
Question 6
관련된 것끼리 연결하라.
Your answer (correct): 1-1,2-2,3-3,4-4
Question_0006=1-1,2-2,3-3,4-4
```

사. Drag and Drop

보기의 이미지를 표로 끌어 버튼에 마우스를 놓으면 Image 개체가 나타나고, 버튼을 클릭하면 Audio가 재생되는 액션을 완성하라.

On	Action	Target
Mouse Enter	Show	Image
Mouse Click	Play	Audio
	Modify Variable	

Mouse Exit　　Mouse Enter
Hide　　Play
Video

Drag and Drop 질문은 메인 이미지와 메인 이미지로 끌어 놓을 여타 이미지를 배치하고 메인 이미지의 특정 부분과 거기에 놓일 특정 이미지를 짝으로 정한 상태에서 메인 이미지로 여타 이미지를 끌어 전체 이미지를 완성하는 질문에 사용한다.

- 메인 이미지로 여타 이미지를 끌어 놓을 때 짝이 맞지 않으면 틀린 것으로 간주한다.

Drag and Drop 질문을 출제하기 위해서는 먼저 질문에 사용할 그림 이미지를 준비해야 한다. 이미지 편집기를 이용하여 그림 이미지를 그리거나 외부에서 불러 온 그림을 편집한 후 이미지를 저장한다. 파일 이름은 이미지와 어울리는 이름을 지정하여 혼동하는 일이 없도록 한다. 특히, 표의 셀과 같이 동일한 크기의 영역으로 텍스트 이미지를 끌어 퀴즈를 완성하는 경우에는 텍스트 이미지의 크기를 셀의 크기보다는 작게 그리고 동일하게 설정하는 것이 중요하다.

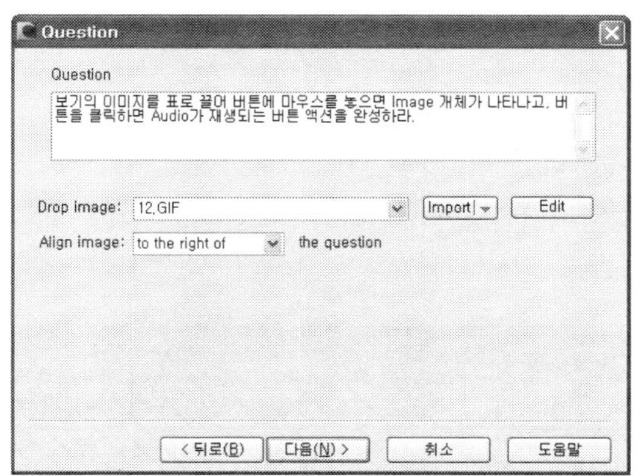

- 질문 아래에 메인 이미지를 두려면 Align image 리스트를 클릭하여 below를 선택한다.
- Drop image 리스트에는 메인 이미지로 사용할 이미지 파일을 지정한다.

On	Action	Target
Mouse Enter		
	Play	
	Modify Variable	

- 메인 이미지에 놓일 혹은 혼란을 초래할 모든 요소를 정의한다. 이들 요소는 어떤 용도로 사용될지를 먼저 고려한 후 정의한다.

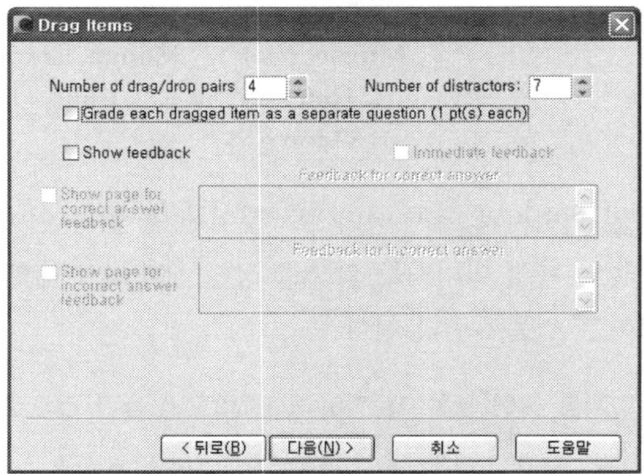

- Number of drag/drop pairs 필드에는 메인 이미지로 끌어 놓을 이미지의 수를 지정한다.
- Number of distractors 필드에는 아무런 관련 없는 단지 학생들의 선택을 혼란스럽게 만들 이미지 및 이미지가 놓일 메인 이미지 상의 지점의 수를 지정한다.

이들 필드의 수치는 다음 요소를 고려하여 지정한다.

- 질문에 대한 정답이 될 수 있는 이미지(Drag/Drop Pair)(빗금 친 영역).
- 정답과 거리가 먼 이미지(Drag Item Distractor).
- 학생들의 혼란을 야기할 목적으로 끌은 이미지를 임의로 놓을 수 있게 지정한 메인 이미지 상의 지점(Drop Point Distractor)(○).

On	Action	Target
Mouse Enter	//////	//////
//////	Play	//////
○	Modify Variable	○

- Grade each dragged item as a separate question (1 pt(s) each) 옵션을 선택하면 메인 이미지의 특정 부분과 거기에 놓일 특정 이미지의 짝마다 분리된 질문으로 간주하여 Question Weight 필드에서 지정한 가중치로 점수를 매긴다. 각 짝에 부여되는 가중치는 Question Weight필드에서 지정한 가중치를 따라간다. 이 옵션을 선택하지 않으면 한 문제로 간주하여 짝을 모두 맞게 연결했을 때만 맞는 것으로 보고 Question Weight 필드에서 지정한 가중치로 점수를 매긴다.
- Show feedback 옵션을 선택하면 피드백을 정의할 수 있다.
  - Feedback for correct answer 박스에는 학생들이 정답으로 지정된 짝 모두를 선택했을 때 보여 줄 메시지를 입력한다.
  - Feedback for incorrect answer 박스에는 학생들이 선택한 짝이 틀렸을 때 보여 줄 메시지를 입력한다.

Drag Item 창은 Number of drag/drop pairs 필드에 지정한 수와 Number of distractors 필드에 지정한 수를 더한 만큼 열린다.

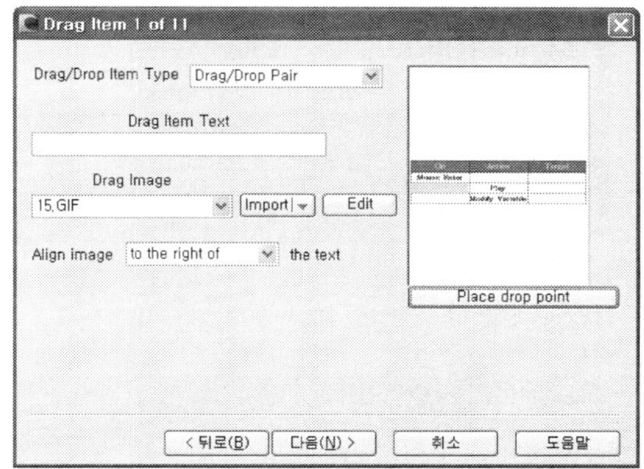

- Drag Item Text 필드는 끌어 놓을 이미지의 이름표를 지정한다. 이름표는 말 그대로 이미지의 이름을 나타낼 뿐 이미지를 끌어 놓을 때 함께 움직이지 않는다.

Image 이미지 개체

- Drag/Drop Item Type 리스트에서는 Drag/Drop Pair, Drag Item Distractor, Drop Point Distractor 유형을 선택할 수 있다.
- Drag/Drop Pair 유형의 이미지 항목은 정답으로 간주할 이미지이다.
  - 'On Mouse Enter'의 Action 항목의 자리에 'Show' 이미지 항목이 놓일 때 정답으로 간주하려면 Drag Image 항목으로 'Show' 이미지의 파일 이름 15.GIF를 지정한다.

- Drag Item Distractor 유형의 이미지 항목은 혼란을 줄 목적으로 추가한다.
- Drop Point Distractor 유형은 혼란을 줄 목적으로 메인 이미지 상의 임의의 지점에 추가한다.

Drag/Drop Item Type 리스트를 클릭하여 Drag/Drop Pair, Drag Item Distractor, Drop Point Distractor 유형 중 하나를 선택하고 관련 이미지 개체 및 메인 이미지 상의 지점을 설정한다.

- Drag/Drop Pair 유형의 이미지 항목과 Drop Point Distractor 영역이 놓일 메인 이미지 상에서의 위치는 Place drop point 버튼을 클릭하여 설정한다.

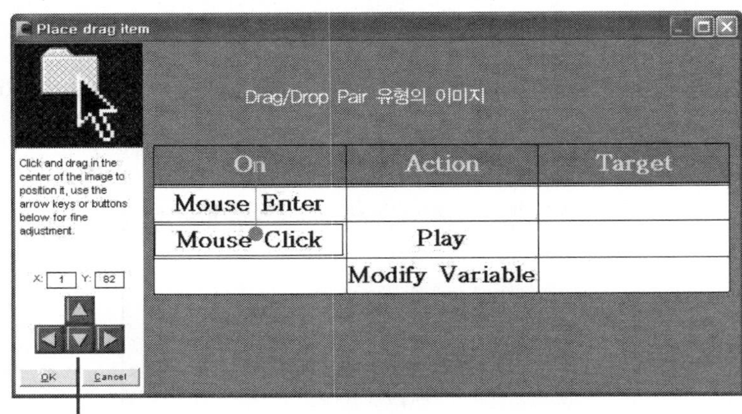

이미지 위치의 미세한 조정은 버튼을 활용한다. 좌표 값을 참조하면 전체적으로 동일한 위치에 놓는 것이 가능하다.

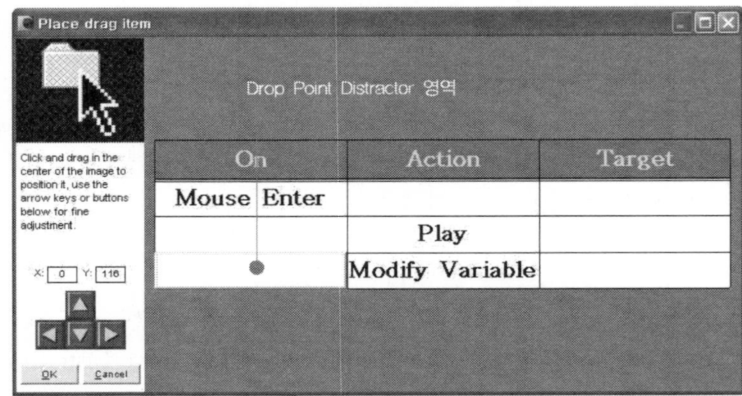

- 메인 이미지에 놓일 이미지 항목은 정답에 해당되기 때문에 Drag Item Distractor 유형의 이미지 항목은 메인 이미지에 놓일 위치를 지정할 필요가 없다.

문제를 완성하면 렉토라는 오른쪽 열의 항목을 자동으로 휘저어 섞은 상태로 출제한다. 학생들은 이 상태로 문제를 대하게 된다.

Drag and Drop 질문의 응답을 이메일 혹은 CGI 프로그램으로 전송하면 질문에 할당한 변수와 그 값 즉, 정답이 될 수 있는 이미지(Drag Image)와 그 이미지가 놓일 지점에 순차적으로 부여한 번호 쌍이 콤마로 구분되어 전송된다.

```
Question 7
보기의 이미지를 표로 끌어 버튼에 마우스를 놓으면 Image 개체가 나타나고, 버튼을 클릭하면
Audio가 재생되는 액션을 완성하라.
Your answer (correct): 1-1,2-2,3-3,4-4
Question_0007=1-1,2-2,3-3,4-4
```

아. Hotspot

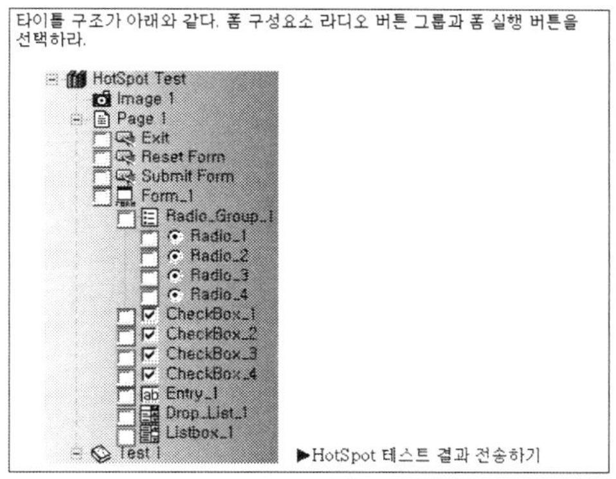

Hotspot 질문은 학생들에게 이미지와 핫스팟을 표시하는 다수의 버튼을 제공하여 질문에 맞는 버튼을 선택하도록 할 때 사용한다.

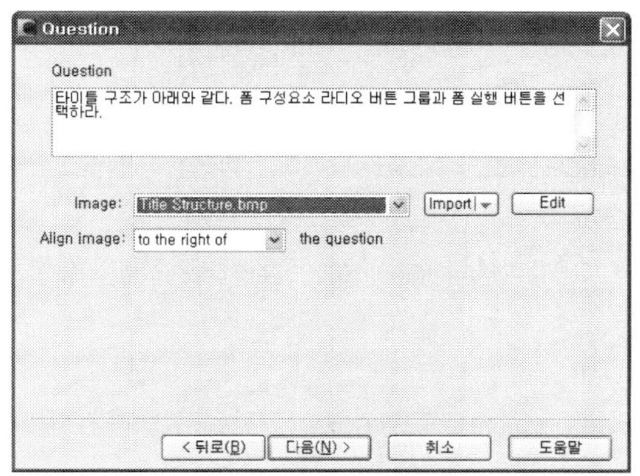

• Image 리스트에는 메인 이미지로 사용할 이미지 파일을 지정한다.

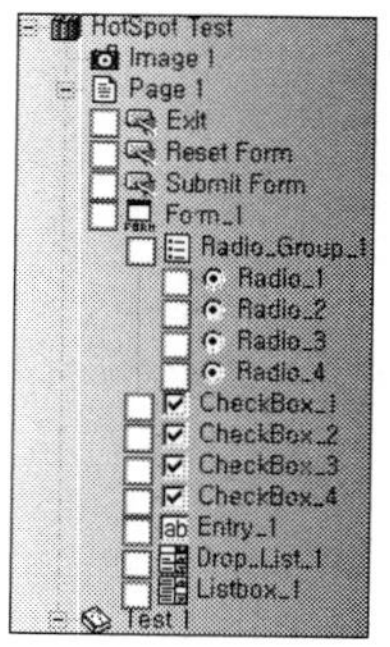

• 메인 이미지에 놓일 핫스팟을 정의한다.

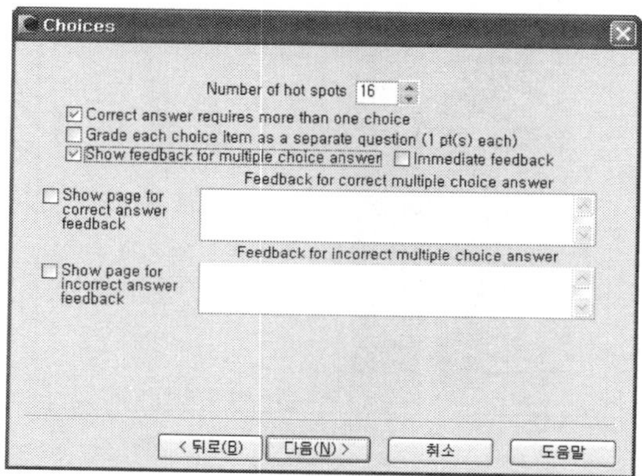

• Number of hot spots 필드에는 이미지 상에 놓일 핫스팟의 수를 지정한다.
• Correct answer requires more than one choice 옵션을 선택하면 한개 이상의 핫스팟을 정답으로 지정할 수 있다. 핫스팟의 모양은 라디오 버튼에서 체크 박스 버튼 형태로 바뀐다.
• Show feedback for multiple choice answer 옵션을 선택하면 피드백을 정의할 수 있다.

  – Feedback for correct multiple choice answer 박스에는 학생들이 정답으로 지정된 항목 모두를 선택했을 때 보여 줄 메시지를 입력한다.
  – Feedback for incorrect multiple choice answer 박스에는 학생들이 선택한 항목이 틀렸을 때 보여 줄 메시지를 입력한다.

• Correct answer requires more than one choice 옵션을 선택하지 않으면 질문 항목 하나하나에 대해 개별적으로 피드백을 정의할 수 있다.

핫스팟 설정 창은 Number of hot spots 필드에 지정한 수만큼 열린다.

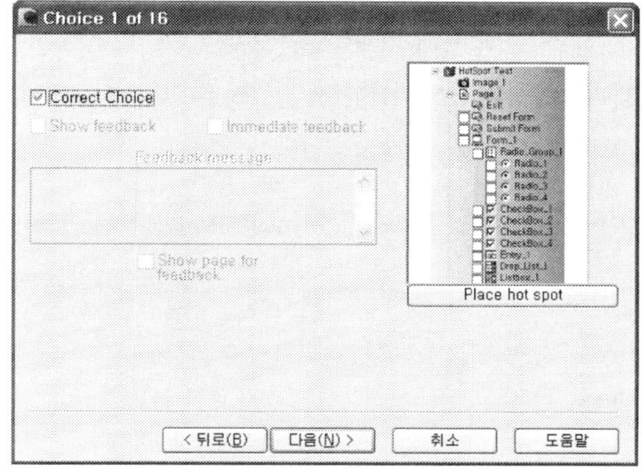

- 정답으로 사용될 핫스팟에는 Correct Choice 옵션을 선택한다.
- 메인 이미지 상의 핫스팟의 위치는 Place hot spot 버튼을 클릭하여 설정한다.

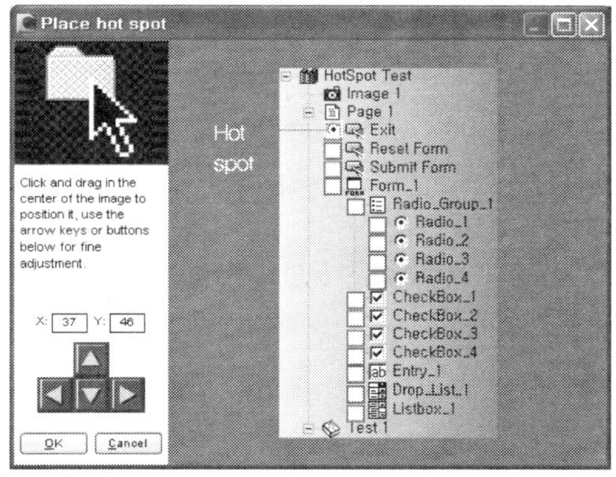

Hotspot 질문의 응답을 이메일 혹은 CGI 프로그램으로 전송하면 질문에 할당한 변수와 그 값 즉, 정답이 될 수 있는 핫스팟에 순차적으로 부여한 번호가 콤마로 구분되어 전송된다.

```
Question 8
타이틀 구조가 아래와 같다. 폼 구성 요소 라디오 버튼 그룹과 폼 실행 버튼을 선택하라.
Your answer (correct): 0,1
Question_0008=0,1
```

3) CGI로 전송하기

테스트 데이터 즉, 질문의 변수 이름 및 변수 값의 전송 경로는 테스트 속성 창의 Results Submission 박스의 설정 내용을 따른다. 테스트 데이터 전송 수단으로 CGI 프로그램을 선택하면 테스트 데이터는 '이름/값' 쌍으로 전송된다. 즉, 테스트의 '이름/값' 쌍은 다음과 같이 고정된 상태로 전송된다.

이름	값
name	사용자의 이름
email	사용자의 이메일 주소
TestName	테스트 이름
NumQuestions	테스트의 질문 수
Passing Grade	최저 통과 점수.
Score	테스트의 총 점수

테스트에 포함된 질문들에 있어, 전송되는 '이름/값' 쌍은 테스트에 포함된 질문의 수만큼 반복된다. 변수의 X는 실제 질문의 번호로 대체된다.

이름	값
QuestionX	질문 X의 질문 내용
AnswerX	질문 X에 대해 답한 내용
CorrectAnswerX	질문의 정답.
QuestionTypeX	질문 유형*.

* 질문 유형을 구별하는 번호는 다음과 같다. 질문 유형 구분 번호 10, 11, 12는 서베이에만 적용된다.

```
True/False = 1
Multiple Choice = 2
Short Answer = 3
Essay = 4
Fill in the Blank = 5
Matching = 6
Drag and Drop = 7
Hot Spot = 9
Likert = 10
Ordinal = 11
Likert Table = 12
```

CGI로 전송되는 테스트 데이터 중 테스트 이름, 질문 변수 이름과 값 등을 제외한 나머지 데이터는 CGI 스크립트 내의 코드를 통해서만 활용될 수 있다. 테스트의 모든 데이터를 전송하려면 Submit/Process Test/Survey 액션을 실행한다. Done 버튼 액션은 다음과 같이 설정한다.

액션 항목	Done	
	내장 액션	Action 1
On	Click	Mouse Click
Action	Submit/Process Test/Survey	Go To
Target	Test 1	Web Address
Web Address		message.txt

Title74의 예제에 사용된 CGI testTo.php의 코드는 다음과 같다.

testTo.php

```
<?php
$fp=fopen("message.txt","a");
fwrite($fp,$name."\t".$TestName."\t".$PassingGrade."\t".$Score."\t".$Question_0001."\
t".$Question_0002."\t".$Question_0003."\t".$Question_0004."\t".$Question_0005."\t".$Question_0006."\
t".$Question_0007."\t".$Question_0008);
fwrite($fp,"\r");
fclose($fp);
?>
```

testTo.php 스크립트는 테스트 및 폼 데이터를 전송할 CGI 프로그램으로 활용된다. 예제 스크립트는 다음과 같이 코딩할 수 있다. 테스트의 파라미터 학생 이름(name), 테스트 이름(TestName), 수강 통과 점수(PassingGrade), 점수(Score) 등을 message.txt 파일에 먼저 기록하고 테스트 질문 변수를 배열 변수 $data의 값으로 정의하여 message.txt 파일에 기록한다.

```
<?php
$fp=fopen("message.txt","a");
fwrite($fp,$name."\t".$TestName."\t".$PassingGrade."\t".$Score);
$data=array();
for ($i=1;$i<9;$i++) {
      $b="Question_000".$i;
      $c="data[".$i."]";
      $$c=$$b;
      fwrite($fp,$$c."\t");
}
fwrite($fp,"\r");
fclose($fp);
?>
```

PHP 설명

```
<?php
$fp=fopen("message.txt","a");
```

텍스트 파일 message.txt를 쓰기 전용으로 열고, 파일 포인터가 마지막에 위치하게 한다.

```
fwrite($fp,$name."\t".$TestName."\t".$PassingGrade."\t".$Score);
```

테스트 관련 파라미터의 값을 텍스트 파일 message.txt에 저장한다. 파라미터의 내용은 다음과 같다.

```
$name: 학생 이름
$TestName: 테스트 이름
$PassingGrade: 테스트 통과 최저 점수
$Score: 학생이 받은 점수
$data=array();
```

배열 변수 $data를 정의한다.

```
for ($i=1;$i<9;$i++) {
      $b="Question_000".$i;
      $c="data[".$i."]";
      $$c=$$b;
      fwrite($fp,$$c."\t");
}
```

for 문을 사용하여 질문 변수 $Question_0001, $Question_0002, …, $Question_0008의 값을 배열 변수 $data의 요소로 정의하고 배열 요소를 탭으로 구분하여 텍스트 파일 message.txt에 저장한다. 변수 $i의 값이 1일 때 for 문의 내용은 다음과 같다.

- 문자열 연산자 '.'를 사용하여 문자열 Question_000과 변수 $i의 값 1을 연결하여 변수 $b에 저장한다.
- 문자열 data[1]을 변수 $c에 저장한다.
- 변수 $b에 저장된 문자열 Question_0001을 변수 $b로 정의하고, 변수 $c에 저장한다. 변수 $$b, $$c는 각각 변수 $b, $c에 저장된 문자열을 변수의 이름으로 정의할 때 사용한다.
- 변수 $c의 값을 텍스트 파일 message.txt에 저장한다. 변수의 값은 탭으로 구분된다.

for 문의 반복 횟수 $i<9는 질문 변수의 수에 따라 달라진다. 예를 들어 5개의 질문 변수 값만 텍스트 파일에 저장하고 싶다면 반복 횟수를 $i<6으로 지정한다. 배열 형태로 정의한 것은 추후 배열을 사용할 가능성을 남겨두는 것이 좋기 때문이다. \t는 Tab을 뜻한다.

테스트 관련 질문 변수는 다음과 같다.

```
$Question_0001; //첫 번째 질문과 관련된 변수
$Question_0002; //두 번째 질문과 관련된 변수
...
$Question_0008; //여덟번째 질문과 관련된 변수

fwrite($fp,"\r");
fclose($fp);
?>
```

텍스트 파일 message.txt에 변수의 값을 저장한 후 한 줄 띄우고 텍스트 파일 message.txt를 닫는다. \r은 Carriage Return을 뜻한다.

[참고]

사용자 정의 변수, 렉토라 내장 변수, PHP 환경 변수, 질문 관련 파라미터를 코드에 포함하려면 테스트 관련 파라미터 코드를 다음과 같이 변경한다.

```
fwrite($fp,$name."\t".$TestName."\t".$PassingGrade."\t".$Score."\t".$NumQuestions."\
t".$QuestionType3."\t".$mypage."\t".$ElapsedTime."\t".$REMOTE_ADDR);
```

추가된 변수 내용은 다음과 같다.

```
$NumQuestions: 테스트의 총 질문 수
$QuestionType3: 질문 3의 문제 유형
$mypage: 사용자 정의 변수
$ElapsedTime: 렉토라 내장 변수
$REMOTE_ADDR: PHP 환경 변수
```

파라미터로는 렉토라의 내장 변수 대부분을 사용할 수 있다. PHP의 환경 변수 REMOTE_ADDR은 PHP 스크립트 실행을 요청한 클라이언트의 IP 주소를 표시한다. CGI 프로그램이 로드된 서버의 주소를 알고 싶으면 SERVER_ADDR을, 서버에 설치된 웹 서버 프로그램의 이름과 버전을 알고 싶으면 SERVER_SOFTWARE를 입력한다. 기타 환경 변수에 관한 자세한 내용은 PHP를 참조한다. 테스트 속성 창의 Response 탭에서 Variable to receive response로 지정한 변수로 전달될 CGI 프로그램의 응답을 정의하려면 다음과 같이 코딩한다.

```
if ($Question_0001=="가능하다") {
      echo "check";
} else {
      echo "";
}
```

True/False 질문 유형에 대한 답으로 '가능하다'를 선택했을 때는 check란 문자열을 응답하고 다른 답을 선택했을 때는 빈 문자열을 응답한다. 강좌를 진행하는 입장에서 이것만은 꼭 알아야 한다고 생각하는데 학생들이 전혀 엉뚱한 답을 했을 때는 CGI 프로그램의 응답 결과에 따라 해당 학생에게 리포트를 제출토록 한다거나 특정 페이지로 이동토록 조치할 수 있다. CGI 프로그램이 점수에 따라 다른 문자열을 응답토록 하려면 if 문을 다음과 같이 정의한다.

```
if ($Score>=80) {
      echo "Good";
} else {
      echo "";
}
```

테스트 결과를 CGI 프로그램으로 전송할 때 CGI 프로그램에서 정의할 수 있는 파라미터 이름과 값은 아래의 표와 같다.

파라미터 이름	값
name	학생의 이름
email	학생의 이메일 주소
TestName	테스트 이름
NumQuestion	테스트의 질문 번호
PassingGrade	Lowest Passing Score에 지정한 값
Score	테스트의 총 점수(채점 가능 질문만 있을 때 유효). 테스트 이름이 Test 1인 테스트 점수는 Test_1_Score, 테스트 이름이 Test 2인 테스트 점수는 Test_2_Score, Test1, Test2의 총 점수는 Score
TrueFalse	True/False 유형의 질문: 맞힌 질문 수/전체 질문 수. Grade the Test를 선택한 상태에서 유효.
MultipleChoice	Multiple Choice 유형의 질문: 맞힌 질문 수/전체 질문 수. Grade the Test를 선택한 상태에서 유효.
AllowedTime	Timed test를 선택한 상태에서 Time allowed에 지정한 값
ElapsedTime	테스트를 한 시간 즉, 테스트를 시작하여 끝낼 때까지 걸린 시간.
QuestionX	질문 내용. 질문 1의 내용을 전송하려면 Question1, 질문 2의 내용을 전송하려면 Question2.
AnswerX	질문에 대해 답한 내용. 4개의 옵션 중 하나를 고르는 문제인 경우, 첫 번째 옵션의 내용을 전송하려면 Answer1, 두 번째 옵션의 내용을 전송하려면 Answer2, …, 네 번째 옵션의 내용을 전송하려면 Answer4.
CorrectAnswerX	질문의 정답.

파라미터 이름	값
	질문 1의 정답을 전송하려면 CorrectAnswer1, 질문 2의 정답을 전송하려면 CorrectAnswer2.
QuestionTypeX	질문의 유형. 전송되는 값은 각 유형에 정의된 수치가 된다. True/False=1, Multiple Choice=2, Short Answer=3, Essay=4, Fill in the Blank=5, Matching=6, Drag and Drop=7
QuestionIDX	렉토라 내에서 정의되는 내부 질문 식별명. 90 등으로 표시된다.
SectionX	질문을 포함한 테스트 섹션의 내부 섹션 식별명. 테스트 섹션 1의 식별명을 알려면 Section1, 테스트 섹션 2의 식별명을 알려면 Section2. 101 등으로 표시된다.
TrueFalseSectionY	테스트 섹션에 있는 True/False 유형의 질문: 맞힌 질문 수/전체 질문 수. Grade the Test를 선택한 상태에서 유효. Y는 테스트 섹션의 내부 섹션 식별명을 사용. 테스트 섹션 1의 내부 섹션 식별명이 101이면 TrueFalseSection101과 같이 표시한다.
MultipleChoiceSectionY	테스트 섹션에 있는 Multiple Choice 유형의 질문: 맞힌 질문 수/전체 질문 수. Grade the Test를 선택한 상태에서 유효.

4) CGI 프로그램 및 데이터 저장 파일의 권한 설정

message.txt, testTo.php 파일의 권한 설정은 반드시 다음과 같이 한다.

CGI 프로그램 코드를 제대로 입력했는데도 불구하고 텍스트 파일에 테스트 결과가 나타나지 않는다면 message.txt, test.php 파일의 권한 설정이 잘못된 경우가 대부분이다. 권한 설정이 제대로 되지 않을 때는 서버 관리자의 도움을 받는다.

[참고] CGI 프로그램 ASP Script를 이용하여 테스트 결과를 전송하려면 ASP Script를 다음과 같이 입력한다(test.asp)[2].

```
** -- This script is for example purposes only -- **
<%@ Language=VBScript %>
<%
'Get the parameters posted from the test'
testname=Request.form("TestName")
score=Request.form("Score")
user=Request.form("name")
email=Request.form("email")
numQuestions=Request.form("NumQuestions")
passingGrade=Request.form("PassingGrade")
trueFalse=Request.form( "TrueFalse" )
multipleChoice=Request.form( "MultipleChoice" )
'Validate that this is actually from a Lectora test'
if testname="" Or score="" Or user="" Or email="" Or numQuestions="" Or passingGrade="" Or
trueFalse="" Or multipleChoice="" then
Response.Write "<html>"
Response.Write "<head><title>Failure</title></head>"
Response.Write "<body>"
Response.Write "STATUS=500"
Response.Write "<br>"
Response.Write "Could not parse test results due to a parameter error."
Response.Write "</body></html>"
else
'Write the results to a file'
'This could be a database or any kind of object store, but'
'to keep it simple, we will just use a flat text file'
fileName = "C:\" & testname & ".log"
'Open the results file for append'
Const ForReading = 1, ForWriting = 2, ForAppending = 8
Set objFSO = CreateObject("Scripting.FileSystemObject")
if not objFSO.FileExists(fileName) then objFSO.CreateTextFile(fileName)
Set objInFile = objFSO.OpenTextFile( fileName, ForAppending, True )
'Write the results'
objInFile.WriteLine( Date & ", " & Time & ", " & user & ", " & email & ", " & score )
'Older courses produced by Lectora used a zero based index for the questions (i.e. Question0
is the first question)' 'Newer courses are one based (i.e. Question1 is the first question)'
'determine which one it is'
Dim startIndex
valTemp = Request.form("Question0")
```

[2] Trivantis 사의 도움말에서 참조.

```
if( valTemp="" ) then
startIndex=1 else
startIndex=0 end if
'Write all of the questions and answers'
for i = startIndex to cint(startIndex + numQuestions-1)
nameQ = "Question" + CStr(i)
nameA = "Answer" + CStr(i)
valQ = Request.form(nameQ)
valA = Request.form(nameA)
objInFile.WriteLine( nameQ & ": " & valQ )
objInFile.WriteLine( nameA & ": " & valA )
Next
'Close results file'
objInFile.Close
Set objInFile = Nothing
Set objFSO = Nothing
'The response is optional, it is good for debugging'
Response.Write "<html>"
Response.Write "<head><title>Success</title></head>"
Response.Write "<body>"
Response.Write "STATUS=200"
Response.Write "<br>"
Response.Write "Success."
Response.Write "</body></html>"
end if
%>
```

[참고] CGI 프로그램 Perl Script를 이용하여 테스트 결과를 전송하려면 Perl Script를 다음과 같이 입력한다(test.pl).

```
#!perl
use CGI;
$q = new CGI;
#get the parameters passed to the script
##################
$name = $q->param('name'); $testName = $q->param('TestName');

$numQuestions = $q->param('NumQuestions');
$passingGrade = $q->param('PassingGrade');
$score = $q->param('Score');
if( $testName eq "" || $numQuestions eq "" )
{
print "Content-type: text/html\n\n";
print "<html>";
```

```
print "<head><title>Failure</title></head>";
print "<body>";
print "STATUS=500";
print "<br>";
print "Could not parse test results due to a parameter error.";
print "</body></html>"; exit 0;
}
#####################
#get the current time
#####################
($sec,$min,$hour,$mday,$mon,$year,$wday,$yday,$isdst) = localtime(time);
$year = $year + 1900;
$mon = $mon + 1;
$currtime = "$year-$mon-$mday $hour:$min:$sec";
#####################
#opens test data file for append and write the data
#####################
$testName .= ".log";
open( TESTDATA,">>c:\\$testName" ) or die;
print TESTDATA "$currtime $name $numQuestions $passingGrade $score\n";
#####################
# Older courses produced by Lectora used a zero based index for the questions (i.e. Question0
is the first question)'
# Newer courses are one based (i.e. Question1 is the first question)'
# determine which one it is'
#####################
$startindex = 0;
$temp = $q->param('Question0'); if( $temp eq "" )
{
$startindex = 1;
}
$index = $startindex;
#####################
#Write out all of the questions and answers
#####################
while( $index < ($startindex + $numQuestions) ) {
$qst = "Question$index";
$ans = "Answer$index";
$qval = $q->param( $qst );
$aval = $q->param( $ans );
print TESTDATA "$qst: $qval\n";
print TESTDATA "$ans: $aval\n";
$index += 1;
```

```
}
close TESTDATA;
######################
#reply that it worked
#####################
print $q->header();
print "STATUS=200\r\n";
```

[참고]

Professional Publishing Suite vX.4(7611) 버전은 피드백의 기능을 강화시켜 다양한 피드백 수단을 제공한다.

Feedback method로 Set text block을 선택하면 피드백을 보여 줄 텍스트 블록을 지정할 수 있다.

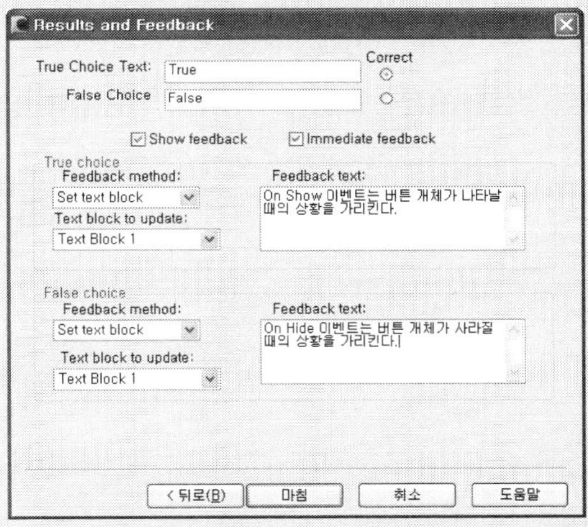

Feedback method로 Perform Action을 선택하면 피드백을 액션으로 설정할 수 있다.

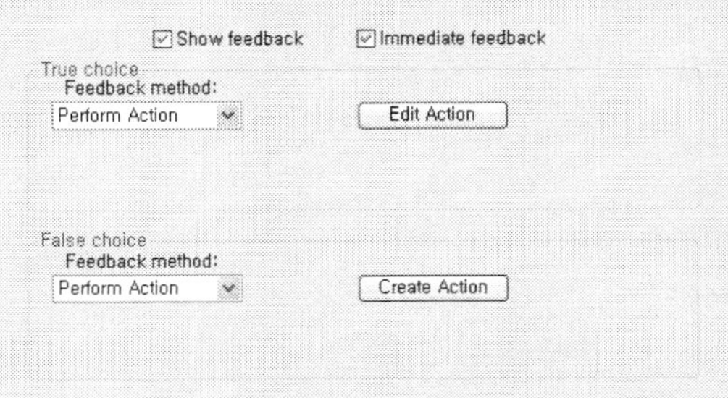

PART

07

변수와 액션 종합편

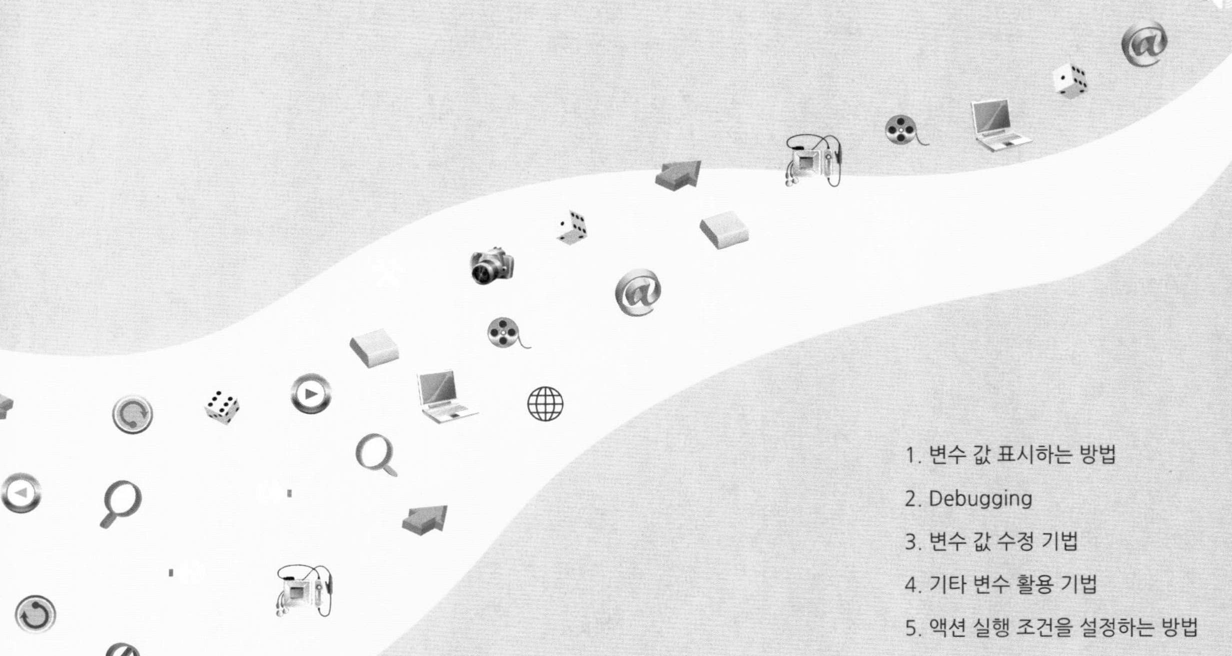

1. 변수 값 표시하는 방법
2. Debugging
3. 변수 값 수정 기법
4. 기타 변수 활용 기법
5. 액션 실행 조건을 설정하는 방법

1. 변수 값 표시하는 방법

렉토라가 제공하는 폼 구성 요소, 테스트 질문, 서베이 질문에 할당된 변수 및 사용자 정의 변수의 값을 파악하려면 Change Contents 액션을 활용한다(▶Title75).

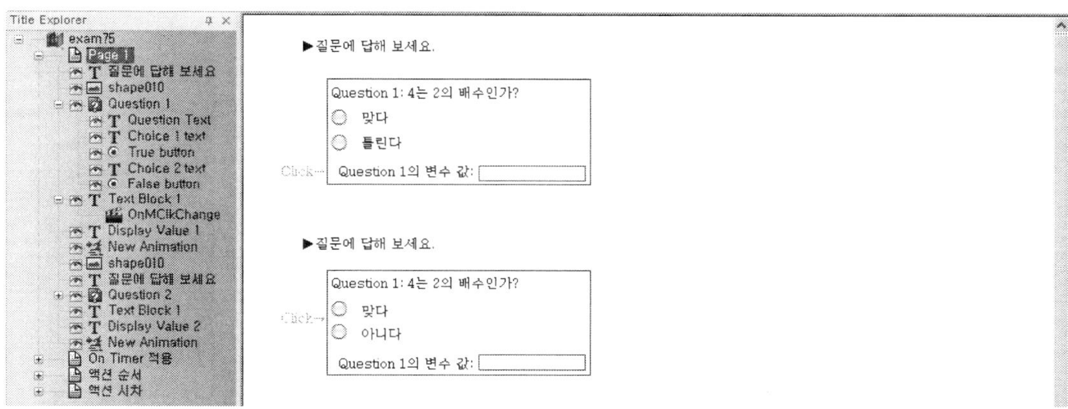

- CGI로 데이터를 전송했을 때 엉뚱한 데이터가 취합되거나, 액션 실행 조건으로 변수를 사용했을 때 액션이 의도한 대로 되지 않을 때에는 Change Contents 액션을 활용하여 디버깅 한다.

Change Contents 액션을 활용하여 변수의 값을 파악하기 위해서는 변수의 값이 표시될 텍스트 블록을 배치할 필요가 있다.
아래의 추리 구조는 True/False 질문 개체 아래에 질문에 할당된 변수 값이 표시될 텍스트 블록을 배치한 예로서 변수 값 파악을 위해 사용되는 가장 전형적인 형태이다.

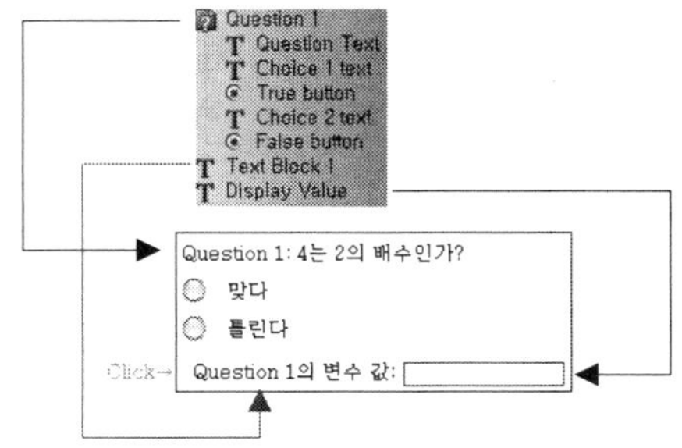

텍스트 블록 왼쪽에 문자열 'Question 1의 변수 값:'을 배치한 것은 텍스트 블록에 표시된 값이 구체적으로 무엇을 나타내는지 알기 위한 수단이다.

- 텍스트 'Question 1의 변수 값:'을 클릭하여 변수의 값을 텍스트 블록에 표시하려면 텍스트 'Question 1의 변수 값:'에 액션 개체를 부착하고, Change Contents 액션을 정의한다.

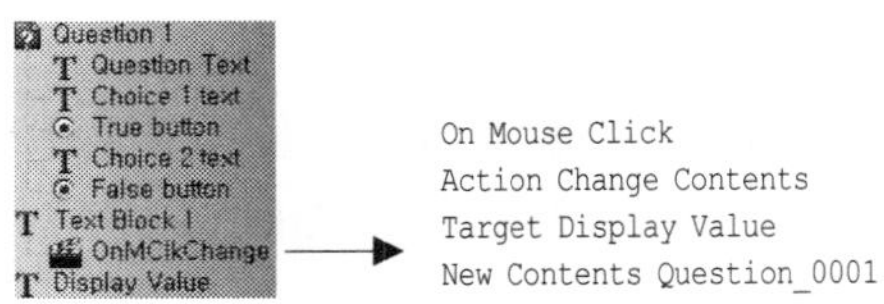

- 질문의 항목 버튼이 클릭될 때 변수의 값을 텍스트 블록에 표시하려면 항목 버튼의 내부에 Change Contents 액션을 정의한다.

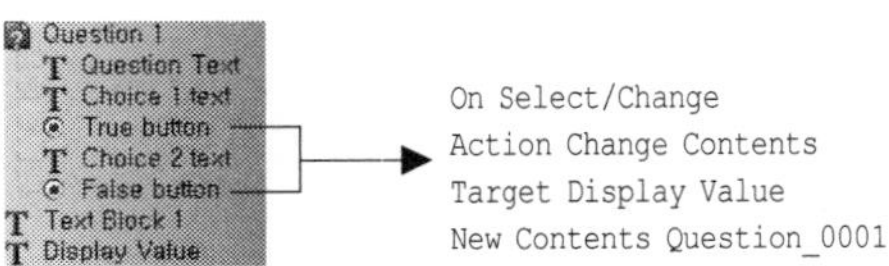

- 질문의 항목 버튼이 클릭될 때 변수의 값을 텍스트 블록에 표시하려면 On Timer 이벤트를 활용할 수도 있다. 여러 개의 질문에 대해 On Timer 이벤트를 적용하려면 Change Contents 액션 개체로 구성된 액션 그룹 개체를 삽입하고 Run Action Group 액션을 실행한다.

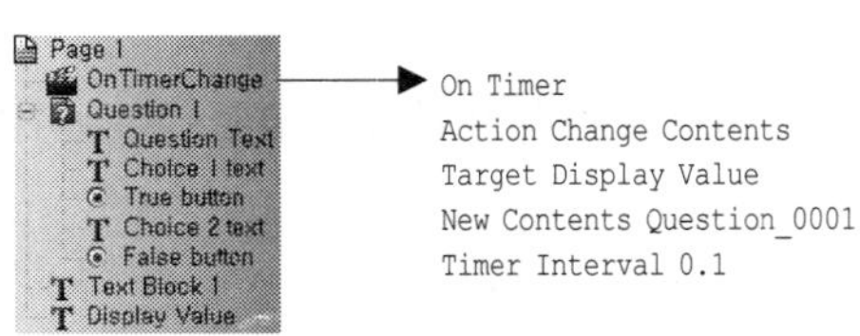

[참고]

On Timer 이벤트는 Timer Interval에 지정한 시간 간격으로 액션이 발생한다. 예제의 액션은 0.1초 간격으로 질문 개체의 변수 값을 보여준다.

Tip Timer Interval에 지정한 시간이 지난 후 액션이 실행된다.

특정 개체에 액션을 여러 개 부착할 때 주의할 점은 다음과 같다.

액션의 순서

아래 그림과 같은 추리 구조하에서는 Text Block 1을 클릭할 때 Action 1이 먼저 발생하고 Action 2가 순서대로 발생한다.

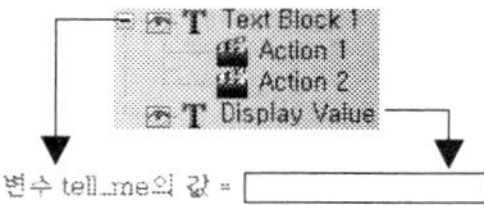

따라서 만약, 변수 tell_me의 값을 1로 변경한 후 변수 tell_me의 값을 텍스트 블록 Display Value에 표시하는 콘텐츠를 제작하려면 변수의 값을 변경하는 액션을 먼저 부착하고, 그 다음 변수의 값을 표시하는 액션을 부착한다.

액션 항목	Text Block 1	
	Action 1	Action 2
On	Mouse Click	Mouse Click
Action	Modify Variable	Change Contents
Target	tell_me	Display Value
Value	1	
Modification Type	Set Variable Contents	
New Contents		tell_me

액션과 시차

- 함께 실행되게 부착된 여러 개의 액션에 시차를 적용하면 부착된 액션의 순서에 의해 액션이 발생하는 것이 아니라, 액션에 설정된 시차의 값에 따라 액션이 발생한다.
  - 예를 들어, 앞 예제의 Action 1에서 액션 발생 지연 시간으로 1초를 설정하였다면 Text Block 1을 클릭했을 때 텍스트 블록 Display Value에는 0의 값이 표시된다. 즉, Action 2가 먼저 발생하고 1초 후 Action 1이 발생한다.

- 액션의 타깃에 트랜지션 효과를 주었을 때는 트랜지션 발생 시간을 함께 고려하여 액션을 설정한다.

Text Block 1에 부착된 액션 개체의 내용을 다음과 같이 수정한다면, 텍스트 블록 Text Block 1을 클릭할 때 텍스트 블록 Display Value에는 0이 표시되었다가 2초 후 1이 표시된다.

- 텍스트 블록 Diaplay Value에 변수 tell_me의 변경 전 값(0)을 표시한다.
- 변수 tell_me의 값을 1로 변경한다.

- 2초 후 텍스트 블록 Diaplay Value에 변수 tell_me의 변경 후 값(1)을 표시한다.

텍스트 블록 Display Value의 Transition In 속성을 Box In으로 지정하고 트랜지션 속도를 느리게 하는 경우 변수 tell_me의 변경 후의 값만 표시되고 변경 전의 값은 표시되지 않는다. 즉, 변수 tell_me의 변경 전의 값이 표시된 텍스트 블록 Display Value가 화면에 나타나는 시간이 2초 이상 걸리기 때문이다.
따라서 텍스트 블록 Display Value의 트랜지션 효과가 발생한 후 변수 tell_me의 변경 전의 값을 보여주고 2초 후 변경 후의 값을 보여주려면 트랜지션 발생 시간을 고려하여 액션 발생 시점을 설정한다.

- 3초 후 텍스트 블록 Display Value에 변수 tell_me의 변경 전 값(0)을 표시한다.
- 3.1초 후 변수 tell_me의 값을 1로 변경한다.
- 5.1초 후 텍스트 블록 Display Value에 변수 tell_me의 변경 후 값(1)을 표시한다.

✎ 화면이 열리는 순간 즉, 텍스트 블록 Display Value의 트랜지션이 진행될 때 텍스트 블록 Text Block 1을 클릭하여 확인한다.

2, Debugging

액션이 제대로 작동하지 않는 콘텐츠를 제작하고 콘텐츠가 왜 제대로 작동하지 못하는지 보여주려면, 혹은 Run Mode에서는 작동되지만 웹에서는 작동되지 않는 콘텐츠의 문제점을 파악하려면 Debugging 기능을 활용한다.

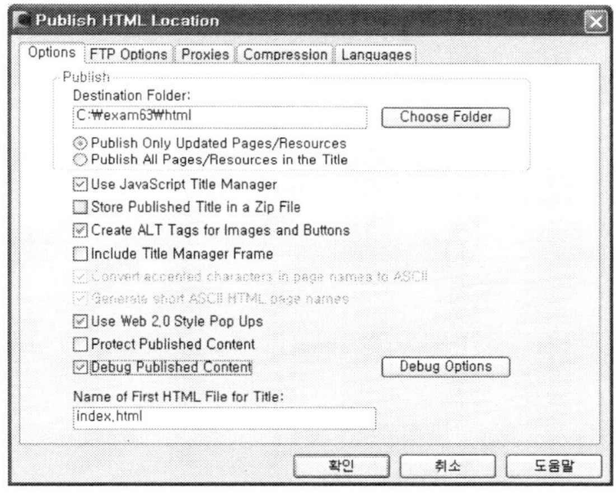

이 기능을 활용하면 액션의 실행 여부 및 그 순서를 확인할 수 있어 출판된 타이틀에서 발견될 수 있는 애매한 결함을 쉽게 수정 처리할 수 있다.

- Debugging 기능을 사용하려면 타이틀을 HTML 유형으로 출판할 때 Debug Published Content 옵션을 선택한다. 그러면 타이틀 출판과 함께 trivantisdebug.html 파일이 생성된다.

Debugging 기능을 제공하는 콘텐츠를 제작하려면 먼저, 콘텐츠의 내용을 상세히 설명해야 한다.

- 콘텐츠에 포함된 미디어 개체와 액션 개체의 이름을 구체적으로 밝힌다.
- 미디어 개체 내부에 정의된 혹은 부착된 액션의 내용과 필요하면 그 이름을 밝힌다.
- 타이틀이 열리면서 함께 열린 trivantisdebug.html 문서를 보게 지시한다.

Debugging 기능을 제공하는 콘텐츠를 웹에 올린 장면은 다음과 같다.

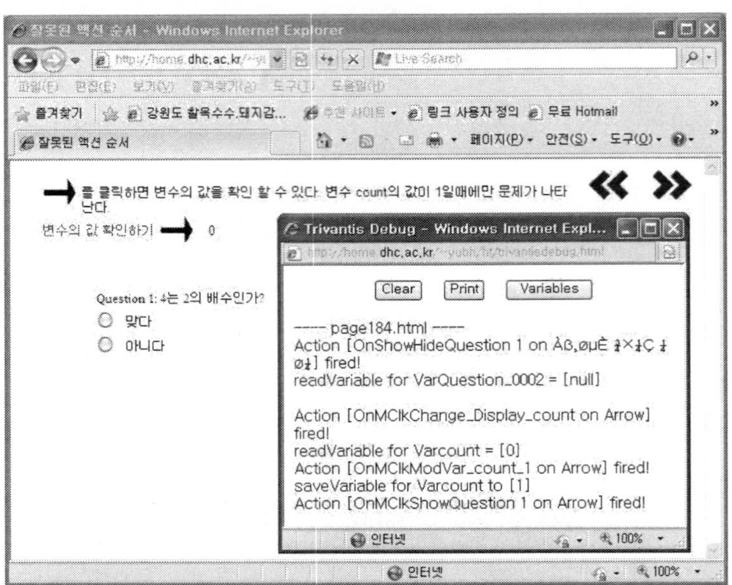

Trivantis Debug 창을 보면 Change Contents 액션이 발생할 때 변수 count의 값이 0으로 읽힌 다음 Modify Variable 액션에 의해 1로 저장됨을 볼 수 있다.

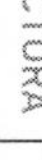

3. 변수 값 수정 기법

폼 구성 요소 변수, 서베이 질문 변수의 값 변경

폼 구성 요소 중 라디오 버튼 그룹, 체크 박스, 서베이 질문 중 Hotspot, Likert의 변수 값을 변경하면 전송된 변수의 값을 식별하는 데 있어 많은 도움이 된다(▶Title76).

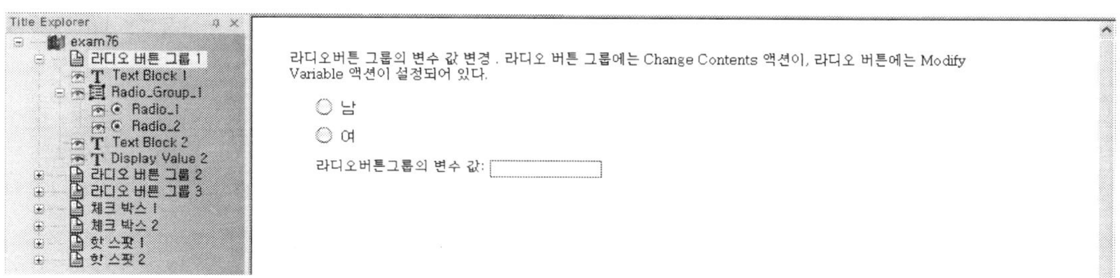

[참고]

폼의 입력 필드, 드롭다운 리스트, 리스트 박스의 변수 값과 테스트/서베이의 True/False, Multiple Choice, Fill in the Blank, Short Answer, Essay, Likert, Likert Table, Ordinal 질문 변수의 값들은 화면에 나타나는 값 그대로 전송된다.

테스트 변수의 값은, 비록 Modify Variable 액션으로 그 값을 변경할 수 있을지라도, 절대 변경해서는 안된다. 왜냐하면 변경된 변수의 값은 오답으로 처리되기 때문이다.

- 변수의 값을 변경하려면 Modify Variable 액션을 사용한다.

라디오 버튼 그룹

라디오 버튼 그룹의 변수 값은 선택한 라디오 버튼의 이름이다. 즉, '남'을 선택하면 Radio_1, '여'를 선택하면 Radio_2가 변수 값이 된다(라디오 버튼 그룹 1 참조).

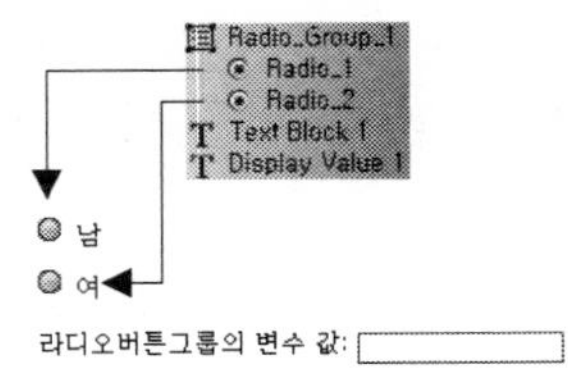

선택 항목	라디오 버튼 이름	라디오 버튼 그룹		
		이름	변수 이름	변수 값
남	Radio_1	Radio_Group_1	RadioGroup_0001	Radio_1
여	Radio_2			Radio_2

- 라디오 버튼 그룹에 포함된 라디오 버튼 개체의 이름은 Name 필드에서 확인할 수 있다. 개체 이름은 렉토라가 개체를 관리할 때 사용된다. Label 필드의 문자열은 화면상에서 개체를 인식하는 데 사용된다는 점을 주의하자.

라디오 버튼 그룹에 포함된 라디오 버튼을 클릭할 때 라디오 버튼 그룹의 변수 값을 변경하려면 Modify Variable 액션을 활용한다. 새롭게 변경할 변수의 값은 Value 필드에서 지정한다(라디오 버튼 그룹 2 참조).

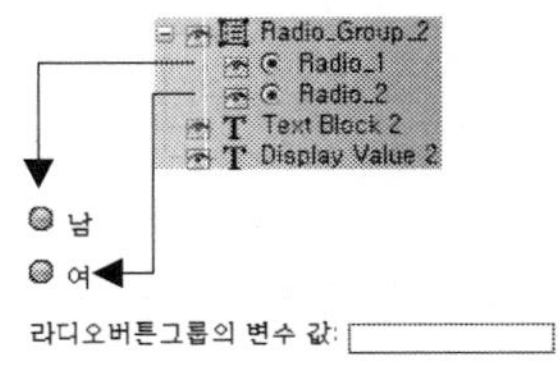

액션 항목	Radio_Group_2		
	내장 액션	Radio_1(내장 액션)	Radio_2(내장 액션)
On	Select/Change		
Action	Change Contents	Modify Variable	
Target	Display Value 2	RadioGroup_0002	
Value		남자	여자
Modification Type		Set Variable Contents	
New Contents	RadioGroup_0002		

동일한 액션을 Run Action Group에 의해 정의할 수도 있다(라디오 버튼 그룹 3 참조).

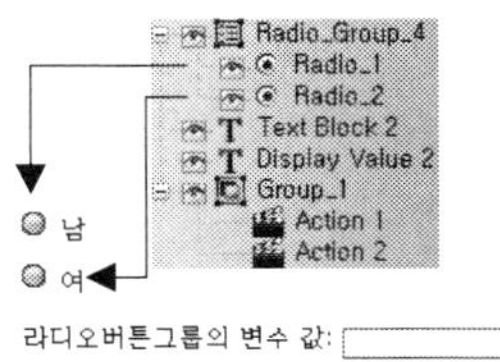

액션 항목	Radio_Group_4	Group_1	
	내장 액션	Action 1	Action 2
On			
Action	Run Action Group	Modify Variable	Change Contents
Target	Group_1	RadioGroup_0004	Display Value 2
Value		남자	
Modification Type		Set Variable Contents	
New Contents			RadioGroup_0004
		Condition	
		RadioGroup_0004 Contains Radio_1	
		Else	
Action		Modify Variable	
Target		RadioGroup_0004	
Value		여자	
Modification Type		Set Variable Contents	

체크 박스

체크 박스를 선택했을 때의 변수 값은 on이다. 즉, '축구'를 선택하면 CheckBox_1의 변수 값은 on이 되고, '유도'를 선택하면 CheckBox_2의 변수 값이 on이 된다(체크 박스 1 참조).

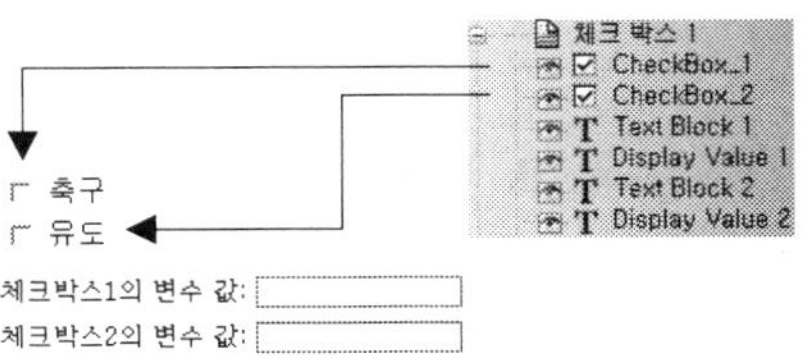

선택 항목	체크 박스 이름	변수 이름	변수 값	
축구	CheckBox_1	Checkbox_0001	선택	on
			해제	
유도	CheckBox_2	Checkbox_0002	선택	on
			해제	

체크 박스의 변수 값을 변경하려면 Modify Variable 액션을 활용한다. 체크 박스 변수 값을 변경하는 경우 Modify Variable 액션의 Target은 체크 박스의 변수 이름 Checkbox_0001, Checkbox_ 0002, …가 된다(체크 박스 2 참조).

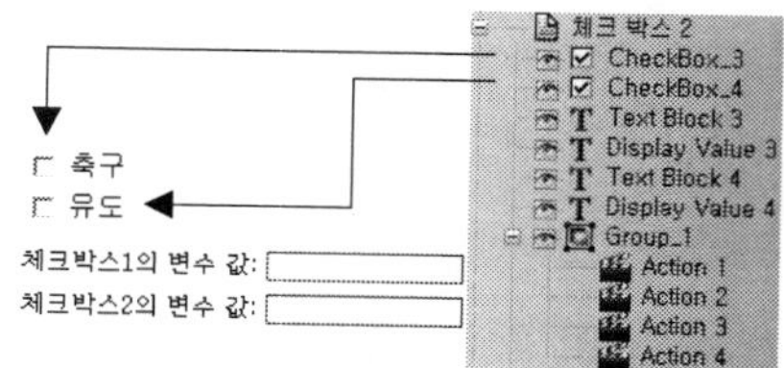

액션 항목	CheckBox_3	CheckBox_4
	내장 액션	내장 액션
On	Select/Change	
Action	Run Action Group	
Target	Group_1	

액션 항목	Group_1			
	Action 1	Action 2	Action 3	Action 4
On				
Action	Modify Variable		Change Contents	
Target	Checkbox_0003	Checkbox_0004	Display Value 3	Display Value 4
Value	축구	유도		
Modification Type	Set Variable Contents			
New Contents			Checkbox_0003	Checkbox_0004
Condition	Checkbox_0003 Equal To on	Checkbox_0004 Equal To on		

핫 스팟

핫 스팟 버튼을 선택했을 때의 변수 값은 0, 1, 2, … 등이 된다. 즉, 첫 번째 놓인 핫 스팟 버튼을 선택하면 변수 값은 0이 되고, 두 번째 놓인 핫 스팟 버튼을 선택하면 변수 값은 1이 된다(핫 스팟 1 참조).

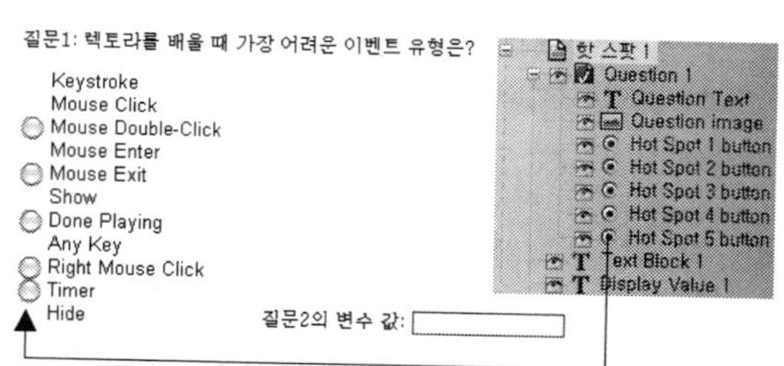

선택 항목	변수 값
Mouse Double-Click	0
Mouse Exit	1
Done Playing	2
Right Mouse Click	3
Timer	4

핫 스팟의 변수 값을 변경하려면 Modify Variable 액션을 활용한다. 서베이 질문 변수의 값을 변경하는 경우 Modify Variable 액션의 Target은 질문 변수의 이름 즉, Question_0001, Question_ 0002, …가 된다(핫 스팟 2 참조).

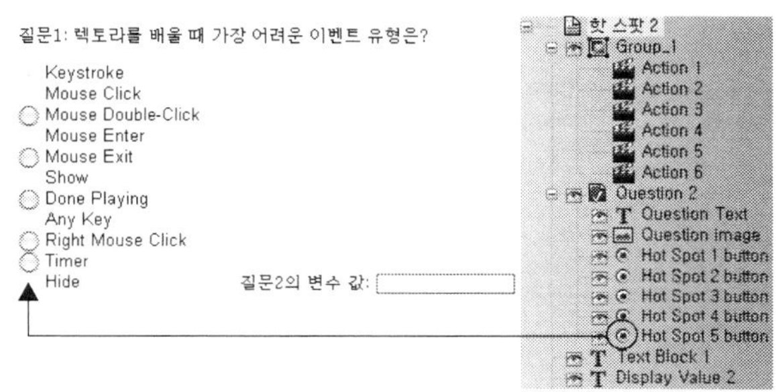

액션 항목	Hot Spot n Button*	Group_1	
	내장 액션	Action 1	Action 2
On	Select/Change		
Action	Run Action Group	Modify Variable	Modify Variable
Target	Group_1	Question_0002	Question_0002
Value		Mouse Double-Click	Mouse Exit
Modification Type		Set Variable Contents	
		Condition	
		Question_0002 Equal To 0	Question_0002 Equal To 1

액션 항목	Group_1			
	Action 3	Action 4	Action 5	Action 6
On				
Action	Modify Variable	Modify Variable	Modify Variable	Change Contents
Target	Question_0002	Question_0002	Question_0002	Display Value 2
Value	Done Playing	Right Mouse Click	Timer	
Modification Type	Set Variable Contents			
	Condition	Condition	Condition	
	Question_0002 Equal To 2	Question_0002 Equal To 3	Question_0002 Equal To 4	
New Contents				Question_0002

*: n은 1, 2, 3, 4, 5. 모든 Hot Spot Button에는 동일 액션을 설정한다.

4. 기타 변수 활용 기법

변수 값을 n만큼씩 변경하는 기법

변수의 값이 3이 될 때 어떤 액션을 실행하려고 한다. 수 증감 버튼을 클릭하여 변수의 값을 변경되게 하려면 Modify Variable 액션의 Modification Type으로 수를 증가시키는 버튼에는 Add to Variable을, 수를 감소시키는 버튼에는 Subtract from Variable을 지정한다(▶Title77).

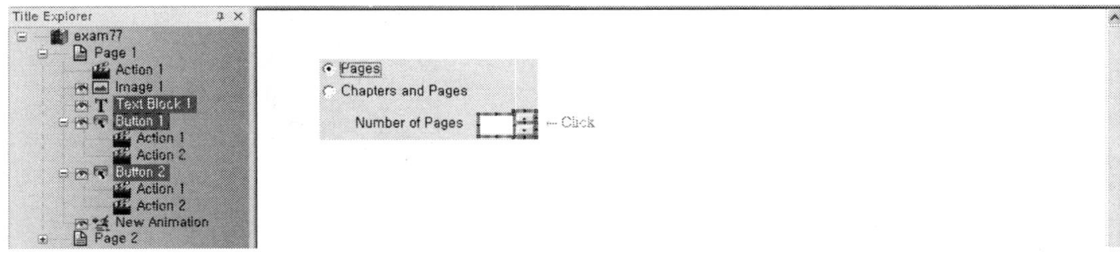

콘텐츠의 구성 요소는 다음과 같다.

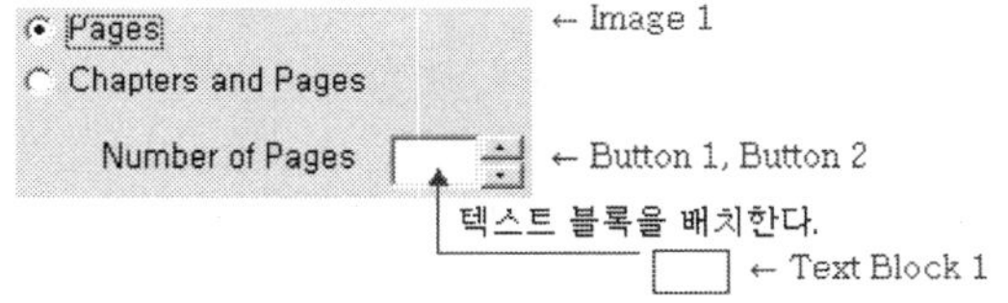

이러한 콘텐츠를 제작하려면 수치가 표시되는 부분의 내용을 깨끗이 없앤 후 그 부분에 텍스트 블록을 배치하고 페이지 개체 아래에 텍스트 블록의 초기 값을 표시하는 액션을 추가한다. 텍스트 블록의 문단 모양, 여백을 적절하게 조정한다. 페이지 개체 아래에는 Change Contents 액션을 설정하여 화면이 열릴 때 변수 num_page의 값이 Text Block 1에 표시되도록 한다.

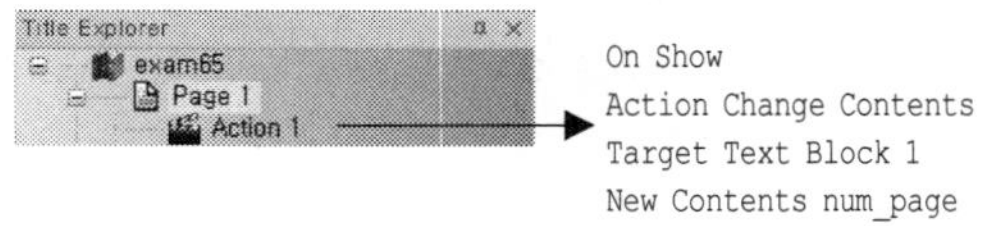

사용자 변수 num_page는 5의 초기 값을 지닌다. 즉, 페이지가 열리자마자 텍스트 블록 1에는 5의 값이 표시된다. Button 1, Button 2에 설정된 액션은 다음과 같다.

액션 항목	Button 1		
	내장 액션	Action 1	Action 2
On	Click	Mouse Click	Mouse Click
Action	Modify Variable	Change Contents	Display Message
Target	num_page	Text Block 1	Standard Message Window
Value	1		
Modification Type	Add to Variable		
New Contents		num_page	
Message to Display			Next 버튼을 클릭하세요.
			Condition
			num_page Equal To 3

액션 항목	Button 2		
	내장 액션	Action 1	Action 2
On	Click	Mouse Click	Mouse Click
Action	Modify Variable	Change Contents	Display Message
Target	num_page	Text Block 1	Standard Message Window
Value	1		
Modification Type	Subtract from Variable		
New Contents		num_page	
Message to Display			Next 버튼을 클릭하세요.
	Condition		Condition
	num_page Greater Than 0		num_page Equal To 3

- Button 1을 클릭하면 변수 num_page의 값을 1씩 더한 상태로 변경하고, Button 2를 클릭하면 변수 num_page의 값을 1씩 뺀 상태로 변경한다.
- Button 2를 클릭할 때에는 변수 num_page의 값이 0보다 적게 되는 것을 방지하기 위해 조건 num_page Greater Than 0을 설정한다.
- 변수 num_page의 값이 3일 때만 메시지 창이 열리게 조건을 num_page Equal To 3으로 설정한다.

변수의 값이 n 배수인지 판단하는 기법

입력 필드에 입력한 값이 5의 배수이면 '5의 배수입니다.'란 메시지가 텍스트 블록에 표시되도록 해 보자(▶Title77).

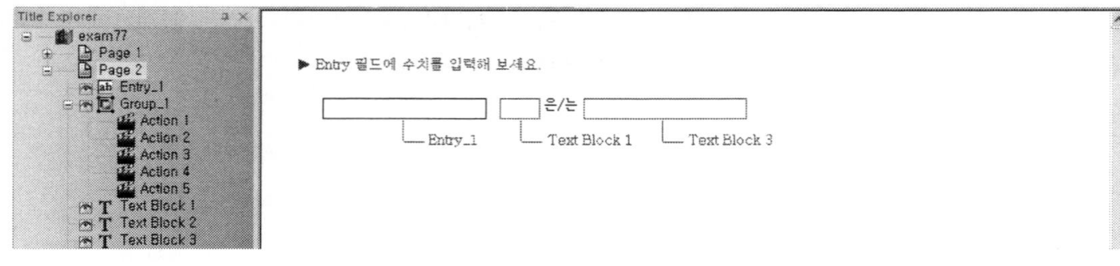

- 입력 필드에 값을 입력하면 Run Action Group을 실행하게 한다.
  - 입력 필드에 입력한 값은 Text Block 1에 그대로 반영되어야 하며, 또한 그 값이 n의 배수인지 아닌지를 Text Block 3에 표시해야 한다. 입력 필드 내부에는 액션을 하나밖에 설정하지 못하므로 여러 개의 액션 개체로 구성된 액션 그룹을 정의하고 Run Action Group을 실행한다.

- 입력 필드에 값을 입력할 때 입력 필드의 값이 텍스트 블록에 그대로 반영되게 하려면 Change Contents 액션을 활용한다. 또한 입력한 값이 n의 배수인지를 판단하기 위해서는 다음과 같이 한다.
  - 변수 num_divid를 정의하고 이 변수에 입력 필드의 값을 저장한다.
  - 변수 num_divid의 값을 n으로 나눈 상태로 변경한다.

- Text Block 3에는 변수 display_num의 값을 이용하여 입력 필드에 입력한 수치가 n의 배수인지 아닌지를 표시한다. 텍스트 블록에 표시되는 변수 display_num의 값은 변수 num_divid의 값에 따라 달라진다.
  - 변수 num_divid의 값이 소수점을 포함하지 않고 동시에 0과 같지 않으면 변수 display_num의 값은 '5의 배수입니다.'
  - 변수 num_divid의 값이 소수점을 포함하면 변수 display_num의 값은 '5의 배수가 아닙니다.'

입력 필드 Entry_1과 액션 그룹 개체 Group_1에 설정된 액션은 다음과 같다.

액션 항목	Entry_1	Group_1	
	내장 액션	Action 1	Action 2
On	Select/Change		
Action	Run Action Group	Change Contents	Modify Variable
Target	Group_1	Text Block 1	num_divid
Value			VAR(Entry_0001)
Modification Type			Set Variable Contents
New Contents		Entry_0001	

액션 항목	Group_1		
	Action 3	Action 4	Action 5
On			
Action	Modify Variable	Modify Variable	Change Contents
Target	num_divid	disply_num	Text Block 3
Value	5	5의 배수입니다.	
Modification Type	Divide Variable By	Set Variable Contents	
New Contents			disply_num
Condition		All of the Following	
		num_divid Does Not Contain .	
		num_divid Not Equal To 0	

예제 콘텐츠 제작에 사용된 방법을 유심히 살필 필요가 있다.

- 변수 num_divid의 값을 입력 필드의 값으로 변경한 후 변수 num_divid의 값을 n으로 나눈다.
- Modify Variable 액션에서 타깃 변수의 값을 어떤 변수의 값으로 변경하려면 Value 필드에 var(변수) 형식으로 입력한다.
- 변수의 값을 n으로 나눈 값으로 변경하려면 Modification Type으로 Divide Variable By를 지정한다.
- 변수의 값이 5의 배수인지를 판단하기 위해 변수의 값이 소수점(.)을 포함하고 있는지 검사한다. 즉, 변수의 값을 5로 나눈 결과가 변수 num_divid에 저장되어 있으므로 그 값이 소수점을 포함하고 있다면 5의 배수가 아니라고 판단한다.
- 판단 결과에 따라서 Text Block 3에 표시되는 문자열은 달라진다.

변수의 값을 n배씩 변경하는 기법

다음 이미지를 클릭하면, 이미지의 X 좌표 값에 0.4를 곱한 만큼 이미지를 왼쪽으로 이동시킨다(▶Title78).

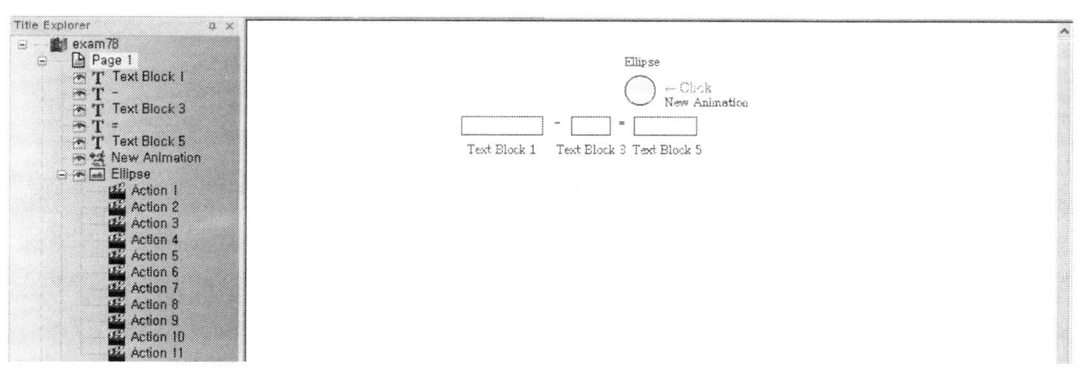

개체 Ellipse에 설정된 액션은 다음과 같다.

액션 항목	Ellipse		
	Action 1	Action 2	Action 3
On	Show	Mouse Click	Mouse Click
Action	Modify Variable	Change Contents	Modify Variable
Target	x_pos	Text Block 1	copy_x_pos
Value	363		VAR(x_pos)
Modification Type	Set Variable Contents		Set Variable Contents
New Contents		x_pos	

- 페이지가 열릴 때 변수 x_pos의 값을 이미지의 X 좌표 값 363으로 지정한다.

이미지 Ellipse의 좌표는 개체 속성 창의 Position and Size 탭을 참조한다.

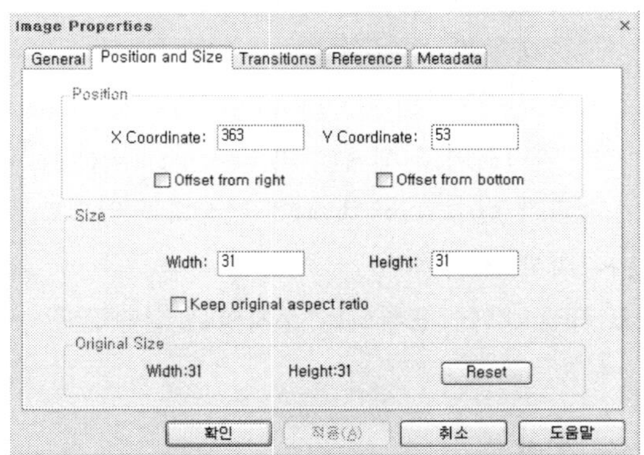

- Text Block 1에 변수 x_pos의 값을 표시한다.
  - 추리 구조상에서의 Change Contents 액션의 순서를 유의한다. 즉, 이미지의 X 좌표 값이 변경되기 전의 좌표 값이 텍스트 블록에 나타나게 한다.

- 변수 x_pos의 값을 변수 copy_x_pos에 저장한다.
  - 변수 copy_x_pos의 값은 이미지의 수평 이동 거리를 계산하기 위해 정의한다.

액션 항목	Ellipse		
	Action 4	Action 5	Action 6
On	Mouse Click	Mouse Click	Mouse Click
Action	Modify Variable	Modify Variable	Modify Variable
Target	copy_x_pos	x_pos	ani_x_pos
Value	0.4	VAR(copy_x_pos)	VAR(x_pos)
Modification Type	Multiply Variable By	Subtract from Variable	Set Variable Contents

Action 4에서 Action 9까지는 이미지를 클릭할 때마다 copy_x_pos의 값에 0.4를 곱한 값만큼 이미지와 애니메이션 개체를 이동하게 한다.

- 변수 copy_x_pos의 값에 0.4를 곱한 값을 변수 copy_x_pos에 저장한다.
- 변수 x_pos의 값에서 변수 copy_x_pos의 값을 뺀 값을 변수 x_pos에 저장한다.

  – 이미지의 최초 X 좌표 값은 변수 x_pos에 의해 벌써 Text Block 1에 표시되었음을 상기하자. 변수 x_pos는 이미지가 이동한 후의 이미지의 X 좌표 값을 가리킨다.

- 변수 x_pos의 값을 변수 ani_x_pos에 저장한다.

애니메이션 개체를 이미지와 함께 이동하게 하기 위해 애니메이션 개체의 좌표 값을 활용한다.

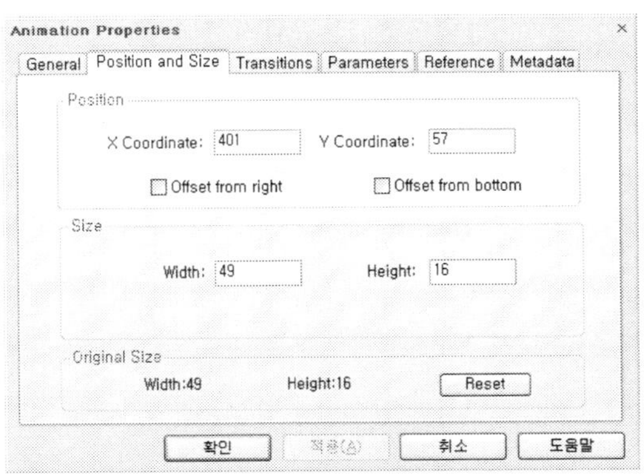

액션 항목	Ellipse		
	Action 7	Action 8	Action 9
On	Mouse Click	Mouse Click	Mouse Click
Action	Modify Variable	Move To	Move To
Target	ani_x_pos	Ellipse	New Animation
Value	40		
Modification Type	Add to Variable		
X/Y Coordinate		VAR(x_pos)/53	VAR(ani_x_pos)/57

• 이미지 개체의 Y 좌표 값은 그대로 유지한 상태에서 변수 x_pos의 값 위치로 이미지를 수평 이동한다.
• 애니메이션 개체의 Y 좌표 값은 그대로 유지한 상태에서 변수 ani_x_pos의 값 위치로 애니메이션을 수평 이동한다.

액션 항목	Ellipse	
	Action 10	Action 11
On	Mouse Click	Mouse Click
Action	Change Contents	Change Contents
Target	Text Block 3	Text Block 5
New Contents	copy_x_pos	x_pos

• Text Block 3에 변수 copy_x_pos의 값을 표시한다.
• Text Block 5에 변수 x_pos의 값을 표시한다.

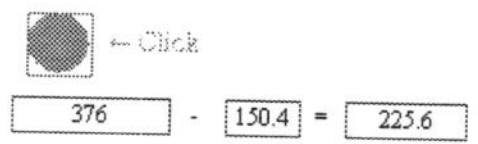

분수의 값을 계산하는 기법

분자의 값이 주어질 때 분모의 값을 입력하면 그 결과가 자동으로 텍스트 블록에 나타난(▶Title78).

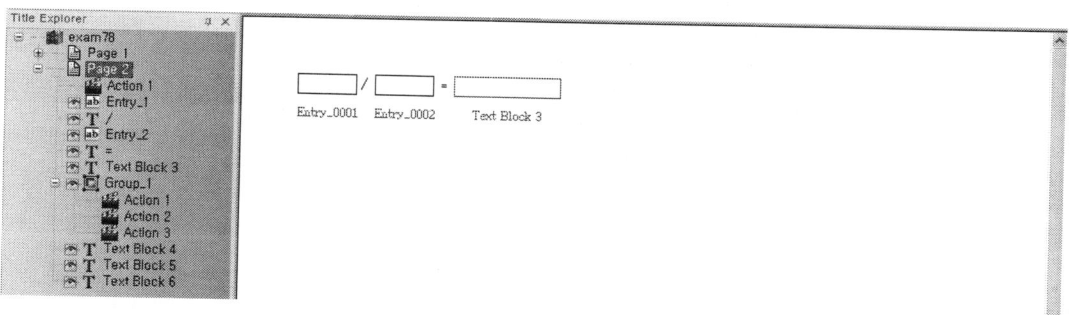

• 분수를 구성하는 분자, 분모 자리에는 입력 필드를 배치한다.
  - 분자에는 입력 필드 Entry_0001을 배치한다.
  - 분모에는 입력 필드 Entry_0002를 배치한다.

• 입력 필드 Entry_0002에 값을 입력/변경하면 Run Action Group 액션이 실행되도록 한다.

• 페이지가 열릴 때 Change Contents 액션에 의해서 분자 자리(Entry_0001)에 수치가 나타나도록 한다. 수치는 변수 numerator의 값이 된다. Change Contents 액션은 페이지 개체 아래에 부착한다.

액션 항목	Page 2
	Action 1
On	Show
Action	Change Contents
Target	Entry_1
New Contents	numerator

사용자 변수 numerator는 랜덤 변수로서 1에서 10까지의 값을 지닌다. 즉, 페이지가 열리자마자 Entry_1에는 1에서 10까지의 정수가 표시된다. 한번 표시된 수치는 페이지를 새로 열지 않는 한 변경되지 않는다.

Tip 랜덤 변수가 취할 수 있는 값은 정수에 한정된다.

[참고]

사용자 변수를 랜덤 변수로 정의하려면 Random initial value 옵션을 클릭한다.

Variable Name: numerator

Min Value: 1 Max Value: 10

☐ Retain variable value between sessions

☑ Random initial value

분모 자리(Entry_0002)의 입력 필드에 수치를 입력하면 액션 개체 Group_1이 실행된다.

- 변수 numerator의 값을 Entry_0001에 입력된 값으로 저장한다.
- 변수 numerator의 값을 Entry_0002에 입력된 값으로 나누고 그 결과를 변수 numerator에 저장한다.
- 변수 numerator의 값을 Text Block 3에 표시한다.

액션 항목	Entry_2	Group_1		
	내장 액션	Action 1	Action 2	Action 3
On	Select/Change			
Action	Run Action Group	Modify Variable	Modify Variable	Change Contents
Target	Group_1	numerator	numerator	Text Block 3
Value		VAR(Entry_0001)	VAR(Entry_0002)	
Modification Type		Set Variable Contents	Divide Variable By	
New Contents				numerator

계산 결과를 정수로 변환하는 기법(▸Title79)

정수로 변환하는 방법에는 두 가지가 있다.

- 소수점 자리가 .5 이상인 경우 반올림하는 방법
- 소수점 자리의 수에 관계없이 무조건 소수점 이하의 수치를 절삭하는 방법

이들 방법은 소수점 자리가 지저분하게 나타날 때 소수 자리를 없앨 목적으로 혹은 좁은 공간에 수치를 모두 나타내지 못할 때 수치를 나타낼 목적으로 사용한다.

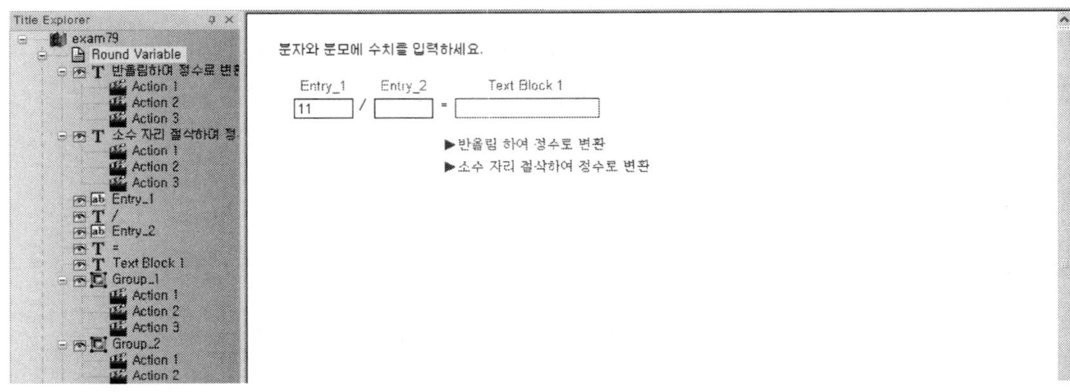

Entry_1은 초기 값을 11로 지정한다.

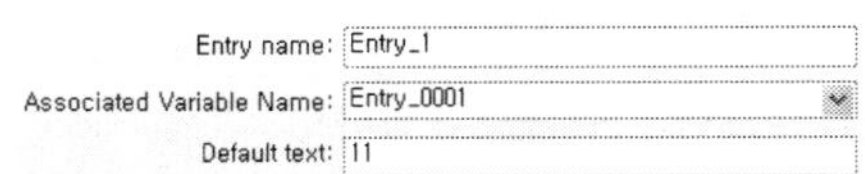

- 반올림하여 정수로 변환하려면 Modification Type을 Round Variable로 지정한다.
- 소수점 아래의 수치를 절삭하여 정수로 변환하려면 Modification Type을 Round Down Variable로 지정한다.
- 분모(Entry_2)를 클릭하여 수치를 입력하면 Group_1 액션이 실행되게 한다.
- '반올림하여 정수로 변환' 텍스트 버튼을 클릭하면 최초의 계산 값을 변수 new_result에 저장하게 Group_2 액션을 실행하고, 수치를 반올림하여 그 결과를 Text Block 1에 표시한다.

액션 항목	Entry_2	반올림하여 정수로 변환		
	내장 액션	Action 1	Action 2	Action 3
On	Select/Change	Mouse Click	Mouse Click	Mouse Click
Action	Run Action Group	Run Action Group	Modify Variable	Change Contents
Target	Group_1	Group_2	new_result	Text Block 1
Value				
Modification Type			Round Variable	
New Contents				new_result

액션 항목	Group_1		
	Action 1	Action 2	Action 3
On			
Action	Modify Variable	Modify Variable	Change Contents
Target	new_result	new_result	Text Block 1
Value	VAR(Entry_0001)	VAR(Entry_0002)	
Modification Type	Set Variable Contents	Divide Variable By	
New Contents			new_result

- 분자(Entry_1)에 입력한 값을 변수 new_result에 저장한다.
- 변수 new_result를 분모(Entry_2)에 입력한 값으로 나눈다.
- 변수 new_result의 값을 Text Block 1에 표시한다.

- '소수 자리 절삭하여 정수로 변환' 텍스트 버튼을 클릭하면 최초의 계산 값을 변수 new_result에 저장하게 Group_2 액션을 실행하고, 수치의 소수점 이하를 절삭하여 그 결과를 Text Block 1에 표시한다.

액션 항목	소수 자리 절삭하여 정수로 변환		
	Action 1	Action 2	Action 3
On	Mouse Click	Mouse Click	Mouse Click
Action	Run Action Group	Modify Variable	Change Contents
Target	Group_2	new_result	Text Block 1
Value			
Modification Type		Round Down Variable	
New Contents			new_result

액션 항목	Group_2	
	Action 1	Action 2
On		
Action	Modify Variable	Modify Variable
Target	new_result	new_result
Value	VAR(Entry_0001)	VAR(Entry_0002)
Modification Type	Set Variable Contents	Divide Variable By

입력 필드에 소수를 입력하면 '정수로 입력하세요.'라는 메시지를 보여주는 방법(▸Title80)

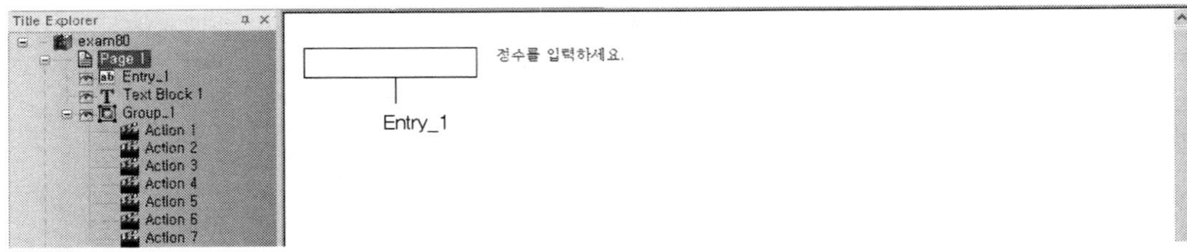

이러한 유형의 콘텐츠는 Modify Variable, Change Contents 액션에 의해 구현할 수 있다.

액션 항목	Entry_1	Group_1		
	내장 액션	Action 1	Action 2	Action 3
On	Select/Change			
Action	Run Action Group	Modify Variable	Modify Variable	Modify Variable
Target	Group_1	result	temp1	temp1
Value		VAR(Entry_0001)	VAR(result)	
Modification Type		Set Variable Contents	Set Variable Contents	Round Down Variable

액션 항목	Group_1			
	Action 4	Action 5	Action 6	Action 7
On				
Action	Modify Variable	Modify Variable	Modify Variable	Show
Target	temp2	temp3	temp3	Text Block 1
Value	VAR(temp1)	VAR(result)	VAR(temp2)	
Modification Type	Set Variable Contents	Set Variable Contents	Subtract from Variable	
				Condition
				All of the Following
				temp3 Less Than 1
				temp3 Contains .
				Else
Action				Hide
Target				Text Block 1

– Text Block 1의 Initially Visible 속성을 해제하여 화면에 나타나지 않도록 한다.

Modify Variable의 Modification Type에 대한 구체적 내용은 Title100을 참조한다. 변수 temp3은 소수 부분만 포함한다. 액션에서 눈여겨 볼 부분은 Action 7의 조건 설정이다. 변수 temp3은 1보다 작고 소수점(.)을 포함할 때에만 액션이 실행되도록 한다.

입력 필드에 n을 입력하면 1부터 n까지 더해주는 방법(▶Title80).

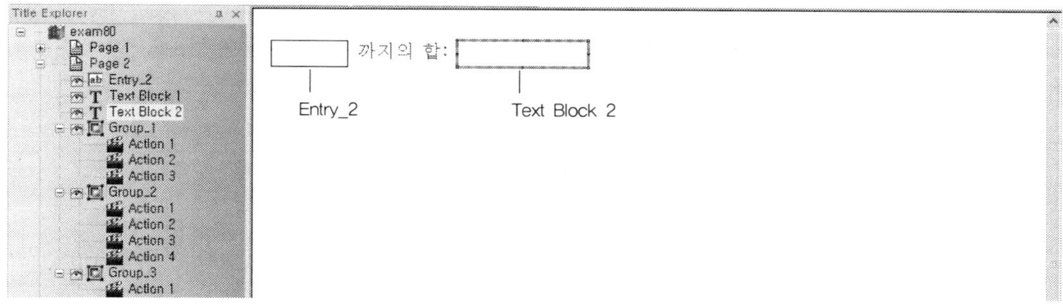

입력 필드에 입력한 값까지 더해주는 콘텐츠는 반복문 for()를 이용한다. 렉토라에서 for() 문을 구현하려면 Run Action Group을 활용한다.

예제 콘텐츠는 세 개의 액션 그룹으로 구성되어 있다. Entry_2에 입력한 값까지의 합은 액션 그룹 Group_2와 Group_3을 이동하며 구한다.

액션 항목	Entry_2	Group_1		
	내장 액션	Action 1	Action 2	Action 3
On	Select/Change			
Action	Run Action Group	Modify Variable	Modify Variable	Run Action Group
Target	Group_1	i	num	Group_2
Value		0	0	
Modification Type		Set Variable Contents	Set Variable Contents	

- Entry_2에 수를 입력하면 액션 그룹 Group_1을 실행한다.
- 액션 그룹 Group_1은 변수 i, num의 값을 0으로 설정하고 액션 그룹 Group_2를 실행한다.

액션 항목	Group_2				Group_3
	Action 1	Action 2	Action 3	Action 4	Action 1
On					
Action	Modify Variable	Modify Variable	Run Action Group	Change Contents	Run Action Group
Target	num	i	Group_3	Text Block 2	Group_2
Value	VAR(i)	1			
Modification Type	Add to Variable	Add to Variable			
New Contents				num	
			Condition		Condition
			i Less Than Or Equal VAR(Entry_0002)		i Less Than Or Equal VAR(Entry_0002)

- 액션 그룹 Group_2는 Entry_2에 입력한 값까지의 합을 구한다.
  - 변수 num의 값에 변수 i의 값을 더하여 변수 num의 값으로 저장한다.
  - 변수 i의 값에 1을 더하여 변수 i의 값으로 저장한다. 변수 i는 액션 그룹 Group_2와 Group_3을 이동하는 반복 횟수로 활용한다.
  - 변수 i의 값이 Entry_2에 입력한 값보다 작거나 같으면 액션 그룹 Group_3을 실행한다.
  - 변수 num의 값을 텍스트 블록 Text Block 2에 표시한다.

- 액션 그룹 Group_3은 액션 그룹 Group_2를 반복해서 실행하는 역할을 한다. 변수 i의 값이 Entry_2에 입력한 값보다 작거나 같으면 액션 그룹 Group_2를 실행한다. Entry_2에 3을 입력했을 때 액션 그룹 Group_2, Group_3에서의 변수 num, i의 값은 다음과 같다.

변수	초기 값	Group_2	Group_3	Group_2	Group_3	Group_2	Group_3	Group_2
num	0	0	0	▶0+1	1	1+2	3	3+3
i	0	1	①	2	2	3	3	4

[참고]

액션 그룹 Group_1에서 변수 i, num의 값을 1로 설정하고, 액션 그룹 Group_2의 Action 1에 설정된 Modification Type을 Multiply By Variable로 변경하면 Entry_2에 입력한 값의 팩토리얼(!)을 구할 수 있다.

입력 필드에 n을 입력하면 1^2, 2^2, …, n^2의 값을 더하는 방법(▶Title80).

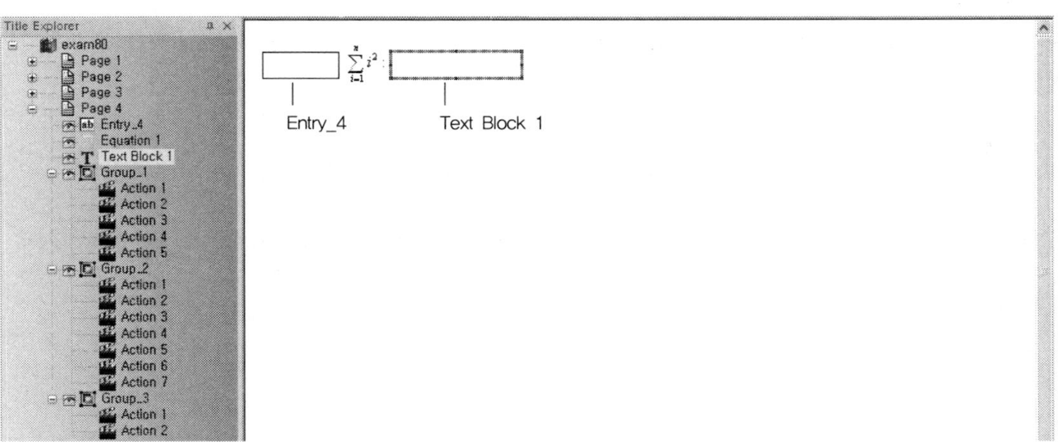

입력 필드에 n을 입력하면 1^2, 2^2, …, n^2의 값을 더하는 콘텐츠 역시 반복문 for()를 이용한다.

액션 항목	Group_1				
	Action 1	Action 2	Action 3	Action 4	Action 5
On					
Action	Modify Variable	Modify Variable	Modify Variable	Modify Variable	Run Action Group
Target	i	j	num	pre_num	Group_2
Value	0	0	0	0	
Modification Type	Set Variable Contents				

- Entry_4에 수를 입력하면 액션 그룹 Group_1을 실행한다.
- 액션 그룹 Group_1은 변수 i, j, num, pre_num의 값을 0으로 설정하고 액션 그룹 Group_2를 실행한다. 액션 그룹 Group_2는 Entry_4에 입력한 값 n까지의 자승의 합을 구한다.

액션 항목	Group_2		
	Action 1	Action 2	Action 3
On			
Action	Modify Variable		
Target	num	num	num
Value	VAR(j)	VAR(i)	VAR(pre_num)
Modification Type	Set Variable Contents	Multiply Variable By	Add to Variable

- 변수 num에 변수 j의 값을 저장한다.
- 변수 num의 값에 변수 i의 값을 곱하여 변수 num의 값으로 저장한다. 변수 num에는 변수 j와 i를 곱한 값이 저장된다.
- 변수 num의 값에 변수 pre_num의 값을 더하여 변수 num의 값으로 저장한다. 변수 pre_num에는 변수 j와 i를 곱한 값의 합이 저장된다.

액션 항목	Group_2		
	Action 4	Action 5	Action 6
On			
Action	Modify Variable		Change Contents
Target	i	j	Text Block 1
Value	1	1	
Modification Type	Add to Variable	Add to Variable	
New Contents			num

- 변수 i의 값에 1을 더하여 변수 i의 값으로 저장한다. 변수 i는 액션 그룹 Group_2와 Group_3을 이동하는 반복 횟수로 활용한다.
- 변수 j의 값에 1을 더하여 변수 j의 값으로 저장한다.

- 변수 num의 값을 텍스트 블록 Text Block 1에 표시한다.

액션 항목	Group_2	Group_3	
	Action 7	Action 1	Action 2
On			
Action	Run Action Group	Modify Variable	Run Action Group
Target	Group_3	pre_num	Group_2
Value		VAR(num)	
Modification Type		Set Variable Contents	
Condition	i Less Than Or equal VAR(Entry_0004)		i Less Than Or equal VAR(Entry_0004)

- 변수 i의 값이 Entry_4에 입력한 값보다 작거나 같으면 액션 그룹 Group_3을 실행한다.

액션 그룹 Group_3은 변수 j와 i를 곱한 값의 합을 변수 pre_num에 저장한다.

- 변수 pre_num에 변수 num의 값을 저장한다.
- 변수 i의 값이 Entry_4에 입력한 값보다 작거나 같으면 액션 그룹 Group_2를 실행한다.

- 액션 그룹 Group_3은 액션 그룹 Group_2를 반복해서 실행하는 역할을 한다. 변수 i의 값이 Entry_4에 입력한 값보다 작거나 같으면 액션 그룹 Group_2를 실행한다. Entry_4에 3을 입력했을 때 액션 그룹 Group_2, Group_3에서의 변수 pre_num, num, i, j의 값은 다음과 같다.

변수	초기 값	Group_2	Group_3	Group_2	Group_3	Group_2	Group_3	Group_2
pre_num	0	0	0	0	1	1	5	5
num	0	0+0	0	1+0	1	4+1	5	9+5
i	0	1	1	2	2	3	3	4
j	0	1	1	2	2	3	3	4

랜덤 변수를 활용하는 기법(▶Title81)

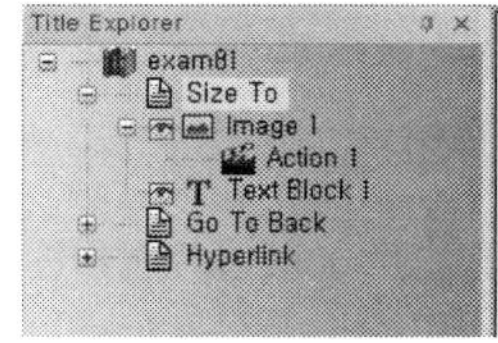

▶다음 이미지를 클릭하면 이미지의 크기가 랜덤하게 변경된다.

Modify Variable, Move To, Size To, Set Progress 액션에서는 타깃 속성을 줄 때 랜덤 변수를 이용할 수 있다. 예를 들면, Size To 액션에서 Width, Height의 값을 랜덤 변수로 주려면 값이 입력될 필드에 RAND(최소값, 최대값) 형태로 입력한다. RAND는 반드시 대문자로 입력한다.
이미지를 클릭했을 때 이미지의 크기를 랜덤하게 변형하려면 이미지 개체에 다음 액션 개체를 부착한다. 이미지의 원래 크기는 100*75 픽셀이다.

액션 항목	Image 1
	Action 1
On	Mouse Click
Action	Size To
Target	Image 1
Width/Height	RAND(66,136)/RAND(50,100)

이미지의 가로 크기는 66-136 사이의 값이, 세로 크기는 50-100 사이의 값이 된다.

하이퍼링크를 클릭하여 페이지 Go To Back으로 이동했을 때에만 텍스트 개체 Click Here가 나타나게 하는 기법(▸Title81)

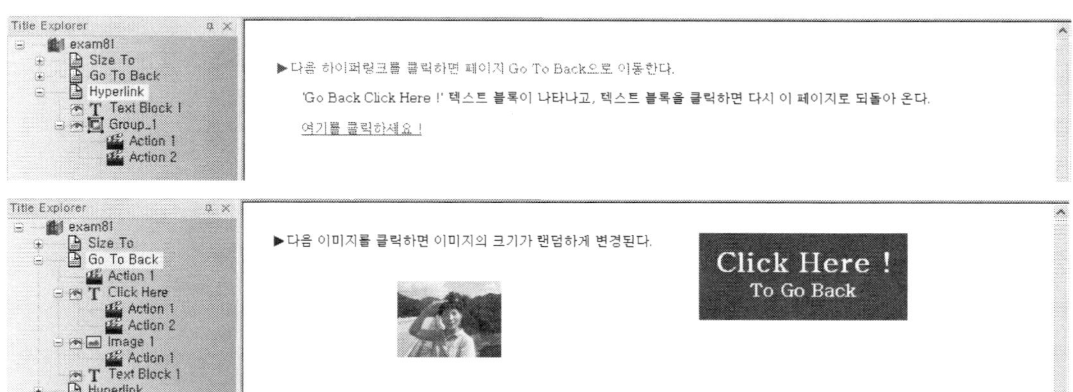

하이퍼링크를 통하지 않고 즉, 내비게이션 버튼에 의해 페이지 Go To Back으로 이동하는 경우에는 텍스트 개체 Click Here가 나타나지 않는다. 하이퍼링크를 통해서 페이지 Go To Back으로 왔을 때에만 텍스트 개체 Click Here가 나타나도록 한다.
예를 들면, 하이퍼링크를 클릭하여 페이지 Go To Back으로 이동하고, 다시 하이퍼링크가 있던 자리로 되돌아오려면 이전 페이지로 되돌아 갈 수 있는 수단을 제공해야 한다. 다음과 같은 방식으로 콘텐츠를 제작한다.

- 페이지 Go To Back 개체에 액션 개체를 부착하고 페이지가 열릴 때 변수 show_status의 값이 1인 경우에만 텍스트 개체 Click Here가 보이게 한다.
- 텍스트 개체 Click Here를 클릭하면 하이퍼링크가 속한 페이지로 이동하게 하고, 변수 show_status의 값을 0으로 변경한다.
- 하이퍼링크를 클릭하면 Run Action Group 액션을 실행하여 액션 그룹 Group_1에 포함된 액션을 실행한다.

  - 페이지 Go To Back으로 이동하게 한다.
  - 변수 show_status의 값을 1로 변경한다.

Tip 텍스트 개체 Click Here를 클릭했을 때에는 반드시 변수 show_status의 값을 원래대로 되돌린다.

[참고]

하이퍼링크 개체에는 한 개의 액션만 정의할 수 있다. 따라서 예제와 같이 페이지로 이동하고, 변수의 값을 변경하는 액션을 한꺼번에 실행하기 위해서는 다음과 같이 한다.

- 액션을 액션 그룹 개체로 묶는다.
- Run Action Group 액션으로 액션 그룹 속의 액션을 실행한다.

액션 항목	Go To Back 페이지		
	Action 1	텍스트 개체 Click Here	
		Action 1	Action 2
On	Show	Mouse Click	Mouse Click
Action	Show	Go To	Modify Variable
Target	Click Here	Back	show_status
Value			0
Modification Type			Set Variable Contents
Condition	show_status Equal To 1		

Action 1의 Else 탭에 Hide Click Here를 추가한다.

액션 항목	Hyperlink 페이지		
	Text Block 1	Group_1	
	여기를 클릭하세요 !	Action 1	Action 2
On	Click		
Action	Run Action Group	Go To	Modify Variable
Target	Group_1	Chapter, Section, or Page	show_status
Value			1
Modification Type			Set Variable Contents
Name		Go To Back	

질문 변수를 조건으로 활용하는 기법

질문의 답이 오답인 경우에만 다음 질문이 나타나게 하려면 On Show 이벤트 조건 연산자를 Is Not Correct, Is Not Empty를 함께 지정한다. 시험에 응시하는 학생의 수학 능력을 철저히 검증하기 위해 첫 번째 문제를 틀렸을 때에는 유사한 두 번째 문제를 제시하여 학생이 진짜 이런 유형의 문제를 모르는지 파악할 필요가 있다(▶Title82).

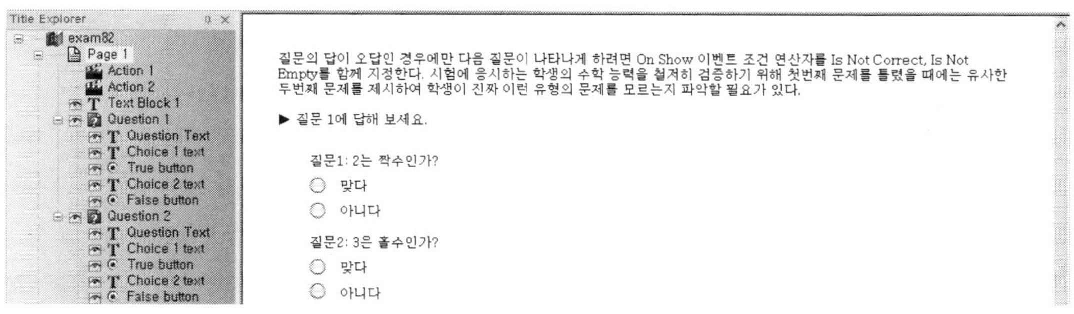

액션 항목	Page 1	
	Action 1	Action 2
On	Show	Timer
Action	Hide	Show
Target	Question 2	Question 2
Timer Interval		0.1
		Condition
		All of the Following
		Question_0001 Is Not Correct
		Question_0001 Is Not Empty
		Else
Action		Hide
Target		Question 2

- Question_0001 Is Not Correct 조건만 설정한 경우에는 페이지가 열리면서 Question 2가 화면에 보이는 현상이 발생한다. 따라서 Question_0001 Is Not Empty 조건을 함께 설정한다.
- 질문 1에 대해 답을 하지 않은 상태는 Question_0001 Is Not Empty 조건을 위배하게 되어 질문 2가 보이지 않게 한다.

다음 예제는 Is Not Empty 조건을 활용한 것으로서 질문의 답을 클릭하면 '문자열 A'가 사라지고, '▶ Reset Question 3' 문자열을 클릭하면 '문자열 A'가 토글로 보기/숨김 상태가 된다.

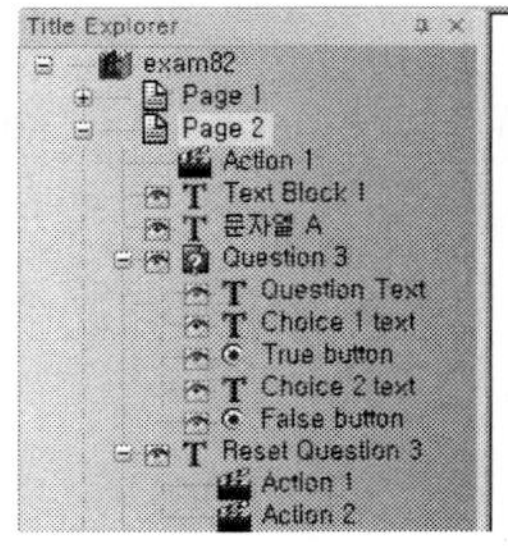

다음 예제는 Is Not Empty 조건을 활용한 것으로서 질문의 답을 클릭하면 '문자열 A'가 사라지고, '▶ Reset Question 3' 문자열을 클릭하면 '문자열 A'가 토글로 보기/숨김 상태가 된다.

Question 1 : 테스트 질문에 대한 답을 원 상태로 되돌리는 액션은?

- Process Question
- Reset Question

▶ Reset Question 3 　 On Mouse Click
Action Reset Question ⟶ 문자열 A
Target Question 3

액션 항목	Page 2		
	Action 1	Reset Question 3	
		Action 1	Action 2
On	Timer	Mouse Click	Mouse Click
Action	Hide	Toggle Visibility State	Reset Question
Target	문자열 A	문자열 A	Question 3
Timer Interval	0.1		
	Condition	Condition	
	Question_0003 Is Not Empty	Question_0003 Is Not Empty	
		Else	
Action		Hide	
Target		문자열 A	

질문에 답을 했을 때 그 답과 관련 있는 질문이 그 다음에 나타나게 하려면 On Show 이벤트 조건 연산자를 Contains로 지정한다. 설문에 응하는 사람들의 취향을 논리적으로 검증하기 위해 첫 번째 질문에 답한 내용과 관련이 있는 질문이 화면에 나타나도록 할 필요가 있다.

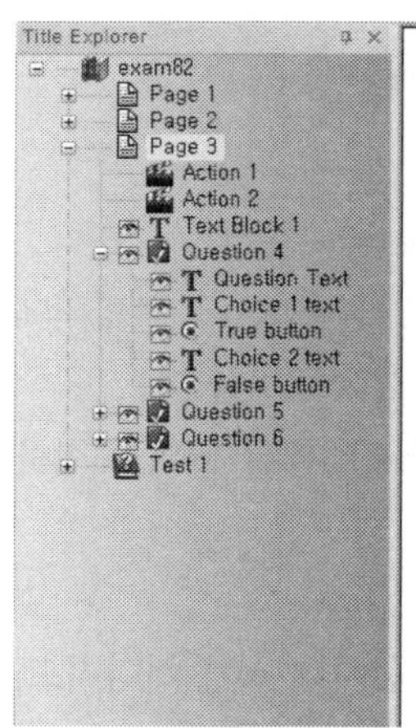

질문에 답을 했을 때 그 답과 관련있는 질문이 그 다음에 나타나게 하려면 On Show 이벤트 조건 연산자를 Contains를 지정한다. 설문에 응하는 사람들의 취향을 논리적으로 검증하기 위해 첫번째 질문에 답한 내용과 관련이 있는 질문이 화면에 나타나도록 할 필요가 있다.

▶ 질문 1에 답해 보세요.

질문 1: 교과과정을 개편하려 합니다. 개편에 동의하십니까?

- 동의한다
- 반대한다

질문 2: 교과과정을 3월 초에 하려 합니다. 동의하십니까?

- 동의한다
- 반대한다

질문 3: 교과과정 개편에 반대하는 이유를 선택하세요.

- 개편 시기가 부적절하다
- 교수확보가 더 시급하다
- 현재 교과과정이 충분하다
- 개편에 대한 필요성에 먼저 합의할 필요가 있다

액션 항목	Page 3	
	Action 1	Action 2
On	Timer	Timer
Action	Show	Show
Target	Question 5	Question 6
Timer Interval	0.1	0.1
	Condition	Condition
	Question_0004 Contains 동의	Question_0005 Contains 동의
	Else	Else
Action	Hide	Hide
Target	Question 5	Question 6

액션에서 변수를 사용하는 이유는 단순히 변수의 값 자체를 보여 줄 목적으로 혹은 그 값을 확인할 목적일 때가 많다. 그러나 진정한 이유를 찾는다면 변수의 값에 따른 조건부 액션의 설정에 있다. 다음 예제는 Test 1이 채점 가능 테스트일 경우, 채점 결과가 75점 이상이면 'Passed'란 문자열을, 75점 미만이면 'Failed'란 문자열을 Text Block 1에 나타낸다.

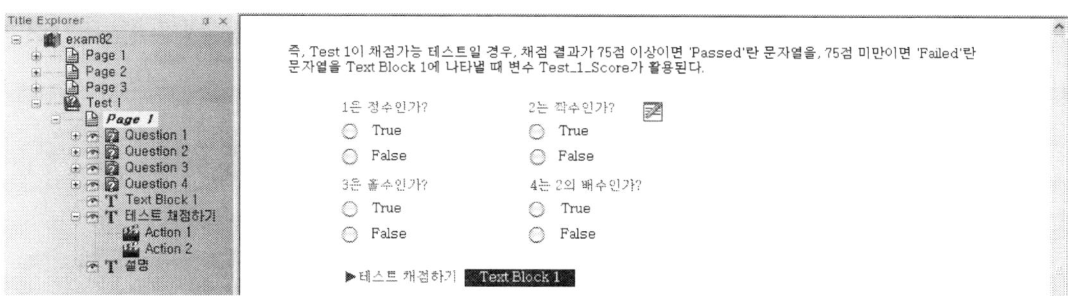

예제는 Change Contents 액션의 실행 조건으로 테스트 변수 Test_1_Score을 활용한다. 예제의 목적은 테스트를 실행하는 데 있지 않고 테스트 변수 Test_1_Score의 값에 따른 조건 분기를 실현하는 데 있으므로 테스트 속성 창의 설정을 다음과 같이 준다.

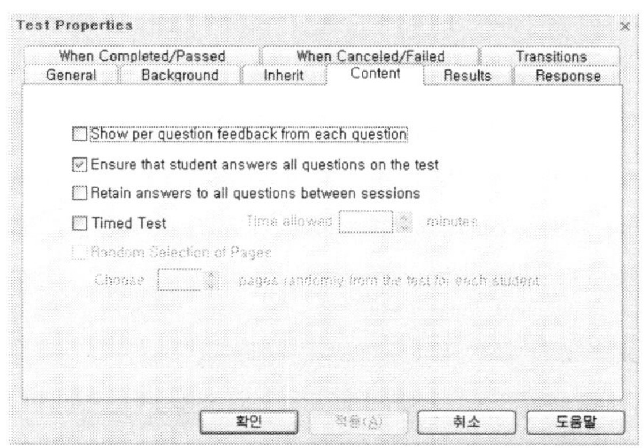

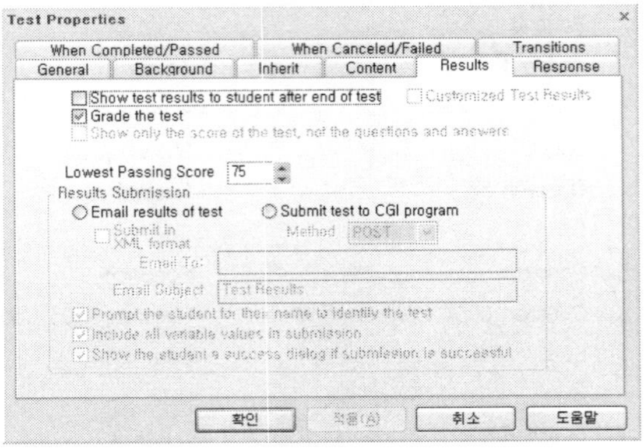

Test Properties

When Completed/Passed | When Canceled/Failed | Transitions
General | Background | Inherit | Content | Results | Response

Show test results to student after end of test
Customized Test Results
Grade the test
Show only the score of the test, not the questions and answers
Lowest Passing Score 75
Results Submission
Email results of test
Submit test to CGI program
Submit in XML format
Method POST
Email To:
Email Subject Test Results
Prompt the student for their name to identify the test
Include all variable values in submission
Show the student a success dialog if submission is successful
확인 적용(A) 취소 도움말

테스트 점수를 매기기 위해서는 테스트 속성 창의 Results 탭의 Grade the test 옵션이 선택되어 있어야 한다. 텍스트 블록 '테스트 채점하기'에 설정한 액션은 다음과 같다.

액션 항목	테스트 채점하기	
	Action 1	Action 2
On	Mouse Click	Mouse Click
Action	Submit/Process Test/Survey	Change Contents
Target	Test 1	Text Block 1
New Contents		pass
		Condition
		Test_1_Score Is Passed
		Else
Action		Change Contents
Target		Text Block 1
New Contents		fail

Submit/Process Test/Survey 액션을 먼저 실행하고 Change Contents 액션을 실행했음에 주의한다. 즉, 테스트 점수를 기준으로 조건부 액션을 실행해야 하므로 테스트 점수를 먼저 매겨야 한다. 액션 실행 조건으로 Test_1_Score Is Passed 대신 Test_1_Score Greater Than or Equal 75를 정의해도 동일한 결과를 얻을 수 있다.

Is PIassed, Is Not Passed 관계식은 테스트 속성창의 Results 탭의 Lowest Passing Score 옵션에서 지정한 점수를 바탕으로 조건의 진부를 가린다. 즉, Lowest Passing Score의 값을 75점으로 지정했다면 변수 Test_1_Score의 값이 75 이상이면 Is Passed 조건이 충족된 것으로, 75 미만이면 Is Not Passed 조건이 충족된 것으로 판단한다.

– 사용자 변수 pass, fail의 초기 값은 각각 Passed, Failed이다.

[참고]

Submit/Process Test/Survey 액션을 사용하지 않고도 Text Block 1에 채점 결과를 표시할 수 있다. 사용자 변수 my_score를 정의하고, 질문의 답이 맞을 때마다 변수 my_score의 값을 25점씩 더해 주는 방식을 취한다. 이때 Is Correct, Is Not Correct 관계식을 활용한다. 텍스트 '▶테스트 채점하기'에 부착된 액션은 다음과 같다.

액션 항목	▶테스트 채점하기		
	Action 1	Action 2	Action 3
On	Mouse Click	Mouse Click	Mouse Click
Action	Modify Variable	Modify Variable	Modify Variable
Target	my_score	my_score	my_score
Value	0	25	25
Modification Type	Set Variable Contents	Add to Variable	Add to Variable
Condition		Question_0001 Is Correct	Question_0002 Is Correct
주)	(a)	(b)	

액션 항목	▶테스트 채점하기		
	Action 4	Action 5	Action 6
On	Mouse Click	Mouse Click	Mouse Click
Action	Modify Variable	Modify Variable	Change Contents
Target	my_score	my_score	Text Block 1
Value	25	25	
Modification Type	Add to Variable	Add to Variable	
Condition	Question_0003 Is Correct	Question_0004 Is Correct	
New Contents			my_score
주)	(b)		

(a) 계산된 점수를 원점으로 되돌린다.
(b) 변수 my_score에 점수를 더하여 저장한다.

리스트 박스 항목의 이름을 조건으로 하는 Go To 액션

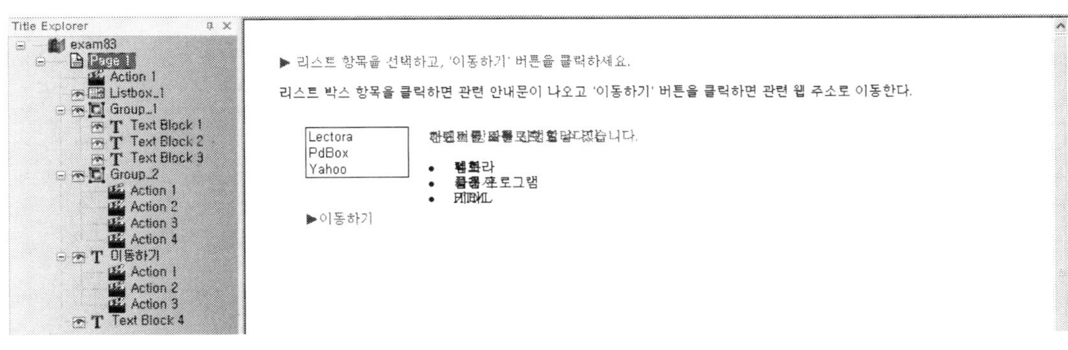

PART 07

이러한 방법은 실무에서 많이 사용된다. 예를 들어 리스트 박스의 항목 'Change Contents'를 클릭하면 Change Contents 액션에 대한 간략한 설명이 있는 페이지로 이동하고, '이동하기' 텍스트를 클릭하면 액션에 대한 예제 페이지로 이동한다(▶Title83).

- 사용자 변수에 웹 주소를 정의한다.
- '이동하기' 텍스트에 Go To 액션 개체를 부착한다. 정의된 변수의 수만큼 Go To 액션 개체를 삽입한다.

  - 웹 주소는 var(변수) 형태로 입력한다.
  - Go To 액션의 실행 조건은 리스트 박스의 항목 이름이 된다.
  - 리스트 박스 변수의 값은 선택한 항목이 된다.

- 리스트 박스를 클릭하면 Run Action Group 액션을 실행하여 액션 그룹 Group 2에 포함된 액션 개체를 차례로 실행한다.
- 액션 그룹 Group 2에는 정의된 변수의 수만큼 Show 액션 개체를 삽입한다. 즉, 리스트 항목을 클릭하면 항목과 관련된 안내문을 간단히 보여준다.

  - Text Block 1은 유병훈 홈페이지 안내문, Text Block 2는 피디박스 안내문, Text Block 3은 야후 안내문이다.
  - Show 액션의 실행 조건은 리스트 박스의 항목 이름이 된다.

- 리스트 박스의 오른쪽에는 리스트 항목을 클릭했을 때 보여 줄 텍스트 블록 3개를 겹쳐진 상태로 놓는다. 페이지가 열릴 때 이들 텍스트 블록이 화면에 나타나는 것을 방지하기 위해서는 다음과 같이 조치한다.

  - 모든 텍스트 블록을 Group_1로 묶는다.
  - 페이지가 열리는 순간 Hide 액션으로 Group_1을 숨긴다.

액션 항목	Page 1
	Action 1
On	Show
Action	Hide
Target	Group_1

- 리스트 박스의 항목을 클릭할 때 관련 텍스트 블록이 나타나게 하려면 다음과 같이 조치한다.

  - Hide 액션으로 Group_1을 숨긴다.
  - Show 액션으로 관련 텍스트 블록이 나타나게 한다.

액션 항목	Group_2			
	Action 1	Action 2	Action 3	Action 4
On				
Action	Hide	Show	Show	Show
Target	Group_1	Text Block 1	Text Block 2	Text Block 3
Condition		List_0001 Contains Lec	List_0001 Contains Pd	List_0001 Contains Yahoo

- 텍스트 개체 '이동하기'를 클릭하면 해당 웹 페이지로 이동하게 다음과 같이 액션을 설정한다.

액션 항목	Listbox_1	텍스트 개체 이동하기		
	내장 액션	Action 1	Action 2	Action 3
On	Select/Change	Mouse Click	Mouse Click	Mouse Click
Action	Run Action Group	Go To	Go To	Go To
Target	Group_2	Web Address	Web Address	Web Address
Web Address		var(yubh)	var(pdbox)	var(yahoo)
Condition		List_0001 Contains Lec	List_0001 Contains Pd	List_0001 Contains Yahoo

5, 액션 실행 조건을 설정하는 방법

• 조건은 서로 겹쳐지지 않도록 설정한다.

액션 항목	Action Group		
	Action 1	Action 2	Action 3
On			
Action	Show	Show	Show
Target	Group_1	Group_2	Group_3
	Condition	Condition	Condition
	a Less Than 0	a Equal To 0	a Greater Than 0

변수 a의 값이 0보다 작으면 Action 1이, 0과 같으면 Action 2가, 그리고 0보다 크면 Action 3이 실행된다. 변수 a의 값이 -1이면 0보다 작기 때문에 Action 1이 실행된다. 다음 액션 그룹은 조건이 겹쳐진 예가 된다.

액션 항목	Action Group		
	Action 1	Action 2	Action 3
On			
Action	Modify Variable	Modify Variable	Modify Variable
Target	num	num	num
Value	1	2	3
Modification Type	Set Variable Contents	Set Variable Contents	Set Variable Contents
Condition	a Greater Than 0	a Equal To 3	a Less Than 5

조건이 서로 겹치는 경우에는 전혀 엉뚱한 결과를 낳는다. 예를 들어, 변수 a의 값이 3이면 Action 2를 실행하라고 되어 있지만 변수 a의 값은 Action 1과 Action 3의 조건에 일치하므로 Action 1과 Action 3도 함께 실행된다. Modify Variable 액션이 함께 실행되면 결국 마지막에 실행된 액션 Action 3에 의해 변수 num의 값이 설정된다.

따라서 변수 a의 값이 -1에서 1까지의 값을 가질 수 있고, -1이면 Action 1을, -1보다 크고 0보다 작으면 Action 2를, 0이면 Action 3을, 그리고 0보다 크고 1보다 작으면 Action 4를, 1이면 Action 5를 실행하는 액션 그룹의 조건은 다음과 같이 논리적으로 설정한다.

액션	조건 설정 방법 1	조건 설정 방법 2
Action 1	a Equal To −1	a Equal To −1
Action 2	a Greater Than −1	a Less Than 0
Action 3	a Equal To 0	a Equal To 0
Action 4	a Greater Than 0	a Less Than 1
Action 5	a Equal To 1	a Equal To 1

• 조건은 명백하게 설정한다.

변수 a의 값이 -1에서 1까지의 값을 가질 수 있고, -1, 1이면 Action 1을, 그렇지 않으면 Action 2를 실행하는 조건을 설정할 때 다음과 같이 조건을 설정하면 안된다.

액션 항목	Action Group	
	Action 1	Action 2
On		
Action	Show	Show
Target	Group_1	Group_2
	Condition	Condition
	Any of the Following	Any of the Following
	a Equal To −1	a Not Equal To −1
	a Equal To 1	a Not Equal To 1

언뜻 보기에는 변수 a의 값이 -1 혹은 1이면 Action 1이 실행될 것같이 보이나 Action 2가 실행된다. 즉, 변수 a의 값이 1일 때 Action 1의 실행 조건 a Equal To 1을 충족하여 Action 1이 실행되지만 동시에 Action 2의 a Not Equal To -1을 충족하여 Action 2가 실행된다. 마찬가지로 변수 a의 값이 -1일 때 Action 1의 실행 조건 a Equal To -1을 충족하여 Action 1이 실행되지만 동시에 Action 2의 a Not Equal To 1을 충족하여 Action 2가 실행된다.
따라서 예제와 같이 액션 실행 조건을 상반되게 설정하는 경우에는 Else 탭을 활용한다. Else 탭은 Condition 탭에 설정한 조건을 충족하지 못할 경우 실행할 액션을 정의한다.

– General 탭과 Else 탭에는 Condition 탭의 조건을 충족하는 액션과 충족하지 않는 액션을 설정한다. Condition 탭에 설정한 조건과 Else 탭에 설정한 조건은 절대로 겹치는 일이 없다.

액션 항목	Action Group
	Action 1
On	
Action	Show
Target	Group_1
	Condition

액션 항목	Action Group
	Action 1
	Any of the Following
	a Equal To −1
	a Equal To 1
	Else
Action	Show
Target	Group_2

• Else 탭에 액션을 설정할 때에는 Condition 탭에 설정한 조건과의 관계를 고려한다.

예를 들어, Entry_1에 답을 입력하면 Text Block 1에 변수 result의 값을 표시하고, Entry_1에 답을 입력하지 않으면 Text Block 1을 숨긴다고 하자. 액션을 다음과 같이 설정하면 Entry_1에 답을 입력하지 않을 시 Text Block 1을 숨겨버려 Entry_1에 답을 입력해도 정답이 표시되지 않는다.

액션 항목	Action Group
	Action 1
On	
Action	Change Contents
Target	Text Block 1
New Contents	result
	Condition
	Entry_0001 Is Not Empty
	Else
Action	Hide
Target	Text Block 1

따라서 이런 경우에는 Entry_1에 답을 입력할 때 Text Block 1이 보이게 한다.

액션 항목	Action Group	
	Action 1	Action 2
On		
Action	Change Contents	Show
Target	Text Block 1	Text Block 1
New Contents	result	
	Condition	Condition
	Entry_0001 Is Not Empty	Entry_0001 Is Not Empty
	Else	
Action	Hide	
Target	Text Block 1	

PART 08

렉토라 실무편

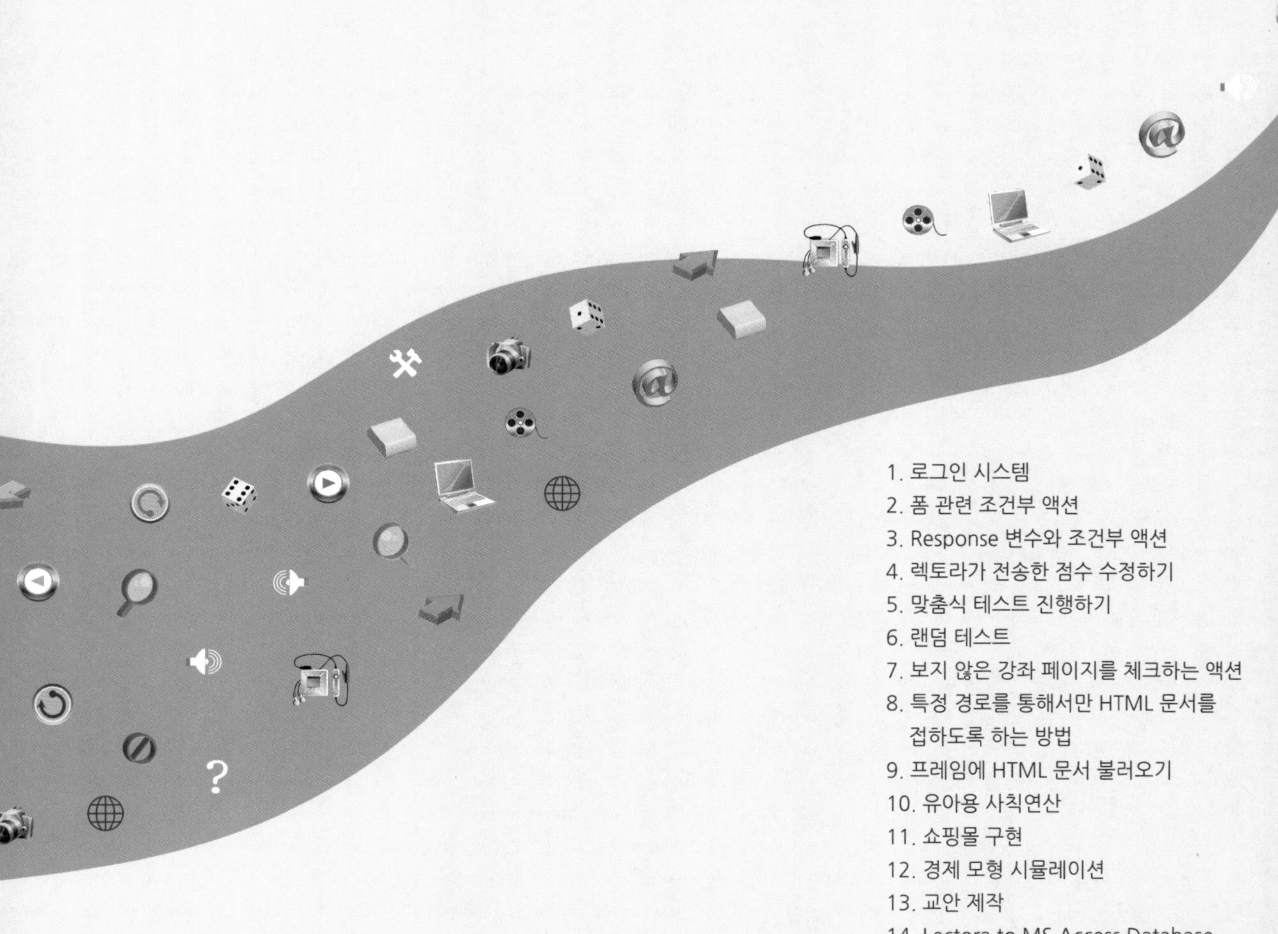

1. 로그인 시스템
2. 폼 관련 조건부 액션
3. Response 변수와 조건부 액션
4. 렉토라가 전송한 점수 수정하기
5. 맞춤식 테스트 진행하기
6. 랜덤 테스트
7. 보지 않은 강좌 페이지를 체크하는 액션
8. 특정 경로를 통해서만 HTML 문서를 접하도록 하는 방법
9. 프레임에 HTML 문서 불러오기
10. 유아용 사칙연산
11. 쇼핑몰 구현
12. 경제 모형 시뮬레이션
13. 교안 제작
14. Lectora to MS Access Database

1. 로그인 시스템

회원 등록 데이터에서 입력 필드의 값과 일치하는 문자열이 검색될 때에만 강좌에 입장할 수 있도록 하고, 회원 등록 데이터에서 입력 필드의 값과 일치하는 문자열을 찾을 수 없을 때에는 회원등록을 유도하는 액션을 제작해 보자(▶Title84).

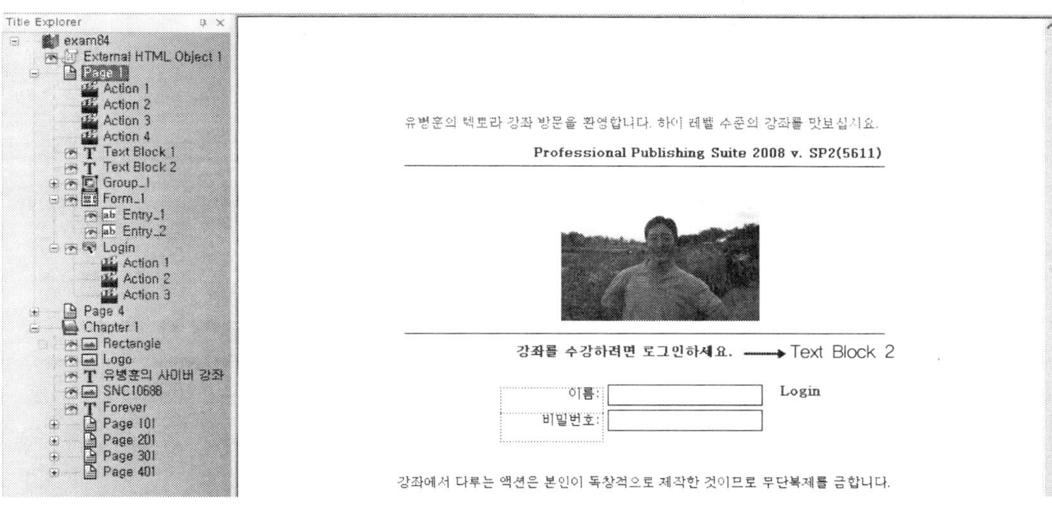

콘텐츠 구조

- Page 1에는 이름과 비밀번호를 입력할 수 있는 입력 필드와 폼 데이터 전송 버튼 Login을 배치한다. 회원 등록 데이터에서 입력 필드의 값과 일치하는 문자열을 찾을 수 없을 때에는 Page 4로 이동하여 회원 등록을 하도록 한다.
- Page 4에는 회원 등록 폼을 제공하고 폼 데이터 전송 버튼 Login을 배치한다.

  – 회원 등록 폼은 강좌 수강에 필요한 정보만으로 구성한다.

- Page 101에는 렉토라, 플래시, HTML 강좌를 선택할 수 있는 플래시 무비를 배치한다.
- Page 201에는 렉토라 시작 화면을 배치한다.
- Page 301에는 플래시 시작 화면을 배치한다.

- Page 401에는 HTML 시작 화면을 배치한다.

강좌를 수강하려면 반드시 회원등록을 해야합니다. 인적 사항을 입력한 후 로그인하세요.

이름: Login
비밀번호:
지역명:

강좌를 알게 된 연유

- 웹 검색을 통해
- 소개를 통해
- 우연히

콘텐츠에 정의된 입력 필드는 다음과 같다.

페이지	항목	입력 필드 이름	입력 필드 변수 이름
Page 1	이름	Entry_1	Entry_0001
	비밀번호	Entry_2	Entry_0002
Page 4	이름	Entry_3	Entry_0003
	비밀번호	Entry_4	Entry_0004
	지역명	Entry_5	Entry_0005

제작 설명

□ Page 1

- Page 1의 입력 필드에 이름과 비밀번호를 입력하고 Login 버튼을 클릭하면 member_check.php 를 통해 회원 등록 데이터 파일 list.txt에서 입력 필드의 값과 일치하는 문자열을 검색하도록 한다.
- 회원 등록 데이터에서 입력 필드의 값과 일치하는 문자열이 검색되면 문자열 Access Accepted를 렉토라 타이틀로 되돌려 줘 변수 response에 저장하도록 한다.
- 변수 response의 값이 Access Accepted를 포함하면 강좌 목록을 선택할 수 있는 Page 101로 이동하도록 한다.
- 변수 response의 값이 Access Denied를 포함하면 회원 등록을 유도하는 Page 4로 이동하도록 한다.
- 변수 response의 값은 텍스트 '강좌를 수강하려면 로그인하세요'에 표시되도록 한다.

□ Page 4

- 이름, 비밀번호를 입력하는 입력 필드에는 Page 1의 입력 필드에 입력한 이름과 비밀번호가 그대로 나타나도록 한다.
- 폼 구성 요소를 모두 채우지 않으면 폼 데이터의 전송이 이루어지지 않도록 한다.
- 이름 필드에 입력한 값이 회원 등록 데이터 파일 list.txt에 등록된 이름과 중복되면 문자열 Registration Denied를 렉토라 타이틀로 되돌려 줘 변수 check에 저장하도록 하고, 경고 메시지를 발하고, 폼 구성 요소의 값 및 선택 상황을 모두 해제한다.
- 폼 구성 요소를 모두 채우고 list.txt에 등록된 이름과 중복되지 않은 경우 Login 버튼을 클릭하면 list.php를 통해 문자열 Registed Successfully를 렉토라 타이틀로 되돌려 줘 변수 check에 저장하도록 하고, 회원 등록 데이터 파일 list.txt에 폼 데이터를 저장하도록 한다.
- 변수 response의 값은 텍스트 '강좌를 알게 된 연유'에 표시되도록 한다.

액션 설정

□ Page 1의 폼 속성을 다음과 같이 설정한다.

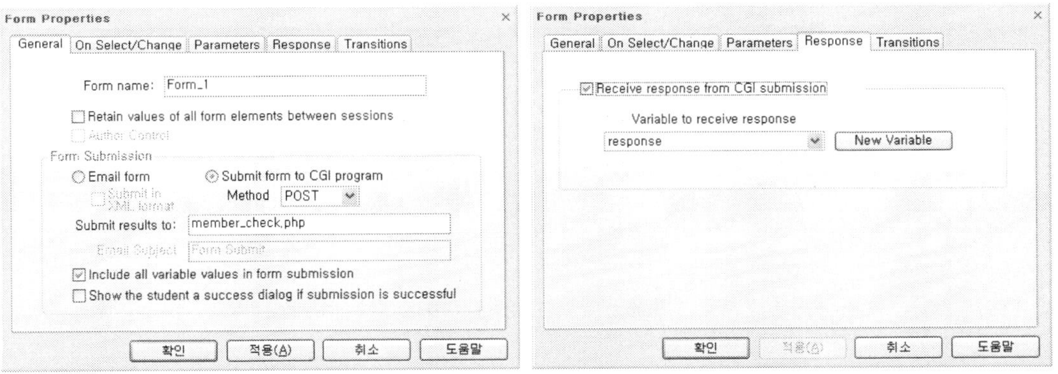

- Form_1의 데이터는 member_check.php로 전송되게 지정한다.
- member_check.php로부터 되돌려 받은 값을 저장할 변수로 response를 지정한다.

□ Page 1 개체 액션을 다음과 같이 설정한다.

액션 항목	Page 1			
	Action 1	Action 2	Action 3	Action 4
On	Keystroke	Keystroke	Mouse Click	Mouse Click
Action	Submit Form	Change Contents	Go To	Go To
Target	Form_1	Text Block 2	Chapter, … or Page	Next Page
Key	Enter	Enter	Enter	Enter

액션 항목	Page 1			
	Action 1	Action 2	Action 3	Action 4
New Contents		response		
Name			Page 101	
Delay Before Action			0.5	0.5
Condition			response Contains Access Accepted	response Contains Access Denied
주)	(a)	(b)	(c)	(d)

(a) Enter 키를 누르면 폼 개체 Form_1을 CGI로 전송한다.
(b) Enter 키를 누르면 Text Block 2에 변수 response의 값을 표시한다.
(c) Enter 키를 누르면 변수 response의 값에 문자열 Access Accepted가 포함된 경우 0.5초 후 Page 101로 이동한다.
(d) Enter 키를 누르면 변수 response의 값에 문자열 Access Denied가 포함된 경우 0.5초 후 다음 페이지로 이동한다.

□ Page 1의 폼 데이터 전송 버튼 Login의 액션을 다음과 같이 설정한다.

액션 항목	Login			
	내장 액션	Action 1	Action 2	Action 3
On	Click	Mouse Click	Mouse Click	Mouse Click
Action	Submit Form	Change Contents	Go To	Go To
Target	Form_1	Text Block 2	Chapter, … or Page	Next Page
New Contents		response		
Name			Page 101	
Delay Before Action			0.5	0.5
Condition			response Contains Access Accepted	response Contains Access Denied
주)	(a)'	(b)'	(c)'	(d)'

(a)', (b)', (c)', (d)'는 Login 버튼을 클릭할 때의 액션으로서 Page 1 개체 액션의 내용과 동일하다.

□ Page 4의 폼 속성을 다음과 같이 설정한다.

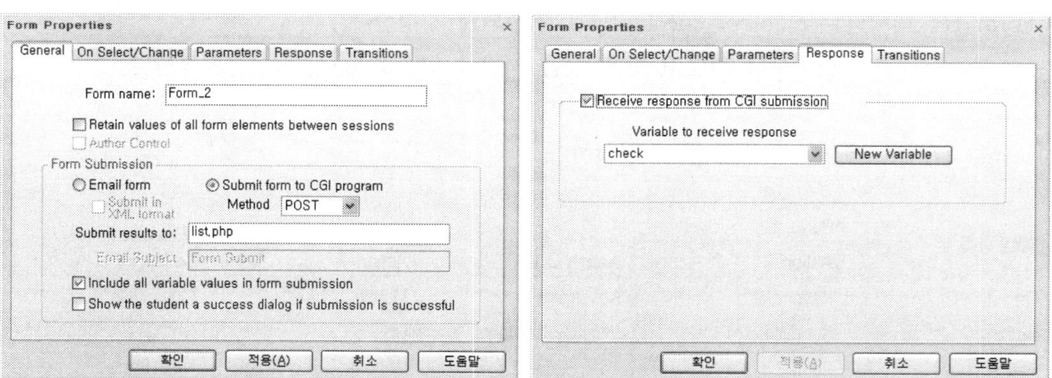

- Form_2의 데이터는 list.php로 전송되게 지정한다.
- list.php로부터 되돌려 받은 값을 저장할 변수로 check를 지정한다.

□ Page 4 개체 액션을 다음과 같이 설정한다.

액션 항목	Page 4			
	Action 1	Action 2	Action 3	Action 4
On	Show	Show	Keystroke	Keystroke
Action	Change Contents	Change Contents	Submit Form	Change Contents
Target	Entry_3	Entry_4	Form_2	Text Block 5
Key			Enter	Enter
New Contents	Entry_0001	Entry_0002		check
주)	(a)	(b)	(c)	(d)

(a) 페이지가 열리면 입력 필드 Entry_3에 변수 Entry_0001의 값을 표시한다.
(b) 페이지가 열리면 입력 필드 Entry_4에 변수 Entry_0002의 값을 표시한다.

Page 1의 입력 필드에 입력한 내용을 그대로 보여준다.

(c) Enter 키를 누르면 폼 개체 Form_2를 CGI로 전송한다.
(d) Enter 키를 누르면 Text Block 5에 변수 check의 값을 표시한다.

액션 항목	Page 4		
	Action 5	Action 6	Action 7
On	Keystroke	Keystroke	Keystroke
Action	Go To	Display Message	Reset Form
Target	Chapter, … or Page	Standard … Window	Form_2
Key	Enter	Enter	Enter
Message to Display		사용 … 변경하세요.	
Name	Page 101		
Delay Before Action	0.5		
	Condition		
조건 결합 방법	All of the Following		
	Entry_0003 Not Equal To	check Contains Registration Denied	
	Entry_0004 Not Equal To		
	Entry_0005 Not Equal To		
	RadioGroup_0001 Not Equal To		
	check Contains Registed Successfully		
주)	(e)	(f)	(g)

(e) Enter 키를 누르면 입력 필드 Entry_3, Entry_4, Entry_5에 빠짐없이 내용이 입력되고, Radio_Group_1의 라디오 버튼이 선택되고, 그리고 변수 check의 값에 문자열 Registed Successfully가 포함된 경우 0.5초 후 Page 101로 이동한다.
(f) Enter 키를 누르면 변수 check의 값에 문자열 Registration Denied가 포함된 경우 '사용 … 변경하세요'란 메시지 창을

보여준다.

(g) Enter 키를 누르면 변수 check의 값에 문자열 Registration Denied가 포함된 경우 폼 개체 Form_2의 구성 요소 값을 모두 해제한다.

□ Page 4의 폼 데이터 전송 버튼 Login의 액션을 다음과 같이 설정한다.

액션 항목	Login		
	내장 액션	Action 1	Action 2
On	Click	Mouse Click	Mouse Click
Action	Submit Form	Change Contents	Go To
Target	Form_2	Text Block 5	Chapter, … or Page
New Contents		check	
Name			Page 101
Delay Before Action			0.5
			Condition
			All of the Following
			Entry_0003 Not Equal To
			Entry_0004 Not Equal To
			Entry_0005 Not Equal To
			RadioGroup_0001 Not Equal To
			check Contains Registed Successfully
주)	(c)'	(d)'	(e)'

액션 항목	Login	
	Action 3	Action 4
On	Mouse Click	Mouse Click
Action	Display Message	Reset Form
Target	Standard … Window	Form_2
Message to Display	사용 … 변경하세요.	
Condition	check Contains Registration Denied	
주)	(f)'	(g)'

(c)', (d)', (e)', (f)', (g)'는 Login 버튼을 클릭할 때의 액션으로서 Page 4 개체 액션 (c), (d), (e), (f), (g)의 내용과 같다.

□ Form_2 구성 요소 액션을 다음과 같이 설정한다.

액션 항목	Form_2		
	Entry_3	Entry_4	Entry_5
	내장 액션	내장 액션	내장 액션
On			
Action			
Target			

액션 항목	Form_2		
	Entry_3	Entry_4	Entry_5
	내장 액션	내장 액션	내장 액션
	Condition		
	Entry_0003 Not Equal To	Entry_0004 Not Equal To	Entry_0005 Not Equal To
주)	(c)'	(d)'	(e)'

액션 항목	Radio_Group_1			
	내장 액션	Radio_1	Radio_2	Radio_3
		내장 액션	내장 액션	내장 액션
On		Select/Change	Select/Change	Select/Change
Action		Modify Variable	Modify Variable	Modify Variable
Target		RadioGroup_0001	RadioGroup_0001	RadioGroup_0001
Value		web	recommendation	incidentally
Modification Type			Set Variable Contents	
Condition	RadioGroup_0001 Not Equal To			
주)	(b)	(c)		

(a) 폼 구성 요소 입력 필드가 모두 채워졌을 때에만 폼 전송이 이루어진다.

(b) 폼 구성 요소 라디오 버튼 그룹이 선택되었을 때에만 폼 전송이 이루어진다.

(c) 변수 RadioGroup_0001의 값으로 사용할 라디오 버튼의 개체 이름을 변경한다. 라디오 버튼 그룹에 포함된 라디오 버튼을 클릭하면 라디오 버튼의 이름이 라디오 버튼 그룹의 변수 이름으로 사용된다.

폼의 전송 조건은 폼 구성 요소 속성 창의 Condition 탭에서 지정한다. 폼 구성 요소에서 설정한 조건이 충족되지 않으면 폼 데이터는 CGI로 전송되지 않는다. 입력 필드와 라디오 버튼 그룹 개체에 설정된 조건과 액션에 주의한다. 액션이 정의되지 않았는데도 조건이 설정되었음을 눈여겨보자. 또한 비교 연산자의 값(Value)이 공백으로 주어진 것도 주의하자.

Variable:	Relationship:	Value:
RadioGroup_0001	Not Equal To	

Variable:	Relationship:	Value:
Entry_0003	Not Equal To	

□ Form_1에서 지정한 member_check.php는 다음과 같이 스크립트한다.

```
<?php
$a_1=$Entry_0001."\n";
$a_2=$Entry_0002."\n";
```

/*폼 데이터 변수의 값에 라인 피드 문자를 결합하여 새로운 변수 $a_1, $a_2에 저장한다. 회원

등록 시 전송되는 폼 데이터 값이 라인 피드 문자로 구분되어 전송되므로 폼 데이터 변수의 값을 동일 포맷으로 만든다.*/

```
$fp=file("list.txt");
```

/*회원 등록 데이터 파일 list.txt로부터 읽은 데이터를 배열에 기억시킨다.*/

```
for($i=0;$i<count($fp);$i++) {
        if ($a_1==$fp[$i] && $a_2==$fp[$i+1]) {
                echo "Access Accepted";
                exit;
        }
}
```

/*배열의 값이 변수 $a_1, $a_2의 값과 동일하면 문자열 Access Accepted를 출력한다.*/

```
echo "Access Denied";
```

/*배열의 값이 변수 $a_1, $a_2의 값과 동일하지 않으면 문자열 Access Denied를 출력한다.*/

```
?>
```

□ Form_2에서 지정한 list.php는 다음과 같이 스크립트한다.

```
<?php
$fp=file("list.txt");
```

/*회원 등록 데이터 파일 list.txt로부터 읽은 데이터를 배열에 기억시킨다.*/

```
$var=array();
$var[0]="$Entry_0003"."\n";
$var[1]="$Entry_0004"."\n";
$var[2]="$Entry_0005"."\n";
$var[3]="$RadioGroup_0001"."\n";
```

/*렉토라 타이틀로부터 받은 폼 데이터 변수 값을 배열 $var에 저장한다.*/

```
$num=count($fp)/count($var);
```

/*list.txt 파일의 데이터 개수를 배열 $var의 개수로 나누어 변수 $num에 저장한다. 변수 $num은 렉토라 타이틀로부터 전해 받은 이름과 회원 등록 데이터 파일 list.txt에 등록된 이름을 비교하기 위한 반복 횟수로 사용된다.*/

```
for($i=0;$i<$num;$i++) {
      $pro=4*$i;
      if ($var[0]==$fp[$pro]) {
            echo "Registration Denied";
            $re="Registration Denied";
            exit;
      }
}
```

/*렉토라 타이틀로부터 전해 받은 이름과 회원 등록 데이터 파일 list.txt에 등록된 이름이 같으면 문자열 Registration Denied를 출력하고 문자열 Registration Denied를 변수 $re에 저장한 후 스크립트의 실행을 종료한다. list.txt에 등록된 이름은 배열 원소 $var[0], $var[4], $var[8], …에 위치하므로 변수 $pro의 값을 4의 배수로 지정한다.*/

```
if ($re != "Registration Denied") {
echo "Registed Successfully";
$fp=fopen("list.txt","a");
fwrite($fp,$var[0].$var[1].$var[2].$var[3]);
fclose($fp);
}
```

/*변수 $re의 값이 문자열 Registration Denied가 아니면 문자열 Registed Successfully를 출력하고, 텍스트 파일 list.txt를 쓰기 전용으로 열고, 파일 포인터를 마지막에 위치하게 하고, 렉토라 타이틀로부터 전해 받은 변수의 값을 텍스트 파일 list.txt에 저장한 후 파일을 닫는다.*/

```
?>
```

□ 회원 등록 데이터 파일 list.txt에 등록된 이름을 정렬하려면 sort.php를 다음과 같이 스크립트한다.

```
<?
$var=array();
$var[0]="$Entry_0003"."\n";
$var[1]="$Entry_0004"."\n";
$var[2]="$Entry_0005"."\n";
$var[3]="$RadioGroup_0001"."\n";
```

/*렉토라 타이틀로부터 받은 폼 데이터 변수 값을 배열 $var에 저장한다.*/

```
$fp=file("list.txt");
$array=array();
$num=count($fp)/count($var);
for($i=0;$i<$num;$i++) {
        $pro=4*$i;
        $array[]="$fp[$pro]";
}
```

/*렉토라 타이틀로부터 전해 받은 이름을 배열 $array에 저장한다. 배열 $array에는 이름만 저장된다.*/

```
sort($array);
```

/*배열 $array를 소트한다.*/

```
for($i=0;$i<$num;$i++) {
        for($j=0;$j<count($fp);$j++) {
                if ($array[$i]==$fp[$j]) {
                        $g=$j+1;
                        print "$array[$i]<br>";
                        for ($h=$g;$h<$g+3;$h++) {
                                print "$fp[$h]<br>";
                        }
                }
        }
}
```

/*이름을 list.txt 파일의 배열 원소에서 찾아 이름과 이름 다음에 위치한 세 개의 배열 원소를 차례로 줄을 바꾸어 출력한다. 첫 번째 for문은 list.txt 파일에 저장된 회원들의 수만큼만 반복 실행하며, 두 번째 for문은 list.txt 파일에 저장된 데이터 개수만큼 반복 실행한다.*/

```
?>
```

2. 폼 관련 조건부 액션

폼 구성 요소의 조건은 개별 폼 구성 요소의 액션 실행과 관련된 조건이 아니다. 폼 구성 요소의 조건은 폼을 전송 혹은 실행하는 데 필요한 조건이다.

예제 | 설문 조사 답변의 신빙성을 체크하는 액션

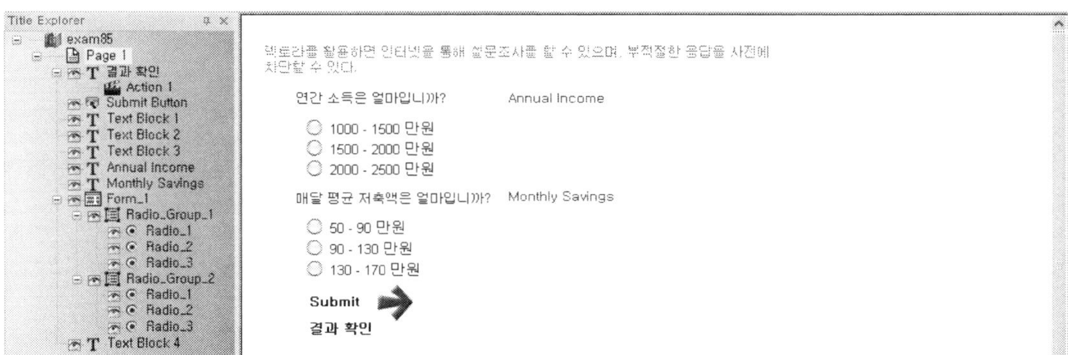

콘텐츠 구조

폼은 두개의 라디오 버튼 그룹으로 구성되어 있다(▶Title85).

제작 설명

- 라디오 버튼을 클릭하면 해당 버튼의 이름표가 텍스트 블록 Annual Income과 Monthly Savings에 나타나도록 각 라디오 버튼마다 Modify Variable 액션을 설정하고(b), 라디오 버튼 그룹에는 Change Contents 액션을 설정한다(a).
- 라디오 버튼 그룹에서 라디오 버튼을 선택한 후 Submit 버튼 ➔을 클릭하면 폼 데이터를 formDataToText.php로 전송하도록 한다.
- 설문에 대한 답변을 정직하게 했는지 검증하기 위해 라디오 버튼 그룹의 조건을 활용한다(a). 답변 자체가 신빙성이 없다고 판단되면 폼 데이터의 전송 자체를 방지한다. 예를 들어, 연간 소득이

1500 만원인 사람이 매달 평균적으로 130 만원을 저축한다는 것은 말이 되지 않는다. 물론, 어떤 이유로 소득을 초과하는 저축이 가능하다 해도 일반적인 저축 관행에 비추어 볼 적에 데이터로서의 가치가 없다고 판단된다.

□ 폼 전송 방식을 아래와 같이 지정한다.

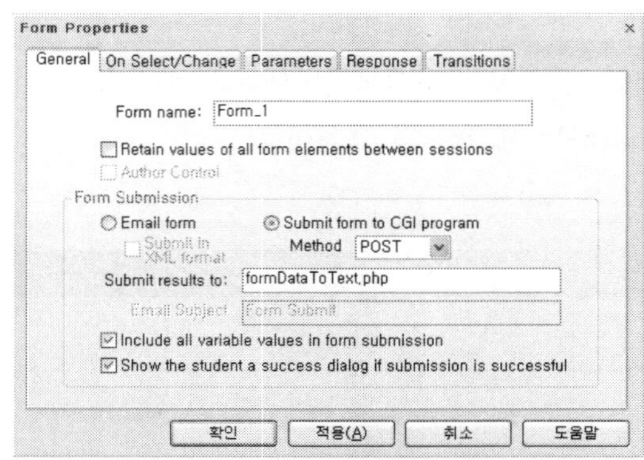

□ 라디오 버튼 그룹 Radio_Group_1의 조건은 Condition 탭에 아래와 같이 지정한다.

– RadioGroup_0001은 라디오 버튼 그룹 Radio_Group_1과 관련된 변수 이름이며, RadioGroup_0002는 라디오 버튼 그룹 Radio_Group_2와 관련된 변수 이름이다.

변수 RadioGroup_0001과 RadioGroup_0002의 값이 둘 다 공백과 같지 않을 때 즉, 각 라디오 버튼 그룹에서 라디오 버튼을 선택했을 때에만 폼 데이터가 전송된다(a). 이 조건이 충족되지 않을 때는 폼 데이터가 전송되지 않으며 Condition Message 탭에 입력한 메시지가 나타난다.

Radio Group Properties
General | On Select/Change | Condition | Condition Message | Transitions
If the conditions on the form element are not met, display the following message:
소득과 저축액을 선택하세요.
확인 | 적용(A) | 취소 | 도움말

□ 라디오 버튼 그룹 Radio_Group_2의 조건은 Condition 탭에 아래와 같이 지정한다.

변수 RadioGroup_0001이 1000 - 1500 만원을 포함하지 않을 때 혹은 변수 RadioGroup_0002가 130 - 170 만원을 포함하지 않을 때 즉, 변수 RadioGroup_0001이 1000 - 1500 만원이고, 동시에 변수 RadioGroup_0002가 130 - 170 만원일 때를 제외하고는 폼 데이터가 전송된다(d).

✎ 변수 RadioGroup_0001이 1000 – 1500 만원을 포함하지 않을 때 혹은 변수 RadioGroup_0002가 130 – 170 만원을 포함하지 않을 때란 조건은 1000 – 1500 만원을 제외한 나머지 연간 소득 중 하나와 저축액 중 하나가 함께 선택될 수 있으며, 130 – 170 만원을 제외한 나머지 저축액 중 하나와 연간 소득 중 하나가 함께 선택될 수 있다는 것을 뜻한다. 결국, 이 조건은 변수 RadioGroup_0001이 1000 – 1500 만원임과 동시에 변수 RadioGroup_0002가 130 – 170 만원인 경우를 제외한다. 변수 RadioGroup_0001이 1000 – 1500 만원을 포함하지 않는다는 것은 거꾸로 1000 – 1500 만원을 제외한 나머지는 모두 포함한다는 것으로 해석하면 이해가 쉽다.

이 조건이 충족되지 않을 때는 폼 데이터가 전송되지 않으며 Condition Message 탭에 입력한 메시지가 나타난다.

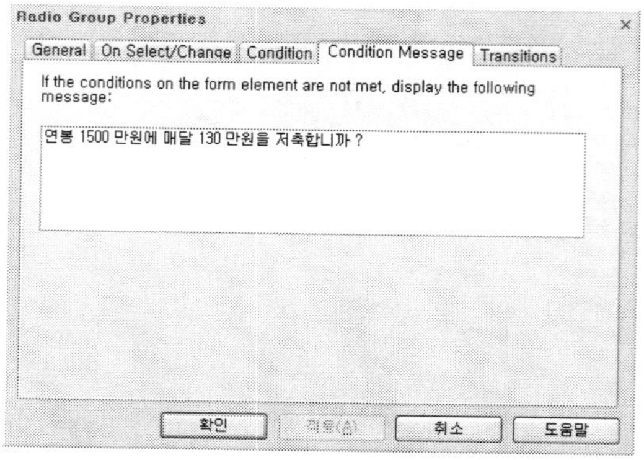

Radio Group Properties

General | On Select/Change | Condition | Condition Message | Transitions

If the conditions on the form element are not met, display the following message:

연봉 1500 만원에 매달 130 만원을 저축합니까 ?

확인 | 적용(A) | 취소 | 도움말

액션 설정

액션 항목	Radio_Group_1 내장 액션
On	Select/Change
Action	Change Contents
Target	Annual_Income
New Contents	RadioGroup_0001
Condition	All of the Following
	RadioGroup_0001 Not Equal To
	RadioGroup_0002 Not Equal To
주)	(a)

액션 항목	Radio_Group_1		
	Radio_1 내장 액션	Radio_2 내장 액션	Radio_3 내장 액션
On	Select/Change	Select/Change	Select/Change
Action	Modify Variable	Modify Variable	Modify Variable
Target	RadioGroup_0001	RadioGroup_0001	RadioGroup_0001
Value	1000 – 1500 만원	1500 – 2000 만원	2000 – 2500 만원
Modification Type	Set Variable Contents	Set Variable Contents	Set Variable Contents
주)	(b)		

액션 항목	Radio_Group_2				➔
	내장 액션	Radio_1 내장 액션	Radio_2 내장 액션	Radio_3 내장 액션	내장 액션
On	Select/Change	Select/Change			Click
Action	Change Contents	Modify Variable			Submit Form
Target	Monthly Savings	RadioGroup_0002			Form_1
Value		50 – 90 만원	90 – 130 만원	130 – 170 만원	

액션 항목	Radio_Group_2				➔
	내장 액션	Radio_1	Radio_2	Radio_3	내장 액션
		내장 액션	내장 액션	내장 액션	
Modification Type		Set Variable Contents			
New Contents	RadioGroup_0002				
	Condition				
	Any of the Following				
	RadioGroup_0001 Does Not Contain 1000 – 1500 만원				
	RadioGroup_0002 Does Not Contain 130 – 170 만원				
주)	(a)	(b)			

□ Form_1에서 지정한 formDataToText.php는 다음과 같이 스크립트한다.

```
<?php
echo ("설문 조사에 응해줘서 감사합니다.");
$a_1="$RadioGroup_0001";
$a_2="$RadioGroup_0002";
$fp=fopen("formDataToText.txt","a");
fwrite($fp,$a_1."\t".$a_2);
fwrite($fp,"\r");
fclose($fp);
?>
```

예제 | 리스트 박스의 선택 개수를 지정하는 액션(▸Title86)

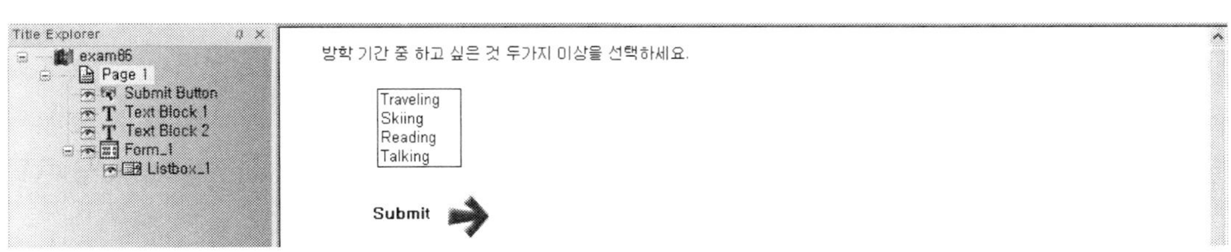

리스트 박스의 목록을 여러 개 선택할 수 있도록 리스트 박스의 Allow multiselect 옵션을 선택한다.

리스트 박스를 제시하고 학생들로 하여금 지시 사항대로 선택을 하도록 하려면 폼 전송 조건을 다음과 같이 설정한다.

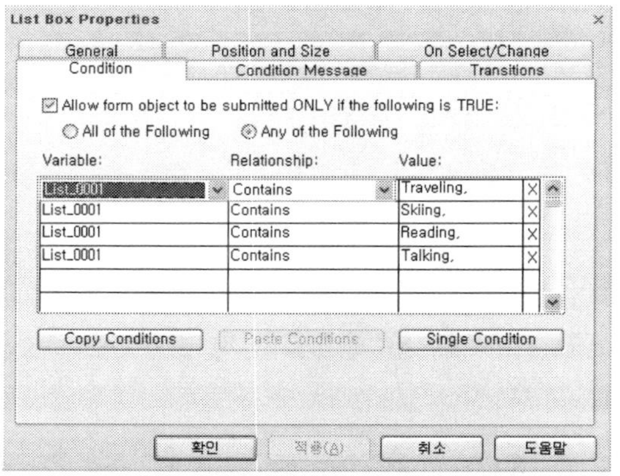

리스트 박스의 변수 값과 비교되는 값으로 'Traveling,'과 같이 콤마(,)를 추가한다. 이것은 문자열 'Traveling,Skiing', 'Traveling,Reading', 'Traveling,Talking'을 모두 의미한다. 두개 이상의 목록을 선택했을 때만 폼 데이터가 전송된다. 이러한 표현은 문자열 두 개 이상을 표시할 때 유효하다. 폼 데이터 전송 조건이 충족되지 않을 때 나타낼 경고문은 Condition Message 탭에서 지정한다.

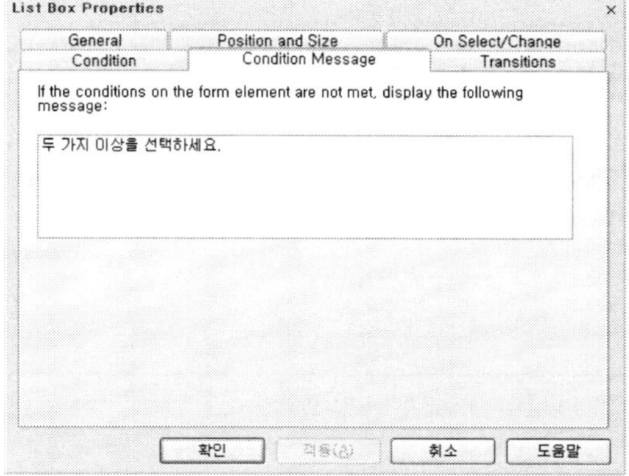

□ 폼 전송 방식을 아래와 같이 지정한다.

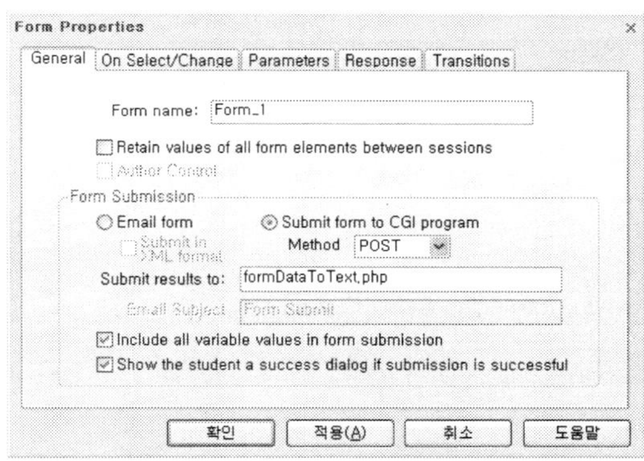

□ Form_1에서 지정한 formDataToText.php는 다음과 같이 스크립트한다.

```
<?php
$a_1="$List_0001";
$fp=fopen("formDataToText.txt","a");
fwrite($fp,$a_1);
fwrite($fp,"\r");
fclose($fp);
?>
```

3, Response 변수와 조건부 액션

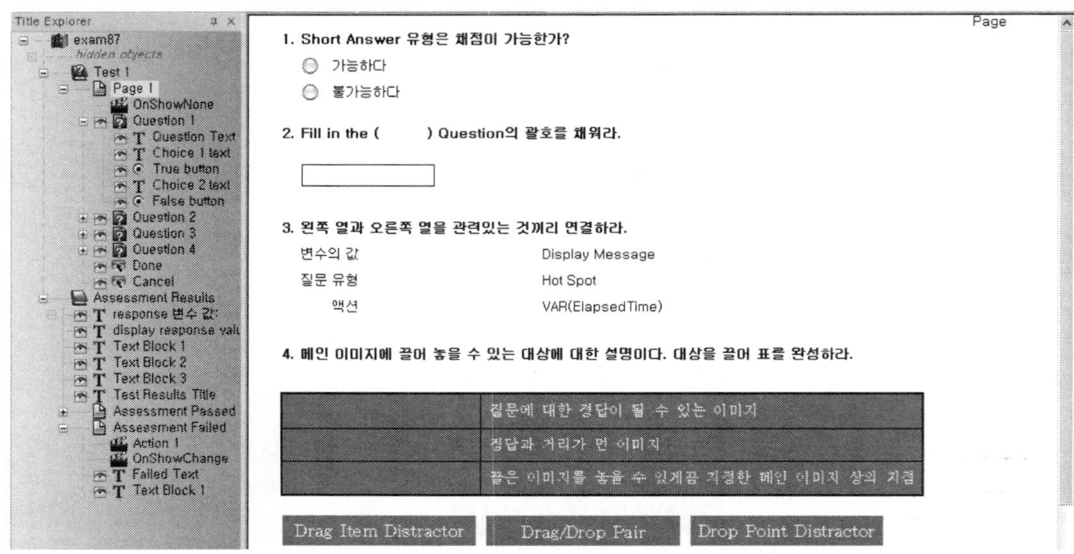

렉토라는 CGI 프로그램으로부터의 출력을 변수에 담아 조건부 액션을 가능하게 한다. 테스트 결과를 CGI 프로그램으로 전송하면 CGI 프로그램은 테스트 결과를 처리하고 그 결과를 렉토라 타이틀로 되돌려준다. 렉토라는 이를 테스트 속성 창의 Response 탭에서 Variable to receive response로 지정한 변수에 담게 된다(▶Title87).

이러한 CGI 프로그램의 성질을 이해하고 이를 이용하면 학생 개개인의 테스트 결과에 따라서 학생들에게 맞춤형 학습을 유도할 수 있다. 예를 들어, 학생이 테스트 결과를 전송했을 때 채점된 값이 테스트 통과 점수로는 충분하다 해도 테스트의 비중에 있어 단일 문제로는 비중이 높게 책정된 질문의 답이 틀렸다면 조건부 통과를 시도할 수 있다.

예제 테스트에서 첫 번째 질문의 답이 틀렸을 때 최저 테스트 점수 75점을 초과했다 해도 관련 내용의 리포트를 제출하는 조건으로 통과를 허용한다고 하자. 조건부 통과를 실현하려면 CGI 프로그램에서 질문 1과 관련된 변수의 값이 맞을 때와 틀릴 때를 구분하여 각기 다른 값을 되돌려 주도록 스크립팅해야 한다. 물론, 꼭 이러한 방식으로만 조건부 통과를 실현할 수 있는 것은 아니다. 단지 예제 테스트는 response 변수를 어떤 식으로 이용하는지 가르쳐 줄 따름이다. 예를 들어, 질문 1의 변수를 a2로 정의하고(정답은 '불가능하다') 답이 틀렸을 때 check란 문자열을 되돌려 주게 스크립팅해 보자. CGI 프로그램 test.php에서 렉토라 타이틀로 문자열 check를 돌려주기 위해서는 if 문을 아래와 같이 정의한다.

```
if ($a2=="가능하다") {
      echo "check";
} else {
      echo "";
}
```

질문 1과 관련하여 CGI 프로그램에 전송되는 값은 True Choice Text(가능하다)와 False Choice Text(불가능하다)의 문자열이다. 질문 1의 값이 문자열 '가능하다'와 같으면 즉, 오답인 True Choice Text를 선택했으면 문자열 check를 되돌려 준다.

[참고]

렉토라 구버전에서 전송되는 True/False 질문의 값은 문자열 True 혹은 False이다.

CGI 프로그램으로부터 되돌려 받은 값을 렉토라에서 이용하려면 테스트 속성을 다음과 같이 설정한다.

❶ 테스트 속성 창의 Response 탭에서 Variable to receive response 필드를 클릭하여 변수 response를 지정한다.

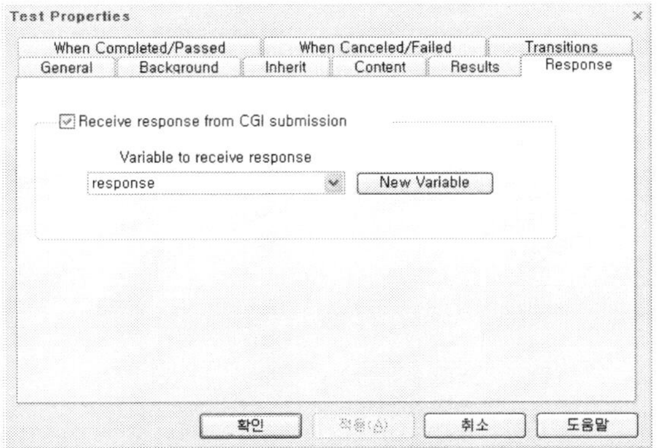

❷ 최저 테스트 통과 점수를 75점으로, 테스트 데이터를 전송할 CGI는 lectora_test.php로 지정한다.

Test Properties

When Completed/Passed | When Canceled/Failed | Transitions
General | Background | Inherit | Content | Results | Response

- [ ] Show test results to student after end of test
- [ ] Customized Test Results
- [x] Grade the test
- [ ] Show only the score of the test, not the questions and answers

Lowest Passing Score: 75

Results Submission
- ( ) Email results of test
- (•) Submit test to CGI program
- [ ] Submit in XML format
- Method: POST
- Submit results to: lectora_test.php
- Email Subject: Test Results
- [x] Prompt the student for their name to identify the test
- [x] Include all variable values in submission
- [ ] Show the student a success dialog if submission is successful

확인 | 적용(A) | 취소 | 도움말

테스트 속성 창에 지정한 옵션에 주의한다.

❸ 테스트의 통과 여부는 일차적으로 최저 테스트 통과 점수에 따라 결정된다. 점수에 따른 페이지 이동은 When Completed/Passed 탭과, When Canceled/Failed 탭에서 지정한다.

When Completed/Passed 탭

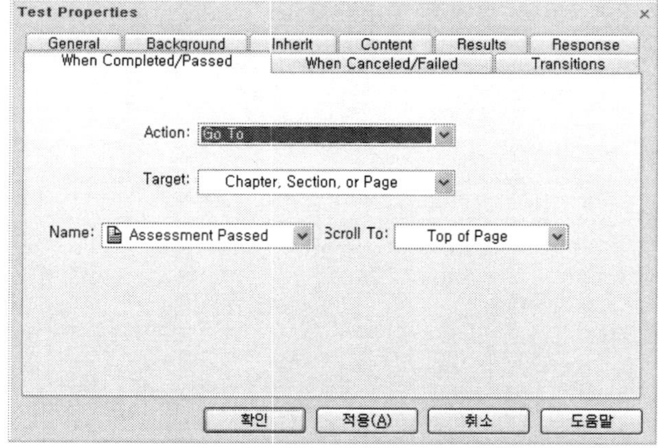

- 최저 테스트 통과 점수를 넘었을 때는 Assessment Results 장의 Assessment Passed 페이지로 이동하게 한다.

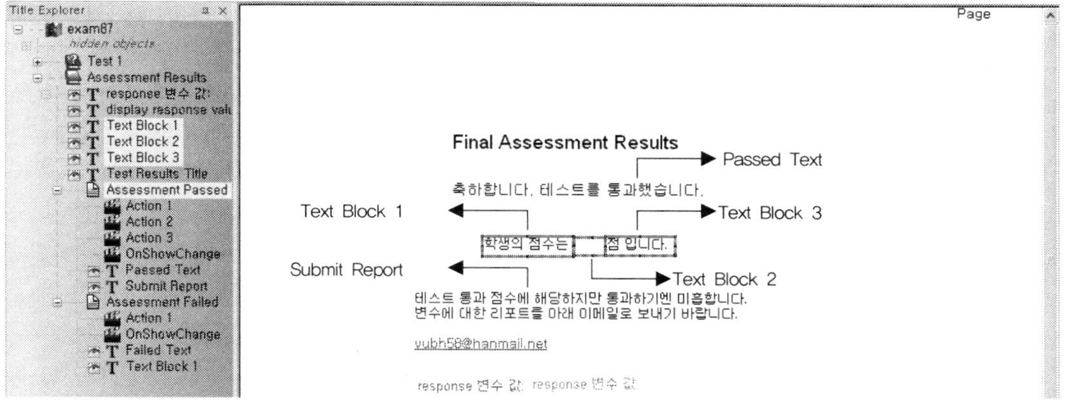

- Text Block 1, Text Block 2, 그리고 Text Block 3은 Assessment Passed 페이지와 Assessment Failed 페이지 양쪽에 모두 나타나도록 Assessment Results 개체 아래에 두고 Initially Visible 속성을 선택한다.
- Assessment Passed 페이지는 response 변수의 값에 따라 화면에 나타나는 내용을 다르게 한다. 화면에 다르게 나타낼 내용은 Initially Visible 속성을 해제한다.

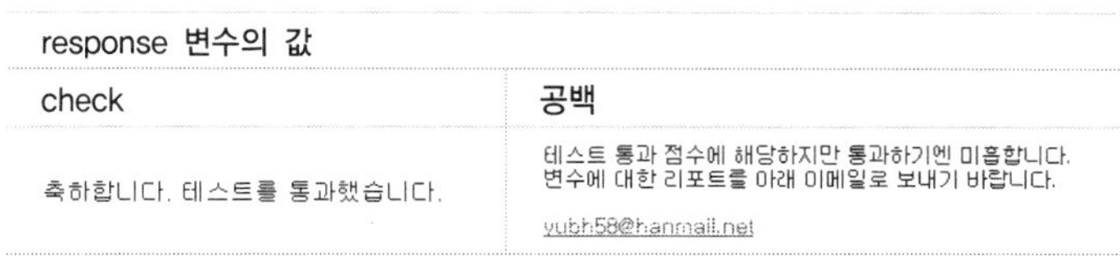

response 변수의 값	
check	공백
축하합니다. 테스트를 통과했습니다.	테스트 통과 점수에 해당하지만 통과하기엔 미흡합니다. 변수에 대한 리포트를 아래 이메일로 보내기 바랍니다. yubh58@hanmail.net

When Canceled/Failed 탭

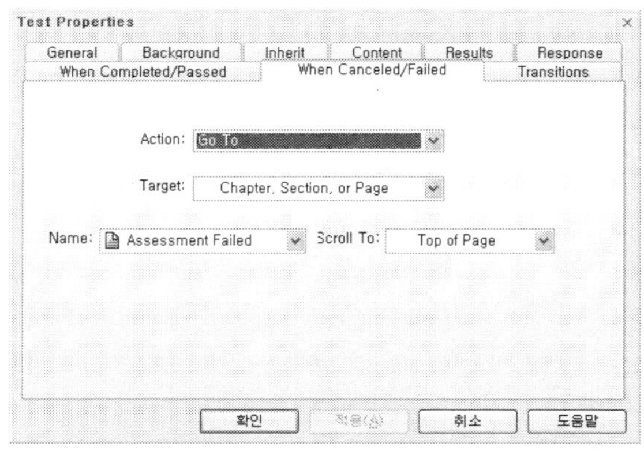

최저 테스트 통과 점수에 미달인 경우는 Assessment Results 장의 Assessment Failed 페이지로 이동하게 한다. 점수가 미달인 경우에는 아래의 내용만 보여준다.

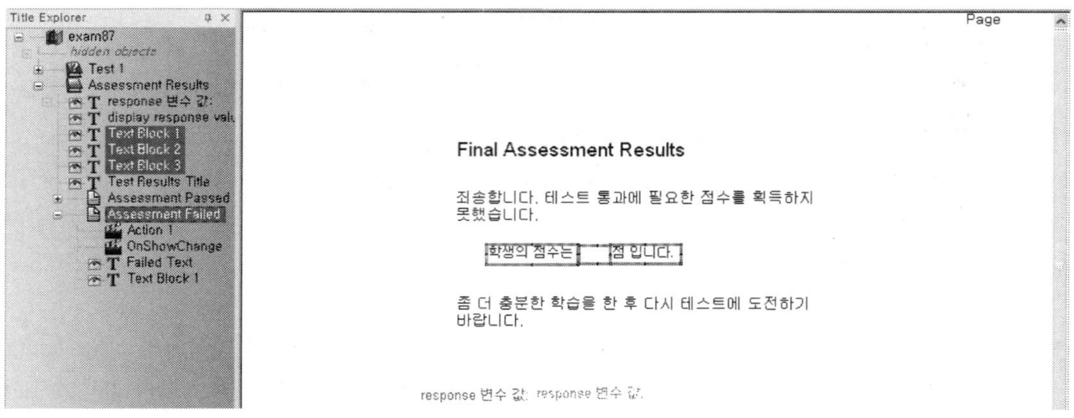

response 변수의 값과 조건부 액션

예제 | 테스트의 각 질문에 대한 가중치는 다음과 같이 설정되어 있다.

질문	변수	Question Weight	각 짝의 분리 질문 유무	가중치 계
Question 1	a2	2		2
Question 2	a3	1		1
Question 3	a4	1	☑ Grade each dragged item as a separate question (1 pt(s) each)	3
Question 4	a5	1		3
테스트 총 가중치				9

최저 통과 점수를 넘기더라도 질문 1이 틀릴 때 화면에 상이한 내용이 나타나도록 하려면 액션을 다음과 같이 설정한다.

액션 항목	Assessment Passed 페이지 개체 액션		
	Action 1	Action 2	Action 3
On	Show	Show	Show
Action	Show	Show	Change Contents
Target	Passed Text	Submit Report	Text Block 2
New Contents			Test_1_Score
Condition	response Does Not Contain check	response Contains check	

response 변수가 문자열 check를 포함하면 Action 2를 실행하고, 그렇지 않으면 Action 1을 실행한다.

- 최저 통과 점수에 미달인 경우에도 테스트 점수를 보여주어야 하므로 Assessment Failed 페이지 개체 액션 Action 1 역시 Assessment Passed 페이지에 삽입한 Action 3과 똑같은 액션을 정의한다.

□ Test 1에서 지정한 lectora_test.php는 다음과 같이 스크립트한다.

```
<?php
$a0=$name; //학생 이름
$a1=$Score; //학생이 받은 점수
if ($a2=="가능하다") {
      echo "check";
} else {
      echo "";
}
$fp=fopen("text_data.txt","a");
$data=array();
for ($i=0;$i<7;$i++) {
      $b="a".$i;
      $c="data[".$i."]";
      $$c=$$b;
      fwrite($fp,$$c."\t");
}
fwrite($fp,"\r");
fclose($fp);
?>
```

Tip 웹 서버 설정의 문제상 렉토라에서 전송한 한글 텍스트가 깨어지는 경우에는 데이터 전송 결과를 참조하여 if 문의 조건을 수정한다. 예를 들어, 데이터를 저장한 text_data.txt의 내용이 다음과 같다고 하자. 문자열 '가능하다'가 문자열 '%uAC00 %uB2A5%uD558%uB2E4' 형태로 전송된 것을 볼 수 있다.

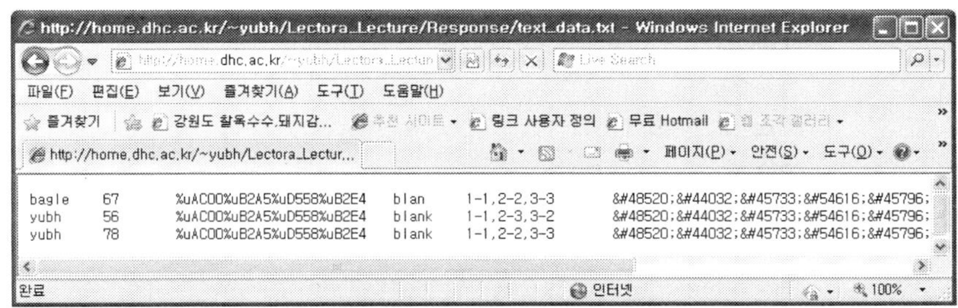

이런 경우에는 상기 php의 if 문의 조건을 다음과 같이 수정한다.

```
if ($a2=="%uAC00%uB2A5%uD558%uB2E4") {
      echo "check";
} else {
      echo "";
}
```

✎ 테스트 결과에 관계없이 즉, 최저 통과 점수에 무관하게 동일 페이지로 이동하여 점수에 따라 화면의 내용을 다르게 표시하려면 화면을 아래와 같이 구성한다(▸Title88).

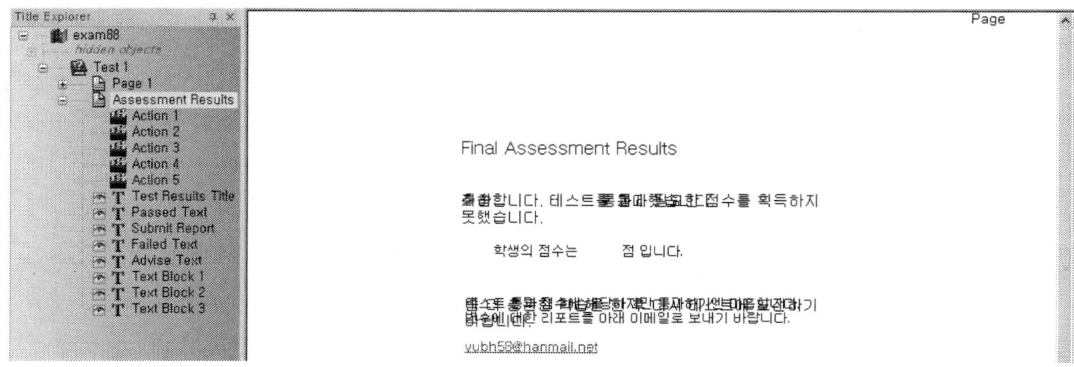

- 테스트에 통과했을 때 보여 줄 내용과 테스트에 실패했을 때 보여 줄 내용을 함께 겹쳐 컨텐트 페이지를 구성한다.
- 이들 텍스트의 Initially Visible 속성을 해제한다.
- 테스트 결과에 따른 페이지 이동은 (Test 1 속성 창의 When Completed/Passed 탭과, When Canceled/Failed 탭) 앞 예제와 같이 Assessment Results 페이지를 지정한다.

<table>
<tr><th>Lowest Passing Score</th><th colspan="2">화면에 나타나는 내용</th></tr>
<tr><td rowspan="3">75점 미만</td><td>죄송합니다. 테스트 통과에 필요한 점수를 획득하지 못했습니다.</td><td>좀 더 충분한 학습을 한 후 다시 테스트에 도전하기 바랍니다.</td></tr>
<tr><td>Failed Text</td><td>Advise Text</td></tr>
<tr><td colspan="2">☐ Initially Visible</td></tr>
<tr><td rowspan="5">75점 이상</td><td colspan="2">response 변수의 값</td></tr>
<tr><td>check</td><td>공백</td></tr>
<tr><td>축하합니다. 테스트를 통과했습니다.</td><td>테스트 통과 점수에 해당하지만 통과하기엔 미흡합니다. … 보내기 바랍니다.</td></tr>
<tr><td>Passed Text</td><td>Submit Report</td></tr>
<tr><td colspan="2">☐ Initially Visible</td></tr>
</table>

액션은 다음과 같이 설정한다.

액션 항목	Assessment Results	
	Action 1	Action 2
On	Show	Show
Action	Show	Show
Target	Passed Text	Submit Report
Condition	All of the Following	
	response Does Not Contain check	response Contains check
	Test_1_Score Greater Than Or Equal 75	Test_1_Score Greater Than Or Equal 75
주)	(a)	(b)

(a) 테스트 1의 점수가 75 이상이고, 변수 response의 값이 check를 포함하지 않으면 Passed Text가 나타나게 한다.
(b) 테스트 1의 점수가 75 이상이고, 변수 response의 값이 check를 포함하면 Submit Report가 나타나게 한다.

액션 항목	Assessment Results		
	Action 3	Action 4	Action 5
On	Show	Show	Show
Action	Show	Show	Change Contents
Target	Failed Text	Advise Text	Text Block 2
New Contents			Test_1_Score
	Condition		
	Test_1_Score Less Than 75	Test_1_Score Less Than 75	
주)	(c)	(d)	(e)

(c) 테스트 1의 점수가 75 미만이면 Failed Text가 나타나게 한다.
(d) 테스트 1의 점수가 75 미만이면 Advise Text가 나타나게 한다.
(e) Text Block 2에 테스트 1의 점수를 보여준다.

4. 렉토라가 전송한 점수 수정하기

Short Answer 및 Essay 유형의 질문이 테스트에 포함되면 렉토라는 점수를 계산하지 않는다. 따라서 테스트의 성격상 채점 불능 유형의 질문을 추가할 수밖에 없는 경우에는 학생들이 전송한 데이터를 일일이 수동으로 점수를 매기는 수밖에 없다(▶Title89).

이러한 경우 대안은 테스트를 실시할 때 채점 가능 유형과 채점 불능 유형의 질문을 테스트 이름을 달리하여 출제하는 것이다. 테스트마다 개별적으로 CGI 프로그램에 데이터를 전송하므로 채점 가능 테스트의 점수가 매겨질 수 있다.

테스트 내용에 따라 출제자의 주관에 따라 점수를 추가하거나 감할 수 있다. 특히, 학생들에게 단어를 입력하게 하거나 문장을 입력하게 한 경우 채점은 궁극적으로 출제자의 주관이 많이 좌우하게 된다. 채점자의 입장에서는 학생들이 전송한 답 중 특정 단어를 포함하고 있을 때 플러스 알파를 제공할 수도 있다.

타이틀의 구조가 다음과 같이 두 개의 테스트로 구성되어 있다고 하자.

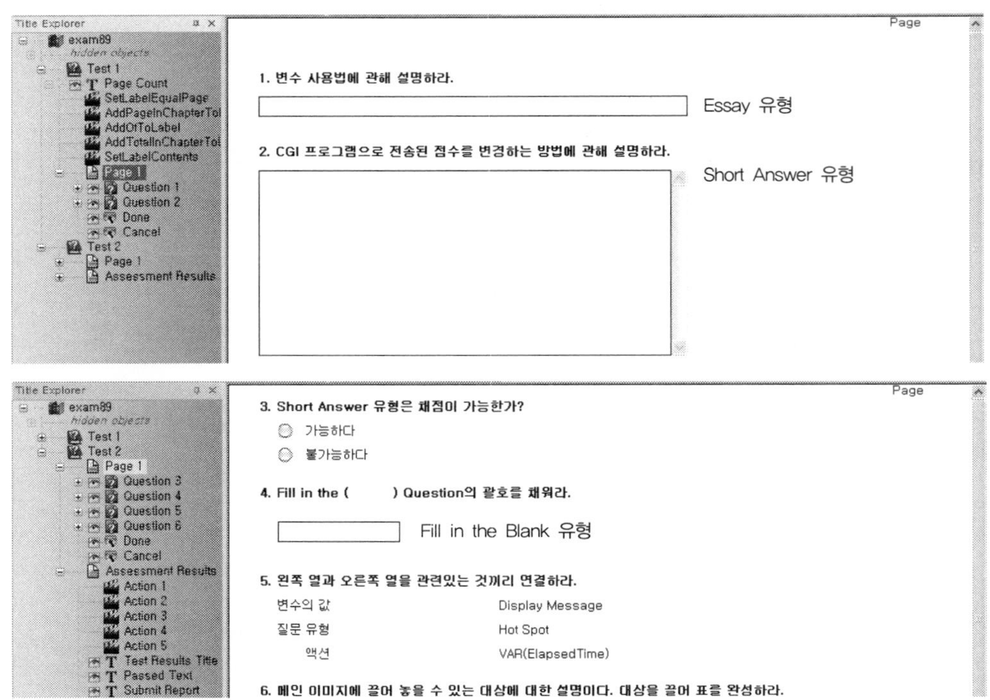

이 타이틀의 Test 2는 질문 번호, 질문 변수의 이름, 테스트 점수를 보여줄 때 사용하는 변수를 제외하면 Title87의 그것과 동일하다. Test 1, Test 2에 할당된 질문 개체의 변수는 다음과 같다.

질문	변수	Question Weight	각 짝의 분리 질문 유무	가중치 계
Question 1	a3			
Question 2	a4			
Question 3	a5	2		2
Question 4	a6	1		1
Question 5	a7	1	☑Grade each dragged item as a separate question (1 pt(s) each)	3
Question 6	a8	1		3
테스트 총 가중치				9

테스트 개체가 2개로 구성되어 있으므로 Test 2의 Assessment Results 페이지에서 테스트 결과를 보여주기 위해서는 앞 예제의 개체 액션 Action 5의 내용을 다음과 같이 수정한다.

액션 항목	Accessment Results
	Action 5
On	Show
Action	Change Contents
Target	Text Block 2
New Contents	Test_2_Score

- Test 1은 채점 불능 유형의 질문으로 구성되어 있으며, Test 2는 채점 가능 유형의 질문으로 구성되어 있다. 각 테스트는 Done 버튼이 있어 테스트 결과를 CGI 프로그램에 전송할 수 있다. Test 1의 테스트 속성은 다음과 같이 설정한다.

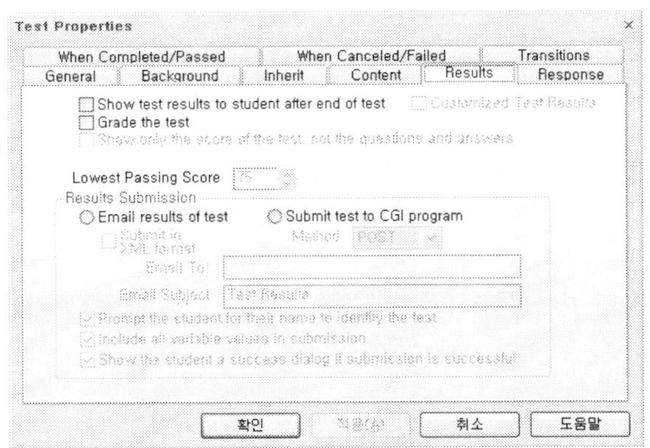

Test 2의 테스트 속성은 Test 1의 테스트 결과를 함께 전송해야 하기 때문에 일반적인 테스트 전송 속성을 모두 지정한다.

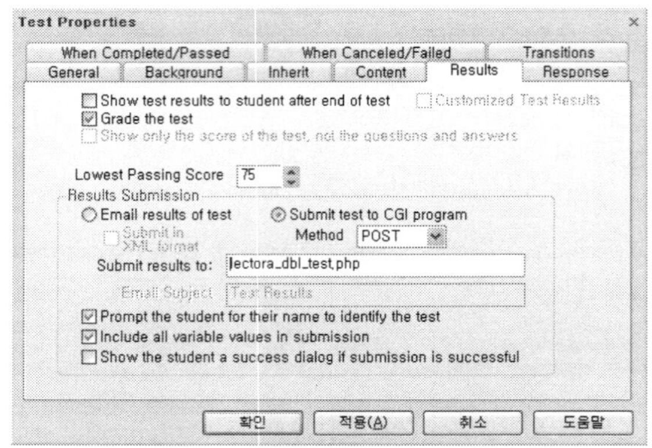

Tip Test 2의 테스트 결과를 전송할 때 Test 1의 테스트 결과를 함께 전송하려면 Test 1의 테스트 속성은 아무것도 설정하지 않은 상태로 둔다.

[참고]

Test 1의 테스트 결과를 따로 전송하려면 테스트 전송 속성을 모두 지정한다.

Test Properties
When Completed/Passed
When Canceled/Failed
Transitions
General
Background
Inherit
Content
Results
Response
Show test results to student after end of test
Customized Test Results
Grade the test
Show only the score of the test, not the questions and answers
Lowest Passing Score
75
Results Submission
Email results of test
Submit test to CGI program
Submit in XML format
Method
POST
Submit results to:
lectora_test.php
Email Subject
Test Results
Prompt the student for their name to identify the test
Include all variable values in submission
Show the student a success dialog if submission is successful
확인
적용(A)
취소
도움말

• 테스트를 두 개 이상 타이틀에 포함한 경우에는 테스트 전송이 끝난 후 이동할 페이지 경로에 신경 써야 한다. Test 1의 테스트 결과를 전송한 후에는 Test 2 페이지로 이동해야 하므로 Test 1의 When Completed/Passed 탭과 When Canceled/Failed 탭의 액션을 다음 테스트의 첫 페이지로 지정한다.

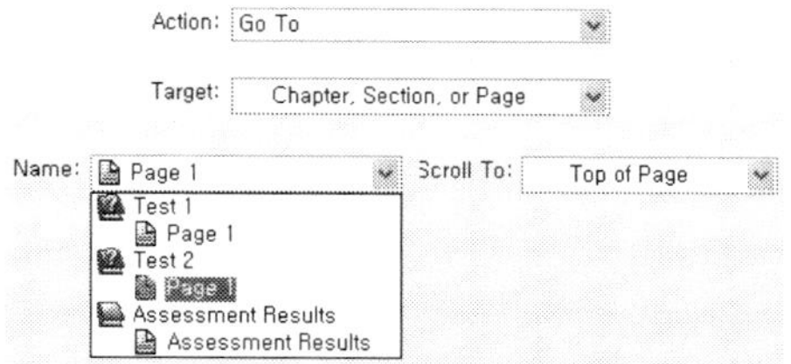

테스트 질문 변수의 이름을 다음과 같이 수정한다. 테스트의 질문 변수의 이름을 a로 시작하여 차례로 번호를 매기면 CGI 코드를 효율적으로 작성할 수 있다.

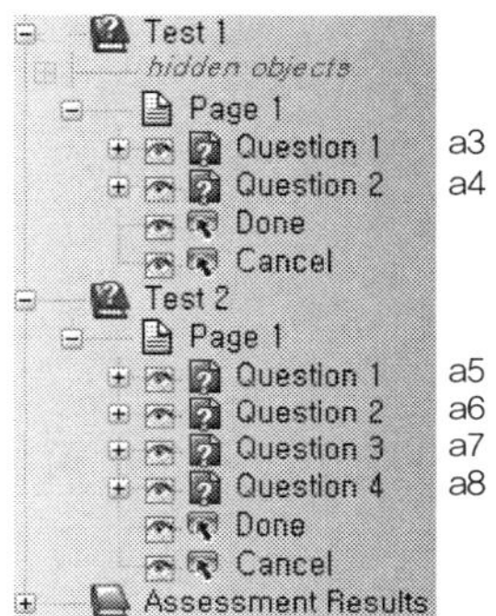

CGI 코드는 Short Answer 유형의 질문에 대한 답으로 VAR이란 문자열이 포함된 경우 플러스 알파 5를 점수에 반영한다.

```
lectora_dbl_test.php

<?php
$a0=$name;
$a1=$TestName;
$a2=$Score;
if ($a5=="가능하다") {
       echo "check";
} else {
       echo "";
}
$string=eregi("VAR",$a3);
if ($string) {
       $a2+=5;
}
```

/*eregi() 함수는 문자열 처리 함수로서 변수 $a3의 값에서 문자열 VAR을 찾아 문자열이 있으면 참의 값 즉, 1을 리턴한다. 변수 $string이 참의 값을 가지면 변수 $a2의 값에 5를 더하여 변수 $a2에 저장한다. 변수 $a2는 테스트 점수이다.*/

```
$fp=fopen("text_data.txt","a");
$data=array();
for ($i=0;$i<10;$i++) {
        $b="a".$i;
        $c="data[".$i."]";
        $$c=$$b;
        fwrite($fp,$$c."\t");
}
/*fwrite($fp,$Response_d."\t".$Variable1."\t".$Fire."\t");*/
fwrite($fp,"\r");
fclose($fp);
?>
```

테스트 결과를 보면 변수 a3이 문자열 VAR을 포함하면 원 점수에 5를 더하여 표시한다.

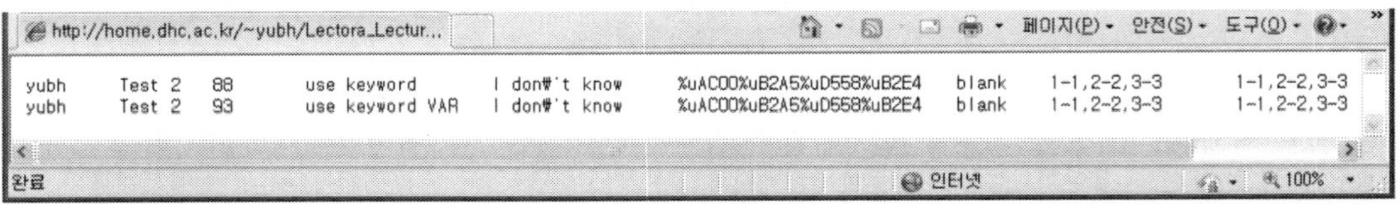

[참고]

채점 가능 문제와 채점 불능 문제를 함께 출제하면 렉토라는 채점 가능 문제만 점수를 매겨준다. 따라서 채점 불능 문제는 출제자가 직접 눈으로 확인하여 점수를 매겨야 한다. 이때 채점 가능 문제의 만점을 60점으로 잡으면 채점 불능 문제의 만점은 40점으로 매겨야 한다(▶Title90).

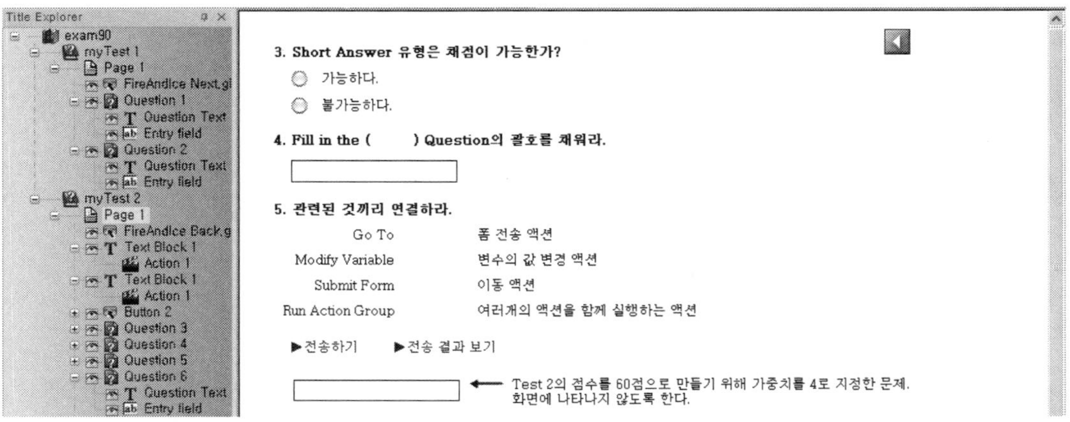

테스트 개체 myTest 1, myTest 2에 삽입한 질문의 변수 이름과 가중치는 다음과 같다. 테스트 myTest 1에는 채점 불능 질문이, 테스트 myTest 2에는 채점 가능 질문이 출제되어 있다.
테스트 myTest 2에는 총 세 문제가 출제되었는데 앞의 두 질문에는 가중치를 1로 지정하였고 세 번째 질문에는 올바르게 연결된 짝을 하나의 질문처럼 취급하여 총 가중치를 4로 지정하였다. 따라서 채점 가능 질문의 총 가중치는 6이 된다.

질문	변수	Question Weight	각 짝의 분리 질문 유무	가중치 계
Question 1	a3			
Question 2	a4			
Question 3	a5	1		1
Question 4	a6	1		1
Question 5	a7	1	☑ Grade each dragged item as a separate question (1 pt(s) each)	4
Question 6	a8	4		4
테스트 총 가중치				10

총 가중치가 6인 채점 가능 문제의 만점을 60점으로 매기려면 뭔가 수단을 부릴 필요가 있다. 그것은 가중치가 4인 가상의 질문을 추가하면 깨끗이 해결된다. 질문 Question 6은 필요에 의해 추가한 질문으로서 가중치 4를 지니며, 화면에는 나타나지 않아 채점 시 항상 틀린 것으로 간주된다. 따라서 세 개의 문제를 모두 맞히면 6/10이 되어 채점 가능 문제의 만점은 60점이 된다.

5, 맞춤식 테스트 진행하기

조건부 액션을 사용하면 학생들의 학습 성과에 따라 학생 개개인에게 맞춤식 테스트를 제시할 수 있다. 테스트의 첫 페이지에서 비슷한 문제를 난이도를 달리하여 출제하고, 각 문제마다 문제 수준에 맞춘 테스트 섹션을 연결한다면, 학생들이 답을 잘못 했을 때 곧 바로 관련 섹션으로 이동하여 본 문제를 푸는 데 요구되는 기초지식을 테스트 겸 전달할 수 있다.
예를 들면, 다음 세 문제는 첫 번째 문제에 대한 지식이 없다면 다음 문제는 절대 풀 수 없다. 첫 번째 문제조차 맞추지 못한 학생들에게 두 번째, 세 번째 문제를 풀이하라고 하는 것은 말도 되지 않는다.

1. 효용에 관한 설명으로 맞는 것은?
2. 무차별곡선상의 모든 점의 효용수준은 동일한가?
3. 가격선상의 모든 점의 효용수준은 동일한가?

따라서, 첫 번째 문제의 답이 틀렸을 때는 효용과 관련된 테스트 섹션으로 이동하여 테스트를 겸한 학습을 시킬 수 있다. 물론, 피드백 메시지를 활용하면 가장 좋을 것이다.
다음 예제를 대상으로 조건부 테스트에 관해 살펴보기로 한다(▶Title91, Title92).

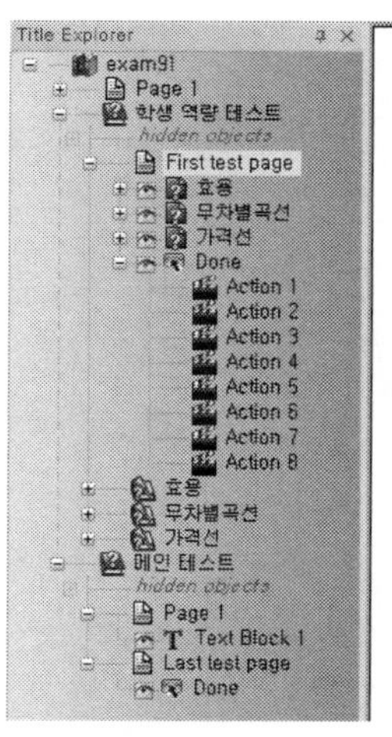

예제는 두 개의 테스트 학생 역량 테스트, 메인 테스트로 구성되어 있다. 첫 번째 테스트는 두 번째 테스트를 수행하기 위한 준비 단계로서, 메인 테스트를 수행하기 위한 기본적인 학업 능력의 테스트에 해당한다. 첫 번째 테스트를 통과하지 못하면 메인 테스트에는 아예 접근조차 할 수 없도록 설정되어 있다.

- 1번 문제의 답은 첫 번째 항이다. 학생이 첫 번째가 아닌 다른 항을 선택하면 효용 페이지로 이동하게 액션을 설정한다. 물론, 효용 페이지에는 효용과 관련된 다양한 기초 문제가 제출되어 있다고 가정한다.
- 2번 문제의 답은 세 번째 항이다. 학생이 세 번째가 아닌 다른 항을 선택하면 무차별곡선 페이지로 이동하게 액션을 설정한다. 물론, 무차별곡선 페이지에는 무차별곡선과 관련된 다양한 기초 문제가 제출되어 있다고 가정한다.
- 3번 문제의 답은 첫 번째 항이다. 학생이 첫 번째가 아닌 다른 항을 선택하면 가격선 페이지로 이동하게 액션을 설정한다. 물론, 가격선 페이지에는 가격선과 관련된 다양한 기초 문제가 제출되어 있다고 가정한다.
- 1, 2, 3번 문제를 모두 맞힌 경우에만 메인 테스트로 넘어간다.

첫 번째 테스트는 그 성격상 테스트 결과를 전송하지 않는다. 단지 다음 테스트인 메인 테스트로 넘어가기 위한 테스트에 불과하다. 첫 번째 테스트 학생 역량 테스트의 테스트 속성은 다음과 같이 설정한다.

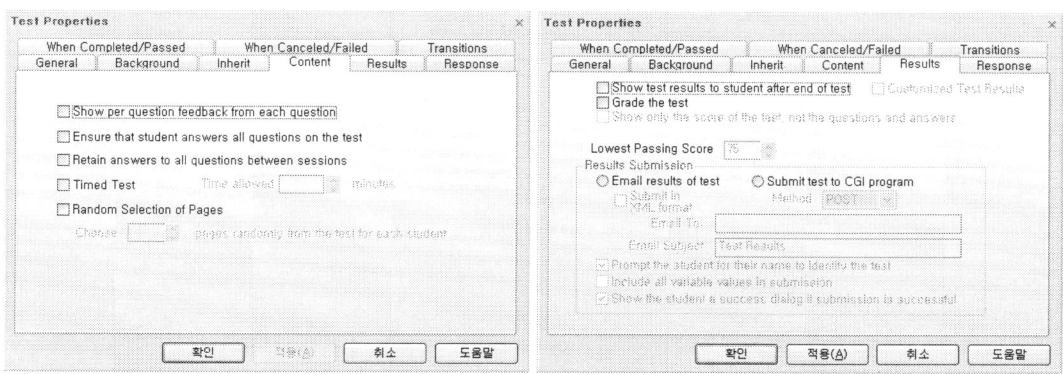

첫 번째 테스트는 테스트와 관련된 모든 옵션을 해제한 상태로 둔다.

- First test page 페이지는 내비게이션 버튼을 그대로 상속하고, 각 테스트 섹션은 내비게이션 버튼의 상속을 포기한다.

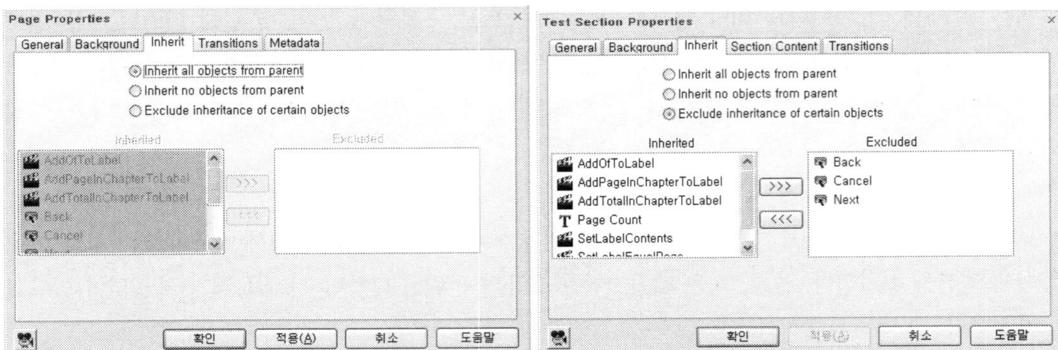

First test page의 상속 속성　　　　효용, 무차별곡선, 가격선 섹션의 상속 속성

- 효용, 무차별곡선, 가격선 페이지에 학생 역량 테스트 아래의 Back 버튼을 복사하여 붙이기 한다. 각 테스트 섹션의 Back 버튼에는 각각 상이한 조건을 설정해야 하기 때문이다.

테스트 페이지의 내비게이션 버튼은 다음과 같이 나타난다.

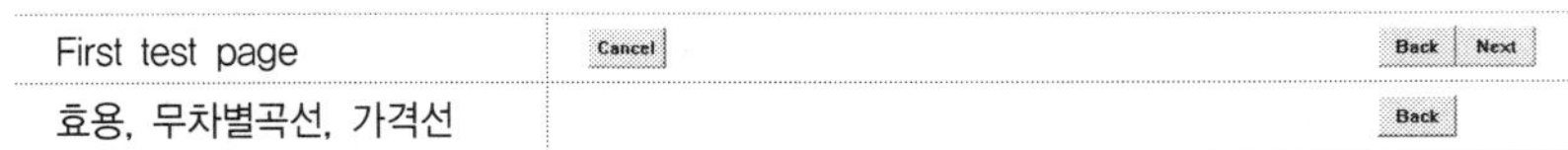

First test page	Cancel　　Back　Next
효용, 무차별곡선, 가격선	Back

- First test page의 Done 버튼의 액션은 다음과 같이 설정한다. 모든 문제를 맞혔을 때만 메인 테스트 페이지로 이동한다. 페이지 이동과 관련된 액션은 학생 역량 테스트의 테스트 속성 창의 When Completed/Passed 탭과 When Canceled/Failed 탭의 액션 Go To Next Page를 그대로 사용한다.

액션 항목	First test page
	Done(내장 액션)
On	Click
Action	Submit/Process Test/Survey
Target	학생 역량 테스트
Condition	Test_37_Score Equal To 100

- First test page의 Done 버튼과 테스트 섹션 효용, 무차별곡선, 가격선의 Back 버튼의 외장 액션은 다음과 같이 설정한다. 조건 연산자 Is Correct는 질문의 답이 정답인 것을, Is Not Correct는 질문의 답이 오답인 것을 뜻한다. 학생들이 선택할 수 있는 모든 경우의 행위를 예상하여 출제자가 의도하는 방향으로 이동하게 조건부 액션을 설정한다.

First test page의 Done 버튼 외장 액션은 다음과 같이 설정한다.

액션 항목	Done	
	Action 1	Action 2
On	Mouse Click	
Action	Go To	
Target	Chapter, Section, or Page	
Name	효용, Page 1	
	Condition	
	All of the Following	
	Question_0001 Is Not Correct	Question_0001 Is Not Correct
	Question_0002 Is Not Correct	Question_0002 Is Correct
	Question_0003 Is Not Correct	Question_0003 Is Not Correct
주)	(a)	

액션 항목	Done	
	Action 3	Action 4
On	Mouse Click	
Action	Go To	
Target	Chapter, Section, or Page	
Name	효용, Page 1	
	Condition	
	All of the Following	
	Question_0001 Is Not Correct	Question_0001 Is Not Correct
	Question_0002 Is Not Correct	Question_0002 Is Correct
	Question_0003 Is Correct	Question_0003 Is Correct
주)	(a)	

(a) 문제 1의 답이 틀리면, 문제 2, 문제 3의 정답 여부와 관계없이 효용 페이지로 이동한다. 효용 페이지는 질문 4, 5, 6으로 구성된다.

액션 항목	Done	
	Action 5	Action 6
On	Mouse Click	
Action	Go To	
Target	Chapter, Section, or Page	
Name	무차별곡선, Page 1	
	Condition	
	All of the Following	
	Question_0001 Is Correct	Question_0001 Is Correct
	Question_0002 Is Not Correct	Question_0002 Is Not Correct
	Question_0003 Is Not Correct	Question_0003 Is Correct
주)	(b)	

(b) 문제 1의 답이 맞는 상태에서 문제 2의 답이 틀리면, 문제 3의 정답 여부와 관계없이 무차별곡선 페이지로 이동한다. 무차별곡선 페이지는 질문 7, 8, 9로 구성된다.

액션 항목	Done	
	Action 7	Action 8
On	Mouse Click	Mouse Click
Action	Go To	Go To
Target	Chapter, Section, or Page	Chapter, Section, or Page
Name	가격선, Page 1	메인 테스트, Page 1
	Condition	
	All of the Following	
	Question_0001 Is Correct	Question_0001 Is Correct
	Question_0002 Is Correct	Question_0002 Is Correct
	Question_0003 Is Not Correct	Question_0003 Is Correct
주)	(c)	(d)

(c) 문제 1, 문제 2의 답이 맞는 상태에서 문제 3의 답이 틀리면, 가격선 페이지로 이동한다. 가격선 페이지는 질문 10, 11, 12로 구성된다.
(d) 문제를 모두 맞히면 메인 테스트 페이지로 이동한다.

[참고]

테스트의 이름과 테스트 섹션의 이름을 한글로 변경하면 테스트 및 테스트 섹션과 관련된 변수의 이름이 제멋대로 지어진다. 예를 들면, 테스트 이름이 Test 1이면 Test 1과 관련된 변수의 이름은 Test_1_Score가 된다. 테스트 이름 Test 1을 '학생 역량 테스트'로 변경하면 관련 변수의 이름은 Test_37_Score와 같이 테스트 이름과 전혀 관련이 없는 변수 이름으로 지어진다. 예제에서는 테스트 이름과 테스트 섹션 이름을 쉽게 구분하기 위해 타이틀을 완성한 후 이름을 한글로 바꾸었다. 따라서 독자들은 테스트를 추가할 때 기본적으로 주어지는 이름 그대로 사용하여 따라하기 바란다.

효용 섹션 페이지, 무차별곡선 섹션 페이지, 가격선 섹션 페이지의 Back 버튼 내장 액션은 다음과 같이 설정한다.

액션 항목	Back(내장 액션)		
	효용 섹션	무차별곡선 섹션	가격선 섹션
On	Click		
Action	Go To		
Target	Chapter, Section, or Page		
Name	First test page		
	Condition		
	All of the Following		
	Question_0004 Is Correct	Question_0007 Is Correct	Question_0010 Is Correct
	Question_0005 Is Correct	Question_0008 Is Correct	Question_0011 Is Correct
	Question_0006 Is Correct	Question_0009 Is Correct	Question_0012 Is Correct

Back 버튼 액션의 내용은 해당 페이지에 제출된 기초 문제를 모두 맞혔을 경우 효용, 무차별곡선, 가격선의 문제가 제출된 First test page로 이동한다는 것을 의미한다.

Back 버튼의 액션 조건으로 변수 Test_Section_1_Score 등은 사용할 수 없다. 왜냐하면 이들 변수는 테스트 결과를 전송할 때 채점되기 때문에 전송도 하지 않은 상태에서는 점수자체가 매겨지지 않기 때문이다.

6, 랜덤 테스트

테스트가 여러 개의 페이지로 구성되는 경우에는 테스트를 수행하는 학생들에게 각각 상이한 테스트 페이지를 제시할 수 있다. Random Selection of Pages 옵션을 선택하면 Choose 필드에서 지정한 페이지 수만큼의 상이한 문제를 각 학생들에게 출제할 수 있다. 질문이 임의적으로 나타나는 것이 아니고, 질문을 담은 페이지가 임의적으로 나타난다. 따라서 테스트 페이지마다 질문의 수를 동일하게 해야만 학생들이 접하는 질문의 수도 동일하게 된다.

예제 | 테스트가 여러 개의 페이지로 구성된 경우 모든 페이지에는 동일 수의 문제를 출제한다. 다음 테스트는 페이지마다 한 개의 문제를 담고 있다(▸Title93).

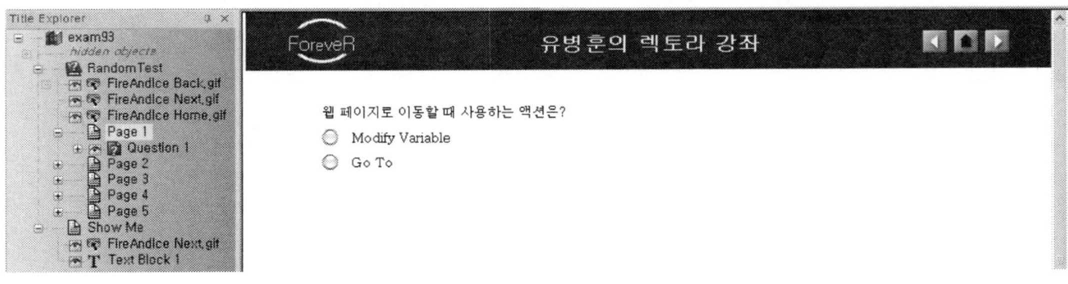

Page 1에 포함된 문제의 수가 1개이면 나머지 페이지 역시 1개의 문제를 출제한다.

- 테스트 Random Test의 Content 탭의 속성을 다음과 같이 설정한다.

Test Properties
When Completed/Passed | When Canceled/Failed | Transitions
General | Background | Inherit | Content | Results | Response
☐ Show per question feedback from each question
☐ Ensure that student answers all questions on the test
☐ Retain answers to all questions between sessions
☐ Timed Test Time allowed minutes
☑ Random Selection of Pages
Choose 3 pages randomly from the test for each student
확인 | 적용(A) | 취소 | 도움말

Random Selection of Pages 옵션을 선택하고 Choose 필드의 값을 3으로 지정한다. 학생들에게는 임의로 선택된 세 개의 페이지에 담긴 문제가 제시된다.

✎ Random Selection of Pages 옵션은 테스트 페이지를 몇 개 추가한 후 선택할 수 있다.

- 테스트 Random Test의 Results 탭의 속성을 다음과 같이 설정한다.

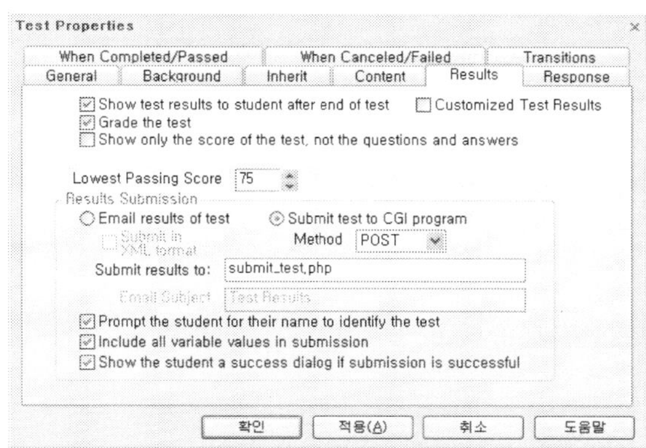

- When Completed/Passed, When Canceled/Failed 탭의 Go To 액션은 다음과 같다.

Action	Go To
Target	Chapter, Section, or Page
Name	Show Me

- Show Me 페이지의 버튼(FireAndIce Next.gif) 액션은 다음과 같이 설정한다.

Action	Display Message
Target	Standard Message Window
Message to Display	테스트가 끝났습니다.

테스트 결과는 submit_test.php로 전송된다.

예제 | 테스트가 여러 개의 섹션으로 구성된 경우 각 섹션별로 상이한 수의 문제를 출제할 수 있다. 이때에도 섹션별로 출제되는 문제의 수를 동일하게 하려면 해당 섹션의 모든 페이지에는 같은 수의 문제를 출제해야 한다. 다음 테스트는 네 개의 섹션으로 구성되며, 각 섹션에는 다섯 개의 페이지가 담겨있다 (▸Title94).

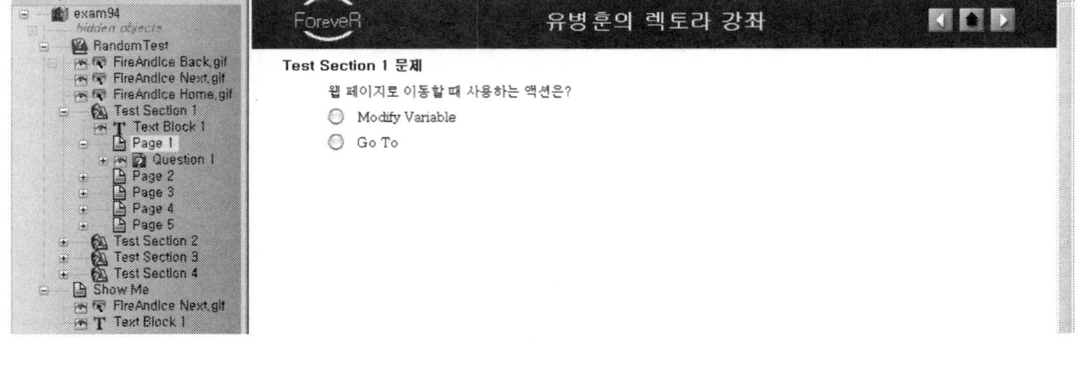

Test Section 1의 Page 1에 포함된 문제의 수가 1개이면 Test Section 1의 나머지 페이지 역시 1개의 문제를 출제한다.

• 테스트 Random Test의 Content 탭의 속성을 다음과 같이 설정한다.

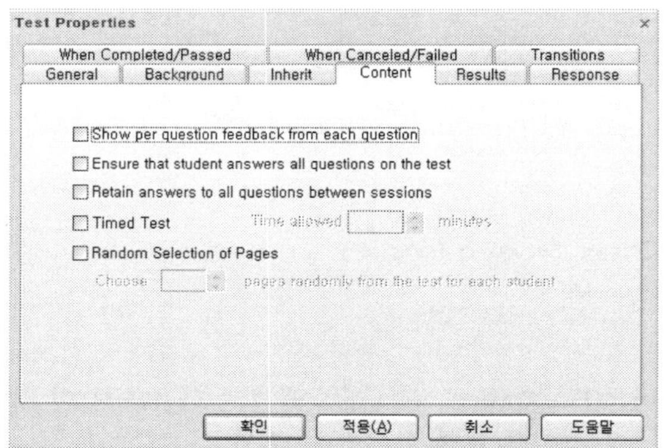

테스트가 여러 개의 섹션을 포함하는 경우 Random Selection of Pages 옵션을 선택하지 않는다. Random Selection of Pages 옵션을 선택하면 Choose 필드에서 지정한 페이지 수만큼 임의의 섹션의 임의의 페이지를 제시하게 되어 학생들 입장에서는 전혀 상이한 유형의 시험을 치게 되어 학생들의 학업 성과를 분별하기 어렵게 된다. 왜냐하면 섹션은 주제별로 구성하고 각 섹션에는 주제에 맞는 문제들이 출제되어야 하기 때문이다.

예를 들어, 섹션 1에는 Go To 액션과 관련된 문제가 페이지 당 한 문제씩 다섯 페이지에 걸쳐 출제되었고, 섹션 2에는 Modify Variable 액션과 관련된 문제가 페이지 당 두 문제씩 다섯 페이지에 걸쳐 출제되었다 하자. 테스트 속성 창에서 Random Selection of Pages 옵션을 선택하고 Choose 필드에서 3을 지정한 경우, 어떤 학생에게는 Go To 액션 관련 문제만 세 개씩 제시되고 또 어떤 학생에게는 Go To 액션과 Modify Variable 액션 관련 문제가 포함된 세 개의 문제가 제시된다. 게다가 Go

To 액션 관련 문제는 페이지 당 한 문제씩 제시되지만 Modify Variable 액션 관련 문제는 페이지 당 두 문제씩 제시되어 시험 자체가 형평성을 잃게 된다.
따라서 테스트가 여러 개의 섹션을 포함한 경우 테스트 속성 창에서는 Random Selection of Pages 옵션을 선택하지 않는다.

- 랜덤 테스트 속성은 섹션의 Section Content 탭에서 설정한다.

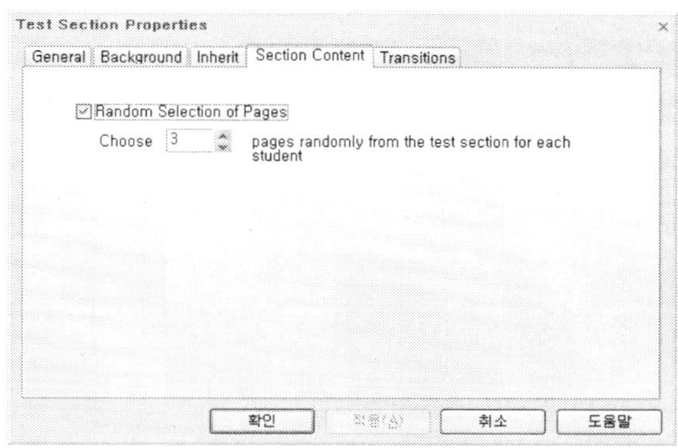

각 섹션마다 Choose 필드의 값을 다르게 설정하여 해당 섹션에서 제시되는 문제의 수를 설정할 수 있다.

예 | 섹션 1의 Choose 필드 값을 3으로, 섹션 2의 Choose 필드 값을 2로 지정하면 섹션 1 관련 문제는 세 개가, 섹션 2 관련 문제는 두 개가 임의로 제시된다.

✎ Random Selection of Pages 옵션은 섹션 페이지를 몇 개 추가한 후 선택할 수 있다.

- 테스트 Random Test의 Results 탭의 속성을 다음과 같이 설정한다.

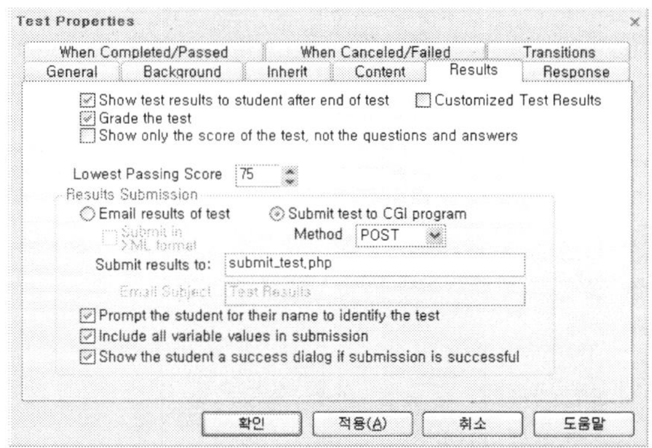

• When Completed/Passed, When Canceled/Failed 탭의 Go To 액션은 다음과 같다.

Action	Go To
Target	Chapter, Section, or Page
Name	Show Me

• Show Me 페이지의 버튼(FireAndIce Next.gif) 액션은 다음과 같이 설정한다.

Action	Display Message
Target	Standard Message Window
Message to Display	테스트가 끝났습니다.

테스트 결과는 submit_test.php로 전송된다.

랜덤 테스트를 실시할 때 주의할 점은 다음과 같다.

- 테스트 페이지에는 동일 수의 문제를 출제한다.
- 테스트를 주제별로 섹션을 나누어 구성할 때에는 섹션 페이지에서 출제되는 문제의 수를 동일하게 한다.
- 각 질문에는 질문 번호를 입력하지 않는다.
- 테스트의 마지막 페이지에 위치한 Done 버튼을 삭제한다. Random Selection of Pages 옵션의 Choose 필드에서 지정한 수의 문제가 제시되면 자동으로 테스트 결과가 전송되기 때문이다.

[참고]

Timed Test(▶Title95)

Timed Test를 실행하면 좌측 상단에 정해진 시간이 표시된다.

Timed Test를 실행하면 지정된 시간이 경과한 경우 자동으로 테스트 결과를 전송한다. 시간 설정은 테스트 속성 창의 Content 탭에서 한다.

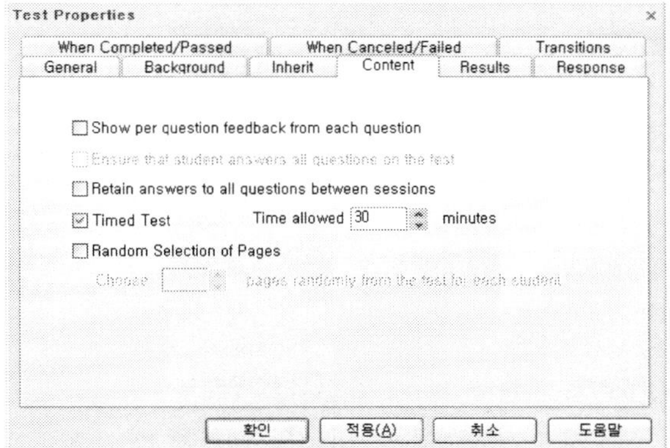
Test Properties
When Completed/Passed
When Canceled/Failed
Transitions
General
Background
Inherit
Content
Results
Response
Show per question feedback from each question
Ensure that student answers all questions on the test
Retain answers to all questions between sessions
Timed Test
Time allowed
30
minutes
Random Selection of Pages
Choose
pages randomly from the test for each student
확인
적용(A)
취소
도움말

7, 보지 않은 강좌 페이지를 체크하는 액션

학생들이 강좌 내용을 제대로 보지도 않고 스쳐지나간 것으로, 보더라도 대충 본 것으로 판단되면 학생들이 테스트 결과를 전송하기 위해 Done 버튼을 클릭할 때 미흡하게 스쳐간 페이지 목록을 제시하여 그 페이지를 방문하도록 할 수 있다. 물론, 목록에 제시된 페이지를 방문하여 페이지를 충분히 보기 전에는 테스트 결과를 전송할 수 없다.

예를 들어, 타이틀 구조가 Page 1, Page 2, Page 3, Test 1로 구성되어 있다고 하자(▶Title96).

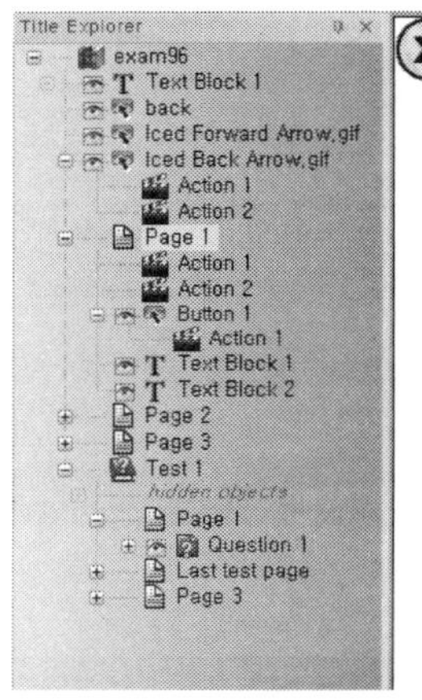

학생들이 강좌를 대충 본 후 테스트 질문에 답하고 Last test page의 Done 버튼을 클릭하면 다음과 같이 메시지가 표시되고 보지 않은 페이지로 이동할 수 있는 문자열이 나타난다.

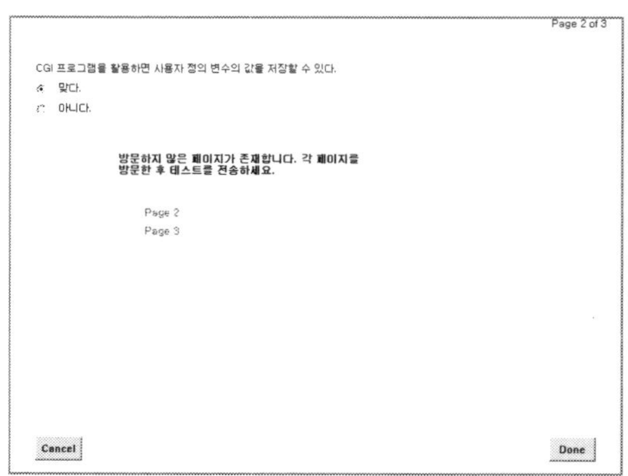

예제와 같이 학생들이 강좌를 대충 본 경우 강좌 내용을 좀 더 세밀하게 볼 수 있는 기회를 제공하려면 다음과 같이 한다.

사용자 변수 세 개를 정의한다. 변수 이름과 초기 값은 다음 표와 같다. 변수는 학생들에게 보지 않은 페이지로 제시하는 조건으로 활용된다. 변수의 값이 초기 값 그대로이면 페이지를 보지 않은 것으로, 변수의 값이 1이면 페이지를 충분히 본 것으로 판단한다.

변수	초기 값
page1_t	0
page2_t	0
page3_t	0

변수의 값은 페이지가 열려 있은 시간 길이에 의해 변경되도록 한다. 강사 입장에서 이 정도 시간이면 학생들이 페이지 내용을 충분히 숙지했을 것이라고 판단되면 변수의 값을 1로 설정하여 페이지를 본 조건으로 활용한다.

페이지가 열려 있은 시간 길이는 페이지가 열린 때로부터 어떤 개체가 화면에 나타날 때까지의 시간 길이로 계산한다. 예를 들어, 페이지가 열리고 투명 버튼이 나타날 때까지 걸린 시간을 활용하면 다음과 같다.

- Page 1 좌측 상단에 투명 버튼 Button 1을 삽입한다. 마찬가지로 Page 2에는 Button 2를, Page 3에는Button 3을 삽입한다.
- 투명 버튼의 Initially Visible 속성을 해제하여 페이지가 열릴 때 투명 버튼은 숨겨진 상태로 한다.
- 페이지가 열릴 때 1분이 경과하면 투명 버튼(ⓧ)이 보이게 하는 액션을 페이지에 추가한다.

액션 항목	Page 1	Page 2	Page 3
	Action 2	Action 2	Action 2
On	Show		
Action	Show		
Target	Button 1	Button 2	Button 3
Delay Before Action	60	60	60

- 투명 버튼(ⓧ)에 액션을 추가하고 액션을 다음과 같이 설정한다.

액션 항목	Button 1	Button 2	Button 3
	Action 1	Action 1	Action 1
On	Show		
Action	Modify Variable		
Target	page1_t	page2_t	page3_t
Value	1		
Modification Type	Set Variable Contents		
주)	(a)	(b)	(c)

(a) Page 1에 투명 버튼이 나타나면 변수 page1_t의 값을 1로 설정한다.
(b) Page 2에 투명 버튼이 나타나면 변수 page2_t의 값을 1로 설정한다.
(c) Page 3에 투명 버튼이 나타나면 변수 page3_t의 값을 1로 설정한다.

페이지를 1분 전에 닫으면 페이지에 설정된 각 변수는 초기 값 0을 그대로 보존한다. 페이지마다 강좌 내용을 보는 데 걸리는 시간이 다르다면 지연 시간을 달리 지정한다.
각 페이지에는 페이지 위치를 기억하는 자바스크립트 Location 개체를 삽입한다. 새로운 사용자 변수를 정의하고 Location 개체의 href 속성을 변수의 값으로 설정한다. 변수 이름과 초기 값은 다음 표와 같다.

변수	초기 값
page1_mem	
page2_mem	
page3_mem	

- 페이지에 부착된 액션 개체의 내용은 다음과 같다.

액션 항목	Page 1	Page 2	Page 3
	Action 1	Action 1	Action 1
On	Show		
Action	Modify Variable		
Target	page1_mem	page2_mem	page3_mem
Value	javascript:location.href	javascript:location.href	javascript:location.href
Modification Type	Set Variable Contents		
주)	(a)	(b)	(c)

(a) 페이지 1이 열리면 변수 page1_mem의 값을 페이지 1로 지정한다.
(b) 페이지 2가 열리면 변수 page2_mem의 값을 페이지 2로 지정한다.
(c) 페이지 3이 열리면 변수 page3_mem의 값을 페이지 3로 지정한다.

Location 개체는 테스트 결과를 전송하기 전에 보지 않은 페이지로 제시된 문자열을 클릭하여 이동할 페이지 위치를 나타낸다.
Last test page에는 학생들이 강좌 페이지를 대충 보았을 때를 대비하여 메시지와 함께 대충 본 페이지로 이동할 수 있는 텍스트 버튼을 제공한다. 이들 개체는 Initially Visible 속성을 선택하여 처음부터 화면에 나타나도록 한다.

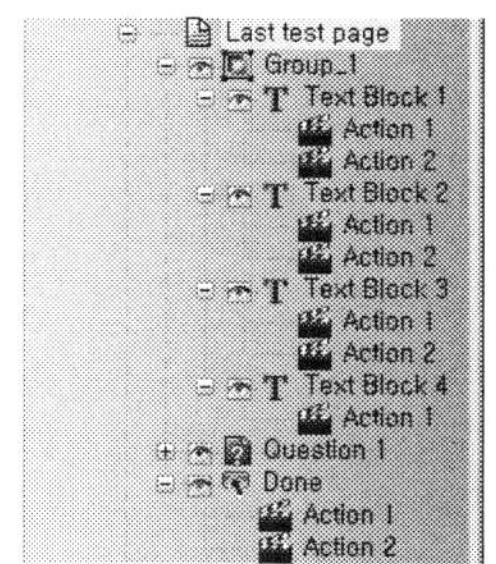

✎ 텍스트 블록에 액션을 추가하여 텍스트가 마치 버튼과 같은 역할을 하도록 하였으므로 텍스트 버튼이라 하였다.

– 메시지와 텍스트 버튼은 그룹 개체로 묶여 있다.

학생들이 Done 버튼을 클릭했을 때 테스트 결과를 전송하느냐 혹은 테스트 결과를 전송하지 않고 메시지와 텍스트 버튼을 화면에 나타내느냐는 변수 page1_t, page2_t, page3_t의 값에 의해 판정된다. 이들 변수의 값이 모두 1이면 테스트 결과를 전송한다. 변수의 값이 하나라도 0이면 테스트 결과를 전송하지 않고 메시지와 텍스트 버튼을 화면에 나타나게 한다.

• Done 버튼의 액션을 다음과 같이 설정한다.

액션 항목	Done		
	내장 액션	Action 1	Action 2
On	Click	Mouse Click	Mouse Click
Action	Submit/Process test/Survey	Show	Modify Variable
Target	Test 1	Group_1	var_back
Value			1
Modification Type			Set Variable Contents
	Condition		
	All of the Following		
	page1_t Equal To 1		
	page2_t Equal To 1		
	page3_t Equal To 1		
주)	(a)	(b)	

(a) Done 버튼을 클릭했을 때 학생들이 페이지를 충분히 모두 보았으면 테스트 결과를 전송하고, 그렇지 않으면 그룹 개체를 화면에 나타낸다.

(b) Done 버튼을 클릭했을 때 변수 var_back의 값을 1로 설정한다. 변수 var_back의 값은 보지 않은 페이지로 이동했을 때 Text Block 1과 back 버튼을 나타내는 조건으로 활용된다. Text Block 1과 back 버튼은 타이틀 개체 exam96 밑에 배치한다.

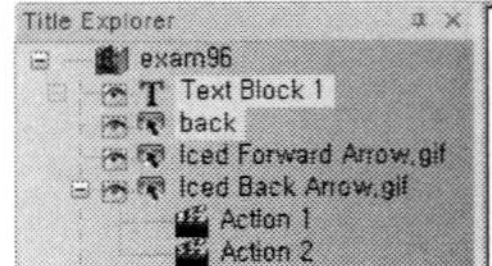

back 버튼을 클릭하면 테스트 전송 페이지로 이동합니다.

Text Block 1과 back 버튼은 Initially Visible 속성을 해제하여 화면에 보이지 않도록 한다.

타이틀 개체 exam96 밑에 배치된 버튼 Iced Back Arrow.gif( )는 Text Block 1과 back 버튼을 화면에 나타내는 수단으로 활용한다.

액션 항목	Iced Back Arrow.gif		
	내장 액션	Action 1	Action 2
On	Click	Show	Show
Action	Go To	Show	Show
Target	Previous Page	back	Text Block 1
		Condition	
		var_back Equal To 1	

– 버튼 Iced Back Arrow.gif가 나타날 때 변수 var_back의 값이 1이면 버튼 back과 텍스트 블록 Text Block 1이 보이게 한다.

그룹 개체의 구성 요소들이 화면에 나타나느냐 나타나지 않느냐는 변수 page1_t, page2_t, page3_t의 값에 의해 판정한다. 그룹 개체의 구성 요소에 대한 액션 조건으로 변수의 값을 사용하여 값이 1이면 구성 요소를 화면에 나타내지 않는다.

방문하지 않은 페이지가 존재합니다. 각 페이지를
방문한 후 테스트를 전송하세요.

Page 1
Page 2
Page 3

텍스트 버튼 Page 1은 변수 page1_t의 값이 1일 때 화면에 나타나지 않도록 한다. 마찬가지로 텍스트 버튼 Page 2는 변수 page2_t의 값이 1일 때, 텍스트 버튼 변수 Page 3은 변수 page3_t의 값이 1일 때 화면에 나타나지 않도록 한다.

'방문하지 않은 페이지가 존재합니다. 각 페이지를 방문한 후 테스트를 전송하세요.'란 메시지(Text Block 4)는 텍스트 버튼이 하나라도 화면에 나타나는 경우에는 화면에 표시되도록 해야 한다.

액션 항목	Text Block 1	Text Block 2	Text Block 3	Text Block 4
	Action 1	Action 1	Action 1	Action 1
On	Show	Show	Show	Show
Action	Hide	Hide	Hide	Hide
Target	Text Block 1	Text Block 2	Text Block 3	Text Block 4
	Condition			
				All of the Following
	page1_t Equal To 1	page2_t Equal To 1	page3_t Equal To 1	page1_t Equal To 1
				page2_t Equal To 1
				page3_t Equal To 1

보지 않은 페이지로 제시된 텍스트 버튼에는 페이지로 이동할 수 있는 Go To 액션을 설정한다. 타깃 주소로 자바스크립트 Location 개체의 href 속성을 저장한 변수를 활용한다.

액션 항목	Text Block 1	Text Block 2	Text Block 3
	Action 2	Action 2	Action 2
On	Mouse Click	Mouse Click	Mouse Click
Action	Go To	Go To	Go To
Target	Web Address	Web Address	Web Address
Web Address	VAR(page1_mem)	VAR(page2_mem)	VAR(page3_mem)

8, 특정 경로를 통해서만 HTML 문서를 접하도록 하는 방법

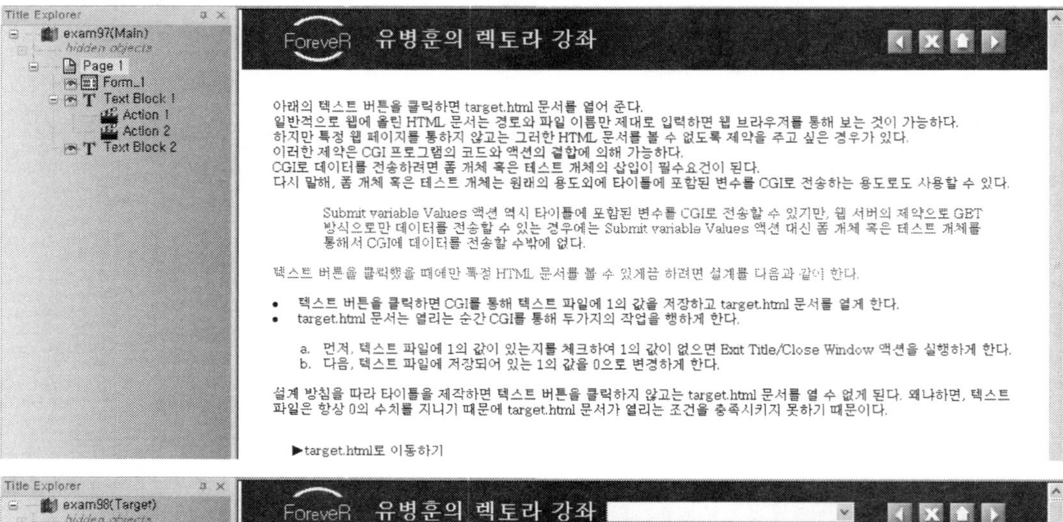

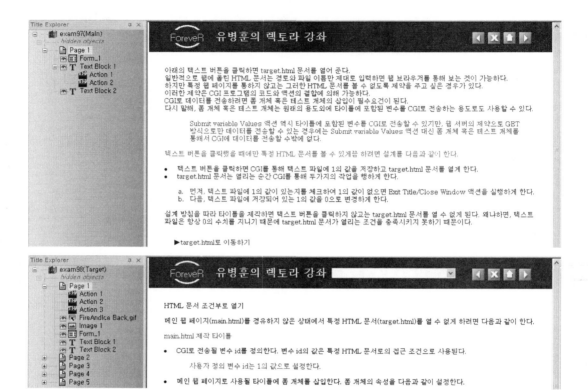

일반적으로 웹에 올린 HTML 문서는 경로와 파일 이름만 제대로 입력하면 웹 브라우저를 통해 보는 것이 가능하다.
하지만 특정 웹 페이지를 통하지 않고는 그러한 HTML 문서를 볼 수 없도록 제약을 주고 싶은 경우가 있다. 이러한 제약은 CGI 프로그램의 코드와 액션의 결합에 의해 가능하다.

- 여기에서는 폼 개체를 타이틀에 포함된 변수를 CGI로 전송하는 용도로 사용한다.

텍스트 버튼을 클릭했을 때에만 특정 HTML 문서를 볼 수 있게 하려면 설계를 다음과 같이 한다.

- 텍스트 버튼을 클릭하면 CGI를 통해 텍스트 파일에 1의 값을 저장하고 target.html 문서를 열게 한다.
- target.html 문서는 열리는 순간 CGI를 통해 두 가지의 작업을 행하게 한다.

· 먼저, 텍스트 파일에 1의 값이 있는지를 체크하여 1의 값이 없으면 Exit Title/Close Window 액션을 실행하게 한다.
· 다음, 텍스트 파일에 저장되어 있는 1의 값을 0으로 변경하게 한다.

설계 방침을 따라 타이틀을 제작하면 텍스트 버튼을 클릭하지 않고는 target.html 문서를 열 수 없게 된다. 왜냐하면, 텍스트 파일은 항상 0의 수치를 지니기 때문에 target.html 문서가 열리는 조건을 충족시키지 못하기 때문이다.
메인 웹 페이지(main.html)를 경유하지 않은 상태에서 특정 HTML 문서(target.html)를 열 수 없게 하려면 다음과 같이 한다.

main.html 제작 타이틀(▸Title97)

- CGI로 전송될 변수 id를 정의한다. 변수 id의 값은 특정 HTML 문서로의 접근 조건으로 사용된다.
  - 사용자 정의 변수 id는 1의 값으로 설정한다.

- 메인 웹 페이지로 사용될 타이틀에 폼 개체를 삽입한다. 폼 개체의 속성을 다음과 같이 설정한다.

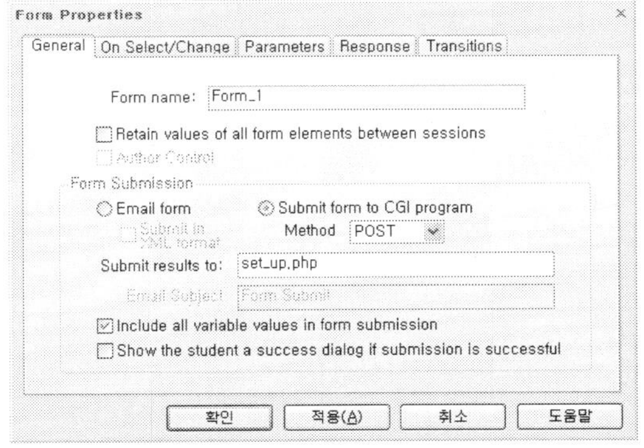

타이틀에 폼 구성 요소를 지니지 않은 폼 개체를 삽입한 것은 CGI로 변수를 전송하기 위해서이다. CGI는 다음과 같다.

```
set_up.php

<?php
$fp=file("submit_result.txt");
$a=$id;
$fp=fopen("submit_result.txt","w");
```

PART 08

```
fwrite($fp,$a);
fclose($fp);
?>
```

폼 데이터를 set_up.php로 전송하면 사용자 정의 변수 id의 값 1이 submit_result.txt 파일에 저장된다.

- 텍스트 '▶target.html로 이동하기'에는 폼 데이터 전송 액션과 target.html로 이동하는 액션을 설정한다.

액션 항목	▶target.html로 이동하기	
	Action 1	Action 2
On	Mouse Click	Mouse Click
Action	Submit Form	Go To
Target	Form_1	Web Address
Web Address		target/html/target.html*

* main.html이 업로드 된 폴더의 하위 폴더 target/html에 target.html이 있다고 가정한다.

LECTORA

target.html 제작 타이틀(▶Title98)

- 변수 modify_id_value를 정의한다. 변수 modify_id_value의 값은 텍스트 파일 submit_result.txt에 기록된 수치를 0으로 변경하는 데 사용된다.
  - 사용자 정의 변수 modify_id_value는 0의 값으로 설정한다.
- 변수 reset_me를 정의한다. 변수 reset_me의 값은 변수 response의 값과 함께 target.html 문서를 여는 조건으로 사용된다.
  - 사용자 정의 변수 reset_me는 0의 값으로 설정한다.
- target.html로 사용될 타이틀에 폼 개체를 삽입한다. 폼 개체의 속성을 다음과 같이 설정한다.

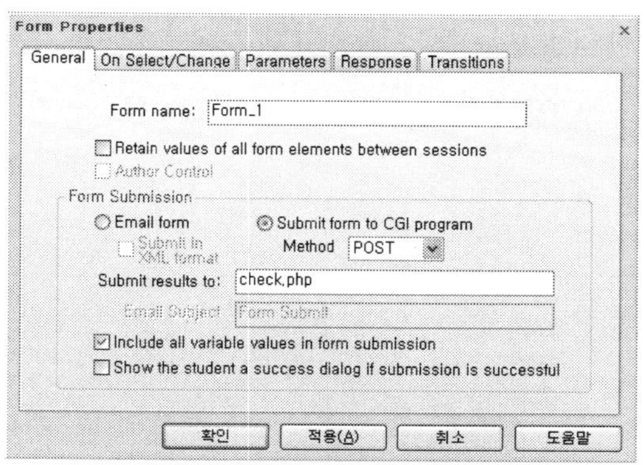

Response 탭에는 CGI가 되돌려 주는 값 'Access Accepted'를 저장하기 위해 변수 response를 정의한다.

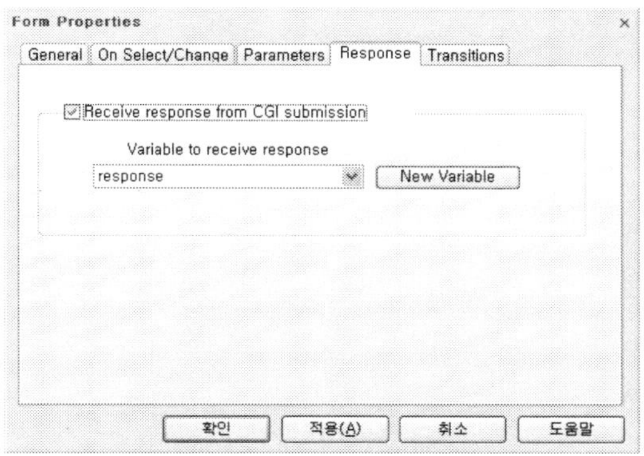

타이틀에 폼 구성 요소를 지니지 않은 폼 개체를 삽입한 것은 CGI로 변수를 전송하고, CGI를 호출한 HTML 문서에 CGI가 되돌려 준 값을 전달하기 위해서이다. CGI는 다음과 같다.

```
check.php

<?php
$fp=file("submit_result.txt");
if ($fp[0]==1) {
        echo "Access Accepted";
        $a=$modify_id_value;
        $fp=fopen("submit_result.txt","w");
        fwrite($fp,$a);
        fclose($fp);
        exit;
}
?>
```

텍스트 파일 submit_result.txt에 기록된 값이 1이면 'Access Accepted'란 문자열을 변수 response로 돌려주고, 사용자 정의 변수 modify_id_value의 값 0을 텍스트 파일 submit_result.txt에 기록한다. main.html을 통해 target.html에 접근한 경우 텍스트 파일 submit_result.txt에는 set_up.php가 전송한 변수 id의 값 1이 기록되어 있다.

- 텍스트 파일 submit_result.txt에 기록된 수치 1과 0은 CGI를 호출한 target.html로 되돌려 주는 값을 결정한다. 수치가 1이면 'Access Accepted'를 되돌려 준다. 따라서 변수 response의 값은 target.html을 열 것인지, 닫을 것인지를 판단하는 조건으로 사용된다.

사용자 정의 변수 modify_id_value의 값 0을 텍스트 파일 submit_result.txt에 기록하는 이유는 텍스트 파일 submit_result.txt에 기록된 수치에 따라 target.html 문서가 열리기 때문이다. set_up.php에 의해 텍스트 파일 submit_result.txt에 기록된 수치 1을 0으로 변경하지 않으면 main.html을 경유하지 않고도 언제든지 target.html 문서를 열 수 있게 된다.

- target.html 문서를 여는 액션은 다음과 같이 설정한다.

액션 항목	Page 1		
	Action 1	Action 2	Action 3
On	Show	Show	Show
Action	Submit Form	Go To	Modify Variable
Target	Form_1	Back	reset_me
Value			1
Modification Type			Set Variable Contents
		Condition	
		All of the Following	
		reset_me Equal To 0	
		response Does Not Contain Access	

  - target.html 문서를 닫는 액션은 타이틀의 첫 번째 페이지 개체 아래에 두고, On 이벤트를 Show로 지정한다. 즉, 문서가 열리자마자 액션이 실행되게 한다.

reset_me 변수의 값을 조건으로 포함하지 않고, response 변수의 값만 액션 조건으로 설정하면 target.html 문서에서 다른 페이지로 이동했다가 첫 번째 페이지로 이동하면 문서는 자동으로 닫히게 된다.

  - 문서가 열릴 때 submit_result.txt에 기록된 수치가 1이기 때문에 respose 변수에 Access Accepted가 저장되어 문서가 닫히지 않지만, 문서가 열림과 동시에 submit_result.txt에 기록된 수치가 0으로 변경되어 respose 변수에 Access Accepted가 저장되지 않는다.

따라서 target.html 문서가 열린 상태에서 첫 페이지로 이동할 때 문서가 닫히는 것을 방지하기 위해 변수 reset_me의 값을 1로 변경시키는 액션을 추가한다.

  - target.html 문서가 처음 열릴 때 Action 3이 실행되어 변수 reset_me의 값은 항상 1의 값을 지닌다. 따라서 Action 2는 실행되지 않아 target.html 문서를 닫지 않는다.

✎ 액션 Go To back은 이동 전의 페이지로 이동한다.

Tip 변수 id, modify_id_value는 타이틀 내에서 사용되지 않고 폼 전송에 의해 CGI에 전달된다는 점을 유의한다.

9, 프레임에 HTML 문서 불러오기

렉토라 타이틀이 프레임으로 구성된 경우 프레임으로 HTML 문서를 불러오는 것은 매우 어렵다. 프레임으로 문서를 불러오고 싶을 때는 Go To 액션과 Modify Variable 액션을 결합한다. 다음 예제는 Top Banner and Contents 프레임 유형이 적용된 타이틀이다. 이 타이틀에서 설명하고자 하는 것은 다음과 같다(▶Title99).

- 도움말 항목과 관련된 HTML 문서를 프레임에 불러들이는 방법에 대한 설명
- 도움말 항목을 몇 번 눌렀는지에 대한 정보를 얻는 방법에 대한 설명

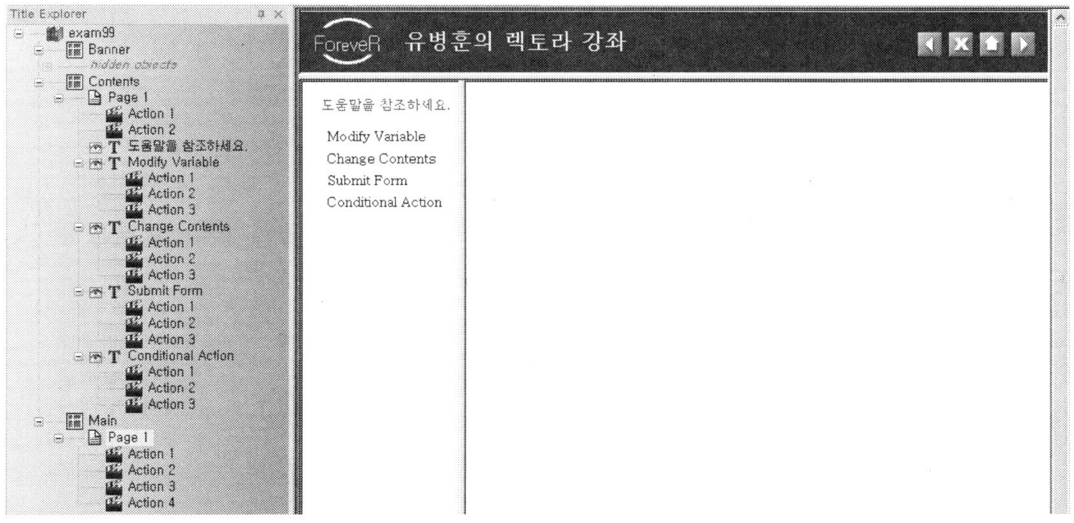

제작 설명

- 페이지가 열릴 때 Reset All Variables 액션이 실행되어 도움말 항목에 할당된 변수의 값이 초기화 되도록 한다.
- Contents 프레임에 놓인 도움말 항목을 클릭하면 해당 내용이 Main 프레임에 표시되도록 한다.
- 익스플로러의 창 닫기 버튼을 클릭하거나, Banner 프레임의 타이틀 닫기 버튼을 클릭하면 Submit Variable Values 액션이 실행되어 도움말 항목에 할당된 변수의 값이 CGI로 전송되도록 한다.

Contents 프레임에 놓인 도움말 항목을 클릭하여 해당 내용이 Main 프레임에 표시되도록 하려면 다음과 같이 한다.

- Go To 액션에 의해 Main 프레임의 1 페이지로 이동한다.
- 사용자 정의 변수 variable의 값을 변경한다. 도움말 항목과 관련된 변수 variable의 값은 다음과 같다.

도움말 항목	변수 variable의 값
Modify Variable	modify
Change Contents	change
Submit Form	form
Conditional Action	condition

- 도움말 항목의 클릭 횟수를 계산하기 위해 사용자 정의 변수를 정의하고 도움말 항목을 클릭할 때마다 값이 1씩 증가되게 한다. 도움말 항목과 관련된 사용자 정의 변수는 다음과 같다.

도움말 항목	변수 이름
Modify Variable	modify_num
Change Contents	change_num
Submit Form	form_num
Conditional Action	condition_num

- Main 프레임의 1 페이지에는 액션 개체를 추가한다. 변수 variable의 값에 따라 분기되는 문서를 지정한다.

  - 변수 variable의 값이 modify와 같으면 Modify.html 페이지로 이동한다.
  - 변수 variable의 값이 change와 같으면 Change.html 페이지로 이동한다.
  - 변수 variable의 값이 form과 같으면 Form.html 페이지로 이동한다.
  - 변수 variable의 값이 condition과와 같으면 Condition.html 페이지로 이동한다.

액션 설정

- Contents 프레임

액션 항목	Page 1	
	Action 1	Action 2
On	Show	Hide
Action	Reset All Variables	Submit Variable Values
Target		
Submit Address		myhelp_content.php

액션 항목	Modify Variable		
	Action 1	Action 2	Action 3
On	Mouse Click	Mouse Click	Mouse Click
Action	Go To/Set frame contents	Modify Variable	Modify Variable
Target	Chapter,Section or Page	variable	modify_num
Name	FRAME:Main Page 1		
Value		modify	1
Modification Type		Set Variable Contents	Add to Variable

액션 항목	Change Contents		
	GoTo Main	Modify_variable	Modify_modify
On	Mouse Click	Mouse Click	Mouse Click
Action	Go To/Set frame contents	Modify Variable	Modify Variable
Target	Chapter,Section or Page	variable	change_num
Name	FRAME:Main Page 1		
Value		change	1
Modification Type		Set Variable Contents	Add to Variable

액션 항목	Submit Form		
	GoTo Main	Modify_variable	Modify_modify
On	Mouse Click	Mouse Click	Mouse Click
Action	Go To/Set frame contents	Modify Variable	Modify Variable
Target	Chapter,Section or Page	variable	form_num
Name	FRAME:Main Page 1		
Value		form	1
Modification Type		Set Variable Contents	Add to Variable

액션 항목	Conditional Action		
	GoTo Main	Modify_variable	Modify_modify
On	Mouse Click	Mouse Click	Mouse Click
Action	Go To/Set frame contents	Modify Variable	Modify Variable
Target	Chapter,Section or Page	variable	condition_num
Name	FRAME:Main Page 1		
Value		condition	1
Modification Type		Set Variable Contents	Add to Variable

- Main 프레임

액션 항목	Page 1			
	Modify.html	Change.html	Form.html	Conditional.html
On	Show			
Action	Go To/Set frame contents			
Target	Web Address			
Web Address	Modify.html	Change.html	Form.html	Conditional.html
	condition			
	variable Equal To modify	variable Equal To change	variable Equal To form	variable Equal To condition

10, 유아용 사칙연산

렉토라에서 사칙연산을 구현하려면 Drag and Drop 질문 개체를 활용한다(▶Title100).

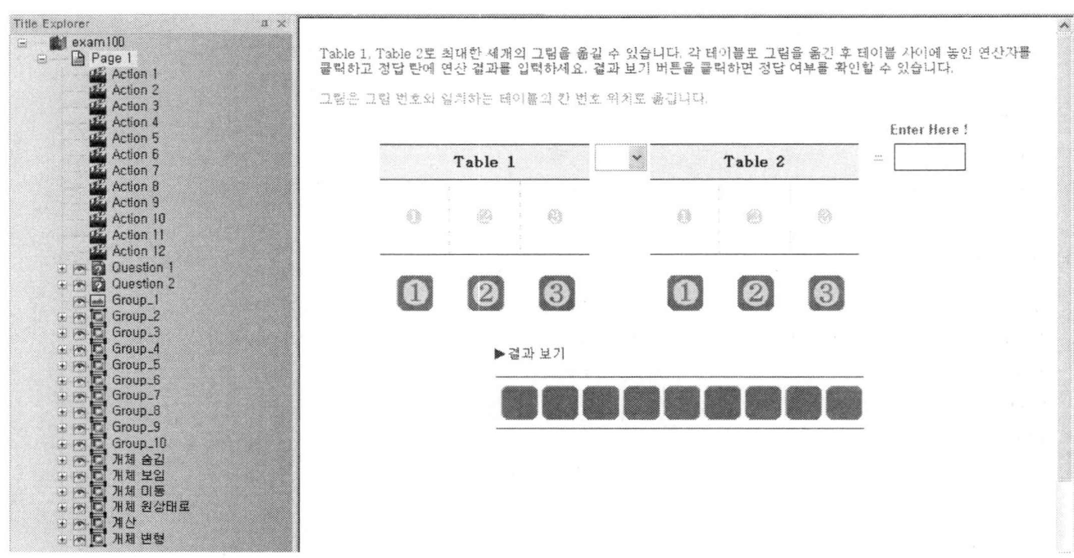

타이틀 익스플로러 창의 하단에 배치된 개체 숨김, 개체 보임, 개체 이동, 개체 원상태로, 계산, 개체 변형 등은 액션 그룹 개체이다.

Tip 이 콘텐츠는 웹 브라우저에서 실행되게 제작하였다. 따라하는 과정에서 콘텐츠가 제대로 기능하는지 확인하려면 Preview in Browser 모드로 실행하기 바란다.

유아용 사칙연산 콘텐츠는 게임 기반 콘텐츠로 개발해야 하므로 다음과 같은 사항을 충족시켜야 한다.

- 유아들이 자신의 손으로 개체를 옮기고, 개체의 수만큼 숫자가 실시간으로 표시되도록 한다.
  - 개체의 수와 표시된 숫자를 통해 자연스럽게 수를 익히도록 한다.
- 개체에 표시된 숫자와 테이블에 표시된 숫자가 일치되도록 개체를 옮기게 한다.

- 수학은 논리적 학문이므로 일정한 규칙 하에 게임을 진행하도록 프로그래밍한다.

- 테이블 1과 테이블 2에 개체를 옮긴 후 연산자를 선택하고 정답 란에 숫자를 입력하도록 한다. 테이블 1과 테이블 2, 그리고 테이블 하단에 놓인 개체는 Drag and Drop 질문 개체의 Drop image와 Drag Image에 해당한다.

  - 숫자를 그저 보는 것과 숫자를 직접 입력하는 것은 교육효과 측면에서 많은 차이가 있다.

- 정답 란에 숫자를 입력하면 자신이 입력한 값이 정답인지 확인하도록 한다.

  - 정답이면 '잘 맞혔습니다. 정답은:'이란 피드백이 표시되고 정답이 표시된다.
  - 오답이면 '틀렸습니다. 정답은:'이란 피드백이 표시되고 정답이 표시된다.

- 개체를 옮기면 정답과 오답 시 발생하는 피드백이 화면에서 사라지도록 한다.
- 결과 보기 창에는 정답이 개체 개수로 표시된다.

  - 정답이 음의 값이면 결과 보기 창 바깥 하단에 나타나도록 한다.
  - 정답이 정수와 소수로 구성된 경우 소수에 해당하는 개체의 크기는 소수에 비례하도록 한다.
  - 개체의 수와 개체의 크기를 비교함으로써 숫자가 의미하는 바를 쉽게 체득할 수 있게 한다.

1) 타이틀 구성 요소 삽입

질문 개체

테이블 1과 하단의 개체, 테이블 2와 하단의 개체는 Drag and Drop 질문을 사용하여 삽입한다.

> 테스트와 관련 없이 Drag and Drop 질문을 잘만 활용하면 플래시의 startDrag() 메소드를 구현할 수 있어 유아용 콘텐츠를 쉽게 만들 수 있다.

- 질문 개체에 사용할 이미지는 미리 제작한다. 예제에 사용된 테이블, 사각형 개체 이미지는 흔글에서 만들어 .GIF 파일로 저장한 것이다.
- 테이블은 Drop image로, 사각형 개체는 Drag Image로 지정한다.

이미지 개체 종류

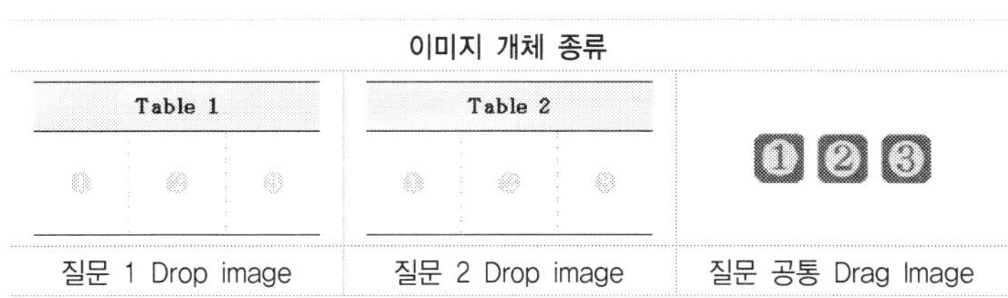

질문 1 Drop image | 질문 2 Drop image | 질문 공통 Drag Image

• 질문의 답 drag/drop pairs 구성은 다음과 같다.

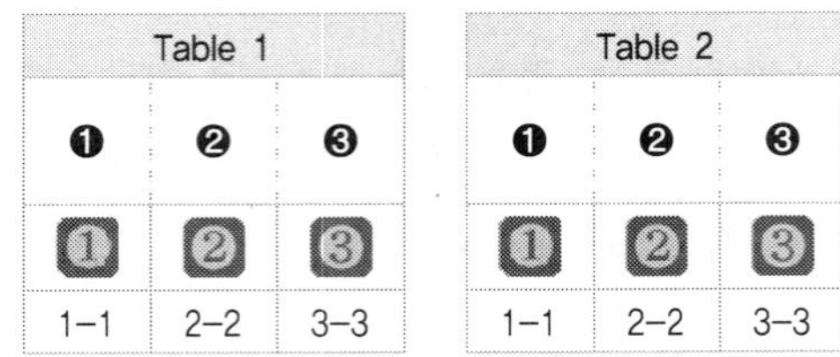

Table 1			Table 2		
❶	❷	❸	❶	❷	❸
①	②	③	①	②	③
1-1	2-2	3-3	1-1	2-2	3-3

Drag and Drop 질문에 대한 구체적 내용은 테스트 질문을 참조한다.

입력, 출력, 연산자 개체(Group_10)

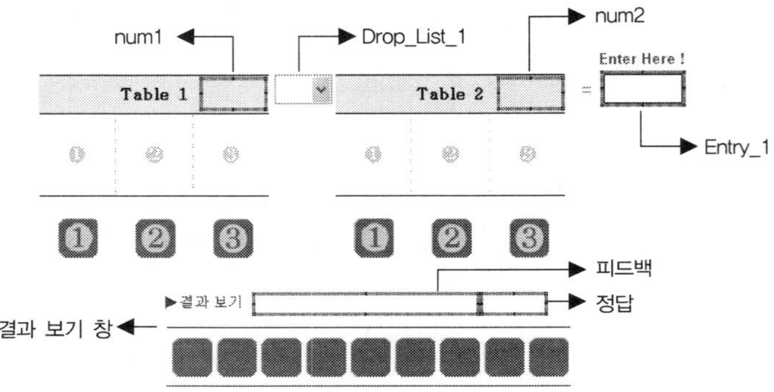

• 텍스트 블록 num1, num2에는 테이블 상에 놓인 Drag Image의 개수가 표시된다.

- 텍스트 블록 num1, num2는 테이블 위에 오게 배치한다.

• 텍스트 블록 피드백에는 오답 시의 피드백 문자열이 표시된다.
• 텍스트 블록 정답에는 정답 시의 피드백 문자열이 표시된다.
• 드롭다운 리스트 Drop_List_1에는 연산자가 표시된다.

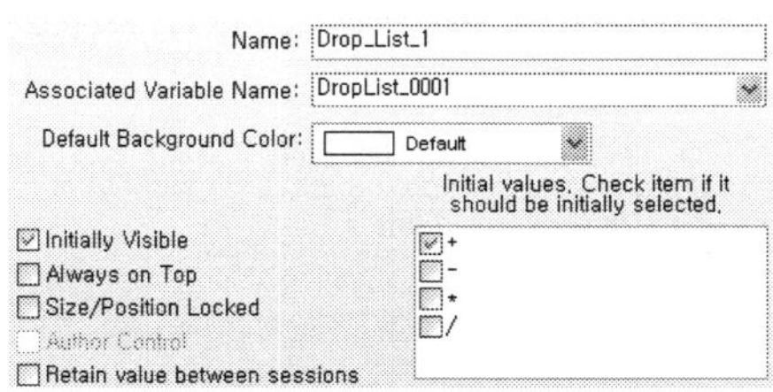

- 입력 필드 Entry_1에는 답을 입력한다.
- 답을 입력할 위치는 애니메이션 개체 Enter Here !를 활용하여 가리킨다.
- 결과 보기 창에는 정답이 사각형 개체 개수로 표시되게 한다. 정답에 따라 나타나는 개체들은 그룹 개체로 각각 정의한다.

정답	사각형 개체 수	그룹 개체 이름
1		Group_1
2	image 2	Group_2
3		Group_3
4		Group_4
5		Group_5
6		Group_6
7		Group_7
8		Group_8
9		Group_9

Group_1은 이미지 개체의 이름으로서 편의상 그룹 개체의 이름을 지정하였다.

2) 테이블 Drop image에 놓인 사각형 개체 Drag Image의 개수를 계산하는 방법

Drag and Drop 질문의 답은 drag/drop pairs로 구성된다. 즉, 정답은 1-1,2-2,3-3이 된다. 첫 번째 설정한 drag/drop pair는 1-1로, 두 번째 설정한 drag/drop pair는 2-2로, 그리고 세 번째 설정한 drag/drop pair는 3-3이 된다.

Drop image에 놓인 사각형 개체 Drag Image의 개수를 계산하기 위해서는 drag/drop pair의 개수를 활용한다. Drag Image의 개수는 텍스트 블록 num1, num2에 표시된다.

Table 1		Table 2	
drop/drag pairs	Drag Image 개수	drop/drag pair	Drag Image 개수
1–1	1	1–1	1
2–2	1	2–2	1
3–3	1	3–3	1
1–1,2–2	2	1–1,2–2	2
1–1,3–3	2	1–1,3–3	2
2–2,3–3	2	2–2,3–3	2
1–1,2–2,3–3	3	1–1,2–2,3–3	3
텍스트 블록 num1에 표시되는 변수 num1의 값		텍스트 블록 num2에 표시되는 변수 num2의 값	

테이블 Drop image에 놓인 사각형 개체 Drag Image의 개수는 실시간으로 표시돼야 하므로 액션을 Page 1 개체에 부착하고 On Timer 이벤트를 설정한다. 텍스트 블록 num1에는 변수 num1의 값이, 텍스트 블록 num2에는 변수 num2의 값이 표시되도록 한다.

Drop image에 놓인 사각형 개체 Drag Image 개수 계산

액션 항목	Page 1		
	Action 2	Action 3	Action 4
On	Timer	Timer	Timer
Action	Modify Variable	Modify Variable	Modify Variable
Target	num1	num1	num1
Value	1	2	3
Modification Type	Set Variable Contents	Set Variable Contents	Set Variable Contents
Timer Interval	0.1	0.1	0.1
	Condition		
	Any of the Following		
	Question_0001 Contains 1-1	Question_0001 Contains 1-1,2-2	Question_0001 Contains 1-1,2-2,3-3
	Question_0001 Contains 2-2	Question_0001 Contains 1-1,3-3	
	Question_0001 Contains 3-3	Question_0001 Contains 2-2,3-3	
	Else		
Action	Modify Variable		
Target	num1		
Value	0		
Modification Type	Set Variable Contents		

- Page 1이 열리면 액션 그룹 개체 숨김을 실행한다(Action 1).
- Action 2의 Else 액션은 Drop image에 놓인 Drag Image가 없을 때 실행된다. Action 3에는 Drop image에 놓인 Drag Image가 두 개인 경우의, Action 4에는 Drop image에 놓인 Drag Image가 세 개인 경우의 조건을 설정했으므로 Action 2의 Else 조건은 Drop image에 놓인 Drag Image가 없는 경우의 조건을 의미한다.
- Action 5, Action 6, Action 7 역시 동일한 액션을 준다. 단, Modify Variable 액션의 타깃으로 num2를, 조건 변수 Question_0001 대신 Question_0002를 지정한다.

Drop image에 놓인 사각형 개체 Drag Image 개수 표시

변수 num1, num2의 값은 각각 텍스트 블록 num1, num2에 표시되도록 한다.

액션 항목	Page 1				
	Action 8	Action 9	Action 10	Action 11	Action 12
On	Timer	Timer	Timer	Timer	Timer
Action	Change Contents		Show	Show	Show
Target	num1	num2	Enter Here !	피드백	정답
New Contents	num1	num2			
Timer Interval	0.1	0.1	0.1	0.1	0.1
			Condition		
				All of the Following	
			Entry_0001 Is Empty	num1 Equal To VAR(tmp_num1)	
				num2 Equal To VAR(tmp_num2)	
			Else		
Action			Hide	Hide	Hide
Target			Enter Here !	피드백	정답

Action 10은 애니메이션 개체 Enter Here !를 보이고 숨긴다. Entry_1 필드가 공백이 되면 개체를 보이고, Entry_1 필드에 답을 입력하면 개체를 숨긴다.

3) 피드백, 정답 보이기/숨기기

Page 1 개체에 부착된 Action 11, Action 12에 설정된 조건은 Entry_1 필드에 답을 입력했을 때 '잘 맞혔습니다. 정답은:', '틀렸습니다. 정답은:'이란 피드백과 정답을 보이고 숨기는 역할을 한다. 사각형 개체 Drag Image를 Drop image로 옮길 때 이전 계산 결과에 대한 피드백이 화면에 그대로 나타나면 뭔가 이상하므로 사각형 개체 Drag Image를 옮겨 Drop image에 놓는 경우에는 피드백이 사라지도록 한다.

조건을 변수 num1, num2의 관계 즉, num1 Equal To var(num2), num1 Not Equal To var(num2)로만 설정해서는 피드백이 사라지게 할 수 없다. 왜냐하면, 테이블에 놓이는 변수 num1과 num2의 값은 같을 수도 있고 다를 수도 있기 때문이다.

따라서 사각형 개체 Drag Image를 옮겨 Drop image에 놓는 경우 피드백이 사라지도록 하려면 Entry_1 필드에 답을 입력할 때 변수 num1의 값이 변수 tmp_num1에, 변수 num2의 값이 변수 tmp_num2에 저장되도록 하고, 변수 num1, tmp_num1의 관계, 그리고 변수 num2, tmp_num2의 관계를 조건으로 설정한다.

Tip Page 1에 부착된 액션 개체에서 변수 num1의 값을 변수 tmp_num1에, 변수 num2의 값을 변수 tmp_num2에 저장해서는 안된다. 왜냐하면, Page 1 개체에 부착된 Action 2, Action 3, …, Action 7에 의해 변수 num1과 tmp_num1은 항상 같게 되고, 변수 num2와 tmp_num2의 값 역시 항상 같게 되기 때문이다. 이들 변수는 On Timer 이벤트 액션에 의해 실시간으로 영향 받는다.

4) 정답 계산

테이블 1과 테이블 2에 사각형 개체 Drag Image를 옮기고 Drop_List_1을 클릭하여 연산자를 선택한 후 Entry_1 필드에 숫자를 입력하면 텍스트 블록 정답에 계산 결과를 표시한다.

액션 그룹 개체 숨김

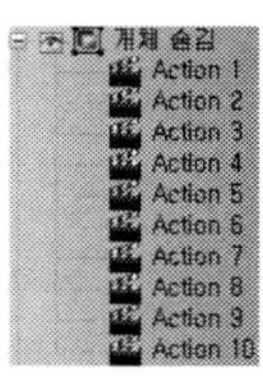

Entry_1 필드에 수를 입력하면 액션 그룹 개체 숨김을 실행한다.

액션 항목	Entry_1
	내장 액션
On	Select/Change
Action	Run Action Group
Target	개체 숨김

결과 보기 창에 나타난 그룹 개체를 숨기지 않으면 결과 보기 창에 그룹 개체가 겹쳐져 계산 결과를 제대로 보여주지 못한다.

[참고]

Entry_1 필드의 내장 액션은 Entry_1 필드에 글자 혹은 숫자를 입력하거나 입력된 글자 혹은 숫자의 값이 변경된 경우 실행된다.

정답은 텍스트 블록 정답에 표시되고, 결과 보기 창에 정답의 값에 해당하는 개체의 수를 보여준다. 정답의 값에 따라 결과 보기 창에 나타나는 그룹 개체는 모두 9개로서 액션 그룹 개체 숨김은 결과 보기 창에 나타난 그룹 개체를 숨기는 역할을 한다.

액션 항목	개체 숨김
	Action 1
On	
Action	Hide
Target	Group_1

액션 그룹 개체 숨김에 부착된 나머지 액션 개체 Action 2, Action 3, …, Action 9는 각각 Group_2, Group_3, …, Group_9를 숨긴다. 액션 개체 Action 10은 액션 그룹 계산을 실행한다.

액션 항목	개체 숨김
	Action 10
On	
Action	Run Action Group
Target	계산

액션 그룹 계산

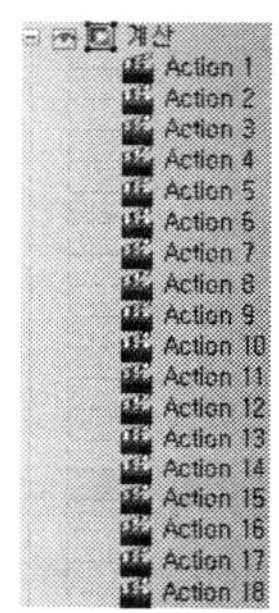

- 액션 그룹 계산에 부착된 액션 개체 Action 1, Action 2, …, Action 7, Action 8은 변수 num1, num2의 값을 계산한다.

액션 항목	계산			
	Action 1	Action 2	Action 3	Action 4
On				
Action	Modify Variable			
Target	num1	num1	num1	tmp_num1
Value	1	2	3	VAR(num1)
Modification Type	Set Variable Contents			
	Condition			
	Any of the Following			
	Question_0001 Contains 1-1	Question_0001 Contains 1-1,2-2	Question_0001 Contains 1-1,2-2,3-3	
	Question_0001 Contains 2-2	Question_0001 Contains 1-1,3-3		
	Question_0001 Contains 3-3	Question_0001 Contains 2-2,3-3		
	Else			
Action	Modify Variable			
Target	num1			
Value	0			
Modification Type	Set Variable Contents			

액션 그룹 계산에 부착된 액션 개체 Action 4는 변수 num1의 값을 변수 tmp_num1에 저장한다. 변수 tmp_num1은 변수 num1과 함께 사각형 개체 Drag Image를 옮겨 Drop image에 놓을 때 피드백이 사라지게 하는 조건으로 사용된다.

Action 5, Action 6, Action 7, Action 8 역시 동일한 액션을 준다. 단, Modify Variable 액션의 타깃으로 num2를, 조건 변수 Question_0001 대신 Question_0002를 지정하며, 변수 num2의 값을 변수 tmp_num2에 저장한다.

□ 액션 그룹 계산에 부착된 액션 개체 Action 9, Action 10, …, Action 12, Action 14는 계산된 변수 num1, num2의 값을 바탕으로 각 연산자에 대응하는 정답을 계산한다.

액션 항목	계산		
	Action 9	Action 10	Action 11
On			
Action	Modify Variable		
Target	result	result	result
Value	VAR(num1)	VAR(num2)	VAR(num2)
Modification Type	Set Variable Contents	Add to Variable	Subtract from Variable
		Condition	
		DropList_0001 contains +	DropList_0001 contains –

액션 항목	계산		
	Action 12	Action 13	Action 14
On			
Action	Modify Variable		
Target	result	result	result
Value	VAR(num2)	VAR(num2)	0으로 나눌 수 없습니다.
Modification Type	Multiply Variable By	Divide Variable By	Set Variable Contents
	Condition		
			All of the Following
	DropList_0001 contains *	DropList_0001 contains /	num2 Equal To 0
			DropList_0001 contains /

- 변수 num1의 값을 변수 result에 저장한다.
  - 변수 num1은 Drop image에 놓인 사각형 개체 Drag Image의 개수를 표시하는 데 사용하므로 변수 num1의 값을 직접 변경해서는 안된다. 따라서 변수 num1의 값을 새로운 변수 result에 저장하여 활용한다.
- 변수 result의 값을 다음과 같이 변경한다.

- 드롭다운 리스트 DropList_0001이 +를 포함하면 변수 result의 값에 변수 num2의 값을 더한다.
- 드롭다운 리스트 DropList_0001이 –를 포함하면 변수 result의 값에서 변수 num2의 값을 뺀다.
- 드롭다운 리스트 DropList_0001이 *를 포함하면 변수 result의 값에 변수 num2의 값을 곱한다.
- 드롭다운 리스트 DropList_0001이 /를 포함하면 변수 result의 값을 변수 num2의 값으로 나눈다.
- 변수 num2가 0이고 드롭다운 리스트 DropList_0001이 /를 포함하면 변수 result의 값을 '0으로 나눌 수 없습니다'란 문자열로 변경한다. 즉, 나눗셈은 0으로 나눌 수 없다.

액션 항목	계산			
	Action 15	Action 16	Action 17	Action 18
On				
Action	Change Contents		Run Action Group	
Target	정답	피드백	개체 이동	개체 변형
New Contents	result	correct_answer		
Delay before action	0.2			
	Condition			Condition
	Entry_0001 Is Not Empty	Entry_0001 Equal To VAR(result)		DropList_0001 contains /
		Else		
Action		Change Contents		
Target		피드백		
New Contents		false_answer		

□ 텍스트 블록 정답, 피드백에 정답과 피드백의 내용을 표시한다.

변수 result의 값은 텍스트 블록 정답에 표시하고, 변수 correct_answer, false_answer의 값은 텍스트 블록 피드백에 표시한다.

변수	변수의 값
correct_answer	잘 맞혔습니다. 정답:
false_answer	틀렸습니다. 정답:

□ 액션 그룹 개체 이동과 개체 변형을 차례로 실행한다.

- Entry_1 필드가 공백인 상태에서는 변수 result의 값을 텍스트 블록 정답에 표시하지 않는다.
- Entry_1 필드에 입력한 값이 변수 result의 값과 같으면 변수 correct_answer의 값을 텍스트 블록 피드백에 표시하며, 그렇지 않으면 변수 false_answer의 값을 텍스트 블록 피드백에 표시한다.

□ 액션 그룹 계산에 부착된 Action 17, Action 18은 정답과 함께 결과 보기 창에 보여 줄 그룹 개체와 개체의 모양을 지정한다.

- 액션 그룹 개체 이동은 정답이 양과 음의 값일 때 보여 줄 그룹 개체를 지정한다.
- 액션 그룹 개체 변형은 정답이 정수의 값이 아닐 때 보여 줄 그룹 개체를 지정한다.

5) 그룹 개체 보이기

그룹 개체를 보이려면 먼저 개체 모양을 원상태로 변형해야 한다. 왜냐하면, 나누기를 실행한 경우 그 값이 소수를 포함하면 액션 그룹 개체 변형에서 개체의 가로 크기는 소수에 비례하게 정의되어 있기 때문에 개체의 가로 크기를 원상태로 변형하지 않은 상태에서 Entry_1 필드에 수를 입력하면 결과 보기 창에 가로 크기가 변형된 개체가 나타날 수 있기 때문이다. 따라서 액션 그룹 개체 원상태로를 먼저 실행하고 액션 그룹 개체 보임을 실행한다.

변수 result의 값이 음인 경우 대응되는 그룹 개체의 위치 지정

액션 항목	개체 이동				
	Action 1	Action 2	Action 3	Action 4	Action 5
On					
Action	Run Action Group		Move To		
Target	개체 원상태로	개체 보임	Group_1	Group_2	Group_3
X/Y Coordinate			193/418	193/418	193/418
Animation Speed			Fast	Fast	Fast
		Condition			
		Entry_0001 Is Not Empty	result Equal To −1	result Equal To −2	result Equal To −3
		Else			
Action		Change Contents			
Target		피드백			
New Contents		msg			

- 액션 그룹 개체 보임이 실행되는 조건은 Entry_1 필드가 공백이 아니어야 한다. 즉, Entry_1 필드에 수를 입력해야 액션 그룹 개체 보임이 실행된다.
- 정답 즉, 변수 result의 값이 음이면 Move To 액션에 의해 결과 보기 창 바깥 하단 위치로 그룹 개체를 이동시킨다.

변수 result의 값	그룹 개체 이름	그룹 개체의 X/Y 좌표 값	
		결과 보기 창 내부 위치	결과 보기 창 바깥 위치
−1	Group_1	193/365	193/418
−2	Group_2		
−3	Group_3		

개체의 모양을 원 상태로 되돌리기

액션 그룹 개체 원상태로는 액션 그룹 개체 변형에 의해 모양이 변형된, 그리고 액션 그룹 개체 이동에 의해 X/Y 좌표 값이 변경된 개체를 원래의 모양으로, 원래의 X/Y 좌표 값으로 되돌리는 역할을 한다.

액션 항목	개체 원상태로				
	Action 1	Action 2	Action 3	Action 4	Action 5
On					
Action	Size To		Move To		
Target	Group_1	image 2	Group_1	Group_2	Group_3
X/Y Coordinate			193/365	193/365	193/365
Animation Speed			Fast	Fast	Fast
Width/Height	35/35	35/35			

변수 result 값에 대응되는 그룹 개체 보이기

액션 항목	개체 보임				
	Action 1	Action 2	Action 3	Action 4	Action 5
On					
Action	Show				
Target	Group_1	Group_2	Group_3	Group_4	Group_5
	Condition				
	Any of the Following				
	result Equal To 1	result Equal To 2	result Equal To 3	result Equal To 4	result Equal To 5
	result Equal To −1	result Equal To −2	result Equal To −3		

액션 항목	개체 보임			
	Action 6	Action 7	Action 8	Action 9
On				
Action	Show			
Target	Group_6	Group_7	Group_8	Group_9
	Condition			
	result Equal To 6	result Equal To 7	result Equal To 8	result Equal To 9

변수 result의 값에 따라 보이는 그룹 개체는 달라진다. 값이 1 혹은 -1이면 Group_1을, 값이 2 혹은 -2면 Group_2를, 값이 3 혹은 -3이면 Group_3을 보여준다. 나머지 그룹 개체도 변수 result 값의 조건을 따른다.

변수 result의 값이 소수를 포함하는 경우 대응되는 개체의 모양 변경

유아들을 상대로 하는 콘텐츠인 관계로 변수 result의 값이 소수를 포함할 때에는 정수 부분은 개체 모양 그대로 보여주고, 소수 부분은 소수에 비례하도록 개체의 가로 크기를 변형하여 보여줄 필요가 있다.

Drop image 테이블 1, 테이블 2에 놓인 사각형 개체 Drag Image의 개수는 각각 변수 num1, num2에 저장된다. 이들 변수의 최대값은 3이며, num1을 num2로 나눌 때 나올 수 있는 변수 result의 값은 0, 1/3, 1/2, 1, 1.5, 2, 3이 된다. 따라서 변수 result의 값이 정수인 경우에는 액션 그룹 개체 보임에 설정한 조건대로 그룹 개체를 보여주고, 변수 result의 값이 소수인 경우에는 액션을 따로 설정하여 그룹 개체를 보여준다.

변수 result의 값	보여 줄 그룹 개체	
1/3, 1/2	Group_1	Group_1
1.5	Group_2	image 2
그룹 개체에 포함된 마지막 개체의 너비를 소수에 비례하게 한다.		

일반적으로 변수 result의 값이 소수를 포함할 때 개체 image의 가로 크기(35 픽셀)를 소수에 비례하도록 변형하는 방법은 다음과 같다.

- 변수 result의 값을 변수 temp1에 저장한다.
- 변수 temp1의 값에서 소수 부분을 절삭한다. 변수 temp1의 값은 정수 부분만 남는다.
- 변수 temp1의 값을 변수 temp2에 저장한다.

액션 항목	액션 그룹		
	Action 1	Action 2	Action 3
On			
Action	Modify Variable		
Target	temp1	temp1	temp2
Value	VAR(result)		VAR(temp1)
Modification Type	Set Variable Contents	Round Down Variable	Set Variable Contents

- 변수 result의 값을 변수 temp3에 저장한다.
- 변수 temp3의 값에서 변수 temp2의 값을 뺀다. 변수 temp3의 값은 소수 부분만 남는다.
- 변수 temp3의 값에 개체의 너비의 값을 곱한다. 변수 temp3의 값은 소수에 너비의 값을 곱한 값이 된다.
- 개체의 크기를 변형한다.

액션 항목	액션 그룹			
	Action 4	Action 5	Action 6	Action 7
On				
Action	Modify Variable			Size To
Target	temp3	temp3	temp3	image
Value	VAR(result)	VAR(temp2)	35	
Modification Type	Set Variable Contents	Subtract from Variable	Multiply Variable By	
Width/Height				VAR(temp3)/VAR(temp3)

- 변수 result의 값은 정답을 표시하거나, 액션 실행 조건으로 활용할 수 있으므로 될 수 있는 한 원래의 값을 유지할 수 있도록 값을 변경하지 않는다.

현재 제작 중인 유아용 사칙연산 콘텐츠에서는 변수 result의 값이 소수를 포함할 때 개체 image의 가로 크기(35 픽셀)를 소수에 비례하도록 변형하는 방법을 조금 수정하여 적용한다. 왜냐하면 Modify Variable 액션에서 Value의 값을 var(변수) 형식으로 입력하고 Modification Type으로 Subtract from Variable을 지정하면 그룹 개체를 보여주는 Show 액션이 제대로 작동하지 않기 때문이다(▶Title100 폴더의 Title100 변형 참조).
따라서 그룹 개체를 제대로 보여주기 위해서는 Value의 값을 var(변수) 형식이 아닌 수치로 입력한다.

□ 변수 result의 값이 1.5인 경우

액션 항목	개체 변형		
	Action 1	Action 2	Action 3
On			
Action	Run Action Group	Modify Variable	

액션 항목	개체 변형		
	Action 1	Action 2	Action 3
Target	개체 원상태로	temp1	temp1
Value		VAR(result)	1
Modification Type		Set Variable Contents	Subtract from Variable

- 변수 result의 값을 변수 temp1에 저장하고 변수 temp1의 값에서 수치 1을 뺀다. 변수 temp1의 값은 소수만 남게 된다.

액션 항목	개체 변형		
	Action 4	Action 5	Action 6
On			
Action	Modify Variable	Size To	Show
Target	temp1	image 2	Group_2
Value	35		
Modification Type	Multiply Variable By		
Width/Height		VAR(temp1)/35	
		Condition	
			All of the Following
			result Equal To 1.5
		result Equal To 1.5	num2 Not Equal To 0

- 변수 temp1의 값에 개체 너비 35를 곱한다. 변수 temp1의 값은 소수에 35를 곱한 값이 된다.
- 변수 result의 값이 1.5이면 그룹 개체 Group_2에 포함된 image 2 개체의 너비를 변수 temp1의 값으로, 높이를 35로 설정한다.

  – 유아들 입장에서 볼 때 너비와 높이가 함께 변형되는 것보다는 너비만 변형되는 것이 이해하기 쉽다.

- 변수 result의 값이 1.5이고 변수 num2의 값이 0이 아니면 그룹 개체 Group_2를 보여준다.

□ 변수 result의 값이 1 이하인 경우

액션 항목	개체 변형			
	Action 7	Action 8	Action 9	Action 10
On				
Action	Modify Variable	Modify Variable	Size To	Show
Target	temp2	temp2	Group_1	Group_1
Value	VAR(result)	35		
Modification Type	Set Variable Contents	Multiply Variable By		
Width/Height			VAR(temp2)/35	

액션 항목	개체 변형			
	Action 7	Action 8	Action 9	Action 10
			Condition	
			result Less Than 1	result Less Than 1

- 변수 result의 값을 변수 temp2에 저장한다. 변수 temp2의 값은 소수만 포함한다.
- 변수 temp2의 값에 개체 너비 35를 곱한다. 변수 temp2의 값은 소수에 35를 곱한 값이 된다.
- 변수 result의 값이 1보다 작으면 개체 Group_1의 너비를 변수 temp2의 값으로, 높이를 35로 설정한다.

Tip Action 9, Action 10의 실행 조건 연산자로 Less Than을 지정한 데 주목하자. 실행 조건으로 result Not Equal To 1.5로 지정하면 변수 result의 값이 2, 3의 값을 가질 때 예기치 않은 결과를 초래한다. 따라서 조건 범위를 설정할 때에는 가능한 한 조건 범위가 겹쳐지지 않도록 한다.

11, 쇼핑몰 구현

간단한 쇼핑몰을 제작해 보자. 쇼핑몰을 구현하기 위해서는 다음과 같은 사항을 고려한다.

- 쇼핑 공간을 오갈 수 있는 내비게이션 기능을 제공한다.
- 상품 유형별로 페이지를 구성한다. 상품 범주는 Chapter 개체로, 상품은 Page 개체로 구분한다.
- 상품 관련 이미지와 정보, 그리고 해당 상품을 장바구니에 담을 수 있는 수단을 제공한다. 필요하다면 상품 이미지를 클릭했을 때 실물 크기의 이미지를 볼 수 있게 한다.
- 상품의 선택과 취소를 가능하게 하고 상품의 구매 개수를 지정할 수 있게 한다.
- 결제 페이지로 이동하면 선택한 상품의 내역과 총구매액을 보여주도록 한다.
- 결제 버튼을 클릭하면 구매자의 인적 사항과 구매액, 구매 일자, 구매 목록이 텍스트 파일에 저장되도록 한다.
- 취소 버튼을 클릭하면 텍스트 파일로 전송된 구매액을 0으로 처리한다.
- 결제 후 쇼핑몰을 재방문하는 경우 기존의 선택 내역을 보여줄 수 있게 한다.

예제 | 타이틀은 쇼핑몰 제작에 필요한 최소한의 기능만을 다루었다(▶Title101).

- 내비게이션 기능을 제공하기 위해 목차(Table of Contents)를 삽입하였다.
- 상품 유형은 음반에 한정하였고, 음반은 팝송, 칸초네, 클래식, 가요로 구분하였다.
- 음반 이미지에 대한 실물 크기는 제공하지 않는다.
- 상품의 선택과 취소는 체크 박스 개체를 활용하였으며, 상품의 구매 개수는 드롭다운 리스트를 활용하였다.
- 결제 페이지로 이동하면 선택한 상품의 내역과 총구매액을 보여주도록 하였다. 그리고 누적 구매액이 20만원 이상인 경우 구매액에 5%의 할인율을 적용하였으며, 구매액에서 차감된 금액이 표시되도록 하였다.
- 결제 버튼을 클릭하면 구매자의 인적 사항과 구매액, 누적 구매액, 구매 일자, 구매 목록이 텍스트 파일에 저장되도록 하였다.
- 취소 버튼을 클릭하면 구매액을 음수로 변경하여 구매를 취소했음을 한 눈에 볼 수 있게 하였고, 누적 구매액은 구매액을 차감한 액수로 표시되게 하였다.

• 결제 후 쇼핑몰을 재방문하는 경우 기존의 선택 내역을 보여줄 수 있게 하였고, 선택한 상품의 이름과 개수, 가격, 그리고 총구매액이 표시되도록 하였다.

1) 타이틀의 구성

• 타이틀의 모든 페이지에 보여 질 내용 Text Block 1, 텍스트 블록 결제하기, 목차 Table of Contents 1은 타이틀 개체 exam101 아래에 배치한다.

• 결제 페이지에서는 텍스트 블록 결제하기와 Text Block 1의 상속을 포기하고, 목차(Table of Contents)에 포함되지 않게 하기 위해 Include in Table of Contents 옵션을 해제한다.

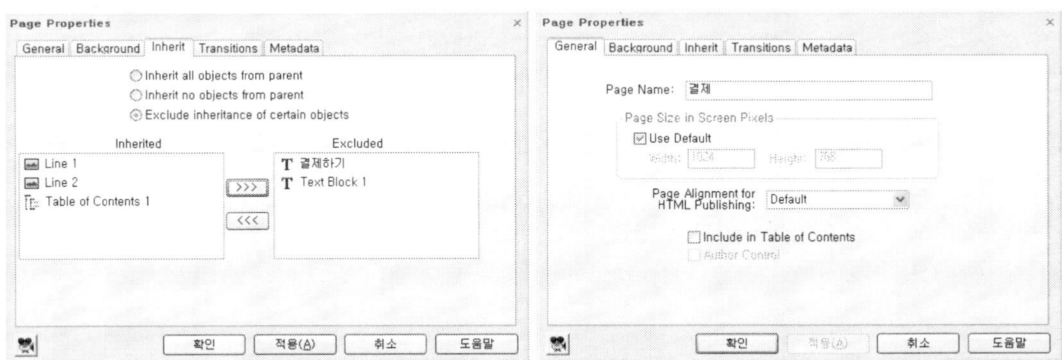

- 텍스트 블록 결제하기를 클릭하면 결제 페이지로 이동하게 하고 액션 그룹 개체 ActGrp_1, ActGrp_2, ActGrp_3이 실행되게 한다.

액션 항목	▶결제하기	결제 페이지		
	Action 1	Run_ActGrp_1	Run_ActGrp_2	Run_ActGrp_3
On	Mouse Click	Show		
Action	Go To	Run Action Group		
Target	Chapter, … or Page	Group_1	Group_2	Group_3
Name	결제			
Delay before action			0.1	0.2

- Pop, Canzone, Classic, 그리고 가요 페이지에는 음반 이미지와 음반의 가격, 음반에 담긴 곡명, 그리고 드롭다운 리스트, 체크 박스 등을 삽입한다.
  - 음반 이미지에 배치된 체크 박스를 선택하면 해당 음반은 구입 품목 즉, 장바구니에 담게 된다.
  - 음반 이미지에 배치된 드롭다운 리스트의 값을 선택하면 해당 음반의 구입 수량이 된다.
  - 드롭다운 리스트를 클릭하면 1에서 5의 값을 선택할 수 있게 하고, 기본 값으로 1을 지정한다.

- 결제 후 쇼핑몰을 재방문하는 경우 기존의 선택 내역을 보여줄 수 있게 체크 박스와 드롭다운 리스트 속성 창의 Retain value between sessions 옵션을 선택한다.

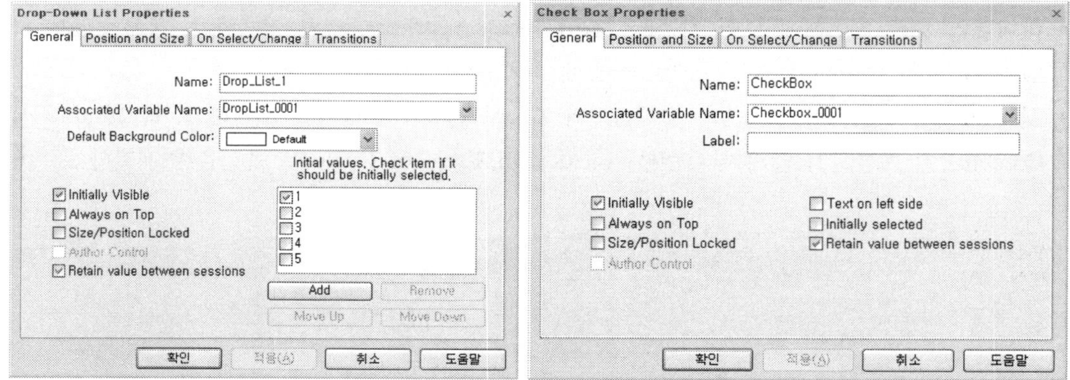

쇼핑몰 접속에 사용한 컴퓨터에서 쇼핑몰을 재방문하면 기존에 선택한 내역이 그대로 나타난다. 물론, 다른 컴퓨터에서 쇼핑몰을 방문하면 아무 것도 선택되지 않은 상태로 나타난다.

- 결제 페이지가 열리면 액션 그룹 개체 ActGrp_1, ActGrp_2, ActGrp_3이 실행되게 한다.
- 결제 페이지에 Text Block 2, Text Block 5를 배치한다. 이들 텍스트 블록에는 구매 내역과 총구매액이 표시된다.

• 입력 필드를 배치한다.

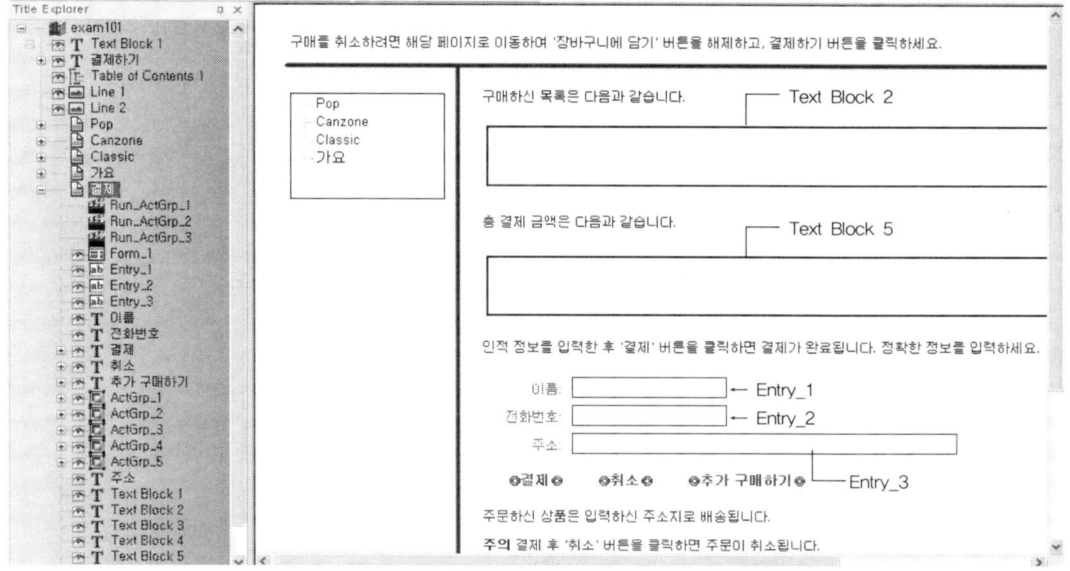

• 액션 그룹 개체 ActGrp_1은 선택한 음반의 이름과 구입 개수를 변수 select의 값으로 저장한다.
• 액션 그룹 개체 ActGrp_2는 선택한 음반의 총구매액을 변수 no_disc_sum의 값으로 저장한다.
• 액션 그룹 개체 ActGrp_3은 총구매액에 대한 내역을 변수 msg의 값으로 저장한다. 즉, 선택한 음반의 가격과 구매량을 문자열로 나열하여 총구매액이 어떻게 산정되었는지 밝힌다.

2) 선택한 음반의 이름과 구입 개수 표시

선택한 음반 이름과 구입 개수는 Modify Variable 액션과 Change Contents 액션을 사용하여 표시한다. 페이지에 삽입된 음반의 이름, 체크 박스와 드롭다운 리스트의 변수명은 다음과 같다.

개체	Pop	Canzone	Classic	가요
음반 이름	Connie Gold	Cinquette in Japan	Beethoven No.9	정훈희 Gold
체크 박스	CkBox_0001	CkBox_0002	CkBox_0004	CkBox_0005
드롭다운 리스트	Drop_0001	Drop_0002	Drop_0004	Drop_0005
음반 이름		Marisa Hits		장덕 대표곡
체크 박스		CkBox_0003		CkBox_0006
드롭다운 리스트		Drop_0003		Drop_0006

– 편의상 변수 이름을 CkBox_0001, Drop_0001과 같이 표시한다. 원래의 이름은 Checkbox_0001, DropList_0001이다.

선택한 음반의 이름과 개수는 변수 select에 저장한다. 액션 그룹 개체 ActGrp_1에 설정된 액션 개체는 다음과 같다.

액션 항목	ActGrp_1			
	Action 1	Action 2	Action 3	Action 4
On				
Action	Modify Variable	Modify Variable	Modify Variable	Modify Variable
Target	select	select	select	select
Value		Connie Gold ␣	var(Drop_0001)	, ␣
Modification Type	Set Variable Contents	Add to Variable	Add to Variable	Add to Variable
		Condition		
		CkBox_0001 Equal To on		

␣: 빈칸

- 변수 select의 값을 공백으로 정의한다.
- Pop 페이지의 체크 박스를 선택하면 변수 select의 값은 다음과 같이 변경된다. 드롭다운 리스트의 값은 기본적으로 1의 값을 지닌다.

'Connie Gold ' + '드롭다운 리스트의 값' + ', ' ⟶ 'Connie Gold 1, '

Pop 페이지에서 선택한 음반의 이름과 수량이 변수 select에 추가된다.

액션 항목	ActGrp_1		
	Action 5	Action 6	Action 7
On			
Action	Modify Variable	Modify Variable	Modify Variable
Target	select	select	select
Value	Cinquette in Japan ␣	var(Drop_0002)	, ␣
Modification Type	Add to Variable	Add to Variable	Add to Variable
	Condition		
	CkBox_0002 Equal To on		

- Canzone 페이지의 첫 번째 체크 박스와 드롭다운 리스트를 선택하고 드롭다운 리스트의 값을 2로 지정하면 변수 select의 값은 다음과 같이 변경된다.

'Connie Gold 1, ' + 'Cinquette ' + '2' + ', ' ⟶ 'Connie Gold 1, Cinquette 2, '

Canzone 페이지에서 선택한 음반의 이름과 수량이 변수 select에 추가된다.
동일한 방식으로 나머지 음반 이름과 수량을 변수 select의 값에 추가하고 변수 select의 값을 텍스트 블록 Text Block 2에 표시한다.

액션 항목	ActGrp_1			
	Action 17	Action 18	Action 19	Action 20
On				
Action	Modify Variable	Modify Variable	Modify Variable	Change Contents
Target	select	select	select	Text Block 2
Value	장덕 대표곡␣	var(Drop_0006)	,␣	
Modification Type	Set Variable Contents	Add to Variable	Add to Variable	
New Contents				select
	Condition			
	CkBox_0006 Equal To on			

3) 선택한 음반의 총구매액 계산

선택한 음반의 총구매액은 Modify Variable 액션을 사용하여 계산한다. 음반별 가격과 합계, 그리고 총구매액으로 사용한 변수는 다음과 같다.

개체	Pop	Canzone	Classic	가요
음반 이름	Connie Gold	Cinquette in Japan	Beethoven No.9	정훈희 Gold
가격 변수	price1	price2	price4	price5
가격 변수의 값	12000	12000	10000	8000
구매액	sum1	sum2	sum4	sum5
음반 이름		Marisa Hits		장덕 대표곡
가격 변수		price3		price6
가격 변수의 값		12000		8000
구매액		sum3		sum6
총구매액	sum(=pre_sum)			

선택한 음반의 구매액은 변수 sum1, sum2, …, sum6에 저장한다. 액션 그룹 개체 ActGrp_2에 설정된 액션 개체는 다음과 같다.

음반별 구매액 계산

액션 항목	ActGrp_2			
	Action 1	Action 2	Action 3	Action 4
On				
Action	Modify Variable	Modify Variable	Modify Variable	Modify Variable
Target	sum1	sum1	sum2	sum2
Value	VAR(price1)	var(Drop_0001)	VAR(price2)	var(Drop_0002)
Modification Type	Set Variable Contents	Multiply Variable By	Set Variable Contents	Multiply Variable By

Pop 페이지의 음반 Connie Gold의 구매액(sum1)은 다음과 같이 계산한다.

- 변수 sum1에 변수 price1의 값(음반 Connie Gold의 가격)을 저장한다.
- 변수 sum1의 값에 드롭다운 리스트에서 선택한 값을 곱한다.
  - 음반 Connie Gold의 구매 개수는 변수 Drop_0001의 값을 적용한다.

Canzone 페이지의 음반 Cinquette in Japan의 구매액(sum2)은 다음과 같이 계산한다.

- 변수 sum2에 변수 price2의 값(음반 Cinquette in Japan의 가격)을 저장한다.
- 변수 sum2의 값에 드롭다운 리스트에서 선택한 값을 곱한다.
  - 음반 Cinquette in Japan의 구매 개수는 변수 Drop_0002의 값을 적용한다.

동일한 방식으로 나머지 음반의 구매액을 계산한다.

전체 음반의 총구매액 계산

액션 항목	ActGrp_2		
	Action 13	Action 14	Action 15
On			
Action	Modify Variable	Modify Variable	Modify Variable
Target	sum	sum	sum
Value	0	var(sum1)	var(sum2)
Modification Type	Set Variable Contents	Add To Variable	Add To Variable
		Condition	
		CkBox_0001 Equal To on	CkBox_0002 Equal To on

전체 음반의 총구매액은 변수 sum에 저장한다.

- 변수 sum의 값을 0으로 변경한다.
- Pop 페이지의 음반 Connie Gold를 선택하면 구매액(sum1)을 변수 sum의 값에 더한다.
- Canzone 페이지의 음반 Cinquette in Japan을 선택하면 구매액(sum2)을 변수 sum의 값에 더한다.

동일한 방식으로 나머지 음반을 선택했을 때의 구매액을 변수 sum의 값에 더한다.

액션 항목	ActGrp_2		
	Action 18	Action 19	Action 20
On			
Action	Modify Variable	Modify Variable	Modify Variable
Target	sum	sum	no_disc_sum
Value	var(sum5)	var(sum6)	var(sum)
Modification Type	Add To Variable	Add To Variable	Set Variable Contents
	Condition		
	CkBox_0005 Equal To on	CkBox_0006 Equal To on	

- 변수 sum의 값은 변수 no_disc_sum에 저장한다.

변수 no_disc_sum에는 할인율이 적용되지 않은 총구매액이 저장된다.

4) 구매 내역 표시

구매 내역은 Modify Variable 액션과 Change Contents 액션을 사용하여 표시하며 변수 msg에 저장한다. 액션 그룹 개체 ActGrp_3에 설정된 액션 개체는 다음과 같다.

액션 항목	ActGrp_3				
	Action 1	Action 2	Action 3	Action 4	Action 5
On					
Action	Modify Variable				
Target	msg	msg	msg	msg	msg
Value		var(price1)	*	var(Drop_0001)	+
Modification Type	Set Variable Contents	Add To Variable			
		Condition			
		CkBox_0001 Equal To on			

- 변수 msg의 값을 공백으로 저장한다.
- Pop 페이지의 음반 Connie Gold를 선택하고 드롭다운 리스트에서 1을 선택하면 변수 msg의 값은 다음과 같이 변경된다.

'음반 가격' + '*' + '구매 개수' + '+' ⟶ '12000*1+'

액션 항목	ActGrp_3			
	Action 6	Action 7	Action 8	Action 9
On				
Action	Modify Variable			
Target	msg	msg	msg	msg
Value	var(price2)	*	var(Drop_0002)	+
Modification Type	Add To Variable			
	Condition			
	CkBox_0002 Equal To on			

- Canzone 페이지의 음반 Cinquette in Japan을 선택하고 드롭다운 리스트에서 2를 선택하면 변수 msg의 값은 다음과 같이 변경된다.

'12000*1+' + '12000' + '*' + '2' + '+' ⟶ '12000*1+12000*2+'

동일한 방식으로 나머지 음반을 선택했을 때의 문자열 '음반 가격*구매 개수+'를 변수 msg의 값에 더한다.

할인율 적용

누적 구매액이 20만원 이상이 되면 구매액의 5%를 할인한다.

액션 항목	ActGrp_3			
	Action 26	Action 27	Action 28	Action 29
On				
Action	Modify Variable			
Target	msg	msg	msg	discount_sum
Value	포인트 차감␣	VAR(discount)	=	VAR(no_disc_sum)
Modification Type	Add To Variable			Set Variable Contents
	Condition			
	react Equal To point			

- 변수 react의 값이 point이면 변수 msg의 값에 문자열 '포인트 차감'과 '할인액'을 추가한다.
- 변수 msg의 값에 '='을 추가하고, 변수 discount_sum에 변수 no_disc_sum의 값을 저장한다.
  - 변수 discount에는 할인액이 저장된다. 변수 discount의 값은 액션 그룹 개체 ActGrp_4에서 정의한다.
  - 변수 no_disc_sum에는 할인율이 적용되지 않은 총구매액이 저장되어 있다.
  - 변수 discount_sum은 할인율이 적용된 총구매액을 저장하는 변수로 활용된다.

액션 항목	ActGrp_3			
	Action 30	Action 31	Action 32	Action 33
On				
Action	Modify Variable			Change Contents
Target	discount_sum	msg	msg	Text Block 5
Value	VAR(discount)	VAR(discount_sum)	VAR(no_disc_sum)	
Modification Type	Add To Variable			
New Contents				msg
		Condition		
		react Equal To point	react Not Equal To point	

- 변수 discount_sum의 값에 변수 discount의 값을 더한다. 즉, 변수 discount_sum은 할인율이 적용된 구매액이 저장된다.
- 변수 react의 값이 point이면 즉, 누적 구매액이 20만원 이상이면 변수 msg의 값에 변수 discount_sum의 값을 더한다.
- 변수 react의 값이 point가 아니면 즉, 누적 구매액이 20만원 미만이면 변수 msg의 값에 변수 no_disc_sum의 값을 더한다.
- 변수 msg의 값을 텍스트 블록 Text Block 5에 표시한다.

누적 구매액에 따라 할인율을 적용하기 위해 변수 react를 활용한다. 변수 react는 폼 개체 속성 창의 Response 탭에서 Variable to receive response 필드에 지정한 변수이다. 즉, 누적 구매액이 20만원 이상이면 CGI로부터 문자열 point가 렉토라에 전송되어 변수 react에 저장된다.

5) 할인액 계산

할인액은 액션 그룹 개체 ActGrp_4에서 계산하며 변수 discount에 저장한다. 액션 그룹 개체 ActGrp_4에 설정된 액션 개체는 다음과 같다.

✎ 변수 discount는 할인액으로서 음(–)의 값을 가진다.

액션 항목	ActGrp_4		
	Action 1	Action 2	Action 3
On			
Action	Modify Variable		
Target	point	point	sum
Value	VAR(sum)	0.05	VAR(point)
Modification Type	Set Variable Contents	Multiply Variable By	Set Variable Contents

- 변수 point에 변수 sum의 값을 저장한다. 변수 sum의 값은 할인율이 적용되지 않은 총구매액이다.
- 변수 point의 값에 0.05를 곱한다. 변수 point의 값은 할인액이 된다.
- 변수 point의 값을 변수 sum에 저장한다.

액션 항목	ActGrp_4			
	Action 4	Action 5	Action 6	Action 7
On				
Action	Modify Variable		Submit Form	Run Action Group
Target	sum	discount	Form_1	ActGrp_3
Value	−1	VAR(sum)		
Modification Type	Multiply Variable By	Set Variable Contents		

- 변수 sum의 값에 -1을 곱하여 변수 sum의 값으로 저장한다.
- 변수 sum의 값을 변수 discount에 저장한다.
- Form_1을 실행하고 액션 그룹 개체 ActGrp_3을 실행한다.

액션 그룹 개체 ActGrp_3은 결제 페이지가 열릴 때 실행된다. 따라서 액션 그룹 개체 ActGrp_3에 포함된 액션만으로는 할인액과 할인액이 차감된 총구매액을 텍스트 블록 Text Block 5에 표시할 수 없다. 왜냐하면, 할인액은 CGI로부터 되돌려받은 response 변수 react의 값에 따라 결정되기 때문이다. 따라서 Form_1을 먼저 실행하여 변수 react에 CGI로부터 돌려받은 값을 저장한 후 액션 그룹 개체 ActGrp_3을 실행하여 할인액과 할인액이 차감된 총구매액을 표시한다.

변수 point의 값을 변수 sum의 값으로 설정한 이유는 CGI에서 변수 sum을 활용하여 할인되지 않은 총구매액과 할인액을 함께 처리하기 위해서이다. 추후 설명되지만 텍스트 버튼 결제를 클릭하면 할인되지 않은 총구매액이 변수 sum의 값으로 CGI에 먼저 전송되고, 그 다음 할인액이 변수 sum의 값으로 CGI에 전송된다.

폼 개체에 설정한 CGI와 response 변수는 다음과 같다.

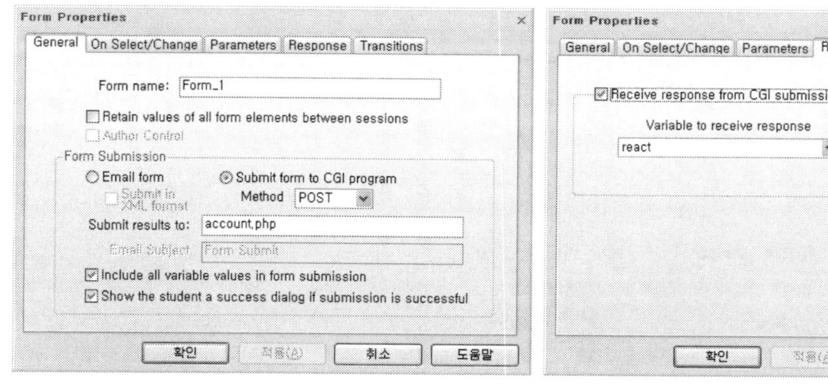

[참고]

Submit Variable Values 액션을 실행하면 콘텐츠에 사용된 변수와 그 값을 CGI로 전송할 수 있다. 그러나 CGI가 되돌려주는 값을 받아 조건부 분기를 하기 위해서는 CGI로부터 전송된 값을 저장할 변수가 필요하다. 따라서 폼 개체를 콘텐츠에 포함하고 CGI로부터 전송된 값을 저장할 변수를 Response 탭에서 지정한 후 Submit Form 액션을 실행하여 변수와 그 값을 CGI로 전송한다.

6) 결제 취소 시 차감할 총구매액 계산

구매를 취소한 경우 누적 구매액에서 차감할 총구매액은 액션 그룹 개체 ActGrp_5에서 계산하며, 변수 no_disc_sum, discount_sum에 저장한다. 액션 그룹 개체 ActGrp_5에 설정된 액션 개체는 다음과 같다.

액션 항목	ActGrp_5	
	Action 1	Action 2
On		
Action	Modify Variable	
Target	sum	sum
Value	VAR(no_disc_sum)	VAR(discount_sum)
Modification Type	Set Variable Contents	Set Variable Contents
	Condition	Condition
	no_disc_sum Equal To VAR(discount_sum)	no_disc_sum Not Equal To VAR(discount_sum)

- 변수 no_disc_sum의 값이 변수 discount_sum의 값과 같으면 변수 sum에 변수 no_disc_ sum의 값을 저장한다.
- 변수 no_disc_sum의 값이 변수 discount_sum의 값과 같지 않으면 변수 sum에 변수 discount_sum의 값을 저장한다.

변수 no_disc_sum의 값은 할인되지 않은 총구매액이며, 변수 discount_sum의 값은 할인된 총구매액이다. 구매 취소 시 누적 구매액에서 차감되는 총구매액은 할인율이 적용된 경우에는 할인된 총구매액이, 할인율이 적용되지 않은 경우에는 할인되지 않은 총구매액이 된다. 할인된 총구매액과 할인되지 않은 총구매액이 같다는 것은 할인율이 적용되지 않았다는 것을 의미하므로 누적 구매액에서 차감할 총구매액을 할인되지 않은 총구매액으로 설정한다.

액션 항목	ActGrp_5			
	Action 3	Action 4	Action 5	Action 6
On				
Action	Modify Variable		Submit Form	Run Action Group
Target	sum	msg	Form_1	ActGrp_3
Value	−1			
Modification Type	Multiply Variable By	Set Variable Contents		

- 변수 sum의 값에 -1을 곱하여 변수 sum의 값으로 저장한다.
- 변수 msg의 값을 공백으로 설정한다.
- Form_1을 실행하고 액션 그룹 개체 ActGrp_3을 실행한다.

액션 그룹 개체 ActGrp_3은 결제 페이지가 열릴 때 실행된다. 따라서 액션 그룹 개체 ActGrp_3에 포함된 액션만으로는 구매 취소 상황을 텍스트 블록 Text Block 5에 표시할 수 없다. 따라서 Form_1을 먼저 실행하여 총구매액과 누적 구매액의 변동을 CGI로 전송한 후 액션 그룹 개체 ActGrp_3을 실행하여 구매 취소 상황을 표시한다.

7) 결제

결제 버튼

음반을 선택한 후 텍스트 버튼 결제를 클릭하면 구매자의 인적 정보와 구매내역, 총구매액이 CGI로 전송되고 변수 submit의 값을 1로 설정한다. 변수 submit의 값은 결제가 완료된 상태에서 재차 결제가 되는 것을 막으며, 동시에 결제한 것도 없는데 취소가 되는 것을 막는 역할을 한다.

– 변수 submit의 초기 값은 0으로 설정되어 있다.

결제 버튼에 설정된 액션은 다음과 같다.

액션 항목	결제	
	Action 1	Action 2
On	Mouse Click	Mouse Click
Action	Submit Form	Run Action Group
Target	Form_1	ActGrp_4
Delay before action		0.5
	Condition	Condition
	All of the Following	All of the Following
	Entry_0001 Not Equal To	react Equal To point
	Entry_0002 Not Equal To	submit Equal To 0
	Entry_0003 Not Equal To	
	submit Equal To 0	

- 입력 필드 Entry_1, Entry_2, Entry_3에 값을 입력했을 때, 그리고 변수 submit의 값이 0일 때 Form_1을 전송한다. 즉, 이름, 전화번호, 주소를 모두 입력하고 변수 submit의 값이 0일 때 폼을 전송한다.
- 변수 react의 값이 point이고 변수 submit의 값이 0일 때, 폼이 실행된 후 0.5초가 경과하면 ActGrp_4를 실행한다. 즉, CGI에 할인되지 않은 총구매액을 전송한 후 0.5초가 경과하면 할인액을 계산하여 CGI에 전송한다.

Tip CGI로부터 받은 변수 react의 값을 참조하여 할인액을 계산하고 할인액을 CGI로 전송하기 위해 액션 실행 시점을 0.5초 지연한다.

액션 항목	결제	
	Action 3	Action 4
On	Mouse Click	Mouse Click
Action	Display Message	Modify Variable
Target	Standard Message Window	submit
Message to Display	취소 버튼을 … 해야 합니다.	
Value		1
Modification Type		Set Variable Contents
Delay before action		1.0
	Condition	
	submit Equal To 1	

- 변수 submit의 값이 1이면 '취소 버튼을 … 해야 합니다'라는 메시지 창이 나타나도록 한다.
- 1초가 경과한 후 변수 submit의 값을 1로 변경한다.

취소 버튼

취소 버튼에 설정된 액션은 다음과 같다.

액션 항목	취소			
	Action 1	Action 2	Action 3	Action 4
On	Mouse Click	Mouse Click	Mouse Click	Mouse Click
Action	Run Action Group	Modify Variable	Change Contents	Reset All Variables
Target	ActGrp_5	msg	Text Block 5	
Value		주문이 취소되었습니다.		
Modification Type		Set Variable Contents		
New Contents			msg	
	Condition			
	submit Equal To 1			

- 변수 submit의 값이 1이면 액션 그룹 개체 ActGrp_5를 실행한다. ActGrp_5는 구매를 취소한 경우 누적 구매액에서 차감할 총구매액을 계산한다.
  - 변수 submit의 값이 1일 때 즉, 결제 버튼을 클릭했을 때에 한하여 취소할 수 있다.
- 변수 msg의 값을 '주문이 취소되었습니다.'로 변경한다.
- 변수 msg의 값을 텍스트 블록 Text Block 5에 표시한다.
- 타이틀에 포함된 모든 변수의 값을 원 상태로 되돌린다.

추가 구매하기 버튼

결제를 한 후 추가로 음반을 구매하려면 추가 구매하기 버튼을 클릭한다.

액션 항목	추가 구매하기			
	Action 1	Action 2	Action 3	Action 4
On	Mouse Click	Mouse Click	Mouse Click	Mouse Click
Action	Modify Variable	Modify Variable	Modify Variable	Modify Variable
Target	id	phone	address	CkBox_0001
Value	VAR(Entry_0001)	VAR(Entry_0002)	VAR(Entry_0003)	
Modification Type	Set Variable Contents	Set Variable Contents	Set Variable Contents	Set Variable Contents

- 입력 필드 Entry_1, Entry_2, Entry_3에 입력된 값을 각각 변수 id, phone, address에 저장한다.
  - 인적 정보를 두 번 입력하지 않도록 배려한다.
- 모든 체크 박스의 값을 공백으로 설정하여 체크 박스가 선택되지 않은 상태로 만든다.

액션 항목	추가 구매하기		
	Action 15	Action 16	Action 17
On	Mouse Click	Mouse Click	Mouse Click
Action	Modify Variable	Modify Variable	Modify Variable
Target	Drop_0006	react	submit
Value	1	0	0
Modification Type	Set Variable Contents	Set Variable Contents	Set Variable Contents

액션 항목	추가 구매하기		
	Action 18	Action 19	Action 20
On	Mouse Click	Mouse Click	Mouse Click
Action	Change Contents	Change Contents	Change Contents
Target	Entry_1	Entry_2	Entry_3
Value	id	phone	address

• 모든 드롭다운 리스트의 값을 기본 값 1로 설정한다.
• 변수 react, submit의 값을 0으로 설정한다.
• 입력 필드 Entry_1에 변수 id의 값이 표시되도록 한다.
• 입력 필드 Entry_2에 변수 phone의 값이 표시되도록 한다.
• 입력 필드 Entry_3에 변수 address의 값이 표시되도록 한다.

8) CGI

폼 개체에 지정한 account.php 코드는 다음과 같다. 텍스트 파일 list.txt에 저장되는 데이터는 이름($var[0]), 전화번호($var[1]), 주소($var[2]), 총구매액($var[3]), 누적 구매액($var[4]), 구입 날짜($var[5]), 구입 내역($var[6]) 순의 배열의 값이다.

```
<?php
/*변수 $var을 배열로 정의하고, 입력 필드의 값을 각각 변수 $var[0], $var[1], $var[2]에 저장한다.*/
$var=array();
$var[0]="$Entry_0001"."\n";
$var[1]="$Entry_0002"."\n";
$var[2]="$Entry_0003"."\n";
/*변수 sum, select의 값을 각각 변수 $var[3], $var[6]에 저장한다.*/
$var[3]="$sum"."\n";
$var[6]="$select"."\n";
$f=file("list.txt");//list.txt 파일에 저장된 데이터를 읽어 배열로 저장한다.
for($i=0;$i<count($f);$i++) {//배열의 수보다 작으면 for 문을 실행하고 변수 $i의 값을 1씩 증가시킨다.
      if ($var[0]==$f[$i] && $var[1]==$f[$i+1]) {//이름과 전화번호가 같으면 if 문을 실행한다.
            $f[$i+3]=0;//총구매액을 0으로 변경한다.
            $f[$i+3]+=$var[3];//변수 sum의 값을 총구매액에 더한다.
            $f[$i+4]+=$var[3];//변수 sum의 값을 누적 구매액에 더한다.
            if($f[$i+4]>200000) {//누적 구매액이 20만원 이상이면 문자열 'point'를 발출한다.
                  echo "point";
            }
      $f[$i+3]=$f[$i+3]."\n";//총구매액이 변경되면 줄을 바꾼다.
      $f[$i+4]=$f[$i+4]."\n";//누적 구매액이 변경되면 줄을 바꾼다.
      $fp=fopen("list.txt","w");//파일의 시작 포인터에 데이터를 기록할 수 있게 파일을 연다.
      for($i=0;$i<count($f);$i++) {
            $fp=fopen("list.txt","a");//파일의 마지막 포인터에 데이터를 기록할 수 있게 파일을 연다.
            $a[$i]=$f[$i];//배열을 배열 변수 $a[]에 저장한다.
            fwrite($fp,$a[$i]);//배열 변수 $a[]의 값을 파일에 기록한다.
      }
exit;//파일에 기록하기를 끝내면 PHP 스크립트를 마친다.
}
```

```
}
fclose($fp);//파일을 닫는다.
      $fp=fopen("list.txt","a");
      $var[4]="$sum"."\n";
      $var[5]=date("Y. m. d (D) h:i:s A")."\n";//PHP date() 함수를 사용하여 날짜를 기록한다.
      fwrite($fp,$var[0].$var[1].$var[2].$var[3].$var[4].$var[5].$var[6]);//데이터를 기록한다.
      fclose($fp);
?>
```

[참고]

쇼핑몰을 간단하게 구축하기 위해 로그인 페이지는 따로 제작하지 않았다. 로그인 페이지 제작은 '로그인 시스템'을 참조한다. 또한 Entry_1, Entry_3 필드에 한글을 입력하여 PHP로 전송하면 글자를 판독할 수 없는 상태로 기록되는데 '렉토라에서 전송한 한글 글자를 판독할 수 없는 경우의 대처법'을 참조하여 해결한다.

12, 경제 모형 시뮬레이션

Move To 액션을 활용하면 간단한 시뮬레이션을 구현할 수 있다. 수요와 공급이 변동되는 경우 균형 가격 및 수급량을 표시해보자(▶Title102).

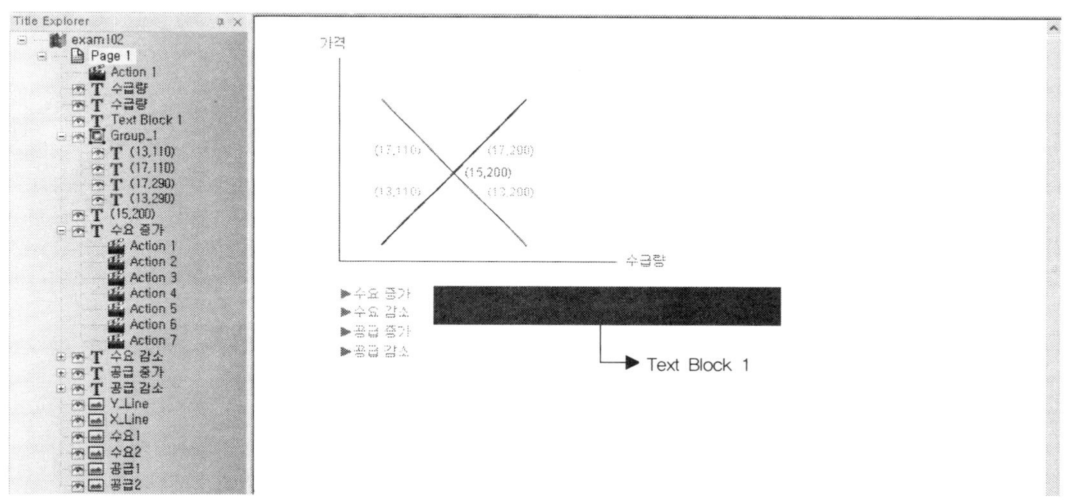

- 수요가 증가하면 수요 곡선을 우측으로 평행 이동시킨다.
- 수요가 감소하면 수요 곡선을 좌측으로 평행 이동시킨다.
- 공급이 증가하면 공급 곡선을 우측으로 평행 이동시킨다.
- 공급이 감소하면 공급 곡선을 좌측으로 평행 이동시킨다.
- 수요, 공급 곡선의 이동이 끝나면 균형 가격 및 수급량을 순서쌍의 형태로 표시한다.

타이틀의 구성

- Add Line 버튼을 클릭하여 X, Y 좌표축을 그린다.
- Add Line 버튼을 클릭하여 수요 곡선(수요1)과 공급 곡선(공급1)을 그린다.
- 수요, 공급 곡선을 복사하여 수요2, 공급2란 이름으로 붙여 넣고 동일한 위치에 함께 겹쳐 배치한다.

복사된 곡선 수요2, 공급2는 Move To 액션의 타깃으로 활용한다.

- 수요, 공급 곡선의 이동이 끝나면 보여 줄 균형 가격 및 수급량의 순서쌍을 배치한다. 이들 순서쌍은 Group_1 개체로 묶는다.
- 수요, 공급 곡선의 이동에 의해 균형 가격과 수급량의 변동이 어떻게 되는지에 관한 설명이 표시될 텍스트 블록을 X 좌표축 아래에 배치한다.
- 텍스트 버튼 수요 증가, 수요 감소, 공급 증가, 공급 감소를 배치한다.

액션 설정

페이지가 열리면 그룹 개체 Group_1이 보이지 않게 한다.

액션 항목	Page 1
	Action 1
On	Show
Action	Hide
Target	Group_1

□ 수요 증가 버튼을 클릭하면 수요2 곡선이 우측으로 이동되게 한다.

액션 항목	수요 증가			
	Action 1	Action 2	Action 3	Action 4
On	Mouse Click	Mouse Click	Mouse Click	Mouse Click
Action	Move To	Move To	Hide	Move To
Target	수요2	공급2	Group_1	수요2
X/Y Coordinate	122/80	122/80		162/80
Animation Speed	Fast	Fast		Slow

- Action 1, Action 2는 수요2, 공급2 곡선을 이동하기 전의 위치로 이동시킨다. 애니메이션 실행 속도를 Fast로 지정한다.
- 균형 가격과 수급량의 순서쌍을 숨기고 수요2 곡선을 우측으로 40 픽셀 이동시킨다.

액션 항목	수요 증가		
	Action 5	Action 6	Action 7
On	Mouse Click	Mouse Click	Mouse Click
Action	Show	Modify Variable	Change Contents
Target	(17,290)	msg	Text Block 1
Value		수요 … 증가합니다.	
Modification Type		Set Variable Contents	
New Contents			msg
Delay before action	1.0		

- 수요2 곡선의 이동과 동시에 1초가 경과하면 순서쌍 (17, 290)이 나타나게 하고 Text Block 1에 변수 msg의 값을 표시한다.

□ 수요 감소 버튼을 클릭하면 수요2 곡선이 좌측으로 이동되게 한다.

액션 항목	수요 감소			
	Action 1	Action 2	Action 3	Action 4
On	Mouse Click	Mouse Click	Mouse Click	Mouse Click
Action	Move To	Move To	Hide	Move To
Target	수요2	공급2	Group_1	수요2
X/Y Coordinate	122/80	122/80		82/80
Animation Speed	Fast	Fast		Slow

- Action 1, Action 2, Action 3, Action 4는 수요 증가 버튼을 클릭할 때 지정된 액션과 동일하다. 단, 수요2 곡선을 좌측으로 40 픽셀 이동시킨다.

액션 항목	수요 감소		
	Action 5	Action 6	Action 7
On	Mouse Click	Mouse Click	Mouse Click
Action	Show	Modify Variable	Change Contents
Target	(13,110)	msg	Text Block 1
Value		수요 … 감소합니다.	
Modification Type		Set Variable Contents	
New Contents			msg
Delay before action	1.0		

- 수요2 곡선의 이동과 동시에 1초가 경과하면 순서쌍 (13, 110)이 나타나게 하고 Text Block 1에 변수 msg의 값을 표시한다.

□ 공급 증가 버튼을 클릭하면 공급2 곡선이 우측으로 이동되게 한다.

액션 항목	공급 증가			
	Action 1	Action 2	Action 3	Action 4
On	Mouse Click	Mouse Click	Mouse Click	Mouse Click
Action	Move To	Move To	Hide	Move To
Target	수요2	공급2	Group_1	공급2
X/Y Coordinate	122/80	122/80		162/80
Animation Speed	Fast	Fast		Slow

- Action 1, Action 2, Action 3, Action 4는 수요 증가 버튼을 클릭할 때 지정된 액션과 동일하다. 단, 공급2 곡선을 우측으로 40 픽셀 이동시킨다.

액션 항목	공급 증가		
	Action 5	Action 6	Action 7
On	Mouse Click	Mouse Click	Mouse Click
Action	Show	Modify Variable	Change Contents
Target	(13,290)	msg	Text Block 1
Value		공급 … 증가합니다.	
Modification Type		Set Variable Contents	
New Contents			msg
Delay before action	1.0		

- 공급2 곡선의 이동과 동시에 1초가 경과하면 순서쌍 (13, 290)이 나타나게 하고 Text Block 1에 변수 msg의 값을 표시한다.

□ 공급 감소 버튼을 클릭하면 공급2 곡선이 좌측으로 이동되게 한다.

액션 항목	공급 감소			
	Action 1	Action 2	Action 3	Action 4
On	Mouse Click	Mouse Click	Mouse Click	Mouse Click
Action	Move To	Move To	Hide	Move To
Target	수요2	공급2	Group_1	공급2
X/Y Coordinate	122/80	122/80		82/80
Animation Speed	Fast	Fast		Slow

- Action 1, Action 2, Action 3, Action 4는 공급 증가 버튼을 클릭할 때 지정된 액션과 동일하다. 단, 공급2 곡선을 좌측으로 40 픽셀 이동시킨다.

액션 항목	공급 감소		
	Action 5	Action 6	Action 7
On	Mouse Click	Mouse Click	Mouse Click
Action	Show	Modify Variable	Change Contents
Target	(17,110)	msg	Text Block 1
Value		공급 … 감소합니다.	
Modification Type		Set Variable Contents	
New Contents			msg
Delay before action	1.0		

- 공급2 곡선의 이동과 동시에 1초가 경과하면 순서쌍 (17, 110)이 나타나게 하고 Text Block 1에 변수 msg의 값을 표시한다.

[참고]

플래시를 사용하면 균형 가격과 수급량을 함수로 간단히 계산할 수 있고 지출액의 변동을 면적으로 표현할 수 있어 보다 멋진 경제 모형 시뮬레이션을 구현할 수 있다(▶비용곡선.swf). 그렇지만 플래시를 사용할 때의 문제점은 연속적인 점(인스턴스)으로 곡선을 표현해야 하므로 렉토라에서 자연스럽게 구현한 곡선의 이동을 쉽게 구현하지 못한다는 것이다. 따라서 본 타이틀처럼 정확한 계산을 요구하지 않는 콘텐츠는 렉토라를 사용하여 제작한다.

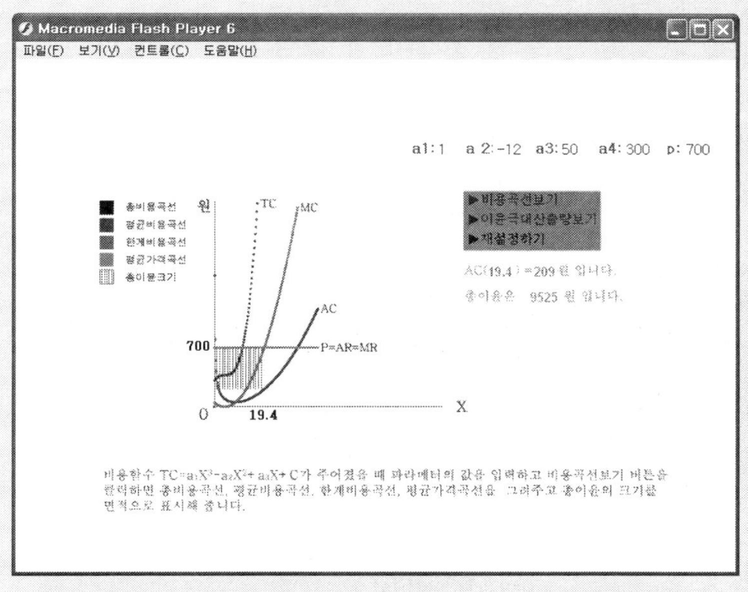

13, 교안 제작

1) 음성 녹음과 판서 기능

강의 음성이 진행되는 동안 판서 기능을 사용하려면 이벤트 액션을 활용한다. 음성 녹음에는 3개의 이벤트가 삽입되어 있다(▶Title103).

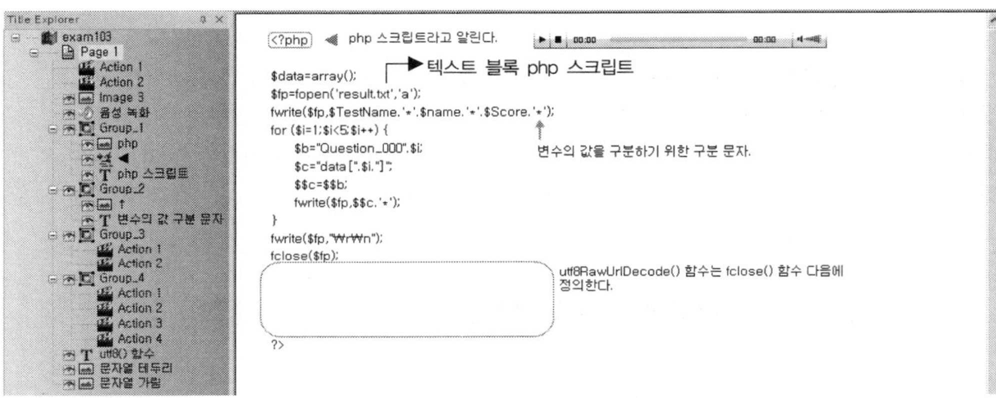

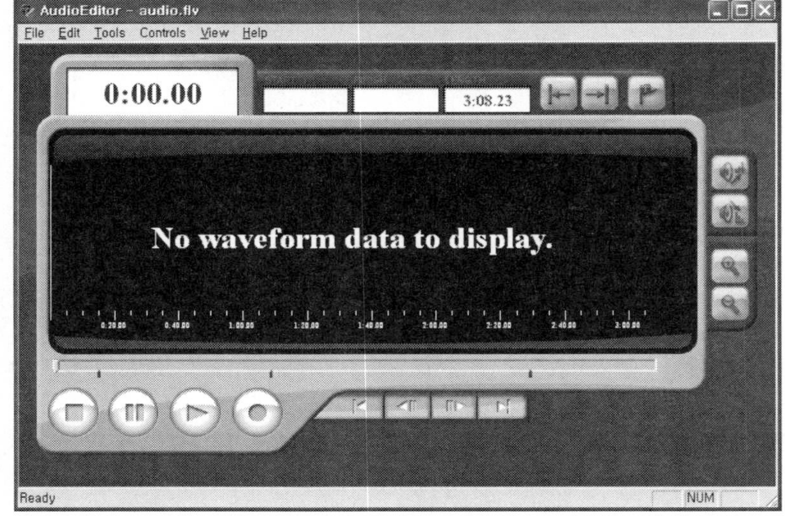

↓

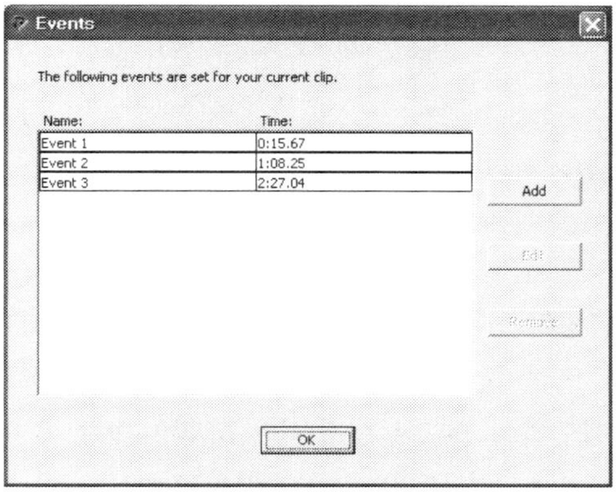

Events

The following events are set for your current clip.

Name:	Time:
Event 1	0:15.67
Event 2	1:08.25
Event 3	2:27.04

Add　Edit　Remove　OK

강의 녹화 음성은 렉토라의 Tools/Audio Recording Tool을 사용하여 .flv 파일로 저장하였다. 콘텐츠를 구성하는 개체의 Initially Visible 속성과 트랜지션 속성은 다음과 같다.

개체 이름	개체	속성
Group_1	(둥근 사각형)	☑ Initially Visible
	◀	
	php 스크립트라고 알린다.	☐ Initially Visible
Group_2	↑	☐ Initially Visible
	변수의 값을 구분하기 위한 구분 문자	
문자열 테두리	(둥근 사각형)	☑ Initially Visible
문자열 가림	(둥근 사각형)	☐ Initially Visible
utf8() 함수	utf8RawUrlDecode() 함수는 fclose() 함수다음에 정의한다.	

개체	Transition 속성
php 스크립트라고 알린다.	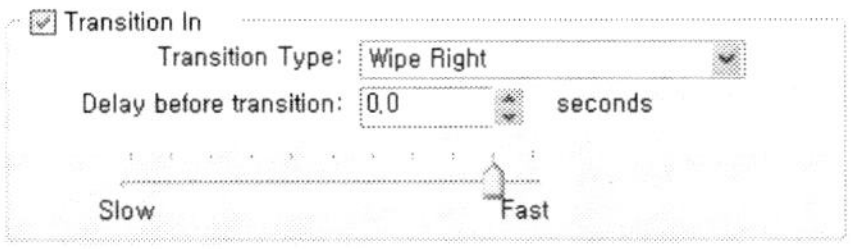 ☑ Transition In Transition Type: Wipe Right Delay before transition: 0.0 seconds Slow — Fast
↑	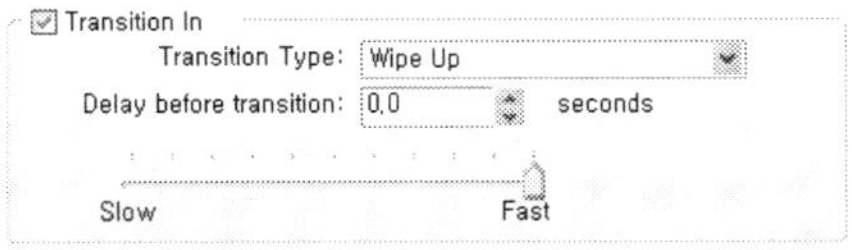 ☑ Transition In Transition Type: Wipe Up Delay before transition: 0.0 seconds Slow — Fast
변수의 값을 구분하기 위한 구분 문자	☑ Transition In Transition Type: Wipe Right Delay before transition: 0.0 seconds Slow — Fast

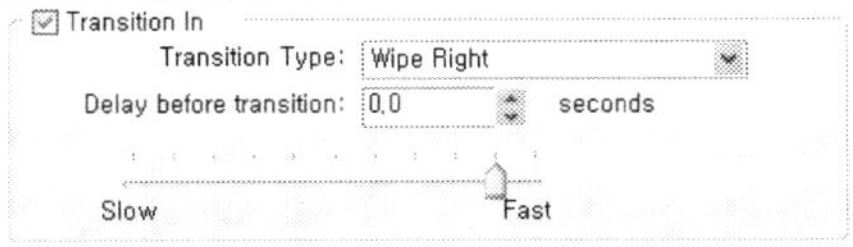

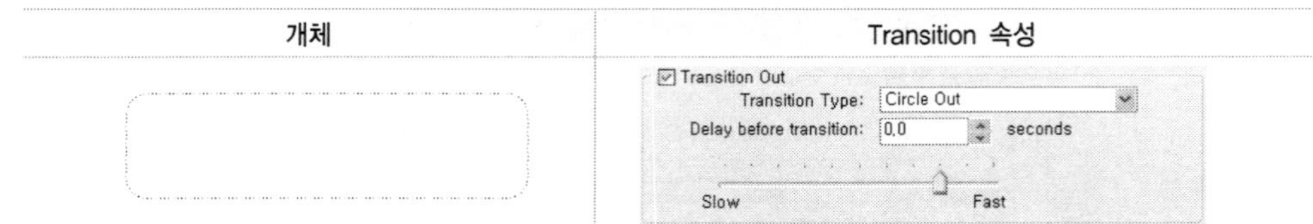

- 개체의 Initially Visible 속성이 선택된 경우 트랜지션 효과를 주면 Hide 액션이 잘 먹히지 않는 현상이 발생한다. 따라서 트랜지션 효과를 적용한 개체는 Initially Visible 속성을 해제한다.
- 트랜지션 효과는 눈으로 확인하여 속도를 설정한다. 너무 느리게 지정하면 지루하고 답답한 느낌을 주므로 주의한다. 트랜지션 효과를 잘만 사용하면 플래시 애니메이션과 같은 효과를 줄 수 있다.

  - 트랜지션 유형 Wipe Right는 오른쪽으로 한 글자씩 나타나게 한다.
  - 트랜지션 유형 Wipe Left는 왼쪽으로 한 글자씩 나타나게 한다.
  - 트랜지션 유형 Wipe Up은 위쪽으로 한 줄씩 나타나게 한다. 화살표는 밑에서 위로 나타난다.
  - 트랜지션 유형 Wipe Down은 아래쪽으로 한 줄씩 나타나게 한다. 화살표는 위에서 밑으로 나타난다.
  - 트랜지션 유형 Circle Out는 원의 중심에서 바깥쪽으로 열린다.
  - 트랜지션 유형 Circle In은 원의 바깥에서 중심쪽으로 열린다.

타이틀에 설정된 액션은 다음과 같다.

액션 항목	Page 1	
	Action 1	Action 2
On	Show	Show
Action	Hide	Hide
Target	Group_1	Group_2

- 페이지가 열릴 때 Group_1과 Group_2에 포함된 개체를 숨긴다.

액션 항목	음성 녹화		Group_3	
	Event 1	Event 2	Action 1	Action 2
On				
Action	Show	Run Action Group	Hide	Show
Target	Group_1	Group_3	Group_1	Group_2

- 오디오 개체 '음성 녹화'의 이벤트 Event 1이 발생하면 Group_1 개체를 보인다.
- 오디오 개체 '음성 녹화'의 이벤트 Event 2가 발생하면 Group_3 액션 개체를 실행한다.
- Group_3 액션 개체는 Group_1 개체를 숨기고, Group_2 개체를 보인다.

액션 항목	음성 녹화	Group_4			
	Event 3	Action 1	Action 2	Action 3	Action 4
On					
Action	Run Action Group	Hide		Show	
Target	Group_4	Group_2	문자열 가림	문자열 테두리	utf8() 함수
Delay before action				3.0	4.0

- 오디오 개체 '음성 녹화'의 이벤트 Event 3이 발생하면 Group_4 액션 개체를 실행한다.
- Group_4 액션 개체는 Group_2, '문자열 가림' 개체를 숨기고, '문자열 테두리', 'utf8() 함수' 개체를 각각 3초, 4초 후 보인다.

[참고]

타이틀을 웹으로 출판했을 때 아래 예와 같이 화살표와 텍스트 블록 등이 지정된 위치에 나타나지 않는 경우가 발생할 때도 있다.

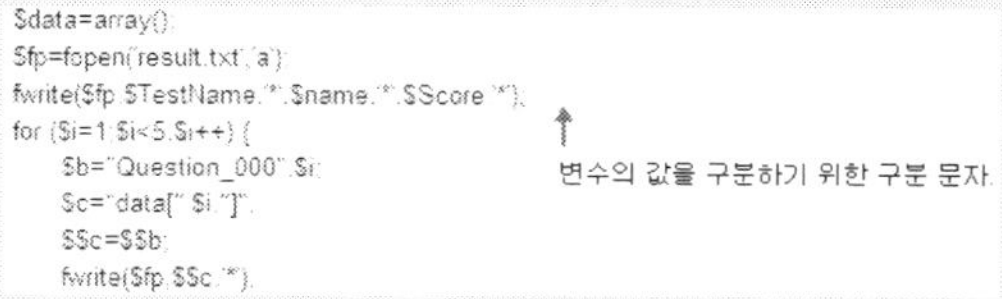

```
$data=array();
$fp=fopen('result.txt','a');
fwrite($fp,$TestName."*".$name."*".$Score."*");
for ($i=1;$i<5;$i++) {
    $b="Question_000".$i;
    $c="data[".$i."]";
    $$c=$$b;
    fwrite($fp,$$c."*");
```

↑ 변수의 값을 구분하기 위한 구분 문자.

이때에는 텍스트 블록 'php 스크립트 내용' 대신 텍스트 블록 'php 스크립트 내용'을 캡처한 이미지 파일을 삽입하거나, 텍스트 블록의 속성으로 Render text as image when published 옵션을 선택한다.

2) 음성 녹음과 데모 빌더 무비

음성 녹음에 삽입된 이벤트를 활용하여 캠타시아 혹은 데모 빌더에서 제작한 플래시 무비를 강의 자료로 활용할 수 있다(▶Title104).

Camtasia는 특정 프레임의 재생 속도를 조정하고 화면상의 특정 부분을 확대·축소시켜 수강생들에게 키 포인트를 적절하게 전달하며, Demo Bulider는 마우스 포인터의 움직임과 핫 스팟을 체계적으로 연결하여 강의의 진행 상황을 시각화한다. 동영상의 녹화와 편집이란 측면에서 보면 캠타시아는 가장 우수한 기능을 제공한다. TSCC 비디오 코덱과 무압축 PCM 오디오 코덱을 사용하여 최상의 품질의 동영상을 제작할 수 있으며, 또한 마커를 이용하여 목차를 만들거나, 마커 위치에서 비디오를 분리하여 여러 개의 동영상 파일로 만들 수도 있다.

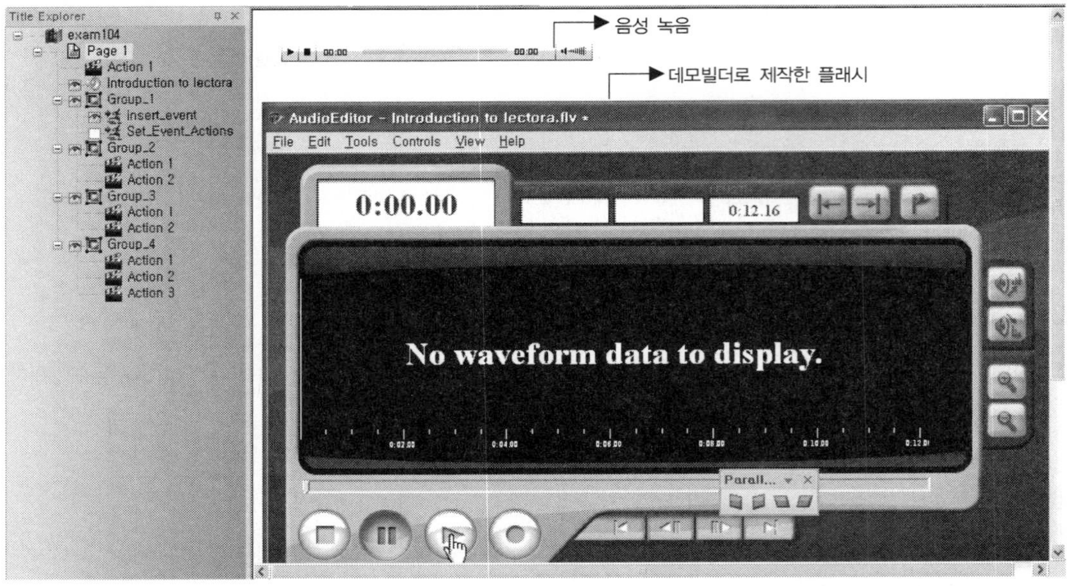

타이틀의 구성

- 음성 녹음 개체 Introduction to lectora를 배치한다.
- 데모빌더로 제작한 플래시 무비 개체 insert_event.swf, Set_Event_Actions.swf의 위치를 같게 지정하여 겹쳐 배치하고 Group_1로 묶는다.

  – 음성 녹음과 플래시 무비는 해당 속성 창에서 Auto Start 옵션을 선택하여 자동 재생되도록 한다.

음성 녹음 개체에 삽입된 이벤트는 다음과 같다. Event 1이 발생한 후 1초가 경과하면 Event2가, Event 3이 발생한 후 1초가 경과하면 Event4가 발생하도록 설정한다.

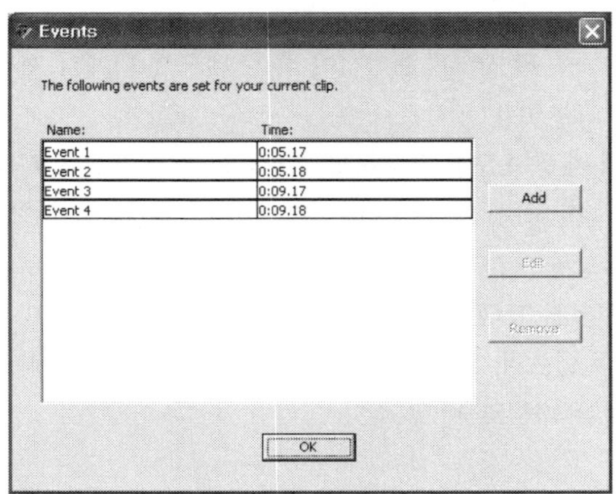

액션 설정

- 페이지가 열리면 무비를 숨긴다.
- Event 1이 발생하면 음성 녹음을 일시 정지한 후 무비 insert_event.swf를 보여준다.

액션 항목	Page 1	Introduction to lectora	Group_2	
	Action 1	Event 1	Action 1	Actoion 2
On	Show			
Action	Hide	Run Action Group	Pause	Show
Target	Group_1	Group_2	Introduction to lectora	Insert_event

- Event 2가 발생하면 무비 insert_event.swf를 숨긴다.

액션 항목	Introduction to lectora
	Event 2
On	
Action	Hide
Target	insert_event

- Event 3이 발생하면 음성 녹음을 일시 정지한 후 무비 Set_Event_Actions.swf를 보여준다.

액션 항목	Introduction to lectora	Group_3	
	Event 3	Action 1	Actoion 2
On			
Action	Run Action Group	Pause	Show
Target	Group_3	Introduction to lectora	Set_Event_Actions.swf

- Event 4가 발생하면 무비 Set_Event_Actions.swf를 숨기고 무비 insert_event.swf, Set_Event_Actions.swf의 프레임 위치를 Frame 1로 이동시킨다.

액션 항목	Introduction to lectora	Group_4		
	Event 4	Action 1	Actoion 2	Actoion 3
On				
Action	Run Action Group	Hide	Flash Command	Flash Command
Target	Group_4	Set_Event_Actions.swf	insert_event	Set_Event_Actions.swf
Command			Go To Frame	Go To Frame
Number			1	1

무비의 프레임을 첫 프레임으로 이동한 이유는 음성 녹음의 재생이 끝난 후 다시 음성 녹음을 재생하면 무비는 마지막 프레임을 보여주기 때문이다.

데모 빌더로 제작한 플래시 무비 insert_event.swf, Set_Event_Actions.swf의 마지막 프레임에는 첫 프레임으로 이동할 수 있는 Click Zone이 설정되어 있다.

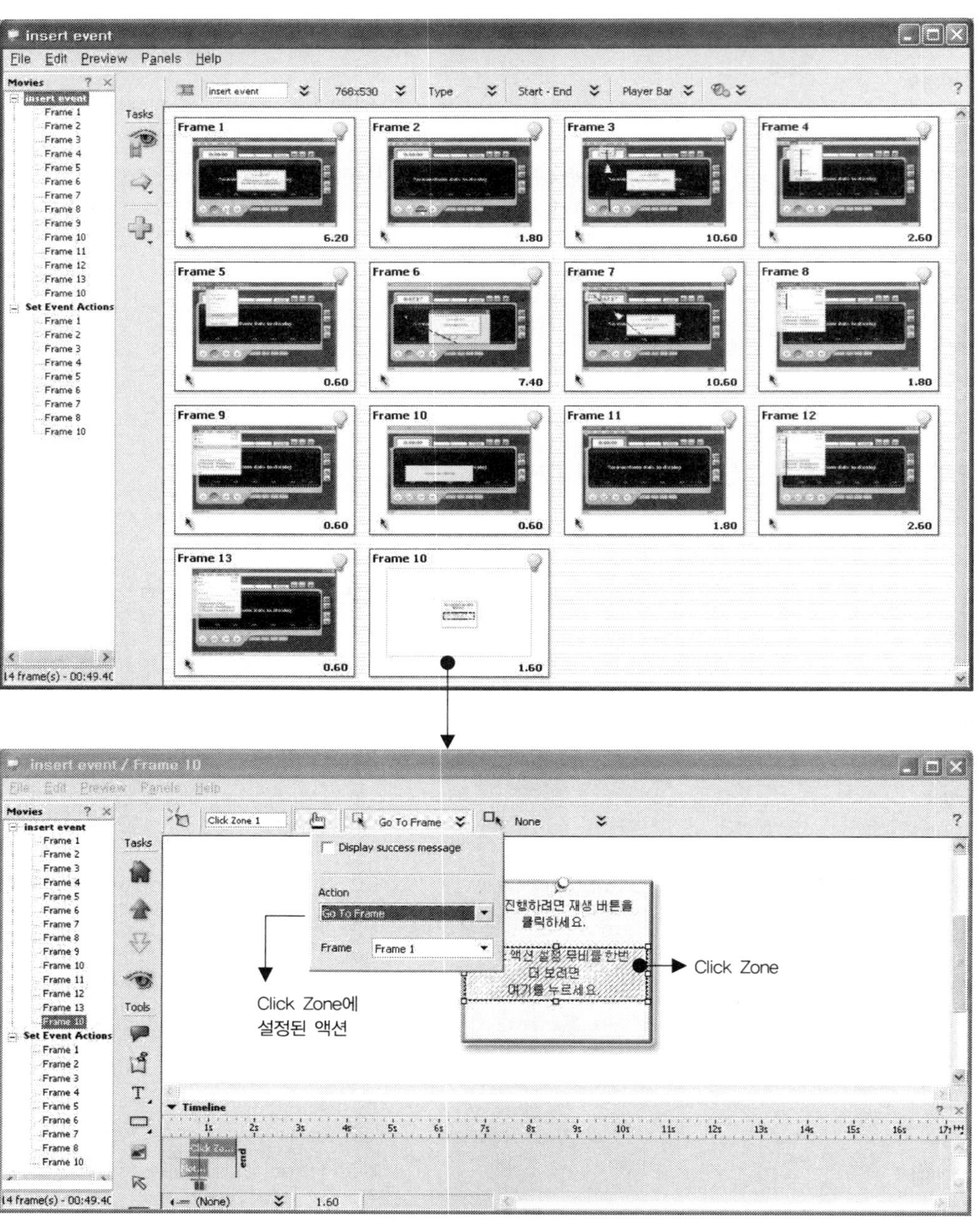

Click Zone을 설정한 이유는 무비의 재생이 끝난 후 무비를 한번 더 재생할 기회를 주는 데도 있지만, 근본적으로 무비 재생이 끝난 후 무비를 숨기고 음성 녹음 재생을 계속할 방법이 없기 때문이다.

.flv 포맷 플래시는 Done Playing 이벤트를 설정하여 무비 재생이 끝난 후 음성 녹음을 계속 재생할 수 있지만, .swf 포맷 플래시는 Done Playing 이벤트가 작용하지 않는 관계로 Click Zone을 설정하여 음성 녹음을 계속 재생할 방법을 안내해야 한다.

3) 렉토라 Screen Recording Tool 녹화 동영상

렉토라의 Screen Recording Tool로 녹화한 동영상에 이벤트를 삽입하고, 각 이벤트마다 적절한 액션을 설정하면 훌륭한 강의 자료가 된다. 예제 동영상에는 음성 녹음이 빠져 있다. 본서에 소개된 음성 녹음은 대부분 오디오로 대체하였다(▶Title105).

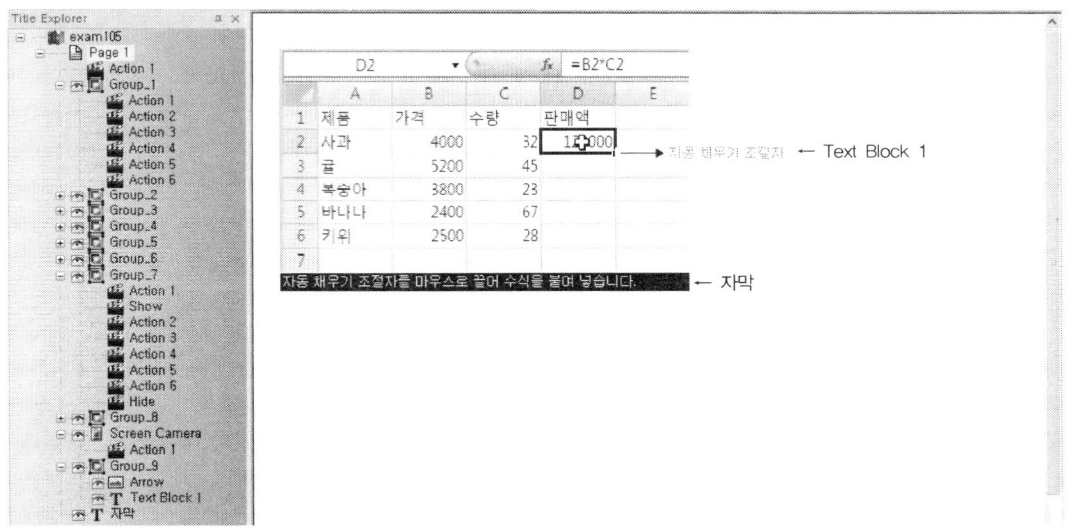

타이틀에 포함된 동영상은 엑셀 계산 과정을 녹화한 것이다.

타이틀 구성

- 동영상 아래에 텍스트 블록 자막을 배치한다. 자막의 가로 너비는 동영상의 그것과 동일하게 한다.
- 텍스트 블록 자막에는 변수 msg의 값이 표시된다. 동영상을 제작할 때 음성 녹음을 포함하면 자막과 어우러져 가장 바람직한 강의 자료가 된다.
- Arrow, Text Block 1 개체는 동영상의 특정 장면을 가리키는 데 활용하며, 동영상보다 더 높은 레이어 층에 배치한다. 이들 개체는 Group_9에 포함하고 동영상 장면을 참조하여 배치한다. 페이지가 열리면 Group_9 개체를 숨긴다.

액션 항목	Page 1
	Action 1
On	Show
Action	Hide
Target	Group_9

동영상에는 8개의 이벤트가 삽입되어 있다..

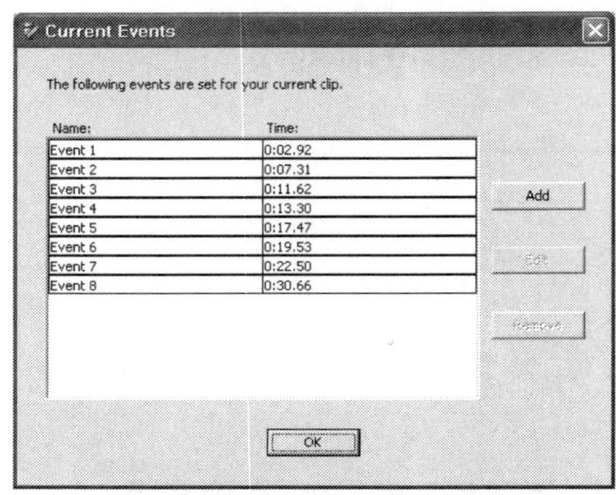

이벤트 발생 상황은 다음과 같다.

이벤트	발생 상황
Event 1	D2 셀을 클릭하기 직전
Event 2	B2 셀을 클릭하기 직전
Event 3	연산자 *를 입력하기 직전
Event 4	C2 셀을 클릭하기 직전
Event 5	엔터키를 눌러 D2 셀의 값(판매액)을 구하기 직전
Event 6	D2 셀을 클릭하기 직전
Event 7	자동 채우기 조절자를 끌기 직전
Event 8	자동 채우기 조절자를 끌은 직후

엑셀 계산 과정을 세분하여 이벤트를 삽입한다. 물론, 다수의 이벤트가 삽입되어 콘텐츠 제작이 복잡하기는 하지만 보다 상세한 설명을 할 수 있는 장점이 있다.

- 콘텐츠의 질은 노력과 시간에 비례한다는 점을 항상 상기한다.

액션 설정

각 Event에 설정된 액션은 다음과 같다. 액션 그룹 개체 Group_1, Group_2, …, Group_8에는 동일한 내용의 액션이 설정되어 있다.

액션 항목	Screen Camera			
	Event 1	Event 2	…	Event 8
On				
Action	Run Action Group	Run Action Group	…	Run Action Group
Target	Group_1	Group_2	…	Group_8

Event 1이 발생하면 액션 그룹 개체 Group_1을 실행한다.

액션 항목	Group_1		
	Action 1	Action 2	Action 3
On			
Action	Pause	Modify Variable	Change Contents
Target	Screen Camera	msg	자막
Value		판매액을 … 합니다.	
Modification Type		Set Variable Contents	
New Contents			msg

액션 항목	Group_1		
	Action 4	Action 5	Action 6
On			
Action	Modify Variable	Change Contents	Play
Target	msg	자막	Screen Camera
Value			
Modification Type	Set Variable Contents		
New Contents		msg	
Delay before action	5.0	5.0	5.0

- 동영상을 일시 정지한다.
- 변수 msg의 값을 '판매액을 구할 셀을 클릭하고 '='를 입력합니다.'로 설정한다.
- 텍스트 블록 자막에 변수 msg의 값을 표시한다.
- Event 1이 발생한 후 5초가 경과하면 변수 msg의 값을 공백으로 설정한다.
- Event 1이 발생한 후 5초가 경과하면 텍스트 블록 자막에 변수 msg의 값을 표시한다.
- Event 1이 발생한 후 5초가 경과하면 동영상을 재생한다.

액션 그룹 개체 Group_7에는 Action 1 다음 Show Group_9, Action 6 다음 Hide Group_9 액션이 추가된다.

액션 항목	Group_7				
	Action 1	Show	…	Action 6	Hide
On					
Action	Pause	Show	…	Play	Hide
Target	Screen Camera	Group_9	…	Screen Camera	Group_9

액션 그룹 개체 Group_2, Group_3, …, Group_8에 정의된 변수 msg의 값은 다음과 같다.

액션 그룹 개체	변수 msg의 값
Group_2	가격이 입력된 셀을 클릭합니다.
Group_3	'*'를 눌러 곱하기 연산자를 입력합니다.
Group_4	수량이 입력된 셀을 클릭합니다.
Group_5	엔터 키를 누릅니다. 판매액이 구해집니다.
Group_6	판매액이 계산된 셀을 클릭합니다.
Group_7	자동 채우기 조절자를 마우스로 끌어 수식을 붙여 넣습니다.
Group_8	자동 채우기 조절자는 참조 형태를 복사하여 붙여 넣습니다.

동영상의 재생이 끝나면 자막에 변수 msg의 값을 표시한다.

액션 항목	Screen Camera
	Action 1
On	Done Playing
Action	Change Contents
Target	자막
New Contents	msg

4) 크레이지토크 애니메이션

크레이지토크는 사진, 이미지, 만화, 캐릭터 등을 이용하여 마치 사람이 직접 이야기하듯이 표정과 목소리를 자연스럽게 합성할 수 있도록 도와주는 프로그램이다. 강사의 얼굴 표정을 희화화하고, 개구리, 개, 배우 등의 캐릭터를 강사 대신 내세워 지루한 강의를 보다 재미있게 진행할 수 있다 (▶Title106).

크레이지토크를 활용하면 누구든지 애니메이션을 쉽게 제작할 수 있으며, 독특하고 재미있는 강의 자료를 제작할 수 있다. 크레이지토크의 애니메이션과 렉토라의 이벤트 액션, 그리고 인터랙티브 액션을 결합하면 가장 이상적인 강의 자료를 제작할 수 있다.

예제에 사용한 크레이지토크 애니메이션은 http://www.reallusion.com/reallusiontv/ct/productdemo.asp 에서 제공한 데모 애니메이션을 렉토라 Screen Recording Tool로 녹화한 것이다.

타이틀 구성

- image, animation, video 개체의 크기를 150*112 픽셀로, image 2 개체의 크기를 300*224 픽셀로 설정한다. image 2 개체는 image 개체를 확대한 이미지이다.

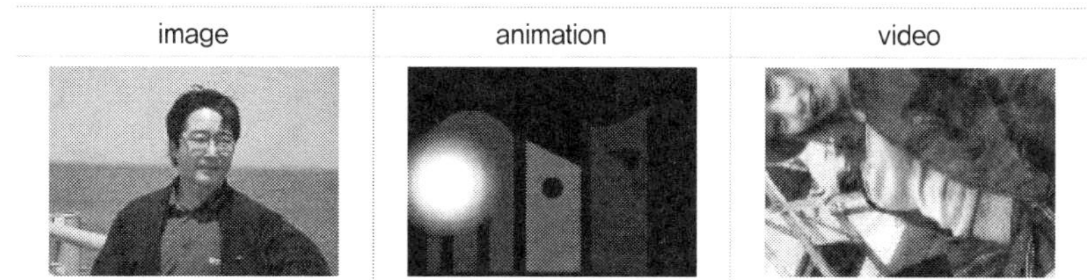

- image, animation, video, image 2 개체를 선택한 후 수직, 수평 가운데 정렬하고 이미지 TV 내부에 배치한다.
- image, animation, video, image 2 개체를 Group_1 개체에 포함한다. Group_1 개체는 이미지 TV보다 상위의 레이어 층에 둔다.
- 동영상 아래에 텍스트 블록 자막을 배치한다. 자막의 가로 너비는 동영상의 그것과 동일하게 한다.
- 텍스트 블록 자막에는 변수 msg의 값이 표시된다.
- image 2 개체에는 Transition In 효과로 Box Out를 적용한다. 트랜지션 속도는 다소 느리게 설정한다.

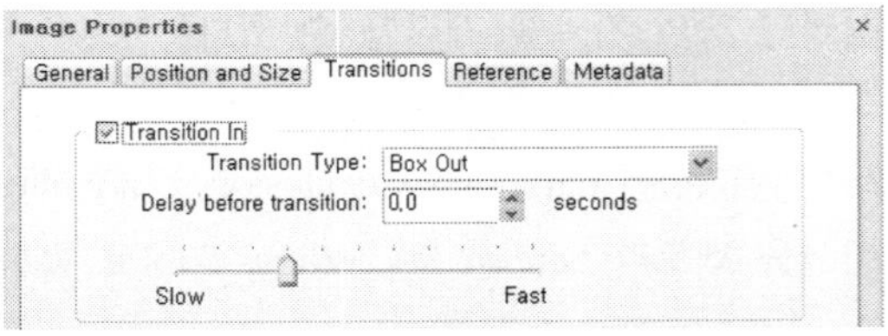

크레이지토크 애니메이션에 삽입한 이벤트는 다음과 같다.

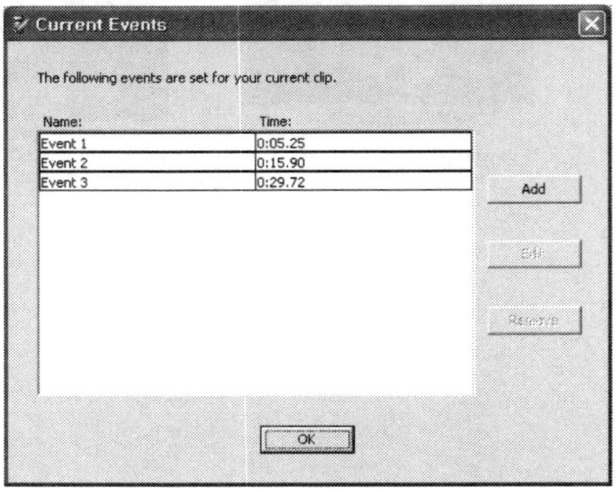

액션 설정

각 Event에 설정된 액션은 다음과 같다.

액션 항목	Screen Camera		
	Event 1	Event 2	Event 3
On			
Action	Run Action Group	Run Action Group	Run Action Group
Target	Group_2	Group_3	Group_4

액션 그룹 개체 Group_2는 크레이지토크 애니메이션의 재생과 함께 자막을 보여주고, 이미지 TV 내부에 video, animation, image 개체를 차례로 보여준다.

액션 항목	Group_2		
	Action 1	Action 2	Action 3
On			
Action	Modify Variable	Change Contents	Show
Target	msg	자막	video
Value	비디오, … 있습니다.		
Modification Type	Set Variable Contents		
New Contents		msg	
Delay before action			0.5

- 변수 msg의 값을 '비디오, 애니메이션, 이미지를 삽입할 수 있습니다.'로 설정한다.
- 텍스트 블록 자막에 변수 msg의 값을 표시한다.
- Event 1이 발생한 후 0.5초가 경과하면 video를 보여준다.

액션 항목	Group_2			
	Action 4	Action 5	Action 6	Action 7
On				
Action	Show	Show	Modify Variable	Change Contents
Target	animation	image	msg	자막
Value				
Modification Type			Set Variable Contents	
New Contents				msg
Delay before action	3.5	7.0	7.5	7.6

- Event 1이 발생한 후 3.5초가 경과하면 animation을 보여준다.
- Event 1이 발생한 후 7.0초가 경과하면 image를 보여준다.
- Event 1이 발생한 후 7.5초가 경과하면 변수 msg의 값을 공백으로 설정한다.
- Event 1이 발생한 후 7.6초가 경과하면 변수 msg의 값을 텍스트 블록 자막에 표시한다.

액션 그룹 개체 Group_3은 자막을 보여주고, image 2 개체를 보여준다.

액션 항목	Group_3		
	Action 1	Action 2	Action 3
On			
Action	Modify Variable	Change Contents	Show
Target	msg	자막	image 2
Value	개체의 … 있습니다.		
Modification Type	Set Variable Contents		
New Contents		msg	
Delay before action			0.5

• 변수 msg의 값을 '개체의 위치, 크기를 자유로이 변경할 수 있습니다.'로 설정한다.
• 텍스트 블록 자막에 변수 msg의 값을 표시한다.
• Event 2가 발생한 후 0.5초가 경과하면 image 2를 보여준다.

액션 항목	Group_3	
	Action 4	Action 5
On		
Action	Modify Variable	Change Contents
Target	msg	자막
Value		
Modification Type	Set Variable Contents	
New Contents		msg
Delay before action	7.0	7.1

• Event 2가 발생한 후 7.0초가 경과하면 변수 msg의 값을 공백으로 설정한다.
• Event 2가 발생한 후 7.1초가 경과하면 변수 msg의 값을 텍스트 블록 자막에 표시한다.

액션 그룹 개체 Group_4는 자막을 보여주고 animation 개체를 일시 정지시켰다 재생한다.

액션 항목	Group_4		
	Action 1	Action 2	Action 3
On			
Action	Modify Variable	Change Contents	Show
Target	msg	자막	animation
Value	애니메이션 … 있습니다.		
Modification Type	Set Variable Contents		
New Contents		msg	
Delay before action			0.5

• 변수 msg의 값을 '애니메이션을 Flash Command 액션으로 제어할 수 있습니다.'로 설정한다.
• 텍스트 블록 자막에 변수 msg의 값을 표시한다.
• Event 3이 발생한 후 0.5초가 경과하면 animation을 보여준다.

액션 항목	Group_4			
	Action 4	Action 5	Action 6	Action 7
On				
Action	Flash Command	Flash Command	Modify Variable	Change Contents
Target	animation	animation	msg	자막

액션 항목	Group_4			
	Action 4	Action 5	Action 6	Action 7
Value				
Modification Type			Set Variable Contents	
New Contents				msg
Command	pause	Play		
Delay before action	1.5	2.5	5.0	5.1

- Event 3이 발생한 후 1.5초가 경과하면 animation을 일시 정지시킨다.
- Event 3이 발생한 후 2.5초가 경과하면 animation을 재생한다.
- Event 3이 발생한 후 5.0초가 경과하면 변수 msg의 값을 공백으로 설정한다.
- Event 3이 발생한 후 5.1초가 경과하면 변수 msg의 값을 텍스트 블록 자막에 표시한다.

액션 항목	video	animation	image
	Action 1	Action 1	Action 1
On			
Action	Show	Show	Show
Target	Hide	Hide	Hide
Value	This Object	This Object	This Object
Delay before action	3.0	3.0	3.0

크레이지토크 애니메이션이 재생되면서 보여주는 image, video, animation, image 2 개체는 화면에 나타난 후 일정 시간이 경과하면 화면에서 사라지게 한다.

액션 항목	image 2		
	Action 1	Action 2	Action 3
On			
Action	Show	Show	Show
Target	Hide	Show	Hide
Value	This Object	image	image
Delay before action	1.0	1.0	1.5

image 2 개체가 나타난 후 1초가 경과하면 image 2 개체 자신을 숨기고 image 개체를 보여주며, image 개체를 보여준 후 0.5초가 경과하면 image 개체를 숨긴다. 마치 image가 확대된 후 원래의 크기로 되돌아간 것처럼 연출한다.

[참고] 교안 제작시 유의점

- 콘텐츠가 웹상에서 이상 없이 작동하는지 확인한다.
- 청각 장애인의 입장을 고려하여 음성 녹음과 자막을 함께 제공한다.
- 설명 내용을 먼저 자막에 표시하고 뒤이어서 설명 내용에 해당하는 액션이 발생하도록 한다.
- 그룹 개체에 이미지, 애니메이션, 비디오 등의 미디어 개체를 포함하고 개체에 트랜지션 효과를 준 경우에는 Hide Group 액션이 먹히지 않을 때가 있다. 따라서 이런 경우에는 Hide Group 액션을 사용하지 않고 그룹 개체에 포함된 모든 미디어 개체의 Initially Visible 속성을 해제하여 처음부터 화면에 나타나지 않도록 한다.
- AVI 포맷의 비디오는 Flash 포맷의 비디오로 전환하여 삽입한다.
- 화면 녹화 동영상을 제작할 때에는 마우스 포인터의 움직임을 가능한 한 느리게 하고 포인터의 움직임이 끊어지지 않도록 한다.
- 모바일 콘텐츠를 제작하기 위해서는 Mobile Templates, Tablet Templates, Templates Online의 iPad Templates 등의 모바일용 템플릿을 활용한다.

14. Lectora to MS Access Database[3]

아래의 파일은 테스트 목적으로만 사용할 수 있다. ASP 스크립트는 웹 서버에 올려야 한다.

- TestResults.mdb: 테스트 결과를 저장하는 Access database
- saveresults.asp: 테스트 결과를 데이터베이스로 저장하는 ASP script
- viewresults.asp: 데이터베이스에 저장된 자료를 웹 브라우저에서 보는 데 사용할 ASP script

□ ASP와 액세스 파일을 연동하려면 ODBC 데이터 소스 및 드라이버를 추가해야 한다.

❶ 제어판을 실행한다.

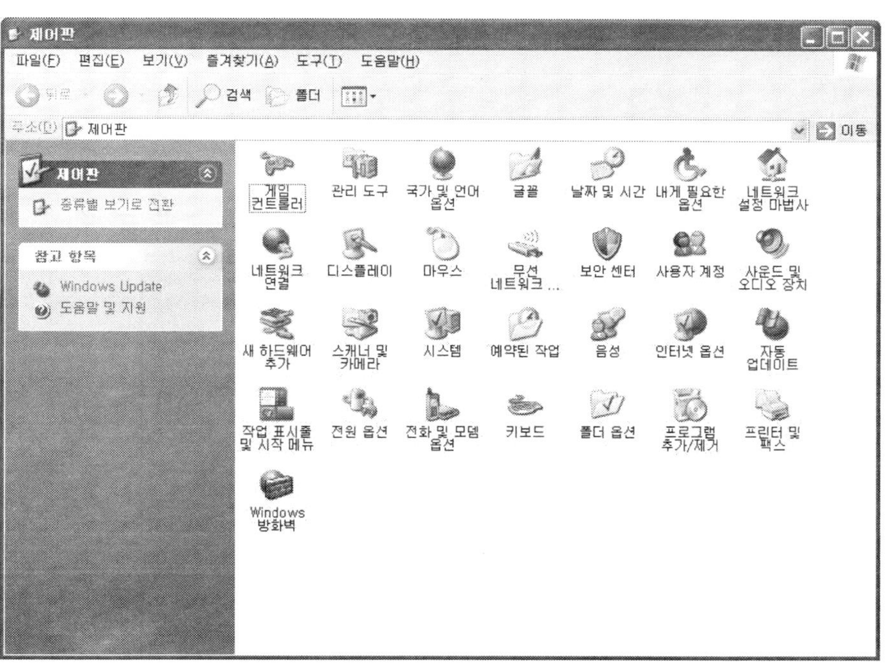

[3] Trivantis사의 CGI_Document.pdf 내용과 첨부된 Database Example을 그대로 옮긴 것임.

❷ 관리 도구 아이콘을 더블클릭한다.

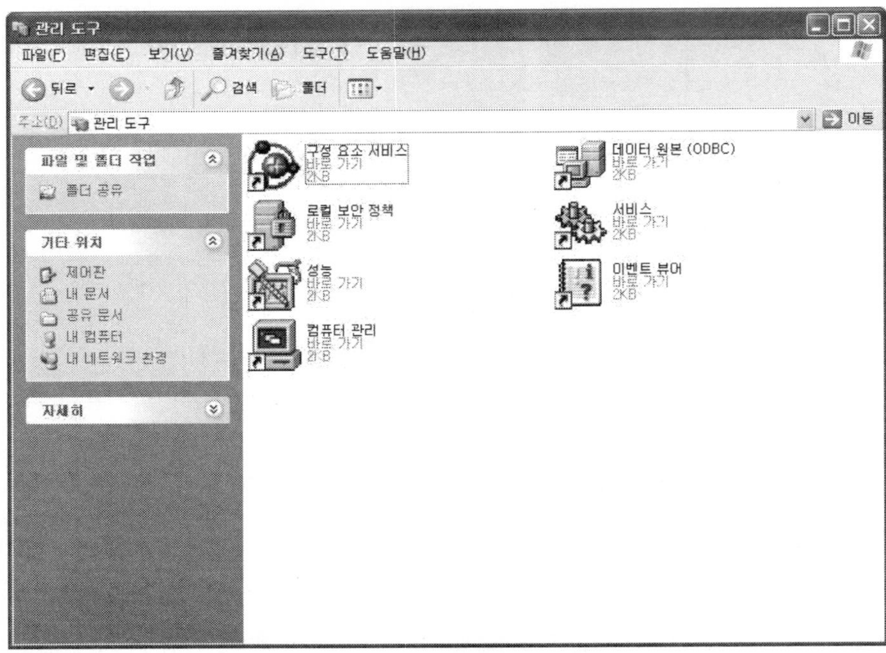

❸ 데이터 원본 (ODBC) 바로 가기 2KB 아이콘을 더블클릭한다.

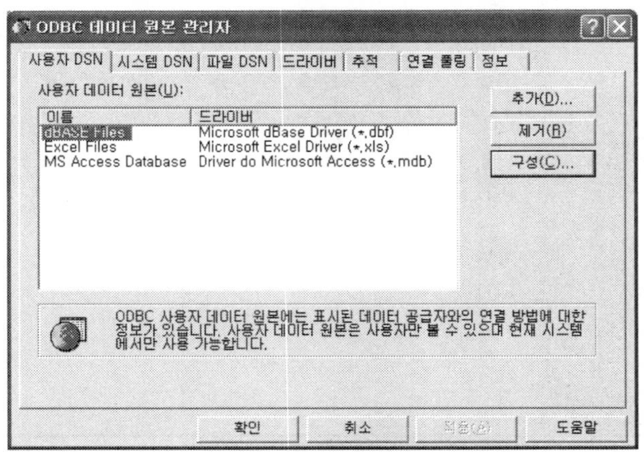

❹ 시스템 DSN 탭을 클릭한다.

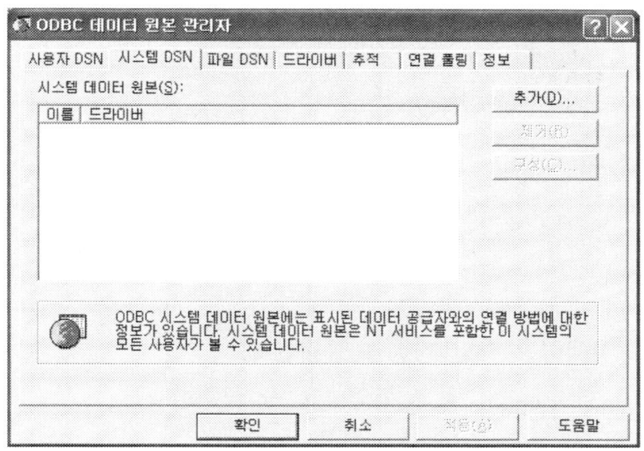

❺ 추가 버튼을 클릭한다.

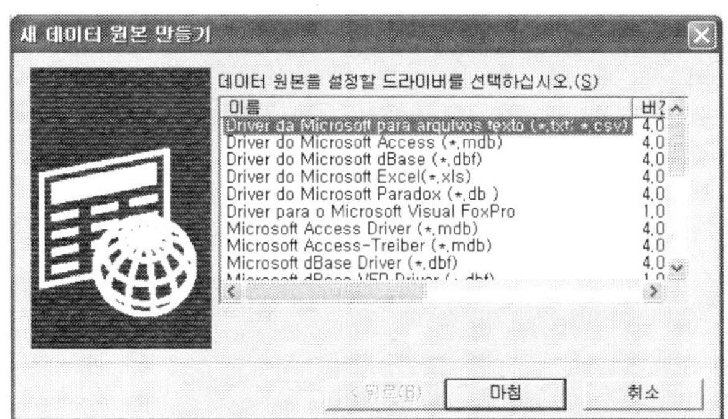

❻ Microsoft Access Driver (*.mdb)를 선택하고 마침 버튼을 클릭한다.

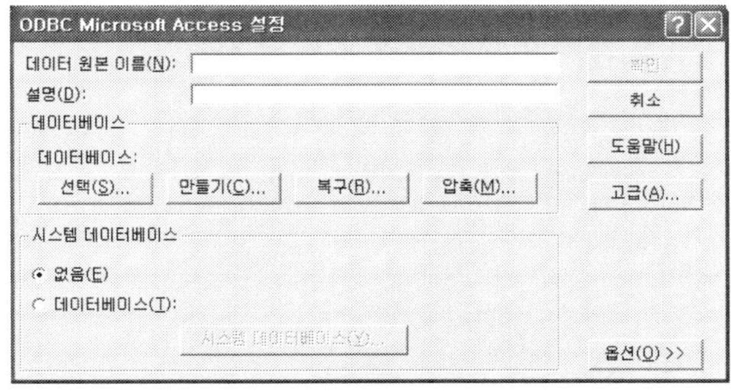

❼ 선택 버튼을 클릭한다.

❽ TestResults.mdb를 선택하고 확인 버튼을 클릭한다.

❾ 데이터 원본 이름과 설명을 입력하고 확인 버튼을 클릭한다.

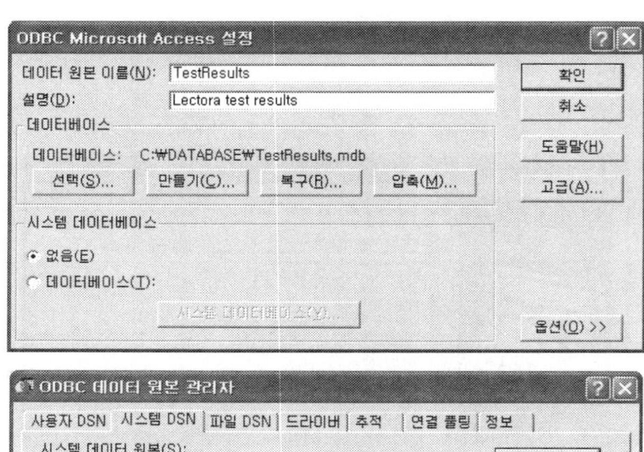

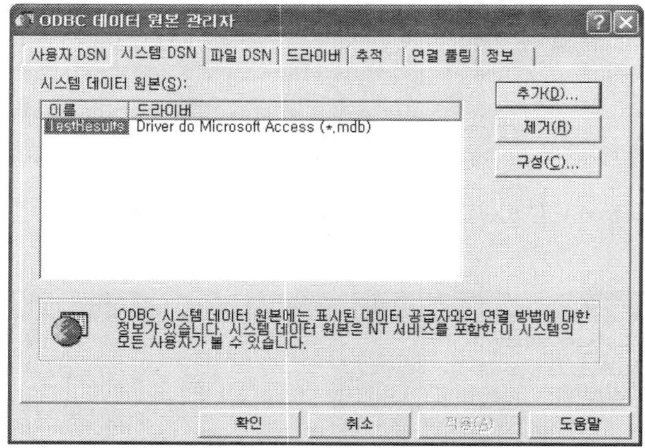

❿ 확인 버튼을 클릭한다.

□ TestResults.mdb의 테이블 필드는 아래와 같다.

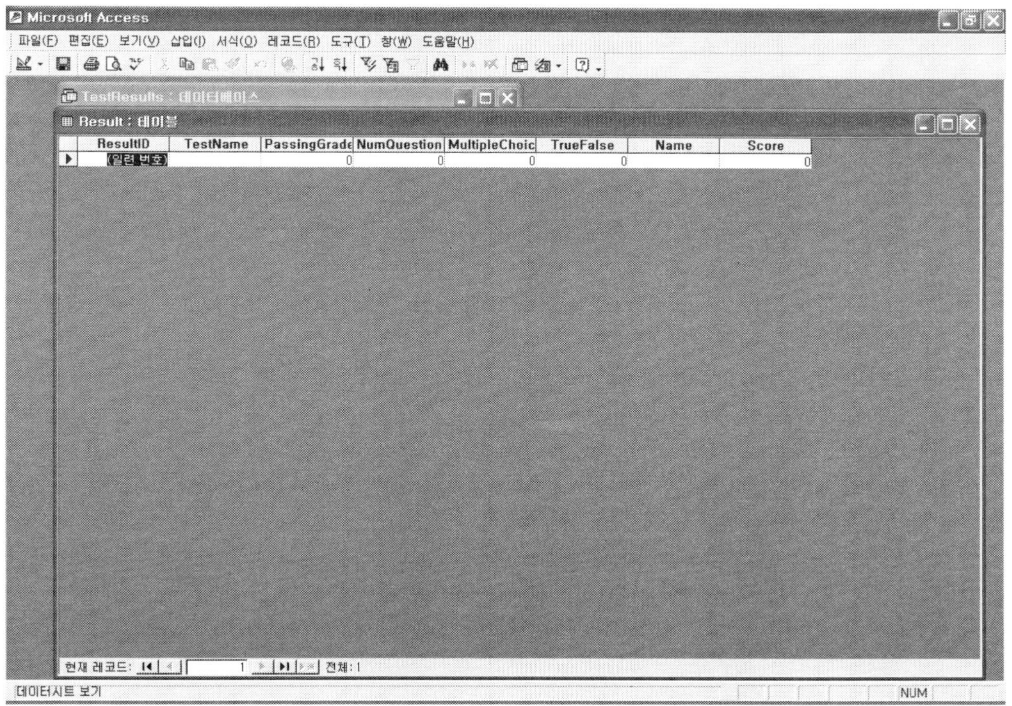

saveresults.asp

```
<%@ Language=VBScript %>
<%
'Get the parameters posted from the test'
testname=Request.form("TestName")
score=Request.form("Score")
name=Request.form("Name")
numQuestions=Request.form("NumQuestions")
passingGrade=Request.form("PassingGrade")
trueFalse=Request.form( "TrueFalse" )
multipleChoice=Request.form( "MultipleChoice" )
'Validate that this is actually from a Lectora test'
if testname="" Or score="" Or name="" Or numQuestions="" Or passingGrade="" Or trueFalse="" Or
multipleChoice="" then
      Response.Write "<html>"
      Response.Write "<head><title>Failure</title></head>"
      Response.Write "<body>"
      Response.Write "STATUS=500"
```

```
        Response.Write "<br>"
        Response.Write "Could not parse test results due to a parameter error."
        Response.Write "</body></html>"
else
        'Write the results to an access database'

        ' First let us create Connection and Recordset objects'
        Set Conn = Server.CreateObject("ADODB.Connection")
        Set Rs = Server.CreateObject("ADODB.RecordSet")

        ' Open the connection to the ODBC source, in this case the Access database'
        Conn.Open "TestResults"

        ' Now, create the SQL statement'
        sSQL = "INSERT INTO Result(TestName,PassingGrade,NumQuestions,MultipleChoice, TrueFalse,
        Name,Score) VALUES ( '" & testname & "', " & passingGrade & ", " & numQuestions & ", " & multiple Choice
        & ", " & trueFalse & ", '" & name & "', " & score & ")"

        ' Execute the SQL statement, and set the recordset object'
        ' to the result of this execution. We obtain the resulting'
        ' records in Rs object'
        Set Rs = Conn.Execute(sSQL)

        ' Close the Recordset object and destroy it'
        Set Rs = Nothing

        ' You might want to release the resources for connection object, '
        ' unless you want to use the same connection again in the later code'
        Conn.Close
        Set Conn = Nothing

        'The response is optional, it is good for debugging'
        Response.Write "<html>"
        Response.Write "<head><title>Success</title></head>"
        Response.Write "<body>"
        Response.Write "STATUS=200"
        Response.Write "<br>"
        Response.Write(sSQL)
        Response.Write "<br>"
        Response.Write "Success."
        Response.Write "</body></html>"
end if
%>
```

viewresults.asp

```
<%@ Language=VBScript %>
<%
'View the results from an access database'

        ' First let us create Connection and Recordset objects'
        Set Conn = Server.CreateObject("ADODB.Connection")
        Set Rs = Server.CreateObject("ADODB.RecordSet")
        ' Open the connection to the ODBC source, in this case the Access database'
        Conn.Open "TestResults"

' Now, create the SQL statement
sSQL = "SELECT * FROM Result"

' Execute the SQL statement, and set the recordset object
' to the result of this execution. We obtain the resulting'
' records in Rs object'
Set Rs = Conn.Execute(sSQL)

'Write the begging of our output table'
Response.Write"<TABLE BORDER><TR><TH>ResultID</TH><TH>TestName</TH><TH>Passing
Grade</TH>
<TH>NumQuestions</TH><TH>MultipleChoice</TH><TH>TrueFalse</TH><TH>Name</TH><TH> Score</TH></TR>"

' Use this RecordSet object to populate your HTML output stream'
Do While NOT Rs.EOF

        Response.Write"<TR><TD>"
        Response.Write(Rs.Fields("ResultID").value)
        Response.Write"</TD><TD>"
        Response.Write(Rs.Fields("TestName").value)
        Response.Write"</TD><TD>"
        Response.Write(Rs.Fields("PassingGrade").value)
        Response.Write"</TD><TD>"
        Response.Write(Rs.Fields("NumQuestions").value)
        Response.Write"</TD><TD>"
        Response.Write(Rs.Fields("MultipleChoice").value)
        Response.Write"</TD><TD>"
        Response.Write(Rs.Fields("TrueFalse").value)
        Response.Write"</TD><TD>"
        Response.Write(Rs.Fields("Name").value)
        Response.Write"</TD><TD>"
```

```
        Response.Write(Rs.Fields("Score").value)
        Response.Write"</TD><TD></TR>"

  ' Move to the next record in the resultset'
  Rs.MoveNext
Loop
' Finish the table'
Response.Write"</TABLE>"

' Close the Recordset object and destroy it
Rs.Close
Set Rs = Nothing

' You might want to release the resources for connection object,
' unless you want to use the same connection again in the later code
Conn.Close
Set Conn = Nothing

%>
```

PART 09

타이틀 출판

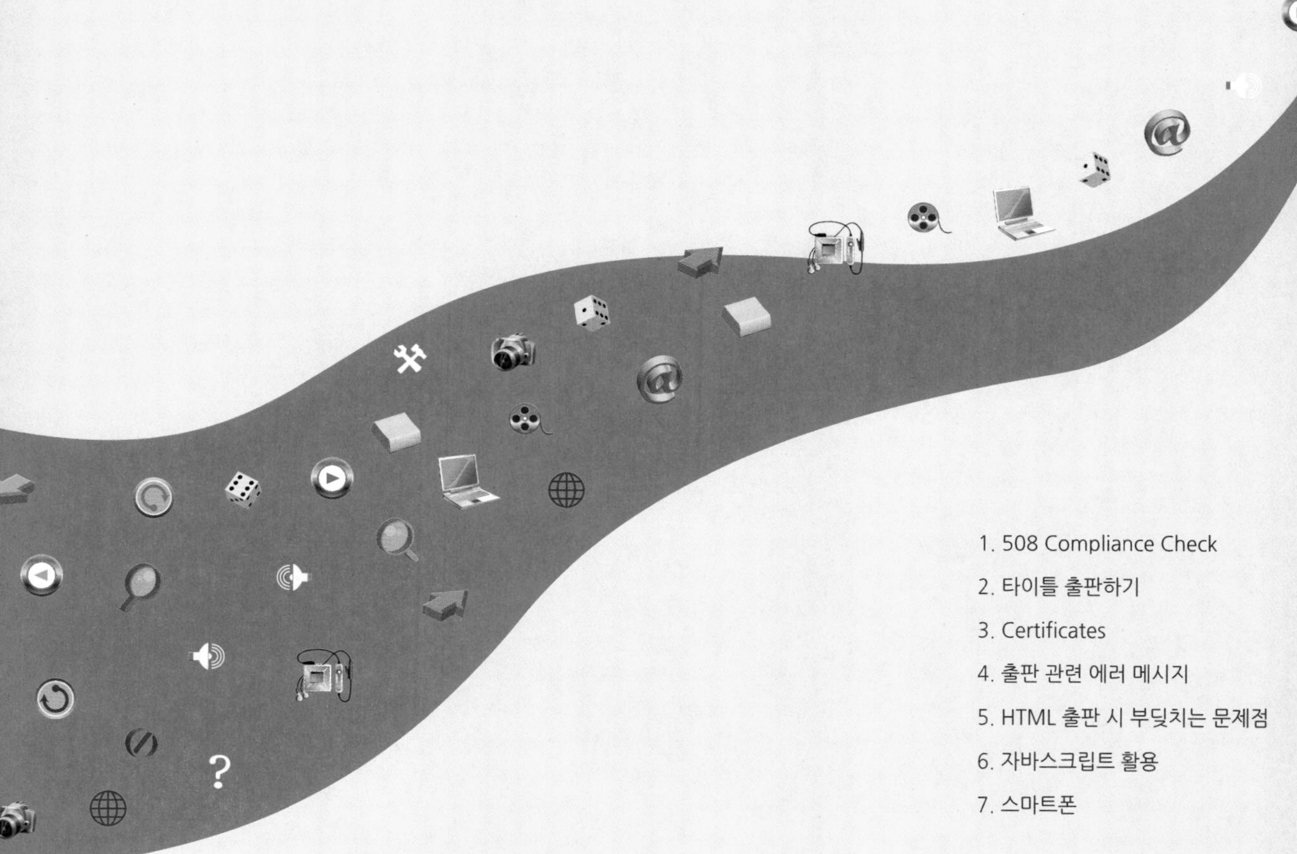

1. 508 Compliance Check
2. 타이틀 출판하기
3. Certificates
4. 출판 관련 에러 메시지
5. HTML 출판 시 부딪치는 문제점
6. 자바스크립트 활용
7. 스마트폰

1, 508 Compliance Check

508 Compliance Check는 웹 출판(HTML, CourseMill, AICC/Web-based, and SCORM/Web-based) 예정인 타이틀이 미국 장애인 재활법 508조(Section 508 of the Rehabilitation Act)를 준수하는지에 대한 여부를 체크한다.

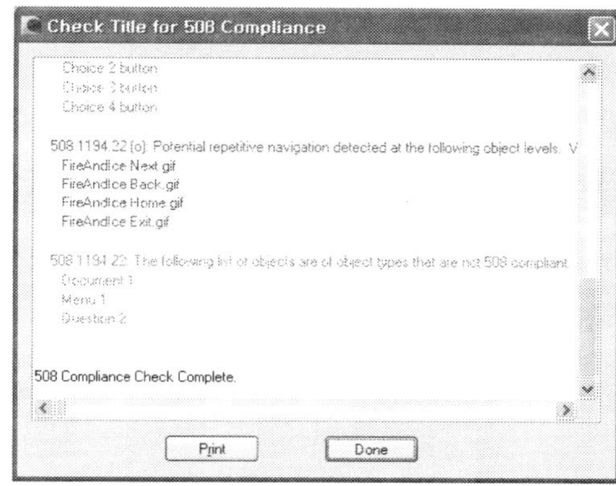

체크된 내용을 바탕으로 미국 장애인 재활법 508조를 준수하게 수정한다.

§ 1194.22 웹 기반 인트라넷과 인터넷 정보 및 응용 프로그램

(a) 비텍스트 요소에는 텍스트에 상당하는 요소가 반드시 제공되어야 한다.
'텍스트에 상당하는'이란 표현은 비텍스트 요소(이미지, 그래픽, 오디오 클립 등)의 목적을 표현하기 위해 추가한 단어를 말한다. 즉, 버튼 이미지의 경우 그 타깃이 무엇인지, 이미지의 경우 그것이 무엇을 뜻하는지 설명돼야 한다. Alt 태그를 삽입하여 이 규정을 준수한다.

(b) 멀티미디어를 제공할 때는 동등한 대체요소(자막)가 화면과 일치되도록 해야 한다.
캡션은 오디오 진행과 함께 일치되어 표시돼야 한다. 즉, 캡션을 읽는 사람은 말하는 사람과 그 사람의 보디랭귀지를 동시에 볼 수 있어야 한다.

(c) 웹 문서에 표시된, 색상을 이용한 정보는, 색상이 없는 상태에서도 판독할 수 있어야 한다. 예를 들어 문맥을 통해서나 마크업으로 표시되어야 한다.

색상을 통해서 정보를 제공한다면 색맹인 사람들은 그 정보를 이용할 수 없게 된다. 예를 들어, 내비게이션 버튼을 삽입할 때에는 다음과 같이 표현하여 이 규정을 준수한다.

보기	잘못된 표현	올바른 표현
버튼 설명	계속하려면 파랑색 버튼을 클릭하세요.	계속하려면 파랑색의 NEXT 버튼을 클릭하세요.
폼 입력 지시	파랑색으로 표시된 항목은 반드시 입력해야 합니다.	파랑색의 별표(*)로 표시된 항목은 반드시 입력해야 합니다.

(d) 문서는 특정 스타일 시트가 적용되지 않더라도 읽을 수 있어야 한다.
특정 스타일 시트가 시각 장애인용 사용자 정의 스타일 시트가 적용되는 것을 방해하게 되면 시각 장애인의 경우 글을 읽기 어렵게 된다. 따라서 사용자 정의 스타일 시트가 그대로 적용될 수 있게 external 스타일 시트를 사용한다.

(e) 서버 측 이미지맵의 각 활성화된 부분마다 별도의 텍스트 링크가 지정되어야 한다.
서버 측 이미지맵의 특정 부분에 마우스를 갖다 대어도 브라우저는 사용자에게 그 부분에 링크된 URL을 표시해주지 않는다.

(f) 이미지맵의 각 부분을 기하학적 모양으로 지정할 수 있다면, 서버 측의 이미지맵 대신 클라이언트 측의 이미지맵을 제공해야 한다.
클라이언트 측 이미지맵은 텍스트를 이미지맵의 핫스팟으로 지정할 수 있다. 이것은 screen reader를 사용하는 사람들이 맵 영역을 쉽게 확인하고 활성화할 수 있다는 것을 의미한다. screen reader는 시각 장해가 있는 유저용으로, 화면의 내용을 음성으로 출력하는 보조 기술이다.
렉토라는 서버 측 이미지맵 사용을 지원하지 않으므로 렉토라로 출판한 타이틀은 이 규정에 위배되지 않는다.

(g) 데이터 테이블의 행과 열 헤더를 반드시 지정해야 한다.

(h) 행과 열의 헤더에 있어서 2개 이상의 논리 수준을 갖는 데이터 테이블에서는 마크업을 사용하여 데이터 셀과 헤더 셀을 연결해야 한다.

(g), (h)는 테이블의 사용을 허용하지만 테이블은 테이블을 생성하는 데 사용되는 마크업 언어의 규칙을 따라 작성될 것을 요구한다.
screen reader 사용자는 테이블 내에서 쉽게 길을 잃을 수 있다. 그것은 screen reader가 읽고 있는 특정 셀을 관련 열 헤더, 행 이름과 결합할 수 없기 때문이다.
이러한 문제는 표의 scope 속성을 사용하여 해결한다.

```
scope="col"
scope="row"
```

```
<table>
<tr> <th> </th><th scope="col" >Spring</th> <th scope="col" >Summer</th> <th scope="col"> Autumn</th>
<th scope="col" >Winter</th> </tr>
<tr> <td scope="row" >Betty</td> <td>9-5</td> <td>10-6</td> <td>8-4</td><td>7-3</td> </tr>
<tr> <td scope="row" >Wilma</td> <td>10-6</td> <td>10-6</td> <td>9-5</td> <td>9-5</td> </tr>
<tr> <td scope="row" >Fred</td> <td>10-6</td> <td>10-6</td> <td>10-6</td> <td>10-6</td> </tr>
</table>
```

(i) 프레임은 프레임 식별과 이동을 쉽게 하기 위하여 각 프레임 왼쪽 상단에 프레임 제목을 표시해야 한다.

즉, 각 프레임의 〈body〉 태그의 첫 부분에 타이틀을 입력하거나, 〈frameset〉 태그에 정의된 〈frame〉 태그 내의 title 속성을 사용하여 프레임 식별을 가능하게 한다.

```
<frameset cols="30%, 60%">
<frame src="navlinks.html" name="navlinks" title="Navigational Links Frame">
<frame src="geninfo.html" name="contents_page" title="Contents Frame">
</frame>
```

(j) 웹 문서는 스크린이 2Hz 이상 55Hz 이하의 주파수로 깜빡이는 일이 없도록 작성해야 한다. 감광성의 간질 증상이 있는 개인들은 그런 깜빡임에 의해 발작이 유도될 수도 있다. 따라서 이러한 속성의 개체를 웹 문서에 삽입하려면 애니메이션 GIF, 자바 애플릿 등을 사용한다.

(k) 웹 사이트가 이들 표준 조항을 준수하도록 하려면, 어떤 다른 방법으로는 그런 조항의 준수가 어렵다면, 원래의 정보와 기능을 동등하게 제공하는, 텍스트만으로 작성된 별도의 웹 문서를 함께 제공해야 한다. 텍스트만으로 작성된 웹 문서의 내용은 원래의 문서 내용이 업데이트 될 때마다 함께 업데이트해야 한다.

(l) 웹 문서에서 스크립트 언어를 사용하여 내용을 표시하거나 인터페이스 요소를 사용할 때는, 스크립트가 제공하는 정보를 기능적 텍스트로 표시하여 보조 기기로 판독할 수 있게 해야 한다. 이 규정을 준수하기 위해서는 자판기의 키를 눌러 실행할 수 없는 메뉴, 문서 개체와 매칭, 드래그 앤 드롭, 핫 스팟 유형의 질문 개체는 가급적 사용하지 않아야 한다.

(m) 웹 문서에서 내용 판독을 위해 애플릿, 플러그인, 기타 다른 응용 프로그램을 클라이언트 시스템에 요구하는 경우, 해당 문서에는 §1194.21의 (a)항부터 (l)항을 준수하는, 플러그인이나 애플릿을 제공하는 주소를 링크해야 한다.

(n) 온라인 상태에서 전자 양식을 작성하도록 하는 경우, 사용자가 안내문 및 지시문을 포함하여 전자 양식을 작성 및 제출하는 데 필요한 정보, 필드 요소, 기능 등을 접근할 수 있는 보조 기술을 사용할 수 있도록 해야 한다.

```
<form>
<table>
<tr>
<td><b><label for="first"> first name:</label> </b></td>
<td><input type="text" name="firstname" id="first" ></td>
</tr>
<tr>
<td><b><label for="last"> last name:</label> </b></td>
<td><input type="text" name="lastname" id="last" ></td>
</tr>
</table>
<p>
<input type="submit" value="submit">
</form>
```

입력 필드를 구분함에 있어 〈label〉 태그를 사용한다. 〈label〉 태그를 사용하지 않으면 screen reader를 사용하는 사람들은 입력 필드를 만날 때마다 'input field'란 안내만 받게 된다.

(o) 반복되는 이동 링크를 건너뛸 수 있는 방법을 사용자들에게 제공해야 한다.
screen reader를 사용하는 장애인의 경우 이미 방문했던 페이지를 가리키는 링크가 반복적으로 나타나게 되면 오히려 웹을 항해하는 데 불편할 수 있다.

(p) 정해진 시간 내에 어떤 반응을 요구하는 경우에는 사용자에게 시간이 정해져 있다는 것을 경고해야 하고 시간이 더 필요한지 물어 충분한 시간을 주어야 한다.
정해진 시간 내에 어떤 반응을 보이지 않으면 웹 페이지가 사라지거나 종료되게 스크립트 될 수 있다. 이것은 대체로 보안상의 이유로 행해진다. 장애인은 이들 페이지를 읽고, 둘러보고, 폼을 입력하는 데 어려움을 겪는다. 특히, 시각장애자의 경우는 그 정도가 더 심하다고 볼 수 있다. 따라서 장애인을 대상으로 경고창을 통해 시간이 다 되었다는 메시지를 보여주어야 하고, 시간이 더 필요한지 물어 충분한 시간을 주어야 한다.

이 규정을 준수하기 위해서는 Timed Test는 가급적 실시하지 않아야 한다.

2. 타이틀 출판하기

콘텐츠 제작의 마지막 단계는 타이틀 출판이다. 타이틀을 어떠한 유형으로 출판할 것인지는 타이틀의 배포 방식과 밀접한 관련이 있다. 로컬 컴퓨터에 타이틀을 저장하여 네트워크망을 통해 배포할 수도 있으며, 인트라넷에 올릴 수도 있다. 웹 호스팅 서비스 계정을 가진 경우 혹은 자신의 홈페이지가 있는 경우에는 HTML 파일 형태로 웹에 올릴 수 있다. 타이틀 용량이 너무 커 웹에 올리기가 부적당하면 CD에 담아 배포할 수도 있다. 결국, 타이틀의 배포 방식은 네트워크의 전송 속도, 학생들이 소유한 시스템 성능, 타이틀에 포함된 미디어 개체의 크기 등을 포괄적으로 고려하여 결정한다. 렉토라에서 선택할 수 있는 타이틀의 유형은 표준 렉토라 타이틀, CourseMill 2.0 타이틀, AICC/SCORM/CourseMill 3.0 타이틀 등이 있다. 이들 타이틀 형태로 제작하려면 타이틀 유형을 타이틀 속성 창에서 지정한다.

✎ 타이틀 속성 창에서 타이틀 유형을 굳이 지정하지 않더라도 렉토라 표준 타이틀을 CourseMill 2.0, AICC/SCORM/CourseMill 3.0 타이틀로 출판할 수 있다.

타이틀의 출판 유형은 용도에 맞게 결정한다. 타이틀 출판 유형은 Publish 메뉴에서 선택한다.

Publish to Single File Executable	F2
Publish to CDRom	F6
Publish to HTML	F8
Publish to CourseMill	Ctrl+F2
Publish to AICC/Web-Based	Ctrl+F6
Publish to SCORM/Web-Based	Ctrl+F8
Publish to LRN	
Publish to SCORM/Disconnected	

1) HTML 파일로 출판하기

타이틀을 HTML 파일로 출판하면 인터넷 혹은 인트라넷에 올릴 수 있다.

❶ Publish/Publish to HTML을 실행한다.

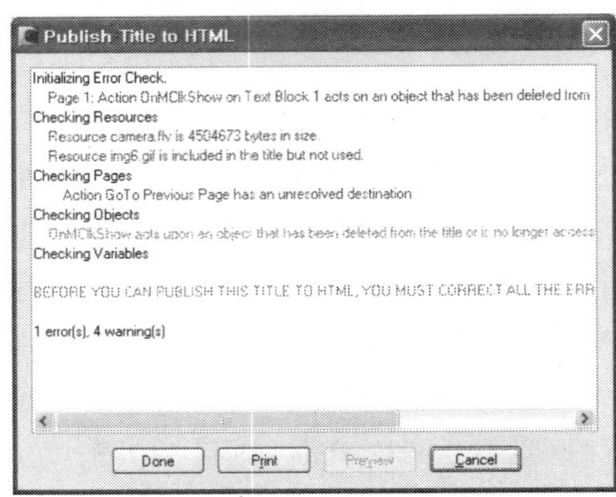

❷ 경고를 받은 혹은 오류로 지적된 목록을 수정한다.

렉토라는 오류 검사를 자동으로 실행하고 검사 결과를 Publish Title to HTML 대화상자에 보여준다. 검사 결과를 참조하여 오류를 수정한다. 파랑색 혹은 붉은색의 목록 리스트를 더블클릭하면 대화상자가 열린 상태에서 오류 수정이 가능하다. 오류를 수정한 경우에는 Publish 버튼이 Check 버튼으로 바뀐다.

❸ Check 버튼을 클릭한다.

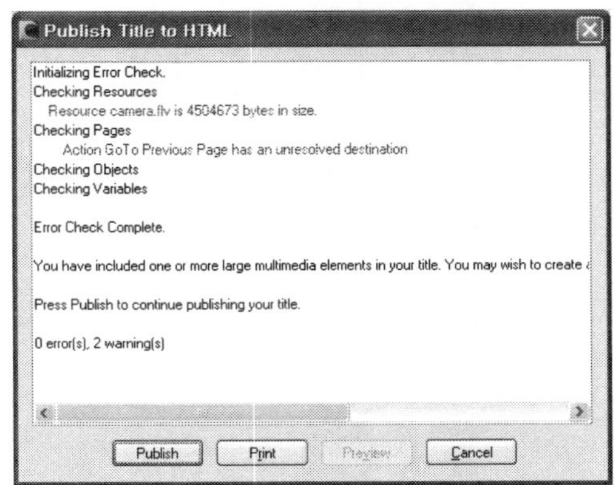

❹ Publish 버튼을 클릭한다.

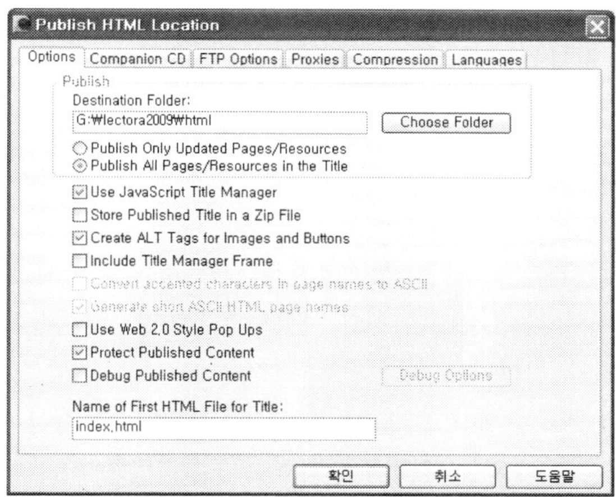

❺ 폴더와 첫 번째 HTML 파일 이름을 지정하고 옵션을 체크한 후 확인 버튼을 클릭한다.

HTML 유형으로 출판하면, 타이틀에 삽입된 액션은 자바스크립트와 같은 웹기반 프로그래밍 코드로 전환된다. 타이틀에 삽입된 이미지가 .jpg 혹은 .gif 유형이 아니면 이미지는 자동적으로 .jpg 혹은 .gif 유형으로 전환된다.

출판 옵션

- Destination Folder에는 타이틀이 출판될 폴더를 지정한다. 기본적으로 타이틀이 저장된 폴더의 서브디렉토리 html이 지정된다.
- Use JavaScript Title Manager 옵션은 기본적으로 선택된다. JavaScript Title Manager는 AJAX 기술을 사용하여 plug-in이 불필요한 타이틀을 생성한다.

이 옵션을 선택하면 타이틀로부터 이메일을 전송할 수 없게 된다. 따라서 이메일 전송을 가능하게 하려면 이 옵션을 해제하고 출판한다.

- Store Published Title in a Zip File 옵션은 출판된 타이틀을 Zip 파일로 저장한다. ZIP 파일에는 출판된 HTML 파일, JavaScript, 그리고 미디어 파일 등이 모두 포함된다.
- Create ALT Tags for Images and Buttons 옵션은 기본적으로 선택되며 타이틀에 포함된 모든 버튼 및 이미지에 ALT 태그를 생성한다. ALT 태그는 타이틀 구조 창에 사용된 이름을 근거로 생성된다. ALT 태그는 이미지나 버튼에 마우스를 갖다 댈 때 풍선 도움말로 나타나며, screen reader가 이미지나 버튼을 식별하는 데 사용된다.

- Include Title Manager Frame 옵션은 모든 변수 데이터를 브라우저의 쿠키에 저장하는 대신 지역적으로 저장할 수 있게 한다. 타이틀에 수많은 질문과 변수가 포함된 경우에는 이 옵션의 선택이 권장된다. 이 옵션을 선택하면 타이틀의 수행능력이 향상된다.
- Convert accented characters in page names to ASCII 옵션은 비아스키 문자로 된 페이지 이름이 있으면 기본적으로 선택된다. 이 옵션을 선택하면 페이지 이름에 들어가 있는 강조 문자 혹은 특수 문자 등의 비아스키 문자를 아스키 문자로 바꾸어 HTML 페이지 이름이 웹 브라우저와 호환되게 된다.
- Generate short ASCII HTML page names 옵션은 다중 바이트 국제 문자로 된 페이지 이름이 있으면 기본적으로 선택된다. 이 옵션은 해당 페이지에 유일한 내부 번호를 사용하여 HTML 페이지 이름이 웹 브라우저와 호환되게 된다.
- Use Web 2.0 Style Pop Ups 옵션이 선택되면 Web 2.0/AJAX 기반 팝업 창을 열어준다. 이 옵션을 해제하면 팝업 차단이란 문제에 부닥치게 된다.
- Protect Published Content 옵션이 선택되면 렉토라는 브라우저 내에서 copy, paste와 같은 단축키를 사용하지 못하게 하고, 또한 마우스 오른쪽 버튼을 클릭하여 단축 메뉴를 열 수 없게 하여 저작물의 복사를 쉽게 하지 못하게 한다.
- Debug Published Content 옵션을 선택하면 출판된 타이틀 내에서 debug 내용을 볼 수 있다. Trivantis Debug 창에는 모든 변수의 상호작용과 실행된 액션이 보인다. 이 옵션이 선택되면 Debug Options 버튼이 활성화 된다. Debug Options 버튼을 클릭하면 Debug Logging Options 창이 열린다. Debug Logging Options 창에서는 Trivantis Debug 창에서 보기를 원하는 정보 유형을 지정한다.

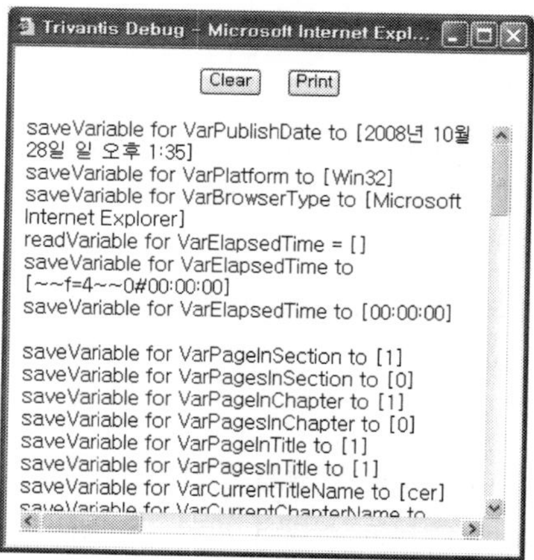

- Companion CD 탭을 클릭하면 HTML 파일과 함께 배포할 CD를 만들 수 있다. 이 탭은 타이틀에 비디오 등의 미디어 파일이 포함된 경우 나타난다.

Create Companion CD 옵션을 선택하면 사운드, 비디오 등 모든 미디어 파일을 CD에 담아 웹 강좌를 듣는 학생들에게 배포할 수 있다. 강의는 웹을 통해 하고, 강의에 포함된 미디어 파일은 학생들의 컴퓨터에서 재생하는 방식이다. 미디어 파일의 용량이 커서 인터넷을 통해 이들 미디어 파일을 재생하기 곤란할 때 사용한다.

✎ HTML 출판 시 동반 CD를 함께 출판하면 Publish to Folder 필드에서 지정한 폴더에 타이틀의 모든 미디어 파일이 저장된다. 이들 파일을 CD에 담아 학생들에게 배포한다. 학생들이 CD를 CD 드라이브에 넣으면 자동으로 강좌를 진행하는 데 필요한 플러그인이 인스톨된다. CD가 삽입된 상태에서 웹 사이트의 강좌를 들을 수 있다.

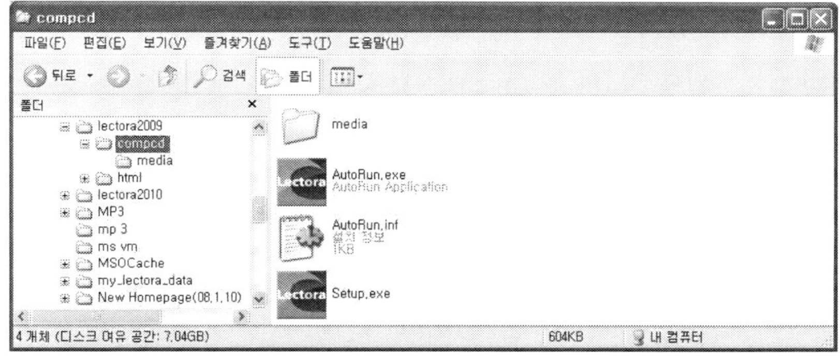

✎ CD로 구울 때는 compcd 폴더 내의 파일만 굽는다. 즉, compcd 폴더에 포함된 파일과 하위 폴더만 굽는다.

✎ 동반 CD는 윈도우에서만 돌아가며, 매킨토시 컴퓨터에서는 돌아가지 않는다.

- FTP Options 탭을 클릭하면 HTML 파일을 인터넷으로 전송하는 데 필요한 옵션을 설정할 수 있다.

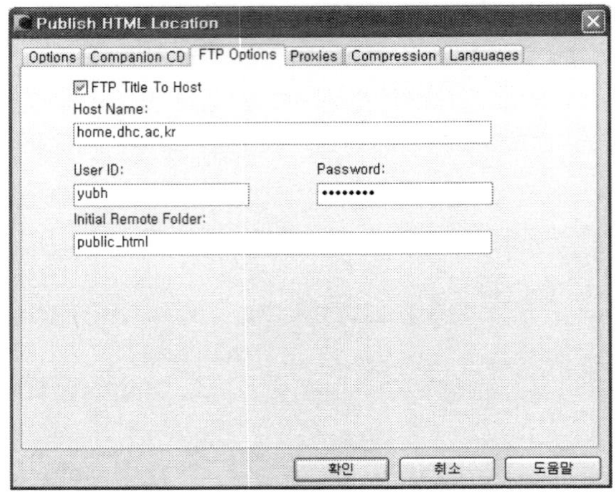

- FTP Title To Host 옵션을 클릭하면 웹 호스트 이름, 계정, 홈 디렉토리 정보를 입력할 수 있다.
- Host Name 필드에 FTP 서버의 주소를 입력한다.
- User ID 와 Password에 사용자 계정을 입력한다.
- Initial Remote Folder 필드에 홈 디렉토리 이름과 하위 폴더를 입력한다.

  – 홈 디렉토리 이름이 public_html일 때, 홈 디렉토리의 하위 폴더 Lectora/html에 타이틀을 출판하려면 public_html/Lectora/html과 같이 입력한다.
  – 홈 디렉토리는 웹 서비스가 시작되는 디렉토리를 뜻한다. 웹 서버마다 홈 디렉토리의 이름이 다르므로 웹 관리자에게 문의한다. 또한, 웹 호스트 이름, 사용자 ID, 비밀번호 역시 웹서버 관리자에게 문의한다.

- Compression 탭을 클릭하면 타이틀에 포함된 오디오, 비디오, 이미지 개체의 파일 용량을 원하는 수준까지 압축하여 출판할 수 있다.

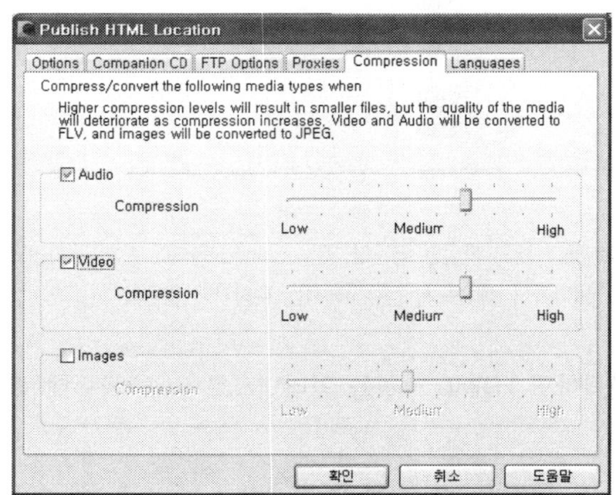

타이틀을 출판할 때 렉토라는 오디오, 비디오 그리고 이미지를 압축한다. 특정 개체 유형의 압축율을 조절하려면 특정 개체 유형을 선택한 후 슬라이더를 조정한다.

Audio와 Video 항목을 선택하면 렉토라는 오디오와 비디오 파일 유형을 자동적으로 .flv 파일로 전환한다. 이 파일은 고도로 압축된 파일 유형으로서 플래시 plug-in으로 재생될 수 있다.

오디오 혹은 비디오 파일이 .wma 혹은 .wmv 유형으로 압축된 상태라면 더 이상 압축할 필요가 없다. 압축을 더 하게 되면 오디오와 비디오의 질을 감소시키게 된다.

- 타이틀에 포함된 .flv 파일 유형의 개체는 압축 옵션이 선택되어 있다 해도 더 이상 압축되지 않는다.

오디오의 내용이 음악이거나 비디오의 내용이 움직임이 많은 것이라면 압축은 음질 및 화질의 상당한 손실을 초래하게 된다.

Images 항목을 선택하면 .gif 혹은 .jpg 유형 이외의 이미지는 .jpg 파일로 전환된다. 렉토라는 용량이 10K 이상인 모든 이미지를 압축하여 용량을 거의 2K까지 감소시킨다. 2K 이하의 이미지는 압축되지 않는다.

압축률이 적으면 적을수록 오디오, 비디오 그리고 이미지의 질이 최상이 된다. 반대로 압축률이 높으면 높을수록 오디오, 비디오 그리고 이미지의 질이 최하가 된다.

[참고] 오류 검사

타이틀을 출판하기 전 선행돼야 할 것은 타이틀에 포함된 모든 개체 및 액션 등에 관한 오류 검사이다. Tools/Error Check를 실행하면 타이틀 출판 시 발생할 수 있는 기술적인 오류를 점검한다. 따라서 타이틀 제작자는 오류 검사 시 나타나는 경고문을 꼼꼼히 살펴볼 필요가 있다. 오류 검사를 따로 실행하지 않고 타이틀을 출판하면 오류 검사가 자동으로 실행된다.

✎ 오류 검사 내용은 타이틀의 유형에 따라 달라진다.

오류 검사 창에는 이름이 중복된 페이지, 아무것도 포함하지 않은 페이지, 존재하지 않는 페이지를 가리키는 버튼 등이 표시된다. 그 외에도 타깃이 잘못된 액션, 사용되지 않는 미디어 개체와 변수, 출판 유형에서 사용할 수 없는 기능 등이 제시된다.

예 | AICC 타이틀 유형의 변수를 포함한 타이틀을 CD-Rom이나 단일 실행 파일 혹은 HTML 타이틀로 출판한다면 렉토라는 경고문을 발송한다.

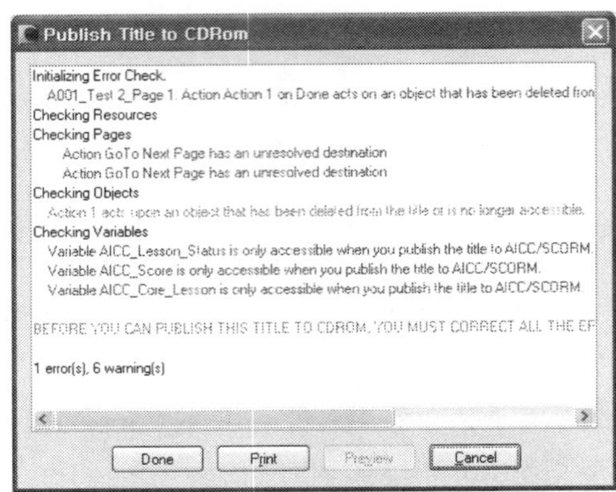

오류 검사 창의 파랑색 목록은 경고문을, 붉은색의 목록은 오류를 의미한다. 이들 목록을 더블클릭하면 목록 내용과 관련된 개체로 자동 이동된다. 오류 검사 창이 열린 상태에서 오류가 발생한 개체를 더블클릭하면 오류의 수정이 가능하다.

2) AICC 유형으로 출판하기

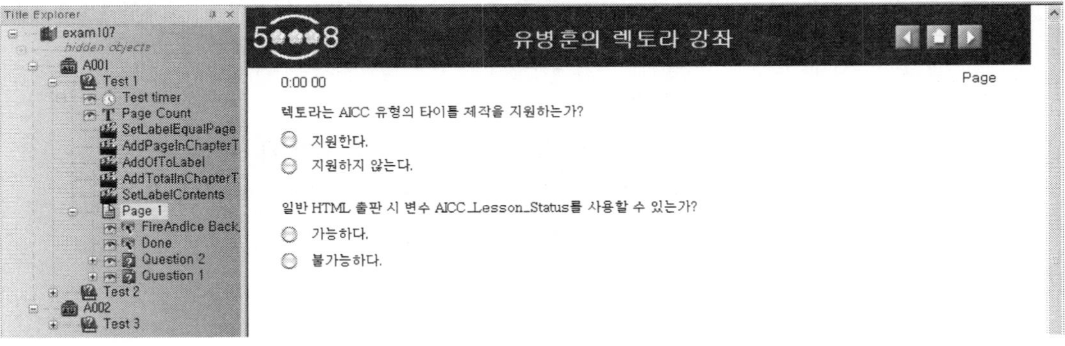

타이틀을 AICC 지침과 권고를 따르는 콘텐츠로 출판하려면 타이틀을 AICC 유형으로 제작해야 한다. 타이틀 유형의 변경은 타이틀 속성 창의 Content 탭에서 한다(▶Title107).

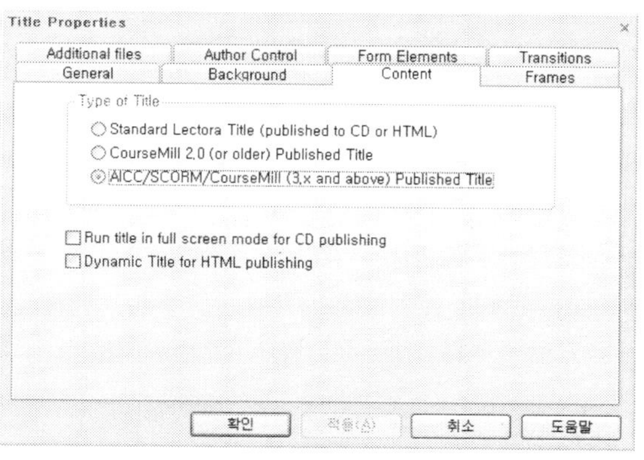

AICC 콘텐츠는 일반 렉토라 콘텐츠와 달리 타이틀 제목 아래 Assignable Unit A001를 지닌다. Assignable Unit는 AICC/CMI 시스템으로부터 실행 혹은 검색 가능한 컴퓨터 기반 학습 자료의 구성요소를 의미하며 일반적으로 Lesson으로 지칭된다. Assignable Unit는 AICC/SCORM 출판 타이틀에 있어 타이틀의 가장 큰 구조 형태이다. Assignable Unit는 다른 Assignable Unit를 포함할 수 없으며, 일반 타이틀과 마찬가지로 Chapter, Section, Test, 그리고 Page를 포함한다.

- Assignable Unit를 추가하려면 Add/Assignable Unit를 실행한다.
- CMI(Computer-Managed Instruction)는 Assignable Unit를 관리하고 실행하고 학생들의 진도를 추적하는 시스템으로서 LMS(Learning Management Systems)라고도 한다.

✎ AICC/SCORM 타이틀은 최소한 한 개의 Assignable Unit를 포함해야 한다. 타이틀에 여러 개의 Assignable Unit가 포함된 경우, Assignable Unit에서 다른 Assignable Unit로의 이동은 SCORM (disconnected)으로 출판된 타이틀에만 지원된다. 렉토라는 AICC 규정을 따라 웹에 출판된 타이틀에서는 Assignable Unit에서 다른 Assignable Unit로의 점프를 지원하지 않는다. 학생들은 LMS를 통하여 Assignable Unit를 개별적으로 방문해야 한다. 따라서 AICC 타이틀로 제작할 때는 Assignable Unit로 이동하는 내비게이션은 만들지 않아야 한다.

- 타이틀에 여러 개의 Assignable Unit가 포함된 경우에는 Assignable Unit 리스트로 구성된 드롭다운 메뉴를 삽입하여 학생들이 자유롭게 Assignable Unit를 이동할 수 있도록 해야 한다.

(1) Assignable Unit 정의하기

타이틀의 왼쪽 프레임에서 A001를 더블클릭한다. Assignable Unit 속성 창이 열린다.

- Assignable Unit 필드에 Assignable Unit의 이름을 입력한다. 기본적으로 A001이 주어진다.
- Assignable Unit Properties 탭을 클릭하여 Assignable Unit의 속성을 정의한다.

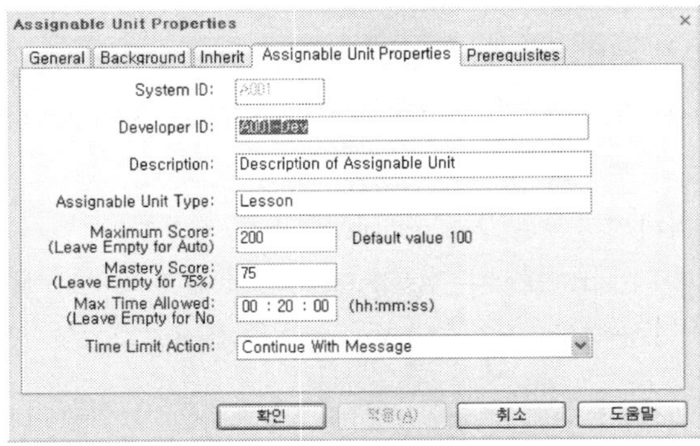

- System ID는 현재 강좌에 포함된 Assignable Unit에 할당되는 시스템 식별자를 나타낸다.
  - 시스템 식별자는 렉토라에서 할당한다. 첫 문자로 Assignable Unit는 A, Blocks는 B로 표시된다.
- Developer ID에는 Assignable Unit의 개발자 혹은 저자를 식별하는 이름을 입력한다.
- Description 필드에는 Assignable Unit에 대한 설명을 입력한다.
  - 강좌를 AICC/SCORM 규정과 권고를 따르는 학습 관리 시스템(LMS)에 출판하면 입력된 설명은 Assignable Unit 카탈로그 항목으로 표시된다.
- Assignable Unit Type에는 LMS에 등록할 Assignable Unit의 유형에 대한 간단한 설명을 입력한다.
  - 기본값으로 Lesson이 입력된다. Criterion Test, Quiz 등을 입력할 수 있다.
- Maximum Score에는 학생들이 강좌를 완료했을 때 취득할 수 있는 최대 포인트(점수) 수를 나타내는 값을 입력한다. 기본 값으로 제시되는 값은 Assignable Unit에 포함된 채점 가능 테스트의

수에 달려있다. 값을 입력하지 않으면 렉토라는 자동적으로 Assignable Unit에 포함된 채점 가능 테스트의 수에 100 포인트를 곱한 값을 제시한다.

Tip 채점 가능 테스트가 Test 1, Test 2 둘이면 Maximum Score는 200 포인트가 된다.

- Mastery Score에는 학생들이 Assignable Unit를 이수 혹은 통과하는 데 필요한 최저 점수를 입력한다. 기본적으로 Maximum Score에 지정된 수치의 75%가 설정된다.
- Max Time Allowed에는 학생들이 Assignable Unit 내부에서 소비할 수 있는 최대 시간을 입력한다. 무제한 시간을 허용하려면 공백으로 둔다.
- Time Limit Action에는 학생들이 허용 시간을 초과했을 때의 CMI 시스템의 반응을 설정한다. 이 옵션은 Max Time Allowed와 결합하여 사용된다.

Assignable Unit를 여러 개 추가하면 Assignable Unit 속성 창에는 Prerequisites 탭이 나타난다. Prerequisites 탭에서는 각 Assignable Unit의 전제조건을 설정할 수 있다. LMS는 학생들이 Assignable Unit를 수강하기 전에 Assignable Unit에 설정된 전제조건이 충족되었는지를 확인한다.

Tip 타이틀에 Assignable Unit A001, A002, A003을 삽입한 경우, 강사 입장에서는 학생들이 A003 레슨을 수강하기 위해서는 A001, A002 레슨을 먼저 수강하게 LMS에 지시할 수 있다. 이러한 전제조건은 A003의 Prerequisites 탭에서 설정한다.

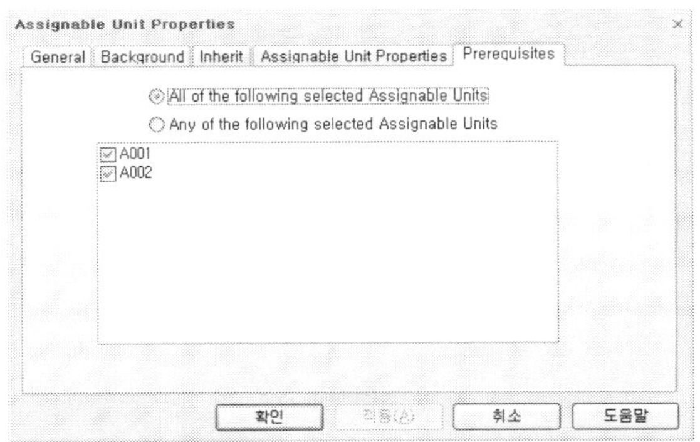

- A003 레슨을 수강하기 위한 전제조건으로 Assignable Unit A001, A002 모두 수강하도록 하려면 All of the following selected Assignable Units 옵션을 선택한다.
- A003 레슨을 수강하기 위한 전제조건으로 Assignable Unit A001, A002 둘 중 하나를 수강하도록 하려면 Any of the following selected Assignable Units 옵션을 설정한다.

AICC 타이틀은 렉토라 일반 타이틀과 달리 테스트 점수를 전체 점수에 포함할 수 있다. 예를 들어, Assignable Unit에 포함된 테스트 Test 1, Test 2가 둘 다 채점 가능 테스트이고, 각 테스트의 속성으로 Include test score in overall score 옵션이 선택되면 Assignable Unit의 전체 점수는 100×2=200 포인트가 된다.

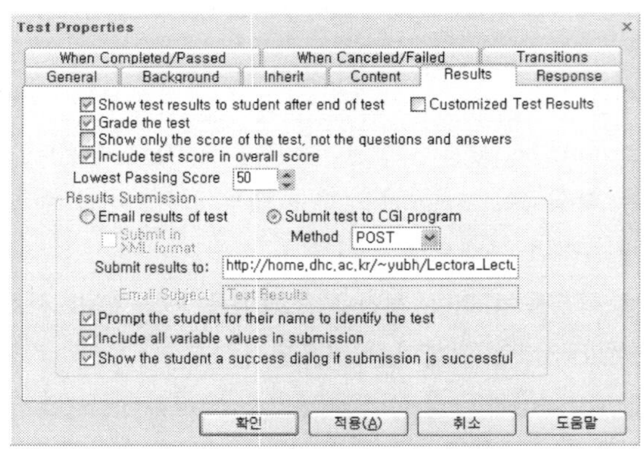

만일 Test 2의 속성을 Include test score in overall score 옵션을 해제한 상태로 설정하면 Assignable Unit의 전체 점수는 100 포인트가 된다.

Assignable Unit가 여러 개 있을 경우, Assignable Unit에 포함된 테스트 이름은 모두 달라야 한다.

- AICC(The Aviation Industry CBT Committee)는 1988년에 설립되었으며, 학생들에게 강좌를 제공할 때 CMI(Computer Managed Instruction) 즉, 컴퓨터 관리 수업 시스템이 어떻게 운영돼야 하는지에 대한 표준을 규정한다.
- CMI는 학습자의 학업성취와 학습자원 가능성에 관한 정보를 활용하여 개별화 수업을 처방하고 관리하는 체제로서, 교수, 학습 활동을 기록 분석하여 교사가 효율적으로 수업을 할 수 있도록 지원한다.
- 렉토라는 AICC에 의해 공인된 최초의 저작 시스템으로서, 렉토라에 의해 출판된 모든 콘텐츠는 웹 기반 CMI 시스템의 지침을 만족시킨다. 렉토라는 CMI Test Suite version 1.5의 모든 항목을 통과하였다.

AICC 출판의 특징

- 강좌 규정과 관련된 CMI 요구 파일을 자동으로 생성한다.
- 강좌와 CMI 시스템간의 모든 통신을 자동으로 처리한다.
- 강좌는 AICC 표준 학습 자료로 공인된다.

AICC 시스템으로 출판된 타이틀의 제약

- 학습 자료는 프레임 내에 삽입할 수 없다. 대부분의 AICC 웹기반 CMI 시스템은 학생들에게 프레임 기반의 인터페이스를 통해서 학습자료를 제공하고 있으므로, 학습 자료 내에 프레임을 삽입하면 인터페이스가 흩뜨려져 난잡하게 보일 수 있다.
- 채점이 가능한 테스트만 강좌에 포함해야 한다. 즉, Short Answer와 Essay 유형의 질문은 사용할 수 없다. 이것은 테스트 속성에 있어 반드시 Grade the test 옵션을 선택한 상태로 지정해야 한다는 것을 의미한다.
- 강좌에 여러 개의 테스트가 포함될 수 있다. 테스트 점수의 총계는 강좌의 최대 점수를 나타낸다.
- 강좌는 적어도 한 개의 Exit Title 액션을 포함해야만 한다.
- 강좌에 테스트가 포함되지 않은 경우에는 Exit Title 액션이 삽입된 페이지에 자동으로 강좌 점수가 100점으로 설정된다.
- Assignable Unit간의 링크를 설정할 수 없다. Assignable Unit간의 이동은 LMS가 담당한다.

(2) AICC 웹 기반 강좌로 출판하기

❶ Publish/Publish to AICC/Web-Based를 실행한다.

❷ 에러 발생 시 모든 에러를 수정한다.

❸ Publish 버튼을 클릭한다.

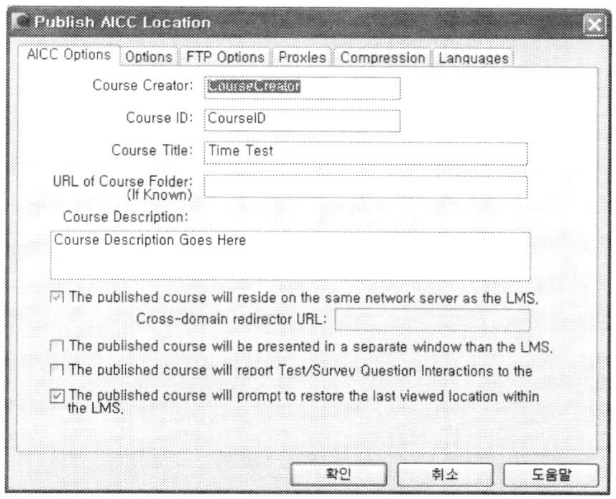

- Course Creator에는 CMI 시스템에 표시될 강좌 제작자 이름을 입력한다.
- Course ID에는 강좌 ID를 입력한다. 강좌 ID는 CMI 운영자로부터 부여받는다.
- Course Title에는 CMI 시스템에 표시될 강좌 제목을 입력한다.
- URL of Course Folder에는 강좌가 위치한 웹 주소를 입력한다. 웹 주소는 CMI 운영자로부터

부여받는다. 예를 들면 아래와 같이 입력한다.

```
"APU.EXE", "%lespath%\APU.WIS", "http://www.click2learn.com/index
```

- Course Description에는 강좌 내용에 대한 설명을 입력한다.
- The published course will reside on the same network server as the LMS 옵션은 강좌 내용을 업로드한 서버와 AICC 시스템이 분리되지 않은 경우 선택한다. 강좌 내용을 업로드한 서버와 AICC 시스템이 별개인 경우에는 선택을 해제한다. 선택을 해제한 경우에는 Cross-domain redirector URL 필드에 강좌가 출판된 서버의 주소를 입력하여 그 서버에 로드된 스크립트를 통해 타이틀 매니저가 서버간의 통신을 원활히 할 수 있게 한다. ASP 스크립트의 예는 다음과 같다.

```
Sample ASP Script

<%@ Language=VBScript %>
<%
Response.Buffer = True
Dim objXMLHTTP, xml, command, aicc_loc, version, session_id, aicc_data, postbody
'get passed params depending on method sent'
if(Request.Querystring("aicc_loc") <> "") then
aicc_loc=Request.Querystring("aicc_loc")
command=Request.Querystring("command")
version=Request.Querystring("version")
session_id=Request.Querystring("session_id")
aicc_data=Request.Querystring("aicc_data")
else
aicc_loc=Request.form("aicc_loc")
command=Request.form("command")
version=Request.form("version")
session_id=Request.form("session_id")
aicc_data=Request.form("aicc_data")
end if
' Build the post body string'
postbody = "command=" + Server.URLEncode(command) + "&version=" + Server.URLEncode (version) +
"&session_id=" + Server.URLEncode(session_id)
if aicc_data <> "" then
postbody = postbody + "&aicc_data=" + Server.URLEncode(aicc_data)
end if
' Create an xmlhttp object:'
Set xml = Server.CreateObject("Microsoft.XMLHTTP")
' Or, for version 3.0 of XMLHTTP, use:'
' Set xml = Server.CreateObject("MSXML2.ServerXMLHTTP")'
```

```
' Opens the connection to the remote server.'
xml.Open "POST", aicc_loc, False
xml.setRequestHeader "Content-Type", "application/x-www-form-urlencoded"
'Actually Sends the request and returns the data:'
xml.Send postbody
'Send back the response'
Response.Write xml.responseText
Set xml = Nothing
%>
```

- The published course will be presented in a separate window than the LMS 옵션을 선택하면 AICC 시스템의 윈도우 창이 아닌 새로운 창을 열어 강좌를 시작할 수 있다. 이 옵션을 선택하면 학생들이 학습을 마쳤을 때 자동으로 팝업 학습 창이 닫히고, AICC 시스템으로 돌아갈 수 있다. 학생들이 Exit Title 버튼을 클릭했을 때 LMS가 이에 응답하지 않을 때 사용한다.
- The published course will report Test/Survey Question Interactions to the LMS 옵션을 선택하면 테스트 질문과 관련된 대답, 정답여부, 대답 시간, 소요 시간 등의 데이터를 LMS에 기록할 수 있다. 질문의 수가 많을수록 학생들이 LMS에 전송하는 데이터의 량이 커져 네트워크의 통신량을 증가시킬 수도 있다. 이 옵션은 LMS가 관련 기능을 제공할 때만 사용할 수 있다. LMS에서 이 기능을 지원하지 않으면 '수행할 수 없다'는 메시지가 발송된다.
- The published course will prompt to restore the last viewed location within the LMS 옵션을 선택하면 강좌에 북마크를 자동으로 삽입할 수 있다. 북마크는 학생들이 강좌를 닫은 페이지(처음 열린 페이지를 제외한 나머지 페이지)에 기록된다. 학생들이 강좌를 마친 후 다시 강좌를 방문했을 때 원한다면 마지막에 머물렀던 페이지로 이동할 수 있다.

Option 탭을 클릭하여 출판과 관련된 옵션을 설정

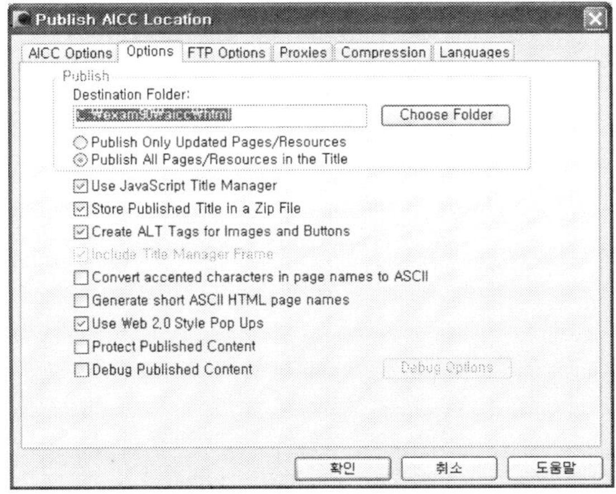

타이틀 출판 경로를 따로 지정하지 않은 경우, 출판된 파일은 타이틀이 저장된 폴더의 하위 폴더 html에 저장된다. 강좌 구조 파일은 Crs 폴더에 저장된다. AICC 파일을 서버에 출판하려면 CMI 시스템 운영자에게 연락하여 html 폴더의 모든 파일을 전송한다.

- 출판된 타이틀은 AICC Course Management System에서만 돌아간다.

AICC 타이틀 유형으로 출판할 때의 유의사항

레슨을 충분히 이수하였다고 판단할 수 있는 페이지 즉, 예를 들어, 테스트를 통과했을 때 보여주는 페이지에 레슨을 닫을 수 있는 액션을 정의하고, 레슨 수강을 완료했다는 정보를 AICC 시스템에 전송하기 위해 변수 AICC_Lesson_Status의 값을 passed 혹은 completed로 변경하는 액션을 정의해야 한다.

LMS는 타이틀로부터 전송된 변수 AICC_Lesson_Status의 값을 근거로 레슨의 이수여부를 기록한다. 따라서 AICC_Lesson_Status의 값을 변경하는 액션을 설정할 때 변수의 값을 Passed(Failed)로 입력해야 하는지 혹은 Completed(Incomplete)로 입력해야 하는지 혹은 P(F)나 C(I)로 입력해야 하는지는 시스템마다 다를 수 있으므로 시스템 관리자에게 문의한다.

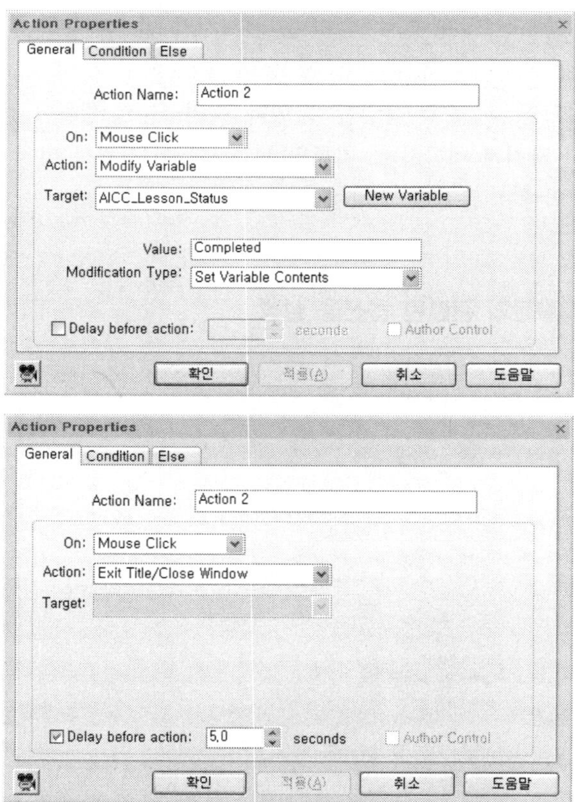

3) SCORM 타이틀로 출판하기

SCORM(The Shareable Content Object Reference Model)은 통합된 웹기반 학습 자료 모델을 개발하기 위해 AICC, IMS, IEEE 등의 표준화 그룹에서 개발하고 제안된 기술적 요소들과 표준을 수집·통합하여 하나의 형태로 구현한 기술적 복합물이다. SCORM 표준으로 출판된 콘텐츠는 동일 표준으로 제작된 모든 콘텐츠에서 공유가 가능하고 재사용이 가능하며, SCORM 규정을 준수하는 모든 LMS에서 사용될 수 있다. 이러한 이유 때문에 많은 기관에서는 SCORM 포맷 형태로 타이틀을 만들고 SCORM 규정을 준수하는 LMS를 이용한다.

SCORM 출판 타이틀의 특징

- 강좌 규정과 관련된 CMI 요구 파일을 자동으로 생성한다.
- 강좌와 CMI 시스템간의 모든 통신을 자동으로 처리한다.
- 강좌는 SCORM 표준을 따르는 학습 자료로 인정된다.
- SCORM 1.0, SCORM 1.1, SCORM 1.2, 혹은 SCORM 2004 규정을 따른다.

SCORM 시스템으로 출판된 타이틀의 제약

- SCORM 타이틀은 최소한 한 개의 Assignable Unit를 포함해야 한다. 또한 타이틀을 LMS로 출판할 때는 Assignable Unit에서 다른 Assignable Unit로 점프할 수 없다.
- 채점이 가능한 테스트만 강좌에 포함해야 한다. 즉, Short Answer와 Essay 유형의 질문은 사용할 수 없다. 이것은 테스트 속성에 있어 반드시 Grade the test 옵션을 선택한 해야 한다는 것을 의미한다.
- 강좌에 여러 개의 테스트가 포함될 수 있다. 테스트 점수의 총계는 강좌의 최대 점수를 나타낸다.
- 강좌는 적어도 한 개의 Exit Title 액션을 포함해야만 한다.
- 강좌에 테스트가 포함되지 않은 경우에는 Exit Title 액션이 삽입된 페이지에 자동으로 강좌 점수가 100점으로 설정된다.
- SCORM 2004를 충족시키는 강좌는 AICC_Lesson_Status 변수와 함께 CMI_Completion_Status 변수를 포함해야 한다.

(1) SCORM 웹 기반 강좌로 출판하기

❶ Publish/Publish to SCORM/Web-Based를 실행한다.

❷ 에러 발생 시 모든 에러를 수정한다.

❸ Publish 버튼을 클릭한다.

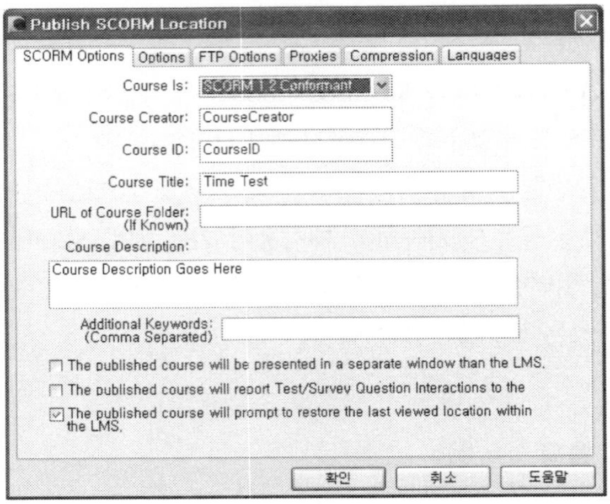

- Course Is에서는 SCORM 1.0, SCORM 1.1, SCORM 1.2, 혹은 SCORM 2004를 선택한다.
- Course Creator에는 CMI 시스템에 표시될 강좌 제작자 이름을 입력한다.
- Course ID에는 강좌 ID를 입력한다. 강좌 ID는 CMI 운영자로부터 부여받는다.
- Course Title에는 CMI 시스템에 표시될 강좌 제목을 입력한다.
- URL of Course Folder에는 강좌가 위치한 웹 주소를 입력한다. 웹 주소는 CMI 운영자로부터 부여받는다.
- Course Description에는 CMI 시스템 내부에 표시될 강좌 콘텐츠에 대한 설명을 입력한다. 강좌의 목적, 범위, 요약 등을 줄을 나누어 입력한다.
- Additional Keywords에는 강좌를 설명하는 데 필요한 부가적인 키워드를 입력한다. 키워드는 강좌와 관련된 검색 요청을 받았을 때 CMI 시스템이 검색 결과를 제시하는 데 사용된다. 키워드는 콤마로 구분하여 입력한다.
- The published course will be presented in a separate window than the LMS 옵션을 선택하면 SCORM 시스템의 윈도우 창이 아닌 새로운 창을 열어 강좌를 시작할 수 있다. 이 옵션을 선택하면 학생들이 학습을 마쳤을 때 자동으로 팝업 학습 창이 닫히고, SCORM 시스템으로 돌아갈 수 있다. 학생들이 Exit Title 버튼을 클릭했을 때 LMS가 이에 응답하지 않을 때 사용한다.
- The published course will report Test/Survey Question Interactions to the LMS 옵션을 선택하면 테스트 질문과 관련된 대답, 정답여부, 대답 시간, 소요 시간 등의 데이터를 LMS에 기록할 수 있다. 질문의 수가 많을수록 학생들이 LMS에 전송하는 데이터의 량이 커져 네트워크의 통신량을 증가시킬 수도 있다. 이 옵션은 LMS가 관련 기능을 제공할 때만 사용할 수 있다. LMS에서 이 기능을 지원하지 않으면 '수행할 수 없다'는 메시지가 발송된다.
- The published course will prompt to restore the last viewed location within the LMS 옵션을 선택하면 강좌에 북마크를 자동으로 삽입할 수 있다. 북마크는 학생들이 강좌를 닫은 페이지(처음 열린 페이지를 제외한 나머지 페이지)에 기록된다. 학생들이 강좌를 마친 후 다시 강좌를 방문했

을 때 원한다면 마지막에 머물렀던 페이지로 이동할 수 있다.

Options 탭을 클릭하여 출판과 관련된 옵션을 설정

타이틀 출판 경로를 따로 지정하지 않은 경우, 출판된 파일은 타이틀이 저장된 폴더의 하위 폴더 html에 저장된다. 강좌 구조 파일은 dtd 폴더에 저장된다.

- SCORM 파일을 서버에 출판하려면 CMI 시스템 운영자에게 연락하여 html 폴더의 모든 파일을 전송한다. 출판된 타이틀은 LMS's API Implementation 하에서만 돌아간다.

(2) Publish to SCORM/Disconnected

Publish to SCORM/Disconnected 옵션은 학생들이 CMI 시스템에서 SCORM 타이틀을 다운로드하여 오프라인 상태에서 수강하도록 한다. 나중에 인터넷이 연결된 경우 학생들은 테스트 결과를 CMI 시스템으로 전송할 수 있다. 강좌 구조 파일은 cd-conf 폴더에 저장된다.

SCORM/Disconnected 유형으로 출판하면 ims_disconn.xml 파일이 생성된다. ims_disconn.xml 파일은 오프라인 환경에서 데이터를 전송하기 위해 어떠한 파라미터의 값을 입력해야 하는지를 예시한다.

```
<?xml version="1.0" encoding="ISO-8859-1"?>
<!--GENERATED BY: Lectora Professional Publishing Suite v.X.3(7165) (http://www.trivantis.com) -->
<!-- Replace the contents of this file with parameters from the LMS -->
<disconnectinfo>
        <metadata>
                <submitto>http://www.whatever.com/cgi-bin/parser.cgi</submitto>
                        <schema>ADL SCORM</schema>
                        <schemaversion>1.2</schemaversion>
                        <cmi>
                                <core>
                                        <student_id>Student001</student_id>
                                        <student_name>Public, John Q.</student_name>
                                        <lesson_location />
                                        <credit>credit</credit>
                                        <lesson_status>not attempted</lesson_status>
                                        <entry>ab-initio</entry>
                                        <score>
                                                <raw>0</raw>
                                        </score>
                                        <total_time>0000:00:00.00</total_time>
                                        <lesson_mode>normal</lesson_mode>
                                </core>
```

```
                    <suspend_data />
                    <launch_data />
                    <evaluation>
                          <course_id>CourseID</course_id>
                          <interactions>false</interactions>
                          <prompt_restore>true</prompt_restore>
                    </evaluation>
              </cmi>
        </metadata>
  </disconnectinfo>
```

〈submitto〉 파라미터에 정의된 위치로 테스트 결과를 전송하면 테스트 결과는 다음 형식으로 게시된다.

```
Command=command-name (command-name: LMSSetValue, LMSCommit, or LMSFinish)
```

command가 LMSSetValue이면 command에는 Scorm 데이터 모델의 특정 데이터 요소와 관련된 URL-encoded 형식의 name/value 쌍이 따른다. LMSSetValue는 LMS 데이터 모델 요소 값을 설정한다. 예를 들어, command는 다음과 같다.

```
command=LMSSetValue&cmi%2Ecore%2Esession_time%3D00%3A12%3A34%2E45&cmi%2Ecore%2Escore%2Eraw%3D75
command=LMSCommit
command=LMSFinish
```

이들 세 개의 command는 데이터 요소 cmi.core.session_time의 값과 cmi.core.score.raw의 값을 각각 00:12:34.45, 75로 설정하고, 이들 데이터가 지속될 수 있도록 LMSCommit 함수를 호출한다. 그리고 LMSFinish 함수를 호출하여 학습 단위 SCO에서 빠져나온다.

SCORM 타이틀 유형으로 출판할 때의 유의사항

레슨을 충분히 이수하였다고 판단할 수 있는 페이지 즉, 예를 들어, 테스트를 통과했을 때 보여주는 페이지에 레슨을 닫을 수 있는 액션을 정의하고, 레슨 수강을 완료했다는 정보를 AICC 시스템에 전송하기 위해 변수 AICC_Lesson_Status의 값을 passed 혹은 completed로 변경하는 액션을 정의해야 한다.

- SCORM 2004를 충족시키는 강좌는 AICC_Lesson_Status 변수와 함께 CMI_Completion_Status 변수를 포함해야 한다.

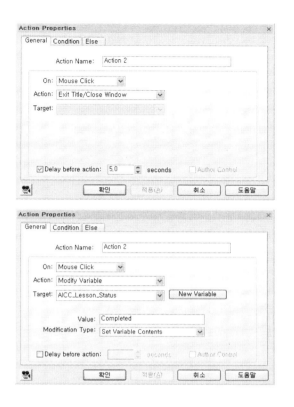

LMS는 타이틀로부터 전송된 변수 AICC_Lesson_Status의 값을 근거로 레슨의 이수여부를 기록한다. 따라서 AICC_Lesson_Status의 값을 변경하는 액션을 설정할 때 변수의 값을 Passed(Failed)로 입력해야 하는지 혹은 Completed(Incomplete)로 입력해야 하는지 혹은 P(F)나 C(I)로 입력해야 하는지는 시스템마다 다를 수 있으므로 시스템 관리자에게 문의한다.

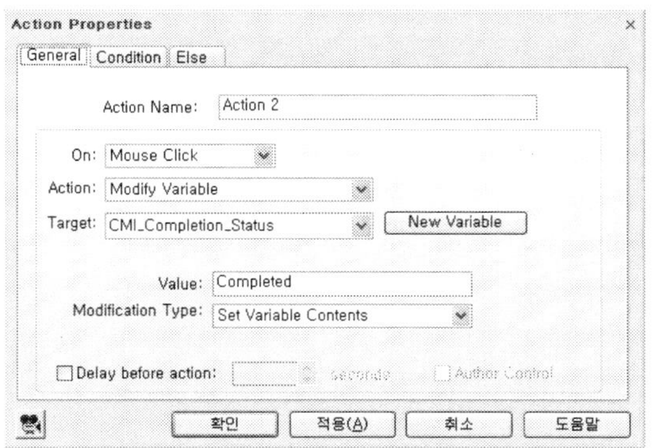

CMI_Completion_Status 변수는 학생들이 충분히 강좌를 완료했다고 판단되는 지점에 삽입한다.

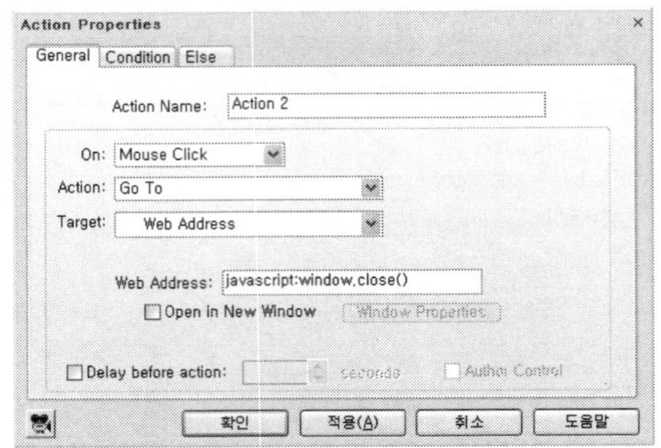

AICC/SCORM 유형의 타이틀을 LMS에 올렸을 때 Exit 버튼을 클릭하여 창을 닫을 수 없을 때는 Exit 버튼에 부가적인 액션을 추가한다. 웹 주소로는 javascript:window.close(), javascript:top.close(), 혹은 javascript:top.window.close() 등을 사용할 수 있다.

✎ CD, CourseMill, LRN, Single File Executable 유형 출판과 LM-Light 포맷 강좌 타이틀 제작은 CD에 포함된 'CD 내용과 책에서 다루지 못한 부분.hwp' 문서를 참조하기 바란다.

3, Certificates

Certificate 툴은 강좌를 이수한 학생들에게 수료증을 줄 목적으로 사용한다. 테스트를 통과했을 때 이동하는 페이지에 Certificate 개체를 삽입하여 수료증을 보여주거나, 수료증을 인쇄할 수 있게 한다.

❶ Tools/Certificate Tool을 실행한다.
❷ Certificate style 리스트를 클릭하여 수료증 모양을 선택한다.
❸ Font 버튼을 클릭하여 글꼴 속성을 설정한다.

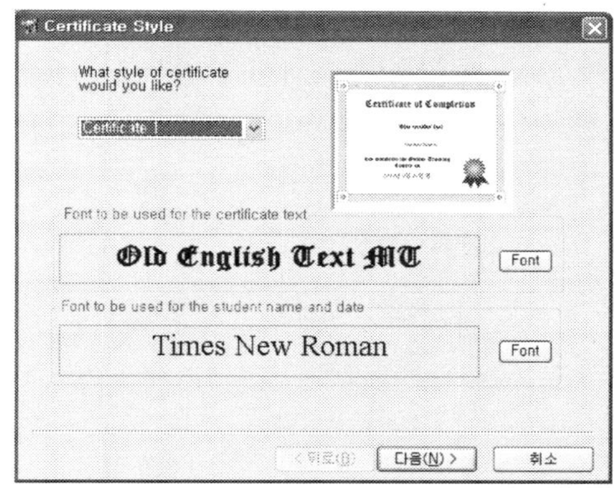

❹ 수료증의 머리말을 입력한다.

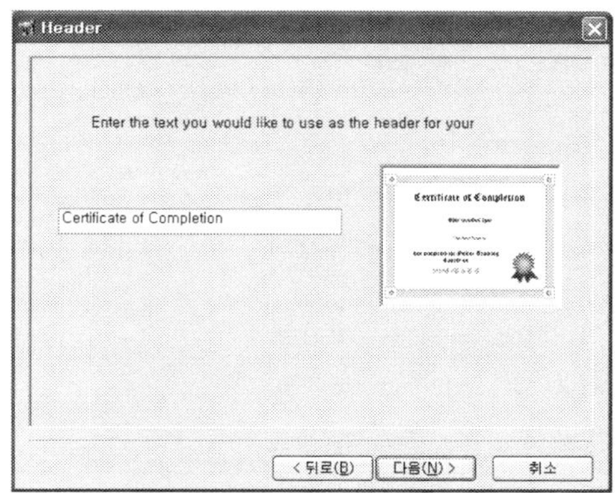

❺ 수료증의 본문에 표시될 텍스트를 입력한다. 텍스트는 학생 이름 위에 표시된다.

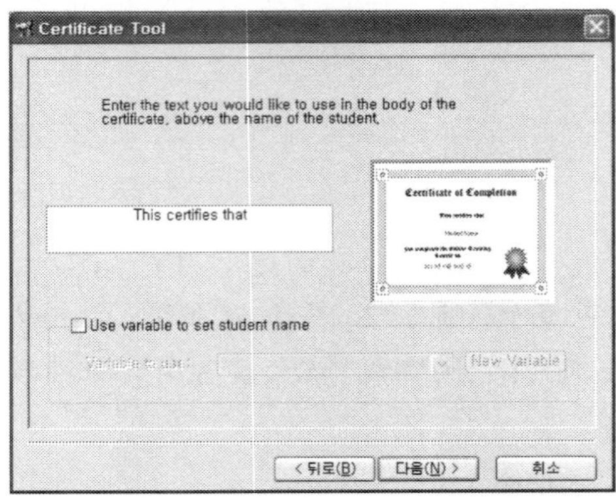

• Use variable to set student name 옵션을 선택하면 Variable to use 리스트에서 학생의 이름을 표시하는 데 사용할 변수를 지정할 수 있다. 예를 들어, AICC/SCORM 유형의 타이틀인 경우, AICC_Student_Name을 선택한다. Standard Lectora 유형의 타이틀인 경우에는 response 변수를 활용한다. 테스트 속성 창의 Response 탭에 response 변수로 사용자 변수 st_name을 지정한다. CGI 스크립트에 다음 코드를 삽입한다. 즉, 테스트 점수가 75점 이상이면 변수 response에 학생의 이름이 저장된다.

```
if ($Score>=75) {
      echo $name;
} else {
      echo "";
}
```

❻ 수료증의 말미에 입력할 텍스트를 입력한다.

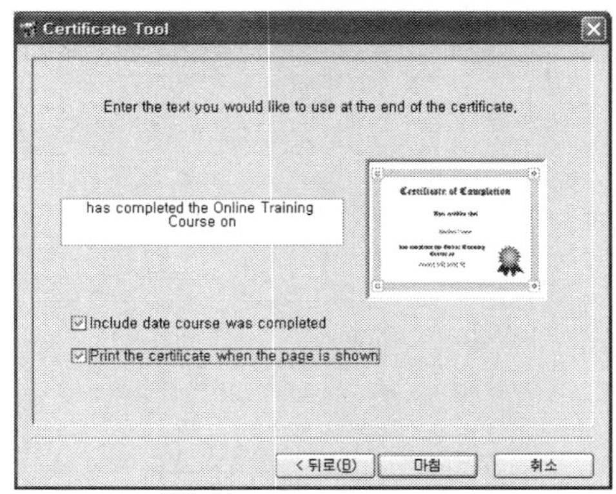

- Include date course was completed 옵션을 선택하면 수료증 발급 날짜가 삽입된다.
- Print the certificate when the page is shown 옵션을 선택하면 프린트 창이 열린다.

4. 출판 관련 에러 메시지

- 타이틀 첫 페이지에 Go To Previous Page 액션이 들어가거나, 마지막 페이지에 Go To Next Page 액션이 들어간 경우 다음 메시지가 발생한다. 해당 액션을 찾아 Go To 액션을 None으로 설정한다.

  – Action GoTo Previous Page has an unresolved destination.
  – Action GoTo Next Page has an unresolved destination.

- AICC/SCORM 타이틀로 출판할 때 Assignable Unit에 Exit Title 액션이 빠진 경우 다음 메시지가 발생한다. AU/SCO의 마지막 페이지에 Exit Title 액션을 추가한다. 그렇게 해야만 학생들은 LMS로 돌아갈 수 있다.

  – Assignable Unit %s is missing an "Exit Title" Action. You must have an "Exit Title" Action. You must have an "Exit Title" Action somewhere in an assignable unit for AICC compliance. This is how the assignable unit returns the student to the Learning Management System.

- AICC 혹은 SCORM 강좌에 채점 불능 테스트가 포함되었거나, Grade the test 옵션 상태가 아닐 때 아래 메시지가 발생한다. 채점 불능 테스트를 채점 가능 테스트로 변경하든지 변수 AICC_Lesson_Score의 값을 점수로 변경하거나 변수 AICC_Lesson_Status의 값을 completed로 설정한다. 그렇게 해야만 LMS는 학생들이 assignable unit 수강을 마쳤다고 인식한다.

  – Assignable Unit %s is missing a scored Test or a Modify variable action for either AICC_Lesson_Status or AICC_Lesson_Score.
  – This course is missing a scored Test or a Modify Variable action for either AICC_Lesson_Status or AICC_Lesson_Score.

- Test Properties 창의 When Completed/Passed, When Canceled/Failed 탭의 Go To 액션 타깃이 제대로 설정되지 않았거나 테스트 개체 삽입 시 자동으로 삽입된 페이지 번호를 삭제하면 다음 에러 메시지가 나타난다. Go To 액션 타깃을 지정하고, 페이지 번호와 관련된 액션을 모두 삭제한다.

  – SetLabelContents acts upon an object that has been deleted from the title or is no longer accessible.
  – Action 1 acts upon an object that has been deleted from the title or is no longer accessible.
  – Before you can publish this title to HTML, you must correct all the errors displayed in red.

5. HTML 출판 시 부딪치는 문제점

- HTML로 출판된 타이틀을 웹에 올렸을 때 타이틀에 포함된 그림 파일이 선명하지 못한 상태로 나타난다.
  - 테스트 페이지에 화면 캡처한 개체를 삽입하면 그림이 선명하지 못한 상태로 출력된다. 이때는 테스트 페이지에 삽입된 그림(화면 캡처하여 붙인 그림)을 한번 더 화면 캡처하여 붙여 넣는 방식을 택한다.

- 워드프로세서로부터 복사하여 붙이기 한 표가 깨진 상태로 나타난다.
  - 표가 삽입된 텍스트 블록의 속성을 Render text as image when published 옵션을 선택한 상태로 만든다.

- IPIX 이미지가 나타나지 않는다.
  - IPIX Browser Plugin을 설치한다.

- CGI 전송이 되지 않는다.
  - Could not contact host to send test data. Unable to send results at this time. Please check your internet connection and try again.

CGI의 경로를 제대로 입력하지 않았거나, CGI 파일이 지정된 경로에 없거나, 웹 서버의 알 수 없는 문제점으로 인해 발생한다. CGI 파일을 지정된 경로에 업로드하고 CGI 경로를 올바르게 입력한다. 그래도 여전히 동일 에러 메시지가 발생하면 전송 방식을 POST에서 GET으로 변경한다.
에러 발생 원인을 모두 치유했는데도 문제가 발생하면 CGI 파일 및 CGI로 전송된 정보를 기록할 텍스트 파일의 권한 설정을 각각 644, 766으로 설정한다.

- 타깃으로 지정한 파일이 실행되지 않는다.

파일의 경로를 제대로 지정하지 못했기 때문에 발생한다. 파일 경로를 올바르게 지정한다.

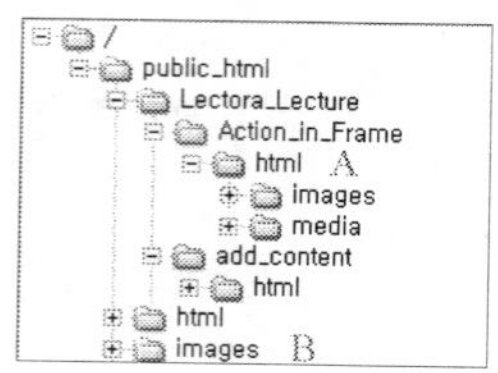

- 홈 디렉토리 public_html의 하위 폴더 A에서 폴더 B의 Beauty.jpg 파일을 참조하려면 경로를 다음과 같이 입력한다(상대 경로).

```
../../../images/Beauty.jpg
```

앞의 '..'은 폴더 A의 상위 폴더 Action_in_Frame을, 다음 '..'은 폴더 Action_in_Frame의 상위 폴더 Lectora_Lecture를, 마지막 '..'은 웹 디렉토리 public_html을 의미한다. 절대 경로로 입력하면 다음과 같다.

```
/~yubh/images/Beauty.jpg
```

'/~yubh'는 웹 서버에 등록된 계정 yubh로서 웹 디렉토리 public_html을 의미한다.

- 홈 디렉토리 public_html의 하위 폴더 A의 하위 폴더 media에 있는 lectora.avi 파일을 참조하려면 폴더 이름과 파일 이름을 함께 입력한다.

```
media/lectora.avi
```

- 홈 디렉토리 public_html의 하위 폴더 A에서 동일 폴더 A에 있는 data.txt를 참조하려면 파일 이름만 입력한다.

```
data.txt
```

6, 자바스크립트 활용

1) 팝업 창 띄우기

```
<html>
<head>
<title>원하는 위치에 팝업 창 띄우기</title>
<meta http-equiv="Content-Type" content="text/html; charset=euc-kr">
<script language="javascript">
<!--
//함수 정의
function newWin() {
      window.open("main.html","popup", "width=400, height=300, menubar=yes, scrollbars=yes, left=200,
      top=200");
}
-->
</script>
</head>
<body onload="newWin();"> //페이지가 열릴 때 함수 newWin()을 호출한다
<pre>
팝업 창의 이름은 'popup'으로 정의했다.<p>
이 문서를 웹에 올리면 왼쪽에서 200 픽셀, 위에서 200 픽셀 떨어진 위치에 팝업 창을 띄운다.
</pre>
</body>
</html>
```

문서가 열림과 동시에 main.html 문서가 열린다. 이때 main.html 문서는 아래에 정의한 속성으로 열리게 된다.

```
width(높이): 400
height(너비): 300
menubar(메뉴): yes
scrollbars: yes
left(x 좌표 값): 200 픽셀
top(y 좌표 값): 200 픽셀
```

팝업 창은 x/y 좌표 값 200/200 픽셀 위치에, 가로/세로 400/300 픽셀의 크기로 열린다.

- window.open() 메소드의 문법은 다음과 같다.

```
window.open("문서이름","팝업 창 이름","옵션")
```

옵션은 "" 속에 포함하며, 각 옵션은 콤마(,)로 구분한다. 팝업 창 이름은 하이퍼링크의 타깃으로 쓰인다.

Tip 하이퍼링크를 클릭하여 팝업 창의 내용을 다른 내용으로 바꾸려면 팝업 창의 이름을 타깃으로 지정한다.

```
<a href="http://home.dhc.ac.kr/~yubh" target="popup">렉토라 강좌</a>
```

- window.open() 메소드에서 사용할 수 있는 속성은 다음과 같다.

속성 이름	속성의 값	속성의 내용
menubar	yes/no, 1/0	메뉴바 보기/숨기기
toolbar	yes/no, 1/0	도구모음막대 보기/숨기기
directories	yes/no, 1/0	디렉토리바 보기/숨기기
scrollbars	yes/no, 1/0	스크롤바 보기/숨기기
status	yes/no, 1/0	상태표시줄 보기/숨기기
location	yes/no, 1/0	주소표시줄 보기/숨기기
width	픽셀	팝업 창의 가로 크기 지정
height	픽셀	팝업 창의 높이 지정
left	픽셀	팝업 창의 x축 위치 지정
top	픽셀	팝업 창의 y축 위치 지정
resizable	yes/no 1/0	팝업 창의 크기 조정 가능/불가능
fullscreen		전체화면 모드
channelmode		채널모드 창

속성으로 width, height만 지정하면 메뉴바, 도구모음 막대, …, 주소표시줄 등의 개체가 나타나지 않는다.

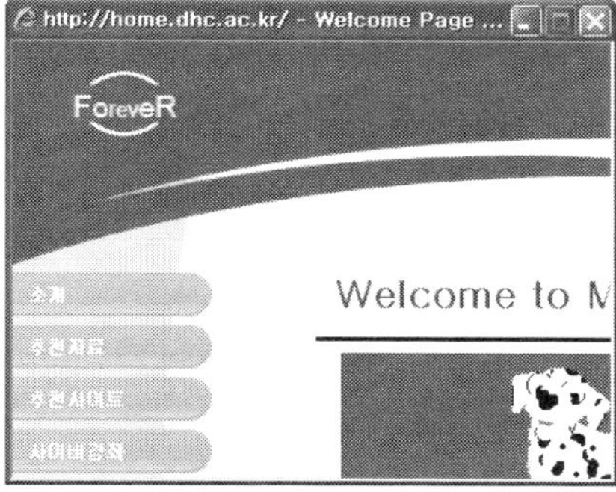

하이퍼링크를 클릭했을 때 팝업 창의 내용을 다른 내용으로 바꾸는 스크립트

```
<html>
<head>
<script language="JavaScript">
function newWin() {
      window.open("main.html","popup","left=200, top=200,width=400,height=300");
}
function load(url) {
      window.open(url,"popup","left=200, top=200,width=400,height=300");
}
//함수 load는 매개변수 url을 window.open() 메소드의 문서이름으로 한다.
</script>
</head>
<body onload="newWin()">
<a href="javascript:load('http://home.dhc.ac.kr/~yubh')">렉토라 강좌</a><p>
//하이퍼링크를 클릭하면 load 함수를 실행한다.
//매개변수 url의 값으로 http://home.dhc.ac.kr/~yubh가 전달된다.
</body>
</html>
```

- 하이퍼링크를 클릭하면 href에 지정된 자바스크립트 코드가 실행된다.

```
<a href="javascript:자바스크립트 코드" …></a>
```

href에 url을 입력하지 않고 자바스크립트 코드를 사용한다. href는 Hypertext REFerence의 약자로서 hypertext의 위치를 나타내는 url을 값으로 갖는다.

- 다음과 같이 코딩하면 상태표시줄에 링크가 표시된다.

```
<a href="http://home.dhc.ac.kr/~yubh" onclick="window.open(this.href, '', ''); return false;">렉토라 강좌</a>
```

버튼 클릭하여 팝업 창 열기

```
<html>
<head>
<meta http-equiv="content-type" content="text/html; charset=euc-kr">
<script language="javascript">
<!--
function newWin() {
       win=window.open('main.html','popup','width=400,height=300');
}
//-->
</script>
</head>
<body>
<input type=button onclick="newWin();" value="main.html 열기">
//'main.html 열기' 버튼을 클릭하면 함수 newWin()을 실행한다.
<input type=button onclick="win.close();" value="main.html 닫기">
//'main.html 닫기' 버튼을 클릭하면 win.close() 메소드로 생성된 팝업 창을 닫는다.
</body>
</html>
```


팝업 창이 나타나고 3초가 경과한 후 팝업 창 닫기

```
<html>
<head>
<script language="JavaScript">
function newWin() {
       win=window.open("main.html","newWin","left=200, top=200,width=400,height=300");
}
function delay_time() {
       setTimeout("win.close()",3000);
}
//자바스크립트 코드가 실행되기까지 걸리는 시간은 1/1000초 단위로 입력한다.
window.onload=function() {
       newWin();
}
//페이지가 열리는 순간 함수 newWin()을 실행한다.
</script>
</head>
<body onmousemove="delay_time()">
//마우스를 움직이는 순간 delay_time() 함수가 실행된다.
</body>
</html>
```

2) 렉토라 타이틀 풀 스크린 모드로 올리기

렉토라 타이틀을 풀 스크린 모드로 올리려면 window.open() 메소드의 fullscreen속성을 사용한다. 모니터의 해상도가 1024*768일 때 풀 스크린 모드로 제작하려면 타이틀 속성 창에서 타이틀 크기를 1004, 763 픽셀로 지정하고 타이틀을 제작한다. 타이틀 익스플로러의 Auto Hide 기능을 활용하면 큰 어려움이 없이 타이틀을 제작할 수 있다(▶Title108).

- 타이틀의 콘텐츠는 두 번째 페이지부터 입력하며, 첫 페이지에는 External HTML 개체만 삽입한다. Object Type을 Header Scripting으로 지정하고 Custom HTML 박스에 다음 코드를 입력한다.

```
function fullWin() {
      window.open("page_2.html","","fullscreen");
}
window.opener="nothing";
window.open('','_parent','');
window.close();
```

- 타이틀을 HTML로 출판할 때 타이틀의 첫 번째 페이지는 보통 index.html로 출판되며, 그 나머지 페이지는 페이지 이름을 따서 page_2.html, page_3.html, …로 출판된다. page_2.html은 타이틀의 두 번째 페이지와 관련된 HTML 문서이다.

Tip 자바 스크립트 태그 <script language="javascript">, </script>를 입력하지 않는다.

- 메모장을 이용하여 출판된 index.html 파일의 <body> 태그에 onLoad 이벤트 핸들러를 삽입하여 함수 fullWin()을 호출한다.

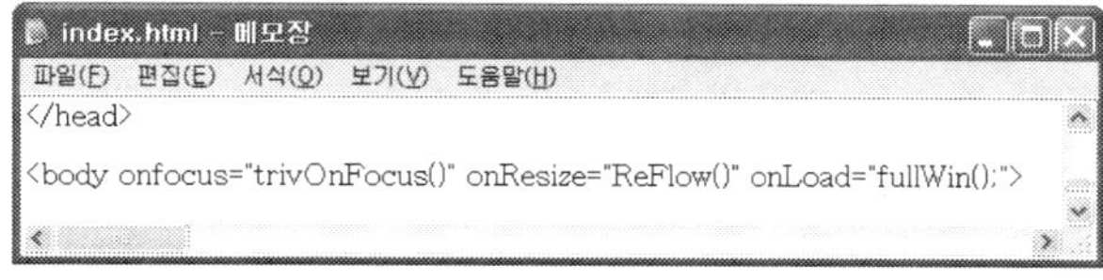

풀 스크린 타이틀로 출판한 장면은 다음과 같다.

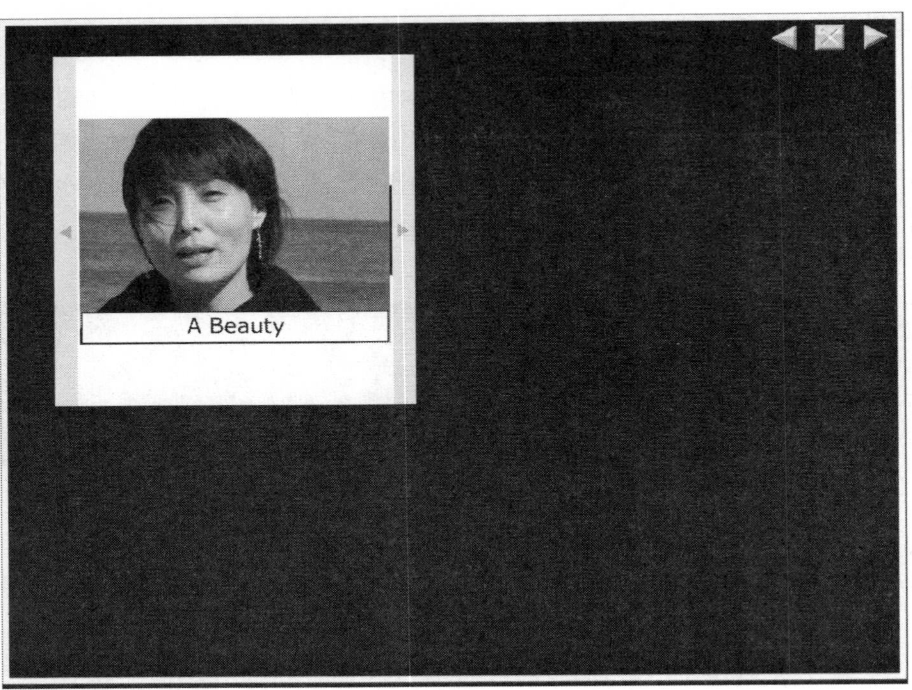

렉토라 타이틀을 채널 모드로 출판하려면 window.open() 메소드의 channelmode 속성을 사용한다. 모니터의 해상도가 1024*768일 때 채널 모드로 제작하려면 타이틀 속성 창에서 타이틀 크기를 1018, 743 픽셀로 지정하고 타이틀을 제작한다. 이때에는 External HTML 개체의 Custom HTML 박스에 다음 코드를 입력한다.

```
function fullWin() {
      window.open("page_2.html","","channelmode");
}
window.opener="nothing";
window.open('','_parent','');
window.close();
```

풀 스크린 모드로 출판할 때와 마찬가지로 index.html 파일의 <body> 태그에 onLoad 이벤트 핸들러를 삽입하여 함수 fullWin()을 호출한다.
채널 모드 타이틀로 출판한 장면은 다음과 같다. 풀 스크린 모드로 출판했을 때와 비교하여 인터넷 익스플로러의 제목 표시줄이 나타난다.

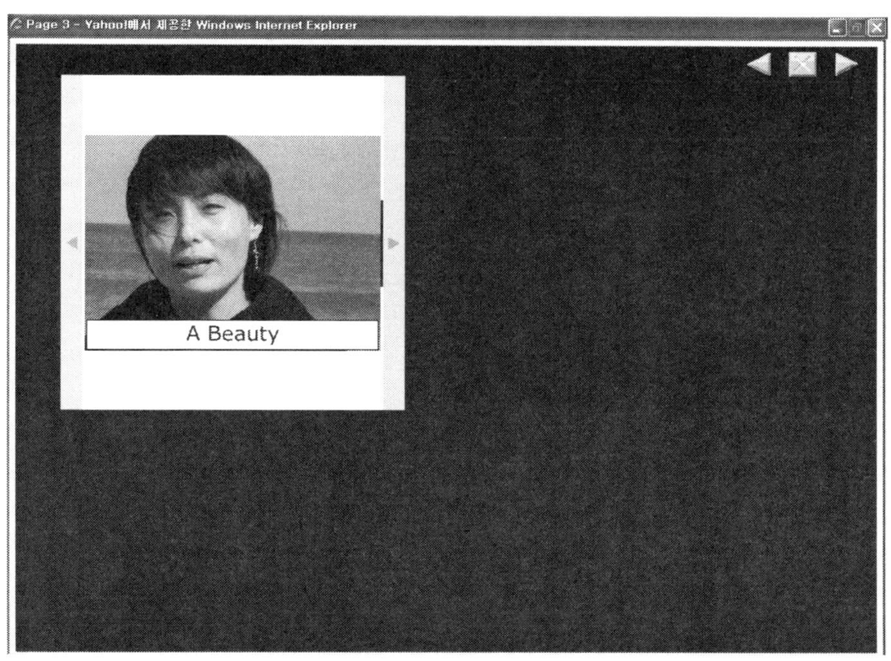

Tip 풀 스크린 모드를 구현하려면 웹 브라우저에서 팝업 창 차단을 해제해야 한다. 인터넷 익스플로러의 도구/팝업 차단/팝업 차단 사용 안 함을 선택한다.

[참고]

타이틀 속성으로 Run Title in full screen mode for CD publishing을 선택하고, 타이틀을 CD에 출판하면 타이틀은 풀 스크린 모드로 재생된다.

3) 렉토라에서 전송한 한글 글자를 판독할 수 없는 경우의 대처법(▸Title109)

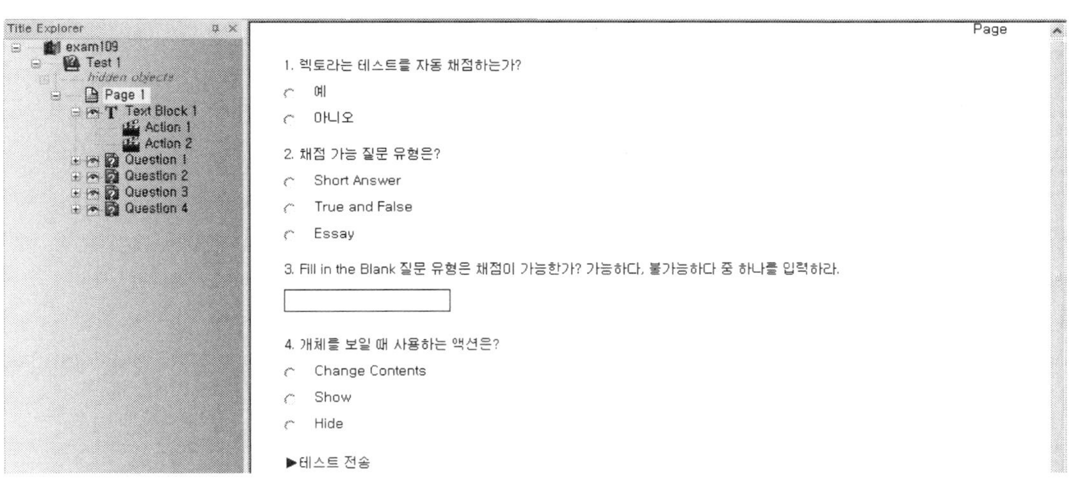

- 테스트 속성 창의 Results 탭의 속성을 다음과 같이 설정한다.

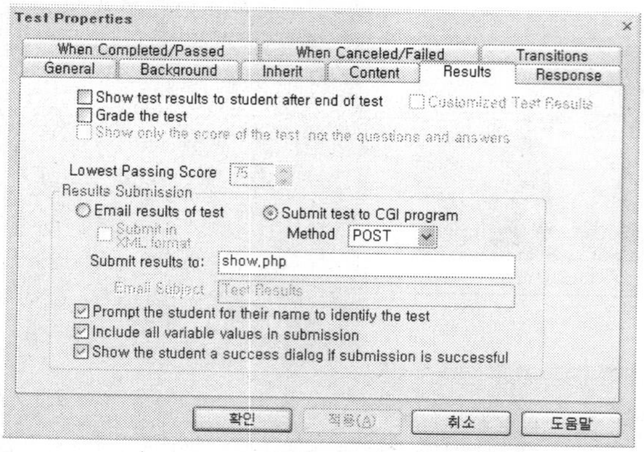

- ▶테스트 전송 버튼을 클릭하면 다음 액션이 발생하도록 한다.

액션 항목	Text Block 1	
	Action 1	Action 2
On	Mouse Click	Mouse Click
Action	Submit/Process Test/Survey	Go To
Target	Test 1	Web Address
Web Address		result.txt

폼 데이터

폼 전송 데이터는 urlencode() 함수로 전송된다. 폼 데이터의 변수 값을 확인하려면 urldecode() 함수를 활용한다.

```
<?
$f=file("result.txt");
for ($i=0;$i<count($f);$i++) {
      $str[$i]=urldecode($f[$i]);
      echo "$str[$i]<br>\t";
}
?>
```

- file() 함수는 파일 전체 데이터를 읽어 배열에 저장한다. 파일이 한단계 위의 폴더에 존재한다면 '../result.txt'와 같이 표시한다.
- count() 함수는 배열의 원소 개수를 계산한다.

폼에서 전송한 데이터는 숫자형 문자 레퍼런스(Numeric Character References)로 변환되어 10진수 '&#숫자;'형태로 표시된다.

테스트/서베이 데이터

테스트/서베이 결과는 escape() 함수로 전송된다. 텍스트 파일에 기록된 테스트/서베이 데이터의 변수 값은 자바 스크립트의 unescape() 함수를 사용하여 확인할 수 있다.

```
<script language="JavaScript">
str='%uAC00%uB2A5%uD558%uB2E4';
str_me=unescape(str);
document.write(str_me);
</script>
```

- escape 함수는 '%uXXXX' 형식으로 인코딩된 유니코드 문자를 생성한다.

✎ 다음 스크립트 show.php는 렉토라에서 전송한 테스트, 서베이 데이터를 텍스트 파일 result.txt에 저장하고 한글 코드를 입력한 형태 그대로 브라우저에 뿌려준다[4].

- 렉토라의 테스트 관련 파라미터와 질문 변수를 텍스트 파일에 저장한다.
- 함수 utf8RawUrlDecode()를 정의한다.
- 함수 utf8RawUrlDecode()를 호출하여 배열에 저장한 후 echo() 함수로 브라우저에 출력한다.

  - 함수 utf8RawUrlDecode()는 utf-8 형식의 특수 문자를 원래대로 복원시켜서 보여준다.

```
show.php

<?php
$data=array();
$fp=fopen('result.txt','a');
fwrite($fp,$TestName.'*'.$name.'*'.$Score.'*'); //테스트 이름, 학생 이름, 테스트 점수.
for ($i=1;$i<5;$i++) { //테스트 질문이 4개인 경우를 상정한다.
       $b="Question_000".$i;
       $c="data[".$i."]";
       $$c=$$b;
       fwrite($fp,$$c.'*'); //변수의 값 다음 문자 '*'를 결합한다.
}
fwrite($fp,"\n\r"); //윈도우는 "\r", "\n" 둘이 연속으로 있어야만 개행이 일어난다.
fclose($fp);
```

[4] http://kr.php.net/manual/kr/function.rawurldecode.php 참조.

```
function utf8RawUrlDecode ($source) {
       $decodedStr = "";
       $pos = 0;
       $len = strlen ($source);
       while ($pos < $len) {
              $charAt = substr ($source, $pos, 1);
              if ($charAt == '%') {
                     $pos++;
                     $charAt = substr ($source, $pos, 1);
                     if ($charAt == 'u') {
                     // we got a unicode character
                            $pos++;
                            $unicodeHexVal = substr ($source, $pos, 4);
                            $unicode = hexdec ($unicodeHexVal);
                            $entity = "&#". $unicode . ';';
                            $decodedStr .= utf8_encode ($entity);
                            $pos += 4;
                     } else {
                            // we have an escaped ascii character
                            $hexVal = substr ($source, $pos, 2);
                            $decodedStr .= chr (hexdec ($hexVal));
                            $pos += 2;
                     }
              } else {
                     $decodedStr .= $charAt;
                     $pos++;
              }
       }
       return $decodedStr;
}
$f=file("result.txt"); //렉토라로부터 전송된 데이터를 저장한 텍스트 파일 지정
for ($i=0;$i<count($f);$i++) {
       $str[$i]=utf8RawUrlDecode($f[$i]);
       echo "$str[$i]<br>\t";
}
?>
```

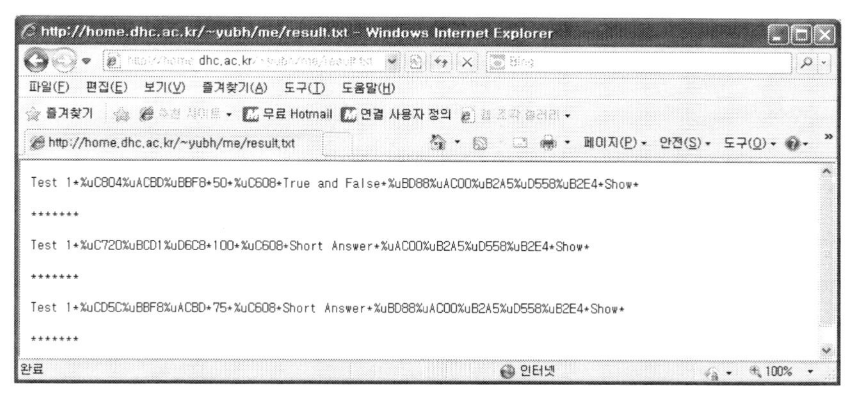

↓ show.php 실행

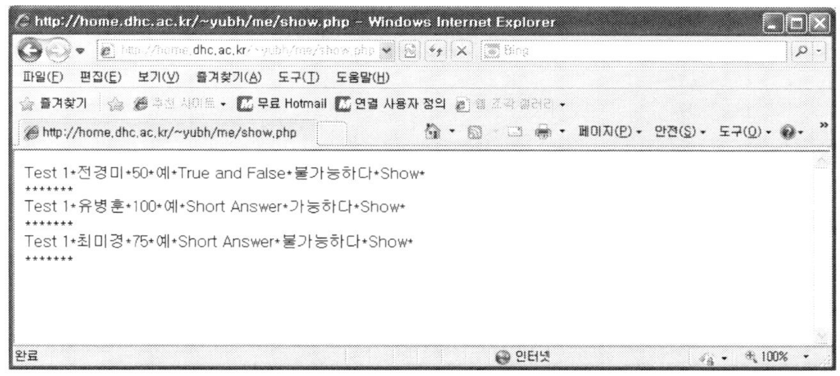

• show.php는 테스트 속성 창의 Results 탭에서 CGI 프로그램으로 지정한다.

[참고]

변수의 값을 줄을 달리하여 저장하려면 fwrite() 함수를 다음과 같이 입력한다.

```
fwrite($fp,$$c.'*'."\n");
fwrite($fp,$$c.'*'.'<br>');
```

렉토라에서 전송한 데이터를 파일에 저장하고 한글 문자를 유니코드로 변환한 후 브라우저에 뿌린 이유는 데이터를 데이터베이스로 활용하기 위해서이다. 그러나 브라우저에 나타난 내용을 텍스트 파일로 저장한다 해도 데이터베이스로 활용하기는 어렵다.

왜냐하면, echo() 함수로 텍스트 파일의 내용을 브라우저에 뿌리면 변수의 값을 구분하기 위해 삽입한 탭 문자 "₩t"와 줄을 바꾸기 위해 삽입한 캐리지 리턴 문자 "₩r"이 삭제되어 변수의 값이 이어진 상태로 나타나기 때문이다. 따라서 데이터를 데이터베이스로 활용하기 위해서는 데이터가 전송될 때마다 줄을 달리하여 화면에 뿌려지게 해야 하며, 각 변수의 값을 구분할 수 있는 장치가 필요해진다.

- fwrite() 함수에서 변수의 값 다음 문자 '*'를 결합하여 변수의 값과 문자 '*'가 결합하여 저장되게 한다. 문자 '*'는 변수의 값을 구분하는 용도로 사용된다.
- fwrite() 함수에서 파일 포인터가 다음 줄에 위치하게 이스케이프 문자 "₩r", "₩n"이 저장되게 한다.

데이터를 엑셀에서 데이터베이스로 활용하기 위해서는 다음과 같은 과정을 밟는다. 문자열 '*******'는 fwrite() 함수에 의해 생성된 것으로 변수의 수만큼 나타난다.

❶ 웹 브라우저에서 파일/다른 이름으로 저장을 실행한다.
❷ 파일 형식을 텍스트 파일로 지정하고 저장 버튼을 클릭한다.

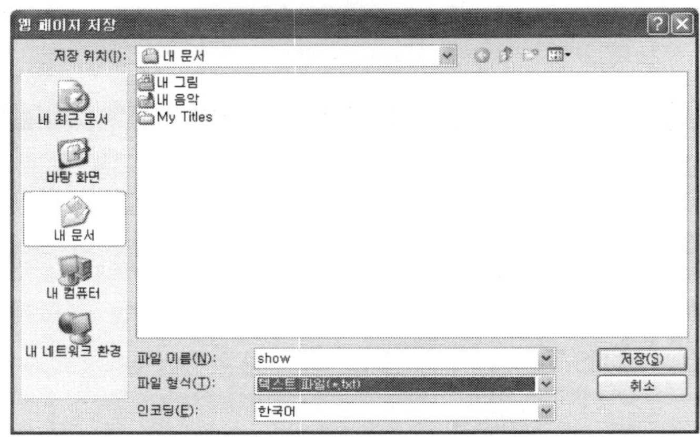

- 텍스트 파일은 show.txt라는 이름으로 저장된다.

❸ 엑셀을 실행하고 데이터 탭의 외부 데이터 가져오기 그룹에서 텍스트 버튼을 클릭한다. 텍스트 파일 가져오기 대화상자가 열린다.
❹ 텍스트 파일을 지정하고 가져오기 버튼을 클릭한다. 텍스트 마법사 창이 열린다.
❺ 원본 데이터 형식 옵션으로 구분 기호로 분리됨을 선택하고 다음 버튼을 클릭한다.

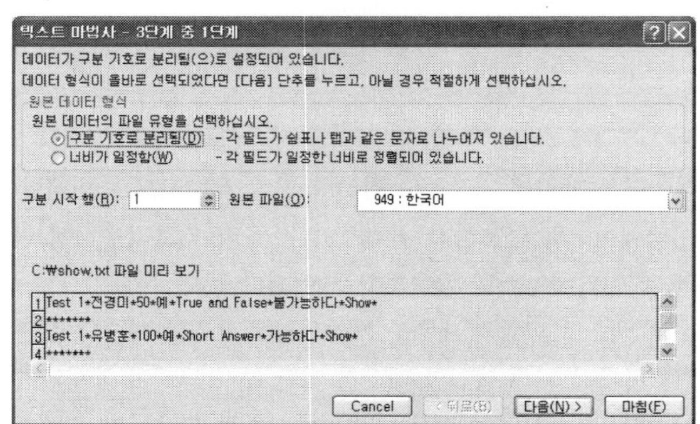

- 텍스트 파일 show.txt에서 변수의 값은 모두 문자 '*'로 구분되어 저장되어 있다.

❻ 구분 기호로 기타 옵션을 선택하고 입력 필드에 문자 '*'를 입력한 후 연속된 구분 기호를 하나로 처리 옵션을 선택하고 다음 버튼을 클릭한다.

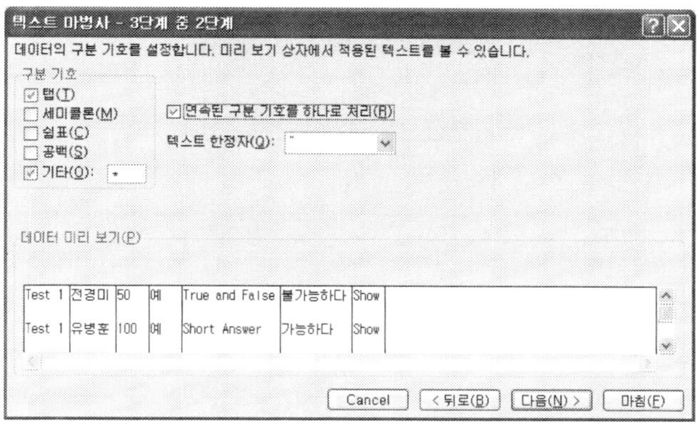

❼ 열 데이터 서식으로 일반을 선택하고 마침 버튼을 클릭한다.

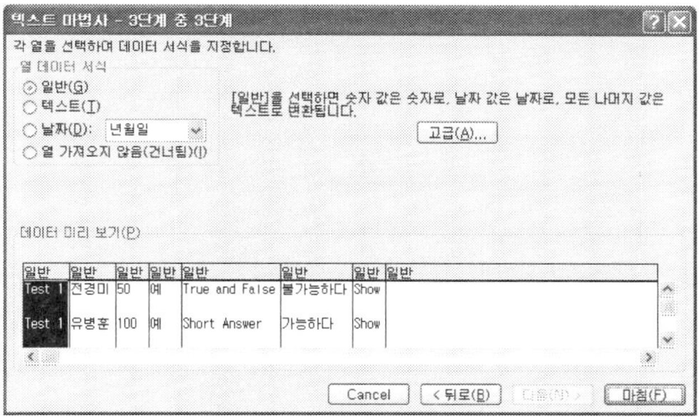

[참고]

불필요한 문자열을 불러오지 않으려면 해당 필드를 클릭한 후 열 데이터 서식 옵션으로 열 가져오지 않음(건너뜀)을 선택한다.

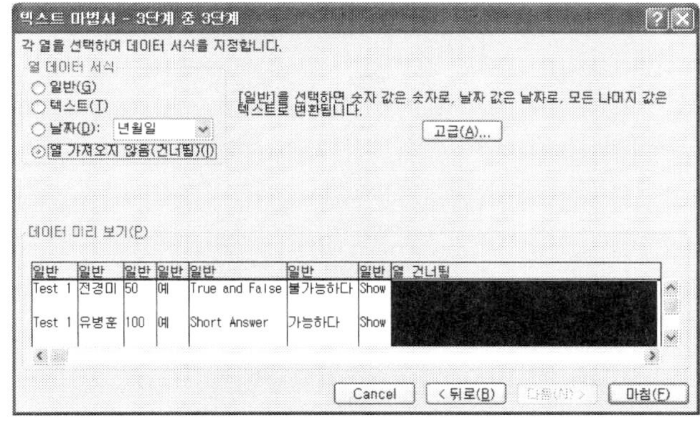

❽ 데이터가 들어갈 위치를 선택하고 확인 버튼을 클릭한다.

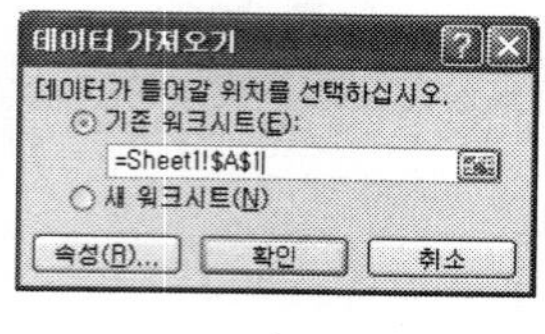

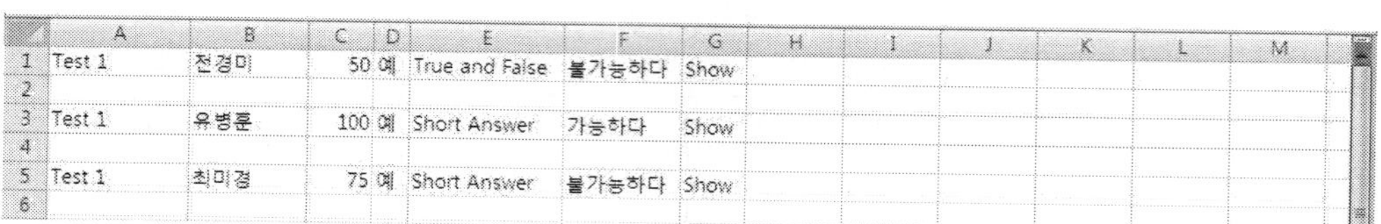

7. 스마트폰

대부분의 스마트폰은 웹-기반 포맷으로 출판된 콘텐츠에 접근할 수 있고 보여줄 수 있다. 모바일용 콘텐츠를 제작하기 위해서는 모바일 기기를 염두에 두어야 한다[5].

렉토라는 스마트 폰과 태블릿에 맞는 수많은 템플릿을 제공한다. 템플릿은 모바일 기기의 크기에 맞게 설계되어있으며, 메타 태그와 함께 모바일 친화 내비게이션 요소를 내장하고 있다.

렉토라로 웹 출판한 콘텐츠는 스마트 폰의 웹 브라우저를 통해, 그리고 HTML 콘텐츠를 지원하는 모바일 문서 보기 애플리케이션(예: GoodReader)을 통해 스마트폰에서 볼 수 있다. 렉토라로 웹 출판한 콘텐츠를 지원하는 모바일 웹 브라우저는 다음과 같다.

```
Blackberry OS6 browser(최신 버전)
Iphone Mobile Safari
Android browser
Palm webOS browser(최신 버전)
```

스마트폰에 탑재할 콘텐츠를 제작하려면 타이틀 마법사를 실행하여 모바일 유형을 선택하거나 모바일용 템플릿을 선택한다.

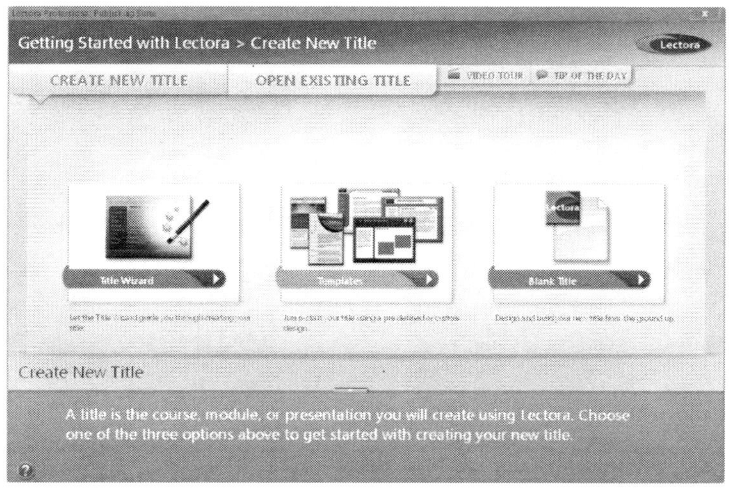

[5] Tanya Seidel, Creating mLearning Content, 2010. 렉토라 세미나 자료 참조.

Title Wizard 버튼을 클릭하면 Mobile Gel-tech, Mobile Corporate Site 타이틀 중 하나를, Templates 버튼을 클릭하면 Think Green, Industrial Blue 등의 다양한 타이틀 중 하나를 선택할 수 있다.

템플릿 파일 Road Trip을 선택했을 때의 타이틀은 다음과 같다. 템플릿에는 회사의 로고와 홍보 문구, 회사 소개, 공지 안내문, 팁 등이 들어갈 자리가 배치되어 있다. 이들 개체 틀을 그대로 유지한 상태에서 내용을 변경하여 모바일 콘텐츠를 제작한다(▶Template).

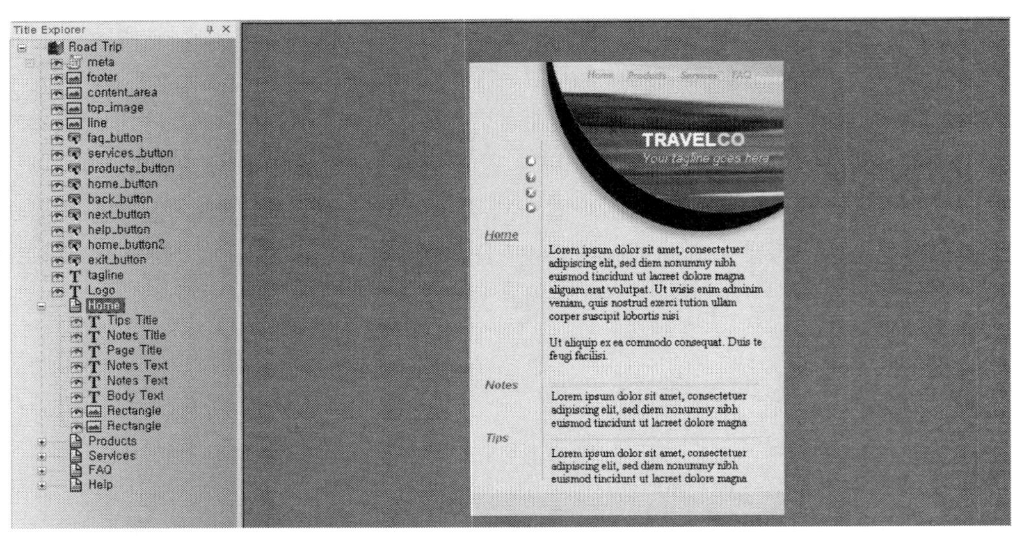

↓

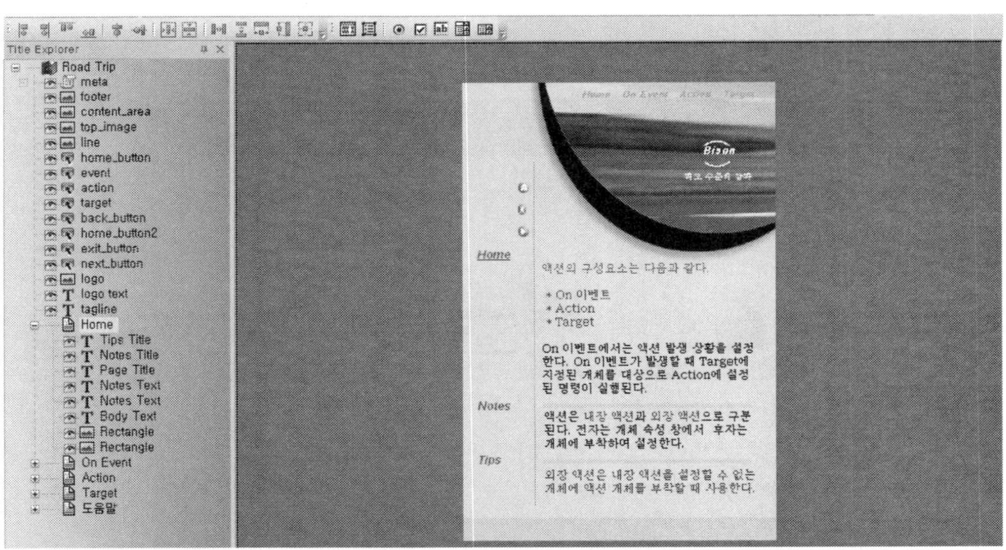

[참고]

CourseMill LMS는 모바일 인터페이스를 제공하며, SCORM 규정에 맞춰 제작한 타이틀을 지원한다. 모바일로 접속하면 모바일 친화 인터페이스로 전환되고, 강좌 목록과 수강 상태를 보면서 강좌를 시작할 수 있다.

렉토라 일반 타이틀에서 모바일용 콘텐츠를 제작하려면 다음 사항을 고려한다.

타이틀 크기

스마트폰의 화면 크기를 고려한다. 예를 들어, 콘텐츠 너비를 640 픽셀로 제작하면 해상도가 640 이상인 폰에서만 풀 스크린으로 보이고 해상도가 640 픽셀 이하인 폰에서는 콘텐츠의 일부만 보이게 된다. 따라서 현재 출시된 스마트폰의 표준 해상도를 대상으로 타이틀의 너비를 설정한다. 대체적으로 많이 보급된 스마트폰의 너비는 320, 480 픽셀이므로 타이틀의 가로 크기는 320 혹은 480 픽셀로 지정한다.

타이틀의 가로 크기는 타이틀 속성 창에서 지정한다. 타이틀의 너비는 모든 페이지에 동일하게, 높이는 각 페이지의 내용에 맞게 조정한다.

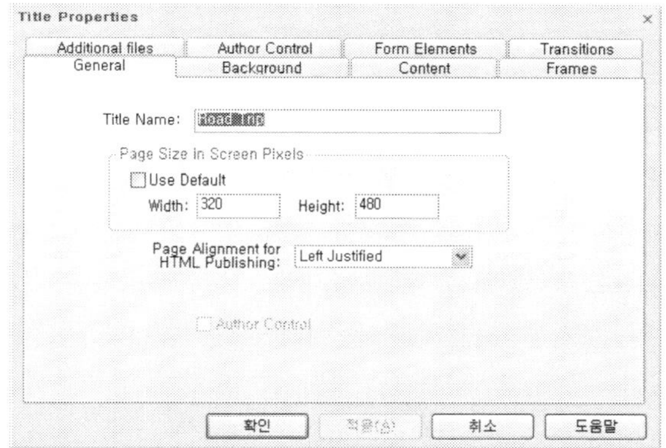

화상 표시 영역 조정

스마트폰의 화면에 맞춰 콘텐츠를 보이기 위해서는 Viewport 메타 태그 속성을 지정한다. Viewport는 화면상의 화상 표시 영역을 나타내며, 문서의 최초 너비를 설정하고 크기가 변경되지 않도록 한다.

```
<meta name="viewport" content="minimum-scale=1.0; width=device-width;"/>
```

- width: 화상 표시 영역의 논리적 너비를 픽셀로 지정한다. width=device-width는 화상 표시 영역

을 폰의 화면 너비가 되게 지정한다.

화면 해상도가 640*960인 iPhone4에서 Viewport 메타 태그의 width 값으로 device-width를 삽입한 콘텐츠는 왼쪽 그림과 같이 보이며, Viewport 메타 태그를 삽입하지 않은 콘텐츠는 오른쪽 그림과 같이 보인다.

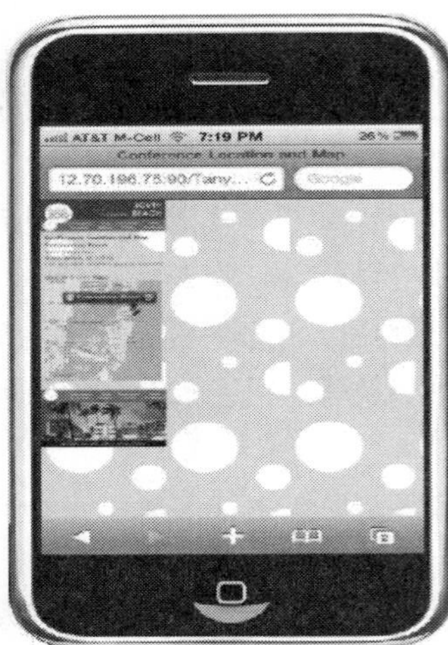

- height: 화상 표시 영역의 논리적 높이를 픽셀로 지정한다. height=device-height는 화상 표시 영역을 폰의 화면 높이가 되게 지정한다.
- user-scalable: 화상 표시 영역의 확대/축소 기능을 지정한다. yes, no의 값을 지정할 수 있다. user-scalable=no로 지정하면 콘텐츠를 확대할 수 없으며 동시에 입력 필드에 값을 입력할 때 웹 페이지가 스크롤되는 것을 막을 수 있다.
- initial-scale: 웹 페이지 보기에 사용되는 줌 요소(혹은 승수) 혹은 초기 크기를 지정한다. initial-scale=1.0은 웹 문서 그대로 표시한다.
- maximum-scale: 웹 페이지 확대 비율의 최대값을 지정한다. 값은 수치이며, 0.25-10.0의 범위를 지닌다. 화상 표시 영역의 콘텐츠에 적용되는 크기 조정 요소 혹은 승수의 값이 된다. maximum-scale=2.5는 콘텐츠의 크기를 최대 2.5배까지 확대할 수 있다.
- minimum-scale: 웹 페이지 확대 비율의 최소값을 지정한다. minimum-scale=0.5는 콘텐츠의 크기를 0.5배까지 축소할 수 있다.

콘텐츠를 아이폰 화면 크기에 맞추고, 처음 크기는 원래 크기로, 10배까지 확대하려면 메타 태그를 다음과 같이 지정한다.

```
<meta name="viewport" content="width=device-width; initial-scale=1.0; maximum-scale=10.0; user-
scalable=1;" />
```

[참고]

viewport 메타 태그는 아래에 열거한 스마트폰의 브라우저에서 인식된다.

```
Safari Mobile for the Iphone
Android browser
webOS browser in Palm Pre and Pixi devices
Opera Mini/Opera Mobile
Blackberry browsers
```

viewport 메타 태그는 External HTML 개체 속성 창에서 설정한다.

❶ 타이틀 개체를 클릭한다.
❷ Add/External HTML 버튼을 클릭한다. External HTML 개체 속성 창이 열린다.
❸ Object Type으로 Meta tags를 지정하고 Custom HTML 입력 필드에 메타 태그를 입력한다.

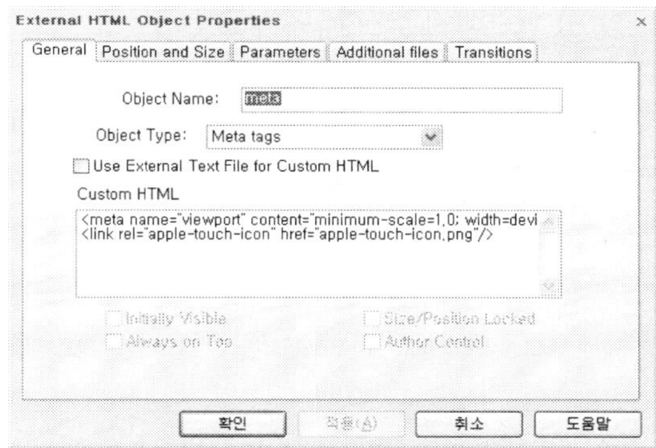

Custom HTML 입력 필드에 입력한 <link> 태그는 애플 고유의 메타 태그로서 콘텐츠를 열어 주는 아이콘을 지정한다. 아이콘 이미지 파일은 Additional files 탭에 등록한다.

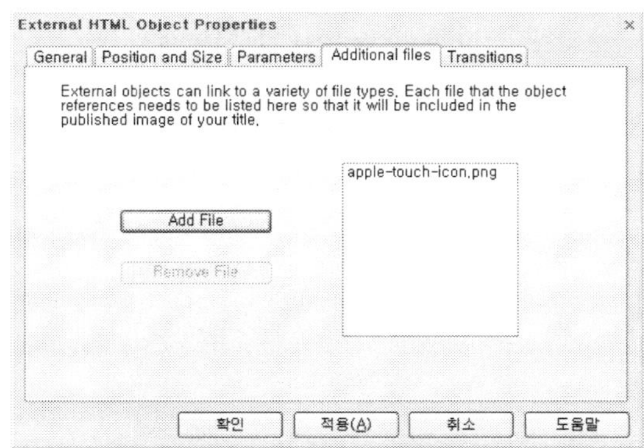

Custom HTML 코드에서 참조한 파일은 반드시 External HTML 개체 속성 창의 Additional files 탭에 추가해야 한다.

• 애플 고유의 메타 태그는 다음과 같다.

```
<meta name="apple-mobile-web-app-capable" content="yes">
```

content 옵션의 값이 yes이면 애플의 툴바와 메뉴바가 없어지고 웹 응용 프로그램을 풀 스크린 모드로 실행한다. content 값은 yes, no를 지정할 수 있다. apple-mobile-web-app-capable 항목은 웹 페이지가 웹 응용 프로그램에 의해 저장될 수 있다는 것을 스마트폰에 알린다.

```
<link rel="apple-touch-icon-precomposed" href="img/icon.png"/>
<link rel="apple-touch-icon" href="img/icon.png"/>
```

아이폰의 홈 스크린에 등록할 아이콘을 지정한다. 아이콘에 사용될 이미지의 크기는 57*57 픽셀로 지정한다. 아이콘은 이미지 모서리를 둥글게 처리한 형태로 생성된다.
href는 아이콘과 그 위치를 지정한다. 반면에 rel 속성은 아이콘의 처리 방식을 결정한다.

- apple-touch-icon-precomposed는 반사광 효과를 사용하지 않은 원래 이미지 그대로의 모양으로 아이콘을 생성한다.
- apple-touch-icon은 이미지에 Apple-esque gloss(반사광) 효과를 적용한 모양으로 아이콘을 생성한다.

```
<link rel="apple-touch-startup-image" href="img/splash.png"/>
```

웹 사이트나 애플리케이션이 로딩되는 동안 splash 스크린으로 즉, 로딩 이미지로 사용할 이미지를 지정한다. 이미지의 크기는 반드시 320*460 픽셀이어야 한다. 아이콘을 등록하는 방법과 동일하게 이미지를 additional file로 추가해야 하며, External HTML 개체 속성 창에 메타 태그를 삽입해야 한다.

```
<meta name=HandheldFriendly" content="true"/>
```

이 메타 태그는 모바일 마크업으로 사용되며, 웹 문서를 크기 조정 없이 보여준다. 메타 태그의 값은 모바일 마크업일 경우 true, 데스크탑 최적 HTML일 경우 false가 된다.

```
<meta name="name="apple-mobile-web-app-status-bar-style" content="black"/>
```

아이폰의 상태 바를 제어한다. 옵션으로 default(정상 상태), black(검정 배경), black-translucent(검정 배경에 반투명)를 지정할 수 있다. 이 메타 태그는 풀 스크린 모드를 지정하지 않은 경우에는 아무런 효과를 발생하지 않는다.

네비게이팅 기법

- 내비게이션은 심플하게 처리한다.
- 명백한 내비게이션 레이블을 사용한다.
- 페이지 높이가 긴 경우에는 상단과 하단에 내비게이션을 설치한다.
- 내비게이션 버튼 사이에는 간격을 둔다. 손가락으로 버튼을 조작하기 때문에 마우스로 조작하는 일반 HTML 문서와 다르게 배치한다. 버튼과 버튼 사이는 최소한 44 픽셀만큼 띄운다. 손가락으로 터치하는 면적은 최소 이 정도 확보되어야 한다.
- 사용자가 버튼, 하이퍼링크, 혹은 기타 컨트롤을 클릭하도록 하려면 손가락이 그것을 쉽게 누르게 충분히 크게 제작한다.

콘텐츠 내용

- 콘텐츠는 핵심적인 정보만 담는다. 모바일 사용자는 자신이 찾는 정보를 위해 여러 페이지를 거쳐 검색하지 않는다. 따라서 사용자들이 무엇에 흥미가 있는지 파악하여 그것을 제공한다.
- 팝업 창을 피한다. 팝업 창을 여는데 시간이 걸리므로 가능한 단일 창에서 실행되도록 한다.
- 무선 통신은 유선 통신에 비해 전송 용량이 적다는 점을 감안하여 콘텐츠를 제작한다.
- 적은 공간에 많은 내용을 담으려고 스크롤바를 사용해서는 안된다. 모바일 웹 환경에서는 페이지 내에 스크롤바를 넣기가 불가능하다.
- 글자는 9 포인트 크기의 바탕, Times New Roman, MS PMincho 글꼴을 사용하여 입력한다.
- 불릿 기호를 사용하지 않는다. 불릿 기호를 사용하면 텍스트 블록의 높이가 커진다.
- 여러 글꼴을 사용하는 경우 동일한 글꼴 군에 속하는 글꼴을 사용한다.
- 제목, 메뉴 항목 및 버튼에만 굵은 글꼴을 사용한다.
- 기울임꼴 및 밑줄 그은 텍스트는 사용하지 않는다. 이러한 글꼴 스타일은 읽기 어려울 수 있다.
- 고정 글꼴 크기 및 작은 글꼴 크기는 사용하지 않는다.
- 소프트 리턴을 사용하지 않는다. 소프트 리턴이란 한 줄에 글자가 모두 들어가지 않아 자동으로 줄이 바뀌어 글자가 입력되는 것을 말한다. 한 줄에 글자가 어느 정도 차면 반드시 엔터 키를 눌러 줄을 바꾸고 글자를 입력한다.
- 텍스트 블록의 내용이 엉뚱하게 나타나면 텍스트 블록 속성으로 Rendering a text block as an image 옵션을 선택하여 이미지 파일 형태로 출판한다.
- 사용자 입력을 단순화한다. 예를 들어, 콘텐츠에서 제공한 프레젠테이션에 대한 감상을 물을 경우

Short Answer 유형의 질문을 제공하기보다, True/False 유형의 질문을 제공하여 사용자가 간단하게 답하도록 한다.

- 내비게이션 탭을 사용한 경우 첫 번째 탭에 시각적 요소를 가미하여 탭이 내비게이션 탭으로 사용된다는 점을 부각한다.

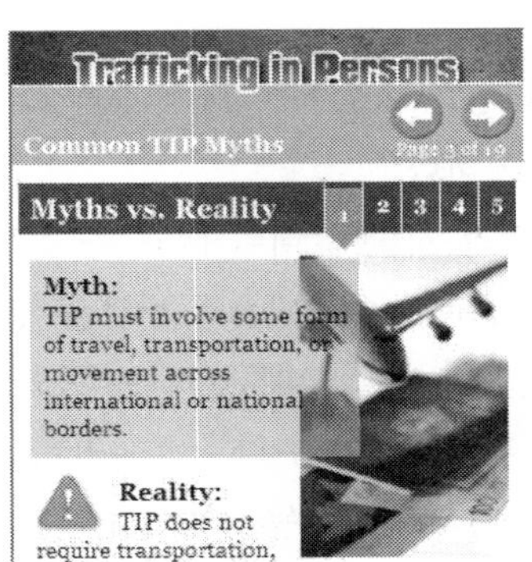

나머지 탭 역시 마우스를 클릭한 후의 탭 모양을 첫 번째 탭의 그것과 같이 지정한다.

- 렉토라 타이틀을 출판할 때 미디어를 flv 포맷으로 압축하지 않는다. 모든 스마트 폰에서 플래시 콘텐츠를 지원하는 것은 아니다. on (rollOver) 이벤트는 터치스크린 스마트 폰에서 지원하지 않는다.
- 오디오/비디오를 삽입할 때에는 스마트폰에서 지원되는 포맷으로 변형한다. 렉토라 지원 오디오/비디오 파일 포맷은 다음과 같다.

	RIM	Apple	Google	Microsoft	Palm
Audio	BASE		BASE	WP7	webOS
.mid			Y		
.mp3	Y	Y	Y	Y	Y
.wav		Y	Y	Y	Y
.wma	Y			Y	
Video					
.avi	Y			Y	
.mov		Y			
.mp4	Y	Y	Y	Y	Y
.wmv	Y			Y	

BASE: 모든 기기에서 지원하는 포맷.

- 비디오 유형을 mp4 포맷으로 변환하는 툴을 http://handbrake.fr/ 사이트에서 무료로 다운로드할

수 있다.

• 오디오 포맷을 mp3 포맷으로 전환시켜주는 툴은 http://www.goldwave.com/ 사이트에서 무료로 다운로드할 수 있다.

대부분의 모바일 브라우저에는 SDK의 일부로서 에뮬레이터가 있다. 이들 에뮬레이터는 모바일 콘텐츠를 PC 상에서 미리 볼 수 있게 한다. 모바일 기기에 실제로 접속하지 못하는 경우, 에뮬레이터를 통해 스마트폰에서 콘텐츠가 어떻게 보이는지 테스트할 필요가 있다.

– 콘텐츠가 스마트폰에서 어떻게 보이는지 반드시 테스트를 해야 한다. 모바일 콘텐츠 제작에 있어 테스트가 가장 중요하다.

iPhone 3G/4G tester-online website test emulator with flip 웹 페이지 http://iphonetester.com/를 방문하면 웹 출판한 콘텐츠를 아이폰에 탑재할 수 있다.
아래 화면은 예제 타이틀을 웹 http://home.dhc.ac.kr/~yubh/smart에 출판하고 아이폰 에뮬레이터로 테스트한 장면이다. 테스트를 통해 콘텐츠를 수정한다.

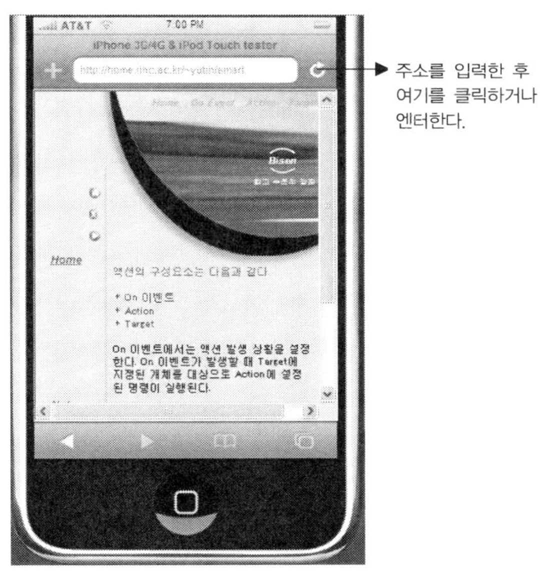

콘텐츠를 불러 온 상태에서 아이폰의 + 버튼을 누르고 홈 화면에 추가를 누르면 Additional file로 등록한 아이콘이 홈 화면에 등록된다.

[참고]

Tablet용 콘텐츠 역시 동일한 방식으로 제작한다. Templates에서 Tablet을 선택한다.

_Appendix

자주 질문 받는 내용

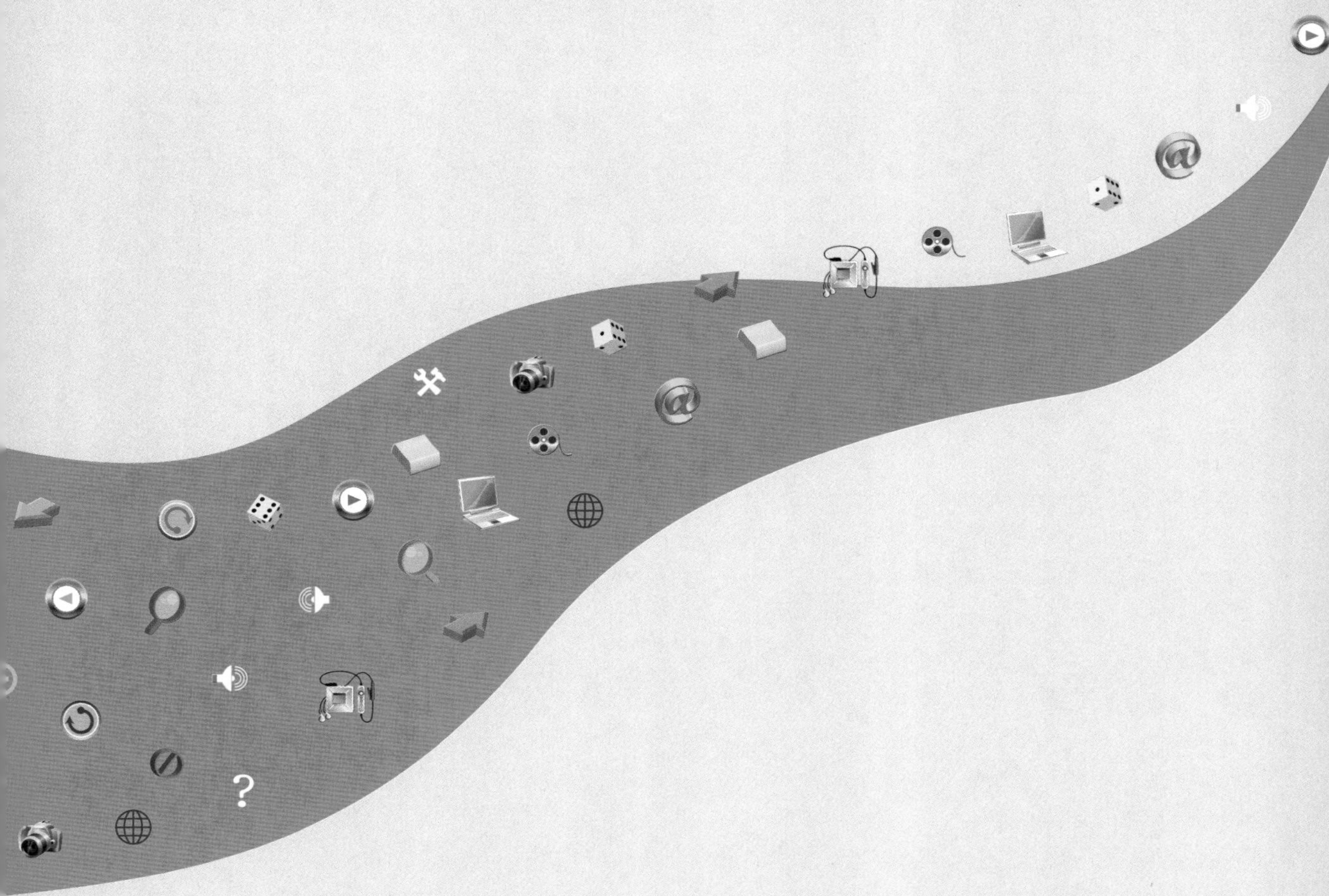

| 01 | 강좌 첫 페이지가 처음 열렸을 때에만 강의 녹화 영상을 재생하고 싶다.

녹화 영상이 삽입된 페이지로 이동하면 항상 해당 영상이 재생되는 것이 맞다. 하지만 녹화 영상에서 거론했던 것을 또 다시 반복하는 것이 어색할 때에는 다음과 같이 액션을 설정하여 녹화 영상이 한번 재생된 뒤에는 재생되지 않게 한다(▶Title110).

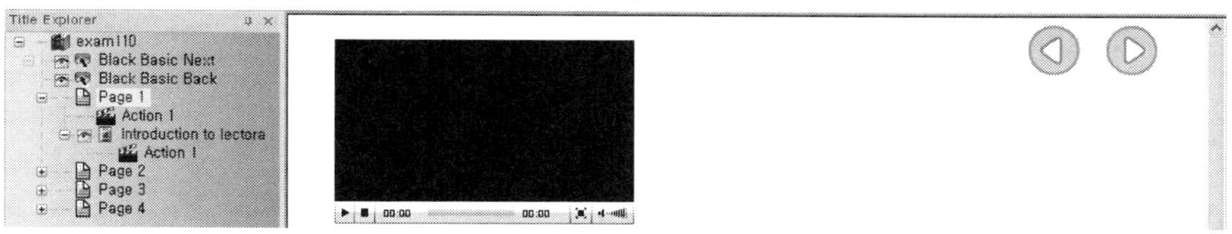

- 비디오 개체 속성 창에서 Auto Start 옵션과 Display Video Controller 옵션을 선택한다.
  - 일반적으로 강좌 소개 영상은 화면이 시작하자마자 재생된다.
- 비디오가 포함된 페이지 개체에 액션 개체를 부착한다. 액션 개체의 내용은 다음과 같다.

액션 항목	Page 1	Introduction to lectora
	Action 1	Action 1
On	Show	Done Playing
Action	Stop	Modify Variable
Target	Introduction to lectora	this
	Condition	
	this Equal To 1	
Value		1
Modification Type		Set Variable Contents

- 변수 this의 초기 값은 0이다.
- 페이지가 처음 열릴 때에는 변수 this의 값이 0이므로 비디오가 재생된다. 비디오의 재생이 끝나면 변수 this의 값이 Modify Variable 액션에 의해 1로 변경되므로 다시 이 페이지가 열리면 비디오의 재생을 중단한다.
- 비디오 개체에 Modify Variable 액션을 부착한 것은 영상을 끝까지 보지 않고 다른 페이지로 이동한 경우 이 페이지로 다시 이동할 때에는 영상을 보여줘야 하기 때문이다.

| 02 | 비디오 혹은 오디오 재생이 끝난 후 다음 페이지로 이동하고 싶다(▸Title110).

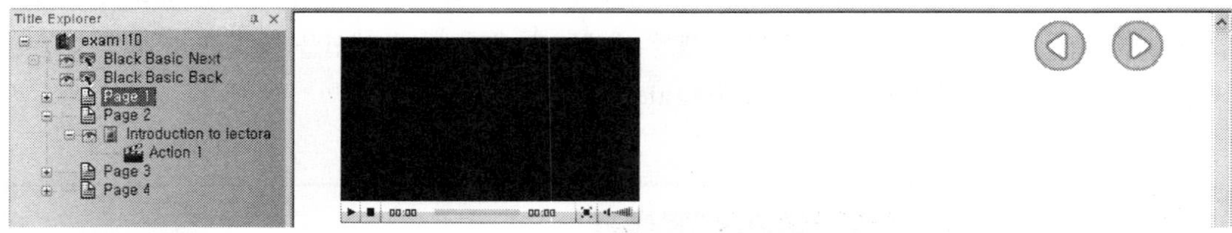

- 비디오 개체에 액션 개체를 부착한다. 액션 개체의 내용은 다음과 같다.

액션 항목	Introduction to lectora
	Action 1
On	Done Playing
Action	Go To
Target	Next Page

| 03 | 강의 영상 내용에 맞춰 특정 문자열을 화살표로 가리키고 싶다(▸Title110).

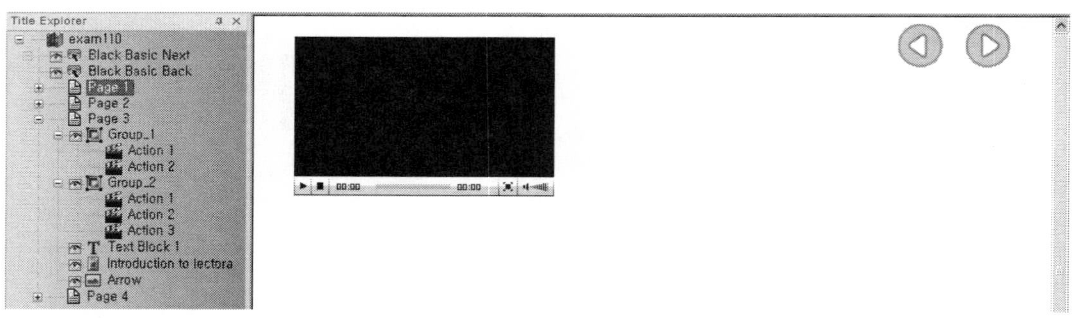

이때는 동영상 편집기에서 이벤트를 삽입하고 비디오 개체 속성 창에서 이벤트 발생 시 화살표가 문자열을 가리키는 액션을 설정한다.

이벤트 삽입

- 비디오 개체 속성 창에서 Edit 버튼을 클릭한다. 비디오 편집기 창이 열린다.
- 비디오 편집기 창의 특정 프레임에서 Tools/Insert Event를 실행한다. 슬라이더에 이벤트가 삽입된다. 구체적인 내용은 이벤트 삽입을 참조한다.

  – 강의 영상 자료가 없는 관계로 예제에서는 일반 비디오물을 사용했다.

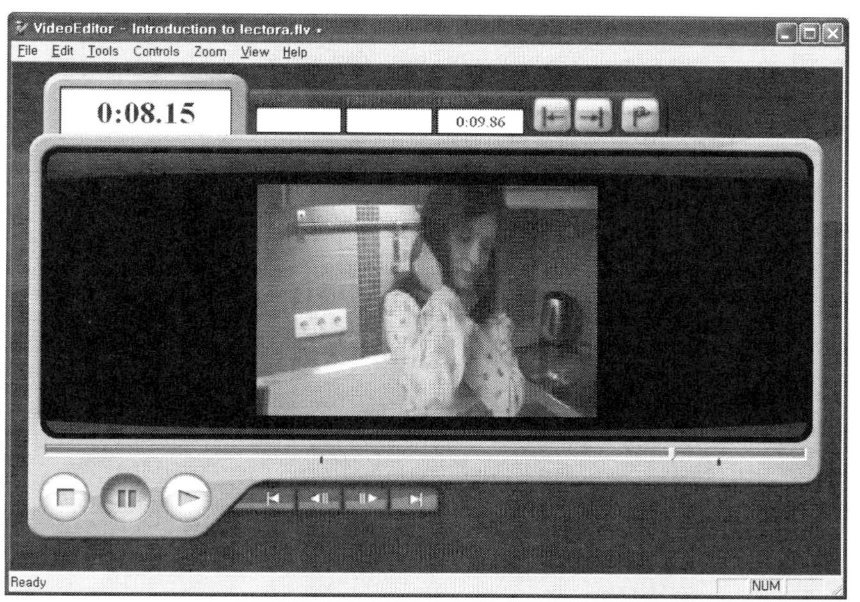

• File/Save를 실행하여 비디오 편집을 마친 후 비디오 개체 속성 창에서 확인 버튼을 클릭한다.

비디오(오디오)에 삽입된 이벤트 목록은 다음과 같다. 이벤트 목록은 이벤트 이름과 이벤트 발생 시점이 표시된다.

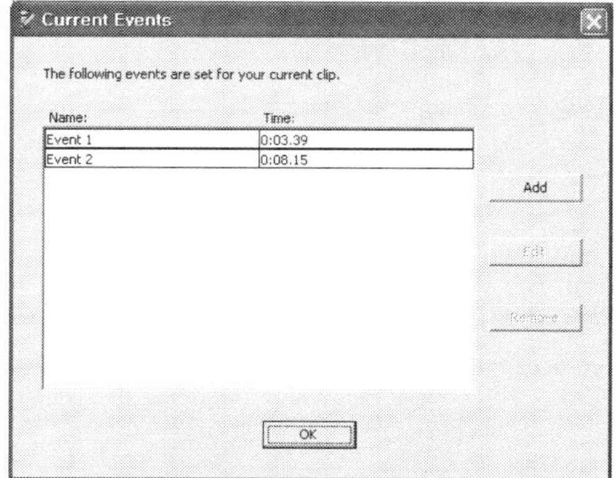

이벤트별 액션 설정

• 화살표 개체의 위치를 미리 점검한다.

  – 처음 가리킬 문자열 앞에 화살표 개체를 배치하고(X/Y 좌표 값:324/51), 화살표 개체의 Initially Visible 속성을 해제하여 보이지 않게 한다.

- 다음에 가리킬 문자열 앞에는 Move To 액션을 사용하여 화살표 개체를 옮긴다. 화살표 개체의 X/Y 좌표 값은 화살표 개체를 이동할 위치로 먼저 옮긴 후 개체 속성 창의 Position and Size 탭의 X/Y 좌표 값을 참조하여 설정한다.

- 비디오 개체 속성 창의 Events 탭에서 애니메이션 개체가 문자열 '렉토라 타이틀 속성', '콘텐츠 제작 시의 주의사항'을 가리키게 액션을 설정한다.

Event 1과 Event 2에는 다음 액션을 설정한다.

액션 항목	Introduction to lectora	
	Event 1	Event 2
On		
Action	Run Action Group	Run Action Group
Target	Group_1	Group_2

Group 1, Group 2 개체에는 다음 액션을 설정한다.

액션 항목	Group_1	
	Action 1	Action 2
On		
Action	Show	Hide
Target	Arrow	Arrow
Delay before action		1.5

액션 항목	Group_2		
	Action 1	Action 2	Action 3
On			
Action	Show	Move To	Hide
Target	Arrow	Arrow	Arrow
Delay before action			1.5
X/Y Coordinate		324/81	
Animation Speed		Fast	

| 04 | 타이틀의 특정 페이지에 포함된 비디오, 오디오, 도형 등의 개체를 수정하니 다른 페이지에 포함된 해당 개체의 속성이 따라서 변경된다(▶Title110).

비디오, 오디오, 도형 등의 개체를 동일 타이틀 내에서 복사하여 붙여 넣고 수정하면 타이틀에 포함된 모든 해당 개체의 속성이 함께 변경된다. 동일한 크기를 가진 동일 유형의 개체를 동일 페이지 혹은 다른 페이지에서 사용하려면 해당 개체를 복사하여 붙여 넣지 말고 해당 개체 삽입 아이콘을 클릭하여 개체를 삽입한 후 개체의 크기를 조정한다.

Tip 비디오 개체 Introduction to lectora가 Page 1에 삽입되어 있는 경우, Page 1의 Introduction to lectora 개체 속성을 그대로 둔 상태에서 속성이 상이한 Introduction to lectora 개체를 Page 2에 삽입하려면 Page 2에서 Add Video 버튼을 클릭하고 비디오 개체 속성 창의 Import 버튼을 클릭하여 Introduction to lectora 개체를 삽입한다.

- Introduction to lectora 개체의 원본 파일은 Introduction to lectora.flv로서 타이틀의 media 폴더에 저장되어 있다.

❶ Add Video 버튼을 클릭한다.
❷ 비디오 개체 속성 창에서 Import 버튼을 클릭한다. Add a Video to the Title 창이 열린다.
❸ Introduction to lectora.flv 파일을 선택하고 열기 버튼을 클릭한다. Rename Resource 창이 열린다.

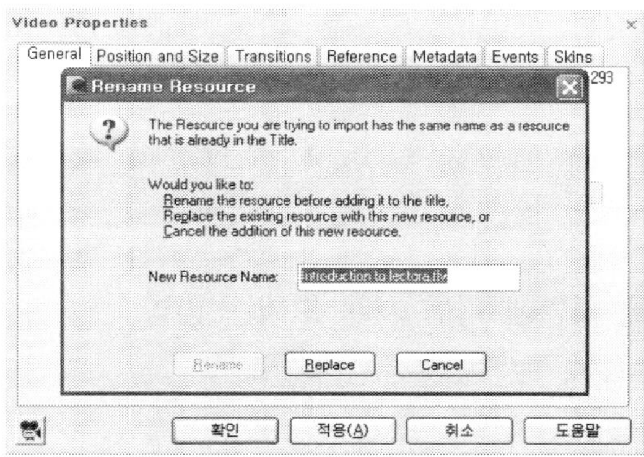

❹ New Resource Name 필드에 파일 이름을 변경한 후 Rename 버튼을 클릭한다.

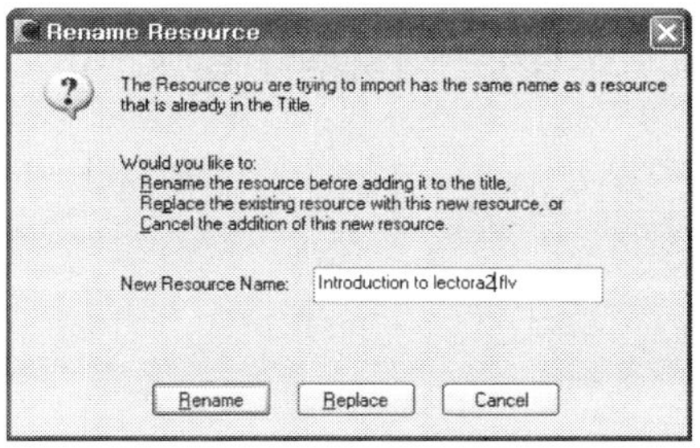

- Replace 버튼을 클릭하면 타이틀에 포함된 Introduction to lectora 개체가 Introduction to lectora.flv 파일로 대체된다. Introduction to lectora 개체에 설정한 Event 등의 속성이 삭제된다.
- Rename 버튼을 클릭하면 속성이 다른 Introduction to lectora 개체를 삽입할 수 있다. 타이틀의 media 폴더에 Introduction to lectora2.flv란 이름으로 저장된다.

- Video 선택 필드를 펼쳐보면 Introduction to lectora2.flv란 파일이 media 폴더에 등록된 것을 확인할 수 있다.

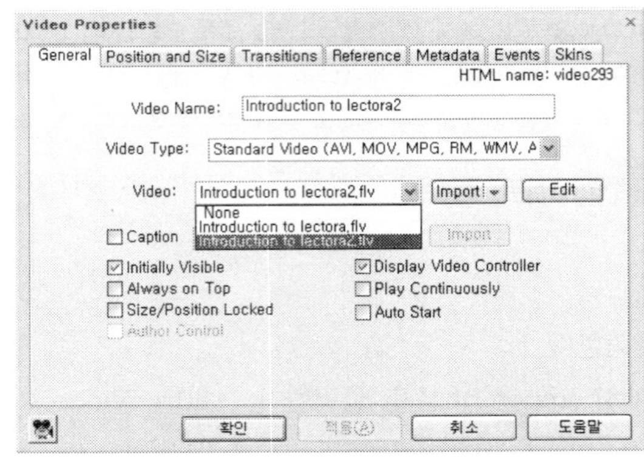

Tip Video 선택 필드에 나타나는 비디오 개체를 선택하고 확인 버튼을 클릭하면 해당 개체를 원본으로 사용하는 모든 개체의 속성에 영향을 주게 된다. 새로운 속성이 필요한 개체를 삽입하려면 반드시 Import 버튼을 클릭하여 개체를 불러온다.

❺ 확인 버튼을 클릭한다.

| 05 | 타이틀의 내용을 화면에 가득 차게 보이는 방법

결론적으로 그러한 방법은 없다. 풀 스크린 모드 혹은 채널 모드로 제작한다 해도 콘텐츠를 둘러싼 창이 화면에 가득 찬다는 것이지 콘텐츠 자체가 화면에 가득 차게 조정되는 것은 아니다.
따라서 굳이 타이틀의 내용을 화면에 가득 차게 제작하려면 타이틀의 가로/세로 크기를 화면 해상도에 맞춰 제작할 수밖에 없다. 타이틀의 가로/세로 크기는 타이틀 속성 창에서 지정한다.

- 타이틀의 가로 크기는 Width, 세로 크기는 Height 필드에서 설정한다.
- 타이틀의 웹 브라우저에서의 가로 위치는 Page Alignment for HTML Publishing 필드에서 설정한다.

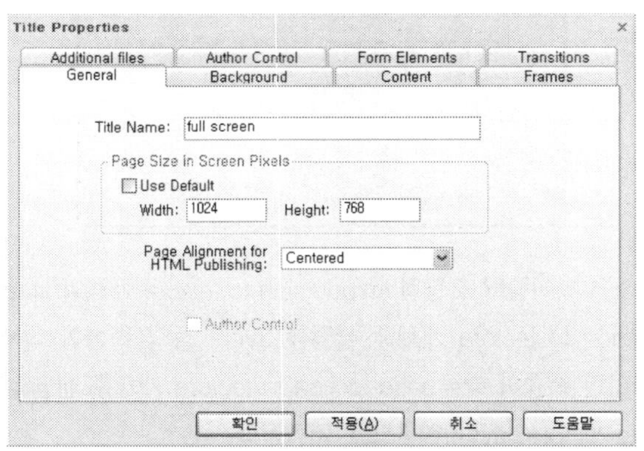

- 타이틀의 크기를 크게 지정한 경우 페이지 전체를 보면서 편집하려면 Title Explorer의 Auto Hide 버튼 을 활용한다.

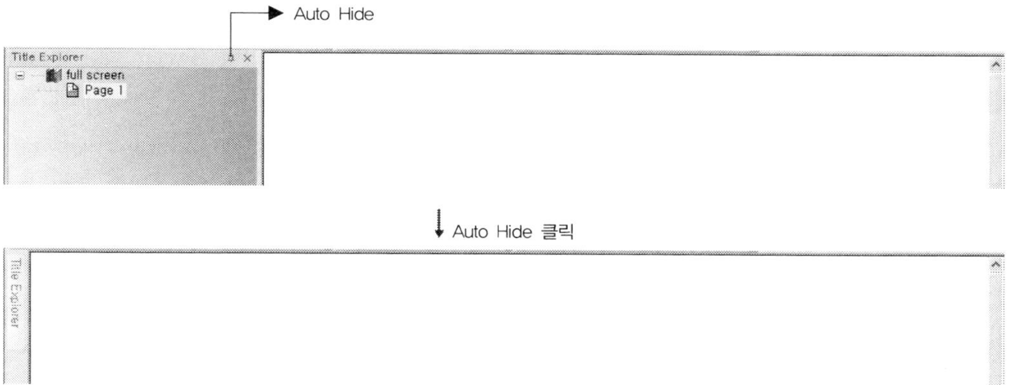

- Title Explorer의 추리 구조를 참조하려면 Title Explorer 버튼에 마우스를 갖다 댄다.

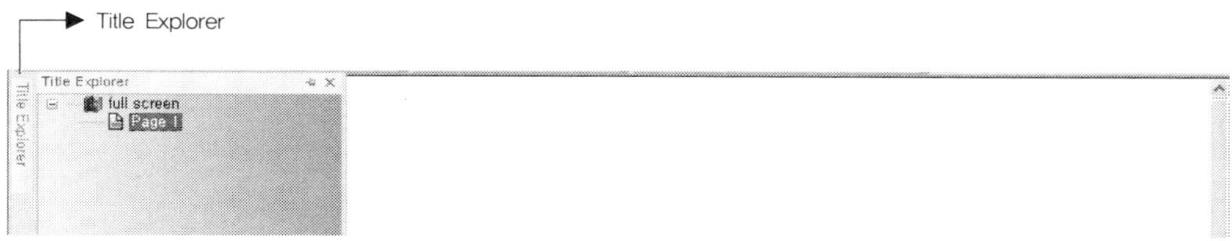

- Title Explorer 창을 고정하려면 Auto Hide 버튼 을 클릭한다.

타이틀을 원하는 크기로 제작하였다면 반드시 풀 스크린 모드 혹은 채널 모드로 출판한다. 왜냐하면 화면에 차게 타이틀을 출판하더라도 더 높은 화면 해상도를 지닌 모니터에서는 화면에 차게 보이지 않기 때문이다.

- 풀 스크린 모드 혹은 채널 모드는 모니터 화면 해상도에 관계없이 화면에 꽉 차게 한다.

| 06 | 테스트 데이터를 메일로 전송하는 방법

테스트 속성 창의 Results 탭에서 전송 방법으로 Email results of test를 지정하고 메일 주소를 입력하면 테스트 데이터를 메일로 보낼 수 있다. 그러나 해당 타이틀의 웹 출판 시 JavaScript Title Manager 옵션을 사용하지 못하는 관계로 출판된 타이틀을 보는데 있어 많은 어려움이 따른다.

- Sun Microsystems사의 자바를 다운로드해도 웹에 출판된 타이틀에 에러가 발생한다.

따라서 메일 전송은 타이틀을 CDRom으로 배포하거나 Single File Executable로 배포할 때 사용한다. 테스트 결과를 메일로 전송하기 위해서는 수강생들의 컴퓨터에 Microsoft Outlook과 같은 이메일 클라이언트가 설치되어 있어야 하며, 출판된 타이틀로부터 테스트 결과를 받을 수 있게 이메일 서버 설정이 필요하다. 기본 메일 클라이언트 설정(359, 364 페이지)을 참조한다.

- 수강생들로부터 테스트 결과를 이메일로 전송받기 위해서는 기본 메일 클라이언트 설정에 대해 강의하고 모든 수강생들이 자신의 컴퓨터에 기본 메일 클라이언트 설정을 하게 한다.

| 07 | 마우스가 지난 간 자리에 그림이 나타나게 하는 방법(▸Title111)

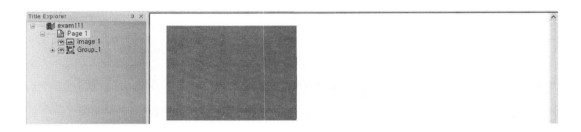

이러한 유형의 콘텐츠는 매우 단순하다. 단, 제작에 많은 시간과 노력이 든다.

- 버튼 개체를 제작한다.
- 버튼 개체에 액션 개체를 부착한다.

액션 항목	Button
	Action 1
On	Mouse Enter
Action	Hide
Target	This Object

타깃 This Object는 액션 개체가 부착된 개체 자체를 가리킨다.

- 버튼 개체를 복사하여 그림 위에 배치한다.

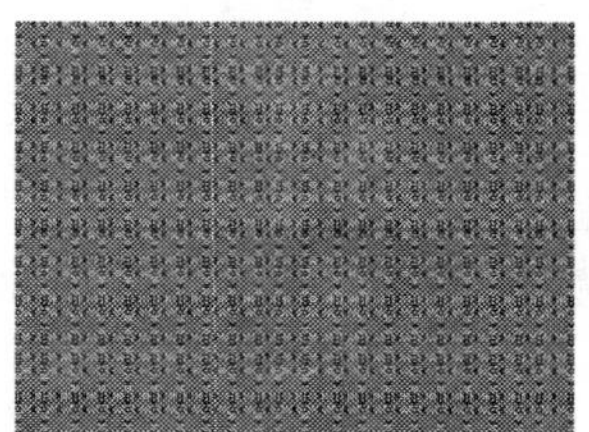

버튼 위에 마우스를 갖다 대면 버튼이 사라지고 버튼에 가려진 그림이 보인다.

| 08 | Matching 질문에서 그림 사용하는 방법(▸Title112)

당연히 그림 이미지를 사용할 수 있다.

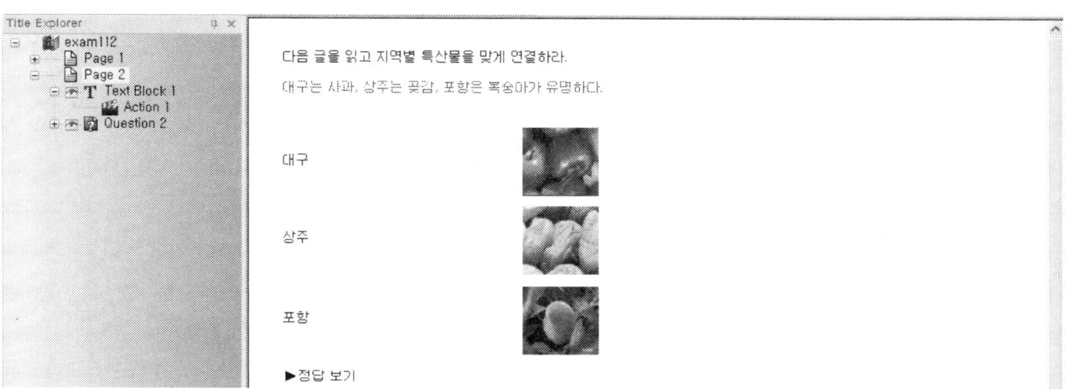

질문에 이미지를 사용하려면 미리 이미지 개체를 준비해야 한다. 예제 타이틀에 삽입된 apple.gif, peach.gif, persimmon.gif 이미지 파일은 이미지 편집기를 사용하여 가로 73 픽셀, 세로 68 픽셀로 크기를 조정하였다.

Right Column에 문자열이 아닌 이미지를 표시하려면 Right Column의 Show image with item 옵션을 선택하고 이미지 파일을 지정한다. Item Text 입력란은 빈 상태로 둔다.

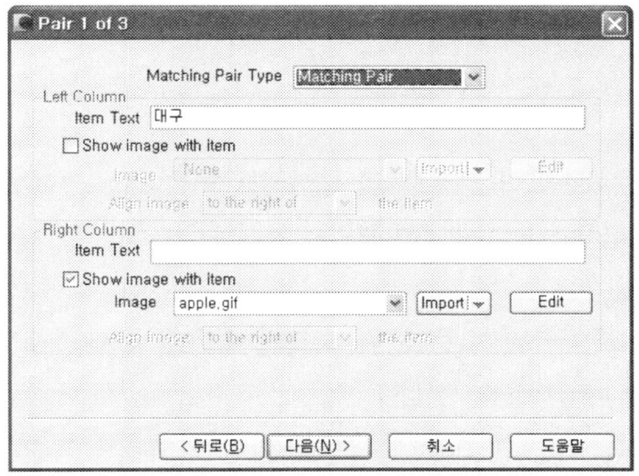

Left Column과 Right Column의 Show image with item 옵션을 선택하고 이미지 파일을 지정하면 이미지와 이미지를 연결하는 Matching 유형 질문을 완성할 수 있다.

| 09 | 개체를 특정 지점으로 끌어 놓는 액션

플래시의 startDrag() 메소드는 무비클립을 특정 위치로 끌어 놓을 때 사용한다. 렉토라에서 startDrag() 메소드를 구현하려면 Drag and Drop 질문을 활용한다. Drag and Drop 질문에 대한 구체적 내용은 테스트 질문을 참조한다(▶Title112).

- 테스트에 사용할 메인 이미지(Drop image)와 메인 이미지의 특정 위치에 끌어 놓을 이미지(Drag Image)를 제작한다.

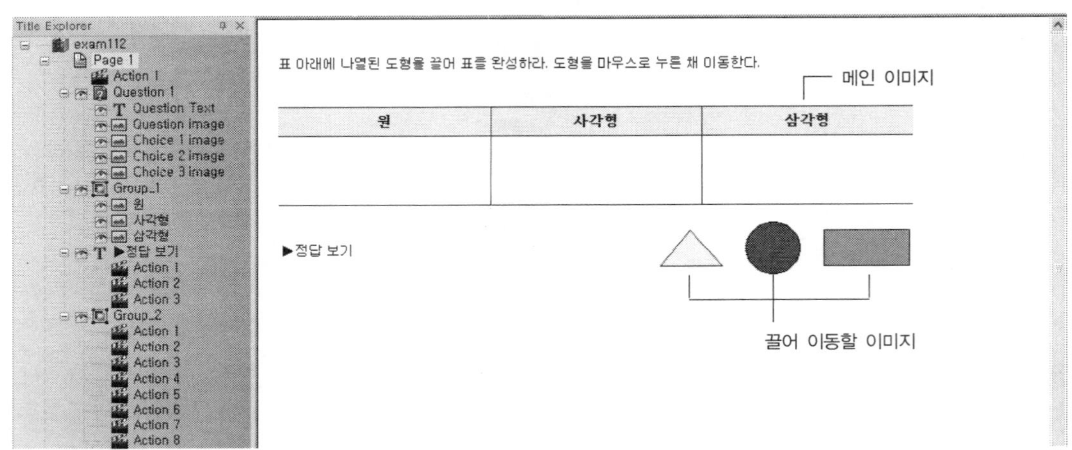

- 질문의 Drag Image와 동일한 이미지 개체를 해당 Drag Image 개체와 겹쳐 배치하고 Group_1에 포함한다. Group_1에 포함한 개체는 질문에 포함된 이미지 개체보다 더 높은 레이어 층에 위치하도록 한다.

Tip Choice 1 image 와 삼각형 이미지 를 함께 겹치고 삼각형 이미지가 Choice 1 image를 가리게 한다.

- 질문에 포함된 이미지 개체보다 더 낮은 레이어 층에 위치하면 Group_1에 포함한 개체를 메인 이미지로 이동시켰을 때 메인 이미지 개체에 가려져 보이지 않게 된다.

- 문자열 '▶정답 보기'를 클릭하면 질문을 원 상태로 돌리고 Group_2 액션을 실행한다. 질문을 맞힌 경우 메시지 창이 나타나도록 한다.
- Group_2 액션 개체는 Group_1에 포함된 개체를 메인 이미지로 이동시켜 2초간 정답을 보여준 후 원래 위치로 이동하게 한다.
- Page 1 개체에는 다음 액션을 부착하여 페이지가 열릴 때 Group_1에 포함된 개체가 보이지 않게 한다. 그렇지 않으면 Group_1에 포함된 개체가 질문에 포함된 Drag Image 개체를 가리게 되어 Drag Image 개체를 마우스로 옮길 수 없게 된다.

액션 항목	Page 1
	Action 1
On	Show
Action	Hide
Target	Group_1

- 문자열 '▶정답 보기' 개체에는 다음과 같은 액션을 부착한다.

액션 항목	▶정답 보기		
	Action 1	Action 2	Action 3
On	Mouse Click	Mouse Click	Mouse Click
Action	Reset Question	Run Action Group	Display Message
Target	Question 1	Group_2	Standard Message Window
	Condition		
	Question_0001 Is Not Correct	Question_0001 Is Not Correct	Question_0001 Is Correct
Message to Display			잘 맞혔습니다. 축하합니다...

- 질문에 대한 답이 틀리면 질문을 원 상태로 돌리고, Group_2 액션을 실행하여 정답을 보여준다.
- 질문에 맞게 답하면 메시지 창을 보여준다.

- Group_2 액션 개체에 포함된 액션은 다음과 같다.

액션 항목	Group_2			
	Action 1	Action 2	Action 3	Action 4
On				
Action	Show	Move To	Move To	Move To
Target	Group_1	삼각형	사각형	원
X/Y Coordinate		503/132	287/132	94/122
Animation Speed		중간	중간	중간

액션 항목	Group_2			
	Action 5	Action 6	Action 7	Action 8
On				
Action	Move To	Move To	Move To	Hide
Target	삼각형	사각형	원	Group_1
X/Y Coordinate	389/233	548/233	470/222	
Animation Speed	Fast	Fast	Fast	
Delay before action	2.0	2.0	2.0	2.0

- Group_1에 포함된 개체를 보여주고 각 개체를 정답 위치로 이동시킨다.
- 정답을 보여준 후 2초가 경과하면 원래 위치로 이동시키고 숨겨지게 한다.

| 10 | 테스트 질문을 팝업 창에 하나씩 제출하는 방법(▶Title113)

테스트 질문을 한 페이지에 여러 개 나열하는 것보다 팝업 창에 하나씩 나타나게 하면 조금 이색적인 느낌의 테스트를 실시할 수 있다.

타이틀 구조

- 타이틀의 첫 페이지에는 각 테스트 페이지로 이동할 수 있는 질문 버튼과 텍스트 버튼 ▶테스트 전송, ▶테스트 마치기를 배치한다.
- 테스트는 총 5 페이지로 구성된다.
  - Page 1에는 아무런 내용도 입력하지 않는다. 이 페이지는 테스트를 시작할 때 학생의 이름을 입력할 수 있는 프롬프트 창을 여는 역할을 한다.

  - Page 2, 3, 4에는 질문을 삽입한다.
  - Page 5에는 테스트가 성공적으로 전송되었다는 메시지와 함께 Page 1로 이동할 수 있는 하이퍼링크를 제공한다.

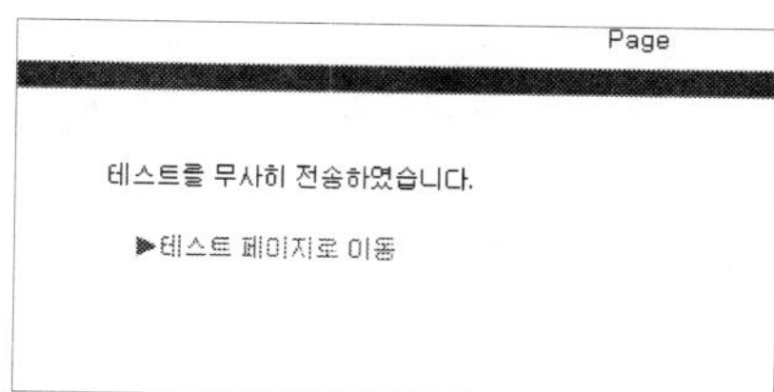

테스트 페이지 크기 설정

- Add Test 버튼을 클릭한다. 테스트 속성 창이 열린다.
- 테스트 속성 창의 General 탭에서 테스트 페이지의 크기를 지정한다. Page Size in Screen Pixels 박스에서 Use Default 옵션을 해제한 후 Width, Height의 값을 입력한다.

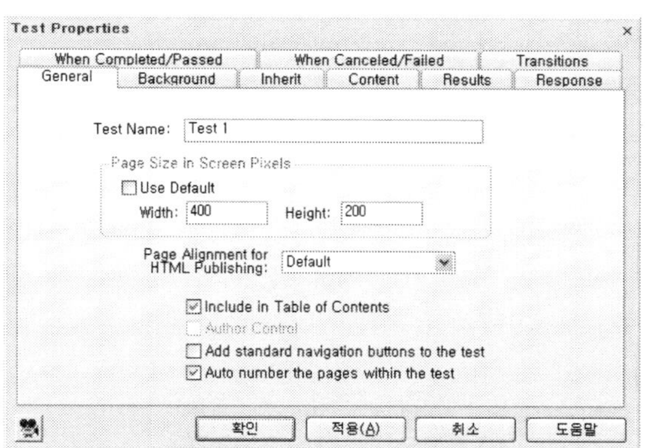

- Use Default 옵션을 선택하면 타이틀 속성 창에서 지정한 페이지의 크기가 그대로 상속된다.
- 페이지의 크기는 질문이 가장 긴 그리고 질문 항목이 가장 큰 페이지 크기를 지정한다.
- 질문 버튼을 클릭하여 테스트 페이지로 이동하기 때문에 테스트 페이지 이동에 필요한 내비게이션 버튼을 불필요하다. Add Standard navigation buttons to the test 옵션 선택을 해제한다.

테스트 속성 창의 Results 탭 속성 설정

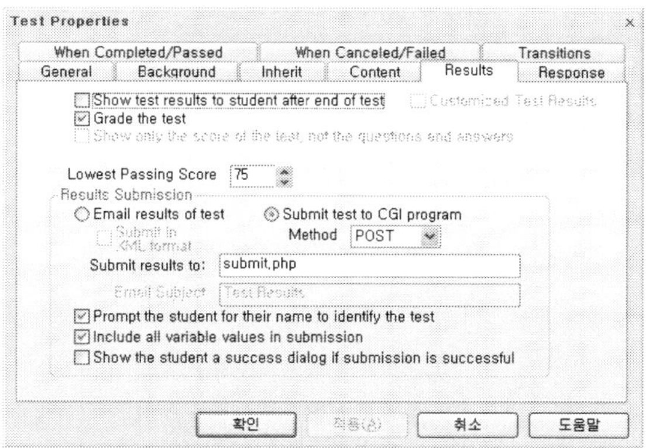

테스트의 성공적인 전송 결과는 Page 5에서 알려주므로 Show the student a success dialog if submission is successful 옵션을 해제한다.

액션 설정

- Page 1의 질문 버튼, 텍스트 버튼에 설정된 액션은 다음과 같다.

액션 항목	질문 1	질문 2	질문 3
	내장 액션	내장 액션	내장 액션
On	Mouse Click	Mouse Click	Mouse Click
Action	Go To	Go To	Go To
Target	Chapter, Section, or Page	Chapter, Section, or Page	Chapter, Section, or Page
Name	Test 1:Page 2	Test 1:Page 3	Test 1:Page 4
	☑Open in New Window		

액션 항목	▶테스트 전송	▶테스트 마치기
	Action 1	Action 1
On	Mouse Click	Mouse Click
Action	Go To	Exit Title/Close Window
Target	Chapter, Section, or Page	
Name	Test 1:Page 5	
	☑Open in New Window	
	Condition	
	All of the Following	show Equal To 1
	Question_0001 Is Not Empty	
	Question_0002 Is Not Empty	
	Question_0003 Is Not Empty	

- 질문 버튼을 클릭하면 해당 질문 페이지로 이동한다. 질문 페이지는 팝업 창에서 열린다.
- 모든 질문에 답한 경우에만 ▶테스트 전송 버튼에 설정된 액션이 실행된다.
- 변수 show의 값이 1일 때에만 ▶테스트 마치기 버튼에 설정된 액션이 실행된다. 변수 show의 값은 테스트 결과가 전송되었을 때 1로 변경된다.

- Go To 액션으로 이동하는 팝업 창의 속성은 다음과 같이 설정한다.

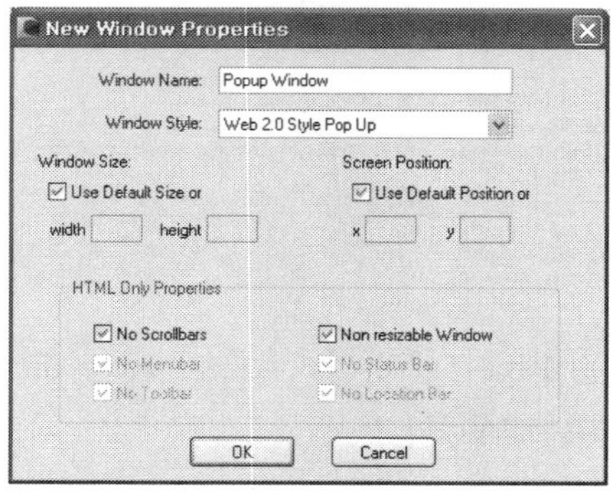

- 팝업 창의 크기는 테스트 속성 창의 Page Size in Screen Pixels 박스에서 지정한 크기로 설정된다.
- 팝업 창에 스크롤바가 나타나지 않도록, 그리고 팝업 창의 크기를 변경할 수 없도록 하기 위해 No Scrollbars, Non resizable Window 옵션을 선택한다.

- Page 5에 부착한 액션과 텍스트 버튼 ▶테스트 페이지로 이동에 부착한 액션은 다음과 같다.

액션 항목	Page 5	▶테스트 페이지로 이동		
	Action 1	Action 1	Action 2	Action 3
On	Show	Mouse Click	Mouse Click	Mouse Click
Action	Submit/Process Test/Survey	Exit Title/ Close Window	Modify Variable	Go To
Target	Test 1		show	First Page in Title
Value			1	
Modification Type			Set Variable Contents	
Delay before action				1.0

- Page 5가 열리면 테스트 결과를 전송한다.
- ▶테스트 페이지로 이동 버튼을 클릭하면 팝업 창을 닫고 변수 show의 값을 1로 변경한 후 타이틀 첫 페이지로 이동한다. 타이틀 첫 페이지로 이동하는 액션 실행 시점을 1초 지연시킴 점에 주의한다. 액션 실행 시점을 지연시키지 않으면 팝업 창에 타이틀의 첫 페이지가 나타나는 오류가 발생한다.

| 11 | Exit Title/Close Window 액션을 실행했을 때 창을 바로 닫는 방법

Exit Title/Close Window 액션을 실행하면 창을 닫을 것인지를 묻는 경고 창이 열린다. 경고창이 열리지 않고 창이 바로 닫히기를 원한다면 타이틀을 웹으로 출판한 후 Exit Title/Close Window 액션이 삽입된 웹 페이지의 액션 코드를 수정한다.

예제 | Title 113의 텍스트 버튼 ▶테스트 마치기에 부착된 액션 코드는 index.html 파일을 열고 다음과 같이 수정한다.

index.html - 메모장

파일(F) 편집(E) 서식(O) 보기(V) 도움말(H)

```
function action280(fn){
    if( text279.eatOnUp==true ){
        text279.eatOnUp=false;
        return;
    }
    if(Varshow.equals('1')){cleanupTitle('test'); trivExitPage('ObjLayerActionExit()',false);}
    if(fn) eval(fn);
}

function text279onUp() {
  action280();
}
```

↓

```
if(Varshow.equals('1')){window.opener="nothing";window.open('','_parent','');window.close();}
```

액션의 HTML 코드 action280은 액션 속성 창의 우측 상단에서 확인할 수 있다.

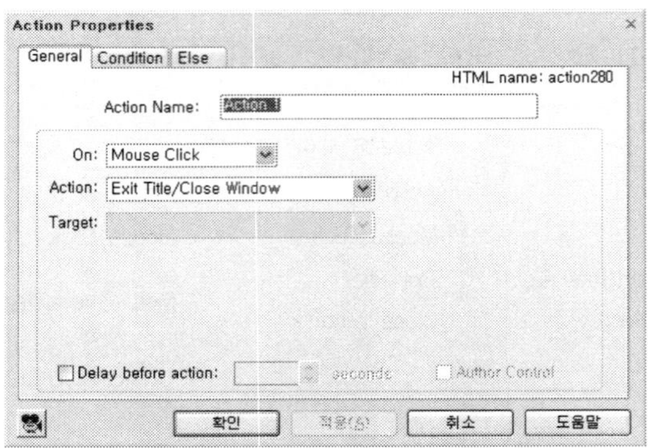

액션 개체의 HTML 코드를 참조하려면 File/Preferences를 실행하고 General 탭에서 Showing HTML-published object names in object properties 옵션을 선택한다.

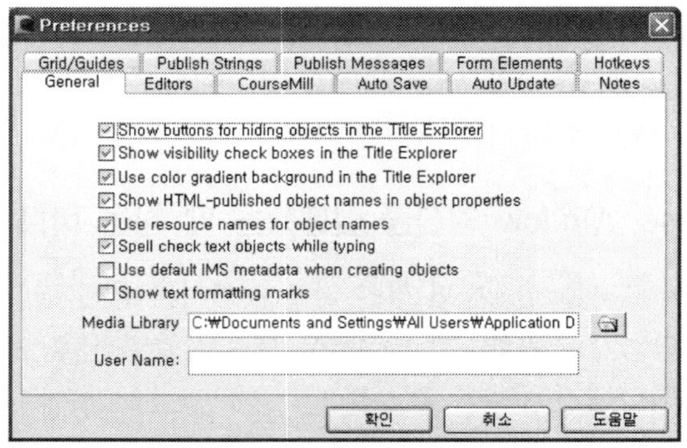

| 12 | 조건 복사와 조건 붙이기

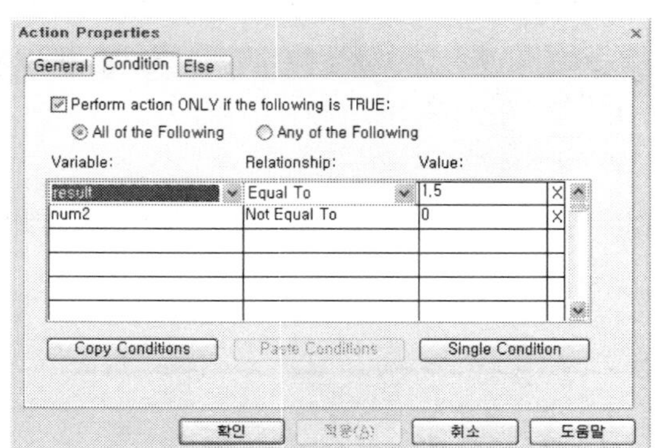

- 조건을 복사하려면 Copy Conditions 버튼을 클릭한다.
  - 현재 열린 액션 속성 창에 설정된 모든 조건이 복사된다.

- 복사한 조건을 붙여 넣으려면 Perform action ONLY if the following is TRUE 옵션을 선택한 후 Multiple Conditions 버튼을 클릭하고 Paste Conditions 버튼을 클릭한다.
  - 복사한 조건이 모두 붙여진다.

| 13 | Save As와 Save a Copy of Title의 차이점

현재 제작 중인 타이틀이 c:₩title 폴더에 저장되어 있다. 타이틀을 다른 폴더 예를 들어 c:₩title_copy 폴더에 저장하려면 File/Save As, File/Save a Copy of Title을 실행한다. 두 저장 방식의 차이점은 다음과 같다.

- Save As: 타이틀을 저장하고 닫은 후 c:₩title_copy 폴더에 저장된 타이틀을 연다.
- Save a Copy of Title: 타이틀을 c:₩title_copy 폴더에 복사하고 작업은 c:₩title 폴더에서 계속한다.

따라서 현재 제작 중인 타이틀을 다른 폴더로 저장하고 타이틀이 저장된 원래 폴더에서 계속 작업하려면 Save a Copy of Title을 실행한다.
현재 제작 중인 타이틀을 다른 폴더로 저장하고 타이틀이 저장된 새로운 폴더에서 계속 작업하려면 Save As를 실행한다.

| 14 | 사용자 투명 색상 속성 버튼 제작

버튼 속성 창에서는 화면에 보이는 버튼 모양(Normal-State), 버튼에 마우스를 갖다 댈 때의 모양(Mouseover), 버튼을 클릭할 때의 모양(Clicked)을 이미지 파일로 지정할 수 있는 인터페이스를 제공한다(▶Title114). 버튼 이벤트별로 지정할 이미지는 이미지 편집기에서 제작한다.

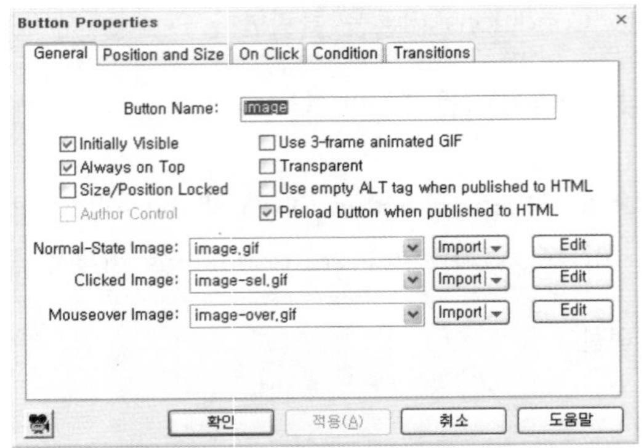

❶ Tools/New Image Tool을 실행한다. Image Tool 창이 열린다.

❷ 이미지 유형을 GIF로 선택하고 마침 버튼을 클릭한다. 이미지 편집기가 열린다.

– 제작하려는 텍스트 버튼의 크기를 예측할 수 없으므로 Width와 Height의 값은 기본값을 그대로 사용한다.

❸ View/Color Palette를 실행한다. Palette 창이 열린다.

❹ 텍스트 배경 색상으로 사용할 색상(귤색)을 마우스 오른쪽 버튼으로 클릭한다. 배경 색상은 투명 색상으로 사용된다.

❺ 텍스트 색상으로 사용할 색상(남색)을 마우스 왼쪽 버튼으로 클릭한다. 이미지 편집기의 좌측 하단에 선택한 색상이 전경 색과 배경 색으로 등록된다.

❻ Text Tool 아이콘 A을 클릭하고 캔버스 창의 임의의 곳을 클릭한다. Text 창이 열린다. Text 창의 입력 필드의 배경 색상은 배경 색으로 등록한 색상이 된다.

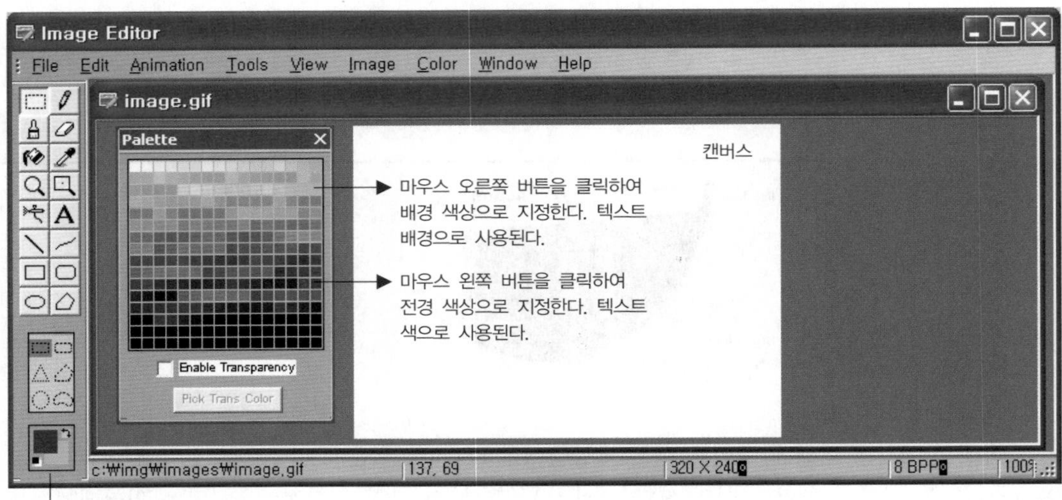

❼ 텍스트를 입력하고 Leave text background transparent 옵션의 선택을 해제한 후 OK 버튼을 클릭한다. 텍스트의 색상은 전경 색으로 등록한 색상이 되며, 배경 색으로 등록한 색상은 텍스트 입력 필드의 Background Color로 지정된다.

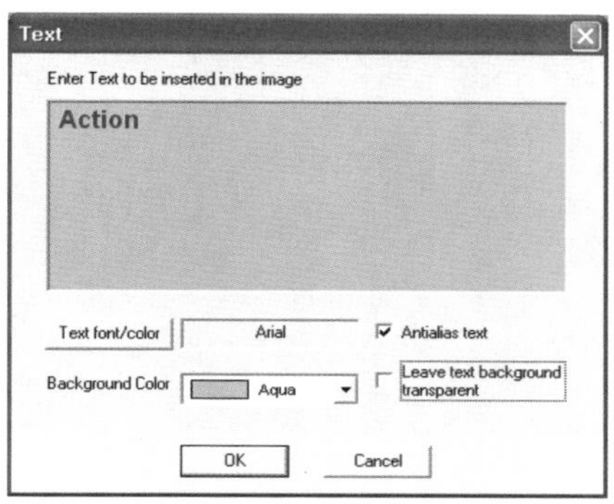

❽ 캔버스 창의 임의의 곳을 클릭한다. 텍스트가 삽입된다.

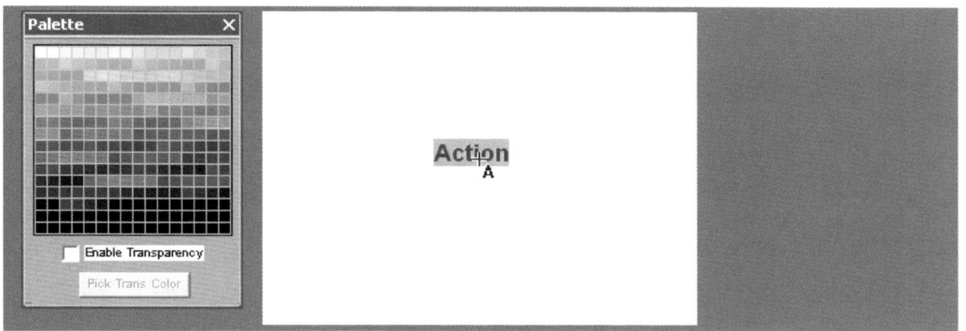

❾ Select Tool 아이콘 □을 클릭하여 텍스트를 선택한 후 Image/Crop을 실행한다.

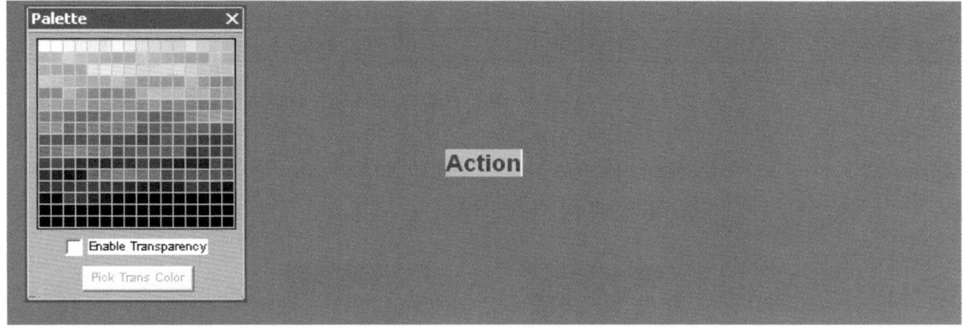

캔버스의 크기가 텍스트의 크기와 동일해진다.

버튼이 나타날 때 보여 줄 이미지 제작

⑩ Select Tool 아이콘 ▭을 클릭하여 텍스트를 선택한 후 Delete 키를 눌러 텍스트를 지운다.

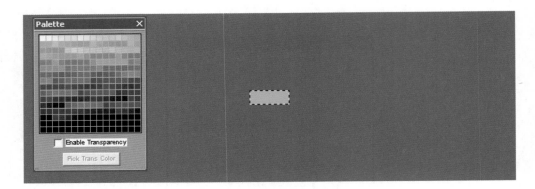

– 예제 텍스트 버튼을 제작하기 위해서는 3개의 이미지 파일을 생성해야 한다. 이미지 파일에 입력되는 텍스트의 위치를 동일하게 하기 위해 텍스트를 삭제한다.

⑪ Text Tool 아이콘 A을 클릭하여 텍스트를 입력하고 캔버스에 텍스트를 삽입한다.

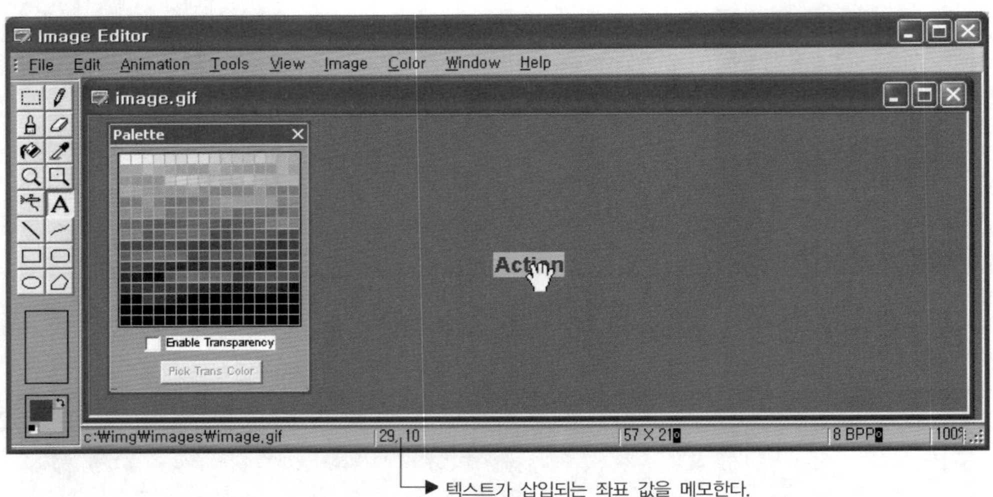

⑫ Palette 창의 Enable Transparency 옵션을 선택하고 Pick Trans Color 버튼을 클릭한 후 배경색으로 지정한 색상을 Palette 창에서 클릭한다.

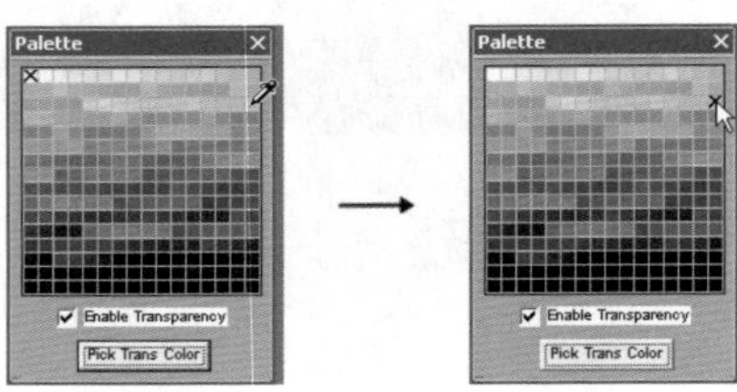

배경 색은 투명 색상으로 지정된다.

⓭ File/Save As를 실행하여 image.gif 파일로 저장한다. image.gif 파일은 버튼이 나타날 때 보여 줄 이미지로 사용한다.

- 투명 속성의 색상을 지정하기 위해서는 반드시 .gif 파일로 저장한다.

마우스로 버튼을 클릭할 때 보여 줄 이미지 제작

⓮ Palette 창에서 텍스트 색상으로 사용할 색상(흰색)을 마우스 왼쪽 버튼으로 클릭한다. 흰색이 전경 색으로 등록된다.

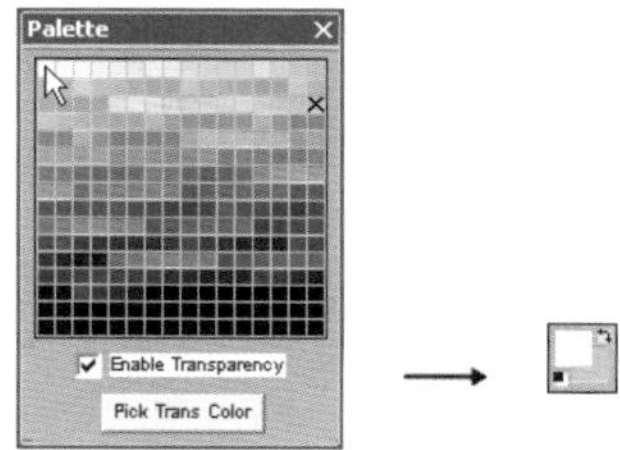

⓯ '버튼이 나타날 때 보여 줄 이미지 제작'과 동일한 방식으로 캔버스 좌표 값 29, 10 위치에 텍스트 'Action'을 삽입한다.

텍스트가 삽입될 캔버스 상의 좌표 값은 이미지 편집기 하단의 상황선을 참조한다. 텍스트가 삽입되는 위치는 항상 동일하게 한다.

- 텍스트 삽입 위치를 제대로 맞추지 못하면 버튼에 마우스를 갖다 대거나 누를 때 버튼 위치가 바뀌어 깔끔한 느낌을 주지 못한다.

⑯ File/Save As를 실행하여 image-sel.gif 파일로 저장한다. image-sel.gif 파일은 마우스로 버튼을 클릭할 때 보여 줄 이미지로 사용한다.

마우스를 버튼에 갖다 대었을 때 보여 줄 이미지 제작

⑰ Palette 창에서 텍스트 색상으로 사용할 색상(남보라)을 마우스 왼쪽 버튼으로 클릭한다. 남보라색이 전경 색으로 등록된다.

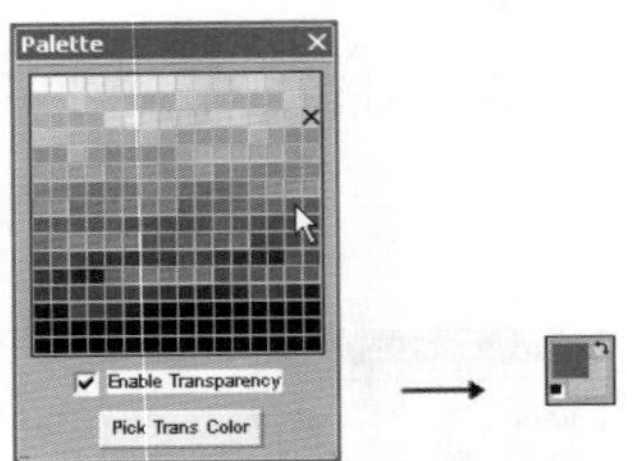

⑱ '버튼이 나타날 때 보여 줄 이미지 제작'과 동일한 방식으로 캔버스 좌표 값 29, 10 위치에 텍스트 'Action'을 삽입한다.

⑲ File/Save As를 실행하여 image-over.gif 파일로 저장한다. image-over.gif 파일은 마우스를 버튼에 갖다 댈 때 보여 줄 이미지로 사용한다.

| 15 | 3-frame animated GIF 버튼 제작

3-frame animated GIF 버튼을 제작하는 방법은 투명 색상 속성 버튼을 제작하는 것과 거의 유사하다. 단, 여기에서는 프레임마다 상이한 속성의 텍스트를 삽입한다(▶Title114).

❶ Tools/New Animation Tool을 실행한다. Animation Tool 창이 열린다.

❷ 마침 버튼을 클릭한다. 이미지 편집기가 열린다. 이미지 편집기에는 기본적으로 2개의 프레임이 제공된다.

❸ Animation/Add Frame을 실행한다. 1개의 프레임이 추가된다.

❹ View/Color Palette를 실행한다. Palette 창이 열린다.

❺ 텍스트 배경 색상으로 사용할 색상(연보라)을 마우스 오른쪽 버튼으로 클릭한다. 배경 색상은 투명 색상으로 사용된다.

❻ 텍스트 색상으로 사용할 색상(자주)을 마우스 왼쪽 버튼으로 클릭한다. 이미지 편집기의 좌측 하단에 선택한 색상이 전경 색과 배경 색으로 등록된다.

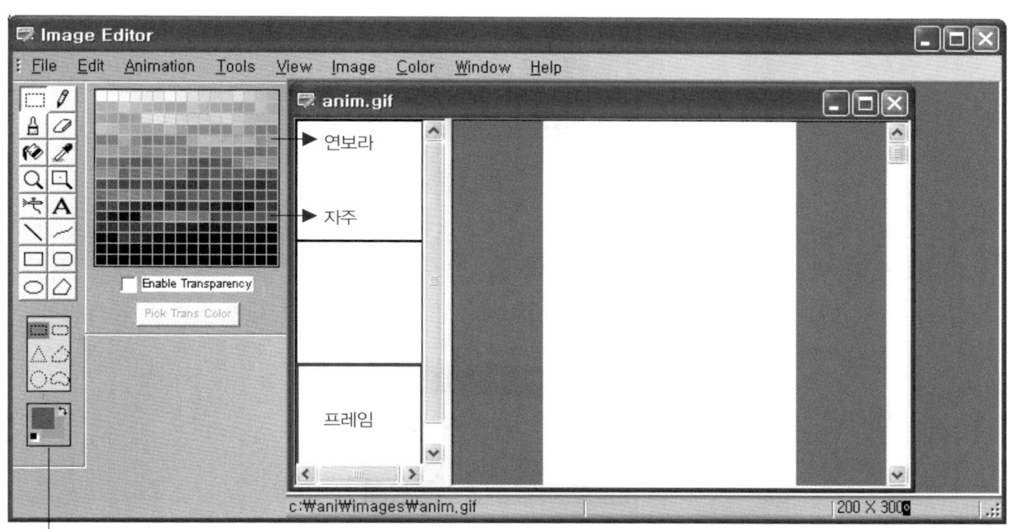

▶ 자주 색상은 전경 색으로, 연보라 색상은 배경 색으로 등록된다.

❼ 첫 번째 프레임을 선택하고 Text Tool 아이콘 [A]을 클릭하여 텍스트 'Click Here'를 입력한다.

❽ Leave text background transparent 옵션의 선택을 해제한 후 OK 버튼을 클릭한다.

❾ 캔버스 좌표 60, 270 위치를 클릭하여 문자열을 삽입한다.

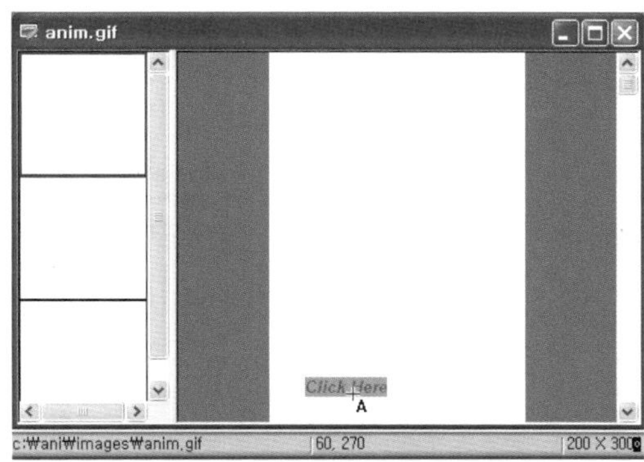

⑩ 두 번째 프레임을 선택하고 동일한 방식으로 캔버스 좌표 60, 270 위치에 텍스트 'Click Here'를 삽입한다. 텍스트 색상은 보라색 계통으로 지정한다.

⑪ 세 번째 프레임을 선택하고 동일한 방식으로 캔버스 좌표 60, 270 위치에 텍스트 'Click Here'를 삽입한다. 텍스트 색상은 주황색 계통으로 지정한다.

⑫ Select Tool 아이콘 ⬚을 클릭하여 텍스트를 선택한 후 Image/Crop을 실행한다. 텍스트의 크기와 캔버스의 크기가 동일해진다.

⑬ Palette 창의 Enable Transparency 옵션을 선택하고 Pick Trans Color 버튼을 클릭한 후 배경색으로 지정한 색상을 Palette 창에서 클릭한다.

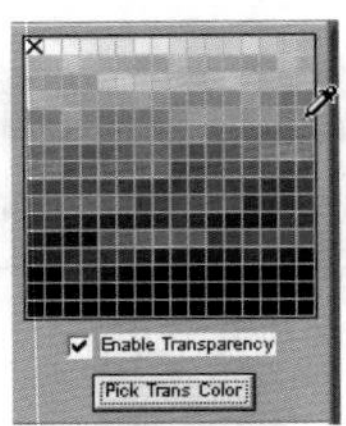

⑭ 두 번째, 세 번째 프레임을 선택하여 동일한 방법으로 배경 색을 투명 색상 속성으로 변경한다.

⑮ Animation/Frame Properties를 실행하여 Delay 시간을 지정하고 OK 버튼을 클릭한다.

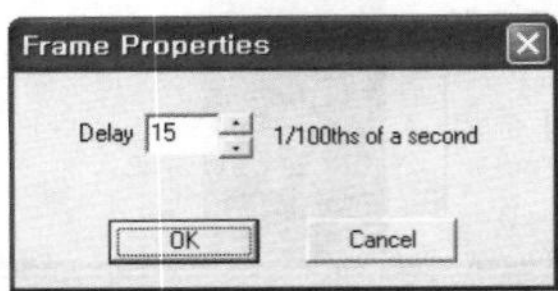

⑯ File/Save를 실행한다. 기본적으로 anim.gif 파일로 저장된다.

⑰ 버튼 속성 창에서 Use 3-frame animated GIF 옵션을 선택하고 Normal-State Image로 anim.gif 파일을 지정한 후 확인 버튼을 클릭한다.

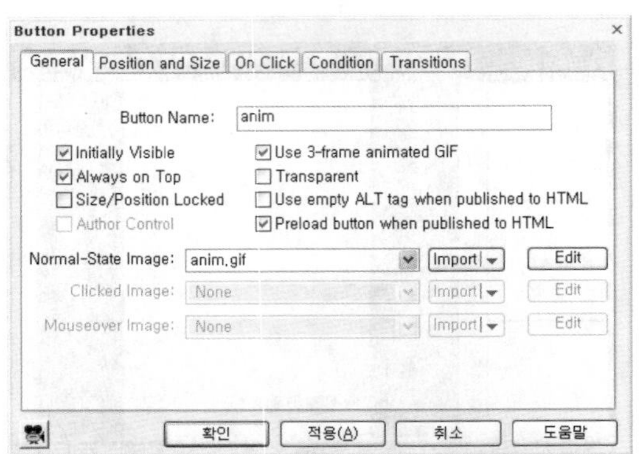

anim.gif 파일은 세 개의 프레임으로 구성된 애니메이션 파일로서 Frame Properties에서 설정한 Delay 시간에 맞춰 프레임이 재생되어 텍스트가 깜박이게 된다.

하지만 anim.gif 파일을 버튼으로 사용하면 첫 번째 프레임에 삽입한 텍스트 모양이 화면에 보이는 버튼 모양(Normal-State)으로, 두 번째 프레임에 삽입한 텍스트 모양이 버튼을 클릭할 때의 모양(Clicked)으로, 그리고 세 번째 프레임에 삽입한 텍스트 모양이 버튼에 마우스를 갖다 댈 때의 모양(Mouseover)으로 사용된다.

예제 타이틀에는 애니메이션으로 삽입한 anim.gif 파일과 버튼으로 사용한 anim.gif 파일을 함께 배치하였으므로 눈으로 확인하기 바란다.

| 16 | Wipe Right 트랜지션 속성의 텍스트 블록

트랜지션은 개체가 나타날 때 발생한다. Wipe Right 트랜지션은 개체의 왼쪽 부분부터 보여주고 점차로 개체의 나머지 부분을 보여주는 속성을 지닌다. Wipe Right 트랜지션을 활용하면 마치 입력 필드에 글자를 쳐 나가는 장면을 연출할 수 있다(▶Title115).

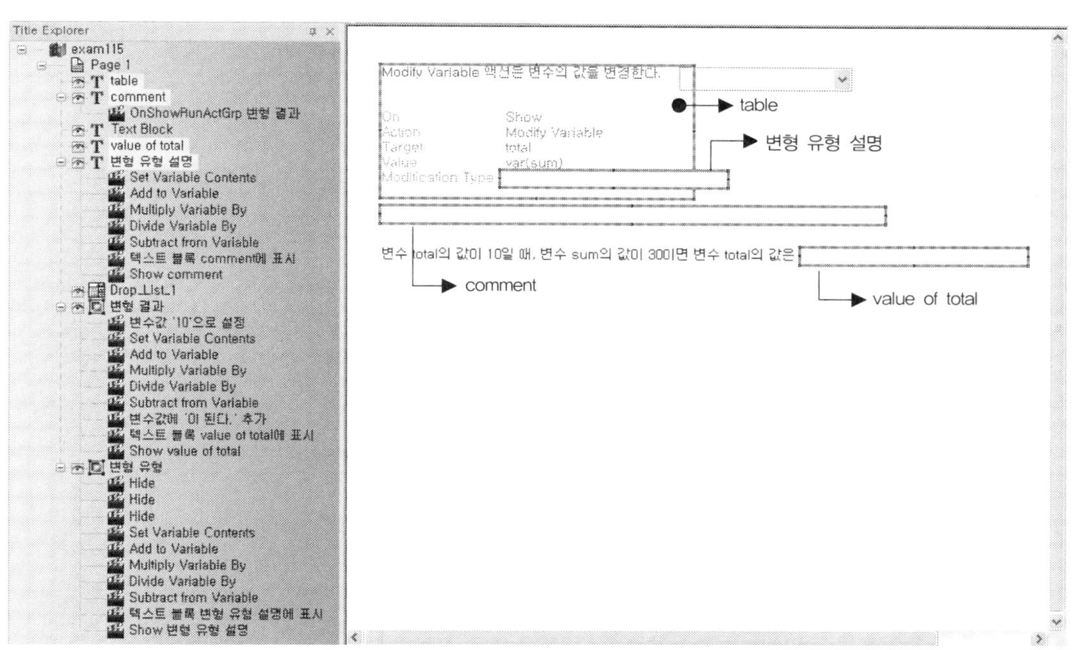

콘텐츠는 드롭다운 리스트와 변수의 값을 표시할 세 개의 텍스트 블록, 그리고 두 개의 액션 그룹 개체로 구성된다. 텍스트 블록의 속성은 Initially Visible 옵션을 해제하여 화면에 보이지 않게 한다.

- 드롭다운 리스트를 클릭하면 Modification Type을 선택할 수 있게 한다.

- 텍스트 블록 '변형 유형 설명'에는 Modify Variable의 Modification Type이, 해당 유형에 대한 설명은 텍스트 블록 'comment'에, 해당 유형을 적용했을 때의 변수 total의 값은 텍스트 블록 'value of total'에 표시되게 한다.
- 텍스트 블록에 표시되는 문자열은 한 글자씩 나타나도록 한다.

콘텐츠에 삽입한 액션 그룹 개체와 텍스트 블록의 관계

- 드롭다운 리스트를 클릭하면 액션 그룹 개체 '변형 유형'을 실행한다.
- 액션 그룹 개체 '변형 유형'은 텍스트 블록 '변형 유형 설명'을 화면에 나타낸다.

  – 액션 그룹 개체 '변형 유형'은 텍스트 블록 '변형 유형 설명'에 Modification Type을 표시한다.

- 텍스트 블록 '변형 유형 설명'에 부착된 액션은 텍스트 블록 'comment'를 화면에 나타낸다.

  – 텍스트 블록 '변형 유형 설명'은 Modification Type에 대한 설명을 텍스트 블록 comment에 표시한다.

- 텍스트 블록 'comment'에 부착된 액션은 액션 그룹 개체 '변형 결과'를 실행한다.

  – 액션 그룹 개체 '변형 결과'는 Modification Type별로 변수의 값을 변경하여 텍스트 블록 value of total에 변수의 값을 표시한다.

- 액션 그룹 개체 '변형 결과'는 텍스트 블록 'value of total'을 화면에 나타낸다.

드롭다운 리스트 속성

드롭다운 리스트 개체 Drop_List_1의 속성은 다음과 같이 설정한다.

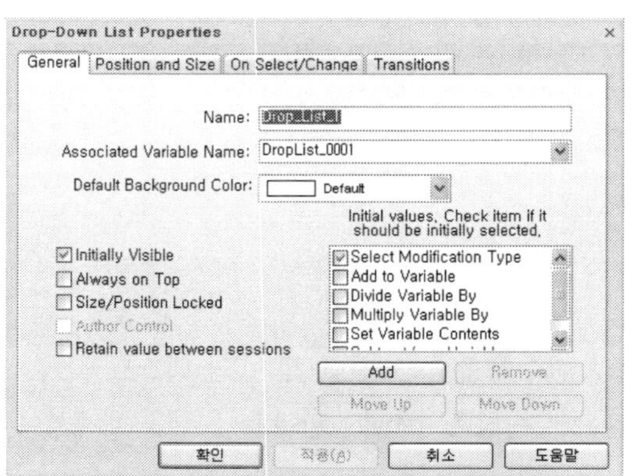

드롭다운 리스트에는 Select Modification Type이 기본적으로 나타나도록 한다. 드롭다운 리스트에 설정된 내장 액션은 액션 그룹 개체 '변형 유형'을 실행한다.

액션 항목	Drop_List_1
	내장 액션
On	Select/Change
Action	Run Action Group
Target	변형 유형

액션 설정

[참고]

편집상 변수 DropList_0001을 Drop으로 표시하였다.

액션 항목	변형 유형		
	Hide	Hide	Hide
On			
Action	Hide	Hide	Hide
Target	comment	변형 유형 설명	value of total

드롭다운 리스트 항목을 클릭할 때마다 텍스트 블록 'comment', '변형 유형 설명', 'value of total'을 숨긴다. 왜냐하면 텍스트 블록에 설정한 트랜지션은 텍스트 블록이 화면에 나타날 때 작용하기 때문에, 텍스트 블록을 숨긴 상태에서 출발하여 드롭다운 리스트를 클릭했을 때 텍스트 블록이 나타나게 한다.

액션 항목	변형 유형		
	Set Variable Contents	Add to Variable	Multiply Variable By
On			
Action	Modify Variable	Modify Variable	Modify Variable
Target	modi_type	modi_type	modi_type
Value	Set Variable Contents	Add to Variable	Multiply Variable By
Modification Type	Set Variable Contents	Set Variable Contents	Set Variable Contents
	Condition		
	Drop Contains Set	Drop Contains Add	Drop Contains Mul

- 드롭다운 리스트 항목 Set Variable Contents를 클릭하면 변수 modi_type의 값을 문자열 'Set Variable Contents'로 설정한다.
- 드롭다운 리스트 항목 Add to Variable을 클릭하면 변수 modi_type의 값을 문자열 'Add to Variable'로 설정한다.

- 드롭다운 리스트 항목 Multiply Variable By를 클릭하면 변수 modi_type의 값을 문자열 'Multiply Variable By'로 설정한다.

액션 항목	변형 유형			
	Divide Variable By	Subtract from Variable	텍스트 … 설명에 표시	Show 변형 유형 설명
On				
Action	Modify Variable	Modify Variable	Change Contents	Show
Target	modi_type	modi_type	변형 유형 설명	변형 유형 설명
Value	Divide Variable By	Subtract from Variable		
Modification Type	Set Variable Contents	Set Variable Contents		
New Contents			modi_type	
	Condition			Condition
	Drop Contains Div	Drop Contains Sub		Drop Does Not Contain Select

- 드롭다운 리스트 항목 Divide Variable By를 클릭하면 변수 modi_type의 값을 문자열 'Divide Variable By'로 설정한다.
- 드롭다운 리스트 항목 Subtract from Variable을 클릭하면 변수 modi_type의 값을 문자열 'Subtract from Variable'로 설정한다.
- 텍스트 블록 '변형 유형 설명'에 변수 modi_type의 값을 표시한다.
- 드롭다운 리스트에서 Modification Type 관련 항목을 클릭하면 텍스트 블록 '변형 유형 설명'을 화면에 나타낸다.

  - 드롭다운 리스트 항목 Select Modification Type을 클릭하면 텍스트 블록 '변형 유형 설명'이 화면에 나타나지 않게 한다.

액션 항목	변형 유형 설명		
	Set Variable Contents	Add to Variable	Multiply Variable By
On	Show	Show	Show
Action	Modify Variable	Modify Variable	Modify Variable
Target	comment	comment	comment
Value	Set Variable Contents는 …	Add to Variable은 …	Multiply Variable By는 …
Modification Type	Set Variable Contents	Set Variable Contents	Set Variable Contents
	Condition		
	Drop Contains Set	Drop Contains Add	Drop Contains Mul

- 드롭다운 리스트 항목 Set Variable Contents를 클릭하면 텍스트 블록 '변형 유형 설명'이 화면에 나타날 때 변수 comment의 값을 문자열 'Set Variable Contents는 Value에서 지정한 값을 Target

변수의 값으로 설정한다.'로 설정한다.

- 드롭다운 리스트 항목 Add to Variable을 클릭하면 텍스트 블록 '변형 유형 설명'이 화면에 나타날 때 변수 comment의 값을 문자열 'Add to Variable은 Value에서 지정한 값을 Target 변수의 값에 더한다.'로 설정한다.
- 드롭다운 리스트 항목 Multiply Variable By를 클릭하면 텍스트 블록 '변형 유형 설명'이 화면에 나타날 때 변수 comment의 값을 문자열 'Multiply Variable By는 Value에서 지정한 값을 Target 변수의 값에 곱한다.'로 설정한다.

액션 항목	변형 유형 설명			
	Divide Variable By	Subtract … Variable	텍스트 …에 표시	Show comment
On	Show	Show	Show	Show
Action	Modify Variable	Modify Variable	Change Contents	Show
Target	comment	comment	comment	comment
Value	Divide Variable …	Subtract from …		
Modification Type	Set Variable Contents	Set Variable Contents		
New Contents			comment	
	Condition			Condition
	Drop Contains Div	Drop Contains Sub		Drop Does Not Contain Select

- 드롭다운 리스트 항목 Divide Variable By를 클릭하면 텍스트 블록 '변형 유형 설명'이 화면에 나타날 때 변수 comment의 값을 문자열 'Divide Variable By는 Value에서 지정한 값으로 Target 변수의 값을 나눈다.'로 설정한다.
- 드롭다운 리스트 항목 Subtract from Variable을 클릭하면 텍스트 블록 '변형 유형 설명'이 화면에 나타날 때 변수 comment의 값을 문자열 'Subtract from Variable은 Value에서 지정한 값을 Target 변수의 값에서 뺀다.'로 설정한다.
- 텍스트 블록 'comment'에 변수 comment의 값을 표시한다.
- 드롭다운 리스트에서 Modification Type 관련 항목을 클릭하면 텍스트 블록 'comment'를 화면에 나타낸다.
  - 드롭다운 리스트 항목 Select Modification Type을 클릭하면 텍스트 블록 'comment'가 화면에 나타나지 않게 한다.

액션 항목	comment	변형 결과		
	OnShow… 변형 결과	변수 값 '10'으로 설정	Set Variable Contents	Add to Variable
On	Show			
Action	Run Action Group	Modify Variable	Modify Variable	Modify Variable
Target	변형 결과	msg	msg	msg
Value		10	30	30
Modification Type		Set Variable Contents	Set Variable Contents	Add to Variable
			Condition	
			Drop Contains Set	Drop Contains Add

- 텍스트 블록 'comment'가 화면에 나타나면 액션 그룹 개체 '변형 결과'를 실행한다.
- 변수 msg의 값을 10으로 설정한다.

  - 드롭다운 리스트 항목을 클릭할 때마다 변수 msg의 값을 10으로 설정한다. 즉, 어떤 Modification Type을 선택하든 변수 msg의 값은 10에서 출발해야 하기 때문이다.

- 드롭다운 리스트 항목 Set Variable Contents를 클릭하면 변수 msg의 값을 30으로 설정한다.
- 드롭다운 리스트 항목 Add to Variable을 클릭하면 변수 msg의 값에 30을 더한 값을 변수 msg의 값으로 저장한다.

액션 항목	변형 결과		
	Multiply Variable By	Divide Variable By	Subtract from Variable
On			
Action	Modify Variable	Modify Variable	Modify Variable
Target	msg	msg	msg
Value	30	30	30
Modification Type	Multiply Variable By	Divide Variable By	Subtract from Variable
	Condition		
	Drop Contains Mul	Drop Contains Div	Drop Contains Sub

- 드롭다운 리스트 항목 Multiply Variable By를 클릭하면 변수 msg의 값에 30을 곱한 값을 변수 msg의 값으로 저장한다.
- 드롭다운 리스트 항목 Divide Variable By를 클릭하면 변수 msg의 값을 30으로 나눈 값을 변수 msg의 값으로 저장한다.
- 드롭다운 리스트 항목 Subtract from Variable을 클릭하면 변수 msg의 값에서 30을 뺀 값을 변수 msg의 값으로 저장한다.

액션 항목	변형 결과		
	변수 값에 '이 된다.' 추가	텍스트 블록 value …에 표시	Show value of total
On			
Action	Modify Variable	Change Contents	Show
Target	msg	value of total	value of total
Value	이 된다.		
Modification Type	Add to Variable		
New Contents		msg	
Delay before action			2.0
			Condition
			Drop Does Not Contain Select

- 변수 msg의 값에 문자열 '이 된다.'를 더한 값을 변수 msg의 값으로 저장한다.
- 변수 msg의 값을 텍스트 블록 'value of total'에 표시한다.
- 드롭다운 리스트에서 Modification Type 관련 항목을 클릭하면 텍스트 블록 'value of total'을 화면에 나타낸다.
  - 드롭다운 리스트 항목 Select Modification Type을 클릭하면 텍스트 블록 'value of total'이 화면에 나타나지 않게 한다.

| 17 | 윈도우 XP에서 자바 애플릿 사용하기

익스플로러에서 자바 애플릿을 실행하려면 자바 버추얼 머신을 설치해야 한다.

❶ 윈도우 탐색기를 실행한다.
❷ 내 컴퓨터를 마우스 오른쪽 버튼으로 클릭한다. 단축 메뉴가 열린다.
❸ 속성을 클릭한다.

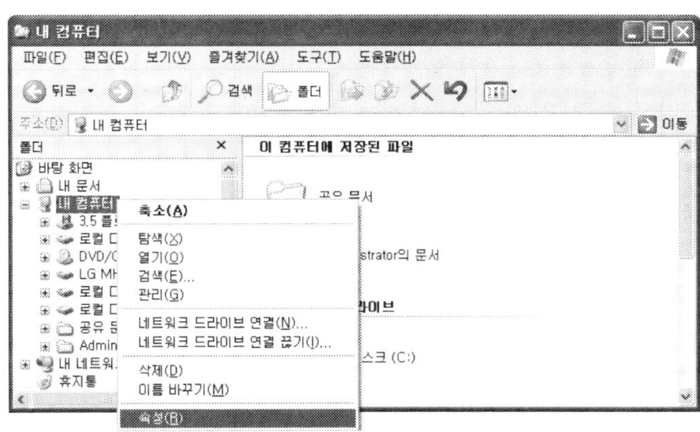

❹ 고급 탭을 클릭한다.

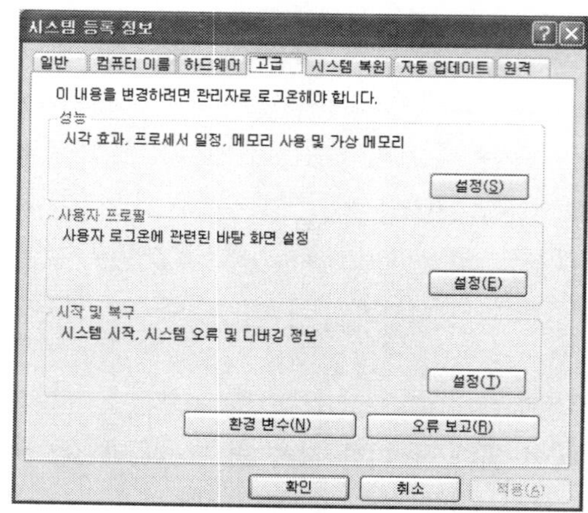

❺ 시작 및 복구 상자의 설정 버튼을 클릭한다.

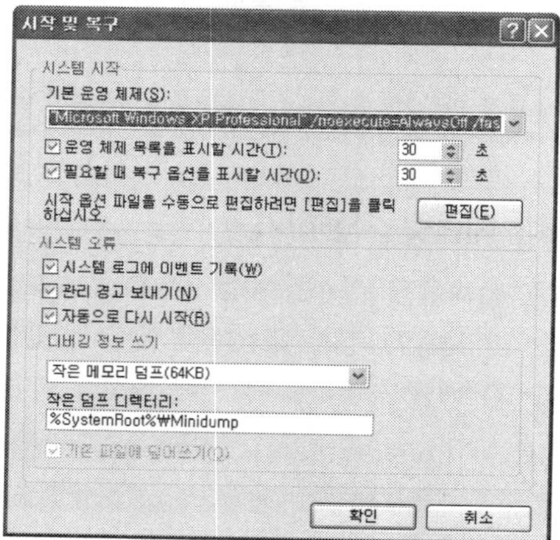

❻ 편집 버튼을 클릭하여 boot.ini 파일을 연다.

❼ noexecute 옵션 값을 다음과 같이 설정한다.

```
noexecute=AlwaysOff /fastdetect
```

❽ boot.ini 파일을 저장하고 확인 버튼을 클릭한다.

❾ 시스템 등록 정보 대화상자의 확인 버튼을 클릭한다.

❿ 시스템을 부팅한다.

⓫ 자바 버추얼 머신 MSJavx86_XP를 설치한다. 프로그램 다운로드 페이지는 다음 웹 사이트를 참조한다.

✎ http://www.globalwatch.co.kr/javaApplet/vm_helper.html

⓬ 자바 버추얼 머신의 설치가 끝나면 컴퓨터를 다시 부팅한다.

윈도우 비스타, 7 사용자들은 위 사이트를 방문하여 자바 버추얼 머신 설치 방법을 참조한다.

| 18 | YouTube 동영상 삽입

타이틀에 YouTube 동영상을 연결하려면 동영상을 마우스 오른쪽 버튼으로 클릭하고 단축 메뉴에서 Copy embed html을 클릭한다.

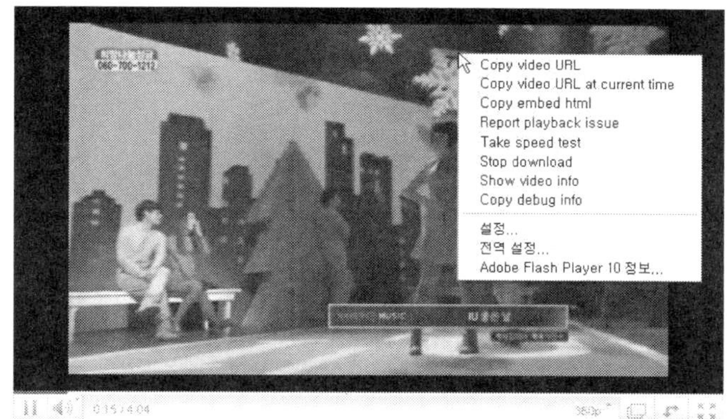

복사된 〈object〉 코드는 External HTML 속성 창의 Custom HTML 필드에 붙여 넣는다.

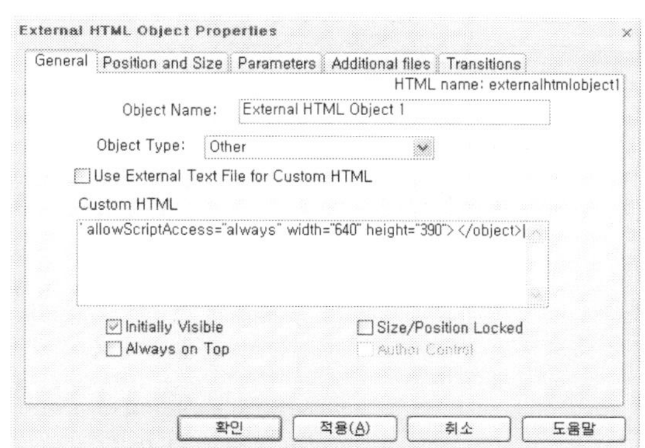

찾아보기

ㅍ

숫자

_저자 소개

유병훈 대구보건대학 유통경영과 교수
김종판 동명대학교 미디어공학과 교수

_렉토라 교사 커뮤니티 운영진 (http://www.lectora.co.kr)

조경호 선생님 안산강서고등학교
박현주 선생님 서울 광영여자고등학교
고광욱 선생님 충북전산기계공고
민경일 선생님 근남초등학교
이상봉 선생님 충남 신양초등학교
강신진 선생님 인천 갈산중학교

궁금한 내용은 메일 혹은 전화로 문의바랍니다.

yubh58@hanmail.net | ups500@hanmail.net

렉토라, 크레이지토크 한국마케팅담당 이사 조문석

>> 강력한 Interactive e-learning · 스마트폰 · 멀티미디어

렉토라 Lectora

발행일 | 2011년 1월 5일
발행인 | 모흥숙
발행처 | 내하출판사
저자 | 유병훈 · 김종판
편집 | 김효정
등록 | 1999년 5월 21일 제6-330호
주소 | 서울 용산구 후암동 123-1
전화 | 02-775-3241~4
팩스 | 02-775-3246
E-mail | naeha@unitel.co.kr
Homepage | www.naeha.co.kr
ISBN | 978-89-5717-306-0
정 가 | 27,000원